聊齋志異新证

赵伯陶 著

文化藝術出版社
Culture and Art Publishing House

图书在版编目（CIP）数据

《聊斋志异》新证 / 赵伯陶著. —北京：文化艺术出版社，2017.12
ISBN 978-7-5039-6403-9

Ⅰ.①聊… Ⅱ.①赵… Ⅲ.①《聊斋志异》—小说研究
Ⅳ.①I207.419

中国版本图书馆CIP数据核字（2017）第287211号

《聊斋志异》新证

著　　者　赵伯陶
责任编辑　董瑞丽　刘宇灿
书籍设计　赵　矗
出版发行　文化艺术出版社
地　　址　北京市东城区东四八条52号（100700）
网　　址　www.whyscbs.com
电子信箱　whysbooks@263.net
电　　话　（010）84057666（总编室）　84057667（办公室）
　　　　　（010）84057691—84057699（发行部）
传　　真　（010）84057660（总编室）　84057670（办公室）
　　　　　（010）84057690（发行部）
经　　销　新华书店
印　　刷　国英印务有限公司
版　　次　2017年12月第1版
印　　次　2017年12月第1次印刷
开　　本　710毫米×1000毫米　1/16
印　　张　30
字　　数　460千字
书　　号　ISBN 978-7-5039-6403-9
定　　价　80.00元

前 言

《聊斋志异》一书在中国文学史上声名赫赫，常被论者誉为古代文言小说的顶峰之作。清代中叶的学者纪昀曾云：“《聊斋志异》盛行一时，然才子之笔，非著书者之笔也。”又说：“今燕昵之词，媟狎之态，细微曲折，摹绘如生。使出自言，似无此理；使出作者代言，则何从而闻见之？”[①]上述内容尽管出自其学生盛时彦的转述，但大抵可代表纪昀的真实态度则是可以肯定的。古代小说史研究者针对清人的这一番评论虽见仁见智，各抒己见，但大都认为蒲松龄的“才子之笔”为文学创作的不二法门，并非与“著书者之笔”构成二元对立的态势。鲁迅所谓“用传奇法，而以志怪”[②]，如此评价《聊斋志异》，则言简意赅地指出了蒲松龄的文字特色，每为论者所喜引用。同是文言书写，何以《聊斋志异》能独树一帜，具有“空前绝后”的轰动效应？一言以蔽之，蒲松龄的小说写作并非是一过性的。

《聊斋》的小说框架在作者四十岁左右即已成型，此后他对自己所钟爱的小说不断加工修订，持续了将近三十年的漫长岁月。除了主观上的不断努力而外，坐馆蒙学的寂寞与毕家丰富的藏书也是蒲松龄小说修订成功的重要客观条件。纪昀撰写《阅微草堂笔记》，兴之所至，意到笔随，属于真正意义上的“笔记”，绝没有反复锤炼修改的意愿，与《聊斋志异》的写作方法判然有别。后人若贸然比较两者的不同，就如同评价苹果与香蕉的口味，因每个人各有所嗜，是很难准确说出子午卯酉的。以此而论，所谓“才子之笔”与“著书者之笔”的争议可以休矣。

《聊斋志异》倾注了蒲松龄的大半生心血，如果说小说情节的生动性，即

---

① （清）纪昀著：《阅微草堂笔记·姑妄听之》后“门人盛时彦跋”，上海古籍出版社 1980 年版，第 472 页。

② 鲁迅：《中国小说史略·清之拟晋唐小说及其支流》，人民文学出版社 1973 年版，第 179 页。

创作主体讲故事的才能，大部分取决于作者的天赋条件的话，那么语言运用的丰富多彩就大部分是作者后天努力的结果了。当然还有最为重要的一点，即作者为什么而创作的问题，亦即蒲松龄创作小说的动力何在？用作者自己的话而言就是："集腋为裘，妄续《幽冥》之录；浮白载笔，仅成孤愤之书。寄托如此，亦足悲矣。"①夫子自道式的所谓"孤愤"说、"寄托"说，在相当程度上也左右了今天的论者。蹭蹬场屋，失意科举，不能践履儒家"修齐治平"之道，是蒲松龄"孤愤"产生的源头；徜徉灵界，酿情鬼狐，在虚拟的理想乐园寻觅知音，是蒲松龄的"寄托"所在。质言之，《聊斋志异》一书承载了作者的平生理想，也宣泄出其一腔幽怨，其写作并非只是一般意义上的小说创作，而是用自己的全部热情谱写出生命理想的颂歌。把原本以自娱为目的的小说写作逐渐当作一己之事业去完成，这是蒲松龄区别于古代文言小说作家的显著特征，同时也奠定了《聊斋志异》能够彪炳后世的文学地位。

由于蒲松龄在小说创作中纵横捭阖于经典文献，多方取资，且日积月累，不避繁难，《聊斋志异》的文字虽不甚艰深，却意蕴丰富，特别是作者使事用典，如盐著水中，浑然无迹，读者若轻易放过，不求甚解，就会丧失小说所蕴含的一部分情趣，甚而郢书燕说，不甚了了。清人冯镇峦已注意到这一有关阅读接受的问题，其《读〈聊斋〉杂说》有云："是书遍天下人无人不爱好之，然领会各有深浅。"②清代为《聊斋志异》作注且传世者有两家，即吕湛恩与何垠，两者的注释各有千秋，虽不免一些误解，但基本解决了《聊斋志异》的用典出处问题，对于有关词义的诠释也有阐幽发微之功。旧时读书人大多从事八股举业，因为科举在专制时代几乎是平民或寒门子弟晋身仕途唯一的通道，尽管这一通道极其不通，但总算是一种希望。"四书"即《论语》、《大学》、《中庸》、《孟子》，是当时读书人的必备功课，须臾难离，因而对于《聊斋志异》中的"四书"典，两旧注多不出注，若注出反成蛇足。这对于今天的读者而言，无疑极不方便。1962年，中华书局上海编辑所出版张友鹤先生辑校之《聊斋志异》会校、会注、会评本，学界简称"三会本"；2000年，齐鲁书社出版任笃行先生辑校之《全校会注集评聊斋志异》，学界或称之为"全

---

① 任笃行辑校：《全校会注集评聊斋志异·聊斋自志》，齐鲁书社2000年版，第30页。

② 任笃行辑校：《全校会注集评聊斋志异·各抄刻本序跋、品题》，齐鲁书社2000年版，第2480页。

校本”。两书整理《聊斋志异》的清人旧注、旧评各有特色，对于今天的读者研读《聊斋志异》皆大有裨益。

现代为《聊斋志异》全本作注者有多家，如朱其铠先生主编《全本新注聊斋志异》（人民文学出版社 1989 年版）、盛伟先生《聊斋志异校注》（山西人民出版社 2000 年版），皆在清人注释基础上更上一层楼，为《聊斋志异》的普及与研究做出贡献，功不可没。现代选注本则繁简不一、良莠不齐，有近百家出版社竞相出版，影响较大者如张友鹤先生《聊斋志异选》（人民文学出版社 1956 年版），中山大学中文系《评注聊斋志异选》（人民文学出版社 1977 年版），李伯齐、徐文军先生《聊斋志异选》（人民文学出版社 2006 年版），马振方先生《聊斋志异（精选本）》（高等教育出版社 2008 年版），等等。《聊斋志异》的白话译本，坊间也有多种，影响较大者如马振方先生主编《聊斋志异评赏大成》（漓江出版社 1992 年版）、孙通海先生等译《文白对照聊斋志异》（中华书局 2010 年版）、丁如明先生等译《聊斋志异全译》（上海古籍出版社 2012 年版），等等。此后，中华书局《文白对照聊斋志异》又由于天池先生加注释与题解，作为“全本全注全译丛书”之一，《聊斋志异》于 2015 年 4 月出版，其注释较诸上述两种全注本后出转精。

随着古籍数字化的进程与国家图书馆 PDF 版地方志在互联网上的开放，历代典籍的相关检索条件日益便利，笔者发现《聊斋志异》有重新详注的必要，因为唯有正确无误地诠释小说语词及使事用典，才有可能正确把握《聊斋》真义。从 2008 年开始，笔者即应人民文学出版社之邀作《聊斋志异详注新评》，正文与分卷即以上述任笃行之“全校本”为底本。拙作于 2016 年 4 月出版，全四册，250 万字，截至翌年之初，已经第二次印刷。《聊斋》学权威学者、山东大学袁世硕教授为拙作撰序有云：

> 伯陶注释《聊斋》，眼界开阔，小说文本中出现的人名、地名、物名、事件，即便不甚关乎作品大体者，都不轻易放过。如辨《金姑父》篇的“东莞”应为“东关驿”，《夜叉国》中的“交州”应依二十四卷抄本作“胶州”，《沅俗》所言“沅江”应为“元江”，《尸变》中的“搭帐衣”实为“送给死者的衣衾”等，不仅与文本叙写的情况相吻合，对读者也有增长历史文化知识的意义。出于这种思路，伯陶作“简评”也冲破了一般就小说所叙故事情节揭

示其意思意义的模式，注重探明各自的本事、源流、事理，参照中西有关文献，引生出文本深层隐含的微言大义。[①]

从2014年开始，笔者已经就注评《聊斋》期间新发现的诸多问题陆续写有系列论文近三十篇，分别发表在《社会科学辑刊》、《东南大学学报》、《河北学刊》、《求是学刊》、《聊城大学学报》、《铜仁学院学报》、《文史知识》、《蒲松龄研究》等刊物，受到学界瞩目。如对《妖术》中"高壶"的重释，对《促织》中"蠹贫"一词、《鸽异》中"鹊花"与"狗眼"名鸽称谓的厘订，对《司文郎》中"白服裙帽，望之傀然"、《采薇翁》中"浮云白雀之徒"的再诠，对《潞令》中"颠越货多"二句、《罗祖》中无为教创始人罗梦鸿的考辨等，皆不乏新见。发现《桓侯》中"居停主人"刘子翚乃朱熹老师，临终前曾向后者传授源于《易经》的"不远复"三字符，从而揭示出作者悬想虚构小说的线索及创作主旨，自认为是发前人未发之覆。本书作为一部研究《聊斋志异》的专著，即综合上述论文内容加以分类重组，且有所增删。小到字词以及人名、地名的训诂考辨，大到社会制度、历史背景的阐幽发微，都可称不拘一格，从文献出发，以考据的方法探讨《聊斋志异》的文化与艺术，是本书的独特之处。总之，以能对读者有所帮助或启发为目的，力图多角度、多方面揭示《聊斋志异》的思想艺术价值为本专著之职志。因相关考据、论述大都未落前辈学人窠臼，或有新的发现，故拟名曰《〈聊斋志异〉新证》。

《〈聊斋志异〉新证》共分四编，第一编四章，分别从科举、刑法、地名、人物等方面，新证小说之历史样貌；第二编五章，分别从文化品格、阅读接受、"空白"艺术、用语借鉴、清人旧评等方面，新论小说之艺术特点；第三编七章，分别就小说与《尚书》、《周易》、"三礼"、《诗经》、《左传》、"四书"、"前四史"、《太平广记》等文献典籍的关系问题加以探讨；第四编二十五章，前三章属于总论性质，其馀二十二章分论《聊斋》相关篇目，故以"丛脞新录"为编。

应当明确指出的是，《聊斋志异详注新评》是在前人注释的基础上进行的，如果说意在求新，也是借助检索工具的多样化选择，站在前人的肩膀上

① 赵伯陶注评，《聊斋志异详注新评·序》，人民文学出版社2016年4月版，第5页。

望远数步而已。《〈聊斋志异〉新证》中的大部分内容则是将《聊斋志异详注新评》中所发现的问题加以系统化的整理分类，奉献于对《聊斋志异》有进一步研究兴趣的读者。本书有少量的《聊斋》例证，在不同章节中有所重复，无非为更有利于针对不同问题或不同角度的论证而已，并非叠床架屋或自我重复。书中多有涉及前人成果的例证，也无非出于探讨解决相关问题的用心，而非妄逞胸臆或自以为是。引证文献或文章皆出注版本、页码（线装书因无统一页码，除外），以便读者复核。引证地方志因使用国家图书馆的数字化成果，原书大多无统一页码，所以单独出注的做法实无必要，正文中说明版本与卷数即可。本书引证《聊斋志异》原文及清人注评，一律以任笃行先生辑校之《全校会注集评聊斋志异》（齐鲁书社 2000 年版）为底本，引文后括注该书页码，如此可以眉目清楚并简省篇幅。

七十老翁何所求，校注古籍不计，这部专著可能是笔者学术生涯的谢幕之作了。这里要特别感谢文化艺术出版社社长杨斌先生，承蒙他慨允出版拙作，令笔者的科研工作在这里画上了一个完美的句号。

赵伯陶

2017 年 6 月 10 日

目录

第一编　《聊斋志异》与明清史新证

第二编 《聊斋志异》文化艺术新论

第一编

《聊斋志异》与明清史新证

《聊斋志异》与明清科举文化

蒲松龄大半生挣扎于科举场屋，屡败屡战，对于考官衡文“黜佳士而进凡庸”（卷七《三生》，第1936页）[①]的不公弊端深恶痛绝，然而他并非彻底否定科举取士制度，对于八股制义也绝非持否定态度。在封建社会相对稳定的时期，科举是中下层文人跻身仕途的唯一可靠通道，急切渴望龙门一跃的蒲松龄没有理由对于科举取士进行制度性的否定，他所希冀或企盼者，考官衡文公平公正而已。其文言短篇小说集《聊斋志异》关涉科举的篇章言及清代学校、考试文化，对于今天的读者而言，可能已经相当陌生，注释者若疏于考证，甚至以讹传讹，积非成是，必贻误学人。笔者拟就《聊斋志异》科举文化问题分为三个方面再作探讨，或许对于读者正确理解小说之真义不无裨益。

一、科举相关名目辨析

卷一《叶生》是《聊斋志异》中有关科举的名篇，叶生作为蹭蹬科场的个体，无疑是极其悲哀的，眼见高自期许的憧憬一天天化为泡影，其间的无奈令铩羽者叶生甚至忽略了终极人生价值取向，而仅以求得“知己”作为一种代偿性质的慰藉。叶生之悲也是作者一生的写照。小说中爱才的县令有“嘱公子至都为之纳粟”一语（第121页），所谓“纳粟”，这里当指纳贡或例贡，有些现代注本谓“又称例监”，则属误解。明代科举制度准许人捐纳钱财入国子监，由生员捐纳者称纳贡，由普通民人捐纳者称例监。清代有例贡，即不由考选而由生员援例捐纳，与纳贡性质相近。《清史稿》卷一〇六《选举一》：“例贡与例监相仿，由廪、增、附生或俊秀监生援例报捐贡生者，曰例贡。”[②]贡生可不回原籍，直接应顺天乡试。叶生在丁乘鹤淮阳任县令之前即已进学（俗称“秀才”），故其“纳粟”入监，属于例贡，并非例监，两者不能

① 本书所引《聊斋志异》的卷数及其文字，皆以齐鲁书社2000年版任笃行辑校之《全校会注集评聊斋志异》为依据，若有引文或清人旧评，其后括注页码。

② 赵尔巽等撰：《清史稿》卷一〇六《选举一》，中华书局1976年版，第3107页。

混淆。此可与卷五《胡四娘》对照："东海李兰台见而器之，收诸幕中，资以膏火，为之纳贡，使应顺天举，连战皆捷，授庶吉士。"（第1429页）小说中主人公程孝思是在"入邑庠"（即进县学）后捐纳入国子监的，故称"纳贡"。蒲松龄生活于明末清初，言"纳贡"而不用"例贡"，遣词仍染有明人色彩。

卷七《何仙》："一切置付幕客六七人，粟生、例监都在其中，前世全无根气，大半饿鬼道中游魂，乞食于四方者也。"（第1906—1907页）文中"粟生"即"纳粟"的贡生，这里当谓例贡生，即不由考选而由生员援例捐纳入京师国子监肄业，因不隶属于地方的府、州、县学，故可不参加岁试。文中"例监"，即由普通民人援例捐纳入京师国子监肄业者。例监也不隶属于地方的府、州、县学，故也可不参加岁试，但与粟生比较，例监因从未进学而以赀入监，其水平则又等而下之了。由水平不高甚至低下的粟生、例监入幕帮助学使在岁试中衡量进学诸生之文，并决定其等级，这是他们心有不平的主要原因。小说中将"粟生"与"例监"并列又分而言之，可见两者性质近似却又有所区别。笔者目前所见国内三种《聊斋志异》全注本[①]皆谓粟生为廪生，即廪膳生员，当属误解。有的《聊斋》全译本对于粟生、例监二词另加注云："用钱买到秀才资格的人。"[②]更属误解，明清两代，进入府、州、县学为诸生，与国子监生不同，县、州、府学的"秀才"是难以用钱买到的。

何谓"廪膳"？即科举时代国家发给在学生员的膳食津贴，或曰"食饩"。据《明史》卷六九《选举一》，明洪武二年（1369）规定，凡府、州、县学额定考取入学者，月廪米六斗以助学。另据《太祖实录》卷一八六，洪武二十年（1387）"命增广生员"，简称"增生"；正统十二年（1447）以后，又于廪生、增生名额之外，增加生员附于诸生之末，名额不限，称"附学生员"，简称"附生"。《明史》卷六九《选举一》："凡初入学者，止谓之附学，而廪膳、增广，以岁、科两试等第高者补充之。"[③]清承明制，廪生作为资深生员，月有饩银助学，可为应考童生具结作保，证明其无身家不清或冒名顶替等弊，增

---

① 《聊斋》全注本三种：朱其铠主编《全本新注聊斋志异》，人民文学出版社1989年版；盛伟校注《聊斋志异校注》山西人民出版社2000年版；于天池注，孙通海、于天池等译《聊斋志异》，中华书局2015年版。

② 马振方主编：《聊斋志异评赏大成》，漓江出版社1992年版，第2083页。

③ （清）张廷玉等撰：《明史》卷六九《选举一》，中华书局1974年版，第1687页。

生则无廪膳与保结职责。廪生也在诸生之列，自己也须应岁试，如何既能当运动员又做裁判员——可入幕评骘诸生学业？

“秀才怕过考”，《何仙》一篇锋芒所向，无非是学中诸生对于当时山东学政不负责任，任意招揽毫无资格的岁考阅卷者的一种嘲讽与不平之鸣。岁考即岁试，作为明清科举制度中的一个环节，虽不像乡试、会试那样为决定读书人一生命运的关键，却也荣辱相关，不可怠慢。商衍鎏《清代科举考试述录》第一章第二节：“生员必须应岁考，倘欠考者勒限补行，欠考三次黜革，后宽其例五次以上乃黜，惟充钦天监算学生，及在营效力赏给职衔，或保孝廉方正给六品顶戴者，免岁考，其愿应试者听，仍准补廪出贡。附生入学已三十年，或年届七旬，及患疾笃者，准给予衣顶，免其岁试，不准应乡试。”[①]小说对于朱学政聘请一帮花钱财买来的监生当评审试卷者极其反感，反映了当时府、州、县学莘莘学子的普遍心态。本书卷八《蚰蜒》一篇也暗中讥讽了这位朱学政，可见积怨不浅。但若认为此篇是作者对于科举制度的否定，则言过其实了。朱学政，即朱雯（生卒年不详），字裔三，石门（今浙江省桐乡市）人。康熙三年（1664）二甲第三十名进士，历官孝感知县、江宁同知，康熙三十年以山东按察司副使提督全省学政，迁济东道。道光元年（1821）《石门县志》卷一五《人物志下·朱霞传》后附传。马振方先生论及《何仙》这篇小说，经过梳理有关典籍，认为“实际上，朱雯官声并不太坏”，又说：“容有虚构的小说创作在曲折地反映现实的同时，也是作者主观情感的艺术放大，而在那种可以真名附会假事的时代，这种放大也会夹杂着文人表达恩怨的情绪和成分。”[②]所论甚是。蒲松龄曾有《又投学宪呈》一文：“窃照淄邑虽系山城，自昔颇称才薮，数十世人文蔚起，三百年科第蝉联；今虽衰歇之馀，不乏攻苦之士。科试旧额，例取五十馀名，前任朱宗师减去五分之二，俾穷经士子，瞻棘围以怆怀；苦志寒儒，望龙门而短气。”[③]文中“前任朱宗师”就是指朱雯。科试为诸生参加乡试前的预备试，合格者方能入闱，若减少淄川

---

① 商衍鎏著：《清代科举考试述录》第一章第二节，生活·读书·新知三联书店1958年版，第19页。

② 马振方：《〈胭脂〉〈折狱〉虚实辨析——兼谈〈聊斋志异〉中的真人假事小说》，载《蒲松龄研究》2010年第2期。

③ 盛伟编：《蒲松龄全集》，学林出版社1998年版，第1253页。

县的通过名额，显然不利于该县的诸多秀才，这或许是蒲松龄反感这位朱宗师的重要原因。

附带一提的是，明清时代与“纳粟”入监性质略同者是捐纳为官。卷八《公孙夏》：“乃使人潜访之，则一国学生，加纳赴任湖南者也。”（第 2393 页）何谓加纳？三种全注本或未出注，或注有误。“加纳”当即捐纳中的“花样”，《清史稿》卷一一二《选举七》：“捐纳官或非捐纳官，于本班上输资若干，俾班次较优，铨补加速，谓之花样。”①

在清代，诸生岁试欠考三至五次即被黜革，违法犯罪也要被“申黜顶衣”后治罪。卷一《成仙》：“时获海寇三名，宰与黄赂嘱之，使捏周同党。据词申黜顶衣。”（第 131 页）此即谓向本省学政申报革除当事人的生员资格。顶衣，即“衣顶”，清代标志功名等级的衣服和顶戴，这里即借指生员的服饰。《清史稿》卷一〇六《选举一》：“凡优恤诸生，例免差徭。廪生贫生给学租养赡。违犯禁令，小者府、州、县行教官责惩，大者申学政，黜革后治罪，地方官不得擅责。”②在科举考场中，应试诸生另有犯规被“贴出”的处罚，或也称“黜”。卷六《司文郎》：“及试，宋曰：‘此战不捷，始真是命矣！’俄以犯规被黜。王尚无言，宋大哭，不能自止，王反慰解之。”（第 1623—1624 页）所谓“犯规被黜”，即“贴出”，这里谓乡试中因试卷违式而被摈斥场外，不准考试。清制，凡收卷、阅卷等官员，将试卷中违式、讹错之处贴签指出，谓之“贴出”。若应贴未贴，皆按例分别参处。凡被贴出者，用蓝榜公布于贡院外墙，即丧失考试资格。《清史稿》卷一〇八《选举三》：“试卷题字错落，真草不全，越幅、曳白，涂抹、污染太甚，及首场七艺起讫虚字相同，二场表失年号，三场策题讹写，暨行文不避庙讳、御名、至圣讳，以违式论，贴出。”③蒲松龄《大圣乐·闱中越幅被黜，蒙毕八兄关情慰藉，感而有作》词有云：“得意疾书，回头大错，此况何如。觉千瓢冷汗沾衣，一缕魂飞出舍，痛痒全无。”④所谓“越幅”，即考生誊写考卷时隔页而过，因此被黜，须等待三年后再考。

---

① 赵尔巽等撰：《清史稿》卷一一二《选举七》，中华书局 1976 年版，第 3241 页。
② 赵尔巽等撰：《清史稿》卷一〇六《选举一》，中华书局 1976 年版，第 3119 页。
③ 赵尔巽等撰：《清史稿》卷一〇八《选举三》，中华书局 1976 年版，第 3148 页。
④ 盛伟编：《蒲松龄全集》，学林出版社 1998 年版，第 2032 页。

明清科举，举人进京会试中式尚未经殿试者称“贡士”，贡士经过殿试，一般皆可考中进士（名次不同而已）。但民间有时也称贡生为“贡士”，其资格却与会试中式者不可同日而语。卷六《霍女》“有张贡士之女新寡”（第1611页），有注本简单注为“会试考中者称贡士”，诚属误解。盛伟先生《聊斋志异校注》注云：“贡士：清代，科举会试中式者称贡士。但也尊称贡生为贡士。聊斋中所称贡士，多属后一种。”[①]甚是。小说中的“贡士”，即“贡生”，乃明清考选府、州、县生员（秀才）送到国子监（太学）肄业者。《清史稿》卷一〇六《选举一》：“贡生凡六：曰岁贡、恩贡、拔贡、优贡、副贡、例贡。”[②]《聊斋》卷六《张贡士》，主人公即为拔贡，可为旁证。张贡士实有其人，即张在辛（1651—1738），字卯君，号兔公、柏庭，安丘（今山东省安丘市）人。康熙二十五年（1686）拔贡。工诗，曾师事周亮工，精书法、篆刻。咸丰九年（1859）《青州府志》卷四七《人物十》有传。

卷五《仙人岛》中的秀才王勉，在道士指引下乘长石飞翔返乡，因睁眼下望，误堕海上，为仙女所笑：“吉利，吉利，秀才‘中湿’矣！”（第1407页）所谓“中湿”，乃“秀才中式”的谐音，意谓秀才考中了举人，为旧时读书人所殷切企盼者，这里当属调侃语。中式，即科举考试合格，这里戏谓王勉乡试考中举人，对于读书人可谓大吉大利。两种《聊斋》全注本皆注谓“考中秀才”，当属误解。明清童生进学为生员（秀才），不能称“中”，科举时代只有举人、进士方可称“中”；清吴敬梓《儒林外史》中也只有胡屠户一类的市井中人方称童生进学为“中”。《仙人岛》开首即云王勉“有才思，累冠文场”，即指他在生员应试的岁试或科试中连续取得第一，其身份非秀才莫属。仙女以考中举人相嘲谑，恰如其分；如果仙女以所谓“考中秀才”为词，则对于本为秀才装束的王勉无所谓“吉利”的寓意了。

卷四《魁星》谓郓城张济宇于睡卧中恍惚见魁星执笔现身，于是“由此自负，以为元魁之先兆也”（第1080页）。何谓“元魁”？当谓科举考试殿试第一名，即状元，这是科举时代读书人梦寐以求的科举出身。清李渔《凤求凰》传奇第二十一齣《翻卷》：“目下新主登极，首推文科，命下官速封试卷进呈，

---

① 盛伟校注：《聊斋志异校注》，山西人民出版社2000年版，第626页。

② 赵尔巽等撰：《清史稿》卷一〇六《选举一》，中华书局1976年版，第3100页。

以便亲定元魁，风示天下。”[①] 目下两种全注本皆注元魁为科举考试取得第一名，不确切。科举考试统而言之，诸生岁试、科试乃至乡试、会试、殿试皆在科举考试的范围内，若以岁试第一名或乡试第一名解元为元魁并招致魁星现身，未免小觑了魁星在明清读书人心目中的神圣地位。倒是《聊斋》的两种全译本，即中华书局2010年出版的孙通海等译《聊斋志异》和上海古籍出版社2012年出版的丁如明等译《聊斋志异》，皆译“元魁”为状元，无误。

明清顺天乡试与会试阅卷须分十八房，清赵翼《陔馀丛考》卷二九《十八房》：“本朝会试及京闱乡试，所用同考官凡十八员，谓之十八房。按，分经本始于宋理宗绍定二年，但不载房数。今之十八房，盖沿前明制……本朝酌定中制，《易》、《诗》各五房，《书》四房，《春秋》、《礼记》各二房，共十八房，相沿已久。”[②] 卷六《司文郎》：“君试寻诸试官之文，各取一首焚之，我便知孰为尔师。”（第1622页）所谓“诸试官”即指顺天乡试的十八房同考官（顺天府以外的乡试同考官或无十八房之多，但也多以“五经”分房阅卷）；所谓“师”，即房师，明清乡、会试中式者对分房阅卷并向主考官推荐自己的房官的尊称。卷六《凤仙》：“刘属富川令门人，往谒之。”（第1728页）这里即谓富川县令是分房阅卷录取刘赤水的乡试同考官。门人，即“门生”，科举考试中式者对主考官自称“门生”。诸多注本或失注，令读者难明所以。在各省诸生的岁试或科试中就没有分房同考官的设置了，然而明清科举考试，“四书”题八股文外，还有“五经”题八股文，应试士子须各占一经，阅卷的幕友仍须按“五经”分组批阅，这即所谓“分曹”。卷七《何仙》：“阅卷分曹，恐不能适相值耳。”（第1907页）这里即谓岁试中学政所聘幕友按“五经”分组阅卷的状况。朱其铠先生主编《全本新注聊斋志异》将“分曹阅卷”视为乡试中同考官的阅卷规模，属于误解；若然，则与上文“一切置付幕客六七人，粟生、例监都在其中”的描写冲突了。盛伟先生《聊斋志异校注》将“阅卷分曹”校改为“阅卷公曹”，并出注云：“此指阅卷的幕客。公曹，指封建衙门中的差役。”[③] 谓“幕客”无误，但其身份何以等同地位极其低下的“差役”？可见“分曹”绝不能校改为“公曹”。

---

① （清）李渔撰：《笠翁十种曲·凤求凰》第二十一齣《翻卷》，清康熙间刊本。

② （清）赵翼著：《陔馀丛考》卷二九《十八房》，河北人民出版社1990年版，第575页。

③ 盛伟校注：《聊斋志异校注》，山西人民出版社2000年版，第1692页。

此外，卷一《叶生》与卷三《阿霞》皆有关于书生在乡试考中“亚魁”的描述，今人注释“亚魁”也多有龃龉。本书第四编《〈聊斋志异〉丛脞新录》中有《说“亚魁”》，此不赘论。

二、有关科举注释偏差与缺失举隅

卷四《潞令》：“宋国英，东平人，以教习授潞城令。”（第1106页）朱其铠先生主编《全本新注聊斋志异》注云：“以教习授潞城令：以教习的资格，被任命为潞城县令。教习，明清学官，均由进士充任。”[①]注者显然将此“教习”与翰林院教习庶吉士者相混淆了。教习，这里当指清代八旗官学的教职人员，《清史稿》卷一〇六《选举一》：“于是八旗各建学舍。每佐领下取官学生一名，以十名习汉书，馀习满书。二年，从（薛）所蕴言，合两旗为一学。每学教习十人，教习酌取京省生员。其后学额屡有增减，教习于国学肄业生考选，止用恩、拔、副、岁贡生。如无其人，准例监生亦得考取。举人愿就，一例考选。”又云：“（乾隆）八年，定汉教习三年期满，分等引见。一等用知县，二等用知县或教职铨选。一等再教习三年，果实心训课者，知县即用。”[②]可见清初资深的教习可选授县令，至乾隆八年（1743）始成定制。盛伟先生《聊斋志异校注》注释“以教习授潞城令”，纠正了朱注的偏差，唯又谓“顺治十八年，定汉教习三年期满，分等引见。一等用知县”[③]云云，年代错讹，属于误解《清史稿》原文。

卷五《胡四娘》：“既离苫块，四娘赠以金，使趋入遗才籍。”（第1428页）所谓“遗才”当指“录遗”试。清代科举考试制度，凡科考一或二等及三等小省前五名、大省前十名准送乡试外，其馀因故未考以及在籍之监生、荫生、官生、贡生名不列于学宫而不经科考者，均须经学政主持的录科试，合格者方能参加乡试。凡生员参加科考、录科未取，或因故未参加科考、录科者，在乡试前可再行补考一次，名为“录遗”，录取者即可参加乡试。朱注

① 朱其铠主编：《全本新注聊斋志异》，人民文学出版社1989年版，第712页。
② 赵尔巽等撰：《清史稿》卷一〇六《选举一》，中华书局1976年版，第3110—3111页。
③ 盛伟校注：《聊斋志异校注》，山西人民出版社2000年版，第1147页。

本谓“参加录科考试……也称遗才试”[①]，混淆了“录遗”与“遗才”两试的区别，当属于误解。

《胡四娘》：“先是，程擢第后，有邮报者，举宅皆恶闻之；又审其名字不符，叱去之。”（第1429页）所谓“邮报”当即“邸报”，这里指递送邸报者。古代地方长官在京师设邸，邸中传抄诏令、奏章等，以报于诸藩，故称。唐时已有，宋始称“邸报”，后世亦泛指朝廷官报，清代或称为“京报”，由报房商人经营。明崇祯年间已经有活字版印本。朱注本：“传送喜信。邮，寄递。”[②]盛注本：“传送喜报的。”[③]皆不确切。张友鹤先生《聊斋志异选》注谓：“送考取报条的人。”[④]将“邮报者”释为报录人，或称“报子”，即旧时给得官、升官、考试得中的人家报喜的人，更误。乡试于一省之内或可送报条，殿试在京师，地区或相隔遥远，如何送报条？故不确。

卷五《董公子》主人公青州董尚书可畏，实有其人，当谓董可威（生卒年不详），字严甫，号葆元，益都人。明万历二十三年乙未（1595）三甲第一八二名进士，历官河南卫辉推官、南京吏部主事、光禄少卿、顺天府丞、右佥都御史巡抚宣府、工部侍郎、工部尚书。致仕，卒年七十二岁。康熙十一年（1672）《益都县志》卷七《事功》有传。朱注本、盛注本皆谓董可威为明万历丁未（1607）进士，显然沿袭清吕湛恩注本之讹，当予纠正。

卷七《云萝公主》附则所云李孝廉善迁，性格轻佻，在两兄皆登进士后，也在其夫人的挟制督促下考中举人，小说中有所谓“孝廉捷”一语。李善迁亦实有其人，当谓李缙益（生卒年不详），善迁或为其字号。康熙三十年（1691）《章丘县志》卷九《艺文志》载录清高珩《工部虞衡司郎中李仲卿墓志铭》，略谓李家兄弟三人，长兄李缙徵，以崇祯元年（1628）进士历任保定守。二兄李缙明（1615—1666），字康侯，仲卿为其号，顺治三年（1646）举人，顺治六年（1649）进士，历官大理左评事、工部郎中，卒于任。《章丘县志》卷六《人物志·贤良》另有传。三弟李缙益，为顺治五年（1648）举人，其中举早于二兄李缙明中进士一年，与小说“两兄皆登甲榜”的时序有

① 朱其铠主编：《全本新注聊斋志异》，人民文学出版社1989年版，第961页。
② 朱其铠主编：《全本新注聊斋志异》，人民文学出版社1989年版，第961页。
③ 盛伟校注：《聊斋志异校注》，山西人民出版社2000年版，第1110页。
④ 张友鹤选注：《聊斋志异选》，人民文学出版社1956年版，第233页。

违，姑不论。朱注本、盛注本皆未注出李善迁为何许人，因而对于“孝廉捷”亦不甚了了。“孝廉”为明清时代对举人的尊称，这里仅起指代李缙明的作用，并非言其已有举人身份。笔者所见三种《聊斋》全译本，唯有马振方先生主编之《聊斋志异评赏大成》译为“终于考中了举人”[①]，无误；孙通海先生等《文白对照聊斋志异》译为“终于在科举中考中”[②]，属于无奈中的模糊化处理[③]；丁如明先生等《聊斋志异全译》后出，反而译为“李举人终于考上了进士”[④]，显然错误。《聊斋》所涉及人物或非虚构，明其身份，对于小说的深入探讨不可或缺。

卷六《凤仙》：“如此二年，一举而捷……刘赴宴郡中，女请与俱。”（第1727—1728页）所谓“赴宴”当指新科举人赴郡中参加鹿鸣宴。科举时代，乡试后，州县长官宴请得中举子或放榜次日，宴主考、执事人员及新举人，歌《诗·小雅·鹿鸣》，作魁星舞，故名“鹿鸣宴”。以笔者所见三种全注本、诸多选注本以及三种全译本皆未注出宴会性质，忽略了《聊斋》科举文化的相关内容，令“赴宴郡中”四字稍觉突兀，于诠释小说终属缺憾。

卷八《纫针》：“进士报已自闽中还，盖傅又捷南宫矣。复入都观政而返。”（第2403页）所谓“观政”即“观政进士”，明代新取中之进士，在正式授官前须分拨去部院见习政事，统称观政进士。观政期满，方正式授官。《明史》卷七〇《选举二》：“使进士观政于诸司，其在翰林、承敕监等衙门者，曰庶吉士。进士之为庶吉士，亦自此始也。其在六部、都察院、通政司、大理寺等衙门者仍称进士，观政进士之名亦自此始也。”[⑤]新进士观政属于明朝制度，清朝并未实行，可见《纫针》是以明朝为背景撰写的。朱注本注云：“新进士初入仕，在京供职，曰‘观政’。”[⑥]盛注本所注与此略同。两者朝代皆未注清楚，所释内容与“观政”也有参差。

卷六《司文郎》：“又闻次年再行乡试，遂不归，止而受教。”（第1623

---

① 马振方主编：《聊斋志异评赏大成》，漓江出版社1992年版，第1966页。

② 孙通海等译：《文白对照聊斋志异》，中华书局2010年版，第1529页。

③ 中华书局此后出版全本全注全译丛书之《聊斋志异》反而翻译此句为“终于也考上了进士”，未解其故。于天池注，孙通海、于天池等译《聊斋志异》，中华书局2015年版，第2434页。

④ 丁如明等译：《聊斋志异全译》，上海古籍出版社2012年版，第575页。

⑤（清）张廷玉等撰：《明史》卷六九《选举一》，中华书局1974年版，第1696页。

⑥ 朱其铠主编：《全本新注聊斋志异》，人民文学出版社1989年版，第1630页。

页）所谓"再行乡试"，明清两代每三年一次在各省城（包括京城）举行乡试，逢子、午、卯、酉年为正科，遇庆典加科称恩科。顺治四年丁亥（1647）与顺治十六年己亥（1659）为会试加科，则分别于其前一年举行乡试加科，即顺治三年丙戌科（1646）乡试加科、顺治十五年戊戌科（1658）乡试加科。"再行乡试"当谓上述两次加科中的一科。笔者所见各注本皆未注出，实不应忽略。

蒲松龄从未到过京师，对于顺天府贡院不熟悉，构思关键情节也不免百密一疏，注家自不应草草。卷五《青娥》："后以拔贡入北闱，遇同号生，年可十七八，神采俊逸，爱之。视其卷，注'顺天廪生霍仲仙'。"（第1390页）所谓"同号生"，即谓贡院考场中同一号舍的考生。商衍鎏《清代科举考试述录》第二章《举人及关于举人系内之各种考试》第一节《乡试之定制》："顺天乡试普通称曰北闱。闱中分编字号以辨省分，属于生员者，直隶编贝字号（贡监编北贝归北皿），奉天编夹字号……此外贡监编为皿字号，顺治十四年分为北、南皿，以直隶八府、保安二州、辽东、宣府、山东、山西、河南、陕西、四川、广西之贡监为北皿，江南、浙江、江西、福建、湖广、广东之贡监为南皿。"[①] 据此，霍孟仙以山西贡监资格应试当入北皿字号舍，霍仲仙以直隶顺天府生员资格应试当入贝字号舍，科举出身不同的北闱考生不可能在同一号舍应试。蒲松龄或以山东乡试济南府贡院之号舍想象北闱号舍，故有偶疏处。今人注释《聊斋》自当指出。

中国的科举制度发轫于隋代，经唐宋整合，至明清发展至极致。千军万马同过独木桥，须眉男子欲跳龙门尚且难于上青天，更何况巾帼弱女子欲与男子逐鹿于科场，又谈何容易?!《聊斋志异》卷四有《颜氏》一篇，就虚构了一个女扮男装并科场得意的故事。作者将其背景置于天崩地解的明清易代之际，至少在一定程度上避免了真相大白后的无限尴尬；至于为"顺天某生"设计出流落他乡再回归故里应试的情节，为颜氏设计出不能生育的人生缺陷，也都是为"圆谎"而设计，绝非闲笔。本书第四编《〈聊斋志异〉丛脞新录》有《说〈颜氏〉》一篇，读者可参阅，这里不再赘述。

---

① 商衍鎏著：《清代科举考试述录》第二章第一节，生活·读书·新知三联书店1958年版，第50页。

三、关于八股制义

卷八《新郑狱》之“异史氏曰”有云：“石公为诸生时，每一艺出，得者秘以为宝。观其人，恂恂雅饬，翰苑则优，似非簿书才者。乃一行作吏，神君之名，噪于河朔。谁谓文章仅华国之具哉！故志之以风有位者。”（第 2434 页）何谓“翰苑”？朱注本云：“翰苑：翰林院。此指在翰林院任职。”① 盛注本云：“翰苑：翰林院。其意为可在翰林院任职。”② 两注似皆有误解。石公即石曰琮（1650—1710），字宗玉，号璞公，长山人。康熙三十年（1691）三甲第七十九名进士，康熙三十七年任新郑县令，历官祥符县令、宁羌州知州。康熙四十三年（1704）升平凉府知府，莅任甫三月，丁内艰归，四十六年服阕，补福州府知府，卒官。著有《四书》、《诗经》稿。生平详见清王士禛《诰授中宪大夫福建福州府知府石君宗玉墓志铭》。石平生从未入过翰林院，所谓“翰苑”当指文翰荟萃之处，这里谓撰写八股制艺一类文章的才能，与上文“每一艺”和下文“文章”照应，突出了八股制义写作的地位，也显示了蒲松龄对科举功令文的正面态度。

八股制义即八股文，其规则随时代不同而屡有变化，但大体上要由破题、承题、起讲、入手、起股、中股、后股、束股等几个部分组成。其中起股、中股、后股、束股等四个部分各自须有两股相比偶的文字，共成八股，这就是“八股文”名称的由来。作八股文，应试者首先要用两句话总括点明题义，这就是“破题”；接下来用四、五句话引申“破题”之义，谓之“承题”。破题与承题写得好坏往往成为考官考虑录取与否的关键，故为考生所重视。卷三《念秧》：“少年悉告之。且自诵其承、破，及篇中得意之句。”（第 849—850 页）文中“承破”即谓八股文中的破题与承题部分。《聊斋》两种全注本皆谓“承破”为八股文中的“两股”，当属于误解。卷六《司文郎》：“王力为排难，请另命佳题。又翻曰：‘殷有三仁焉。’宋立应曰：‘三子者不同道，其

---

① 朱其铠主编：《全本新注聊斋志异》，人民文学出版社 1989 年版，第 1649 页。
② 盛伟校注：《聊斋志异校注》，山西人民出版社 2000 年版，第 1532 页。

趋一也。夫一者何也？曰：仁也。君子亦仁而已矣，何必同？’”（第1620页）宋生所言六句即是以《论语·微子》中“殷有三仁焉”（微子、箕子、比干）为题的八股文的破题与承题①，乃巧用《孟子·告子下》中“三子”（伯夷、伊尹、柳下惠）来“破”、“承”孔子之言②。其中巧换“三仁”概念，显示了宋生机智变通而又幽默诙谐的雅趣。

卷五《仙人岛》：“王意世外人必不知八股业，乃炫其冠军之作，题为‘孝哉闵子骞’二句，破云：‘圣人赞大贤之孝……’绿云顾父曰：‘圣人无字门人者，孝哉一句，即是人言。’”（第1409页）绿云之讥评，意谓孔子不当称呼自己学生的表字，“孝哉闵子骞”不过是孔子转述赞誉者的言语。这里以对《论语》的别种诠释，讥讽王勉的“破题”开首即错，有调侃意味。可见八股文写作讲究甚多，稍不注意即犯规，这也反映了蒲松龄常年研习八股文的心得之秘。

明清两代，八股文风格屡有变化，不乏派别之争。卷四《郭生》：“时叶、缪诸公稿，风雅艳丽，家传而户诵之。”（第1049页）所谓“风雅艳丽”，即指八股制艺风格文辞华美的一派，如清初由明末云间派发展而来的尤王派八股文，代表人物为章金牧、尤侗、王广心等。清初为革除明末八股制艺弊端，曾经有“正文体”的改革措施，即《郭生》中“无何，叶公以正文体被收”二句所言者。“叶、缪”二人不见文献记述，当系虚构，但“正文体”则实有其事。《钦定大清会典则例》卷六九《礼部·学校二》：“厘正文体。顺治八年题准：学政岁、科考各分四次解卷到部，会同礼科磨勘。所取生童文字，以纯正典雅为主，如诡怪舛谬者，本生黜革，学政参处……九年题准：说书以宋儒传注为宗，行文以典实纯正为尚。其有剽窃异端邪说、矜奇立异者，不得取录。”③此可证蒲松龄撰写《聊斋》，有关科举文化背景是有其现实依据的，今天之注家自不当遗漏。

---

① 《论语·微子》：“微子去之，箕子为之奴，比干谏而死。孔子曰：‘殷有三仁焉。’”杨伯峻译注：《论语译注》，中华书局1980年版，第192页。

② 《孟子·告子下》：“孟子曰：‘居下位，不以贤事不肖者，伯夷也。五就汤，五就桀者，伊尹也。不恶污君，不辞小官者，柳下惠也。三子者不同道，其趋一也。’‘一者何也？’曰：‘仁也。君子亦仁而已矣，何必同？’”杨伯峻译注：《孟子译注》，中华书局1980年版，第284页。

③ 《钦定大清会典则例》卷六九《礼部·学校二》，影印文渊阁《四库全书》，台北商务印书馆1986年版，第622册第300页。

卷七《龙飞相公》："遂置卷案头，皆成、洪制艺，迫使研读。"（第2039页）所谓"成洪制艺"当作"成弘制艺"，谓明代成化、弘治间的八股文章。清顾炎武《日知录》卷一六《试文格式》："经义之文，流俗谓之八股，盖始于成化以后。股者，对偶之名也。天顺以前，经义之文，不过敷演传注，或对或散，初无定式，其单句题亦甚少。成化二十三年，会试'乐天者保天下'文，起讲先提三句，即讲乐天，四股，中间过接四句，复讲保天下，四股，复收四句，再作大结。弘治九年，会试'责难于君谓之恭'文，起讲先提三句，即讲责难于君，四股，中间过接二句，复讲谓之恭，四股，复收二句，再作大结。每四股之中，一反一正，一虚一实，一浅一深（亦有联属二句、四句为对，排比十数对成篇，而不止于八股者）。其两扇立格（谓题本两对，文亦两大对），则每扇之中，各有四股，其次第文法，亦复如之。故今人相传谓之八股。若长题则不拘此。嘉靖以后，文体日变，而问之儒生，皆不知八股之何谓矣。"[①] 作为科举中人，蒲松龄熟悉八股文体的流变，注家若不注出原委，会令今天的读者一头雾水。

八股文之外，策问、论、表、判等也是明清科举考试的内容，至于五言八韵的试帖诗，已是乾隆二十三年（1758）以后的设置了，属于后话。卷六《于去恶》中曾言及"策问"的考题，所谓"策问"，即以政事或经义等设问要求解答以试士，为历代科举考试项目之一，始于唐。《聊斋》所言"策问"当谓时务策，为清代乡、会试第三场的考试内容。《清史稿》卷一〇八《选举三》："（顺治）二年，颁科场条例。礼部议覆，给事中龚鼎孳疏言：'故明旧制，首场试时文七篇，二场论、表各一篇，判五条，三场策五道。应如各科臣请，减时文二篇，于论、表、判外增诗，去策改奏疏。'帝不允，命仍旧例。首场'四书'三题，'五经'各四题，士子各占一经……二场论一道，判五道，诏、诰、表内科一道，三场经史时务策五道。乡、会试同。"[②] 值得注意的是，清代康熙二年（1663）开始，有两科乡、会试曾一度废止八股制义的考试，第一场八股七题改以策问五道。《清史稿》卷一〇八《选举三》："康熙二年，废制义，以三场策五道移第一场，二场增论一篇，表、判如故。行止

---

① （清）黄汝成集释：《日知录集释》，岳麓书社1994年版，第594页。
② 赵尔巽等撰：《清史稿》卷一〇八《选举三》，中华书局1976年版，第3148页。

两科而罢。”[①] 这或许是蒲松龄在《于去恶》一篇中特将策问试题表而出之的原因。

诠释《聊斋志异》，科举文化当为注家所特别关注，否则就有可能不解甚至误解《聊斋》作品之原义。

① 赵尔巽等撰：《清史稿》卷一〇八《选举三》，中华书局1976年版，第3149页。

《聊斋志异》与清代刑法相关的几个问题

蒲松龄的《聊斋志异》是一部百科全书式的文言短篇小说集，其内容涉及民情风俗、名物典故以及作者心态等诸多层面，并非仅是一个个故事的联缀。刑法作为清代制度文化之一，属于《聊斋》中许多短篇小说写作的背景资料，摭拾《大清律例》中的部分条文与小说相关内容加以对照研究分析，对于正确诠释《聊斋》真义不可或缺。笔者以下即分三部分探讨《聊斋志异》与《大清律例》有关的几个问题。

清人入主中原，定鼎北京，改变了在关外颇带满洲民族特色的“打腮”、“贯耳”、“刺鼻”、“碎尸”等偏于肉体刑罚的律法，参照明代的《大明律》，几经修订，逐步制订出《大清律例》，最终形成中国古代历史中最为系统的法律文本。《钦定大清律例》完成于乾隆五年（1740），为《聊斋志异》的作者蒲松龄去世二十五年后所颁行，然而其来有渐，计有如下三个阶段。顺治四年（1647）三月颁行的《大清律集解附例》三十卷“详译《明律》，参以国制，增损剂量，期于平允”[①]；康熙九年（1670）另颁《现行则例》，仍保留大量的《明律》内容；雍正六年（1728）颁行《大清律集解》，是对上述两典“逐年考证，重加编辑”[②]而成。乾隆朝颁行的《大清律例》属于律、例合体的法典，主要内容不出顺治、康熙、雍正三部法典的范围，尤其是其一以贯之的实践意义，当与蒲松龄所处时代并无二致，因而以之作为研究《聊斋志异》所涉及的与清代刑法相关的问题并无不妥。

一、清代法律的名与实

蒲松龄《聊斋志异》卷六《盗户》一篇近似于寓言小说，嬉笑怒骂皆成文章，将社会一时之怪现状和盘托出，发人深省。篇中“异史氏曰”有云：

---

① 田涛、郑秦点校：《大清律例·点校说明》，法律出版社1999年版，第2页。

② 田涛、郑秦点校：《大清律例·点校说明》，法律出版社1999年版，第3页。

"今有明火劫人者，官不以为盗而以为奸；逾墙行淫者，每不自认奸而自认盗：世局又一变矣。"（第1602页）世人所谓"两害相权取其轻"，尽在这"世局一变"的慨叹中凸显。官民上下何以如此弄法？这与清代司法实践密切相关联，若不明个中原因，则会一头雾水，不解其故。清但明伦于"官不以为盗而以为奸"句下有评云："明火行劫，徒以规避处分改案为奸，于国为坏法，于己为丧德；处分即或幸免，吾不敢问其后矣。"（第1602页）如此判断，显然是从官府为维护治下名义上的安定以免上司追责的角度立论，至于见色起意的奸淫案，则属于民间风化案件，饮食男女问题可以人生之常为解，自与官吏治绩关涉无多，断案不妨浑水摸鱼，即可皆大欢喜，何乐而不为？至于民间"逾墙行淫者"，何以"每不自认奸而自认盗"，但明伦则无片语评断。其仅知其然而不明其所以然的议论，并不中肯。对于今天的读者而言，如何理解"异史氏曰"的"世局一变"之论就更难得要领了。以笔者所见《聊斋志异》的诸多全注本、选注本于此也概付阙如，皆不加注。至于一些全译本，亦多依照文字直译而出，自然难明作者之本义，甚至有另加评赏者云："'异史氏曰'的几句话，愤世嫉俗溢于言表，剖析世情鞭辟入里。但是就全篇来说，未尝不可有可无。"[①] 其实，"异史氏曰"的这几句话绝非空发议论，它与《盗户》一篇的主旨相辅相成，互为表里，堪称蒲松龄这篇小说中的点睛之笔。

《大清律例》卷二三《刑律·贼盗上·强盗》："凡强盗已行而不得财者，皆杖一百、流三千里。但得事主财者，不分首从，皆斩。"[②] 同书卷三三《刑律·犯奸》："强奸者，绞监候。未成者，杖一百、流三千里。"[③] 可见在"犯罪未遂"的情况下，清初的强盗与犯奸两罪的量刑标准都是"杖一百、流三千里"，这一刑罚上的雷同恰为官府上下其手制造了弄虚作假的空间，也为民间认奸为盗大开了方便之门。值得一提的是，清代官府判案定谳，"失出"（重罪轻判或应判刑而未判刑）或"失入"（轻罪重判或不当判刑而判刑），皆要被追责处罚的。康熙四十三年（1704），著名文学家王士禛就因王五、吴谦一案"失出"而被罢刑部尚书，从而结束了其仕宦生涯。

官府审案指盗为奸，一可掩饰其辖区治安状况的混乱，二可简省头绪，

① 马振方主编：《聊斋志异评赏大成》，漓江出版社1992年版，第1720页。
② 田涛、郑秦点校：《大清律例》卷二三《刑律·贼盗上·强盗》，法律出版社1999年版，第377页。
③ 田涛、郑秦点校：《大清律例》卷三三《刑律·犯奸》，法律出版社1999年版，第521页。

避免指认目标赃物等较为繁琐的文牍处理过程。见色起意则与其治绩关联无多，属于当地民风未淳；既然犯罪未遂，自无须指认对象为何人，这在重视妇女名节的封建社会也不难理解。在刑罚等同的条件下，民间罪犯宁认盗而不认奸，也是出于减免头绪以便自家应诉的考虑；因为若认奸，则必牵连他人名节，涉及诸多人情世理，甚至横生枝节乃至百口难辨；若认盗，见财起意则不牵涉人际因素，认奸为盗对迅速结案更为有利。"异史氏曰"书写有关罪名认知问题上的清代官民对立情绪，正是人们趋利避害心态的真实反映，其实质则是名分与利益的纠缠，有此一番议论正与《盗户》的主干故事相映生辉。《盗户》云：

> 顺治间，滕、峄之区，十人而七盗，官不敢捕。后受抚，邑宰别之为"盗户"。凡值与良民争，则曲意左袒之，盖恐其复叛也。后讼者辄冒称盗户，而怨家则力攻其伪。每两造具陈，曲直且置不辨，而先以"盗"之真伪反复相苦，烦有司稽籍焉。适官署多狐，宰有女为所惑，聘术士来，符捉入瓶，将炽以火。狐在瓶内大呼曰："我盗户也！"闻者无不匿笑。（第 1602 页）

当贼做盗在任何社会皆属犯罪，妙在特定时期、特定地域的"盗户"不以曾经为盗的个人历史为耻，反以为荣，并成为自抬身份的利器，的确匪夷所思！

现代社会或遇人街头争执，一方口出"爷刚从大狱里出来"，一副"光脚不怕穿鞋的"凶神恶煞面孔，往往会令对方不寒而栗，俯首认输，不光彩的经历居然也成为一种行之有效的炫耀资本。至于"我的爸爸是某某"一类曾经流行于 21 世纪起初十年间的网络流行语，当属对于自家名分地位高度自信且有恃无恐的宣言。带有强烈"拼爹"意识色彩的言语与"我是流氓我怕谁"之类故意放低身份的思维逻辑异曲同工，皆为抢占先机的话语策略。当一种名分在特定时期或特定环境下具有相当震慑力时，对立的一方就只能退避三舍，否则吃亏即在眼前。《盗户》附则的故事也是在书写名分与利益发生冲突时，一般皆以利益为优先的社会通识：

> 章丘漕粮徭役，以及征收火耗，小民常数倍于绅衿，故有田者争求托焉。

虽于国课无伤，而实于官橐有损。邑令钟，牒请厘弊，得可。初使自首，既而奸民以此要士，数十年鬻去之产，皆诬托诡挂，以讼售主。令悉左袒之。故良懦者多丧其产。有李生，亦为某甲所讼，同赴质审。甲呼之"秀才"，李厉声争辨，不居秀才之名。喧不已。令诘左右，共指为真秀才，令问："何故不承？"李曰："秀才且置高阁，待争地后，再作之不晚也。"噫！以盗之名，则争冒之；秀才之名，则争辞之，变异矣哉。（第1602—1603页）

《盗户》的"异史氏曰"不按《聊斋志异》之通例设置于全篇之末，而是插于主干故事与附则故事之间，显然于小说两个故事写作的承接过渡、穿针引线之外，作者用心更专注于对所谓"名实"即名称与实际问题的揭示，如此夹叙夹议，更显深刻。但今天的读者若不明清代相关司法律条的内容，此则中"异史氏曰"的微言大义就完全不可理解了。

二、清代法律与婚姻家庭问题

清代司法中的一些律条在实践中或许徒具空文，格于地域民间习俗，常处于所谓"民不举官不究"的状态。《大清律例》卷一〇《户律·婚姻·尊卑为婚》："其父母之姑舅两姨姊妹及姨若堂姨，母之姑、堂姑，己之堂姨及再从姨、己之堂外甥女，若女婿之姊妹，及子孙妇之姊妹（虽无服），并不得为婚姻，违者，男女各杖一百。若娶己之姑舅两姨姊妹者（虽无尊卑之分，尚有缌麻之服），杖八十，并离异（妇女归宗，财礼入官）。"[①] 如此处罚不可谓不严。《聊斋志异》卷一《婴宁》："吴复来，生问所谋。吴绐之曰：'已得之矣。我以为谁何人，乃我姑氏女，即君姨妹行，今尚待聘。虽内戚有昏因之嫌，实告之，无不谐者。'"（第219页）吴生所称"昏因之嫌"即指清代刑法中上述律条，但一经转折，吴生缘何又以"无不谐者"为词呢？笔者所见诸多注本对此多不予理会，这就难以解释此后王子服与婴宁永结秦晋之好的团圆结局

① 田涛、郑秦点校：《大清律例》卷一〇《户律·婚姻·尊卑为婚》，法律出版社1999年版，第208页。

了。原来《大清律例》卷一〇《户律·婚姻·尊卑为婚》另有“条例”云：“外姻亲属为婚，除尊卑相犯者，仍照例临时勘酌拟奏外，其姑舅两姨姊妹听从民便。”[①] 看来律法在特定情况下屈从于民俗，一定程度的通融还是允许的。

在清代，户律中涉及婚姻的多数条文，通融的馀地就无多了，至少在书面上是如此。《聊斋志异》卷七《书痴》中的郎玉柱读书带有明确的功利性目的，其“痴”完全没有晚明人的那份潇洒自如，具有神仙色彩的颜如玉用围棋、弦索化解其痴的迂执与不近人情，引导他回归正常。郎玉柱的“痴”属于钻牛角尖，幸亏有男女之情的羁绊，方令其不得不告别过去。郎玉柱受闽人史姓邑宰迫害，几至家破人亡，他沉默以对邑宰史某的淫威，维护了其执著的痴情，“书痴”不可理喻的负能量至此已转化为维护尊严诉求的正能量。此后郎玉柱考中进士，到闽地为巡按御史，终于乘机复仇，籍史姓其家，并收纳了史某的爱妾：“时有中表为司理，逼纳爱妾，托言买婢寄署中。案既结，郎即日自劾，取妾而归。”（第 2106 页）郎玉柱为何“自劾”？《大清律例》卷一〇《户律·婚姻·娶部民妇女为妻妾》：“凡府、州、县亲民官，任内娶部民妇女为妻妾者，杖八十。若监临（内外上司）官，娶（见问）为事人妻妾及女为妻妾者，杖一百。”[②] 史某因“存心之私”而受到郎玉柱的“怨毒之报”，爱妾也归于郎。如此情节设计，反映了蒲松龄对于侮辱斯文一类“祖龙之虐”的反感。郎玉柱公报私仇并娶史某爱妾以为报复，其“即日自劾”，以规避“娶（见问）为事人妻妾及女为妻妾者”的律条，并非小题大做。所谓“自劾”，其所检过失当非“娶部民妇女为妻妾”，而是借他故以去官，意在逃避杖刑的责罚。如此行事绝非一个书呆子所能想出并办妥。那么本篇《书痴》真义何在？或谓作者讽刺了科举制度对于读书人的毒害，似属郢书燕说；清何守奇有评云：“故知不汲汲于读，乃为真能善读书者。”（第 2108 页）此或许可称是搔到作者痒处之的评。今天的读者至此若不明古代相关刑律，就难以理解郎玉柱自毁前程的去官之举措了。

家庭作为社会的细胞，夫妻反目所造成的难以预测的后果在任何社会都

---

① 田涛、郑秦点校：《大清律例》卷一〇《户律·婚姻·尊卑为婚》，法律出版社 1999 年版，第 209 页。

② 田涛、郑秦点校：《大清律例》卷一〇《户律·婚姻·娶部民妇女为妻妾》，法律出版社 1999 年版，第 210 页。

是不容低估的，儒家传统思想将“修身”、“齐家”两项修为置于“治国”、“平天下”之前大有道理。蒲松龄《聊斋志异》卷八《锦瑟》，以主人公王生婚姻遇兰氏不淑为背景，渲染人神之恋的无限美好，似乎又是在情感的“乌托邦”中寻觅婚姻的归宿，以弥补现实的缺憾。王生以诚朴谦和、舍己救人的美德赢得了仙女锦瑟的芳心，无非是作者的一种人生憧憬；艰难历尽，苦尽甘来，终得好报，这也符合中国人对于“大团圆”结局的偏好。就此而论，读《锦瑟》又不妨视其为是一篇蕴含哲理的小说。清代但明伦似乎也看到了其中的窾窍，有评云：“生于忧患，死于安乐，上下古今，此理不易……即使遭逢不偶，当知疢疾所在，皆天之玉汝于成也。操心危虑，患深德成，而境遇不足言矣。况盈虚消息，天道之常，从未见有动心忍性、增益不能之人，而不降大任者。即不然，只此求生于安乐，而适以速死；求死于忧患，而转以得生。”（第 2426 页）这一辩证思维对于今天的读者当不无启发。《大清律例》卷一〇《户律・婚姻・强占良家妻女》：“凡豪强势力之人，强夺良家妻女，奸占为妻妾者，绞监候。”[①] 小说中的“陕中贾某”是在预料王生已死的情境下“媒通兰氏”，并“遂就生第”与王生之妻兰氏成婚的，不料王生意外归来，事发仓促中：“贾托村人，求反其妾，妾哀号不肯去。生乃具状，将讼其霸产占妻之罪，贾不敢复言，收肆西去。”（第 2425 页）官府若准王生起诉立案，贾某“霸产”姑不论，仅“占妻”一事就足以判其“绞监候”，终难逃一死。这正是贾某于生死之际“不敢复言”，终于抛下后置诸多产业并其小妾不顾而“收肆西去”的原因。可见，欲读懂《聊斋》，就要熟悉清代相关律法，现代注本亦当明确注出，否则不求甚解，囫囵读过，对理解作者用心就终隔一层了。

《聊斋志异》卷一《画皮》可视为劝诫警示世人之作，也可以视为别有深意的寓言作品，“异史氏曰”已将作者的双重用心表达得淋漓尽致。更由于本小说情节惊悚并稍涉恐怖，陈氏啖痰的描写污秽不堪，令人匪夷所思，因而现代影视作品常以此为素材进行再创作，意图制造票房奇迹。如果说拒绝色诱以及“天道好还”的说教，体现了蒲松龄一以贯之的仁善思想的话，那么

① 田涛、郑秦点校：《大清律例》卷一〇《户律・婚姻・强占良家妻女》，法律出版社 1999 年版，第 211 页。

“愚哉世人”、“迷哉愚人”之叹就具有究竟如何认清事物现象与本质的哲学意味了。所谓“画皮”，颇近似于现代瑞士心理学家荣格的“人格面具”说，即在丰富多彩的社会中，人们为了保证自己与他人的和睦相处以及寻求社会的认同，都必须戴有隐藏自己本来面目的人格面具处世，人格面具是以公众道德为标准的，以集体生活价值为基础的表面人格，具有符号性和趋同性。这是人类社会复杂性的显现，就此而言，“画皮”就属于人人必备的人生道具，而非有意加害于人的装饰。当然，就特殊意义而言，“画皮”仍是鬼魅害人的伪装，而非为适应社会需要所必戴的人格面具。清人但明伦有评云：“明明丽人也，而乃翠面锯齿徒披绘之人皮者乎？世之以妖冶惑人者，固日日铺人皮执采笔而绘者也。吁，可畏矣！”（第178页）这属于一种超越故事内容的见解，因而具有一定的认识价值。《画皮》以“太原王生，早行，遇一女郎，抱袱独奔”开笔，王生见色起意，上前主动挑逗，终“乃与寝合”，并“匿密室”。数日后，“生微告妻，妻陈，疑为大家媵妾，劝遣之，生不听”（第177页）。作者这一番描写并非刻画王生妻陈氏的醋意大发，而是描写其妻于法有据的善意劝说，自非闲笔。《大清律例》卷一〇《户律・婚姻・娶逃走妇女》：“凡娶犯罪逃走妇女为妻为妾，知情者，与同罪。”[①]又《大清律例》卷二五《刑律・盗贼下・略人略卖人・条例》：“凡诱拐妇人子女，或典卖，或为妻妾、子孙者，不分良人奴婢，已卖未卖，但诱取者，被诱之人若不知情，为首者，拟绞监候，被诱之人不坐。”[②]如此性命攸关之事，岂可大意！其妻陈氏的警觉顺理成章，属于旧时的贤惠妇女形象，与其后啖痰救夫的行为同一。无奈王生色迷心窍，执迷不悟，终酿大祸。

《聊斋志异》卷六《霍女》是一篇寓意与言情兼而有之的小说作品，但后者弱于前者，霍女作为抽象美色的符号意义远大于其人物形象的鲜活性。朱大兴、世胄何某、巨商子与黄生四个人物围绕“美”的诱惑，因身份不同而下场各异，或因恋色而破产，几无葬身之地；或听友人劝说而大悟，悬崖勒马；或见色起意，枉掷千金。作者笔下所中意者为黄生，明显带有其自身的

① 田涛、郑秦点校：《大清律例》卷一〇《户律・婚姻・娶逃走妇女》，法律出版社1999年版，第210页。

② 田涛、郑秦点校：《大清律例》卷二五《刑律・盗贼下・略人略卖人・条例》，法律出版社1999年版，第406页。

理想与强烈的自我融入意识。黄生之所以作为霍女的最终选择，贫困而诚实的书生本色当是霍女所最看重的，这也是霍女改弦更张、相夫有道的原因。作者意在说明似乎为人处世不如此就不足以得到神人或仙狐的青睐，显然，读书人高自位置的自我价值认定，在小说构思中起到了决定性作用，超越现实的白日梦式幻想始终引导着故事情节的展开。小说中有座客顾生劝导世胄何某拒绝霍女之语："收纳逋逃，已干国纪。"（第1608页）何某觉悟，终于放手，避免了败家之祸。顾生所言八字，掷地有声，所谓"收纳逋逃"，与《画皮》陈氏中劝夫之语的内涵毫无二致。两篇小说皆以他人之劝说语道出对收留来历不明女子的顾虑，其背后正是清代一般百姓畏法心态的流露。读者若不明当时有关"拟绞监候"刑法之严厉，则作者描写王生迷恋美色之深、何某从善如流的积极行动皆无从理会诠释了。

凌迟属于古代最残酷的一种死刑，俗称"剐刑"，源于古代"车裂"一类的酷刑。《汉书・景帝纪》："改磔曰弃市，勿复磔。"唐颜师古注："磔谓张其尸也。"[①]所谓"张其尸"，当为戮尸，是对人死后遗体的一种侮辱。将犯人千刀万剐处死的刑罚则始于五代，直至清末始废。《宋史・刑法志一》："凌迟者，先断其支体，乃抉其吭，当时之极法也。"[②]明代将凌迟之刑发展到极致，有一种说法，犯人要被剐3357刀，未足刀数先死，刽子手要受责罚，其残酷可见一斑。明代有名的凌迟处死案，如宦官刘瑾、反对阉党的郑鄤、抗清名将袁崇焕皆受此酷刑而死。《大清律例》卷二六《刑律・人命》："凡因奸同谋杀死亲夫……奸妇仍照律凌迟处死。"[③]《聊斋志异》卷三《续黄粱》："忽震厉一声，室门大辟，有两贼持刀入，竟决秀才首，囊括衣物。团伏被底，不敢复作声。既而贼去，乃喊奔嫡室。嫡大惊，相与泣验。遂疑妾以奸夫杀良人，因以状白刺史。刺史严鞫，竟以酷刑定罪案，依律凌迟处死，絷赴刑所。"（第782页）小说中身为顾秀才妾的弱女，因其夫被强盗所杀，遂惨遭嫡室诬陷，被处以酷刑，反映了封建时代歧视妇女的法律实质。然而"夫殴死有罪妻妾"："凡妻妾因殴骂夫之祖父母、父母，而夫（不告官）擅杀死者，杖

① （汉）班固撰：《汉书》卷五《景帝纪》，中华书局1962年版，第145页。
② （元）脱脱等撰：《宋史》卷一九九《刑法志一》，中华书局1977年版，第4973页。
③ 田涛、郑秦点校：《大清律例》卷二六《刑律・人命》，法律出版社1999年版，第425页。

一百。”[①] 两相对照，清代刑法于人命大案之畸重畸轻可见一斑。

《聊斋志异》卷三《念秧》中吴生被黄姓人设美人局欲行敲榨：

> 忽闻黄与主人捶阖鼎沸，但闻黄曰：“我一路祗奉，谓汝为人，何遂诱我弟室！”吴惧，逼女令去。闻壁扉外亦有腾击声。吴仓卒汗如流渖，女亦伏泣。又闻有人劝止主人，主人不听，推门愈急。劝者曰：“请问主人意将胡为？如欲杀耶，有我等客数辈，必不坐视凶暴。如两人中有一逃者，抵罪安所辞？如欲质之公庭耶，帷薄不修，适以取辱。且尔宿行旅，明明陷诈，安保女子无异言？”主人张目不能语。（第854—855页）

吴生因有狐友暗中佑护，终于化险为夷。小说中的“劝者”即为狐友所化，其中“如两人中有一逃者，抵罪安所辞”二语，读者若不明清代律法，则难明所以。《大清律例》卷二六《刑律·人命·杀死奸夫》：“凡妻妾与人奸通，而本夫于奸所亲获奸夫、奸妇，登时杀死者，无论。若止杀死奸夫者，奸妇依合奸律断罪，当官嫁卖，身价入官。”[②] 其《条例》又云：“本夫之兄弟及有服亲属，皆许捉奸。如有登时杀伤者，并依已就拘执而擅杀伤律。若非登时杀伤，依斗杀伤论。”[③] 所谓“捉奸见双”，捉奸“擅杀伤”为轻罪或免予处罚，若为“斗杀伤”，须抵罪，两者性质完全不同。这是“劝者”语带威胁的根据所在，并最终令设局者无奈收手，堪称赔了夫人又折兵。《聊斋志异》卷四《金生色》以夫死后其妻的再嫁问题为中心构思，有对邻子杀奸夫的一段描写：“妪仓皇失措，谓子曰：‘捉奸而单戮之，子且奈何？’子不得已，遂又杀妻。”（第1504页）通晓上引《大清律例》律条，才能体会到邻子“遂又杀妻”的无奈，更可见清代有关“捉奸”律法的荒谬绝伦。

在封建婚姻制度中，尊卑之礼严格，妻妾各有名分，不得互易。《大清律例》卷一〇《户律·婚姻·妻妾失序》：“凡以妻为妾者，杖一百；妻在，以

---

① 田涛、郑秦点校：《大清律例》卷二六《刑律·人命》，法律出版社1999年版，第435页。
② 田涛、郑秦点校：《大清律例》卷二六《刑律·人命》，法律出版社1999年版，第423页。
③ 田涛、郑秦点校：《大清律例》卷二六《刑律·人命》，法律出版社1999年版，第424页。

妾为妻者，杖九十，并改正。”[①]《聊斋志异》卷八《大男》以奚成列一家妻妾矛盾为中心书写人间悲欢离合之情，最终因善恶昭彰而导致其妻与妾互相易位。小说设计恶邻挟私报复情节，以所谓“逼妻作妾”揭发控告奚家，用心险恶，幸奚子大男已贵，方令恶邻阴谋没有得逞。吴敬梓《儒林外史》第五回描写极端吝啬的严监生为了将其妾赵氏在其妻王氏故后扶正，用两百两银子贿赂王氏的两位兄长，还要以两位兄长的名义请客大宴三党，可见将妾扶正为妻在清代谈何容易！回过头来再看《大男》中的有关描写，不通晓清代对于“妻妾失序”的严厉惩罚，就难以体会恶邻的凶险居心，也就难以成为接受美学中所说的“合格的读者”。

三、清代法律的其他问题

《聊斋志异》中有一些篇章对于官吏作弊弄法并非明言指斥，而是用皮里阳秋之法暗中嘲讽。卷三《田七郎》就是一篇揭露清代司法腐败的小说。社会腐败，政以贿成，司法不公，首当其冲。汉代朱家、郭解一类的侠客之所以能够在太史公的《史记·游侠列传》中被书写下浓重的一笔，就在于这些人的存在可以多多少少缓解因社会不公所带来的世人普遍的焦虑，至少作为一种企盼或希冀，也总能令无告的百姓获得一丝心灵的慰藉。值得瞩目的是，《田七郎》中的武承休并非下层百姓，在当时是属于乡绅阶层的富户，这是他“喜交游，所与皆知名士”的经济基础。即使如此，在官官相护、上下其手的黑暗社会氛围下，武氏也须结交一位真正“可共患难”的朋友，方得以自保。这是地位悬殊、贫富迥异的两个不同社会阶层者能够逐渐走到一起的社会基础。蒲松龄构思《田七郎》，显然受到《史记》中《魏公子列传》以及《游侠列传》、《刺客列传》相关描写的启发，会通融合，游刃有馀。塑造田七郎与田母的形象，皆生动传神。小说设计了县令审案中左袒御史家对武承休年已七八十岁的叔叔武恒施以笞刑的情节：

---

① 田涛、郑秦点校：《大清律例》卷一〇《户律·婚姻·妻妾失序》，法律出版社1999年版，第206页。

俄闻御史家讼其叔侄，遂偕叔赴质。宰不容辨。欲笞恒。武抗声曰："杀人莫须有！至辱詈缙绅，则生实为之，无与叔事。"宰置不闻。武裂眦欲上，群役禁捽之。操杖隶皆绅家走狗，恒又老耄，签数未半，奄然已死。宰见武叔垂毙，亦不复究。（第 696 页）

县令不刑笞尚在壮年的武承休，反而专捡其年已"老耄"的叔父武恒下毒手，施以酷刑，震慑武氏一家或为其主要目的，并且丝毫不畏惧为官"失入"的刑责，肆无忌惮之态可掬。《大清律例》卷三六《刑律·断狱上·老幼不拷讯》："凡应八议之人（礼所当优）及年七十以上（老所当恤）、十五以下（幼所当慈），若废疾（疾所当矜）者（如有犯罪，官司）并不合（用刑）拷讯，皆据众证定罪。违者，以故失入定罪。"[①]中国"怜幼悯老"之法历史悠久，古已有之，《周礼·秋官·司刺》："三赦之法：壹赦曰幼弱，再赦曰老耄，三赦曰蠢愚。"汉郑玄注引郑司农曰："幼弱老旄，若今律令，年未满八岁、八十以上，非手杀人，他皆不坐。"[②]县令之所以罔顾刑律，有恃无恐或其主因，这也正是蒲松龄在小说中特意安插这样一位老者应诉的用心。显然，读《田七郎》不明清代相关刑律，就难以体味作者刻画县令横行不法、既贪又酷的春秋笔法了。

《聊斋志异》卷四《武孝廉》虽描写的是武孝廉石某与狐妇异类的婚恋情变，但所反映的仍是人类社会中的婚变问题。小说中有石某丢失官印一段描写："一日，石失印绶，合署沸腾，屑屑还往，无所为计。妇笑言：'勿忧，竭井可得。'石从之，果得之。"（第 970 页）所谓"失印绶"何以"合署沸腾"？原来在古代遗失印信的官员是要遭刑杖与判刑的，非同小可。《大清律例》卷七《吏律·公式·弃毁制书印信》："若遗失制书、圣旨、印信者，杖九十、徒二年半。"[③]蒲松龄专意设计印绶失而复得的情节以凸显狐妇明察若

---

① 田涛、郑秦点校：《大清律例》卷三六《刑律·断狱上·老幼不拷讯》，法律出版社 1999 年版，第 573 页。

② （清）阮元校刻：《十三经注疏》，中华书局 1980 版，第 880 页。

③ 田涛、郑秦点校：《大清律例》卷七《吏律·公式·弃毁制书印信》，法律出版社 1999 年版，第 158 页。

神的灵异以及突出她实为石某贤内助的形象，从而反衬出此后石某的薄情寡义乃至恩将仇报的蛇蝎心肠。读者若不明清代有关丢失官印的严厉处罚刑律，对此情节草草读过，就辜负了作者彰显狐妇大有德于石某的苦心了。

《聊斋志异》卷八《薛蔚娘》中的女主人公九原再起，并非借尸还魂，也无须渐生血肉，而是开棺即活，当借鉴于前人的有关志怪小说。小说有平阳进士李叔向寻觅亡父坟墓一节："有两坟近相接，或言三年前有仕宦者，葬少妾于此。叔向恐误发他冢，生遂以所卧处示之。叔向命舁材于侧，始发冢。冢开，则见女尸，服妆黯败，而粉黛如生。叔向知其误，骇极，莫知所为。"（第2340页）误掘他人坟墓在封建时代绝非小事一桩，这是李叔向"骇极"的原因。《大清律例》卷二五《刑律·盗贼下·发冢》："凡发掘他人坟冢见棺椁者，杖一百、流三千里。已开棺椁见尸者，绞（监候）。"[①] 李叔向不知所措，正是这一"开棺椁见尸"必死罪威胁下的结果。

《聊斋志异》卷七《刘夫人》是一篇颇具近代思维的小说，作为东家的刘夫人出资，聘雇读书人廉生掌柜经营，颇似现代董事长与总经理的关系，这在一定程度上客观反映了明末清初商品经济发展下，中国封建社会举步维艰地迈向近代的历程。小说有卑幼擅掘尊长坟墓以求钱财的描写："后一人卖坟中玉簪，获之；穷讯其党，始知玉卿为首。宰将治以极刑，荆卿代哀，仅得赊死。"（第1886页）文中所言"极刑"就是斩刑。《大清律例》卷二五《刑律·盗贼下·发冢》："若卑幼发（五服以内）尊长坟冢者，同凡人论。开棺椁见尸者，斩（监候）。"[②] 在封建时代，凌迟以外，死刑以斩杀为最重，绞刑次之。可见古代律法中，盗发自家尊长之墓，其刑罚更甚于盗发寻常人家的坟墓。盗墓作为推动小说情节展开的因素，作者是以清初有关律法为背景设计的，读者不可忽视。

食盐，古往今来家家户户不可或缺，如大量贩运即可迅速致富，所以历代多由国家掌控。清初的盐务管理沿明旧制，各省皆设巡盐御史，康熙以后改为盐政，由总督或巡抚兼任，可见小小食盐，事关重大。《聊斋志异》卷八《王十》一篇即涉及清初盐政问题，作者同情下层百姓，自有为民请命的用

---

① 田涛、郑秦点校：《大清律例》卷二五《刑律·盗贼下·发冢》，法律出版社1999年版，第408页。
② 田涛、郑秦点校：《大清律例》卷二五《刑律·盗贼下·发冢》，法律出版社1999年版，第409页。

心。蒲松龄另有杂文《盐法论》，小说中的一些洞见症结的议论即来自其《盐法论》。该篇“异史氏曰”有云：“律中‘盐法’最严，而独于贫难军民背负易食者，不之禁；今则一切不禁，而专杀此贫难军民！”（第2255页）《大清律例》卷一三《户律·盐法》共十一条，如曰：“凡犯私盐者，杖一百、徒三年。若有军器者，加一等。诬指平人者，加三等。拘捕者，斩。盐货、车船、头匹并入官。引领牙人及窝藏寄顿者，杖九十、徒二年半。挑担驮载者，杖八十、徒二年。非应捕人告获者，就将所获私盐给付告人充赏。有能自首者，免罪，一体给赏。”又曰：“凡买食私盐者，杖一百；因而货卖者，杖一百、徒三年。”又曰：“凡将有引官盐，不于拘该行盐地面发卖，转于别境犯界货卖者，杖一百。知而买食者，杖六十；不知者不坐，其盐入官。”①蒲松龄所谓“最严”之说，若不明《大清律例》之相关条文，实难索解。此外，《大清律例》另有《条例》云：“除行盐地方大伙私贩严加缉究外，其贫难小民年六十岁以上、十五岁以下及年虽少壮身有残疾并妇女年老孤独无依者，于本州、县报明验实注册，每日赴场买盐四十斤挑卖，只许陆路，不许船装，并越境至别处地方，及一日数次出入。如有违犯，仍分别治罪。”②这是清代盐法对老幼“贫难小民”的通融之处，但地方官府淫威专施于无告之小民，此“条例”当属具文而已，形同虚设，这也正是蒲松龄为民请命、仗义执言的初衷所在。

欲真正读懂《聊斋志异》，除需熟悉清代民情风俗、相关词语典故等内容以及作者创作心态外，有关清代法律问题也应该引起读者的适当关注，若仅仅一知半解，阅读其中一些作品就不免囫囵吞枣，于理解小说真义终逊一筹。

---

① 田涛、郑秦点校：《大清律例》卷一三《户律·盐法》，法律出版社1999年版，第250—252页。
② 田涛、郑秦点校：《大清律例》卷一三《户律·盐法》，法律出版社1999年版，第256页。

《聊斋志异》中有关地名辨析

《聊斋志异》中涉及有关地名众多，虽为说部之书，却大都有据可查，并非子虚乌有的编造。今人注释《聊斋志异》不当掉以轻心，否则就会令读者莫名其妙，甚至有损于对故事情节的深入体味。笔者以所见《聊斋志异》几种全注本与诸多选注本为基础，分三种情况加以辨析，或略补当下诸注本之阙遗，或就有关地名注释提出商榷意见，或指出作者蒲松龄对于相关地名的可能误书之处，以就正于读者。

清代顺治、康熙间之行政区划多沿明朝之旧，即以山东为例，清初仅有济南、东昌、兖州、青州、莱州、登州六府；雍正及其以后，六府而外又增划了武定、泰安、曹州、沂州四府以及临清州、济宁州等。蒲松龄是清初人，其所著《聊斋志异》所涉及地名自以顺、康间之区划为准，注家注释地名若仅局限于县镇一级，尚不致错讹；一旦必须牵涉到府一级的划分问题，稍有疏忽，必致张冠李戴，进而造成对小说内容的误读。所幸《聊斋》注释中此类情况无多，值得瞩目的是注家对于地名的失注、错注以及作者的可能误书所造成的注释讹误。以下即以上述三种情况分别加以探讨。

一、注家未注明者

卷一《海公子》："东海古迹岛，有五色耐冬花，四时不凋。而岛中古无居人，人亦罕到之。"（第255页）所谓"古迹岛"究竟何在？笔者所见两种全注本[①]皆未出注，中华书局《全本全注全译丛书》之《聊斋志异》注云："古迹岛：又名'谷积岛'，为崂山东侧之海岛。清乾隆《即墨县志·山川》：'谷积岛，县东南五十里，内多耐冬。'同治《即墨县志·岛屿》：'谷积岛，县东

① 朱其铠主编：《全本新注聊斋志异》卷七，人民文学出版社1989年版。以下正文简称"朱注本"。盛伟校注：《聊斋志异校注》卷五，山西人民出版社2000年版。以下正文简称"盛注本"。

南百二十里，上多耐冬。”[①] 甚是。笔者所见白话译本则多不译出。乾隆二十九年（1764）《即墨县志》卷一《方舆·山川》：“谷积岛，县东南五十里，内多耐冬。”同治十二年（1873）《即墨县志》卷一《方舆·岛屿》：“谷积岛，县东南百二十里，上多耐冬。”两者所记该岛与即墨县距离相差悬殊，或由以陆地为基准点之选择有异所致。古迹岛即今之长门岩，或称“长门岛”，旧时又称“谷积岛”，位于今黄海之中，今属山东省即墨市鳌山卫镇。据现代资讯，古迹岛主岛北岛由一大岛和一小岛组成。大岛又名“嘉宝岛”，在大管岛东南 16 千米，距陆地最近点崂山头 22.5 千米；大岛南北长 450 米，东西宽 250 米，面积为 11.11 万平方米，主峰在岛的中央，海拔高度 84.7 米，岛上植物繁茂，有树龄较长的耐冬五百馀株。限于清初的物质条件，浮海致远对于一位读书人而言毕竟非同寻常，而故事中的登州张生勇于探险，竟然独自驾舟前往人迹罕至的古迹岛，的确精神可嘉。至于在远离社会制约的封闭环境中，于花香酒趣中见美人而乱性，亦属人情之常，无足深怪。作为蛇精的海公子也许正是抓住了人性中的这一弱点，方能巧设迷局，出其不意，攻其不备，令张生几乎于与世隔绝中命丧海岛。据乾隆《即墨县志》卷一二《道释》记述，崂山本无耐冬，明永乐间道士张三丰自青州云门来居崂山，曾从海岛挟归一株庭前种植，从此崂山耐冬也驰名后世。其所指海岛即古迹岛，而蒲松龄笔下的《香玉》（见卷八）言及名为绛雪的耐冬花神，就是以崂山下清宫为背景构思的。此篇若与《香玉》同读，兴味亦自不浅。可见对《聊斋》有关地名的注释并非无关紧要。

卷五《罗祖》：“罗祖，即墨人也，少贫纵，族中应出一丁戍北边，即以罗往。”（第 1349 页）何谓“北边”？这首先要考证“罗祖”究竟是谁。朱注本未注；盛注本注云：“罗祖：据喻松青《明清时期的民间秘密宗教》载：罗祖，本名罗青，明正德间山东即墨人，隶北京密云卫古北口军籍，因创‘罗教’被尊为罗祖。罗教是从佛教禅宗临济宗分化出来的教派，信仰无极真空，奉无生老母，其《苦功悟道卷》等五部六册经卷，流传至广。清代中叶，罗教在运河两岸、江西和福建等地盛行，称‘老官斋教’。在漕运水手中拥有众

---

① 于天池注，孙通海、于天池等译：《聊斋志异》卷一，中华书局 2015 年版，第 344 页。以下正文简称“于注本”。

多信徒，其后逐渐与青帮合流。”[①]罗祖者，的确实有其人，即罗梦鸿（1443—1527），乃明正统至嘉靖间人。朱注本未搞清罗祖其人，故误以为事发清代，这从该本对明代“守备”、“参将”等武官名一律注以清代绿营兵武官名可知；至于小说中的相关地名，该注本就更难注出了。盛注本虽注明罗祖其人，但于小说所涉及的相关地名仍未予留意，如小说中所涉及的今北京市密云区的山名与地名等，未免造成缺憾。有关问题请读者参见本书第四编《〈聊斋志异〉丛脞新录》之《说〈罗祖〉》，此不赘述。

卷七《王货郎》有“济南业酒人某翁，遣子小二如齐河索贯价”（第1894页）两句，“齐河”在何处？朱注本与盛注本皆未出注。于注本出注：“齐河：县名。东邻济南。”[②]甚是。齐河乃明清县名，属济南府，与济南府治历城县隔黄河相望，治所在今山东省德州市齐河县。

卷七《素秋》：“非他，乃周生，宛平之名士也。”（第1967页）所谓“宛平”何在？朱注本注云：“宛平：旧县名，在今北京市南部。”[③]盛注本注云：“宛平：旧县名。明清时为顺天府治，解放后撤销，并入北京市。”[④]于注本注云：“宛平：旧县名。在今北京南部。”[⑤]再看白话译本。《聊斋志异评赏大成》出注云：“宛平：在今北京市南部。”[⑥]《文白对照聊斋志异》[⑦]、《聊斋志异全译》[⑧]，皆未作译注。明（永乐十八年以后）清京师（今北京市）属直隶顺天府，其辖境北至今怀柔、密云，南至大城，东至渤海湾，西至房山、涿县。顺天府又有大兴、宛平两个附郭县（大兴县管理京师以东地区，宛平县管理京师以西地区），其县治皆在今北京市东城区地安门（明称“北安门”）以西，与顺天府治相距不远。民国以后，宛平县治移置卢沟桥（今属北京市丰台区），大兴县治移置西黄村（今属北京市大兴区），所以注释明清之宛平县“在今北京市南部”是不确切的。此外，宛平县所辖区域并不限于今北京市西

---

① 盛伟校注：《聊斋志异校注》卷五，山西人民出版社2000年版，第1249页。
② 于天池注，孙通海、于天池等译：《聊斋志异》卷十，中华书局2015年版，第2472页。
③ 朱其铠主编：《全本新注聊斋志异》卷十，人民文学出版社1989年版，第1349页。
④ 盛伟校注：《聊斋志异校注》卷六，山西人民出版社2000年版，第1652页。
⑤ 于天池注，孙通海、于天池等译：《聊斋志异》卷十，中华书局2015年版，第2585页。
⑥ 马振方主编：《聊斋志异评赏大成》，漓江出版社1992年版，第2152页。以下正文简称“漓江本”。
⑦ 孙通海等译：《文白对照聊斋志异》，中华书局2010年版。以下正文简称“中华本”。
⑧ 丁如明等译：《聊斋志异全译》，上海古籍出版社2012年版。以下正文简称“上古本”。

部。《宛署杂记》卷二："城内分土，前从棋盘街，后从北安门街以西，俱属宛平。城外，东与大兴联界。东南离城一百一十里之南哥庄，抵东安县界。正南离城一百一十里至胡林村，抵固安县界。西南由卢沟桥六十里至稻田村，抵良乡界。至吕村，抵房山界。正西离城三百里至天津关，抵宣府保安州界。西北离城二百五十里至镇边城铁门关，抵口外。正北离城二十里至清河，抵昌平州界。东北离城十五里至东湖渠村，抵顺义县界。"①《素秋》又云："又念生家故不甚丰，道赊远，亲迎殊艰，因移生母来，居以恂九旧第。"（第1968页）明确明清顺天府乃至宛平县之行政区划，方能理解小说中"道赊远"之描述，注家若不注出，就会令众多读者一头雾水，难得要领。

卷八《三仙》："下山问土人，始知为'三仙洞'。"（第2248页）所谓"三仙洞"，以笔者所见三种全注本皆未注，实则江苏确有其地，位于今江苏省新沂市马陵山五华顶一峭壁下，高八尺，宽九尺，深十二尺。马陵山跨今山东省临沭、郯城与江苏省新沂三县市，南止于今江苏省宿迁市境内的骆马湖边。较早注意此地名的李灵年先生说："卷八《三仙》文中所写'三仙洞'，实有其地。据邳州冯子礼君介绍，三仙洞在新沂市南，现名马陵山五华顶，踞宿迁市约四十公里，在其东北方向。五华顶有明清时期所建之大寺庙，小说不曾写及。"②

卷八《老龙舡户》"盖省之东北，曰小岭，曰蓝关，源自老龙津，以达南海，岭外巨商，每由此入粤"（第2324页），这里涉及广东一带的三处地名，朱注本未注"小岭"、"蓝关"，仅注"老龙津"云："当在今广东省龙川县老龙埠附近，当时为龙川江上游。参见《大清一统志》卷四百四十五。"③盛注本亦仅注"老龙津"云："当在今广东省龙川县老龙埠附近，此地处龙川江上游。"④于注本注云："老龙津：当在今广东龙川老龙埠附近，当时为龙川江上游。参见《大清一统志》。"⑤三注本略同，似非是。按"小岭"，在今广东省韶关市乳源瑶族自治县一带，明清属韶州府。清屈大均《广东新语》卷三："五

---

① （明）沈榜撰：《宛署杂记》卷二《分土》，北京古籍出版社1983年版，第13页。
② 李灵年：《稀树居丛札——读〈聊斋〉四》，载《蒲松龄研究》2010年第3期。
③ 朱其铠主编：《全本新注聊斋志异》卷一二，人民文学出版社1989年版，第1574页。
④ 盛伟校注：《聊斋志异校注》卷六，山西人民出版社2000年版，第1670页。
⑤ 于天池注，孙通海、于天池等译：《聊斋志异》卷一二，中华书局2015年版，第3069页。

岭之第二岭，在郴州南境曰骑田，骑田之支曰腊岭，在乳源西境。壁立峭拔，高四百馀仞，周三十里。盖天所以分骑田之险者。大岭为骑田，而腊岭其小者也。曰腊岭者，以乳源在万山中，风气高凉，于粤地暑湿不类，是岭尤寒，盛夏凛冽如腊也。一曰摺岭，以岭高不可径度，从岭边折叠而行，如往如复，故曰摺也。又西北境有关春岭，岭之左为梅花峒，山谷阴寒，夏多积雪，梅花繁盛亚梅关，一名小梅岭，一曰梅花路，亦曰小岭。盖又以梅岭为大岭也。初梅岭未辟。小岭为西京孔道。韩昌黎赴潮时。以昌乐泷险恶。舍舟从陆道出乳源蓝关。蓝关，或即此小岭也。”[①] 按“蓝关”，故址在今广东省韶关市乳源瑶族自治县一带，明清属韶州府。同治十三年（1874）《韶州府志》卷一二《舆地略·山·乳源》：“梯云岭，即蓝关，县西五十里，高出云汉，升蹑如梯，路通宜章，石壁残碑，讹不可读。上有韩昌黎祠。”唐韩愈《左迁至蓝关示侄孙湘》诗颈联：“云横秦岭家何在，雪拥蓝关马不前。”[②] 此蓝关乃蓝田关，又名峣关，位于今陕西省蓝田县南，非是韶州府的蓝关。至于“老龙津”，同治《韶州府志》卷一三《舆地略·水》未见著录。乳源、曲江一带水系复杂，有溱水、武水、浈水、洲头水等，纵横交错，渡口众多，老龙津或为当地某渡口名。上述两注本谓老龙津在今广东省龙川县老龙埠附近，考《大清一统志》卷三四三：“老龙埠，在龙川县东二十里，为水陆舟车之会，闽粤商贾辐辏。明洪武九年建递运所于此，嘉靖九年裁。”[③] 龙川县在明清属惠州府，与小岭、蓝关相距遥远，当非是。只有确定小岭、蓝关的位置，方能否定老龙津即老龙埠的考证，故至关重要。

二、地名注释可商榷者

卷二《快刀》：“明末，济属多盗。”（第307页）所谓“济属”之范围究竟有多大？讨论此问题就不可忽视旧时行政区划的历史变迁问题。朱注本注云：

---

① （清）屈大均撰：《广东新语》卷三《山语·腊岭》，中华书局1985年版，第67页。

② 《全唐诗》卷三四四，中华书局1960年版，第3860页。

③ 《大清一统志》卷三四三，影印文渊阁《四库全书》，台北商务印书馆1986年版，第482册第113页。

“济属：济南府所属地区。清代济南府辖历城、章丘、齐东、长清、长山、邹平、淄川、齐河、禹城、平原、临邑、德州、陵县、德平、济阳等十五县，大致相当今之济南市及德州、惠民、淄博市地区的一部。”[①]盛注本注云：“济属：即济南府所属各县。清代济南府辖历城、章丘等十五县。相当于今之济南市、德州市、惠民地区、淄博市地区的一部分。”[②]于注本注云：“济属：济南府所属辖地区。清代济南府辖历城、章丘、齐东、长清、长山、邹平、淄川、齐河、禹城、平原、临邑、陵县、德平、济阳、新城15县及德州，大致相当今之济南及德州、惠民、淄博地区的一部。”比较三者，大同小异，繁简有别而已，但所言“十五县”（其中德州当以新城县置换，于注是）皆为清雍正以后的行政区划，而非明末清初之实际。《明史·地理二》：“济南府，元济南路，属山东东西道宣慰司。太祖吴元年为府。领州四，县二十六。”[③]又《清史稿·地理八》：“济南府：冲，繁，难……初沿明制为省治，领州四，县二十六。”[④]除上述十五县外，还当包括后属武定府的阳信、海丰、乐陵、商河、利津、沾化、蒲台、青城以及后属泰安府的肥城、莱芜、新泰等十一县。雍正以后，割济南府以北一部分为武定府，以南一部分为泰安府，才有了济南府一州（德州）十五县的区划。显然这一划分，蒲松龄所处的时代当然未及见之。

卷二《鲁公女》：“时邑令鲁公，三韩人。”（第429页）“三韩”在何处，究竟何指？盛注本注云：“朝鲜的古称。汉时，将朝鲜南部分为马韩、辰韩、弁辰三国。至西晋，称弁辰为弁韩。合称三韩。”[⑤]再看白话译本。漓江本、上古本皆译为“朝鲜”；中华本则译为“山西”，未知所据。朱注本注云：“指辽东。汉时，朝鲜南部有马韩（西）、辰韩（东）、弁辰（南）三国。明天启初因失辽阳，以后仍习称辽东为三韩。见《日知录》。”[⑥]于注本与朱注本略同[⑦]，纠正了上述中华本全译本所谓“山西”的错误。若谓“三韩”为朝鲜，则外

① 朱其铠主编：《全本新注聊斋志异》卷二，人民文学出版社1989年版，第210页。
② 盛伟校注：《聊斋志异校注》卷一，山西人民出版社2000年版，第238页。
③ （清）张廷玉等撰：《明史》卷四一《地理二》，中华书局1974年版，第938页。
④ 赵尔巽等撰：《清史稿》卷六一《地理八》，中华书局1977年版，第2046页。
⑤ 盛伟校注：《聊斋志异校注》卷二，山西人民出版社2000年版，第373页。
⑥ 朱其铠主编：《全本新注聊斋志异》卷三，人民文学出版社1989年版，第286页。
⑦ 于天池注，孙通海、于天池等译：《聊斋志异》卷三，中华书局2015年版，第560页。

国人到中国来做官，可能与否姑且不谈，蒲松龄如此设计亦实属不必要。看来朱注本所注“辽东”最为靠谱，可惜未明究竟。盖汉时朝鲜南部有马韩、辰韩、弁辰（三国时亦称“弁韩”），合称“三韩”。《后汉书·东夷传·三韩》：“韩有三种：一曰马韩，二曰辰韩，三曰弁辰……马韩最大，共立其种为辰王，都目支国，尽王三韩之地。”① 顾炎武《日知录·三韩》：“今人乃谓辽东为三韩，是以内地而目之为外国也。原其故，本于天启初失辽阳，以后章奏之文遂有谓辽人为三韩者，外之也。今辽人乃以之自称，夫亦自外也已。”② 如此看来，以“三韩”指谓辽东，正符合明末清初人称谓这一带的习惯。

卷二《夜叉国》，除二十四卷抄本外，其他各本《聊斋志异》此篇皆以“交州徐姓”开笔。交州，清人无注；朱注本、盛注本、于注本以及多种选注本、白话译本，皆以岭南之交州为释。二十四卷抄本《夜叉国》以“胶州徐姓”开笔，颇符合小说情节的构思线索与逻辑线索。所谓“夜叉国”之名，蒲松龄亦有所本，并非杜撰。详见本书第四编《〈聊斋志异〉丛脞新录》之《说〈夜叉国〉》，此不赘述。

卷二《商三官》以“故诸葛城”开笔，“诸葛城”在何处？张友鹤先生《聊斋志异选·商三官》注云：“诸葛城：遗址在今四川冕宁县东南。据说是诸葛亮南征时在那里筑成的，所以叫做‘诸葛城’。”③ 朱注本注云：“故诸葛城：据作者写同一故事的俚曲《寒森曲》，谓是‘山东济南府新泰县诸葛村’。然此称‘故’诸葛城，疑指山东诸城县旧治。诸城原为春秋时鲁国诸邑，夏商时葛伯始居于此，其后裔支分，因称诸葛。”④ 盛注本注云：“诸葛城：据《商三官》与卷一《席方平》两则故事情节敷陈的《寒森曲》中说：‘话说元朝至正年间，有一件奇事，出在山东济南府新泰县。这县有个诸葛村，这村有个商员外。’据此，可以认定此诸葛城，即是指新泰县的诸葛村。”⑤ 马振方先生的《聊斋志异（精选本）》注云：“故诸葛城：疑即山东诸城。诸城原为

① （南朝宋）范晔撰：《后汉书》卷八五《东夷传·三韩》，中华书局1965年版，第2818页。
② （清）顾炎武著：《日知录》卷二九《三韩》，岳麓书社1994年版，第1047页。
③ 张友鹤选注：《聊斋志异选》，人民文学出版社1956年版，第113页。以下正文简称“张注本”。
④ 朱其铠主编：《全本新注聊斋志异》卷三，人民文学出版社1989年版，第371页。
⑤ 盛伟校注：《聊斋志异校注》卷二，山西人民出版社2000年版，第456页。

春秋时期鲁国诸邑，夏商诸侯葛伯始居于此，其后裔衍为复姓诸葛。”[①]白话译本多不翻译“诸葛城”，唯上古本译为“四川省东南冕宁县旧称诸葛城”[②]，显然依从张注本之说。于注本注云：“诸葛城：位于山东临沂城北白沙埠镇东北6千米处，东邻沂河。这座古城遗址，周长4.5千米，仅只存残碑及银杏树一株等物。《沂州府志·古迹》称：‘诸葛城，亦名中邱城，在县东北三十里。《后汉志》琅邪临沂县有中邱亭，即此。后诸葛亮来居于此。’”此注甚是。按乾隆二十五年（1760）《沂州府志》卷七《古迹》：“诸葛城，亦名中邱城，在县东北三十里。隐公七年夏城中邱，《后汉志》琅邪临沂县有中邱亭，即此。后诸葛亮来居于此。”其故址在清沂州（治所即今山东省临沂市）东北，今临沂市兰山区白沙埠镇东北6千米有诸葛城村，东临沂河。故城遗址周长4.5千米，今仅存残碑及银杏树一株等物。明末清初，新泰属济南府，沂州属兖州府，诸城属青州府；雍正以后，新泰属泰安府，沂州属沂州府，诸城仍属青州府。按今诸葛城遗址位于今新泰市东南，作者所云当即与今临沂市兰山区之诸葛城村为一处，以诸葛城隶属于济南府新泰县，或属于蒲松龄的百密一疏。这就难怪今天之注家聚讼纷纭了，但诸葛城不在四川，也非诸城，则可以肯定。

卷三《续黄粱》：“王者令押去甘州为女。”（第781页）张注本：“甘州：清府名，府治在今甘肃张掖市。”[③]朱注本、盛注本、于注本略同。马注本：“甘州：地名，明置陕西行都指挥使司于此，清改为府，府治在今甘肃张掖市。”[④]《清史稿·地理十一》：“甘州府：冲，繁，疲。隶甘凉道。提督驻。明，陕西行都司治。顺治初，因明制。雍正二年，罢行都司，置府及张掖、山丹、高台三县。”[⑤]明代至清雍正以前，甘州称“卫”，包括左卫、右卫、中卫、前卫、后卫共五卫，见《明史·地理三》[⑥]。所以这里的甘州当注为：“甘州：明至清初甘州卫，清雍正二年（1724）改置甘州府，治所在今甘肃省张掖市。”

---

① 马振方选注：《聊斋志异（精选本）》，高等教育出版社2010年版，第96页。以下正文简称“马注本”。

② 丁如明等译：《聊斋志异全译》卷三，上海古籍出版社2012年版，第161页。

③ 张友鹤选注：《聊斋志异选》，人民文学出版社1956年版，第151页。

④ 马振方选注：《聊斋志异（精选本）》，高等教育出版社2010年版，第141页。

⑤ 赵尔巽等撰：《清史稿》卷六四《地理十一》，中华书局1977年版，第2120页。

⑥（清）张廷玉等撰：《明史》卷四二《地理三》，中华书局1974年版，第1014页。

蒲松龄所处时代尚没有甘州府的建制，故注释“甘州”不当称之为“府”。

卷三《胡四相公》：“后道一先生为西州学使。”（第841页）所谓“西州”何在？朱注本未从其所用底本手稿本，而依青柯亭本校改“西州”为“西川”，并注“西川”云：“唐代剑南道分四川为东西二川，西川指今四川西部。这里指四川省。”[①] 盛注本注云：“西州：指陕西地区。《战国策·韩策三》：‘昔者秦穆公一胜于韩原而霸西州，晋文公一胜于城濮而定天下。’张友鹤《聊斋志异》（三会本）从青柯亭本，将‘西州’改为‘西川’，误。作者手稿本亦为‘西州’。西川，通指四川，而张道一并未在四川为官。据《莱芜县志》载：张道一，顺治三年（1646）进士，除山西平阳府推官，超授山西提学道，秩满升陕西延榆绥兵备道。文中所言‘后道一先生为西州提学使’，其兄往视时，当在由山西提学使，秩满升陕西延榆绥兵备道间时，所以文中所言‘西州提学使’是相符的。其时间可能有错前或延后，但其地点绝不会是‘西川’。况张道一从未到过四川。所以，当据手稿本为‘西州’，‘西川’为误。”[②] 于注本亦改西川，并出注云：“西川：唐代剑南道分四川为东西二川，西川指今四川西部。这里指四川。”[③] 以笔者所见三种白话译本，亦分别作“西川提学使”、“西川学使”或“西川学政”，全依青柯亭本。按，张道一，即张四教（1602—1694），字道一，号芹沚，莱芜（今属山东省）人。顺治三年（1646）三甲第二十二名进士，历官山西平阳府推官、兵部员外郎、山西提学佥事、陕西延榆绥兵备道按察司副使，以不能事权贵，罢归。著有《大榆山房集》。康熙十二年（1673）《新修莱芜县志》卷六《人物志·选举·进士》、民国十一年（1922）《莱芜县志》卷一七《人物志·名臣》有传。古时多泛称东方为“东州”，南、北、西方为南、北、西州。山西在太行山以西，故可泛称山西为“西州”，这里正不必曲为之作解。

在《聊斋》中，有些地名或为巧借文献中语，本属虚拟，注家不必坐实，否则欲益反损。如卷四《西湖主》：“此西湖主猎首山也。”（第975页）朱注本注“首山”云：“山名。就文中所说的方位看，应在洞庭湖北岸。湖北省蒲圻县西三十里有山，‘志曰蒲圻之首山’，或当指此。见《读史方舆纪要》卷

---

① 朱其铠主编：《全本新注聊斋志异》卷四，人民文学出版社1989年版，第567页。

② 盛伟校注：《聊斋志异校注》卷四，山西人民出版社2000年版，第1020—1021页。

③ 于天池注，孙通海、于天池等译：《聊斋志异》卷四，中华书局2015年版，第1116页。

七十六。”[①] 盛注本注云：“据《地名大辞典》载，河北、河南、辽东皆有首山。但据故事所言之方位，当在洞庭湖北岸。《读史方舆纪要》卷七十六载：湖北省蒲圻县西三十里有山，‘志曰蒲圻之首山’。”[②] 于注本未出注。实则“首山”乃脱胎于《左传·宣公二年》：“初，宣子田于首山，舍于翳桑。”[③] 首山，谓首阳山，在今山西永济南。又《山海经·中山经》：“东三百里，曰首山，其阴多谷、柞。”[④]《西湖主》借陈生放生善行写人神之恋，纯属一派仙话，小说中所谓“从关圣征蚩尤未归”可证，“首山”又何必实有所指？蒲松龄腹笥深广，偶用狡黠而已！

卷四《龙肉》：“姜太史玉璇言：龙堆之下，掘地数尺，有龙肉充牣其中，任人割取，但勿言‘龙’字。或言‘此龙肉也’，则霹雳震作，击人而死。太史曾食其肉，实不谬也。”（第 1079 页）所谓“龙堆”何在？朱注本注云：“地名，疑指白龙堆，天山南路之沙漠。沙堆形如卧龙，无头有尾，高大者二三丈。”[⑤] 盛注本注云：“即白龙堆。在新疆天山南麓，亦称龙堆。今名库穆塔格。极望流沙，寸草不生。沙丘形如卧龙，无头有尾，高大者二三丈，绵延起伏。”[⑥] 于注本注云：“龙堆：古西域沙丘名。汉扬雄《法言·孝至》：‘龙堆以西，大漠以北，岛夷兽夷，郡劳王师，汉家不为也。’李轨注：‘白龙堆也。’”[⑦] 似皆不准确。姜太史玉璇，即姜元衡（1622—？），字玉璇，一作玉璿，即墨（今山东省即墨市）人。顺治六年（1649）二甲第二十九名进士，历官国子监司业、内翰林弘文院侍讲，曾为江南主考。乾隆二十九年（1764）《即墨县志》卷七《选举·进士》有传。他从未到过新疆，“曾食其肉”岂不虚妄？史为乐先生主编《中国历史地名大辞典》于“龙堆”词目下有两个义项，其一：“在今湖南岳阳市西南洞庭湖中，一名金沙洲。杜甫《泛舟洞庭》诗‘龙堆拥白沙’，即指此。”其二：“指白龙堆。在今新疆罗布泊以东至甘肃

① 朱其铠主编：《全本新注聊斋志异》卷五，人民文学出版社 1989 年版，第 648 页。
② 盛伟校注：《聊斋志异校注》卷四，山西人民出版社 2000 年版，第 926 页。
③ 王守谦等译注：《左传全译》，贵州人民出版社 1990 年版，第 490 页。
④ 袁珂校注：《山海经校注·中山经》，上海古籍出版社 1980 年版第，132 页。
⑤ 朱其铠主编：《全本新注聊斋志异》卷五，人民文学出版社 1989 年版，第 711 页。
⑥ 盛伟校注：《聊斋志异校注》卷四，山西人民出版社 2000 年版，第 999 页。
⑦ 于天池注，孙通海、于天池等译：《聊斋志异》卷五，中华书局 2015 年版，第 1400 页。

敦煌间……”[①]王锡荣先生认为“龙堆”乃今湖南省洞庭湖中之金沙洲[②]，甚是。按唐杜甫《过洞庭湖》诗：“蛟室拥青草，龙堆隐白沙。”仇兆鳌注：“《一统志》：金沙洲在洞庭湖中，一名龙堆，延袤数里。”[③]所谓“龙肉”，当非虚构，可能就是《山海经》中称之为“太岁”或“视肉”一类的生物。现代科学或称太岁为一种特大型罕见粘菌复合体，据说属于自然界中非植物、非动物和非菌类的第四种生命形式，古人则认为是长生不老的仙药。又称“肉芝”或“肉灵芝”，明李时珍《本草纲目》卷二八：“肉芝，状如肉。附于大石，头尾具有，乃生物也。赤者如珊瑚，白者如截肪，黑者如泽漆，青者如翠羽，黄者如紫金，皆光明洞彻如坚冰也。”[④]这一类生物当不会生长于干旱的沙漠地带，被发现于潮湿之地的洞庭湖中沙洲，似为应有之义。

卷五《八大王》：“后自婿家归，至恒河之侧。”（第1299页）所谓“恒河”，位于何方？朱注本注云：“恒河：即恒水，古水名，即今河北曲阳县北横河。”[⑤]盛注本注云：“恒河：古水名，即今河北曲阳县北横河。”[⑥]于注本注云：“恒河：古水名。《书·禹贡》冀州：‘恒卫既从。’《汉书·地理志》：‘《禹贡》恒水所出，东入滱。’即今河北曲阳北恒河。按，故事发生地在今甘肃，此恒河在河北，而甘肃无恒水，恐是蒲松龄误书。”[⑦]三部全注本所据者当为商务印书馆1931年出版的《中国古今地名大辞典》。故事主人公冯生乃临洮人，治所在今甘肃省定西市临洮县，何以嫁女到直隶（今河北省）且能于千里之外从容归家？小说中的八大王自称“洮水八大王也”，洮水即“洮河”，为黄河上游支流，位于今甘肃省西南，源于今甘肃、青海两省边境的西倾山东麓，东流至岷县折向北，经临洮县至永靖县城附近入黄河。可见小说是以今甘肃一带为发生地的。王锡荣先生就此考述云：“《清史稿·地理志·甘肃·巩昌府·洮州厅》下有这样一段说明：‘洮水出西倾（山名，在今甘肃南部）东麓……迳（经）厅东北入狄道（今甘肃临洮，古属兰州。见《读史方

① 史为乐主编：《中国历史地名大辞典》，中国社会科学出版社2005年版，第642页。
② 王锡荣：《全本新注〈聊斋志异〉若干问题商榷》，载《吉林大学社会科学学报》2011年第5期。
③ （清）仇兆鳌注：《杜诗详注》卷二三，中华书局1979年版，第2087页。
④ （明）李时珍撰：《本草纲目》卷二八《菜部·芝》，中国书店1988年版，第20页。
⑤ 朱其铠主编：《全本新注聊斋志异》卷六，人民文学出版社1989年版，第865页。
⑥ 盛伟校注：《聊斋志异校注》卷五，山西人民出版社2000年版，第1373页。
⑦ 于天池注，孙通海、于天池等译：《聊斋志异》卷六，中华书局2015年版，第1678页。

舆纪要·临洮府》）白水江，即《禹贡》桓水……’即发源于西倾山的洮水，流入临洮的白水江，也就是古时的桓水。《八大王》所说的‘恒河’，应该就是这个桓水。八大王是洮水神，冯生在桓河边碰见他。这样，故事的合理性与完整性才得到了统一。因此，可以断言‘恒’肯定是个错字，当是‘桓’的形讹。‘恒河’应作‘桓河’。至此，问题既得到澄清，数百年难解之谜也才算彻底地冰释了。”[①] 提出问题足证作者读书之细心。其实恒河即“恒水”，方志有载录，蒲松龄将“恒河”写入小说当有所依据，似非书“桓”为“恒”的形讹所致。恒水为古代洮河支流，今或已湮灭消失。清宣统元年（1909）《狄道州志》卷一《山川》：“恒水，在州西南三十里，源出西倾山，东入于洮。”

卷五《梅女》附则有云：“康熙甲子，贝丘典史最贪诈，民咸怨之。”（第1360页）所谓“贝丘”，所指究竟在何处？朱注本注云：“贝丘：古地名，在今山东博兴东南。《左传·庄公八年》：‘齐侯游于姑棼，遂田于贝丘。’此指博兴县。”[②] 拙作《聊斋志异详注新评》注云：“贝丘：古地名，在今山东省滨州市博兴县东南。《左传·庄公八年》：‘齐侯游于姑棼，遂田于贝丘。’这里当指明清青州府博兴县。”[③] 盛注本注云：“贝丘，贝丘县。即清代山东省济南府淄川县，今之山东省淄博市淄川区。”[④] 于注本注云：“贝丘：古地名。即淄川。淄川本汉般阳县，刘宋改为贝丘县，隋改贝丘为淄川县。见明郭子章《山东郡县释名》及《山东通志》。蒲松龄《赠酒人》诗有‘白坠声名满贝丘’句称赞其友丘行素，可见贝丘即淄川。此处用贝丘这个偏僻故旧的地名意在隐晦其纪实性质。”[⑤] 史为乐主编的《中国历史地名大辞典》收录“贝丘”与“贝丘县”两则词条，前者即以“在今山东博兴县南五里”为释；后者有四项释义，其中一项释贝丘县云：“南朝宋侨置，属清河郡。治所在今山东淄博市西南淄川城。隋开皇十八年（598）改为淄川县。”[⑥] 综合分析，盛注本、于注本是，且以后者最详。但后者注谓蒲松龄《赠酒人》诗中有句“称赞其友丘

① 王锡荣：《全本新注〈聊斋志异〉若干问题商榷》，载《吉林大学社会科学学报》2011年第5期。
② 朱其铠主编：《全本新注聊斋志异》卷七，人民文学出版社1989年版，第907页。
③ 赵伯陶注评：《聊斋志异详注新评》卷五，人民文学出版社2016年版，第1608页。
④ 盛伟校注：《聊斋志异校注》卷四，山西人民出版社2000年版，第1076页。
⑤ 于天池注，孙通海、于天池等译：《聊斋志异》卷七，中华书局2015年版，第1769页。
⑥ 史为乐主编：《中国历史地名大辞典》，中国社会科学出版社2005年版，第401页。

行素”，亦有误。按，“白坠声名满见丘”乃七律《赠酒人》诗首句，为蒲松龄写赠淄川酒店主人者，与丘行素无关。

卷五《钟生》：“钟舅令于江西。”（第1536页）所谓“江西”，朱注本、于注本皆以铸雪斋抄本为底本作“西江”，如朱注本注云：“泛指今广东西部地区。西江，珠江干流之一，流经广东西部，与黔、桂、郁三江自广西合流后，称西江。”① 于注本略同。盛注本以《异史》本为底本亦作“西江”，注云：“江名。珠江干流，古称郁水，在广东省西部，由黔、郁、桂三江汇合而成。唐张籍《野老歌》：‘西江估客珠百斛，船中养犬常食肉。’”② 实则据小说相关情节推断，此处地名当以康熙本作“江西”为妥，即明清江西布政使司，治所在南昌府（今江西省南昌市），与今江西省辖境略同。

卷六《义犬》：“抵关三四日。”（第1832页）此“关”何指？小说前已有“贸易芜湖”的交代，则此关当谓芜湖关，位于长江下游青弋江口。清承明制，于顺治元年（1644）在芜湖设立关口，征收来往船只通关货物商税，为清代户部税关之一。参见光绪四年（1878）《光绪重修安徽通志》卷七八《食货志·关榷》。朱注本、于注本皆未出注，盛注本注云“抵关：指芜湖水运管理处。”③ 如此为清税关重新命名，似有现代化之嫌。再看白话译本，漓江本、中华本皆译为“芜湖”，上古本译为“码头”，都不准确。

三、地名的可能误书

不必讳言，在《聊斋志异》中，蒲松龄的确有地名误书之处。如卷五《金姑夫》：“会稽有梅姑祠。神故马姓，族居东莞。”（第1401页）所谓“东莞”何在？朱注本注云：“东莞：古地名，此处所指未详。古东莞有若干处；此或指今山东省沂水县。汉曾在该地置东莞县，因称。”④ 盛注本注云：“东莞：

---

① 朱其铠主编：《全本新注聊斋志异》卷八，人民文学出版社1989年版，第1039页。
② 盛伟校注：《聊斋志异校注》卷五，山西人民出版社2000年版，第1397页。
③ 盛伟校注：《聊斋志异校注》卷四，山西人民出版社2000年版，第935页。
④ 朱其铠主编：《全本新注聊斋志异》卷七，人民文学出版社1989年版，第937页。

治所在今山东沂水县。”[①]于注本注云：“东莞：古地名，一说指广东东莞，位于珠江口东岸，是广东历史名城。一说指今山东沂水。汉曾在该地置东莞县，因称。”[②]再看白话译本，漓江本译为“山东沂水”，中华本译为“山东东莞”，上古本未译出，径书“东莞地方”。认为“东莞”即山东沂水者，忽略了小说下文“丙申，上虞金生赴试经此”一句，既言“金生”，金姓者是生员无疑，则“赴试”当为生员应考的岁试或科试，上虞县属绍兴府管辖，金生此去应试必到府治会稽县无疑，何以要北跨江苏绕道山东沂水？王锡荣先生曾对“东莞”提出疑问：“愚意，‘东莞’既不可能是山东的沂水，更不可能是今天广东的东莞。据任笃行辑校《聊斋志异》（齐鲁书社2000年版）第1402页：‘莞，除青本外，别本均作筦，今从青本。’但我怀疑，这个‘莞’（‘筦’通）字很可能是个错字，正应作‘苑’，与‘莞’形音相近致误。‘族居东苑’，谓族居会稽梅姑祠的东邻之苑。如此，则前面的疑问都可以得到合理的解决。不过，这只能说是一个合理的推测，而没有更可靠的文献作依据。最后，说明一点，手头所存上世纪五六十年代商务印书馆出版的《白话浅注〈聊斋志异〉》，‘莞’字正作‘苑’，并注曰：‘地名。’不知何据？抑有识者臆改之与！”[③]如此改字为训并未解决问题。笔者认为“东莞”当是“东关”之音讹，蒲松龄手稿本属于误书。民国二十五年（1936）《康熙会稽志》卷一《疆域志·市镇》：“东关市，在县东六十里。”又民国十五年（1926）影印本《嘉泰会稽志》卷四《馆驿》：“会稽县有东城驿，在县东六十里，今废。”另据史为乐先生主编的《中国历史地名大辞典》：“东关驿：即今浙江上虞县西东关镇。旧名东城驿，明改东关驿。1912年改东关镇。1954年划属上虞。”[④]按，谭其骧主编《中国历史地图集》第八册清时期浙江省分图，东关驿位于清上虞县与会稽县之间。金生由上虞赴试会稽，东关为其必经之地。可知会稽县之梅姑祠必建在马姓之族居地东关驿，盖明清两代的东关驿乃至民国间的东关镇，皆辖于会稽县。若族居山东沂水之马家非到数百里之外的会稽为家族中的贞妇建祠，岂不怪诞！《聊斋志异》提及“东莞”的小说还有卷六《诗谳》，这

① 盛伟校注：《聊斋志异校注》卷四，山西人民出版社2000年版，第1103页。
② 于天池注，孙通海、于天池等译：《聊斋志异》卷七，中华书局2015年版，第1822页。
③ 王锡荣：《全本新注〈聊斋志异〉若干问题商榷》，载《吉林大学社会科学学报》2011年第5期。
④ 史为乐主编：《中国历史地名大辞典》，中国社会科学出版社2005年版，第682页。

里的“东莞”则为明清山东莒州的古称。东汉建安初置东莞郡，治所在今山东省临沂市沂水县东北，西晋元康间移治莒县，明初废县置莒州（今山东省莒县），明至清初属青州府。故事中的被害人为“青州居民范小山”，所以分守山东青州海防道的周亮工可以遣役拘捕日照、沂州的嫌疑人。若事发清中叶，则沂州府已从青州府分划出，官居青州者到日照、沂州等处拘捕嫌犯属于跨府，就不会那么顺理成章了。可见地名注释涉及小说相关情节构思，并非小事一桩。

卷六《凤仙》：“刘喜，从入萦山。”（第1725页）所谓“萦山”何在？朱注本、盛注本、于注本以及笔者所见诸多选注本皆未注出。笔者原以为“萦山”当为作者对“营山”之误书，营山在今广西壮族自治区灌阳县与湖南省道县间，位于平乐府以北，与小说主人公刘赤水乃“平乐人”的籍贯相合。平乐为明清府名，府治平乐县，即今广西壮族自治区桂林市平乐县。笔者曾写有《〈聊斋志异〉注释中的地名辨析》一文，刊于《长江学术》2014年第1期，即将上述误解贸然公之于众。然而如此判断，实有厚诬古人之嫌。此后经查史为乐先生主编《中国历史地名大辞典》，录有“萦山”词条：“萦山：在今广西平乐县南。《元和志》卷三七平乐县：‘萦山在平乐县南一十里，山有木客。’……《明一统志》卷八四平乐府：萦山‘山势萦回曲折，上有九峰，曰：高岩、羊栏、月岩、兜鍪、马鞍、跨镫、石旗、石剑、丫髻。险不可陟’。”[①] 本书第四编《〈聊斋志异〉丛脞新录》之《说〈凤仙〉》可参阅，此不赘述。

卷六《沅俗》可与同卷《澂俗》一篇相参看，两者全以云南少数民族聚居地为故事背景，内容怪异，形同《山海经》，折射出旧时长期民族隔阂的馀光。《沅俗》开篇即云：“李季霖摄篆沅江。”（第1845页）所谓“沅江”究竟何所指？朱注本、盛注本皆认为事发于湖南沅江县，白话译本或译为“湖南沅江”，或径作“沅江”，都不准确。于注本注云：“沅江：应为元江，指云南元江府。此处‘摄篆沅江’，为蒲松龄误记。李季霖所任职非代理沅江县令，而是任云南元江府知府。”[②] 此注甚是。本书第四编《〈聊斋志异〉丛脞新录》

① 史为乐主编：《中国历史地名大辞典》，中国社会科学出版社2005年版，第2280页。
② 于天池注，孙通海、于天池等译：《聊斋志异》卷九，中华书局2015年版，第2411页。

之《说〈澂俗〉与〈沅俗〉》专就《沅俗》等两篇小说的有关问题加以讨论，读者可参阅，此不赘述。

卷八《竹青》："鱼容，湖南人，谈者忘其郡邑。家綦贫，下第归，资斧断绝。羞于行乞，饿甚，暂憩吴王庙中。"（第 2191 页）所谓"吴王庙"，即祭祀三国吴将军甘宁的祠庙，故址在今湖北省黄石市阳新县东部富池镇。清宋荦《筠廊偶笔》卷上："楚江富池镇有吴王庙，祀甘将军宁也。宋时以神风助漕运，封为王，灵显异常。舟过庙前必报祀。有鸦数百，飞集庙旁林木，往来迎舟数里，舞噪帆樯上下。舟人恒投肉空中喂之，百不一堕。其送舟亦然，云是吴王神鸦。洞庭君山亦有之，传为柳毅使者。"[①] 小说下文言鱼容中举后"复谒吴王庙，荐以少牢"并于"是夜宿于湖村"；然而经与已成为汉江神女的竹青相聚汉阳两月后，因思念家乡，又被神女送回原泊舟之所，"醒，则身在舟中，视之，洞庭旧泊处也"。"洞庭"即洞庭湖，在今湖南省北部，长江南岸，为中国第二大淡水湖。作者的地理概念在此似有误。吴王庙在富池镇，距洞庭湖将近八百里，鱼容中举后复谒吴王庙应该泊舟于其附近处，洞庭不当是其"旧泊处"。唐杜甫《过洞庭湖》诗："护堤盘古木，迎棹舞神鸦。"仇兆鳌注："《岳阳风土记》：'巴陵鸦甚多，土人谓之神鸦，无敢弋者。'……吴江周篆曰：'神乌在岳州南三十里，群乌飞舞舟上。或撒以碎肉，或撒以荳粒；食荤者接肉，食素者接荳，无不巧中。如不投以食，则随舟数十里，众乌以翼沾泥水，污船而去，此其神也。'"[②] 蒲松龄在演绎吴王庙传说的构思中，当受到杜甫《过洞庭湖》诗的影响，以致在地理位置的叙述中百密一疏，将吴王庙搬到了洞庭湖附近。小说以"湖南人，谈者忘其郡邑"开头，模棱中也显示了作者对于湖广一带地理不甚熟悉的无奈。注家无论清人与现代学者，皆未注出小说地理位置相龃龉处，似有所缺失。

---

① （清）宋荦撰：《筠廊偶笔》卷上，上海古籍出版社 2012 年版，第 19 页。

② （清）仇兆鳌注：《杜诗详注》，中华书局 1979 年版，第 2088 页。

《聊斋志异》所涉及的明与清初历史人物考

蒲松龄《聊斋志异》内容丰富，其事或属子虚乌有，所涉及历史人物则未必无据，将《聊斋》中涉及历史人物的相关篇章做一梳理，对于深入探讨蒲松龄的小说创作方法或小说主旨不无助益，甚至还有可能发现新的问题。

《聊斋志异》中多有涉及明以前历史人物的篇章。如卷一《龁石》中有异食癖的新城王氏家的养马人王嘉禄，就是元代人，分别见于雍正七年（1729）《山东通志》卷三〇《仙释志·元》、民国间周宗颐编《太清宫志》卷一《王道人仙传》。王士禛《池北偶谈》卷二〇对此异人有所谓“予家佣人”之记述，易使读者误认王嘉禄为明末清初人，实则其人早于王士禛三百馀年，属于其王氏祖先的家事[①]。卷八《鸟使》中的“夫人”，亦非泛指，乃当地传说中三国魏文学家吴质之女、刘府君（刘瑶）妻刘夫人，旧长山县长白山西有“夫人墓”，当为《鸟使》构思所本[②]。本书第四编《〈聊斋志异〉丛脞新录》有《说名物·夫人》一节，可参阅，此不赘述。卷八《桓侯》中的居停主人刘子翚，也非虚构人物，而是南宋理学家朱熹的老师，循此一线索，蒲松龄构思《桓侯》的意旨就显豁了。参见本书第四编《〈聊斋志异〉丛脞新录》之《说〈桓侯〉》，此不赘言。卷八《褚遂良》中的狐仙穿越历史时空，不计腌臜，有恩必报，的确感人至深。作者何以将“贫难自给”、狼狈万分的赵某前世托古于褚遂良，对这一问题的研讨似乎比探究小说狐仙之报恩主旨更饶兴味。蒲松龄咏史之诗作不多，联系其同题《褚遂良》的七绝，考察小说《褚遂良》将其转世的后身描述为“孤贫”的可怜人，略微可见作者在佛家轮回观念的外衣下贬斥这位历史名人的用心，不过皮里阳秋，尚须读者仔细寻绎而已。《聊斋志异》所涉及的历史人物以活动于明代与清初者为多，有一些人物，如卷一《山魈》中的孙太白，《咬鬼》中的沈麟生，皆生平不详，有待考证。可以考出的历史人物，又可以分为“真人真事的书写”、“真人传事的书写”、“真人假事的书写”、“假人真事的书写”、“明代藩王的书写”五种情况

① 参见赵伯陶注评：《聊斋志异详注新评》卷一，人民文学出版社2016年版，第226页。
② 参见赵伯陶注评：《聊斋志异详注新评》卷八，人民文学出版社2016年版，第2970页。

加以探讨。

一、真人真事的书写

真人真事的故事在《聊斋》中皆属于有迹可寻者，上述《龁石》即为一例，尽管注家往往搞错主人公的时代。卷一《耳中人》貌似志怪，实则当系据乡里传闻所作实录，主人公谭晋玄实有其人。李学良先生从《丁耀亢全集》中发现《送谭晋玄还淄青谭子以修炼客张太仆家》一诗："谭子风尘里，潜居有化书。鲁门疑祀乌，濠水乐知鱼。道气洪蒙外，玄言汲冢馀。幻形何处解，羽蜕近清虚。万物归无始，吾身患有终。神游方以外，天在道之中。客老苏耽鹤，人归列子风。茫茫沧海上，何处觅壶公。"并据此认为："谭晋玄的功法与产生的效验非常类似于道经中常载的'守庚申'法。而'守庚申'的目的，则是斩断人体中所谓的'三尸虫'。"[①] 按，丁耀亢（1599—1671），比蒲松龄年长四十馀岁，则其所交游者谭晋玄亦当属于蒲松龄之乡前辈无疑。修炼导引之术因不得法而出现偏差，如同今天练习气功不得法而"走火入魔"，可导致精神方面的疾病或身体器官的某种病变。小说中谭晋玄的幻听、幻视等状况皆已出现，属于典型的精神错乱。卷一《王六郎》篇后"异史氏曰"所记其乡中读书人千里投靠已经显贵的发小却狼狈而归事，王士禛指为写东郡耿隐之（耿道见）事，当亦属于真人真事的实录。卷三《狐妾》中的刘洞九，即刘澄淇（1586—1659），字洞九，其人狐之恋的书写当是官员纳妾规避惩罚而托言为"狐"以掩人耳目的障眼法，当属真人真事。参见本书第四编之《说〈狐妾〉》。

《聊斋》中有以清初于七聚众抗清为背景的小说，如卷一《野狗》、卷三《公孙九娘》等。清廷借事生端，山东一带因于七案连坐被杀者甚多，给当时齐鲁文人士大夫的心理上投下挥之不去的阴影。于七，史有其人，本名小喜，又名乐吾，号孟熹，栖霞（今属山东）人。参见本书第四编《〈聊斋志异〉丛

---

① 李学良：《〈聊斋志异〉中"耳中人"篇的本事考证》，载《十堰职业技术学院学报》2011年2月第24卷第1期。

脞新录》之《说〈公孙九娘〉》，此不详述。

卷一《蛇癖》记述作者乡人“王蒲令”之家仆吕奉宁喜生啖活蛇，当系实录。王蒲令并非人名，而是任山西蒲县知县的王姓同乡。包括拙作在内的诸多《聊斋》注释本皆未注出，唯于天池注本注出：“王蒲令：据《淄川县志》，王蒲令指王启泰，字大来，顺治二年（1645）中顺天乡试举人，康熙二年（1663）任，康熙七年（1668）卸任。”[①] 此系首次揭出，吕奉宁乃本乡在职官宦人家的家仆，难以虚构，增加了故事的可信性。人能生啖“五毒”一类的动物，虽不常见，但在资讯发达的今天，报端荧屏也时有报导，并非罕闻之事。

卷一《金世成》涉及所谓“邑令南公”，南公即南之杰（生卒年不详），字颐园，蕲水（今湖北省浠水县）人。顺治贡生，康熙十年（1671）在长山令任上，有治绩。康熙《湖广通志》卷三八《选举志·皇清贡生·顺治》著录南之杰，蕲水人。嘉庆六年（1801）《长山县志》卷五《知县》：“南之杰，蕲水监生，康熙十年任。”小说中的金道人即金世成，以“啖秽”之怪诞行为作为招徕信徒的手段，致令“愚民妇异其所为，执弟子礼者以千万计”，当系实录，属于《聊斋》真人真事的记述，南之杰即以真官宦作为事件真实性的保证。这对于明清民间宗教产生的问题，有一定的认识价值。

卷一《地震》所记为康熙七年（1668）六月的山东大地震，作为陪衬的旁证人物，作者表兄李笃之史有其人。李笃之（生卒年不详），字符根，长山（今山东省滨州市邹平县）人，明崇祯九年（1636）山东乡试第三名举人。平生好赈穷周急。嘉庆六年《长山县志》卷一一《列女》后有传。这篇《地震》系作者亲身经历，尽管不处于震中，而且有些描述系得诸传闻，但仍有相当的史料价值，如“自东南来，向西北去”的记述，就符合当时地震横波的传递方向。应当指出的是，蒲松龄似未专意于对地震破坏性的记述，而于人们在危机时刻的异常表现，尤所瞩目。

卷二《口技》附则中记述王心逸所言少年以口为诸多乐器演奏的口技艺术，也属于真人真事。王心逸，即王居正（生卒年不详），字心逸，号怀庵，原名化正，字乃甫，或作乃孚，号肖水，行六，淄川仙人乡（今属山东省淄

① 于天池注，孙通海、于天池等译：《聊斋志异》卷一，中华书局2015年版，第260—261页。

博市淄川区）人，王樍第三子，为蒲松龄好友王观正（字如水）之兄，岁贡生，著有《南游诗草》。清乾隆八年（1743）《淄川县志》卷五《选举志·贡生》著录。蒲松龄有《同长人逌甫刘茂功河洲夜饮即席限韵》七律二首，写于康熙十三年（1674），赵蔚芝《聊斋诗集笺注》于此诗题下对“逌甫”有注甚详，云其事迹“见《淄川县丰泉王氏世谱》和《国朝山左诗续钞》卷二小传”[①]。《聊斋》注家或注王心逸为长山进士王德昌，似有张冠李戴之嫌。

卷三《李司鉴》中主人公李司鉴，并非虚构，史有其人，光绪三年（1877）《永年县志》卷二三《选举表》著录，李司鉴考中顺治八年（1651）举人，馀不详。显然这是一篇根据时事撰写的小说。在科举时代，文化不甚发达的县中出个举人，并非易事，读过吴敬梓《儒林外史》的人，对于范进中举那一段绘声绘色的描写就一定不会生疏，可见一时风气。作为永年县一位有身份的人，李司鉴犯杀人罪后又自残而死，其间伴随幻听并自揭平生罪恶，显然是一种妄想型加狂躁型精神病的症状，本属于一种病态的应激反应，似乎不必做过深的社会学方面的解读与诠释，可视为真人真事的记录。

卷三《五羖大夫》的主人公畅体元（生卒年不详）亦史有其人。嘉庆二十年（1815）《河津县志》卷七《人物》有传：“畅体元，字汝正，拔贡。幼以孝称。任雒南知县，清慎爱民。致仕归，行李萧然。著有《洙泗从信录》。”其表字与蒲松龄所记“汝玉”不同，当系形讹所致。同治七年（1868）《雒南县志》卷三《循卓传》亦有传，谓其“康熙初以河津科贡任雒”。小说篇末有“毕载积先生志”一语，毕载积，即毕际有（1623—1693），字载积，号存吾，淄川西铺人，明户部尚书毕自严子。顺治二年（1645）拔贡生，历官山西稷山知县、江南通州知州，康熙三年（1664）罢归。著有《存吾草》。乾隆四十一年（1776）《淄川县志》卷六《续循良》有传。清王士禛《池北偶谈》卷二六《谈异七·五羖大夫》对于畅体元之梦也有所记，可见其题材来源或皆当由毕际有所转述者，而毕氏于顺治间曾官山西稷山知县，与河津为邻县，“五羖大夫”之梦或为畅体元亲口对毕际有所言。蒲松龄于康熙十八年（1679）始设帐其家，至康熙四十九年（1710）撤帐归家。蒲松龄无须虚构成篇。

---

① 赵蔚芝：《聊斋诗集笺注》卷一，山东大学出版1996年版，第168页。

卷三《杨千总》涉及明代两位历史人物。所谓“毕民部公”，即毕自严（1569—1638），字景曾，号白阳，淄川王村镇西铺村人，为蒲松龄馆东毕际有的父亲。明万历二十年（1592）三甲第二十一名进士。历官右佥都御史兼天津巡抚，崇祯元年（1628）升户部尚书，晋太子太保，致仕卒。著有《石隐园诗文藏稿》八卷、《抚津督饷抚留宪留计共疏草》十九卷、《度支奏议堂稿》二十卷等。《明史》卷二五六有传，内云：“万历二十年进士，除松江推官。年少有才干，征授刑部主事。历工部员外郎中，迁淮徐道参议。内艰阕，分守冀宁。改河东副使，引疾去。起洮岷兵备参政。以按察使徙治榆林西路，进右布政使。泰昌时，召为太仆卿。”[①] 另据《淄西毕氏世谱》，明万历四十二年（1614），毕自严从河东副使任上告病归里，四十四年即家起补陕西参政洮岷兵备道。小说主人公杨化麟，亦见于史书，据《明史》卷二六〇《陈奇瑜传》，杨化麟此后曾晋官别将、副将。这篇微型小说的题材来源或系作者在毕家坐馆时所亲耳聆听者，意在凸显毕自严为官之仁厚与武官杨化麟射技之精。若言虚构，“奉赠一股会稽藤簪绾髻子”之戏弄百姓语，或有加工成分；而一箭穿发髻，异常精准而外，其力道尤难控制。盖力小则易失准，力强则可能令发髻连带头皮被揭，后果严重，这就超出杨千总“合小怖之”恶作剧的用心了。

卷三《驱怪》的主人公“徐远公”，即徐处阁（生卒年不详），字见区，原名之邈，字远公，明末济南府学生员，李自成农民军起，弃去头巾，着道人服，杖悬一瓢，刻杖上字云：“悬瓢非为逻斋饭，时挹寒泉泼热肠。”另有《衣巾谣》三十六首，其《辞催考诗》云：“一瓢一衲野云间，绕屋流泉睡正鼾。欲向此中寻意趣，梦魂不到铁牛山（济南府学有铁牛山，阁，府学生，故云）。”可见其弃儒入道之心怀。康熙五十五年（1716）《长山县志》卷六《文学》有传。小说可能根据当时的乡里传闻加工而成，素材无非是一起阴差阳错、歪打正着的事件，兽首人身的妖怪可能是当时不甚明了的一头较大的野兽，一经作者的文学加工，顿觉有声有色、起伏跌宕，具有了耐人寻味的艺术魅力。徐远公情势窘迫之下急中生智，以被子为武器驱赶走怪兽，属于应激反应下的意外成功，所谓“无心插柳柳成荫”。事后这位“弃儒访道”者并

① （清）张廷玉等撰：《明史》卷二五六《毕自严传》，中华书局1974年版，第6609页。

没有无中生有、借机吹嘘，而是实话实说，丝毫不失忠厚老实人的本色，这与到处招摇撞骗的江湖术士自难同日而语。

卷三《姊妹易嫁》的男主人公“掖县相国毛公”，即毛纪（1463—1545），字维之，号鳌峰逸叟，掖县人。明成化二十二年（1486）举乡试第一，次年会、殿试，考中三甲第一三六名进士，选庶吉士，授检讨，进修撰，充经筵讲官。历官侍讲学士、户部右侍郎，正德中累迁礼部尚书，以东阁大学士入预机务，寻为文渊阁大学士、户部尚书、武英殿大学士。嘉靖初为内阁首辅，以“大礼议”忤旨，乞归。卒赠太保，谥文简。著有《密勿稿》、《鳌峰类稿》等。《明史》卷一九〇有传，内云：“纪有学识，居官廉静简重。”[①]评价不低。其父毛敏（1425—1506），字子聪，号养浩，历官杭州教授。小说谓其“为人牧牛”，不确。青柯亭初刻本《聊斋志异》于此篇后录有孙扩图附记云：“夫人姓官氏，姊陋文简有文无貌，临嫁而悔。妹承父母意，遂代姊归文简。文简既贵，姊自恨，出家为女道士。妹馈遗之，都不肯受。清修登上寿。文简林下廿馀年，颇与过从谈道，相敬重云。”（第769页）蒲松龄进行文学创作时，除将毛纪家出身、毛妻姓氏改变外，长女不嫁毛郎的原因也从以貌取人改为嫌贫爱富，并增添了有关风水堪舆、神人赐梦以及福禄天定等情节或取意，从而令故事更具传奇色彩，引人入胜。

卷三《龙取水》中的“徐东痴”，即徐夜（1611—1683），初名元善，字长公，康熙十三年（1674）因慕三国魏嵇康（字叔夜）之为人，改名夜，字嵇庵，一字东痴，新城（今山东省淄博市桓台县）人。明末诸生，入清不求仕进，晚年喜游山水，能诗，有《徐夜诗选》二卷、《隐君诗集》四卷传世。《清史列传》卷七〇、《清史稿》卷四八九皆有传。徐夜一生有两次南游。据张光兴、李崇葵、毕宜伸先生《徐夜诗选注》后附《徐夜一生大事年表》（天津古籍出版社1993年版），顺治十八年（1661）春，徐夜五十一岁，曾与叔舅王与阶南游扬州、南京、苏州、杭州、桐庐、崇德等地。康熙二十二年（1683），乡友张平澜赴江西德安任县令，相约与七十三岁的徐夜同行，舟过扬子江，波浪骤起，将所携欲至江右梓行之诗文稿尽皆掀翻江内；徐夜感愤成疾，未至德安即返乡，卒。“龙取水”当是徐夜第二次南游所遇，属于有关

① （清）张廷玉等撰：《明史》卷一九〇《毛纪传》，中华书局1974年版，第5047页。

"水龙卷"的真实记述，尽管非作者亲眼所见，仅得诸他人转述，但文字毫无夸饰虚诞之处，当系真人真事的实录，有相当的认识价值。

卷三《头滚》中主人公"苏孝廉贞下"，即苏元行（生卒年不详），字贞下，年四十始进学，旋中康熙十七年（1678）举人，老任蒲州学正，卒于官。乾隆八年（1743）《淄川县志》卷五《选举志·举人》有传，谓其"赋性豁达，不拘绳尺，为文横恣不寻常，解经别有神悟"。蒲松龄与苏元行为同时人，彼此交往，堪称熟识，蒲有《为觉斯与苏贞下启》；作者同乡唐梦赉于康熙十九年（1680）曾有诗《七夕宿绰然堂同苏贞下蒲柳（留）仙》。"头滚"一事或系亲耳聆听苏元行所言。人在脑血管极度缺氧的情况下极易产生幻视幻听，苏父之经历可能系脑卒中的过程显现，古人不明个中道理，误以为怪，无足深论。然而"赌近偷，奸近杀"，作者于三言两语中所寓警示，自不可忽视，若纯以"志怪"一笑了之，则有负蒲翁之良苦用心了。

卷三《念秧》实际上讲了两个故事，前者大半为实事，后事则为虚构，半真半假，相映生辉，可见作者之艺术匠心。前一个故事中主人公王子巽，即王敏入（生卒年不详），字子逊，一作子巽，号梓岩，邑庠生。与妻陈氏皆有孝行，一生坎坷艰难，七十馀岁语及双亲仍泪涔涔下。乾隆八年（1743）《淄川县志》卷六上《续孝友》有传。王子巽为蒲松龄友人，《聊斋文集》中有《陈淑卿小像题辞》，就是为王子巽早逝之原配夫人所撰写的一篇声情并茂的骈文；《聊斋词集》中又有《贺新郎·王子巽续弦，即事戏赠》两词，则为王子巽再婚所填，调侃意味甚浓，可见两人交情非同一般。小说中有"在都为旗籍太史"的"族先生"，亦非虚构，当谓王姓族人中较有地位或身份的晚辈，这里即指王子巽大家族中子侄辈王敷政，为与王子巽同一高祖的族兄弟王樛的过继子（从侄）。马振方先生主编《聊斋志异评赏大成》有关《念秧》之"评赏"为主编者所亲撰，内有考证甚详，这里不赘。

卷三又有《蛙曲》与《鼠戏》两篇微型小说，前后相属，全为转述王子巽在京师所见者，当为康熙十二年至十三年间（1673—1674）作者设馆淄川仙人乡王氏家中时所撰写，与此两篇前之《念秧》皆为一时之作，蒲松龄时年三十四五岁。可视为"真人真事"，亦可视为"以真人传事"的书写。

卷三《秦生》附则中有急迫中以醋当酒为饮的"丘行素贡士"，即丘希潜（生卒年不详），字行素，号龙崖，淄川人。康熙二十八年（1689）岁贡生，康熙五十年（1711）授黄县（今山东省龙口市）训导，五年以后告归，构清梦楼于豹山之南，读书其中，常与山僧野叟诙谐畅饮其中，年八十馀卒。妻李氏。乾隆四十一年（1776）《淄川县志》卷五《续贡生》有传。蒲松龄有乐府《堕驴行，仿古乐府赠丘行素，丘明经大醉堕驴，夜卧山中，戏赠之》一首，可见丘行素放浪形骸之外的醉态。

卷四《上仙》可与卷二《口技》一篇对读。小说中"绥绥有狐意"的梁姓女子显然凭借口技技艺假托狐仙以行"长桑之术"，与前《口技》一篇中的行医女子的行径实无二致。不同的是，梁姓女子不用帷幕屏蔽，只以"转身"动作隔绝"仙"与"凡"的界限，并且有与观众双向交流的技巧，是否她另有"腹语术"（即在上下颌甚至是嘴唇都闭合的状态之下发音说话，现代有此技艺者并不罕见）也未可知。小说涉及人物"高季文"，即高之骏（生卒年不详），字季文，淄川人，为高珩兄高玮次子。康熙三十六年（1697）拔贡，授东昌府茌平县教谕，未任卒。乾隆四十一年（1776）《淄川县志》卷五《选举志·续贡生》有传。"高振美"与"袁鳞公"，皆生平不详，待考。"念东先生"，即高珩（1612—1698），字葱佩，别字念东，号紫霞道人，淄川人。明崇祯十六年（1643）三甲第八十五名进士，选庶吉士。入清，授秘书院检讨，升国子监祭酒，历官侍讲学士、吏部右侍郎、大理寺少卿、刑部左侍郎，致仕卒。著有《栖云阁诗文集》。乾隆四十一年（1776）《淄川县志》卷五《选举志·进士》有传。清王士禛撰有《诰授通奉大夫刑部左侍郎念东高公神道碑铭》。他曾为《聊斋志异》作序。

卷四《龙肉》，抛开其中"霹雳震作"之说的荒诞不经，所谓"龙肉"也者，并非虚构，可能就是《山海经》称之为"太岁"或"视肉"一类的生物。参见本书第40页有关文字，此不赘述。小说中"姜太史玉璇"，即姜元衡（1622—？），字玉璇，一作玉璿，即墨（今山东省即墨市）人。顺治六年（1649）二甲第二十九名进士，历官国子监司业、内翰林弘文院侍讲，曾为江南主考。乾隆二十九年（1764）《即墨县志》卷七《选举·进士》有传。小说中地名"龙堆"当指金沙洲，为今湖南省洞庭湖中之洲名。唐杜甫《过洞庭湖》诗："蛟室围青草，龙堆隐白沙。"清仇兆鳌注："《一统志》：金沙洲在洞庭湖中，一名龙堆，延袤数里。”[①]一说龙堆乃西域之白龙堆，姜元衡平生并未至新疆一带，难以“曾食其肉”，故知此说不确。

卷五《刘姓》之宗旨，无非劝导“虎而冠者”改恶从善。作者虚构地府过堂一节，以佛家六道轮回以及因果报应之说穿插于文本叙事中，也是其宅心仁厚的体现。特别是刘姓人因意气相激而非有心为善，在饥荒凶年拯救夫妇二人之命的追叙，巧开恶人自新之路。小说中的乡绅“李翠石”，即李永康（生卒年不详），字翠石，淄川县范村人，生性好施予，有名乡里。乾隆八年（1743）《淄川县志》卷六《续义厚传》有传。“李翠石兄弟”，即指李翠石与其弟李永誉。乾隆八年（1743）《淄川县志》卷六《续义厚传》：“淄城西南三十里龙泉沟中有孔道，居人将为桥，以便往来。桥横跨两崖，计费千金，（永）康破产以助，乃得迄工。又捐资修桥于焦村，未成而殁。弟永誉竭力助成之，从兄志也。”蒲松龄《龙泉桥碑》：“范村李君翠石，其为人敦笃乐善，一乡称长者。”[②]小说中所谓“刘姓”人，蒲松龄为免除“对号入座”的纠缠乃至官司，其事当属实，其人则未必姓刘，这也是小说家狡黠处。

卷五《龙戏蛛》中遭受雷击而亡的“徐公”，即徐国珍（生卒年不详），贵阳府（今贵州省贵阳市）人，顺治十七年（1660）举人，康熙十年（1671）任齐东县令，卒于任。他是当时济南府下知县一级有名的廉吏。康熙二十四年（1685）《新修齐东县志》卷四《知县》：“徐国珍，贵州贵阳举人，康熙十年任，多政声，士民思之，祀城隍庙。二十六年立祠行香寺侧，立传。”又同卷《名宦》：“徐国珍，兴学校，恤孤贫，治狱廉明，尤喜息讼，士民悦服，远迩歌颂，洵古遗爱也。邑顽户诡书积年逋欠，公力除夙弊，设法千馀金赔补，钱粮顿清，至今官民受益焉。城隍庙设主崇祀，亦以志不忘云。举人郭国琦述。”这与小说中“公为人廉正爱民”的评价相符。在中国民间，“遭雷劈”三字往往是常人对所痛恨者最严厉的诅咒，而“天打五雷轰”也成为自明心迹的毒誓，可见人们对于这一大气放电现象极其畏惧的心理。其实雷电伤人与人事并无关联，将近两千年以前的王充早就声言所谓雷“取龙之说既不可听，罚过之言复不可从”[③]。《龙戏蛛》中“署中有楼”四字殊可瞩目，古

① （清）仇兆鳌注：《杜诗详注》卷二三，中华书局1979年版，第2087—2088页。
② 路大荒整理：《蒲松龄集·聊斋文集》卷二，上海古籍出版社1986年版，第44页。
③ （汉）王充：《论衡》卷六《雷虚篇》，上海人民出版社1974年版，第97页。

代民居，平房居多，县衙中有小楼突兀其间，又缺少避雷措施，暴雨天中偶然遭受雷击并伤及多人，并非不可思议。总而言之，相当成分的偶然因素致使徐公一家惨遭不测。其中徐公一人“病月馀”方撒手人寰，可见雷暴时他因处于办公状态，与夫人及婢仆等必不在一处，并没有直接遭受雷击，此后之死，显然是受到惊吓又伤悼家人所致。从这些细微处，可见作者处理传闻的审慎，下笔极有分寸，一丝不苟。在专制社会，廉洁奉公的官吏凤毛麟角，其原因诚如春秋时期楚国的《忼慨歌》中所言：“廉吏而可为者，当时有清名；而不可为者，子孙困穷被褐而负薪。贪吏常苦富，廉吏常苦贫。”①这或许是本篇“异史氏曰”大呼“天公愦愦”而深致感慨的原因吧！《聊斋》诸多注本未明“徐公”身份，对于准确理解小说真义终隔一层。

卷五《放蝶》一篇记述二事，时间一为明末，一在清初。第一事中“王进士岍生”，即王岍生（生卒年不详），字子凉，明崇祯十三年（1640）进士，除如皋知县。康熙五十五年（1716）《长山县志》卷六《人物志・卓行》有传，谓其：“性简静，饲鹿调鹤，积书数万卷，坐卧其下。乞休归，杜门著书，有《怪石集》行世。”嘉庆十三年（1808）《如皋县志》卷一二《秩官》著录崇祯十二年以后如皋县令亦作“王岍生”，朱保炯、谢沛霖《明清进士题名碑录索引》无“王岍生”名，仅著录长山“王生”，考中崇祯十三年三甲第一三〇名进士。王岍生“放蝶”事，清纽琇《觚賸》卷二《吴觚中・鹤癖》一则亦有所记。清龚炜《巢林笔谈》卷一《县令好蝶》一则：“明季如皋令王岍，性好蝶，案下得笞罪者，许以输蝶免。每饮客，辄纵之以为乐。时人为之语曰：‘隋堤萤火灭，县令放蝴蝶。’”②包括《明清进士题名碑录索引》，王岍生的名字出现三种异文，可见中原板荡之际情况的混乱。至于《长山县志》对他有“性简静”的评价，或许道听途说，传闻异辞，“放蝶”之说有所夸大亦未可知。第二事中“于重寅”，为明代万历间监察御史于永清之孙，清顺治十六年（1659）二甲第九十四名进士，其馀不详。道光二十六年（1846）《青城县志》卷六《选举志・进士》仅著录其科举“顺治乙亥科会魁”，无传。“乙亥”，当为“己亥”之讹。会魁，会试考生于五经试题里各认考一经，录取时，取各

① 逯钦立辑校：《先秦汉魏晋南北朝诗・先秦诗》卷二，中华书局1983年版，第20页。
② （清）龚炜著：《巢林笔谈》卷一，中华书局1981年版，第17页。

经之第一名称会魁。至于清初于重寅“献火驴”一事，属于不知深浅之举，本意是阿谀拍马，谁想到却欲益反损，还差点因此丢了官，其为人真有些“不靠谱”。作为一名二甲进士，且为两代官宦之后，《青城县志》与《武定府志》对其生平皆惜墨如金，今天竟难以考出他为官司理的地区，或许有难言之隐，这可能又与其“性放诞”的性格因素密切相关，总之于重寅大约没有什么可为乡里增光的事迹。

卷五《梦狼》附则所记两事涉及两位真实的历史人物。第一则“李进士匡九”，即李栋朝（1626—？），字勖九，顺治十二年（1655）三甲第二七七名进士，十五年任宣城知县。见康熙三十四年（1695）《邹平县志》卷五《选举志》、光绪十四年（1888）《宣城县志》卷一一《官师》。第二则“邑宰杨公”，当指明崇祯十年至十三年（1637—1640）任淄川县令的杨蕙芳（生卒年不详），字密庸，蒲州（今属山西）人。明崇祯十年（1637）三甲第八十五名进士，官至工部主事。见乾隆四十一年（1776）《淄川县志》卷四《官师志》、乾隆二十年（1755）《蒲州府志》卷八《选举上》。李栋朝自命廉明，却为手下吏役所欺；杨蕙芳秉性刚直，亦为手下吏役所算计。所谓“君子可欺以其方”，蒲松龄对于衙役之辈深恶痛绝，“要知狼诈多端，少失觉察即为所用”两句道出了作者的无限感慨。其事大约并非虚构，属于真人真事的记述。

卷六《盗户》附则中“邑令钟”，当谓章丘县令钟运泰（生卒年不详），字履安，钱塘（今浙江省杭州市）人。康熙三十年（1691）《章丘县志》卷四《官师志·仕宦》：“钟运泰，浙江严州府淳安县籍仁和县人，由拔贡康熙二十三年任。”值得一提的是，蒲松龄与这位章丘钟县令并非毫无关联者。康熙二十五年（1686）就任淄川县令的张嵋，字石年，仁和人，与早其二年任章丘县令的钟运泰系同乡，张嵋走马上任之初曾到章丘明水镇拜访过这位有同乡之谊的同僚，写有七律八首，蒲松龄则碍于父母官的情面，于这一年写有《和张邑侯过明水之作》的和诗八首。或许正因有这层关系，蒲松龄以后又写有《章丘钟公寿序》一文，对于时为章丘县令的钟运泰大加誉扬：“邑侯钟公，莅治数年，良法美意，与岁俱积。”[①] 官样应酬之作自不可认真，但可证明《盗户》之作当为作者在钟运泰卸任章丘后的手笔，斯时张嵋当也已升任

① 路大荒整理：《蒲松龄集·聊斋文集》卷二，上海古籍出版社1986年版，第81页。

甘肃巩昌府同知了（康熙二十八年），情面不必顾及，自然会放笔直书，用小说写出一段敢于臧否人物的真实文字。"章丘漕粮徭役"事与"盗户"事前后映衬，更深入挖掘出社会怪现象后面官府施政的人为因素，对于钟县令急功近利、不切实际的政治施为颇有微词，堪称嬉笑怒骂皆成文章。赵蔚芝先生《聊斋诗集笺注》中注释《钟圣舆以副宪公传见示即索诗因赋此》，谓"钟圣舆，名辕，时任章丘县令"云云[①]，似不确。钟圣舆为顺天籍江西吉水人，其父钟性朴顺治六年（1649）曾官山东按察使司副使，显然钟圣舆并非任章丘县令者。

卷六《蒋太史》中"蒋太史"，即蒋超（1624—1672），字虎臣，号绥庵，又号无嗔道人、华阳山人，江南金坛（今江苏省金坛市）人。顺治四年（1647）一甲第三名进士，授编修，晋修撰，主浙江省试，提督顺天学政。后以病告归，不过里门，自楚入蜀，卒于峨嵋之伏虎寺。著有《绥庵诗文集》、《论史百篇》、《蒋说》等。清施闰章有《故翰林修撰蒋君墓志铭》。有关蒋超前世为峨眉僧的传闻，在清初曾盛传一时。清王士禛《池北偶谈》卷八《蒋虎臣》："翰林修撰蒋虎臣先生超，金坛人，自号华阳山人。幼耽禅寂，不茹荤酒，祖母梦峨眉山老僧而生。生数岁，尝梦身是老僧，所居茅屋一间，屋后流泉绕之，自伸一足，入泉洗濯，其上高山造天；又数梦古佛入己室，与之谈禅。年十五时，有二道人坐其门，说山人有师在峨眉，二百馀岁，恐其堕落云云。久之乃去。顺治丁亥，先生年二十三，以一甲第三人及第。入翰林二十馀载，率山居，仅自编修进修撰，终于史官。性好山水，遍游五岳及黄山、九华、匡庐、天台、武当，不避蛇虎。晚自史馆以病请告，不归江南，附楚舟，上峡入峨眉山，以癸丑正月卒于峨眉之伏虎寺。临化有诗云……尝自谓蜀相蒋琬之后。在蜀，与修《四川通志》，以琬故，遍叩首巡抚、藩、臬诸司署前。其任诞不羁如此。"[②]此外，清褚人获《坚瓠秘集》卷一、赵吉士（蒋超弟子）《寄园寄所寄》卷一〇《驱睡寄》等笔记也有类似记述。蒋超四十九岁命绝峨眉，其间或许真有一种"宿命"。人有灵魂，死后其灵魂依照因果报应而投胎转世，源于佛家；而在现代的欧美，"天堂"是否存在也成为

---

① 赵蔚芝：《聊斋诗集笺注》卷二，山东大学出版1996年版，第237页。

② （清）王士禛撰：《池北偶谈》卷八《蒋虎臣》，中华书局1982年版，第178—179页。

某些科学家的研究课题，“濒死体验”或“灵魂脱体”问题吸引着众多好奇者，其中不乏权威科学家。今天如何看待有关蒋超的传闻，也非三言两语所能说清。

卷六《邵士梅》也是一篇讲述人之前世今生的小说。主人公“邵士梅”，字峄晖（生卒年不详），济宁州（今山东省济宁市）人。顺治八年（1651）举人，曾官登州府学教授，顺治十六年进士。小说涉及“高公子冀良”，即高之騊（生卒年不详），字冀良，高珩长子。顺治十一年（1654）举人，顺治十六年礼部会试中式成贡士，未与殿试，顺治十八年考中二甲第三十一名进士，历官贵州平越知县。乾隆四十一年（1776）《淄川县志》卷五《选举志·进士》有传。邵士梅与高之騊为顺治十六年礼部会试同榜中式，小说中即称“同年”，尽管两人中进士不在同科。《聊斋》注家或不明此，极易造成讹误。

卷六《张贡士》记述张姓贡生在卧病中浓缩自己的人生于梦中，并以昆曲形式加以演绎，其梦的确非同一般。故事主人公实有其人，是否向人故弄玄虚，不得而知。清王士禛《池北偶谈》卷二六《心头小人》所记与此略同：“安丘明经张某当昼寝，忽一小人自心头出，身才半尺许，儒衣儒冠，如伶人结束。唱昆曲，音节殊可听，说白自道名贯，一与己合，所唱节末，皆其平生所经历。四折既毕，诵诗而没。张犹记其梗概，为人述之。”[①] 所谓“张贡士”，即张在辛（1651—1738），字卯君，号兔公、柏庭，安丘（今山东省安丘市）人。康熙二十五年（1686）拔贡。工诗，曾师事周亮工，精书法篆刻。咸丰九年（1859）《青州府志》卷四七《人物十》有传。贡士，即“贡生”，这里谓拔贡生，清代贡生名目之一。注家或注张贡士为张贞，乃张在辛之父，疑误。袁世硕先生《蒲松龄著述事迹新考》（齐鲁书社 1988 年版）、王平先生《〈聊斋志异·张贡士〉小考》（载《蒲松龄研究》1998 年第 3 期）皆可参阅。

卷六《单父宰》讲述一出人伦惨剧。其附则所言淄川令“辛公”，即辛民（生卒年不详），字先民，直隶大兴（今北京市）人，明崇祯十五年（1642）举人，顺治元年（1644）任淄川县令，三年升西安府同知。致仕后改名霜翊，字严公，放浪山水，诗文自娱。乾隆八年（1743）《淄川县志》卷四《秩官》有传。乡人因其妻“其阴甚偏”而兴讼出妻，书写旧时愚民无知，当非虚构。

---

① （清）王士禛撰.《池北偶谈》卷二六《心头小人》，中华书局 1982 年版，第 625 页。

卷六《王司马》中主人公，即王象乾（1546—1630），字子廓，一字霁宇，王之垣子，新城人。明隆庆五年（1571）三甲第二三二名进士，历官佥都御史，巡抚宣府，累官至兵部尚书，卒赠太子太师。康熙三十二年（1693）《新城县志》卷七《人物志》有传。明天启元年（1621），王象乾以兵部尚书提督九边军务，总督蓟辽兼制宣大等处，后以丁继母艰去职；天启七年（1627），蒙古鞑靼部中之插汉（察汗儿）部虎墩兔汗率师逼宣府、大同索赏，杀掠人畜无算；明思宗于是年即位，即家起王象乾原官，命其总督宣大行边，次年即崇祯元年（1628）春，八十三岁的王象乾赴京至平台［明朝紫禁城建极殿（今故宫保和殿）后以东之后左门］后向崇祯帝辞官，未获准，终于赴任，与虎墩兔汗定议设盟，岁予银八万两有奇。事毕，王象乾复以疾乞休，疏十馀上始允归。崇祯三年（1630）卒于家。王象乾在朝中属于对鞑靼主“抚”一派，康熙三十二年（1693）《新城县志》卷七《人物志·王象乾传》：“象乾释褐六十年，居边镇二十年，终始以抚西部成功名。”所谓“抚”政与明朝军事实力疲弱不无关系。无可奈何中也并非轻而易举，亦须以实力、信义为后盾，又需有“兵不厌诈”之谋，否则也难以畅行无阻。《聊斋》中“北兵”常指清军，但此篇中“北兵”则指蒙古鞑靼部无疑，这或许是青柯亭刻本系统《聊斋志异》因不明此篇背景而不入此篇的重要原因。今天注家仍有注释此篇“北兵”为清兵者，可见明确王象乾其人其事的重要性不容忽视。

卷七《云萝公主》附则两事，当系真人真事的记述（有部分夸张失实的地方）。“李孝廉善迁”，当谓李缙益（生卒年不详），善迁或为其字号，顺治五年（1648）举人，但未考中进士。康熙三十年（1691）《章丘县志》卷九《艺文志》载录清高珩《工部虞衡司郎中李仲卿墓志铭》有云：“封公举丈夫子三，长讳缙徵，以戊辰进士历任保定守；三讳缙益，戊子孝廉。”其第二子即李缙明（1615—1666），字康侯，号仲卿，顺治三年（1646）举人，顺治六年（1649）进士，历官大理左评事、工部郎中，卒于任。康熙三十年（1691）《章丘县志》卷六《人物志·贤良》有传。另据朱保炯、谢沛霖《明清进士题名碑录索引》，李缙徵为明崇祯元年（1628）二甲第二十六名进士，李缙明为清顺治六年（1649）二甲第六十一名进士。“耿进士崧生”，当谓耿文杰（生卒年不详），崧生或为其字号，康熙八年（1669）举人，康熙二十一年（1682）进士，历官江西都昌知县。康熙三十年（1691）《章丘县志》卷五《选举志·进士》载录。朱保炯、谢沛霖《明清进士题名碑录索引》著录耿文杰考中康熙二十一年三甲第一三一名进士。注家若不明章丘李善迁、耿崧生之真实身份，就极易产生误解。如李善迁（李缙益）中举之年实早于其二兄李缙明考中进士一年，小说将"两兄皆登甲榜"置于前，不尽准确。今人翻译附则一"而孝廉捷"一语，或译为"李举人（指李缙益）终于考上了进士"，诚属误解。《聊斋志异》中所涉及的有身份人物，县志中多有载录，不可不察。

卷七《罢龙》是以康熙初年的一次成功外交活动为背景的，清廷以当时的兵科副理事官张学礼与行人司行人王垓为正副使出使琉球，促进了双方的友好关系，在历史上写下了浓重的一笔。篇中"王侍御"，即王垓（1618—1684），字汉京，号巢云，胶州王家庄人。顺治六年（1649）二甲第七十一名进士（朱保炯、谢沛霖《明清进士题名碑录索引》著录其籍贯为"山东鳌山卫"），历官行人司行人、户科给事中、分巡宁绍道。著有《使琉球记》一卷，已佚。康熙十二年（1673）《胶州志》卷五《科目·进士》著录王垓："原籍鳌山卫，见任御史，候补给事中。"乾隆十七年（1752）《胶州志》卷四《人物》有传，道光二十五年（1845）《重修胶州志》卷三一《列传·侨寓》亦有传。侍御，清代或称御史为侍御，属监察官，都察院左都御史、左副都御史及其以下诸御史，皆可称侍御。这里当指户科给事中，与都察院各道监察御史皆可称言官。乾隆十七年（1752）《胶州志》卷四《人物》谓王垓："家贫力学，以舌耕供菽水。由进士授行人，值琉球请封，同官多避就，公慨然往。海水天风，几历危险。入境宣布朝廷威德，馈遗一无所受，异域詟服。"其不畏艰难的精神是值得彰显的。清王士禛《池北偶谈》卷一："琉球封王：顺治中遣给事中张学礼、行人王垓为正副使，居闽数年，罢归。康熙初复遣，时张已改御史，王已迁户部郎中矣。"① 其中"户部郎中"之说显然有误，可见即使同时代人记述当时事，因资讯有限，也会有错讹。这次出使的实际情况可以参考张学礼《使琉球记》一文，其中描绘海航艰险，颇多夸张，不免言过其实，反映了清初读书人对海洋文化的陌生与隔膜。亲历者尚且如此，蒲松龄仅凭道听途说写这篇小说，肯定就离事实更加遥远了，所谓"龙"的诸多形态，全属子虚乌有；不过由于文笔简洁，叙述有致，特别是关于"龙畏蛆"

① （清）王士禛撰：《池北偶谈》卷一《外国封使》，中华书局1982年版，第23页。

的想象，更引人入胜，这就如同传说中的大象惧怕老鼠钻鼻子一样，一物降一物，展现了丰富多彩的奇妙世界。值得一提的是，据《使琉球记》，这次出使琉球，去程尚较顺利，回程遭遇飓风，使团险些在海上遇难，《胶州志》所谓“几历危险”并非虚语。

卷八《司札吏》中的“游击官某”，不过是从三品武官，却要下属为其妻妾的乳名避讳，还因此滥杀无辜，更是荒唐！蒲松龄将此事写入小说，其意不在暴露屠夫的凶残，而在于调侃游击某的无知与无理，故其附录一则，也无非佐证世事的可笑与滑稽。所谓“牛首山一僧”，乃谓明末的志明和尚，为南京僧人，生平不详。牛首山，位于今江苏省南京市江宁区，以双峰角立，形如牛首，故称。《聊斋》诸多注本或对此僧失注，对于所谓“牛山四十屁”也就莫明其妙了。“四十屁”指志明和尚所作打油诗四十首，今仅存三十一首。周作人《谈虎集·牛山诗》云：“志明和尚作打油诗一卷，题曰《牛山四十屁》，这是我早就知道的，但是书却总未有见到，只在《履园丛话》卷二十一中看见所录的一首。近来翻检石成金的《传家宝》，在第四集中发见了一卷《放屁诗》，原来就是志明的原本，不过经了删订，只剩了四分之三，那《履园丛话》里的一首也被删去，找不着了。我细看这一卷诗，也并不怎么古怪，只是所谓寒山诗之流，说些乐天的话罢了。”[①] 清钱泳《履园丛话》卷二一《笑柄·打油诗》云：“又金陵有一僧，尝作打油诗四十首，命其集曰《牛山四十屁》，中有一首云：‘春叫猫儿猫叫春，听他越叫越精神。老僧亦有猫儿意，不敢人前叫一声。’莫谓是打油诗，其笔甚峭，不可及也。”[②] 清李斗《扬州画舫录》卷一六《蜀冈录》则将此诗著作权归于平山和尚：“昔寺中有一僧，能作打油诗，不著名字，即号平山，刻有《平山打油诗》。如《咏猫诗》云：‘春叫猫儿猫叫春，看他越叫越精神。老僧也有猫儿意，争敢人前叫一声。’时来一远僧，名牛山，能作‘放屁诗’，刻有《牛山四十放》。如《湖上诗》云：‘游春公子体面乎，者也之乎满口铺。行到马头齐上岸，开元八个跌成无。’二僧相遇订交，乃刻《二山诗》，见者谓略具禅理。”[③] 清石成金《传家宝》第四集仅载录《牛山诗》三十首，恰巧没有那首《咏猫诗》。笔者再

---

① 周作人著：《谈虎集》，岳麓书社 1989 年版，第 188 页。

② （清）钱泳辑：《履园丛话》卷二一《笑柄·打油诗》。中国书店 1991 年版，第 15 页 b。

③ （清）李斗著：《扬州画舫录》卷一六《蜀冈录》，中华书局 1960 年版，第 377 页。

举《牛山四十屁》六首，以见其略带玩世不恭色彩的调侃人生之意味。《牛山四十屁》其二：“海角天涯走一遭，算来只有住山高。昔年羊肉街头过，也曾惹得一身臊。”其七：“闲看乡人下屎棋，新兴象有过河时。马儿蹩脚由他走，我只装呆总不知。”其八：“巡检衙官戏一场，旦生净丑许多忙。盔头鬼脸时时换，老拙山中笑断肠。”其二四：“秦时寺院汉时墙，破破衣衫破破床。感激开坛新长老，常将语录赐糊墙。”其二五：“极精骨董是云霞，白似丝绵赤似纱。大老官家无一片，我家满屋满离笆。”其三〇：“知道奴家八字歪，不通抬举挂人牌。身虽未死心先死，早打泥坑办着埋。”恭录数首，可以略见蒲松龄所谓“见者无不绝倒”的意趣。

卷八《王大》是一篇讨伐农村赌博的小说，嘲讽赌徒的丑恶嘴脸穷形尽相，篇末颂扬已迁官的前县令，更见作者悲天悯人的情怀。附则所涉及“张石年”，即张嵋（生卒年不详），字石年，仁和（今浙江省杭州市）人，贡监，康熙二十五年（1686）任淄川县令，二十八年升任甘肃巩昌府同知。乾隆八年（1743）《淄川县志》卷四《秩官》有传，谓其：“神姿卓迈，历事精明，下车三月，百废俱兴。凡官廨、祠坛、旌善、瘅恶亭以及城隍庙、养济院等工，皆倾囊修建，一时规制鼎新。至如严保甲，革陋例，饮冰茹蘖，不遣一役下乡而博徒屏迹，永杜盗源。邑民讴颂功德，跻堂相继。乃簿书之暇，课士论文，吟诗作赋，城墉既固，邑乘重修，真二东之循良，两台之储选也。”张嵋做淄川县令三年，与蒲松龄建立了良好的官绅关系，两人互有诗作唱和。张嵋升任巩昌同知，蒲松龄写有《送别张明府》七律三首与《悲喜十三谣》七绝十三首送别，前者小序有云：“折一枝之杨柳，步步留连；遗满县之桃花，年年开放。”绝非虚应故事的应酬话。对于淄川的赌博之风，张嵋为令三年曾予以坚决打击。乾隆八年（1743）《淄川县志》卷七上《艺文志》载录张嵋《风俗日漓等约》，分为“勉学”、“劝农”、“息讼”、“教孝”、“戒欺”、“防淫”、“遏势”、“塞赌源”八事，其中“塞赌源”有云：“赌之为害，人所共知，本县禁之不可谓不力矣。近来地方虽称并无赌钱匪类，只恐大家巨族、儒冠纨绔之中尚有其人，此赌之源，不可不塞也。”抓赌不避县中豪强势力，终见成效。

卷八《外国人》记述康熙二十八年（1689）秋，南洋吕宋国巨船遇风覆舟，飘来澳门，最终为广东巡抚送还。巡抚或称抚台、抚军，清代地方长官，地位略次于总督，秩从二品，掌一省财政、民政、吏治、刑狱、军政，与总督并称“封疆大吏”。据《清史稿》卷二〇一《疆臣年表五·各省巡抚》，自康熙二十六年（1687）十一月丁酉至康熙三十一年（1692）八月，广东巡抚为朱弘祚（1630—1700），字徽荫，一字厚庵，高唐（今属山东省聊城市）人。顺治五年（1648）举人，历官盱眙知县、刑部主事、兵部郎中、直隶分守道参议，康熙二十六年（1687）越级擢广东巡抚，署两广总督，颇多治绩，五年后升任闽浙总督。后因疏奏被责“失言”，降级调用，督修江苏高家堰工，寻卒于任。著有《清忠堂奏疏》，事见清张贞《光禄大夫总督福建浙江等处地方军务兼理粮饷兵部右侍郎兼都察院右副都御史加四级朱公宏祚行状》，《清史稿》卷二七四有传。卷八《老龙舡户》中“朱公徽荫”亦书写朱弘祚之治绩。朱弘祚是蒲松龄忘年交小友朱缃的父亲。宋元至明，中国与东南洋各国商船往来贸易不断。明谢肇淛《五杂组》卷四《地部二》：“海上操舟者，初不过取捷径，往来贸易耳，久之渐习，遂之夷国。东则朝鲜，东南则琉球、吕宋，南则安南、占城，西南则满剌迦、暹罗，彼此互市，若比邻然。又久之，遂至日本矣。夏去秋来，率以为常；所得不赀，什九起家。于是射利愚民辐辏竞趋，以为奇货，而榷采之中使利其往来税课，以便渔猎。”[①] 清初，明延平郡王郑成功据福建厦门一带坚持抗清，清廷严厉实行“海禁”，以割断沿海居民与郑成功势力的联系。顺治十八年（1661），郑成功驱除荷兰人收复台湾，清廷再严颁海禁令，广东、福建、浙江、江南、山东五省沿海居民分别内迁三十到五十华里，尽烧船只与民居，片板不准入海。这一情况直至康熙二十二年（1683）统一台湾后，才有所缓和，但最高统治者仍心有余悸，闭关锁国的海禁政策难以完全失效。蒲松龄这篇《外国人》即书写于清廷海禁时期，难免少见多怪，“衣鸟羽”之说或为道听途说的讹传，不足为据，但从一个侧面可见清廷海禁政策的负面效果，有一定的历史认识价值。

卷八《周生》之立意并非揭丑，而是面对神灵当有“惕然”之心，文人墨客操觚尤其不能有涉及淫滥的游戏笔墨，否则就难免遭到神灵难分青红皂白而累及他人的可怕报复。蒲松龄将淄川县衙内三人相继死亡事件与周生撰写礼神祝文夹杂淫亵词语联系起来，将偶然事件变为“神谴”的证据，这

---

① （明）谢肇淛撰：《五杂组》卷四《地部二》，上海书店出版社 2001 年版，第 69—70 页。

种认识局限在古代有一定的信仰基础，不难理解。三人之死，除徐夫人确为“产后病”之原因外，周生与衙中仆人相继而死则未明其故，或许因感时疫以及食物中毒，并非不可能。小说中“时邑侯”，即时惟豫（生卒年不详），奉天镶蓝旗人，贡生，康熙三十三年至三十七年（1694—1698）任淄川县令，被劾去；康熙五十一年（1712）再起，任凤山知县，升任泉州府厦门海防同知。乾隆八年（1743）《淄川县志》卷四《官师志·续秩官·知县》、乾隆三十九年（1774）《续修台湾府志》卷三《职官·凤山县知县》、道光十九年（1839）《厦门志》卷一〇《国朝职官表·海防同知》皆有著录。“夫人徐”，即时惟豫的妻子徐氏。蒲松龄有《祭时夫人徐》文，内有云：“谢安石之闺门，能吟飞絮；左太冲之娇女，早倚轻妆。世习礼官之容，为清门之第一；少受蓝田之聘，见白璧之成双。举案如宾，奉裳衣于公子；授巾沃盥，谨搔抑于姑嫜。迨夫从凫舄于般阳，辞燕云于畿甸。官衙冷淡，守桓、孟之高风；铃阁清严，出郝、钟之家范。”[①] 虽属应酬之文，亦可见徐氏能文并非虚誉。时县令有“南风”之好，这在明清时代算不上“丑行”，却可成为读书人调侃的谈资。晚明人如张岱等不必说，清初陈维崧亦有此好，他与名伶徐紫云情好缠绵，反映于其诗词之中，并不讳言。清中期的袁枚、郑燮也是此道中人，且旗鼓大张，毫不掩饰。《聊斋志异》中反映男性同性恋之篇章如《侠女》、《韦公子》、《人妖》、《男妾》，皆涉及这方面的内容，以卷二《黄九郎》之描写最为穷形尽相，篇末之“笑判”，调侃谐谑中不无宽容之态度。然而周生将有关内容写入祭祀碧霞元君的祝文，就极不庄重了。因而蒲松龄在小说篇末“异史氏曰”中云：“恣情纵笔，辄洒洒自快，此文客之常也。然婬媟之词，何敢以告神明哉！狂生无知，冥谴其所应尔。”（第2371页）值得一提的是，蒲松龄与时县令的关系并不坏。康熙三十五年（1696）冬，蒲松龄受邀请与唐梦赉到时惟豫的淄川县衙赏梅饮宴，席上写有《时邑侯署中赏梅分韵得高字》七绝一首，回家后馀兴未尽，又写成《饮时明府署中酬唱倾谈不觉蜡泪沾衣归后赋此却寄》两首七律，第二首尾联有云：“平昔最愁谒官苦，今逢贤令不能高。”[②] 对于这位县令的礼贤下士感激万分。蒲松龄还写有《题时明府馀山旧

① 盛伟编：《蒲松龄全集·聊斋文集》卷八，学林出版社1998年版，第1340页。
② 赵蔚芝：《聊斋诗集笺注》卷三，山东大学出版1996年版，第360页。

意书屋》一文，文中称颂时惟豫："京洛词人，英才磊落；燕山国士，年少风流。"又曰："循良作令，榆薤千村；文学为官，弦歌万户。"[①]读书人应酬恭维之习不免，但也不全是有口无心之赞誉。蒲松龄有四言诗《周小史》，将友人王迺甫兄弟家中受到主人宠幸的娈童媚骨形貌刻画得淋漓尽致，自属游戏笔墨，末二句所谓"千载温柔，从此无乡"[②]，明显为调侃无疑。所谓"周小史"是模仿晋张翰《周小史》的同题材与同体裁之作，此娈童则未必姓周。有注家认为蒲松龄《周小史》一诗就是专写此篇中的男主人公周生，并称此幕客"口齿伶俐，言巧语乖，颇得男色之宠"，堪称移花接木且风马牛不相及。《聊斋》全注本或以铸雪斋本为底本，《周生》开篇"周生者，邑侯之幕客"，而无"时"字，故而难详其本事，"题解"郢书燕说就在所难免了。

卷八《太原狱》讲述临晋令巧断"太原狱"的故事。"孙进士柳下"，即孙宗元（1627—？），字柳下，淄川人。顺治十二年（1655）三甲第一四六名进士，历官临晋（今山西省运城市临猗县西）县令、开封府南河同知、滦州知州、思恩府同知。乾隆八年（1743）《淄川县志》卷五《选举志·进士》有传。类似智慧断案的故事，基督教《圣经·列王纪上》、阿拉伯文的《古兰经先知故事集》、佛教《贤愚经》卷十一、元代李行道《包待制智赚灰阑记》杂剧皆有记述，至于近代德国戏剧家布莱希特据元杂剧改编成史诗剧《高加索灰阑记》，就更属于东西方文化交流的硕果了，此不赘言。读者若有兴趣，可参阅梁工先生《所罗门断案故事在东西方的流变》一文（载《中州学刊》2000年第5期）。这篇《太原狱》中的孙县令判断孰为"淫妇"的智慧，也充分利用了人情世理，在婆媳两者爱与恨的交织中，巧分经纬，清浊自辨。蒲松龄的写作是否受到过元人李行道杂剧断子情节的启发，颇耐人寻味。旧时女子结婚早，婆媳年龄往往相差不到二十岁，同处一个屋檐下，或先后为孀，自然同属性压抑者，的确不易相处。若逢婆婆年纪在四十岁上下，正值极易出轨的生理年龄，缘于为老不尊、不安于室而引起妇姑勃谿，更不在话下。明代散文家归有光曾写有《张贞女狱事》、《书张贞女死事》、《张氏女子神异记》等一系列文章，都是为汪氏一家婆婆不贞而反虐待儿媳终致其惨死事打

① 路大荒整理：《蒲松龄集·聊斋文集》卷四，上海古籍出版社1986年版，第120页。
② 赵蔚芝：《聊斋诗集笺注》续录，山东大学出版1996年版，第693页。

抱不平，可见类似事件在封建时代绝非罕见。就此而论，《太原狱》所反映出的问题在旧时代绝非个别。

卷八《新郑狱》讲述巧断一桩劫案的故事。“石进士宗玉”，即石曰琮（1650—1710），字宗玉，号璞公，长山人。康熙三十年（1691）三甲第七十九名进士，康熙三十七年任新郑县令，历官祥符县令、宁羌州知州。康熙四十三年（1704）升平凉府知府，莅任甫三月，丁内艰归，四十六年服阕，补福州府知府，卒官。著有《四书》、《诗经》稿。嘉庆六年（1801）《长山县志》卷七《人物志·仕绩》有传。清王士禛《诰授中宪大夫福建福州府知府石君宗玉墓志铭》有云：“祥符，宋京邑。地大人众，讼狱之繁，甲于中州，吏抱案牍，雁鹜行进。君五官并用，判决如流水，尘牍一清。”[①]可见其办案能力之一斑，所谓“神君”之誉，当源于这一类传闻。据《大清律例》卷二四《刑律·盗贼中·白昼抢夺》：“凡白昼强夺人财物者，杖一百、徒三年。计赃重者，加窃盗罪二等。”[②]小说中仅以“押偿”结案，记述似不完整，否则石进士即犯“失出”（谓重罪轻判或应判刑而未判刑），也是要被追责的。

二、真人传事的书写

《聊斋》中又有所谓“真人传事”的小说，即蒲松龄未必有意虚构故事或刻意造假，而仅凭道听途说或将有关传闻略事夸张而成篇，与“真人真事”者皆无关于褒贬，可等量齐观。

卷一《宅妖》所言“大司寇”，即指李化熙（1594—1669），字五弦，长山人。明崇祯七年（1634）三甲第一三三名进士，选湖州府推官，历官天津兵备道、陕西总督、兵部右侍郎。清顺治元年（1644）八月降清，授工部右侍郎，兼兵部侍郎加右都御史衔，晋太子太保，擢刑部尚书，后以母老乞终养。《清史列传》卷七八入《贰臣传甲》。清代俗称刑部尚书为大司寇。此小说以两事志怪。第一事为宅主人所亲历者，有视觉，有触觉，不能用“幻视”

---

① （清）王士禛著：《王士禛全集·蚕尾续文集》卷一五，齐鲁书社2007年版，第2210页。
② 田涛、郑秦点校：《大清律例》卷二四《刑律·盗贼中·白昼抢夺》，法律出版社1999年版，第386页。

等类似人类精神分裂的症状解释；第二事为在李家坐馆的王先生所经历者，虽可用“幻视”解释，但小人停柩哭丧，历历在目，颇具情节，似非幻影。将奇幻怪事附丽于山左名宦之家，似乎可增加故事的可信性。

卷一《焦螟》所言董侍读默庵，即董讷（1639—1701），字默庵，一字兹重，号俟翁，平原（今属山东省德州市）人。康熙六年（1667）一甲第三名进士，授编修，历官左都御史、江南总督。为政持大体，有惠于民。后以侍读学士复出，起漕运总督、左都御史。著有《柳村诗集》十二卷。《清史稿》卷二七九有传。董讷京师为官，宅所患狐，在资讯极不发达的古代，三人成虎，众口铄金，当时必然以讹传讹，流播广泛，致令远在淄川的乡村教师也有所耳闻，从而写下这篇小说。小说又涉及“怍庭孙司马”，即孙光祀（1624—？），字怍庭，一字作庭，号溯玉、胆馀轩、澹馀轩，历城（今山东省济南市）人。顺治十二年（1655）二甲第六名进士，选庶吉士，历官礼科给事中、兵部右侍郎。著有《澹馀轩集》八卷。乾隆三十八年（1773）《历城县志》卷三八《列传四》有传，唯将其字、号颠倒著录。小说因有两位山左名人为证，更可增加故事的可信性。

类似以名人为相关传闻“背书”的书写方式，《聊斋》中在所多有。卷一《新郎》将一桩奇案的阐述托始于江南梅孝廉耦长转述其乡孙公为德州宰所审案件，孙公不详，梅孝廉可考，即梅庚（生卒年不详），字耦长，一字子长，号雪坪、听山居士、天逸阁，江南宣城（今属安徽）人。康熙二十年（1681）江南乡试举人，会试屡失利，寻知浙江泰顺，在任五年，有惠政。工诗，擅书画，著有《天逸阁集》、《玉笥游草》等。《清史列传》卷七〇、《清史稿》卷四八四皆有传。

卷二《狐联》涉及两位历史人物，第一位石虹先生，即焦毓瑞（1627—1684？），字辑五，号石虹，章丘清平乡人。顺治六年（1649）二甲第三十八名进士，历官广西道御史、通政使司左通政、刑部右侍郎、户部左侍郎。康熙三十年（1691）《章丘县志》卷六《人物志·名贤》有小传，另可参见《王士禛全集·渔洋文集》卷五《少司徒焦公传》。故事的转述者李司寇，即李化熙，上文《宅妖》篇已见。这篇《狐联》或许是作者先得有关“戊戌”、“己巳”字体结构的妙对，然后嫁名于狐，又令联语带有一语双关的趣味，可谓水到渠成。以两位山左著名人物“背书”，不过证其事之不诬而已。

卷二《龙》记述有关“龙”的故事四则，末则故事出自袁宣四之口，可能是对苏州所发生的陆地龙卷风的一次实录。至于“龙爪”中“持一人头，须眉毕见”，当事者看花眼或有意虚构故事皆有可能。袁宣四，即袁藩（1627—1685），字宣四，号松篱，淄川人。康熙二年（1663）举人，拣选知县，有诗文名，著有《敦好堂集》。徐世昌辑《晚晴簃诗汇》卷三五选录其诗五首，乾隆八年（1743）《淄川县志》卷五《选举志》有小传。

卷二《戏术》记述了两则故事，如果联系起来看，所述者当属于民间所谓“搬运术”一类的“法术”。所谓“搬运”，当代超心理学谓之“意念致动”，有人将之归入“人体科学”的研究范畴，有人则斥之为伪科学。有关“搬运”事例，国内外皆有报道，但多属于近距离移花接木一类的“小搬运”。至于“大搬运”，1956年出生于美国的魔术巨人大卫·科波菲尔，他在1983年当着众多现场观众及5000万电视观众，用魔杖令纽约著名的自由女神像突然间消失得无影无踪，至今让人匪夷所思！2002年，他曾来广州、上海、北京三地演出，引起极大轰动。《戏术》第二则所述利津李见田事，亦当属真人真事的实录，至少看不到蒲松龄刻意虚构的用心。李见田，即李登仙（1591—1672），字见田，利津县仁义乡人。自幼习《易》，精于占卜之术。对于其形迹，明末清初文人笔下多有记述。民国二十四年（1935）《利津县志》卷八《仙迹列传》有传。李见田是明末清初的一位奇人，他不但善于“搬运术”，而且有前知预测功能，人称“李神仙”，清王士禛《池北偶谈》卷二二即曾记述其前知一事。民国二十四年（1935）《利津县志》卷八《仙迹列传》亦有其传，内云：“（李见田）幼好谈玄讲《易》，通康节数学诸书。长游四方，逢异人秘授真法，卒其业，心扃顿灵，言言奇中。尝之晋，与太史朱沧起交，为指示何方吉，何方得全。比逆闯变起，合如符契。朱氏因免祸，为作《异人传》行于世。都督田弘遇耳其名，聘之至。会流寇掠河陕诸省，日使人驰数百里报军中状。登仙曰：‘安用是？今日寇攻某城，击某处，我兵为胜为负，悉当不爽。’报至，果如其言。田欲闻其名于上，不可。迨国朝定鼎，客都下一宦家，宦病疫，思啖鲜橘。时南北未一势，非飞仙不能致。乃扃一室，焚香枯坐，诘旦即捧橘出，蒂叶如初摘然……生平救济多人，不可称数。岁壬子二月，忽谓其后人曰：‘三月一日，乃吾辞世时矣。’先一日，犹浩歌言笑如恒时，子孙以数学请，但曰：‘厚德传家，天根月窟之理，亦由人自悟耳。’遂卒，年八十有二。登仙意落落，不修威仪。时而美袍服，时而敝衣冠，时而冬葛夏裘，露顶跣足入宴会，自若也。故人呼之曰李神仙。”方志稗乘之言，难以尽信，但李见田诸多“灵迹”当非空穴来风。

卷二《苏仙》所记高公明图，即高明图，当作“高名图”（生卒年不详），沂水（今属山东省临沂市）人，康熙六年（1667）三甲第八十九名进士。道光七年（1732）《沂水县志》卷七《人物》：“高名图，由进士授山西石楼县令。居官多善政，以老病辞官归里，一仆一马。及半途，马仆，与仆负囊徒步而归。”又雍正十年（1732）《石楼县志》卷三《历官》：“高名图，山东沂水人，进士，康熙十四年任。”皆未言其“令郴州”事。又道光七年（1732）《沂水县志》卷七《人物》：“高爊，由进士任湖广兴宁县，擢知郴州，多善政。”录以备考。苏仙事纯属志怪，但以真人传事，可见作者欲取信于读者的用心。

卷三《谕鬼》中的主人公“石尚书茂华”，即石茂华（1522—1583），字君采（或作居采），一字崇质，号毅庵，青州益都（今山东省青州市）人。嘉靖二十三年（1544）三甲第一四四名进士，历官扬州知府，以破倭有功，迁右都御史、总督陕西三边军务、兵部尚书。积劳卒，谥恭襄。著有《宁夏志》、《衍庆堂集》。康熙十二年（1673）《青州府志》卷一三《事功》有传。小说中的“谕鬼”之文，虽然不长，却用四六骈文精心结撰，对仗工稳，文采焕然，用典工巧，一气呵成，的确非同凡响。从文风与《聊斋志异》的写作习惯而言，可能属于蒲松龄首创，托迹明代石尚书，也无非借古人彰显自家才华而已。

卷三《梦别》涉及三位历史人物。“王春李先生”，即李宪（生卒年不详），字王春，淄川人，为蒲松龄挚友李尧臣（字希梅）的父亲。明崇祯九年（1636）举人，清顺治四年（1647）三甲第五十二名进士，任孝丰（今浙江湖州市安吉县）知县，因积劳卒于官。著有《四香斋集》三十卷、《养生录》一百卷、《黄庭经集注》。乾隆四十一年（1776）《淄川县志》卷六《人物志·续文学》有传。“玉田公”，即蒲生汶（生卒年不详），字澄甫，淄川人，为蒲松龄叔祖。明万历二十年（1592）三甲第一七六名进士，任玉田（今属河北省唐山市）知县，以母病弃官归，卒于家，无嗣。乾隆四十一年（1776）《淄川县志》卷六《人物志·孝友》有传。“太公敬一”，即李思豫（生卒年不详），字敬一，李宪的父亲，与人恕而有恩。乾隆四十一年（1776）《淄川县志》卷六《人物志·续义厚》有传。朋友交深乃至于心有灵犀、意存默契，这在现实中并不罕见；但两者能否通过梦中交流达到心心相印的程度，目前尚得不到科学的验证。不过，这并不能说明诸如“梦别”一类的现象就完全是子虚乌有或荒诞不经之谈，在没有得到合理的答案之前，姑且存疑而不是一概否定，不失为一种达观态度。

卷三《犬灯》涉及之“韩光禄大千”，即韩茂椿（生卒年不详），字大千，淄川人。其父韩源，明崇祯元年（1628）三甲第四十六名进士，历官礼科给事中；入清，历官太仆寺卿，管通政使司右通政事。乾隆四十一年（1776）《淄川县志》卷五《选举志·进士》有传。韩茂椿以岁贡荫授光禄寺署丞，历官太仆寺主簿，授徵仕郎。刊《金刚经大旨》，著有《尚有堂史略》百卷。乾隆四十一年（1776）《淄川县志》卷五《选举志·恩荫》有传。小说中的男主人公与狐女发生恋情，因有名人家仆的身份，似乎可验明故事的可信程度。

卷三《黑兽》故事的传播者“李太公敬一”，即李思豫（生卒年不详），字敬一，为蒲松龄挚友李尧臣（字希梅）的祖父，与人恕而有恩。乾隆四十一年（1776）《淄川县志》卷六《人物志·续义厚》有传。这篇小说带有寓言性质，在专制人主的淫威下，百姓只有任凭宰割的命运，在“暂时做稳了奴隶”的挣扎中苟活，其原因就在于对他人遭殃而自己尚有一线生机的企盼，为了苟全性命于乱世，崇尚所谓“丛林法则”，甚至不惜为虎作伥，人性的弱点暴露无遗！以真人传事则可增加故事的可信性。

卷三《诸城某甲》中的传事人“学师孙景夏”，即孙瑚（生卒年不详），字景夏，诸城人，顺治十四年（1657）顺天乡试举人，授淄川教谕，曾醵金修葺学宫，升任泾县知县，大计以年老归。乾隆二十九年（1764）《诸城县志》卷三三《列传五》有传。学师，县学教谕，秩正八品，掌文庙祭祀，教育所属生员。蒲松龄于顺治十五年（1658）进县学，孙瑚康熙四年（1665）授淄川教谕，故称孙为学师。人因过度兴奋或悲伤而引起心血管疾病猝发而死，古今中外皆不罕见；但因偶然大笑而导致颈动脉旧伤复发乃至暴裂，终于气绝身亡，现代临床中也不是绝不可能发生的事情。至于“头堕”描述，似乎过于夸张，属于小说笔法，读者自不必深究。

卷三《库官》的主人公“张华东公”，即张延登（？—1641），字济美，号华东，邹平人。明万历二十年（1592）三甲第八十二名进士，历官内黄、上蔡县令，考选兵科给事中，历吏科，升太仆寺少卿、都察院右副都御史、浙江巡抚、兵部右侍郎、工部尚书、南京右都御史，卒赠太子太保，谥忠定。著有《通鉴总类》等。康熙三十四年（1695）《邹平县志》卷六《名贤》有传。这篇小说在宣扬"饮啄有定"、"不可妄求"的理念下，客观上也凸显了明末社会难以抑制的腐败进程。官员奉旨南行一次，仅馈赠一项就能收入"二万三千五百金"，远远超过他为官一年的俸禄。在明代，张延登官声尚可，并非贪赃枉法之徒，至于这次南行有无受贿嫌疑，已不可问。小说关于"已拨辽东军饷"的描述，亦非闲笔，可见明末弊政丛生景象，在如此社会生态中，已经很难产生"挽狂澜于既倒"的勇士了。官场为官上下其手，贪腐风气迅速蔓延，若欲明社之不屋，实无天理！

卷三《小猎犬》中的主人公"卫中堂"，即卫周祚（1612—1675），字文锡，号闻石，曲沃（今属山西省）人。明崇祯十年（1637）三甲第十四名进士，官户部郎中。入清，授吏部郎中。再迁刑部侍郎，擢尚书，历工、吏二部。顺治十五年（1658），授文渊阁大学士，兼刑部尚书，改国史院。以葬兄周胤乞假还。复起授保和殿大学士，兼户部尚书。以疾乞休。卒谥文清。《清史稿》卷二三八有传。该篇将社会贵族的一次山林围猎行动微观缩小化，演变为屋室内一次追杀蚊蝇虱蚤的活剧，给人以玲珑剔透的感觉，仿佛进入了英国作家乔纳森·斯威夫特小说《格列佛游记》中的小人国。故事之主人公为明末清初的大僚，一直在清廷中央机构任职，仕途颇为顺利，因而闲暇中制造一些奇异的传闻以自神其经历，并非不可思议。或者这也许就是卫中堂的一次白日梦的自我叙述，后逐渐从庙堂传布流播于山林市井。清王士禛《池北偶谈》卷二六《谈异七·小猎犬》所记述"八座某公"事，较为简略，文末注云"事见蒲秀才松龄《聊斋志异》"[①]。王士禛于康熙六年（1667）始在礼部主客司任职，仕宦时间晚于卫周祚，官位亦卑，其所记反而来自民间草野，可见这一传闻倒流的路线，也足证其流播的广泛性。

卷三《鬼作筵》中"杜秀才九畹"，即杜九畹，生平不详，当系作者友人，蒲松龄有《四月为杜九畹复王绳�启》之作，可证。鬼魂附体之说在旧

① （清）王士禛撰：《池北偶谈》卷二六《小猎犬》，中华书局1982年版，第626页。

时民间特别是农村颇有市场，体弱多病者每每成为“还魂”的载体，据说是因为阳气不足，故而最易使阴气十足的鬼魂上身。诸如此类的事件，国外也时有报道，具体原因似乎尚未有令人信服的结论，但有一些“附体”现象属于中医称之为“谵妄”症状，当是事实。按照西医的说法，则是因病毒或病菌的感染引起人体高热而导致精神错乱，胡言乱语即人体体温遽升后的外在症候。这篇小说中的杜夫人被去世公公的魂灵附体，公公为救儿媳不死，行贿与请客吃饭一如阳世社会，令人读后感慨良多。如果阎王勾命都可以依靠私下行贿“摆平”，那就与因果报应说、命定论等又形成悖论，相信有阴间、有阎王爷者实难自圆其说。杜九畹与蒲松龄系相熟的友人，所谓“每语同人”，当有杜秀才每次为取信于听者不自觉地为故事添枝加叶，而到了天才小说家蒲松龄的手中，自然更不缺对现成故事的润色加工，于是才有了这篇《鬼作筵》生动委婉、淋漓尽致的叙事。

卷三《阳武侯》中的主人公“薛公禄”，即薛禄（1358—1430），初名贵，行六，军中以“薛六”呼之，既贵，更名禄，胶州（今山东省胶州市）人。其起家行武，以从燕王朱棣起兵“靖难”，战功卓著，累擢右都督，封阳武侯。仁宗立，累加太保，卒谥忠武，封鄞国公。《明史》卷一五五有传，有云：“禄有勇而好谋，谋定后战，战必胜。纪律严明，秋毫无犯。善抚士卒，同甘苦，人乐为用。‘靖难’诸功臣，张玉、朱能及禄三人为最，而禄逮事三朝，岿然为时宿将。”[①]薛禄以行伍起家，终至封侯，虽有历史机遇，亦颇具传奇性，至于其中葬地风水、初生异状乃至虎附人身等描写，当系蒲松龄根据有关民间传说加工而成，正所谓“以真人传事”的书写。

卷四《鄱阳神》中的“翟湛持”，即翟世琪（生卒年不详），字湛持，益都（今山东省青州市）人，顺治十六年（1659）二甲第十五名进士，历官陕西韩城知县。康熙十一年（1672）《益都县志》卷六《选举》著录。尽管人世间名与利形影难离，难兄难弟，所谓有名就有利，信非虚语，但在古代好名甚于好利者也大有人在。血缘关系可以令家族利益集团化，同姓相亲也自有其物质基础，但裂隙也往往从中产生，以致不可救药。尘世如此，已经升华为“神”者竟也依样画葫芦，如此好名，不值一哂。

① （清）张廷玉等撰：《明史》卷一五五《薛禄传》，中华书局1974年版，第4249页。

卷四《柳氏子》以“法内史之主计仆”为主人公，以当时包括民间借贷乃至社会欺诈等问题在内的诸多民事纠纷的普遍存在为背景，可与本书卷一《四十千》参看。两篇小说全因负欠之累，导致仇人托生为子以报。不同者，《四十千》主计仆之子“讨债”已毕即去；《柳氏子》主计仆之子则“讨债”已毕后，身处阴间仍思到阳间手刃仇家而后快。法内史，即法若真（1613—1696），字汉儒，号黄石，又号黄山，胶州人。明诸生。入清，顺治二年（1645）山东乡试，以《五经》文二十篇应考，主考官封其卷以“异才”特荐，御试授内翰林国史院试中书舍人。顺治三年考中二甲第十一名进士，改庶吉士，授编修，历官浙江按察使、湖广布政使、江南安徽布政使。著有《黄山文留》、《黄山诗留》诸集。道光二十五年（1845）《重修胶州志》卷二七《人物》有传。

卷四《堪舆》并非完全否定风水之论，而是提倡从权达变，不过分迷信术士的妄谈，闺阁中能自作主张，也不失为上策。小说中“宋侍郎君楚”，即宋之普（1602—1669），字则甫，号今础（君楚当为另一别号），沂州珩头（今山东省临沂市苍山县向城镇杭头村）人，后迁居今苍山县贾庄乡长新桥村。明崇祯元年（1628）二甲第二十七名进士，改庶吉士，历官礼部给事中、都察院佥都御史、户部左侍郎。明亡，曾一度任南明弘光朝台州知府，又辅佐南明鲁王朱以海为内阁大学士。顺治三年（1646）降清，九年官江南常州府知府，顺治十二年（1655）辞官归。著有《云成阁集》十卷等。事见《琅琊宋氏家谱》、清王崇简《今础宋公墓志铭》。“两公子”，谓宋之普的长子宋念祖，由官生授直隶保定府安肃县知县，升广东儋州知州；其次子宋瞻祖，官至刑部郎中，赠奉直大夫。“公长孙”，宋念祖长子宋光立官至州同知，宋瞻祖长子宋朝立为教谕。这里似当指宋光立。宋家祖孙皆可考，唯择葬地最终取决于宋之普的两个儿媳妇，或系传说，属于“真人传事”之作。

卷四《乱离》共二则，第一则所谓“学师刘芳辉”，“刘芳辉”当作“刘芳勋”。乾隆八年（1743）《淄川县志》卷四《国朝秩官》著录“儒学教谕”有“刘芳勋，昌平人”。另据光绪十二年（1886）《昌平州志》卷八《选举表》，刘芳勋为顺治间贡生。蒲松龄于顺治十五年进县学，刘芳勋当已离开多年，故记其名偶疏。“学师”，当谓淄川县学教谕，秩正八品，掌文庙祭祀，教育所属生员。蒲松龄为淄川县学生员，故称县学教谕为学师。明清鼎革之际，刘芳勋妹妹的婚姻奇遇属于乱世传闻，未必真实。蒲松龄借真人传事，用无巧不成书的情节描写透露出战乱中底层人民的悲惨命运与几多无奈。

卷五《大人》的故事，为“长山李孝廉质君”所转述。李质君，即李斯义（1644—1707），字质君，号静庵，长山县人。康熙二十年（1681）举山东乡试第二，康熙二十七年（1688）三甲第二十六名进士（《长山县志》谓其进士第五名，可能为会试第五名贡士），选庶吉士，散馆改河南道监察御史，历官京畿道监察御史、通政使司右参议、翰林院提督四译馆、太常寺少卿、大理寺卿、都察院左副都御史、福建巡抚，年六十四岁卒于官。著有《孝悌编》、《初学便读》、《李氏家乘》等。康熙五十五年（1716）《长山县志》卷六《人物志·仕业》有传，谓其“天资颖异，慎密谦和，能下人，为文得先辈法程”。嘉庆六年（1801）《长山县志》卷七《人物志·仕绩》亦有传，对他有“乡称长者，国曰纯臣”之誉。“孝廉”在明清两代是对举人的称呼。小说之叙事当发生于其考中进士之前，故以孝廉称之。大人，又称“巨人”，在中外神话传说乃至童话中并不罕见，在全世界各民族中几乎都可以寻觅到巨人的踪影，这反映了原始先民对于恶劣生态环境的恐惧心理。古希腊荷马史诗《奥德赛》中居于西西里岛的独眼巨人，生性残暴，以食人为乐。中国神话传说中开天辟地的盘古氏以及不自量力以逐日的夸父，全属于远古传说中巨人行列中的知名者。如果说《山海经》中有关巨人的描写皆属子虚乌有，那么西汉末年帮助篡位者王莽的巨无霸，就可能实有其人了。历代文人笔记中有关“大人”或“长人”的记述也不乏其例，如宋洪迈《夷坚志·乙志》卷八《长人国》、邵伯温《邵氏闻见前录》卷一九所记道人遇数十巨人事，清李澄中（1629—1700）《艮斋笔记》卷六所记有关荒岛“长人”啖人事，等等，情节与这篇《大人》有类似处，可见蒲松龄撰写小说多有所本，不过弃取有方、详略得当，运用之妙，存乎一心，从而使小说产生令读者百看不厌的魅力。

卷五《阎罗薨》显然以明代嘉靖间倭寇为患东南沿海为小说背景。其中的魏经历居然可以阳世为小官，阴间做阎罗，终因私心暴露而猝死，恐怕阴间的阎罗也当不成了。以魏经历作为穿线人物，无非为便于小说叙事而设计，否则阴间的正义何以能彰显于阳世？为官不慎致令五百兵士死于非命，也要受阴间酷刑，如此而论则罚不胜罚，火铛油镬之用无虚日矣！故事的讲述者张禹定，即张泽震（生卒年不详），字禹定，顺治十四年（1657）副贡生，考授州同。见嘉庆二十三年（1818）《松江府志》卷四七《选举表·贡生》。以真人传事，无非证明鬼神不诬。

卷六《采薇翁》中的肥男子腹中居然有武库，自然是虚构，但聚众数万的"於陵刘芝生"并非虚构，而是以历史上的真实人物刘孔和为原型的。刘孔和（1614—1644），字节之，长山（今属山东省）人，明礼部尚书兼东阁大学士刘鸿训子。工诗，文章豪迈，好谈兵。明崇祯十七年（1644）四月，清兵入关，刘孔和毁家纾难，起兵长白山中，聚众三千，南下投刘泽清，旋因于广座中有侮泽清，在同年十月间被害，年仅三十一岁。清王士禛《渔洋文集》卷五有《刘孔和王遵坦传》。嘉庆六年（1801）《长山县志》卷八《人物志·义烈》有传，内容或取自《刘孔和王遵坦传》。清王士禛《池北偶谈》卷五《王刘二奇士》谓刘孔和："崇祯间，见天下将乱，散财结客。甲申岁，孔和杀闯贼伪令，率精骑万人，南赴金陵，至淮阴，以兵属刘泽清。泽清与孔和素交，时为藩镇，贵重无比，然好为诗。一日大会将吏，广坐朗吟，宾佐交口誉之，孔和仰视，独无语。强问之，曰：'公诚名将才，然此事定复不急。'泽清怒，罢酒，宾客皆惶惧失次，孔和傲然而出。泽清益怒，遣人追及舟中，杀之。已而金陵以为副总兵官，则孔和死数日矣。"①清计六奇《明季南略》卷一也有类似记述："泽清曾杀其叔副总兵刘孔和。孔和，故大学士鸿训子，泽清初为其狎客，及后势盛，反抑孔和，役属之。一日以所作诗示孔和，曰：'好否？'孔和戏曰：'不作尤好。'泽清色变。无何，遣孔和以二千人渡河，忽檄召至，斩之。所部二千人汹汹不服，令别将击斩之，无一人存者。其凶暴如此。《甲乙史》云，甲申十月初九癸亥事。"②清兵南下，大敌当前，南明军队内部尚如此自相残杀，不亡何待！王士禛《刘孔和王遵坦传》："孔和长八尺，面目如刻画，双目炯炯，射人如电。望之类羽人、剑客。平居好论天下大计，感激愤发，须髯怒张。尝赋诗云：'并无杀者黄江夏，岂有食之严郑公。'后竟死泽清手，盖谶云。所著《日损堂诗集》、《练要堂文集》各若干卷，多可传。"③如此一位文武全才的豪杰，可惜"出师未捷身先死"，令后人扼腕唏嘘！蒲松龄对于这位乡先贤自然引以为荣，或许迫于当时形势，不

① （清）王士禛撰：《池北偶谈》卷五《王刘二奇士》，中华书局1982年版，第116页。

② （清）计六奇撰：《明季南略》卷一《刘泽清》，中华书局1984年版，第31页。

③ （清）王士禛著：《王士禛全集·渔洋文集》卷五，齐鲁书社2007年版，第1589页。

宜书写其真名，只好以“刘芝生”代之。采薇翁事大约也是在刘孔和全军覆没后，乡里间以讹传讹的道听途说，蒲松龄将之写入小说，内心似乎也有对刘孔和其后的遭遇忿忿不平之意，不过碍于其抗清的政治立场，不好明言罢了。对此，《聊斋》注家多未注出，不无遗憾。

卷六《狂生》讲述儒生某无礼于知州的故事，其叙事者为“刘学师”，即刘支裔（？—1696），字赤生，济宁人。康熙二年（1663）举人，任淄川儒学教谕，卒于任。乾隆五十年（1785）《济宁直隶州志》卷二〇《选举》、乾隆八年（1743）《淄川县志》卷四《国朝秩官》皆有著录。《聊斋》注本或注作“刘文裔”，当属形讹致误。

卷七《布商》中之商人某入寺院遭遇险境，命悬一线，幸亏“防海将军”恰巡视至此，方救下布商，诛杀恶僧。小说将之归结为“神佛现化”的引领作用，看似迷信说法，实则天人感应，人间戾气充塞，自然界当有所呈显，报应分明，丝毫不爽！传此事件者“赵孝廉丰原”，即赵于京（1652—1707），字丰原，号香坡，因读书于济南大明湖之客亭，人称客亭先生，其先为直隶大兴（今北京市）人，从其父辈始迁居历城（今山东省济南市）。康熙二十年（1681）举人，康熙三十二年（1693）选城武教谕，以卓异擢临潼知县，历官绥德州知州、河南知府，迁苏州知府，未赴任卒。乾隆三十八年（1773）《历城县志》卷三八《列传四·国朝》有传，谓其为循吏，“性尚忠义，喜文学”。清吕天亮辑有《赵客亭先生年谱纪略》一卷。赵于京以举人的功名入选学官后，不到十年工夫就升到知府位置，显然是一位干练的人才，对此，《历城县志》多有誉扬之词，他向作者所讲述的这个故事当系实际发生过的。不过，当时他尚未入仕，并无官员的身份，时间就在康熙二十年至三十二年间，否则蒲松龄就不会仅以“孝廉”称之了。

卷七《冯木匠》可与卷三《双灯》、卷四《萧七》两篇小说同读，所谓“露水姻缘”也有定数，反映了古人对于社会中男女偷情现象的另类诠释。小说中“抚军周有德”，史有其人，字彝初（？—1680），汉军镶红旗人。顺治二年（1645）由贡生授弘文院编修，历官侍读学士、弘文院学士，康熙二年至六年（1663—1667）任山东巡抚加工部侍郎，擢两广总督，丁忧归，起授四川总督、云贵总督，以疾卒于任。《清史列传》卷七《大臣》有传。

卷八《青城妇》记述客居成都之西商与妇久别，相聚后猝死，属于性行为引起的意外突然死亡。猝死或为心梗，或为脑意外，皆属于极度兴奋下所最易发生的病症，这与其“年馀复返”的夫妇久别相关。小说以“阳脱”诠释西商之死，其原因虽匪夷所思，但终于令青城妇摆脱了凶手的指控，对于无告的小民也算是莫大的德政了，这于科学不昌明的古代真属万幸。办理此案的成都同知“高梦说”，字兴岩（1613—1694），号易庵，费县（今属山东省临沂市）人。顺治五年（1648）副贡，历官怀庆府修武（今属河南省）县丞，康熙二年（1663）升任成都府同知，迁江西广信府知府、山西河东都转盐法道、陕西潼关道、江南安徽等处按察使。解职归，终年八十二岁。康熙四十三年（1704）《费县志》卷六《科贡志》、卷七《人物志》皆有传。光绪二十二年（1896）《费县志》卷一一《人物二》亦有传，内容较前志加详。

卷八《古瓶》反映了人们对于出土物品的一种稀罕而又少见多怪的崇尚心理。古瓶的收藏者“袁孝廉宣四”，即袁藩（1627—1685），字宣四，号松篱，淄川萌水乡人。康熙二年（1663）举人，拣选知县，有诗文名，著有《敦好堂集》。徐世昌辑《晚晴簃诗汇》卷三五选录其诗五首，乾隆八年（1743）《淄川县志》卷五《选举志》有小传。

卷八《秦桧》讲述南宋秦桧代代转世为猪的传说。秦桧作为一代奸佞，千百年来受到人们的唾弃，甚至连后世姓秦者也颇感无奈。在相信轮回者的心目中，秦桧后身不能再转世为人，只能变猪变狗。小说中“冯中堂”，即冯溥（1609—1692），字孔博，又字易斋，青州府益都（今山东省青州市）人，世籍临朐（今属山东省潍坊市）。顺治三年（1646）会试中式，次年补殿试，中二甲第十一名进士，改庶吉士，授编修，历官侍讲学士、吏部侍郎、左都御史、刑部尚书，康熙十年（1671）二月授文华殿大学士，二十一年六月乞休，致仕归。康熙三十年十二月十一日（1692年1月28日）卒，谥文毅。著有《佳山堂集》。《清史列传》卷七、《清史稿》卷二五〇皆有传。所谓“中堂之祖”，即冯珣（生卒年不详），字璞庵，仕至陕西汉中府同知。清诰赠光禄大夫、文华殿大学士兼刑部尚书。见清毛奇龄《文华殿大学士太子太傅兼刑部尚书易斋冯公年谱》。小说中“岳王殿”，即岳忠武王庙，光绪三十三年（1907）《益都县图志》卷一三《营建志上》：“岳忠武王庙在古東阳城镇清门外，明崇祯十一年汉中府同知冯珣建。国朝乾隆五十七年，里人王赐信重修，又增建寝殿。道光十三年，郑玙等相继修。”注明小说中的历史人物，可见蒲松龄对“真人传事”的认真态度。

卷八《一员官》前后描写两位官员，一虚一实，相映生辉。“吴公”者，迹近汉司马相如《子虚赋》中“乌有先生”一类人物，寓言而已，讽世之意明显，因而作者避实就虚，精心构思一位莫须有的知府佐贰官员，并通过查无对证的狐仙之口道出举世混浊的愤懑之言，自属蒲松龄“孤愤”之一端。“张公”者，即张迎芳（？—1690），字畹伯，湖广应城（今湖北省应城市）人。顺治十六年（1659）三甲第一三七名进士，历官大姚、玉田、博平县令，康熙二十一年（1682）迁知泰安州，卒于任。州民为之在城西门瓮城内建张公祠。乾隆二十五年（1760）《泰安府志》卷一五《宦迹下》有云：“张迎芳，应城人，进士，康熙二十一年知泰安，事必躬亲，不假手胥役，偶有误即自批其颊。康熙二十八年，驾东巡，上官虑供给未备，迎芳处以镇静，毫发不取诸民。数载卒于官，室无长物，惟册籍数笥。”清廉为官且行政不扰民，的确难得。另据雍正四年（1726）《应城县志》卷九《人物上·宦业》云：“张迎芳，字畹伯，少有雅量，守正不阿，善属文，能诗赋，顺治丙戌乡举，己亥进士，除大姚令，告养归里，母丧服阕，起令玉田，辇下通衢，强项执法。拒勋贵马鼐无牌索马，事闻，几大用，以他事累，落职。复补山东博平令九载，邑人生祠之。迁知泰安州，值乘舆南巡，修桥汶水，工督壮丽，营度竣事，未累于民。屡乞归，不允，以疾卒。”毕竟是记述乡先贤，仕履较详。另外，道光十五年（1835）《博平县志》卷四《宦业》有关张迎芳夫妻反目一事，与蒲松龄《一员官》所记者略同：“张迎芳，应城进士，康熙十八年知博平，事公明严正，人不敢犯。上官至，绝不供应，时以强项目之。后升泰安州，士民号泣以送。比至泰安，凡博平人游山往谒，即以脱粟饭之。时登岱者例有税，张曰‘此吾旧民’，独免之。二十八年，圣祖仁皇帝巡方，宜办供亿，曰：‘吾闻圣旨不扰民间。’清宫除道，丝毫不累民。驾过，问州牧何如，万民叩首称善，上嘉之。张妻挈子之任，曰：‘君独不为子孙计耶？’张大怒，立遣去。后竟卒于官。人肖其像于包孝肃祠。”清冯镇峦评《一员官》云：“殿以此篇，抬文人之身份，成得意之文章。”然而读书人的理想是永远难以转化为普遍现实的，有一二清官，实在于天下滔滔者皆是矣的腐败无补。

三、真人假事的书写

真人假事的书写，于《聊斋志异》中在所多有，蒲松龄或根据民间传说加以虚构，或仿拟前人旧作加誉所崇尚者，贬斥所痛恨者，“用传奇法而以志怪”，其事或子虚乌有，其人则未必无据。马振方先生曾有专文论及《聊斋》中的“真人假事”的问题，研讨了蒲松龄对于有提携之恩的施闰章、费祎祉两人的溢美，对于失职学使朱雯、大掠民财的长山县令杨杰的憎恶等等。马先生还特意提及“写作者友人毕怡庵与狐女的风流韵事”的《狐梦》一篇：“这种为自己好友虚造与狐女爱恋的奇幻故事非同寻常，在小说史上极为罕见，在《聊斋》中也止此一篇，可谓绝无仅有者也。”[①]在多数情况下，蒲松龄“真人假事”的虚构可以找出一定的依据，而非作者随意编造。

卷一《狐嫁女》所言“殷天官”，即殷士儋（1522—1582），字正甫，号文通，历城（今山东省济南市）人。明嘉靖二十六年（1547）三甲第一〇六名进士，选庶吉士，授检讨，历官吏部右侍郎、礼部尚书兼武英殿大学士，后因受高拱排挤，赐归，以经史自娱。卒谥文庄，学者称棠川先生。著有《金舆山房稿》十四卷。《明史》卷一九三有传。天官，《周礼》分设六官，以天官冢宰居首，总御百官。唐武后光宅元年改吏部为天官，旋复旧，后世亦称吏部为天官。殷士儋曾居官吏部，故称。主人公属于前朝山东显宦，未发达时观礼“狐嫁女”且偷取金爵为证，尽管属于不经之传闻，但之所以将此奇事附会于殷士儋身上，也是就其个性特点加以发挥的。据《明史》本传，殷士儋与陈以勤、高拱、张居正皆曾为裕王（即以后的明穆宗朱载垕）府的僚佐，此后随着朱载垕入继大统，后三者皆入阁秉政，独殷士儋仍在礼部尚书位上，于是与高拱等嫌隙从生，相互攻讦。有一次在内阁争论中，殷士儋对高拱恶语相向，并且“奋臂欲殴之，居正从旁解，亦谇而对”，大面积得罪同僚，结果只好自己求归乡里，“家居十一年卒”[②]。性格决定命运，殷士儋这

① 马振方：《〈胭脂〉〈折狱〉虚实辨析——兼谈〈聊斋志异〉中的真人假事小说》，载《蒲松龄研究》2010年第2期。

② （清）张廷玉等撰：《明史》卷一九三《殷士儋传》，中华书局1974年版，第5126页。

种狂放不羁的为人处世态度，令其在官场受挫，却也令其在民间传闻中染上了某种传奇色彩。蒲松龄这篇小说即以民间传说为基础，并以金爵为前后贯串线索，构思了完整的情节，首尾照应，趣味横生。

确定“假事”中的真人身份，对于弄明白小说的历史背景至关重要。如卷四《白莲教》中的“彭都司”，即彭修翼（？—1622），字凌汉，长山（今山东邹平）人，曾中三科武举，明万历四十一年（1613）武进士，历官济南卫镇抚、龙门守备、都司佥书管领临清参将事，曾镇压徐鸿儒之白莲教，大小十四战，皆以捷闻，巡抚都御史赵彦奏其功，诏赐金赠秩。著有《阳宅理要》。彭于镇压白莲教后不久即因喘疾而卒，也是事实。康熙五十五年（1716）《长山县志》卷六《人物志·武功》有传。《明史》卷二二《熹宗本纪》：“（天启二年冬十月）辛巳，官军复邹县，擒徐鸿儒等，山东贼平。”[①]小说中有“大兵进剿”句，“大兵”，注家或谓清兵，就搞错了朝代；或含蓄注曰“政府军”，皆因未明“彭修翼”为何方人氏所致。

《聊斋》中真人假事的书写，以讹传讹，或纯为志怪，并非别有用心。如卷一《喷水》讲述“宋玉叔”之母遇怪而亡一事，即为无中生有。“宋玉叔”即宋琬（1614—1674），字玉叔，号荔裳，莱阳人。顺治四年（1647）二甲第二十九名进士，历官户部河南司主事、礼部稽勋司主事、吏部郎中，擢浙江按察使，以族子挟嫌诬告，系刑部狱三年，事白，流寓江浙。康熙十一年（1672）起为四川按察使，次年入京觐见，适吴三桂叛清，成都陷，闻变惊悸卒。工诗，与施闰章有“南施北宋”之誉。著有《安雅堂集》。《清史列传》卷七〇、《清史稿》卷四八四皆有传。实则宋琬生母孙氏早亡，其《敕封孺人郭母王太夫人墓志铭》一文有云：“予少失慈母，长而官于四方，见他人之有母者，辄叹慕之，自伤不比于人。”[②]清王士禛评此篇亦云：“玉叔襁褓失恃，此事恐属传闻之讹。”[③]三人成虎，人言可畏，怪诞事偏借半生蹉跎且早年丧母者以传，世事大率如此！

将离奇神怪之事嫁接于刚正清廉者身上，以示敬重之情，也是蒲松龄真人假事书写原则之一。卷一《雹神》中的“王公筠仓”，即王孟震（1563—

① （清）张廷玉等撰：《明史》卷二二《熹宗本纪》，中华书局1974年版，第301页。
② （清）宋琬著：《宋琬全集》，齐鲁书社2003年版，第152页。
③ 任笃行辑校：《全校会注集评聊斋志异》，齐鲁书社2000年版，第13页。

1636），字启胤，号筠苍，淄川人。明万历二十三年（1595）三甲第二二八名进士，历官行人司行人、浙江道御史、尚宝寺卿、左通政，清刚正直，以忤权阉魏忠贤，削籍归。乾隆四十一年（1776）《淄川县志》卷五《选举志·进士》有传。这篇小说以乡里著名人物为核心，“神道设教”，记录了一次未伤及稼禾的雹灾，代表了广大农民的一种美好愿望。民间传说被蒲松龄记录并加工成小说，刻画栩栩如生，也显示了作者对于乡先贤的崇拜景仰。

卷二《蛰龙》中的“曲银台公”，即曲迁乔（生卒年不详），字允升，号带溪，长山人。明万历五年（1577）三甲第二三〇名进士，授沁水知县，历官工科给事中、广西右布政使、顺天府尹、通政使司通政使。著有《光裕堂文集》。嘉庆六年（1801）《长山县志》卷七《人物志》有传。曲迁乔是当地的名宦，其事迹必远近传闻，有关“蛰龙”的传说即应运而生，当不难理解。所谓“蛰龙”也者，不妨当作是一种隐喻或象征，预示了读书人青云有路的发展未来。蒲松龄写这篇小品，也带有一种毕恭毕敬的心理，末句“回视所行处，盖曲曲自书笥中出焉”大有深意，“学而优则仕”就是作者人生的动力与企盼。据嘉庆《长山县志》卷七小传，称曲迁乔在地方为官“均徭赋，清冤狱”，又有“分黄导淮”的治河之功；在中央为官则“正色立朝，出纳惟允，朝野倚之”。又有评云：“归田后，读书务耕，杜门谢客，将卒之日，犹课子作文，夜分方寝。自撰《志铭》曰：‘姓虽曲心则直，事亲竭力，事君尽职，一夫一妇，始终靡忒。’可见其真品。”显然，蒲松龄是将曲迁乔当作自己的人生榜样的，蛰龙腾霄而去，就隐然有一己直上青云的飘飘然感觉。就此而言，《蛰龙》一篇代表了当时一般读书人的幻想，自然也可视为作者对于自己未来的一种奇妙的悬想。

唐梦赉（1628—1698），字济武，号岚亭，别号豹嵒，淄川人。顺治六年（1649）三甲第三〇七名进士，改庶吉士，顺治八年授内翰林秘书院检讨，翌年罢归，年未三十，再未出仕。晚岁卜居淄川东南之豹山，沉酣经史。著有《志壑堂集》三十二卷。乾隆四十一年（1776）《淄川县志》卷六《人物志·续名臣》有传。卷三《泥鬼》与卷八《雹神》皆以唐梦赉为主人公，凸显了蒲松龄“真人假事”书写的真谛。古代民间认为，凡能经过科举考试考上举人乃至进士者，都是天上文曲星下凡，清吴敬梓《儒林外史》中范进的老丈人胡屠户就是这一传说的忠实信仰者，从而闹出了一连串的笑话。将来的贵人，从出生起就与众不同，神鬼也要避让三分，这种意识，为人师表的蒲松龄也未能免俗而坚信不移。作者对于这位乡贤十分仰慕，投桃报李，唐梦赉亦曾为《聊斋志异》作序，可见两人关系非同一般。唐梦赉去世，蒲松龄有《为众绅祭唐太史文》，内有云："而况一木折而大厦倾，一人死而气运衰！即妇子之无知，犹辍舂而涕洟；矧亲承乎謦欬，悲见其脱屣而长归！"[①]更可见其景仰之情。《泥鬼》即以鬼怕贵人为主线，宣扬了唐梦赉自幼即非同凡响的异质。据袁世硕先生《蒲松龄事迹著述新考·蒲松龄与唐梦赉（附〈聊斋志异·周生〉篇考实）》（齐鲁书社 1988 年版）一文考证，唐梦赉欲借蒲松龄志怪之笔以显扬自己，于是《雹神》之篇应运而生。在发生强烈对流的特殊天气条件下，"夏雨隔牛背"或"雹打一条线"是可以得到现代科学的合理解释的。唐梦赉郊行遇雹而不波及"相去一矢"的弟弟唐梦师或系真事，但蒲松龄借此得出"此鬼神之所以必求信于君子也"的结论，就属于真人假事的书写了，这与《泥鬼》篇末"异史氏曰"所谓"盖以玉堂之贵，而且至性觥觥，观其上书北阙，拂袖南山，神且惮之，而况鬼乎"的议论如出一辙，可以窥见蒲松龄小说创作方法之一斑。

蒲松龄在小说中真人假事的书写爱憎分明，对于他所厌恶的乡中显宦也不乏嘲弄之笔，卷一《鬼哭》中的"王学使七襄"就是作者极尽揶揄嘲讽的对象。王七襄，即王昌胤（1617—？）（后世为避雍正帝胤禛讳，改其名为昌荫、昌印、昌允），字周祯，一字雪园，号七襄，淄川人。明崇祯九年（1636）举人，翌年考中三甲第一〇三名进士，授固始知县；入清，历官户部主事、福建道监察御史、巡按山西、提督北直学政。事见乾隆八年（1743）《淄川县志》卷五《选举·进士》。小说所涉及的"王生皞迪"，亦非杜撰人物，即王塼（1616—？），字皞迪，淄川人，幼年丧母，与其兄同育于外祖父毕自严家。邑庠生，居于长山县长白山下，构筑五亩园，耕读其间。工书擅诗，著有《浙东草》、《客晋草》、《仅存草》、《鹭溪轩诗稿》等。清王培荀《乡园忆旧录》卷一录有毕载积五古《赠四甥皞迪》诗，略言其生平。小说谓王昌胤未得令终，有关其人生结局究竟如何，几种方志也未予记述。据袁世硕先生《蒲松龄著述事迹新考》推测，他可能在顺天学政任上因获罪而致死。

---

① 路大荒整理：《蒲松龄集·聊斋文集》卷九，上海古籍出版社 1986 年版，第 259 页。

蒲松龄对他颇有微词，似乎反感于其由明进士变节而觍颜仕清，最后又未得善终，致令蒙羞于乡里。小说中宅中众鬼对于王昌胤“汝不识我王学院耶”的大言不惭，“百声嗤嗤，笑之以鼻”，甚不以为然，从而篇末“异史氏曰”笔锋一转，归结到对于人世道德层面的认识，微言大义，寄托良深。

卷二《遵化署狐》中所谓“丘公”，即丘志充（1585—1632），字美甫，一字左臣，号六区，诸城人。明万历三十八年（1610）会试中式，未与殿试，四十一年殿试二甲第六十名进士（见乾隆二十九年《诸城县志》卷二一《选举上》），历官工部主事、湖广布政使司右参政、河南按察使司遵化道、河南按察使、山西布政使司右布政使、怀来道。明天启七年（1627）初，因以饷金三千托太医院吏目贿赂当政者谋求升官，为东厂察觉，明崇祯五年（1632）终以行贿罪弃市。张崇琛先生《〈聊斋志异·遵化署狐〉与丘志充其人》（载《蒲松龄研究》2000年第3—4期）考证甚详，可参看。贾应宠（号凫西，又号木皮散客）《澹圃恒言》卷三亦记有此事，大同小异，不过将丘志充误作临川人丘兆麟（1572—1629）而已，可为此传闻之旁证。遵化署狐本来敬畏丘志充之刚烈性格，已经服软求情，却得不到宽恕，反而被诛全家。如果丘志充有东汉杨震那样的操守，清白为官，被杀全家的狐叟也就无可奈何，只能赍恨以没。然而由于丘志充自身为官并不廉洁自律，为谋求进京为官而行贿，这给了遵化署狐有隙可乘的机会，终于借朝廷之力报复了这位性格有些偏执的封疆大吏。丘志充，明史有其人，而狐精报仇事当属子虚乌有，小说篇末“异史氏曰”云：“狐之祟人，可诛甚矣。然服而舍之，亦以全吾仁，公可云疾之已甚者矣。抑使关西为此，岂百狐所能仇哉！”（第393页）可见蒲松龄真人假事之书写是以儒家仁恕之教为本的。

卷二《九山王》在《遵化署狐》之前，两者适可相参看。所谓“九山王”，并非作者虚构，其人其事皆于史有据，属于“真人”；但狐翁为报自家被族灭之仇，怂恿李某自立为九山王造反，终被朝廷剿灭，则属“假事”。光绪二十二年（1896）《费县志》卷八《兵事纪略》：“大清龙兴之初，吏民安堵，惟九山贼王俊时薄城下，农桑尽废。山贼王肖武攻陷郯邑，费城告警。天戈所指，其患旋销。”又有注云：“近有得屋壁中藏书者，名《明季逸史》，乃沂人李某所作，略谓：‘王钜，字小吾，梁邱人，好射猎，有田在开明山下之吴村，招佃垦荒，积粟甚富，意图纳粟得官。崇祯十三年岁祲被劫，其党无食，遂为盗，复拒捕，杀县役，小吾惧罪，据山以叛，死党八人，各结一砦，筑宫室，修磴道，自号九山王。十六年，劫济宁入贡御衣，遂称皇帝。顺治九年春，大兵围之两月，小吾死，其党降。’此说尚为有据。小吾，即肖武也。或谓肖武未死，乃乘夜潜逃耳。或谓王俊即肖武，未知是否。惟攻陷郯城事，《逸史》不载；‘九年’之说亦异府志，其详不可得闻已。”这是清初山东有关九山王较为详细的记载。所谓“九山王”是九人抑或一人，为首者是王俊，还是王肖武，或是王钜字小吾者，皆系传闻中之音讹所致，可不论。蒲松龄根据当时山东所发生的这一事件虚构了灵狐报仇的情节，其主旨仍是儒家“仁恕”之说的翻版。至于人情因“妄心”之萌生而结出的罪恶之果，则对于人生在世犹有警示意义。

卷三《捉鬼射狐》涉及三位历史人物。首先是李著明，即李毓奇之子。包括拙作在内的《聊斋》诸多注本皆不详其人，唯于天池先生注出李著明为蒲松龄姻亲，并以其《祭李公著明老亲家文》为证[①]，是。《祭李公著明老亲家文》有云：“循良嫡嗣，清白家声。雄姿俊茂，眉目朗清。幼得夙慧，长擅英称。风情倜傥，志气纵横。毫端玳瑁，玉灿珠明。床头翡翠，渊飞雾凝。兰襟霞渺，剑佩莲生。锦鞯耀彩，玉壶悬冰。胸藏鳞甲，度纳沧溟。物如鉴照，谋类竹成。义能排难，信足要盟。见人之急，金帛可轻。乐人之善，肝胆可倾。穷戚沾惠，市媪知名。曩依亲好，久寓山城。淄人于今，尚颂懿行。呜呼，德泽如新，仁声似故。遐想哲人，溘先朝露……”[②]第二“襟卓先生”，即李毓奇（生卒年不详），字襟卓，益都（今山东省青州市）人。明万历十年（1582）山东乡试第二名，历官睢宁知县。康熙十一年（1672）《益都县志》卷六《选举》著录。第三“王季良先生”，即王象随（？—1642），字季良，明天启元年（1621）举人，崇祯九年（1636）特旨保举贤良方正，崇祯十五年（1642）清兵由济南来攻，城破殉难。为王士禛族祖。本篇所记李著明一人之两地两事，虽“捉鬼”与“射狐”一事无成，但主人公临险不惧，胆力过人的形象栩栩如生，精神自出。作者刻画人物随意点染，涉笔成趣，叙事井然有序，深得太史公《史记》状貌取神之三昧。以“真人假事”颂扬友好，可

① 于天池注，孙通海、于天池等译《聊斋志异》卷四，中华书局2015年版，第1095页。
② 路大荒整理：《蒲松龄集·聊斋文集》卷九，上海古籍出版社1986年版，第252页。

谓淋漓尽致。

卷三《胡四相公》也属真人假事之作，与本卷前载《狐妾》皆涉及山左名宦“学使张道一”，且颇有微词。本书有《说狐妾》，可参看，此处不赘。张道一，即张四教（1602—1694），字道一，号芹沚，莱芜（今属山东省）人。顺治三年（1646）三甲第二十二名进士，历官山西平阳府推官、兵部员外郎、山西提学佥事、陕西延榆绥兵备道按察司副使，以不能事权贵，罢归。著有《大榆山房集》。康熙十二年（1673）《新修莱芜县志》卷六《人物志·选举·进士》、民国十一年（1922）《莱芜县志》卷一七《人物志·名臣》有传，后者谓其“断狱明决”，屡举“卓异”，“胆识过人”，“家居好义弥笃”。在《胡四相公》中，故事是以张道一的二哥张虚一与狐友胡四相公情同手足的友谊展开的，暗中却讽刺亲兄弟间的薄情寡义，宣泄出亲情不及友情的愤懑之情，正如《狐妾》中有意穿插张道一图谋不轨的举动一样。作者或许受乡间的相关舆论所左右，因而下笔忙中偷闲，以真人假事刻画张道一的丑恶形貌，体现了蒲松龄疾恶如仇的性格特征。

卷四《侯静山》转述高珩家与猴仙事，无非借以赞誉高家人文之盛，所涉及人物皆可考，但也可证其事不真，属于真人假事。所谓“先生祖”，即高举（1553—1624），字鹏程，号东溟，淄川人。明万历八年（1580）三甲第一三〇名进士，历官完县知县、大理寺少卿，以都察院右佥都御史巡抚浙江。告病归里。著有《埙篪编》、《陶世名言》等。乾隆四十一年（1776）《淄川县志》卷六《人物志·名臣》有传。所谓“少宰兄弟”，即谓高珩与其兄高玮与其弟高玶。高玮（1609—1668），字握之，别字绳东，明崇祯十二年（1639）山东乡试举人第一，清顺治三年（1646）三甲第二十六名进士，历官河间府推官，罢官归，寄兴山水，与酒为邻。高玶（？—1671），字在衡，顺治三年举人，顺治九年（1652）三甲第三十八名进士（《明清进士题名碑录索引》著录“高坪”），历官广平府推官、贵州道御史，巡盐河东，以病归。乾隆四十一年（1776）《淄川县志》卷六《人物志·名臣》有传。小说所记猴仙事当发生于高珩祖父高举去世之时，即明天启四年（1624），并非“崇祯间”。其时，高玮十六岁，王士禛《文林郎直隶河间府推官绳东高公墓表并铭》谓其“公年十四，补博士弟子”[①]，可见高玮进学为诸生业已两年。但斯时高珩年方十三岁，尚未为诸生，所谓“二公闱卷亦佳”的侯仙之赞，自无着落。可见《侯静山》所谓“高少宰念东先生云”之转述，大有虚头在内。祖父谢世之年绝非小事，高珩不当误记，很可能是以后听到其兄在河间府推官任上所耳闻之河间叟异事，大感兴趣，于是移花接木到自家宅第，作为光宗耀祖的美谈。其实在当时淄川，如高珩家之科举仕宦如此显赫者的确无多，自我吹嘘炫耀一番倒也无伤大雅。蒲松龄听者有心，记入《聊斋》，更可明神鬼之不诬，这或许正是世间道听途说得以盛行的缘故。

卷四《库将军》中之“库将军”，即吴三桂任命之亲军后将军祖述舜的部下库大有，康熙三十三至三十四年（1694—1695）《洋县志》卷四《人物志·举贡》：“库大有，顺治庚子武举。”光绪二十四年（1898）《洋县志》卷二《选举表·武举人》：“库大有，字君寔，顺治庚子，守备。”“库”，又作“厍”，载籍中或通用。小说中“总督蔡”亦史有其人，即蔡毓荣（1633—1699），字仁庵，号显斋，汉军正白旗人。原任漕运总督蔡士英之次子，初任佐领、刑部郎中，迁秘书院学士兼礼部侍郎、四川湖广总督、绥远将军、云南贵州总督加兵部尚书，在平定吴三桂乱中，立有战功。以隐匿吴三桂孙女及徇纵三桂馀党罪，遭革职籍没，遣戍黑龙江，后赦还。著有《通鉴本末纪要》、《平南纪略》。事详清钱仪吉《碑传集》卷六六。然而历史上的祖述舜并非为库大有所卖，而是主动降清。对此，白亚仁先生《〈聊斋志异〉中所涉及的“三藩之乱”考》（见《聊斋学研究论集》，中国文联出版社 2001 年版）有翔实考证，有兴趣的读者可参看。如此真人假事的书写，反映了蒲松龄对于卖主求荣者的厌恶之情。

卷四《大力将军》中的主人公“吴将军六一”，即吴六奇（1607—1665），字葛如，一字鉴伯，先世浙人，后徙居潮州府海阳县丰政都汤田（今广东省梅州市丰顺县丰良镇）。家故饶于财，以赌博中落，曾为驿卒，一度流落于浙，后为南明永历帝总兵，顺治七年（1650）降清为协镇潮州总兵、左都督，以随尚可喜抗御郑成功有功，晋少傅，加太子太傅。卒谥顺恪。著有《忠孝堂文集》。《清史列传》卷七八有传，入“贰臣”。清钱仪吉《清代碑传全集》

① （清）王士禛著：《王士禛全集·蚕尾续文集》卷一一，齐鲁书社 2007 年版，第 2153 页。

卷一一四有传，汪兆镛《碑传集三编》卷二八亦有传。小说中“查伊璜”，即查继佐（1601—1676），字伊璜，号与斋，另有东山、钓史、钓玉之号，海宁（今属浙江）人。明崇祯六年（1633）举人，清军南下，曾任鲁王之兵部职方司主事、监军御史，从事抗清活动，兵败后返里，又幸免于庄廷鑨《明史》案，讲学著述以终。博学多才，尤长于史学，著有《国寿录》、《罪惟录》等，另有《三报恩》等传奇六部、《续西厢》杂剧一部。其实历史上的吴六奇算得上是一位儒将，他不仅善于征战，而且能诗，且有《忠孝堂文集》传世，绝非头脑简单、四肢发达者可比。有关查继佐与吴六奇的故事，作为清初的一段佳话，清钮琇《觚賸》卷七《雪遘》、王士禛《香祖笔记》卷三皆有记述，至清中期的蒋士铨，除撰写《铁丐传》外，还创作了传奇《雪中人》演绎此事，现代武侠小说家金庸在其《鹿鼎记》中更将这位大力将军吴六奇描写成一位有反清复明行动的志士与天地会的骨干人员，可见有关查、吴两人交往事迹流传之广、之远。《大力将军》真人假事的书写，所标榜者为“滴水之恩当涌泉相报”的传统道德观，还是值得肯定的。

卷四《刘亮采》中主人公史有其人。刘亮采，字公严（生卒年不详），历城（今山东省济南市）人，明万历二十年（1592）三甲第二十九名进士，历官鹿邑、兰阳知县，迁户部主事，以病归，筑室灵岩寺终老，卒年六十五岁。通音律，工诗，擅书画，有“三绝”之誉。他是明末山东的传奇性人物，诗、书、画俱精，兼擅长口技，通音律，但身材矮小，不属典型的山东大汉式人物。康熙三十一年（1692）《济南府志》卷四二《人物·文学》谓刘亮采“侏儒滑稽”，“调笑怒骂，皆成文章”；道光二十年（1840）《济南府志》卷四九《人物五》则谓其在鹿邑听讼，在兰阳河工，皆有治绩。因为他善于“调笑怒骂”，不免得罪同仁，于是反口相讥容或有之。唐代的欧阳询擅长书法，忠孝气节与文章皆有可观，唯身材瘦小，形类猕猴，当时就有传奇小说《补江总白猿传》行世，略谓其父欧阳纥在征南时，美貌的妻子被千岁白猿掠去，于是生下欧阳询。宋陈振孙《直斋书录解题》卷一一著录《补江总白猿传》一卷有云：“欧阳纥者，询之父也。询貌类猕猿，盖尝与长孙无忌互相嘲谑矣。

此传遂因其嘲广之，以实其事。托言江总，必无名子所为也。”[①]小说谓刘亮采为狐仙托生而来，大约也是其自家性格因素使然，这与一千多年以前书法家欧阳询得谤之由类似，也许并非恶意的诋毁。蒲松龄将真实的历史人物结合有关市井传闻写入小说，加以发挥渲染，真人假事，游刃有馀处更见非凡的文字功力，的确非同凡响。

卷五《董公子》讲述“董尚书可畏”遇险为关圣所救之奇闻。董可畏，当作董可威（生卒年不详），字严甫，号葆元，益都人。明万历二十三年（1595）年三甲第一八二名进士，历官河南卫辉推官、南京吏部主事、光禄少卿、工部侍郎、工部尚书，致仕，卒年七十二岁。康熙十一年（1672）《益都县志》卷七《事功》有传，称其“生平坦平和易，不事锋芒，一时称为长者”。他是明代人，诸多注本谓其中进士在康熙丁未（1607），是沿袭清吕湛恩注本之讹，皆误。小说反映了社会中关公崇拜心理的根深蒂固，其中心意旨无非是劝世人莫作恶事，否则头上三尺有神明，为恶必遭报应。

卷五《梓潼令》篇幅极短，记述梦中见文昌帝君，竟能据此预测前程，当为道听途说，不必当真。所谓“常进士大忠”则史有其人，即常大忠（1624—？），号二河，太原府交城（今属山西）人，顺治三年（1646）山西乡试解元，九年中式三甲第二四三名进士，历官梓潼、潜山县令，康熙二年（1663）擢直隶保定府同知。光绪八年（1882）《交城县志》卷八《人物》有传。常大忠不到三十岁即考中进士，虽文名不彰，但官声甚佳。他能够梦见掌管人间仕禄的文昌帝君前往拜见，自然是非常之人。顺治十六年（1569），常大忠任潜山县令，五年中公平执法，不徇私情，曾自撰楹联云：“赃官贪婪，将图富也，孰知子孙不贤，以一掷弃千金，枉自遗百年唾骂；良吏清操，岂徒名哉，实痛小民疾苦，守三年如一日，难尽保万姓平康。”自道廉洁心志，绝非矫揉造作、装腔作势的宣言。康熙十四年（1675）《安庆府潜山县志》卷八《名宦》有传，谓其：“莅民敷政，恩威兼济，洞恤民隐，则如家人父子焉。至兴学育才，捐俸以新圣宫。”又云：“癸卯，升保定府同知，去之日，攀辕号泣者，络绎于道，侯下车步行挥泪，温慰之而别。于古循良无愧焉。”

---

① 陈振孙撰：《直斋书录解题》卷一一，影印文渊阁《四库全书》，台北商务印书馆1986年版，第674册第720页。

方志对之赞誉有加，出于真情实意，并非官样文章。这篇《梓潼令》所述常大忠两为梓潼县令，的确属子虚乌有之谈，但主人公在当时声名远播也是事实，否则不会引来聊斋先生的瞩目。在任何时代，行贿聚敛、残民以逞的贪官都为人民所唾弃；清廉为民、造福一方的好官，则永远值得百姓怀念。

卷五《柳生》讲述姻缘前定，又巧妙融会人谋于其中，前呼后应，显示了蒲松龄的巧妙构思。至于“异史氏曰”，作者则笔锋一转，将“英雄不问出身”以及“王侯将相宁有种乎”的见识暗中融入，不无历史的进步意义。小说有“大寇叛乱”四字描述当时江西发生的动乱，并非虚构，当指明清之际金声桓（？—1649）降清复叛清事。金声桓初为明副将，隶左良玉部，积功至总兵官。南明弘光元年（顺治二年，1645）随左梦庚降清，授镇守江西总兵，驻南昌。顺治五年以不得封侯又遭受排挤，与副将王得仁等复叛清，迎姜曰广为盟主，自称“豫国公”，翌年在南昌以粮尽援绝投水死。事详乾隆五十四年（1789）《南昌府志》卷一九《武备二·兵事》。

卷五《鬼令》是一篇揶揄县学学官的小说。明清官教职者官卑职冷，前途暗淡无光，又因与莘莘学子接触频繁，日久相互易生矛盾，故而每每成为诸生调侃戏谑的目标。《鬼令》中的展教谕因酒狂而头触柏身故，即不幸成为作者笔下被嘲弄的对象，尽管其中并无恶意。展先生并非虚构，包括拙作在内的诸多《聊斋》注本皆未注出，唯于天池先生注云：“展先生：展玠，莱阳人。据《莱阳县志·选举志·贡举》：‘（顺治）丁亥贡，授阳信训导，升淄川教谕。’又据《淄川县志·官师志·儒学教谕》记载：‘展玠，莱阳人，卒于官。’”[①]小说中的“以字为令”极见巧思，也属于真人假事类的创作。

卷五《男生子》，所谓“男生子”，的确有违人类生理常识，或许好事者为吸引他人眼球而故意造作奇闻，实则内中有“料”，虚晃一枪而已。这要从小说涉及的两位历史人物说起。“福建总兵杨辅”，其名当作杨富（？—1674），《清史列传》卷八〇《逆臣传·杨富》：“富，福建漳州人。初为郑锦伪都督。康熙二年来降，授左都督。三年六月，授四川川北镇总兵官。五年十一月，调浙江水师左路总兵。十一年四月，移江西南瑞镇总兵。十三年七

① 于天池注，孙通海、于天池等译《聊斋志异》卷七，中华书局2015年版，第1893页。

月，三桂兵犯江西，富潜谋内应，巡抚董卫国擒斩之。”[①] 小说中“闽抚蔡”，当作“赣抚董”，董，即董卫国（？—1684），汉军正白旗人，初任佐领，历官国史院学士，顺治十八年（1661）擢江西巡抚，加兵部尚书衔，以抗击吴三桂有功，升江西总督，调任湖广总督，卒于任。《清史列传》卷七、《清史稿》卷二五六皆有传。小说中“蔡”凡五见，皆当作“董”。小说描绘“董”之暴亡系由杨富冤魂化为鬼雄的报复，在清初流传甚广。清董含（1626—1698 以后）《三冈识略》卷九《杨董怨报》：“闽人杨富，旧从海上投诚，授南瑞总兵。当靖藩之变乱也，富麾下将卒，调拨略尽，颇有怨言，然反形未露也。制府董公卫国言其必反，遂乘其不备，遣兵攻之。富率家丁三百馀人溃围走，追灭之。至是改楚督，初莅任，忽见富由中门而入，仆从拥卫甚众，横戈跃马，直前刺之。惊起，问左右，悉无所睹。急返内，见富随入，挥拳怒骂，索命甚迫。即日延黄冠，结坛祈解。俄闻空中呼号声，如被搏击者，则气绝矣。夫富谋叛本朝，诚为可诛，然尚在疑似之间。乃死后率能报复，富亦厉鬼也哉。杜茶村为予说。”[②] 关于杨富因叛附三藩之乱而被杀一事，《清史稿》卷六《圣祖一》、卷二五六《董卫国传》凡两见，记述皆较为简单。白亚仁先生《〈聊斋志异〉中所涉及的“三藩之乱”考》（见《聊斋学研究论集》，中国文联出版社 2001 年版）转引《文献丛编增刊·清三藩史料》中有关董卫国于康熙十三年七月十三日所上奏文，认为内中所举杨富“蓄谋不轨”、“为内应助贼”等状，多系捕风捉影的不实之词。董卫国或许公报私仇亦未可知，然而他却因此官升一级，这引来汉族文人士大夫的几多质疑与不满，也在所难免。成王败寇，无可奈何中造作董卫国死于“鬼雄”，也反映出当时士人的一种心态。夷夏之辨本为中原读书人的固有情结，无论郑成功的抗清，还是三藩的叛清，众多读书人明哲保身，或许表面上“义形于色”，私下里未必不乐观其成。实在难有回天之力，也不妨寻找一些“我大清”的负面情状加以调侃冷嘲，以宣泄一腔幽愤。小说中“传以为笑”以及“蔡暴亡”，都可以视为是这种情绪的曲折表达。注家若不明这段史实，就难以体味小说中之微言大义。

---

① 《清史列传》卷八〇《逆臣传·杨富》，中华书局 1987 年版，第 6651 页。

② （清）董含撰：《三冈识略》卷九《杨董怨报》，辽宁教育出版社 2000 年版，第 189 页。

卷五《黄将军》所述"黄靖南得功"手握骡足举投贼人事，夸张过甚，当属真人假事的书写。黄得功（1594—1645），原姓王，字虎山，号黄闯子，明合肥（今属安徽省）人，后徙开原卫（今辽宁省开原市）。以行伍出身积功至游击，明崇祯九年（1636）官至副总兵，旋署总兵衔。十七年封靖南伯，南明福王建立政权，晋侯，为江北四镇之一，驻庐州，又移镇太平。顺治二年（1645）屯兵芜湖，福王来逃，为清降将刘良佐追及，拒降，中流矢后自尽。《明史》卷二六八有传。在明末四镇中，唯黄得功忠勇可嘉，难能可贵。清计六奇《明季南略》卷一《黄得功》记述了此故事的另一版本："黄得功，字虎山。貌伟胡髯，两颐倒竖，膂力绝伦。微时驱驴为生计。有贵州举人杨文骢、周祚新北上，于浦口雇其驴，初未知为豪杰也。道经关山，突遇响马六人，文骢、祚新等亦娴弓马，欲与之敌。得功大呼曰：'公等勿动，我往御之！'时杨、周管家亦颇材武，已于驴背跃下。行李与牲口重数百斤，得功一手挟驴，一手提行囊，突扑响马。响马大惊，乞止之，且曰：'有言相告。'得功不听，扑击如故。响马急，齐下马罗拜曰：'老兄真英雄，我辈愿拜下风，勿失义气。'得功方止，亦拜曰：'我不愿为此，只放吾等过去可也。'响马请姓氏，得功坚不与言，既而曰：'黄姓，呼为黄大。'响马遗之以金，得功不受，乃去。杨、周两孝廉见其勇而有志，待以兄弟礼。及南回，告于马士英。士英觅至，为之婚娶，延武士教以兵法。及莅任凤阳，即用为旗鼓，堵截流寇，建功河北，升副总戎。军中尝乘黑驴，贼呼为黄大刀，甚畏之。于是庐、凤一带，贼不敢久驻。"[①] 计六奇所记述者或许与事实差近。

卷六《诗谳》中的主人公周元亮，即周亮工（1612—1672），字元亮，又字陶庵、缄斋，号栎园，学者称栎下先生，祥符（今河南省开封市）人。明崇祯十三年（1640）三甲第一二八名进士，官至浙江道监察御史。降清后历官淮扬海防兵备道参政、福建按察使、福建左布政使、都察院左副都御史、户部右侍郎、吏部左侍郎。顺治十七年（1660）因受诬陷，以罪"立斩籍没"，旋遇赦获释。康熙元年（1662）以佥事起用，补山东青州海防道，康熙五年（1666）调江南江安粮道，代理安徽布政使，被劾"纵役侵扣诸款"，论绞，又遇赦得释。其平生博学多才，诗文、金石、书画皆有造诣，著有《赖

① （清）计六奇撰：《明季南略》卷一《黄得功》，中华书局1984年版，第28页。

古堂集》、《书影》、《字触》、《闽小记》等。《清史列传》卷七九《贰臣传乙》有传。在刑侦手段不甚发达的古代，小说此案的侦破具有一定的偶然性，如果周亮工不是精通诗文者，如果他没有避雨南郭的一段经历，更重要的是，如果他仅是一个粗心且冷酷无情的官僚，则破获此案并昭雪冤狱，似皆无从谈起。三木之下，何求不得！屈打成招或称“逼供信”是制造司法冤案的基础，有时“眼见”也未必“为实”。周亮工破此案未必为其亲身经历，当属真人假事。

卷六《孙必振》中的主人公“孙必振”，字卧云（1619—1688），一字孟起，诸城（今属山东省）人。顺治十六年（1659）二甲第八十七名进士，历官怀庆府推官、山西陵川知县、河南道监察御史，命视浙江盐政，迁掌河南道。病归，卒于家。清钱仪吉《碑传集》卷五三收录陈廷敬《文林郎河南道监察御史孙君必振墓志铭》，乾隆二十九年（1764）《诸城县志》卷三三《列传五》、咸丰九年（1859）《青州府志》卷四六《人物传九》皆有传。其风雨中渡江遇神人持金字牌相救，完全本于明人《徐氏笔精》卷八《金字牌》一则，陈敏杰先生《孙必振其人与〈孙必振〉的本事》一文（载《蒲松龄研究》2000年第2期）早已指出，此不赘。

卷六《郭安》讲述清初一桩判案“奇葩”。杀人偿命，欠债还钱，为中国历代刑法的基本原则，《大清律例》卷二六《刑律·人命·谋杀人》：“凡谋杀人，造意者，斩。”[①]而淄川县令竟然无视刑律，企图“化干戈为玉帛”，判凶手作被害人的父辈（原告）之子，的确匪夷所思！明清科举取士原则属于“通才教育”范畴，县令纵然不懂刑法，县衙中尚有刑名师爷一类的幕僚为佐，官僚体系中的成员荣辱与共，若真如此荒唐，早已被弹劾去官甚至入狱判刑，安能如小说中的原告竟然善罢甘休。恐系当时县令审案中或因其他隐情而一时糊涂，遂萌生如此荒唐的调解方案，未必真的能付诸实施；而人言可畏，一经传扬，便成为社会中的笑柄。“人心似铁，官法如炉”，清初官场是否真能闹出这样的笑话，值得怀疑。小说涉及两位人物则皆真实可考。“孙五粒”，即孙秠（生卒年不详），后改名孙珀龄，字五粒，兵部尚书孙之獬（1591？—1647）长子，淄川人。明崇祯六年（1633）举人，清顺治三年

① 田涛、郑秦点校：《大清律例》卷二六《刑律·人命·谋杀人》，法律出版社1999年版，第420页。

（1646）二甲第六十名进士，历官工科、刑科给事中、礼科都给事中、太仆寺少卿、鸿胪寺卿、通政使司左通政加一级。乾隆八年（1743）《淄川县志》卷五《选举志·进士》、《选举志·举人》皆著录。顺治十四年（1657），孙珀龄因涉嫌丁酉顺天科场案，曾被顺治帝下狱论死，后从宽处置，于次年流徙尚阳堡。迨康熙二年（1663），朝廷下修工赎罪之令，其弟孙琰龄倾家荡产，方将其赎回。《淄川县志》卷五未载流徙尚阳堡一事，仅谓其“为人坦直慷慨，不立城府，不吝施予，人咸乐其和易焉。”“陈其善”，乾隆八年（1743）《淄川县志》卷四《官师志·秩官》著录，辽东（清初辽阳府，治所在今辽宁省辽阳市老城区，顺治十四年改称奉天府，移治沈阳）人（生卒年不详），贡生，顺治四年（1647）任淄川知县，九年迁谏官去。

卷六《折狱二则》讲述作者家乡的两桩案件，从篇末“异史氏曰”可知，淄川令“费公祎祉”对蒲松龄有识拔提携的知己之情，作者写《折狱》有报恩情结。费祎祉（生卒年不详），字支峤，鄞县（今浙江省宁波市鄞州区）人。顺治六年（1649）三甲第一八一名进士，顺治十五年任淄川县令，后以罣误去。事见乾隆八年（1743）《淄川县志》卷四《官师志·秩官》。朱保炯、谢沛霖《明清进士题名碑录索引》作“费纬祉”，乾隆六年（1741）《宁波府志》卷一七《选举上》作“费纬祉”，乾隆五十三年（1788）《鄞县志》卷一〇《选举表下》亦作“费纬祉”。费祎祉，或作“费纬祉”，虽为两榜进士，但为官不足一任，即因“罣误”而去，《淄川县志》对他没有一字之评说，其故乡的《鄞县志》也没有为之立传，如果不是《聊斋志异》对其办案事迹加以誉扬，历史上就难以留下有关这位清官的蛛丝马迹了，这也可见封建专制社会中人才“逆淘汰”机制的泛滥。马振方先生认为《折狱》所含前后两篇中，后篇“主人公胡成和冯安只是笼统的‘邑人’，‘同里’，并无具体的乡里名字，与上篇恰成对照。更重要的是命案的引出有显著不合理处”。其结论为“前篇或有写费氏事迹之可能，后篇则绝为作者虚拟”。至于小说中“尸未出井，何以确信为汝夫，盖先知其死矣”的画龙点睛之笔，马先生举宋郑克《折狱龟鉴》卷五《张昇》一则为其本事[①]，甚是，这对于读者认识蒲松龄“真

① 马振方：《〈胭脂〉〈折狱〉虚实辨析——兼谈〈聊斋志异〉中的真人假事小说》，载《蒲松龄研究》2010年第2期。

人假事”的创作方法当有所启发。

卷六《安期岛》中的仙人自是神话中人，绝非现实社会所能遇到者；然而刘鸿训出使朝鲜，则是发生于明天启初年的外交大事，故事背景绝非虚构。刘鸿训（1565—1634），字默承，号青岳，长山（今山东省淄博市周村区太和庄）人。明万历四十一年（1613）二甲第二十九名进士，由翰林院编修累官至詹事府少詹事，因忤魏忠贤被斥为民。崇祯帝即位，官至礼部尚书兼东阁大学士，参预机务，又以事忤旨，谪戍代州，崇祯七年（1634）卒于戍所。著有《玉海纂》、《四素山房集》。《明史》卷二五一有传，对其出使朝鲜记述甚简：“万历四十一年，鸿训登第，由庶吉士授编修。神、光二宗相继崩，颁诏朝鲜。甫入境，辽阳陷。朝鲜为造二洋舶，从海道还。沿途收难民，舶重而坏。跳浅沙，入小舟，漂泊三日夜，仅得达登州报命。”当时后金势力迅速膨胀，朝鲜李朝因王位继承问题，国内政局动荡，明朝则因明神宗万历帝及其继承人明光宗相继死亡，也处于混乱时期。其时后金对朝鲜李朝及明廷压力皆甚大，明朝则亟须稳定与李朝的关系，形势相当微妙。明廷派遣刘鸿训以翰林院编修的七品职衔为正使出使朝鲜，有多方面原因，尽管为壮行色赐其一品章服，但官卑职微的刘鸿训担此重任诚非易事。使团一行经辽阳渡鸭绿江入朝，甫至王京（今首尔），辽阳等处即被后金占领，陆上归路断绝。李朝国王李珲下令为使团特造“洋船”两艘，穿渤海，在登州上岸归国。《明史》本传言及刘鸿训在崇祯朝东阁大学士任上曾受到魏忠贤馀党的攻击：“诋鸿训使朝鲜，满载貂参而归，锦衣佥事张道濬亦讦攻鸿训，鸿训奏辩。给事中颜继祖言：‘鸿训先朝削夺。朝鲜一役，舟败，仅以身免。乞谕鸿训入直，共筹安攘之策。’”奇怪的是朝鲜《李朝实录》对于出使的刘鸿训竟然也有“贪墨无比”的评价，对此，吴翠梅先生《刘鸿训出使朝鲜“贪墨无比”辩》（载《沧桑》2011年第1期）认为个中因由也牵涉到朝鲜李朝内部的政治斗争，所谓“贪墨”并非事实。文章可参阅，此不赘言。此外，郭济生先生《一段被遗忘的中朝交往关系史》（载《海交史研究》2000年第1期），亦可参考。总之，刘鸿训出使朝鲜不辱使命，加强了明廷与朝鲜的关系，功不可没。尽管这并没有阻碍以后清人的入主中原——这属于后话，在此不必深论。蒲松龄生于刘鸿训卒后六年，对于这位虽属异县实则同乡的先贤，从小即当有景仰之情，《安期岛》很可能就是根据当地民间传说加工写成，篇后以镜投海的情节，也无非是其“漂泊三日夜”始登陆的象征性描述，从中可见《聊斋志异》写作与民间传说的密切关系。

卷七《何仙》一篇锋芒所向，无非是学中诸生对于岁试中的学政不负责任，任意招揽毫无资格的阅卷者的一种嘲讽与不平之鸣。岁试作为明清科举制度中的一个环节，虽不像乡试、会试那样为决定读书人一生命运的关键，却也荣辱相关，不可怠慢。小说对于学政朱雯聘请一帮花钱财买来的监生当评审试卷者，极其反感，反映了当时府、州、县学莘莘学子的普遍心态。小说中的人物，除王瑞亭与李忭尚未在有关县志中发现踪影外，其馀三位人物李斯义、朱雯、孙勷皆史有其人，特别是“何仙”这位莫须有的乩仙，居然在《长山县志》中也有记述，而且官场身份不低的李斯义还与这位乩仙有“订风雅，谈性命”之交际，看来蒲松龄的这篇小说并非全属虚构。扶乩涉及神秘主义，一般被斥为封建迷信，然而明清人热衷此道者大有人在，且不乏名人。大名鼎鼎的金圣叹在二十岁时扶乩，就屡有自称“慈月宫陈夫人”的魂灵降神其乩坛，据说从此金圣叹下笔为文若有神助，长篇大论滔滔汩汩，纵横捭阖，惊世骇俗。《聊斋》卷八有《乩仙》一篇，亦涉及扶乩事，可参阅。“何仙”，当谓长山元明间人何五子。康熙五十五年（1716）《长山县志》卷七《轶事》：“何五子，邑北弥勒衖衕人也，相传本童子，遇纯阳，授异术，遂辟谷于凌岩。明洪武中羽化去，暨康熙丙寅、丁卯间，屡降乩于邑南李中丞斯义之庆云堂，订风雅，谈性命，自称烟霞老叟。有《凌岩集》一卷。又云门鹄我子，天启间人，何仙及门也。著《金丹秘箓》十二章、批点《唐诗》一部，乩笔酬唱，时与俱焉。因并及之。”嘉庆六年（1801）《长山县志》卷一〇《人物志·仙释》所记略同。“李太史质君”，即李斯义，已见笔者前所举卷五《大人》中之故事转述者。“孙太史子未”，即孙勷（1657—？），字子未，一字予未，号莪山，又号诚斋，德州（今属山东省）人。幼孤贫，鬻德州富家孙氏为仆，因聪颖异常，被收为养子，考中康熙二十四年（1685）三甲第八十六名进士，改庶吉士，授检讨，历官大理寺少卿、通政司参议。著有《鹤侣斋集》。其生平见《莪山自撰墓志》。清袁枚《随园诗话》卷一六谓孙勷“以时文名重天下，诗亦清超”[①]。

---

① （清）袁枚撰：《随园诗话》卷一六，人民文学出版社1982年版，第548页。

卷七《胭脂》属于《聊斋志异》中的名篇，有论者认为这篇公案性质的小说暴露了封建司法的黑暗和腐败，其实细绎其构思与情节，似与社会制度性的批判毫无关联。蒲松龄写这篇小说的主要目的在于抒发对赏识他的山东学政施闰章的感激之情，其所述案件或许有一定的现实依据，并非完全捕风捉影，但事情的诸多巧合与施闰章明察秋毫的破案技巧则完全是作者虚构加工的结果，显示了其炉火纯青的艺术功力。小说在刻画为官者审案方面的确有戛戛独造的创新之处。吴南岱经过一番调查，解脱了鄂生的冤狱，赢得上下称“神”之誉，却又令品行不端却并未杀人的宿介再入覆盆，幸亏有施闰章明察秋毫，终令冤案昭雪。在官本位社会的司法条件下，审案者的素质与责任心无疑是不出冤案的关键性因素，所谓“公门之内好修行”，在今天仍有其认识价值。小说中的“吴公南岱”，即吴南岱（1621—？），字泰岩，江南武进（今江苏省常州市）人。顺治六年（1649）二甲第十二名进士，顺治十年以员外郎出知袁州府知府，历官济南府知府、广东按察使司副使。雍正十年（1732）《江西通志》卷六〇《名宦》有传，道光二十三年（1843）《武进阳湖合志》卷一七《选举志·甲榜》、康熙三十一年（1692）《济南府志》卷二〇《秩官一》著录。“学使施公愚山”，即施闰章（1619—1683），字尚白，一字屺云，号愚山，又号蠖斋，江南宣城（今属安徽省）人。顺治六年（1649）二甲第二十六名进士，历官刑部主事、山东提学佥事、江西布政司参议，分守湖西道，康熙十八年（1679）举博学鸿词中式，授侍讲，转侍读，卒于官。著有《学馀堂集》。《清史列传》卷七〇、《清史稿》卷四八四皆有传。康熙四十一年（1702）《山东通志》卷二五《职官二》著录施闰章于顺治十三年（1656）任山东提学佥事。施闰章《施愚山集·文集》卷一二《独树轩记》：“余以丙申冬十月抵历下受事，其明年当乡试，促视学校事。”[1]丙申，即顺治十三年。另据何庆善、杨应芹先生《施愚山年谱简编》（载《施愚山集》附录四），施闰章任山东学政在顺治十三年至十七年（1656—1660）间。值得一提的是，小说“异史氏曰”后所附“尝有名士入场，作‘宝藏兴’文，误记‘水下’”一事，据民国二十五年（1936）《重修博兴县志》卷一七《杂志》：“《聊斋志异》载有名士入场作《宝藏兴焉》文，误记水下，录毕而后悟之，

① （清）施闰章撰：《施愚山集·文集》卷一二《独树轩记》，黄山书社1993年版，第239页。

料无不黜之理，作词云云，相传其人即博兴之魏基。基字休庵（见人物志），惟情事略异，词亦有出入，赘录于后。基早岁游庠，后道念既深，思脱尘俗，尝于学使按临时，作《宝藏兴焉》文，领题处故顶‘今夫水’，知无不黜之理，卷尾系词云：‘宝藏在山间，误认却在水边。山头盖了座水晶殿，瑚长峰尖，珠结树颠，这一回崖中跌死撑船汉。告苍天，饶了俺，从今不在这泥里战。’学使阅文至此，知为异人，仍置高等，并和以词云：‘宝藏将山跨，忽然间在水涯。樵夫说了些渔翁话。脉理虽差，文字却佳。亦何妨虎入潭溪斗龙蛇。呆秀才，休害怕，谁肯把你放在他人下。’逾岁，学使易人，入场完卷后，复赘《黄莺儿》二首，学使以为犯规，遂褫其衿。基自此飘然远矣。”从中可见蒲松龄移花接木、真人假事的写作技巧。

卷八《王者》可与卷五《梦狼》一篇相互参照阅读。贪黩与贿赂是一对孪生兄弟，在任何社会都难以绝迹，而于人治社会则尤为肆无忌惮。与蒲松龄同时代的王士禛与赵吉士，分别在《池北偶谈》卷二三《剑侠》与《寄园寄所寄》卷一〇《驱睡寄·勇侠》中记述了类似事件，尽管发生地点有异，然而情节大体相同，可见当时读书人心态，殊可玩味。国外学者白亚仁先生根据台湾“中央”图书馆所藏清李澄中（1629—1700）稿本《艮斋笔记》卷七所记述苏松巡抚“辽阳韩某”贪黩一事，认为其事与王士禛、赵吉士、蒲松龄所述“王者”的内容略同，并考证出“韩某”当为韩世琦（？—1686），字心康，山西蒲州人，明大学士韩爌（1565—1644）之孙（当系族曾孙），明清鼎革，入隶汉军正红旗，历官吏部主事、江宁（即苏松）巡抚、偏沅（即湖南）巡抚、四川巡抚，终因贪赃枉法被康熙帝革职，寻卒。白亚仁先生认为《王者》的故事“是在三藩之乱平定之后不久开始流传的”，并提出：“故事里的遥远的王国和吴三桂想成立的周朝会不会有一点隐约的联系？在吴三桂控制的领土上，人们恢复了明朝的风俗，留长发。曾经揭露韩世琦贪婪行为的前任御史李棠也为吴三桂效力。”[①] 其考证较为详尽，读者可自行参阅。这是蒲松龄“真人假事”书写的又一例证。

卷八《拆楼人》可与卷一《四十千》一篇参看。旧时富贵人家每每易生出类似于今天所谓“坑爹”的败家子，常被人呼为“讨债鬼”，将对世事沧

① ［美］白亚仁：《论〈王者〉的由来》，载《蒲松龄研究》2000年第3—4期。

桑、人生无常的感慨披上果报不爽的外套，似乎唯有如此方能平复心理的失衡。专制社会为官者作威作福，草菅人命，若良心未泯，事过之后未尝不心怀忐忑，惧怕报应。《拆楼人》即反映了旧时并非恶贯满盈的官僚对于“草民”擅作威福后的追悔心理，何某之疑心生暗鬼，未尝不是化解内心愧疚的一种托词。其实生子不肖，败家“坑爹”，在等级分明的社会并不罕见，冷眼人旁观之下，也不免感慨系之。然而无论如何，做人须与人为善则是千古不变的道理，诚如本篇“异史氏曰”所云：“身居人上，乌可不早自惕哉！”小说中的“何冏卿”，史有其人，即何海晏（1525—？），字治象，号敬庵，平阴（今属山东省）人。少负才名，以弱冠之年考中嘉靖二十三年（1544）三甲第七十二名进士，授四川顺庆府推官，历官礼部主事、吏部文选司郎中，迁太仆寺少卿、河南左参政。著有《敬庵斋集》、《候虫鸣诗集》等。康熙十三年（1674）《平阴县志》卷七《人物志》有传，谓其：“归里后，优游林下者三十馀年，亭台池阁，花木竹石，日以飞觞为乐，和平温厚，里人敬而爱之。”冏卿，旧时称太仆寺卿为“冏卿”，语本《书·冏命序》：“穆王命伯冏为周太仆正。”

卷八《大蝎》中的蝎子大如琵琶，自属想象，究其源，当与古人有关大蝎的诸多记述相关，如晋干宝《搜神记》卷一八、唐段成式《酉阳杂俎》续集卷八、明陆粲《庚巳编》卷九《蝎魔》等等。小说中所谓“彭将军宏”，生平不详。盛伟先生《聊斋志异校注》：“明彭将军宏：彭宏，当为‘彭泽’之误。其‘宏’，是否为彭泽之另一字，也未可知。”校注者根据《明史·彭泽传》认为：“彭泽之经历，与《大蝎》中‘明彭将军宏，征寇入蜀’完全相符。”[①]可参考。按，《明史》卷一九八本传：“（彭泽）录功，进右都御史、太子少保，荫子锦衣世百户。寻代洪钟总督川、陕诸军，讨四川贼。时鄢本恕、蓝廷瑞、廖惠、曹甫已平，惟廖麻子、喻思俸猖獗如故。泽偕总兵官时源数败贼，部将阎勋追擒麻子于剑州。思俸窜通、巴间，势复振。泽督诸军围之，卒就擒。泽遂移汉中，请班师。未报，而内江、荣昌贼复炽，泽又移师讨平之。且平成都乱卒之执知州、指挥者。请班师益力，诏暂留保宁镇抚。进左

① 盛伟校注：《聊斋志异校注》，山西人民出版社2000年版，第708页。

都御史、太子太保，荫子如初。泽复请还者再，乃召还。”[①]《大蝎》仅以“将军”称彭宏，或非“彭泽”之讹。待考。

卷八《汪可受》中主人公“汪可受”，史有其人，字以虚（1559—1620），号静峰，又号三槃居士，湖广黄梅（今湖北省黄冈市黄梅县）人。明万历八年（1580）三甲第五十六名进士，历官浙江金华令、礼部主事、江西右参政、山东按察使、顺天府尹、大同巡抚、兵部侍郎，总督蓟、辽宁、保定等处。居官以廉能称，有“天下清廉第一”之誉。著有《道心说》、《下车草》。康熙二十三年（1684）《湖广通志》卷三三《人物二·黄州府》、光绪二年（1876）《黄梅县志》卷二四《人物·宦绩》有传。这位早年即飞黄腾达的官员，无论政绩、办学，皆有可称述者，并非一位庸碌的官僚。他居官廉洁，熟悉边务，曾受到明神宗“天下清廉第一”的褒奖；他晚年曾在家乡黄梅老祖寺辟室习静，还是一位虔诚的佛教徒。《聊斋志异》多述六道轮回事，同名《三生》者就有两篇，分别在卷一、卷七。这篇《汪可受》也属于“三生”系列，若非他人有意编造，肯定出自主人公之口，又经辗转相传才形成这篇小说。往世转生为骡，并不光彩，若能毫无忌讳地亲口说出，无论真假与否，当为有极度自信心的人无疑。汪可受少年得志，具备这一条件。

卷八《鬼隶》中的“韩承宣”，字长卿（？—1639），一字康侯，蒲州（今属山西省）人，明崇祯七年（1634）三甲第三十九名进士，历官淄川、历城县令。崇祯十一年（1638）冬，清兵大举进攻山东，第二年正月初攻破历城，遇难。乾隆二十年（1755）《蒲州府志》卷一三《忠节》有传：“韩承宣，蒲州人，大学士爌孙（当系族孙），明末以进士知山东历城县。大兵至，攻破历城，承宣死之，赠光禄少卿。有子世琦，国朝入旗籍，官至巡抚。”小说中的韩承宣做过淄川县令，虽在蒲松龄生前，但在故老传闻中当有其踪影。“北兵”（清军）在济南府府治历城县杀人如麻，地点清晰，唯时间只言“正朔”（农历正月初一），不涉及年份，似乎有意模糊化处理，实则有韩县令之名出现，其发生年代不言而喻。当时清廷尚未入主中原，大掠山东意在子女玉帛，屠伯之嘴脸昭然若揭，凶狠残暴令人发指！小说巧用“鬼隶”之预言，将一幕血淋淋的历史屠杀画面曝光于后世，正是作者用心微妙处，如此“说鬼”

① （清）张廷玉等撰：《明史》卷一九八《彭泽传》，中华书局1974年版，第5236页。

自非“姑妄言之”！青柯亭刊本系统皆无此篇，大约也是有所忌讳使然。

卷八《鸮鸟》是一篇嘲讽贪官与清廷稗政扰民的小说，宴饮中各用酒令道出自己心中所想，机锋侧出，暗潮汹涌，读后令人解颐。小说所涉及的四位县令级官员，除益都令董或为作者所误书外，“性奇贪”的长山令杨与莱芜令范、新城令孙皆实有其人，相关县志所载任职时间亦无讹，当属于“真人假事”类小说。“长山杨令”，即杨杰（生卒年不详），字俊公，奉天监生，康熙二十八年（1689）就任长山令，康熙三十四年以罣误去职。康熙五十五年（1716）《长山县志》卷三《宦迹》有传。“益都令董”，据光绪三十三年（1907）《益都县图志》卷一八《官师志四》，康熙间益都县令无董姓者，康熙三十三年就任益都县令者为鲁瀚，顺天大兴（今北京市）人，监生。“莱芜令范”，即范溥（生卒年不详），吴县（今江苏省苏州市）人，康熙三十三年（1694）任。见民国十一年（1922）《莱芜县志》卷一〇《官师表》。“新城令孙”，即孙元衡（生卒年不详），江南桐城（今属安徽）人，贡生。康熙三十二年（1693）任，在任五年，后升东昌知府。民国二十二年（1933）《新城县志》卷一一《职官志二》有传。令人殊可玩味的是，益都令董并没有参与到酒令的斗口中来，似乎多此一人；而除长山令杨所首倡之酒令外，其馀酒令皆未依照首倡者所谓“左右问所执何物”的规则，“两问”只剩“一问”，作者之构思似乎有欠讲究。可能的情况是，蒲松龄最初的构想为只及人事，不涉志怪，因而五通酒令正好为四位县令囊括（杨令之酒令一倡一答，占两通），然而如此设计实在难以收场，不如再增添原本令人讨厌的猫头鹰所化少年前来凑趣之情节，既易收束，也能于荒诞中稍微遮掩一下对清廷民间征马之政的批判锋芒，堪称一举两得。不过如此一来，益都令就成为“多馀的人”，同酒令规则的原初设计一样，皆未能在修改中顾及到，当属百密一疏。康熙五十五年（1716）《长山县志》卷三《宦迹》有杨杰小传，内云：“康熙中为令，编审公平，革除科敛，省刑恤囚，讼牒不遣悍吏。设义学，筑津梁。西关护城堤将圮，捐俸倡修，雉堞永固。重修关帝庙，置地膳僧。邑庙及一切祠宇，整葺甚多。后以罣误去，士民追思立碑。”这与《鸮鸟》中的杨令形象大相径庭，平心而论，杨杰因“罣误”去官，人走茶凉，后之修县志者自不必对其称颂有加，所谓“追思立碑”当为实录；也许正因为其有“罣误”一事，方令蒲松龄“真人假事”的创作方法得以实践于杨令之身而不必有所顾忌。借嘲讽贪官赃官，暗批清廷的扰民稗政，大约也是作者对“圣明天子爱惜民力”的一种无奈吧。蒲松龄有《雪后，时侯深夜过毕韦仲家，蒙见招，时已寝矣。次日赋四律即寄（时报驿正急，处处惶骇，恐似北征州邑官滥冒而不还也）》诗，是写给淄川县令时惟豫（其人详卷八《周生》）的，提及康熙三十四年“北征”之从民间征调骡马扰民一事，颇有微词。如四律其三云：“村村簿籍报骡马，凫舄奔波午漏馀。支遁还愁将数马，浩然窃幸不征驴。自缘投老眠高枕，漫将垂青问草庐。区画全凭贤大尹，未知良法更何如？”作者巧借颂扬时县令的辛劳贤能，对于朝廷不恤民情、强征骡马之弊政加以嘲讽，与这篇《鸮鸟》之主旨略同，可参阅之。

卷八《元少先生》中的主人公“元少先生”，即韩菼（1637—1704），字元少，号慕庐，江南长洲（今江苏省苏州市）人。康熙十二年（1673）一甲第一名进士，授修撰，历官掌院学士、礼部尚书，卒官，乾隆中谥文懿。著有《有怀堂诗稿》、《有怀堂文稿》。《清史列传》卷九《大臣传》、《清史稿》卷二六六皆有传。韩菼生前以八股制义受知于康熙帝，卒后又以举业之文得到乾隆帝的追谥，堪称一代文章表率。然而其少年淹蹇，八股文章并不为人所识。清钱泳《履园丛话》卷一三《科第·鼎甲》记述韩菼家贫力学，文章却不为时所重，后巧得大司寇徐乾学识拔，终于奋志青云。徐乾学为康熙九年（1670）一甲第三名进士，发迹只比韩菼早一科，当时未必有汲引后者的职位与能力。钱泳之所记与这篇《元少先生》入冥府为鬼师的记述一样，全属为“一举成名天下知”之前的困顿者抱不平之语，其间隐含高自位置的自我奋发意识以及寻求知己的企盼不言而喻。

卷八《土化兔》是一篇微型小说。“张靖逆侯勇”，即张勇（1616—1684），字非熊，咸宁（今陕西省西安市）人。原为明朝副将，顺治三年（1646）降清，授游击，进击李自成馀部屡立战功，迁甘肃总兵；又随洪承畴经略湖广，进军滇黔，授云南提督，抗击吴三桂叛乱，战功卓著。康熙十四年（1675）封靖逆侯，后又加少傅兼太子太师。康熙二十三年（1684）以病卒于甘州，谥襄壮。雍正十年（1732）入祀贤良祠，乾隆三十二年（1767）追赐一等侯爵世袭罔替。《清史列传》卷七八《贰臣传甲》、《清史稿》卷二五五皆有传。在古代传说中，羊与土有天然的关系。《太平广记》卷二九一引《陇州图经·土羊神》：“陇州汧源县有土羊神庙，昔秦始皇开御道，见二白羊斗，遣使逐之，至此化为土堆。使者惊而回。秦始皇乃幸其所，见二人拜于路隅，始皇问之，答曰：'臣非人，乃土羊之神也。以君至此，故来相谒。'言讫而灭。始皇逐令立庙，至今祭享不绝。"[①]这一传说的源头或与《国语》卷五《鲁语下》有关"羵羊"的记述有关："季桓子穿井，获如土缶，其中有羊焉。使问之仲尼曰：'吾穿井而获狗，何也？'对曰：'以丘之所闻，羊也。丘闻之：木石之怪曰夔、蝄蜽，水之怪曰龙、罔象，土之怪曰羵羊。'"[②]羵羊，又作"坟羊"，《史记》卷四七《孔子世家》："丘闻之，木石之怪夔、罔阆，水之怪龙、罔象，土之怪坟羊。"南朝宋裴骃集解引唐固曰："坟羊，雌雄未成者也。"[③]然而兔与土的这种变化关系尚未发现于典籍，不过称呼幼兔为"兔崽子"，多用作詈语，却是古已有之。这篇小品《土化兔》中的张勇所猎获之兔"中有半身或两股尚为土质"，即"两截兔"，或许是当时民族情感较为强烈的儒生对于明清易代之际"两截人"的一种冷嘲热讽。所谓"两截人"，就是古人对于前后不一之人的谑称，旧题明李贽《史纲评要·宋纪·哲宗》即将宋哲宗视为"两截人"。明代文武官员前后降清者不在少数，但如张勇如此为新朝舍身卖命者也并不多见。据《清史列传》本传载，张勇在从洪承畴南下湖广的过程中，为取得清廷的信任，矢忠不二，"以家口众，乞赐宅京城"[④]，显然就是他主动将家属作为人质的举措。《清史稿》本传有论曰："世称河西四将，以勇为冠，忠勇笃诚，识拔裨佐，同时至专阃，奉指挥维谨。高宗许为古名将，允哉！"[⑤]清初读书人不满于张勇卖身投靠新朝的行径而造作"土化兔"的"闲话"，传播四方，皮里阳秋，当属微言大义；蒲松龄以传闻为志怪记录于《聊斋志异》，其用心如何，今天已难以悬揣。不过，青柯亭刊本系统《聊斋志异》并无此篇，或许是有所忌讳而然罢。

卷八《李檀斯》是一篇有关转世问题的小说，而且方死方生，立竿见影。在鬼神文化中，尽管有所谓"新鬼大，故鬼小"[⑥]之论，但鬼魂本无质量或其重量远较生人为轻也属迷信者的"常识"。李檀斯生前可能是一位胖子，这

---

① （宋）李昉等编：《太平广记》卷二九一引《陇州图经·土羊神》，中华书局1961年版，第2316页。

② 《国语》卷五《鲁语下》，上海古籍出版社1978年版，第201页。

③ （汉）司马迁撰：《史记》卷四七《孔子世家》，中华书局1959年版，第1912页。

④ 《清史列传》卷七八《二臣传甲》，中华书局1987年版，第6459—6460页。

⑤ 赵尔巽等撰：《清史稿》卷二五五《张勇传》，中华书局1977年版，第9786页。

⑥ 杨伯峻编著：《春秋左传注·文公二年》，中华书局1981年版，第524页。

是那位走无常的老媪“几被压死”说的来源。然而这番“鬼话”忽略了人鬼重量分殊的传统认知，而且是在李檀斯“无疾而卒”之前就去“与一人舁檀老”，且不论时空错乱，即以“身躯重赘”四字而言，自相矛盾中透露出走无常者故弄玄虚的破绽。李檀斯，生平不详。康熙五十五年（1716）《长山县志》卷五《选举志·岁贡》、《选举志·贡监》，嘉庆六年（1801）《长山县志》卷六《选举志·岁贡》、《选举志·贡监》皆未见著录，檀斯或为其表字。蒲松龄有《祭李檀斯》文，称之为“亲翁”，又云“夫何年未至于耳顺，遽委骨于北邙”[①]，可证其卒年尚不足六十岁。

卷八《李象先》讲述前世今生的故事，可视为“假事”。“李象先”，史有其人，即李焕章（1614—1692），字象先，号织斋，乐安（今山东省东营市广饶县）人（乐安与寿光接壤，在其西北，明清同属青州府）。明诸生，入清，不应科举。著有《织斋集》、《龙湾集》、《无学堂集》、《老树村集》等；参编《山东通志》、《青州府志》、《乐安县志》、《临淄县志》、《益都县志》等志书。民国二十五年（1936）《寿光县志》卷一六《杂记》有“乐安李象先（焕章）《王皞黎传》”云云。雍正十一年（1733）《乐安县志》卷一二《人物》有传，内云：“李焕章，字象先。幼颖悟，博极群书，弱冠时，梦星冠紫衣人授以二笔，由是文思日进。所著有《龙湾稿》、《老树村集》、《织斋集》行世，邑续志，其手笔也。”民国七年（1918）《乐安县志》卷一〇《人物志上》亦有传，内容加详。篇末“异史氏曰”有“其子早贵”的记述，可考。李焕章有子李新命（生卒年不详），康熙八年（1669）举人，官至江西宁州知州。见民国七年（1918）《乐安县志》卷九《登进志》。又有“其弟亦知名士”一句，亦可考。李焕章有兄李含章，字会先，号浮玉，明崇祯十二年（1639）副贡，南明弘光朝谏议大夫，因愤马、阮专政，弃官归，著有《遁山堂集》。有弟李斐章，字茂先，邑廪生，著有《春晖堂集》。季弟李玉章，字琳先，初尚衡藩郡主，国变后，以举义不果，被嫌遁去。民国七年（1918）《乐安县志》卷一〇《人物志上》有云：“时称节义文章萃于一门。”这里所言者当为李斐章。李焕章出生于明官宦家庭，在四位兄弟中行二。其父亲李中行是万历三十八年（1610）三甲第二二五名进士，曾任镇江知府，后晋参政。家中有藏书

① 路大荒整理：《蒲松龄集·聊斋文集》卷九，上海古籍出版社1986年版，第258页。

数千卷，四兄弟自幼皆受过良好教育。李焕章是明代生员，入清后不过三十岁，即放弃举业，堪称是一位有遗民心态的读书人。《李象先》谓其因“福业未修”而致功名坎坷，似非事实。康熙十八年（1679）清廷开设博学鸿词制科以拉拢读书人，有人推荐李焕章，他即赋七绝《志不二朝》以明志：“志不二朝惟织斋，皇家爵禄视如灰。白头到死披长发，甘做大明老秀才。”李焕章二十九岁时丧妻，此后独身四十馀年，游历几乎半个中国，可谓读万卷书，行万里路。蒲松龄谓其“学问渊博”以及“其子早贵”，所言属实，后者反映了所谓“遗民不传代”以不堕家声的清初士大夫心态。小说所言李焕章自知前生事，当出于其所自言。清王士禛《池北偶谈》卷二〇《谈异一·记前生》：“同年济宁邵峄辉士梅，自记前生为宁海州人，纤细不爽。后以己亥登进士，为登州教官，亲至所居里，访其子，得之，为谋生事，且教之读书，为诸生。又自知官止县令，及迁吴江县知县，遂辞疾归。又其妻早卒，邵知其再生馆陶某氏，俟其髫而聘之，复为夫妇。河南张给事文光能记三生事，李御史嵩阳、乐安李贡士焕章，皆能记前生事。此耳目睹记之尤著者。”[①]可见其事在当时颇有流传。邓之诚《清诗纪事初编》卷二著录李焕章《织斋文集》八卷，内云：“安致远《玉硊集·杂志》载焕章此事最详最诞。然焕章《与马汉仪书》云：‘某自宿命通来，不欲婚，不欲宦，得一大禅宗为之导师。’……《再与马汉仪书》云：‘某自丧乱来无家矣，不得已而放之山厓水次、僧寮道舍，亦以其村野间巷罕可语之人、乏可语之事。’”邓之诚先生认为：“然则再生之事，焕章实自言之。故鼎革不入名场，妻亡不再娶，好游、好读佛书，栖僧舍，归之宿命，或有托而言，欲以解嘲耳。”[②]所论中肯。唯邓之诚以焕章之父名为李中正，属百密一疏。李焕章曾与著名学者顾炎武同修《山东通志》，两人惺惺相惜，交成莫逆。青州府兵备佥事周亮工精通经史，对于李焕章频加青睐，两人不计地位悬殊，结下友谊，成为知交，周亮工将其文与新建陈石庄、南昌王于一、商丘侯朝宗的文章一同刊入《四家文刻》之中，可见推崇。《四库全书总目提要》卷一八一《别集类存目八》著录李焕章《织斋集钞》八卷，内有云：“其文跌宕排奡，气机颇壮，而汪洋纵放，未免一泻无

① （清）王士禛撰：《池北偶谈》卷二〇《谈异一·记前生》，中华书局1982年版，第480页。
② 邓之诚撰：《清诗纪事初编》卷二，上海古籍出版社1984年版，第159—160页。

馀。至于明季忠烈诸臣，多为立传，其表微阐幽，亦可谓留意史学。”[①] 对于这样一位重量级的学者，蒲松龄何以将其书写为“寿光之闻人”？一种流行的说法是：李焕章拜读《聊斋志异》后，大为佩服，遇到蒲松龄后半开玩笑地说：“你写他县与我无关，但不能写乐安。”蒲松龄反问何以如此，李焕章说：“难道你不怕我写淄川？”于是《聊斋志异》几乎写遍淄川的临近州县，却有意不涉及乐安。李象先的籍贯变成寿光，移花接木大约也是一种障眼法，令后世读者难以查考主人公为何许人。《聊斋》注释者若不明李象先的真实身份，对于小说中的有关文字就会感到莫名其妙。

四、假人真事的书写

《聊斋志异》所涉及的明与清初历史人物有时未必实有所指，所谓“假人真事”也。这类情况尽管不多，但也值得一提。

卷四《郭生》谈及清初八股文体的文风转变：“时叶、缪诸公稿，风雅艳丽，家传而户诵之。”又云：“无何，叶公以正文体被收，又稍稍服其先见。”（第 1048 页）所谓“风雅艳丽”之八股文体，当谓八股制艺风格文辞华美的一派，即清初由明末云间派发展而来的尤王派八股文，代表人物为章金牧、尤侗、王广心等。所谓“正文体”，亦当指清初为革除明末八股制艺弊端而采取的改革措施。《钦定大清会典则例》卷六九《礼部·学校二》：“厘正文体。顺治八年题准：学政岁、科考各分四次解卷到部，会同礼科磨勘。所取生童文字，以纯正典雅为主，如诡怪舛谬者，本生黜革，学政参处……九年题准：说书以宋儒传注为宗，行文以典实纯正为尚。其有剽窃异端邪说、矜奇立异者，不得取录。”[②] 以此而论，小说之历史背景当在清顺治九年（1652）以后，而与明代无涉，则“叶、缪诸公”亦必是清初人无疑。盛伟先生《〈聊斋·郭生〉篇与明天启间“东林党”之祸》一文认为叶、缪二人即指明末遭受权阉

---

① （清）永瑢等撰：《四库全书总目》卷一八一《别集类存目八》，中华书局 1961 年版，第 1637 页。

② 《钦定大清会典则例》卷六九《礼部·学校二》，影印文渊阁《四库全书》，台北商务印书馆 1986 年版，第 622 册第 300 页。

魏忠贤迫害的东林党人叶向高与缪昌期[1]，似非是。有明一代至清初，未闻有以八股制艺驰名海内的叶、缪两姓之大家。或许“叶、缪”就是作者为避免节外生枝并有所避讳而杜撰出的人物姓氏。类似人物虚构又见于卷四《颜氏》一篇，书写一女扮男装者通过科举入仕，或据明末历史人物杨尔铭事借题发挥，参见本书第四编《〈聊斋志异〉丛脞新录》之《说〈颜氏〉》，此不赘言。

卷五《三朝元老》所嘲骂者为明末清初人物。邓之诚先生《骨董三记》卷六《三朝元老》：“《聊斋志异·三朝元老》乃李建泰事。朱书《游历记存》云：‘建泰为贼相，贼败再降，又为相，被赐绰楔曰“三朝元老”，悬于门，始告归。“一二三四五六七，孝弟忠信礼义廉”联，乃金之俊事，见苏瀜《惕斋见闻录》。’”[2]李建泰（？—1650），字复馀，号括苍，曲沃（今属山西省）人。明天启五年（1625）二甲第二十五名进士，官至大学士，崇祯末自请督师围剿农民军，京师陷落后，走保定，投降农民军。清顺治二年（1645），诏录崇祯旧臣，起授弘文院大学士，充《明史》总裁官，倍受优宠，旋以受贿罢归。顺治六年在太平（今山西省临汾市襄汾县西南）起兵反清，遥应大同总兵姜瓖之叛清，势迫投降，第二年被清廷处死。《清史列传》卷八〇《逆臣》有传。金之俊（1593—1670），字岂凡，又字彦章，号息斋，苏州吴江（今属江苏省）人。明万历四十七年（1619）三甲第十二名进士，官至兵部右侍郎，李自成攻陷北京，被拷索，清人入关后投降，以原官辅清，历官兵部、吏部尚书，授中和殿大学士。康熙初致仕。卒谥文通。著有《金文通公集》。《清史列传》卷七九《贰臣传乙》有传。蒲松龄将李建泰与金之俊两人之相关传闻合而一之，嘲弄毫无风骨之官僚，堪称嬉笑怒骂皆成文章。至于其后所述降清的明大僚洪承畴之尴尬情事，与上述“三朝元老”相映成趣，勾画出这些身居高位的“肉食者”的丑陋滑稽嘴脸。甲申之变，天崩地解，文人士大夫身处其间，行藏出处，自有不得已的苦衷，后人动辄以气节、大义责人以死，也非公允之论。萧一山《清代通史》卷上第二篇《明清之兴替与满洲典制述要》有云：“承畴负时誉久，生平疵行，亦少概见，一旦变节，殊出意外。吾人若舍民族国家之观念而论断之，似属人之常情，惟当君主专制时

① 盛伟：《〈聊斋·郭生〉篇与明天启间“东林党”之祸》，载《青岛海洋大学学报》1998 年第 3 期。
② 邓之诚著：《骨董琐记全编·骨董三记》卷六《三朝元老》，北京出版社 1996 年版，第 560 页。

代，则不免遗贰臣之羞耳。”[1]此论持平，不以成说为依据，可供读者参考。冯伟民先生《〈聊斋志异〉本事琐证》又引清褚人获《坚瓠集》广集卷四《黄六王八》一则：“《疑耀》载：京师勾栏中诨语，谓绐人者曰黄六。盖言黄巢兄弟六人，巢行第六而多诈，故诈谝人者，詈为黄六也。又《七修》载：詈人曰王八。盖后五代王建行八，素无赖，盗驴马，贩私盐，故人詈曰王八贼，今俗误为王霸。闻之故老曰：忘八，盖忘孝弟忠信礼义廉耻也。又闻一人为一绅对曰：‘一二三四五六七，孝弟忠信礼义廉。’众初不解，询之知为詈语‘忘八’、‘无耻’也。”[2]可见这一幅“歇后”式的联语在明清之际流传的广泛性，蒲松龄以之为素材，嘲骂鼎革之际“忘八”、“无耻”的肉食者，其人不必坐实，其事则广泛存在。

卷六《邵临淄》也属于假人真事之作，其中“邑宰邵公”即谓姓邵的临淄县令。考民国九年（1920）《临淄县志》卷一七《职官志》，所著录明县令，并无邵姓者；所著录清县令，邵姓者则有邵如仑、邵嗣尧二人。对邵嗣尧，著录云“山西猗氏举人，乾隆二年任”；对邵如仑，仅著录为“湖北天门人”。另据朱保炯、谢沛霖《明清进士题名碑录索引》著录，邵如仑，湖北天门，清乾隆二年三甲第一八三名进士。两者所处时代皆后于蒲松龄，显然皆非小说中之“邵临淄”。或许蒲松龄有关临淄县令姓氏记忆有误，或许因邵县令对悍妇“杖责三十”的刑罚于《大清律例》无据，属于“失入”（谓轻罪重判或不当判刑而判刑），因而故意错乱其姓氏，令当时人无从指认。《聊斋》诸多注本或谓“邵临淄”乃康熙二十一年县令邵如仑，似有误。

五、明代藩王的书写

明代藩王之设反映了朱元璋利用皇族拱卫朱家政权的用心，但恰如宋太祖“杯酒释兵权”后致令赵家天下军力疲弱一样，其副作用也显而易见，燕王朱棣骨肉相残的所谓“靖难”之役即为一例。《聊斋志异》中所涉及的明代

---

① 萧一山著：《清代通史》卷上第二篇《明清之兴替与满洲典制述要》，中华书局1986年版，第211页。

② 冯伟民：《〈聊斋志异〉本事琐证》，载《蒲松龄研究》1995年第2期。

藩王，并非随意编造，皆有据可查，值得认真对待。若能搞清楚其世系，对于探讨小说的社会背景不无助益。

卷二《鸲鹆》系据坐馆之东家的传言，其实质也无非是将市井骗术笼罩一层怪异的面纱，增加故事的趣味性而已。虽属小品，叙述却错落有致，笔墨不枝不蔓，有令人回味无穷的艺术魅力。小说所谓“王邸”，乃位于绛州的王府第宅，当指灵丘王府。据《明史》卷一〇一《诸王世表二》，明太祖朱元璋庶十三子朱桂于洪武二十五年（1392）封于代，即代简王；代简王朱桂庶六子朱逊烇于永乐十二年（1414）封于灵丘，即荣顺王，天顺五年（1461）“别城绛州，成化十一年（1475）薨”。下传七世四王（因早卒而追封的三王除外），最后一王朱鼒镰，嘉靖四十二年（1563）袭封，隆庆三年（1569）“坐非刑致死曾叔祖，降为庶人，除。”[①]《鸲鹆》所指“王”当即朱鼒镰，以犯罪国除，无谥号。

卷二《林四娘》与卷三《蹇偿债》皆涉及“衡府”，即青州衡王府。明宪宗第七子朱祐楎，张德妃所生，成化二十三年（1487）封衡王，明孝宗弘治十二年（1499）就藩青州（今山东省青州市），嘉靖十七年（1538）卒。下传五世六王，明亡，国除。见《明史》卷一〇四《诸王表五》、卷一一九《诸王四》，唯末代衡王朱由㰘未见著录。朱由㰘，清顺治二年（1645）被押解至京，翌年被杀。光绪三十三年（1907）《益都县图志》卷一二《古迹志上》：“衡王宫在府治西南，明宪宗子祐楎故第，遗址仅存。”

卷五《聂政》是一篇颂扬先秦刺客行侠仗义的小说。刺客是先秦权贵政治斗争的产物，并无所谓正义与否的人生价值取向，汉代以后人们在诗文中咏怀这些过往的历史人物，也大多是借古人酒杯浇自家心中之块垒，恰如同社会底层的庶民百姓对于清官的企盼一样，折射出专制统治下社会公平正义普遍缺失的现实。小说中的“怀庆潞王”，即朱翊镠（1568—1614），明穆宗朱载垕第四子，隆庆五年（1571）二月封潞王，时年四岁。万历十七年（1589）就藩卫辉府（治所在今河南省卫辉市）。据《明史》卷一二〇《诸王五·穆宗诸子》：“翊镠居藩，多请赡田……多至四万顷，部臣无以难。”又

① （清）张廷玉等撰：《明史》卷一〇一《诸王世表二》，中华书局1974年版，第2868页。

云："翊镠好文，性勤饬，恒以岁入输之朝，助工助边无所惜。"[①]如此行事，朱翊镠因而受到其皇兄明神宗朱翊钧的垂青。然而这位藩王对待百姓则是另一番嘴脸，敲骨吸髓，欺男霸女，无所不为，无告之民只能寄希望于偶然或某种奇迹显现以惩无道。清初圈地以及"逃人"等恶法的施行，亦令广大汉民徒呼奈何，于是聂政一类行侠仗义者自然就成为人们心中的偶像。《聂政》即巧借明末之事喊出了清初世人的心声，因而有一定认识价值。

卷五《八大王》中冯生因放生之善得鳖宝之报，富埒王侯外，又娶藩王郡主归家，打破了"福无双至"的俗谚。作者于其间又插入冯生威武不能屈的儒家理念，即不弃糟糠之妻的盛德，令全篇带有了相当成分的理想色彩。本篇意旨除护生行善、谐和自然以及知恩图报而外，尊德节饮、警醒世人当是全篇主要宗旨。小说中的"肃府"，即肃王府。明太祖朱元璋第十四子朱楧（？—1419），洪武十一年（1378）封汉王，二十五年改封肃王，二十八年就藩甘州（今甘肃省张掖市），建文元年（1399）移藩兰州（今甘肃省兰州市）。卒谥庄。子孙世袭，传八世至朱识鋐，崇祯十六年（1643）冬，李自成破兰州，为所杀。事见《明史》卷一〇一《诸王世系表二》、卷一一七《诸王二》。小说中的肃王，未专指哪一世，当系笼统言之。

卷五《巩仙》中"袖里乾坤"的想象，义同佛家所谓"芥子纳须弥"之说，皆在大小相形落差巨大的匪夷所思中体现出人类思维的瑰丽。专制社会的压抑人性，令弱者无所逃避，于是不妨借助于想象的驰骋展现一片自由的天地，道士巩仙的道袍成为作者无限向往的桃花源也就顺理成章了。小说中的"鲁王"，第一代朱檀（1370—1389），明太祖朱元璋庶十子，为郭宁妃生，洪武三年（1370）生两月即封鲁王，十八年就封兖州（今属山东）。《明史》卷一一六有传，内云其："好文礼士，善诗歌，饵金石药，毒发伤目。帝恶之。二十二年薨，谥曰荒。"[②]传九世十王至朱以派，崇祯十五年（1642）清兵攻克兖州，被执死。其弟朱以海嗣鲁王位，在绍兴为钱肃乐等所拥戴，号鲁监国，后转徙于浙东、舟山、厦门、金门，去监国号，病卒于清康熙元年（1662）。这里似指鲁荒王下传第八世鲁宪王朱寿鋐，明万历二十九年（1601）

① （清）张廷玉等撰：《明史》卷一二〇《诸王五·穆宗诸子》，中华书局1974年版，第3648页。
② （清）张廷玉等撰：《明史》卷一一六《诸王一·太祖诸子》，中华书局1974年版，第3575页。

以常德王进封，明崇祯九年（1636）卒。参见《明史》卷一〇一《诸王世表二》。王宪明先生认为《巩仙》中“内容与第七代鲁王，也是一个最荒唐的亲王朱观熄的行为颇相似。”[①]可参考。第七代鲁王即鲁端王，据《明史》卷一〇一《诸王世表二》，端王为鲁荒王下传第六世者，嘉靖七年（1528）袭封，二十八年（1549）卒。

卷五《画马》内容涉及“晋王”，故事发生的时代背景当为明末，以其去作者生活时代未远，当据有关传闻敷演而成。篇幅不长，却构思精巧，以“尾毛不整”与“尾处为香炷所烧”前后照应，仿佛真可令曾氏壁间所挂画中之马呼之欲出。小说中的“晋王”，当指朱元璋第三子晋恭王㭎的第十一世晋王朱求桂，明万历四十一年（1613）袭封，崇祯末，李自成攻陷山西，朱求桂被执入京，不知所终。见《明史》卷一〇〇《诸王世表一》。

卷五《钟生》与卷七《冯木匠》皆涉及位于济南历城的“藩邸”，即德王府邸。明英宗第二子朱见潾于天顺元年（1457）封德王，在济南府历城建府。传六世五王至朱由枢，崇祯中进封，崇祯十二年（1639），清兵攻陷济南，被执，不知所终。参见《明史》卷一〇四《诸王世表五》。又《明史》卷二四《庄烈帝二》：“（崇祯）十二年春正月己未朔，以时事多艰，却廷臣贺。庚申，大清兵入济南，德王由枢被执，布政使张秉文等死之。”[②]

《聊斋志异》所涉及的明及清初历史人物已概见上述，其他如卷四《潞令》及卷五《罗祖》、《金和尚》等篇，因牵涉问题较多，故在本书第四编《〈聊斋志异〉丛脞新录》中专设章节详考。

---

① 王宪明：《〈聊斋志异〉中的明代山东亲王》，载《蒲松龄研究》1999年第1期。

② （清）张廷玉等撰：《明史》卷二四《庄烈帝二》，中华书局1974年版，第326页。

第二编

《聊斋志异》文化艺术新论

《聊斋志异》文化品格论

在中国古典小说的园囿中，作品成书无论属于集体成果还是属于个人创作，作品形态无论长篇抑或短制，作品语言无论白话还是文言，都有各自内在的文化品格。小说作品的文化品格综合反映了创作主体的方方面面，也间接展示出社会历史的发展样貌。文化品格与作品的选材有所关连，却又没有必然的联系。为了研究上的方便，如果将中国古代社会的文化按阶层简单粗略地划分为四大类，则有宫廷文化、士林文化、乡村文化与市井文化的分殊。以这四种文化观照古典文学作品，将有助于我们准确把握古典小说的内质，从而获取论述游刃有馀的从容。

《聊斋志异》是清初读书人蒲松龄独立创作的文言短篇小说集，其各篇作品选材有异，主旨也各有侧重，实在难以一言以蔽之。讨论《聊斋志异》的创作主旨，一向有"孤愤说"、"劝惩说"、"游戏说"、"自娱娱人说"等诸多说法，各有道理，一时未易轩轾。然而若从其小说的文化品格入手加以剖析，就有可能用士林文化辅以乡村文化的双重文化品格加以概括，探讨其真义则可收事半功倍之效，从而找到一条研究小说的便捷途径，在研究方法上也可以开拓出一条新路。

一、以儒家理念为本的士林文化品格

士林文化以儒家文化为主流，本属小农自然经济背景下的产物。儒家文化的价值取向以仁义为中心，强调伦理规范，在社会实践中关心人际关系的调整，而较少关注人与自然的斗争，更不愿意设想"彼岸世界"的景况。《论语》中的《雍也》篇有所谓"敬鬼神而远之"①,《学而》篇有所谓"子不语怪力乱神"②,《先进》篇有所谓"未能事人，焉能事鬼"③，孔子的这一系列言行就

① 杨伯峻译注:《论语译注》，中华书局1980年版，第61页。
② 杨伯峻译注:《论语译注》，中华书局1980年版，第72页。
③ 杨伯峻译注:《论语译注》，中华书局1980年版，第113页。

是明证。然而《聊斋志异》却是一部“料应厌作人间语，爱听秋坟鬼唱时”[①]的“鬼狐史”，与儒家传统的说教似乎格格不入，其实这只是表面现象。蒲松龄《聊斋自志》夫子自道云：“寄托如此，亦足悲矣。”（卷首第30页）《聊斋》深寓寄托，本是一部孤愤之书，正是现实中的困顿令这位内心世界异常丰富的读书人不得不到虚幻世界去寻觅理想的净土。清刘塄七古《蒲柳泉聊斋志异》诗云：“此书虽然涉荒怪，亦有寄托非妄云。奇思无穷笔力逞，未必无助于斯文。”[②]清刘玉书《常谈》卷四云：“或言蒲松龄胸中应具无数鬼狐，余谓惟松龄胸中无一鬼狐，莫被留仙瞒过。”[③]以上所揭者皆注意到了《聊斋志异》的士林文化内涵，眼光敏锐。《聊斋志异》卷六《杨大洪》一篇为表彰明末与魏忠贤阉党斗争不屈而死的忠正之士杨涟而作，篇末“异史氏曰”有云：“余谓天上多一仙人，不如世上多一圣贤，解者必不议予说之傎也。”（第1835页）作者儒家立场之坚定昭然若揭。清王之春《椒生笔记》卷二就此评云：“此等议论，前人未道，有功于儒不小。”[④]可称不刊之论。

儒、道、释三教合一之论自唐代以后逐渐为社会所普遍认同，儒家学派能否以“教”为名，姑且不论。三教并称，正史中始见于《周书》卷五《武帝纪上》：“（建德二年）十二月癸巳，集群臣及沙门、道士等，帝升高座，辨释三教先后，以儒教为先，道教为次，佛教为后。”[⑤]所谓“三教”，自魏晋南北朝时期并立于社会之日起，相互间就既有竞争、排斥的一面（如东汉以后有关“老子化胡”的争论），又有融通互补的可能；而执“三教一致”说者又各自皆立于本位立场会通融合其他两者，也无非出于弘扬自身的目的。如两宋间临济宗大慧宗杲（1089—1163）就意图援儒入禅，光大禅门。而金代全真教的创始者王重阳（1113—？）主张三教同源、三教合一，以《道德经》、《般若波罗蜜多心经》、《孝经》为主要经典，也是以道教为本位兼取佛、儒家言。明代主张“致良知”的王阳明心学，就曾用“三间屋舍”比喻三教只是一家。其后民间宗教在创立发展过程中也多用“三教合一”之说以招徕

① （清）王士禛：《戏书蒲生〈聊斋志异〉卷后》，袁世硕主编：《王士禛全集》，齐鲁书社2007年版，第1072页。

② （清）刘塄撰：《挹秀山房诗集》卷二，道光十六年（1836）刘氏味经书屋刊本。

③ 朱一玄编：《聊斋志异资料汇编·评论编》，南开大学出版社2002年版，第505页。

④ 朱一玄编：《聊斋志异资料汇编·评论编》，南开大学出版社2002年版，第506页。

⑤ （唐）令狐德棻撰：《周书》卷五，中华书局1971年版，第83页。

信众，如明正德间罗梦鸿创立的无为教以及嘉靖、万历间李宾（李普明）创立的黄天教、韩太湖（飘高）创立的弘阳教等皆是。晚明三一教教主林兆恩（1517—1598）因崇尚阳明心学而悟三教合一之理，从其教名之命义已经高揭其“三教合一”的价值取向。

在蒲松龄的心目中，“三教合一”是以儒学为基础的，其《王如水〈问心集〉跋》：“佛曰‘虚无’，老曰‘清净’，儒曰‘克复’，至于教忠教孝，则殊途而同归。”[①] 跋语中所肯定者一意在儒，因而接下又有“恶之大者在淫”、“善之尤者为孝”等论。《聊斋志异》以小说劝善，不仅体现于对人际关系的美好憧憬，还有泽及草木禽兽的美好愿望。卷四《西湖主》，卷五《八大王》、《小翠》，卷七《白秋练》等篇，题旨虽各有千秋，但劝人为善则一以贯之。蒲松龄有《〈会天意〉序》一文，内有云：“所以天地之常变，人事之得失，两相征验：一念善，即应景星庆云；一念恶，即应飞流孛彗；一念喜，即应和风甘雨；一念怒，即应激雷严霜。德之污隆，政之成败，应若桴鼓，捷如发机。”[②] 剥开其中天人感应的外衣，文章本质仍是鼓吹以善为首的“吾儒家之能事”，此亦可证《聊斋志异》的士林文化品格渊源有自，并非凭空而至。蒲松龄曾写有《为人要则》，十二题分别以正心、立身、劝善、徙义、急难、救过、重信、轻利、纳益、远损、释怨、戒戏为内容，显然与儒家有关经典密切相关。《礼记·大学》：“物格而后知至，知至而后意诚，意诚而后心正，心正而后身修，身修而后家齐，家齐而后国治，国治而后天下平。”[③]《为人要则》所强调者是正心、立身等个人修为，并未顾及治国、平天下的大题目，属于他对淄川乡村境况的有的放矢之语，而非大言欺世的冠冕堂皇言词。《聊斋志异》卷三《酒狂》、卷八《王大》等篇就对乡村中存在的嗜赌、酗酒恶习痛下针砭，表现出作者儒家立场的不可移易，折射出士林文化的光辉。

《孟子·离娄下》有云：“人之所以异于禽兽者几希，庶民去之，君子存之。”[④] 卷四《花姑子》篇末“异史氏曰”有云：“‘人之所以异于禽兽者几希’，此非定论也。蒙恩衔结，至于没齿，则人有惭于禽兽者矣。至于花姑，始而

---

① 盛伟编：《蒲松龄全集·聊斋文集》，学林出版社1998年版，第1115页。

② 盛伟编：《蒲松龄全集·聊斋文集》，学林出版社1998年版，第1036—1037页。

③ （清）阮元校刻：《十三经注疏》，中华书局1980年版，第1673页。

④ 杨伯峻译注：《孟子译注》，中华书局1960年版，第191页。

寄慧于憨，终而寄情于恝。乃知憨者慧之极，恝者情之至也。仙乎，仙乎！”（第962—963页）这番议论透露出作者对当时风气日益浅薄、江河日下的愤激之情，并非有意与“亚圣”辩诘。“百行孝当先”，蒲松龄既对儒家的纲常伦理奉行唯谨，呼吁强调孝行自然就成为《聊斋》的一大主旨。卷二《侠女》中的男女主人公皆为孝母的典范；卷三《青梅》中的书生张介受因“性纯孝”而感动了狐女青梅，才推动了故事情节的进展；卷八《乐仲》就是一篇孝子的颂歌。卷五《青娥》的“异史氏曰”甚至说：“钻穴眠榻，其意则痴；凿壁骂翁，其行则狂。仙人之撮合之者，惟欲以长生报其孝耳。”（第1391页）魏晋时代的阮籍曾有答复司马昭的一段妙语：

> 有司言有子杀母者，籍曰：“嘻！杀父乃可，至杀母乎！”坐者怪其失言。帝曰：“杀父，天下之极恶，而以为可乎？”籍曰：“禽兽知母而不知父，杀父，禽兽之类也。杀母，禽兽之不若。”众乃悦服。①

蒲松龄对于《晋书》的这一段记述心存默契，《聊斋》中两用其意。卷七《仇大娘》：“或问大娘：‘异母兄弟，何遂关切如此？’大娘曰：‘知有母而不知有父者，惟禽兽如此耳，岂以人而效之？’福、禄闻之皆流涕，使工人治其第，皆与己等。”（第2027页）卷八《曾友于》篇末“异史氏曰”有云：“天下惟禽兽止知母而不知父，奈何诗书之家，往往而蹈之也！”（第2289页）蒲松龄对这一典故的反复运用，皆体现了作者对儒家纲常的重视。

鼓吹善行仁孝是《聊斋》士林文化品格的一个方面，而向往政治清明，歌颂清官，憎恶贪官污吏，则为蒲松龄儒家仁政理念的流露，也属于士林文化品格的表征。卷六《诗谳》、《于中丞》、《折狱》二则，卷七《胭脂》，卷八《公孙夏》、《太原狱》、《新郑狱》等篇为颂扬清官之作；卷一《成仙》，卷四《潞令》，卷五《梦狼》、《梅女》，卷八《王者》等篇批评贪官污吏则不遗馀力。如卷一《成仙》中云：“强梁世界，元无皂白。况今日官宰半强寇不操矛弧者耶！”（第130页）此数语与卷二《商三官》中“人被杀而不理，时事可知矣，天将为汝兄弟专生一阎罗包老耶”（第545页）的说辞如出一辙，皆

① （唐）房玄龄等撰：《晋书》卷四九，中华书局1974年版，第1360页。

反映出作者对社会黑暗的愤懑之情。卷八《王大》之“异史氏曰”有“世事之不平，皆由为官者矫枉之过正也”（第2219页）之论，而卷四《伍秋月》之“异史氏曰”甚至发出“凡杀公役者，罪减平人三等”（第1010页）的呼吁。在小说中，蒲松龄淋漓尽致地表达出为民请命的正义感；在现实中，这位书生也正直敢言，不畏权贵。因丈量土地事，蒲松龄有《上高司寇念东先生》的呈辞，仗义执言；为反抗污吏康利贞鱼肉乡里，蒲松龄又有《与王司寇》一函，向曾居刑部尚书高位的王士禛慷慨陈词。蒲松龄《与韩刺史樾依书寄定州》曾云：“仕途黑暗，公道不彰，非袖金输璧，不能自达于圣明。真令人愤气填膺，欲望望然哭向南山而去。”[①]然而无论于小说中还是在现实里，蒲松龄对于社会的批判始终局限于唐人杜甫“致君尧舜上，再使风俗淳”（《奉赠韦左丞丈二十二韵》）的理念上，并没有超越时代对于封建专制制度本身提出质疑。

不同于其同时代的思想家黄宗羲等学者，蒲松龄保守性的小农意识较为强烈，我们在《聊斋》中看不出其间有“个性解放”的诉求以及要求民主的思想闪光，却常可以从其小说中发见作者对于男读女织社会理想的无限向往。如卷三《翩翩》：“我有佳儿，不羡贵官。我有佳妇，不羡绮纨。”（第645页）卷四《云翠仙》篇末“异史氏曰”：“得远山芙蓉，与共四壁，与以南面王岂易哉！”（第1129页）卷六《嫦娥》：“然室有仙人，幸能极我之乐，消我之灾，长我之生，而不我之死。是乡乐，老焉可矣，而仙人顾忧之耶？天运循环之数，理固宜然；而世之长困而不一亨者，又何以为解哉？昔宋人有求仙不得者，每曰：‘作一日仙人，而死亦无憾。’我不复能笑之也。”（第1587页）卷四《细侯》中对小农社会的憧憬则更为明显：“闭户相对，君读妾织，暇则诗酒可遣，千户侯何足贵！”清但明伦就此评道：“室有美人，闭户相对，书声机声，衔杯拈韵，千户侯真不足贵也。”（第1185页）同属旧时代的文人，自然心有灵犀一点通，最能体会《聊斋》作者的真实心态。

以儒家思想为根基的士林文化与以自然经济为基础的乡村文化具有天然的亲和力，《聊斋志异》具有双重文化品格顺理成章。不过就整体而言，《聊斋》仍以士林文化品格为主，这不仅取决于其典雅文言的纯熟运用，偏重于

① 盛伟编：《蒲松龄全集·聊斋文集》，学林出版社1998年版，第1129页。

精神层面的审美愉悦也是其士林文化品格鲜明的标志。至于蒲松龄所撰写的大量俚曲、杂著等，就是以乡村文化品格为主的作品了，其中也渗透有士林文化品格，不过两者的主次地位恰与《聊斋》相反而已。蒲松龄根据《聊斋志异·张鸿渐》改编的俚曲《富贵神仙》第一回《楔子》有《山坡羊》一曲云："每日奔波条处里撞，一举成名四海传。歌儿舞女美似玉，金银财富积如山，一捧儿孙皆富贵，美妾成群妻又贤。万顷田园无薄土，千层楼阁接青天。大小浑身锦绣裹，车马盈门满道看。"① 俚曲偏重于俗世对物质利益的企盼，显然是为迎合小农思想而写，这与《聊斋》以士林文化品格为主不同，乡村文化品格在俚曲中占据了主导地位。而《聊斋志异》的文化品格由于士林文化又辅以乡村文化的因素，致使其情其志显得复杂纷纭而已。蒲松龄的儿子蒲箬《清故显考岁进士候选儒学训导柳泉公行述》有云："如《志异》八卷，渔搜闻见，抒写襟怀，积数年而成，总以为学士大夫之针砭；而犹恨不如暮鼓晨钟，可参破村农之迷，而大醒市媪之梦也。又演为通俗杂曲，使街衢里巷之中，见者歌，而闻者亦泣。"② 言辞间或有所溢美，但特意指出蒲氏不同体裁创作所针对的不同对象，则有助于我们对于《聊斋志异》文化品格的准确把握。

二、士林文化品格的执著与痴迷

《聊斋》中涉及商人或以商贾为主人公的小说约有七十篇，占其全部作品的七分之一左右。有论者因此认为蒲松龄受到明中叶以来新思潮的影响，作品中染有浓厚的商人精神与市民意识，同"三言"、"二拍"一样具有市井文化品格。从《聊斋志异》某些小说的有关内容情节考察，至少在表面上，以上说法并非无源之水。如卷三《罗刹海市》有"数卷书，饥不可煮，寒不可衣，吾儿可仍继父贾"（第673页）之语，卷七《刘夫人》有"读书之计，先于谋生"（第1882页）的经商论，卷八《房文淑》有"我思先生设帐，必无富

① 盛伟编：《蒲松龄全集·聊斋俚曲集》，学林出版社1998年版，第2892页。
② 朱一玄编：《聊斋志异资料汇编·作者编》，南开大学出版社2002年版，第283页。

有之期，今学负贩，庶有归时”（第 2439 页）之劝。如果联系明末清初淄川一带采煤、丝绸、制陶业乃至集市贸易的发达，联系蒲松龄父亲弃儒经商的事实，似乎作者已摆脱了传统文人对商人的偏见，而有了顺应时代潮流的新思想。

不能忽视的是，小说中的人物语言有时纯粹出于故事情节发展的需要，并不代表作者的真实思想，意即我们不能认为小说的人物语言反映了客观实情就一定表达出作者的创作倾向。同理，卷四《细侯》有“满生虽贫，其骨清也；守龌龊商，诚非所愿”（第 1186 页）之语，卷七《白秋练》有“凡商贾志在利耳”（第 2148 页）之评，卷八《纫针》有“我虽贫，故簪缨之胄，彼以执鞭发迹，何敢遂媵吾女”（第 2399 页）之言，我们也不能当成作者从心底鄙夷商贾的例证。然而《聊斋志异》中的“异史氏曰”属于作者议论，可以代表其真实思想。卷三《雷曹》中的乐云鹤因屡踬场屋，而去读就贾，终于因此“家赀小泰”。小说篇末“异史氏曰”有云：“乐子文章名一世，忽觉苍苍之位置我者不在是，遂弃毛锥如脱屣，此与燕颔投笔者，何以少异？”（第 615 页）作者表面上似有企羡之情，实则乃作者因科举不得志而常年郁闷下的一种情绪宣泄，并非其认同商贾价值的证明。这一状况很像唐代诗人杜甫的心态，杜甫在《醉时歌》中曾抱怨“甲第纷纷厌粱肉，广文先生饭不足”[①]，在《奉赠韦左丞丈二十二韵》一诗中也讲过“纨绔不饿死，儒冠多误身”一类的话，但他每饭不忘君，始终是儒家“致君尧舜上，再使风俗淳”思想的忠实捍卫者[②]，绝无改变人生价值取向的企图。蒲松龄《题吴木欣〈班马伦〉》一文有云：“余少时，最爱《游侠传》，五夜挑灯，恒以一斗酒佐读；至《货殖》一则，一涉猎辄弃去。即至‘戒得’之年，未之有改也。”[③]这应当是《聊斋》作者心态的真实写照。

卷七《黄英》中的陶家兄妹“以东篱为市井”，曾遭到酷爱菊花又禀性耿介的雅士马子才的鄙夷，陶以“自食其力不为贪，贩花为业不为俗，人固不可苟求富，然亦不必务求贫也”（第 2095 页）为答。这一段描写被今天的一些论者认为是作者商人意识的暴露，也是那一时代市民阶层走向成熟的标志，

① （清）仇兆鳌注：《杜诗详注》卷三，中华书局 1979 年版，第 174 页。
② （清）仇兆鳌注：《杜诗详注》卷一，中华书局 1979 年版，第 74 页。
③ 盛伟编：《蒲松龄全集·聊斋文集》，学林出版社 1998 年版，第 1119 页。

蒲松龄似乎在为商贾辩护。然而若从小说的主要倾向加以进一步分析，就会发现作者企图用陪衬法来突出马子才安贫守道的儒家风范的执著可爱，况且令菊花之精灵艺菊贩菊，纯属自家神通，与社会中汲汲逐利的行商坐贾毕竟不可同日而语。《论语·述而》："富而可求也，虽执鞭之士，吾亦为之。如不可求，从吾所好。"[①]汉司马迁《史记》卷一二九《货殖列传》有云："是故本富为上，末富次之，奸富最下。无岩处奇士之行，而长贫贱，好语仁义，亦足羞也。"[②]小说中的陶某之语显然并没有背离传统的儒家思想。

蒲松龄一生有强烈的文人自恋心理，他并非没有意识到业儒的艰难，其《又王村街公贺孙子游泮序》有云："盖铅椠之业，其效甚缓，其术近迂，不如以身幛篦者，日有赢馀，可以挑灯数齿而乐之也。"[③]然而他在《示儿》诗中又坚定地教训儿子："读书原不求温饱，但使能文便可嘉。"[④]蒲松龄能于寒窗苦读与写作中寻觅到自我陶醉的精神世界，他曾写有《荒园小构落成有丛柏当门颜曰绿屏斋》七律十首，其五颈联："须知膏火寒窗下，也有羲皇好梦来。"其六颔联："瓜壶秋傲陶朱富，煤火冬夸韦杜尊。"[⑤]蒲松龄七十三岁时，其子蒲篪欲弃学经商，于是写下《篪欲废卷》一诗予以谴责："今忽吐微情，弃卷拟执鞭。废读从此始，使我心刺酸。"[⑥]蒲松龄七十四岁时更有《老乐》一诗以明志："架上书堆方是富，尊中酒满不为贫。"[⑦]在科场上蹉跎大半生未能奋志青云，却老而无悔，这与蒲松龄执著的平生抱负与坚定的儒者理念不无关系。

明清科举考试主要以八股文（又称"制义"）为主要内容，应试者须对代表儒家思想的"四书"与"五经"中的一经了如指掌，其中"四书"又须以南宋朱熹的注解为依归，方有可能写出合乎规范的功令文字，至于中式与否，就要全凭考官的好恶与个人的运气了。蒲松龄大半生进出于场屋，却始终未能乡试获隽，搏得一第之荣。仅就目的性而言，八股举业所具有的进入

---

① 杨伯峻译注：《论语译注》，中华书局1980年版，第69页。
② （汉）司马迁：《史记》卷一二九《货殖列传》，中华书局1959年版，第3272页。
③ 盛伟编：《蒲松龄全集·聊斋文集》，学林出版社1998年版，第1090页。
④ 盛伟编：《蒲松龄全集·聊斋诗集》，学林出版社1998年版，第1761页。
⑤ 盛伟编：《蒲松龄全集·聊斋诗集》，学林出版社1998年版，第1718页。
⑥ 盛伟编：《蒲松龄全集·聊斋诗集》，学林出版社1998年版，第1923页。
⑦ 盛伟编：《蒲松龄全集·聊斋诗集》，学林出版社1998年版，第1931页。

仕途的敲门砖的实用价值已经丧失殆尽，而儒家道德价值取向的潜移默化作用却上升至主位，这同时也是中国乡村乡绅阶层形成的基础，科举时代最高统治者“入我彀中”之用心也正在于此。蒲松龄三十一岁时曾应同乡孙蕙之邀南游宝应，为他做幕宾一年；至于他为应考屡次往返于淄川与济南，游崂山、去青州等地，行动范围不大，并没有古人治学“行万里路”的条件。蒲松龄人生的大部分时间是在家塾的教师生涯中平静度过的，其《家居》诗有云：“久以鹤梅当妻子，直将家舍作邮亭。”[①]正是他在周村西铺毕际有家坐馆长达三十年之久的真实写照。应当特别指出的是，毕家的丰富藏书令这位穷书生大开眼界，终于有了“读万卷书”的机会。刘松岭先生《蒲松龄与毕氏藏书楼》一文有云：“毕氏藏书楼兴盛时藏书达5万馀卷，富闻遐迩，就其藏书规模、种类、品位、贡献等，都堪称明末清初私家藏书楼的杰出代表之一。”[②]这在没有公共图书设施的古代是极为难得的，应该说在一定程度上弥补了蒲松龄著述人生未能“行万里路”的缺憾。

总之，徜徉书海对于蒲松龄《聊斋志异》的创作成功起到了至关重要的作用。这种相对封闭的乡村单调生活，使其更易于亲和儒家的“慎独”操守，并在左书右史的岁月中完成对自我价值取向的充分肯定。美国作家海明威于1954年获得诺贝尔文学奖，其书面发言有这样一段发人深省的话：“写作，在最成功的时候，是一种孤寂的生涯。”[③]蒲松龄的《聊斋志异》就是在其人生漫长的孤寂生涯中完成的，耐得住寂寞也是一种人生境界，耐得住常年苜蓿生涯者往往属于性格内向的人，蒲松龄无疑具有这样的性格。他用儒家理念约束自己的实际人生，却又不妨在内心畅想中完成虚幻世界中的自我重构。尽管有时他也不免于词或俚曲中有一些“放浪形骸之外”的言语，但总的说来，其为人处世却是以为人师表的自我约束为外在形象的。这种内在充盈的人生境界是导致他孜孜于科举却又安于贫贱的重要原因。山东乡村民间流传的众多有关狐仙鬼怪是激发蒲松龄创作灵感的触媒，这使本来就有着天然紧密联系的乡村文化与士林文化之间又有了一架相互沟通的津梁，并令后者的文化品格得以更加淋漓尽致的展现。

---

① 盛伟编：《蒲松龄全集·聊斋诗集》，学林出版社1998年版，第1776页。

② 刘松岭：《蒲松龄与毕氏藏书楼》，载《蒲松龄研究》2010年第4期。

③ 毛信德编：《诺贝尔文学奖获奖作家随笔精品》，百花洲文艺出版社2011年版，第119页。

如卷一《王六郎》体现了儒家仁义思想，小说中尚“善”并辅以富贵不忘贫贱的价值取向，正是处于下位者的文人自尊、自强、自恋的道德依归。《孟子·离娄下》：“君子以仁存心，以礼存心。仁者爱人，有礼者敬人。爱人者，人恒爱之；敬人者，人恒敬之。”[①]所谓“仁者爱人”正是本篇小说的宗旨。许姓渔夫与王六郎鬼魂的互助与友谊超脱生死，不避形迹，属于作者理想化的一种人际关系，以两人友谊建筑于“仁心”的基础之上，因而历久弥新，深刻感人。另如卷二《张诚》、卷五《二商》、卷七《湘裙》、卷八《曾友于》等篇也都从不同角度反映出属于作者的、以儒家思想为主的士林文化品格。吴敬梓晚生于蒲松龄半个多世纪，其《儒林外史》的创作与《聊斋志异》在体裁与题材上皆有不同外，两者的文化品格也有差异。《儒林外史》尖锐地揭示了个人与时代的冲突，发出文人非自恋性的、要求个性解放的呼吁，展现了士林文化与市井文化对立统一的态势；《聊斋志异》则多反映个人与社会黑暗面的冲突，强烈的文人自恋心理伴随着寻求社会理解即寻求知己的企盼，没有能够彻底摆脱自然经济背景下小农思想的束缚。

《聊斋》中流露出文人自恋心理的小说有许多，作者常高自位置，满足于某种精神贵族的自我想象。卷七《白秋练》中商人之子慕蟾宫“聪慧喜读”（第2144页），他与“渔家女”相恋，竟能以吟诗疗疾，显然是文人自恋中想象的辉光。卷七《刘夫人》中的廉生经商后仍“嗜读，操筹不忘书卷，所与游，皆文士”（第1884页），也可见作者理想之所在。《儒林外史》中描写开头巾店的景兰江于商业经营中口里还不停吟诵唐人“清明时节雨纷纷”的诗句，则非但不是褒扬，反而属于无情的嘲讽与挖苦了。《儒林外史》批评科举取士制度不遗馀力，第一回开宗明义即借王冕之口指责三年一科的八股取士：“这个法却定的不好！”并以“一代文人有厄”[②]加以总结。《聊斋志异》中有关科举内容的篇章，充其量只是对其间的弊端深恶痛绝，并没有彻底否定这一选才制度的意向。从这一意义上讲，《聊斋》的士林文化品格的传统性与保守性远较《儒林外史》突出。毕公权三十一岁即乡试第一，三十九岁不幸去世，蒲松龄为此写有《挽毕公权》八首七律诗，其八尾联甚至有“君已成名我尚贱，

① 杨伯峻译注：《孟子译注》，中华书局1960年版，第197页。

② （清）吴敬梓著：《儒林外史》，人民文学出版社1977年版，第16页。

未知生死更谁强”[①]的哀吟，可见作者对于功名追求的迫切。他参加科举本为进入仕途，屡屡败北又导致其目的性本身的模糊或偏移，而令中式与否成为其学力优劣的验证，读者可以在《聊斋》有关科举的篇章中明显地感觉到。如卷一《叶生》中屡试不售的主人公就有“借福泽为文章吐气，使天下知半生沦落，非战之罪也”（第121页）的无奈呐喊。蒲松龄不满于科举“黜佳士而进凡庸”（第1936页），卷七《三生》这篇小说对于科举取士不公的弊端堪称深恶痛绝，但却非彻底否定科举取士制度。蒲松龄对于科举考试的功令文字八股文也并非全持否定态度，卷八《新郑狱》篇末“异史氏曰”有云：“石公为诸生时，每一艺出，得者秘以为宝。观其人，恂恂雅饬，翰苑则优，似非簿书才者。乃一行作吏，神君之名，噪于河朔。谁谓文章仅华国之具哉！故志之以风有位者。”（第2434页）在封建社会相对安定的时期，科举是中下层文人可能跻身仕途的唯一通道，渴望龙门一跃的蒲松龄没有理由对于科举进行制度性的否定，他所希冀或企盼者，公平而已。

蒲松龄有《偶感》七律一诗，颈联、尾联有云：“一字褒疑华衮赐，千秋业付后人猜。此生所恨无知己，纵不成名未足哀。”[②]场屋之恨增加了蒲松龄对寻求理解与慰藉的渴求。作者一方面歌颂知己的可贵，一方面又以“命数”自慰，两者交相为用，令《聊斋志异》的士林文化品格更为鲜明了。卷三《阿霞》、《青梅》，卷四《封三娘》，卷七《素秋》等篇，都有对女子慧眼识寒士于穷厄中的向往，对于命运，作者并不乏等待的勇气。卷二《连城》，卷七《乔女》、《瑞云》等篇透过男女之情反映知己的宝贵，折射出传统文人处于落寞之中的心态。卷五《胡四娘》刻画女主人公的隐忍大度栩栩如生，又何尝不是作者企盼日后奋志青云的潜意识流露呢?！至于卷五《邵女》篇对“以命自安，以分自守”的赞赏，卷七《珊瑚》篇对人生逆来顺受的肯定，卷三《妾击贼》篇对甘于卑贱者的颂扬，固然与旧时代文人心目中对理想女性的心理期待相关，反映了士林文化中的男子中心主义。然而如果细绎小说内涵，又何尝不是蒲松龄对命运无奈的体现呢?！相信命运却又不甘心于无所作为的平庸，于是就有了对“痴心”的张扬。“我自有故步，无须羡邯郸”，“衣

① 盛伟编：《蒲松龄全集·聊斋诗集》，学林出版社1998年版，第1713页。
② 盛伟编：《蒲松龄全集·聊斋诗集》，学林出版社1998年版，第1723页。

服妍媸随时眼，我欲学长世已短”，在《拙叟行》[①]一诗中，蒲松龄如此表达自己坚守儒家理念的“痴心”。借男女之情反映“痴”的可贵，《聊斋》中不乏其例。《聊斋》卷二《阿宝》，卷五《青娥》，卷七《书痴》，卷八《香玉》、《王桂庵》、《寄生》等篇，都不同程度地表达了“痴”的力量，其中《香玉》篇末“异史氏曰”有云：“情之结者，鬼神可通。花以鬼从，而人以魂寄，非其结于情者深耶！”（第2240页）《阿宝》篇末之“异史氏曰”如此立论：“性痴则其志凝，故书痴者文必工，艺痴者技必良，世之落拓而无成者，皆自谓不痴者也。”（第346页）《庄子·达生》记述孔子之语有云：“用志不分，乃凝于神。”[②]蒲氏论痴，或源于此。性有所癖，情有独钟，所谓“痴”在士林文化中很有市场。清初张潮的清言集《幽梦影》即有“情必近于痴而始真，才必兼乎趣而始化”[③]一类的话。“痴”与“癖”又是一对难兄难弟，明末张岱《五异人传》曾谓：“人无癖不可与交，以其无深情。”[④]“痴”或“癖”正是士林文化的重要品格之一，惟其如此，才造就了旧时代文人沉迷于书城学海并自得其乐的兴趣和勇气。

三、文人自恋心理与瑰丽的精神畅想

《聊斋》卷三《毛狐》篇末“异史氏曰”有云：“余每谓：‘非祖宗数世之修行，不可以博高官；非本身数世之修行，不可以得佳人。’信因果者，必不以我言为河汉也。”（第639页）旧时代文人士大夫侈谈因果，大多并非真心皈依释教，而仅是对现实无奈下的一种精神寄托。蒲松龄常将青云有路与佳人在室视为满足人生的两大愿望，这对我们认识《聊斋志异》的文化品格大有裨益。在旧时文人心目中，这两种愿望往往有代偿作用，并且以后者代偿前者最为普遍，唐诗、宋词这类例证不胜枚举。《红楼梦》第一回，失意中的贾雨村偶然见甄家丫环回首望了他一眼，便想入非非，引为“风尘知己”，甲

---

① 盛伟编：《蒲松龄全集·聊斋诗集》，学林出版社1998年版，第1818页。
② （清）郭庆藩辑：《庄子集释》，中华书局1961年版，第641页。
③ 黄庆来等注释：《幽梦影——文化修养篇》，江西教育出版社1993年版，第51页。
④ （清）张岱：《张岱诗文集·琅嬛文集》卷四，上海古籍出版社1991年版，第267页。

戌本“脂评”有云：“今古穷酸，皆会替妇女心中取中自己。”[①]此评切中肯綮。《聊斋》中的类似描写更仆难数。

卷三《青梅》中当丫环的狐女青梅能识张生于困顿潦倒中，也无非是文人自恋心理在男女情怀中的投影。该篇“异史氏曰”有云：“天生佳丽，固将以报名贤；而世俗之王公，乃留以赠纨袴，此造物所必争也。”（第666页）此与前引《毛狐》之“异史氏曰”文字小有龃龉，恰可印证作者自恋心理的牢不可破。卷六《霍女》中的女主人公三易其主，并无旧时所谓“贞洁”可言，篇末“异史氏曰”则云：“为吝者破其慳，为淫者速其荡。”（第1614页）最终帮助贫困的黄生成家立业，这也无非是文人自增身价之幻想。卷八《嘉平公子》则从反面肯定了士人才学的价值，小说对风仪秀美却腹中空空者的嘲讽，正是自认为有才学者的自恋反应。诸如此类的心理在《聊斋》小说的对话中也时有所见，如卷二《连琐》：“君子固风雅士，妾乃多所畏避。”（第482页）卷六《张鸿渐》：“幸是风雅士，不妨相留。”（第1798页）卷八《香玉》：“君汹汹似强寇，使人恐怖；不知君竟骚士，无妨相亲。”（第2235页）《聊斋》中的书生受到女主人公的青睐就是作者自身愿望的达成，大有风流自赏的成分在内。其他如卷三《姊妹易嫁》，卷四《莲花公主》、《封三娘》、《细侯》，卷八《织成》等篇，都有女性对于包括作者自身在内的属于士林阶层的读书人无限仰慕的蕴涵，这与千载之上战国楚屈原“满堂兮美人，忽独与余兮目成”[②]的心态是一致的。

文人自恋的情结而外，在男女恋情的渲染中辅以儒家“慎独”精神的某种自律或约束，也体现出《聊斋》的士林文化品格。卷一《聂小倩》中的书生宁采臣有言：“卿防物议，我畏人言；略一失足，廉耻道丧。”（第239页）卷三《青梅》中张生之语：“昏夜之行，自好者不为，而谓贤者为之乎？”（第660页）卷二《红玉》中的女主人公竟也以儒家礼教为戒：“妾与君无媒妁之言，父母之命，逾墙钻隙，何能白首？”（第406页）卷三《辛十四娘》中女主人公也有类似之语：“轻薄之态，施之君子则丧吾德；施之小人则丧吾身。”（第806页）人物对话而外，小说议论也常有类似说教。《画皮》篇末“异史

① 朱咏葵汇校：《脂砚斋传本曹雪芹石头记》上，文津出版社1988年版，第11页。

② （宋）朱熹集注：《楚辞集注》卷二《九歌·少司命》，上海古籍出版社1979年版，第40页。

氏曰”有云：“然爱人之色而渔之，妻亦将食人之唾而甘之矣。天道好还，但愚而迷者不寤耳。可哀也夫！”（第181页）卷四《小谢》篇末“异史氏曰”有云：“绝世佳人，求一而难之，何遽得两哉！事千古而一见，唯不私奔女者能遘之也。”（第1165页）这些发自作者内心的言论也许更能凸显蒲松龄对于儒家礼教的认真态度。卷三《阿霞》一篇，借因果报应之玄机，谴责喜新厌旧的凉薄社会风气，体现了封建时代一位正直知识分子的道德担当。将以道德为依归的人生价值取向融入于男女之恋中，也是蒲松龄将其自恋情怀投射于女性的体现。

唐白居易《与元九书》有云：“感人心者，莫先乎情。”[①]蒲松龄写情，手法多样，主旨或有不同。其俚曲《琴瑟乐》有云：“男子不遇时，就像闺女没出嫁。时运不来，谁人不笑他？时运来了，谁人不羡他？”[②]《聊斋》写情有代偿自己“风云不展”的用心，但也不乏面向现实的篇章，前者属于想象下的产物，不具有世俗婚姻的特征，如果将这些作品当作鼓吹婚姻自由的篇章，反而会无意中降低了小说的美学价值。后者涉及现实中的婚姻状况，福善祸淫之旨明显。卷五《江城》篇末“异史氏曰”有云：“每见天下贤妇十之一，悍妇十之九，亦以见人世之能修善业者少也。”（第1287页）这显然是婚姻理想主义者的叹息，并不能反映世俗婚姻实际或作为作者夫妇不睦或婚姻不幸的旁证。据蒲松龄《述刘氏行实》，作者对其妻刘氏结发情深，无可置疑。卷二《夜叉国》篇末“异史氏曰”有云：“夜叉夫人，亦所罕闻，然细思之而不罕也。家家床头有个夜叉在。”（第512页）此当属调侃；卷四《马介甫》之“异史氏曰”所谓“惧内，天下之通病也”（第1089页），也属极而言之，皆非当时家庭婚姻的实录。在男女之情问题上，理想与现实的分道扬镳反而有助于作者向想象的情爱王国发挥瑰丽旖旎的创造力，写出优美动人的作品。想象本不受时空的限制，而辅以鬼狐花妖的云来雾去，就更易将作者的理想和盘托出。然而于生活中，蒲松龄却丝毫没有混淆理想与现实界限的企图，这是其人格的伟大之处。

清初李渔《闲情偶寄·声容部》中曾云：“想当然之妙境，较身醉温柔乡

① （唐）白居易：《白居易集》卷四五，中华书局1979年版，第960页。
② 盛伟编：《蒲松龄全集·聊斋俚曲集》，学林出版社1998年版，第2690页。

者倍觉有情……幻境之妙，十倍于真。”[①]后于蒲松龄的乾隆间文士史震林《西青散记》卷二也曾议及想象的妙用：“眼中无剑仙，意中须有《红线传》；眼中无美人，意中须有《洛神赋》。海外有国，以日之所见为妄，夜之所梦为真。夫意之所思，或得于梦，梦之所见，或有其事。事短梦长，梦短意长。意不长，斯无可奈何者也。意中、梦中、眼中，宁有异耶！”[②]蒲松龄撰写《聊斋》也无非将意中所思形诸笔墨而已，卷一《画壁》篇末“异史氏曰”所谓“千幻并作，皆人心所自动耳”（第23页），道出其小说构思的过程。陈寅恪先生在《柳如是别传》第三章中曾议论道：“寅恪尝谓河东君及其同时名姝，多善吟咏，工书画，与吴越党社胜流交游，以男女之情兼师友之谊，记载流传，今古乐道。推原其故，虽由于诸人天资明慧，虚心向学所使然。但亦因其非闺房之闭处，无礼法之拘牵，遂得从容与一时名士往来，受其影响，有以致之也。清初淄川蒲留仙松龄《聊斋志异》所纪诸狐女，大都妍质清言，风流放诞，盖留仙以齐鲁之文士，不满其社会环境之限制，遂发遐思，聊托灵怪以写其理想中之女性耳。实则自明季吴越胜流观之，此辈狐女，乃真实之人，且为篱壁间物，不待寓意游戏之文，于梦寐中以求之也。”[③]在蒲松龄一生中，有可能近距离接触并持续有一定时段的文化层次较高且温柔美丽的女性，只能是他做幕宝应期间所遇知县孙蕙之姬顾青霞。蒲松龄涉及顾青霞的诗作有六题十三首之多，如《听青霞吟诗》、《又长句》、《为青霞选唐诗》、《孙给谏顾姬工诗作此戏赠》（八首）、《西施三叠·戏谏孙给谏》、《伤顾青霞》等。其中《听青霞吟诗》云：“曼声发娇吟，入耳沁心脾。如披三月柳，斗酒听黄鹂。”[④]诗中隐含有一定的倾慕情绪，但终因是“他人妻妾”而不得不有所顾忌。这种疏离感又适以造成某种想象的空间，可容纳进作者纵横无际的绮思妙想，而不必担心负社会与伦理意义上的责任。

蒲松龄写有《赠妓》七绝诗十一首，其一有云：“灯前色授魂相与，醉眼横波娇欲流。”[⑤]《聊斋》名篇《娇娜》篇末“异史氏曰”亦云：“余于孔生，不

---

① （清）李渔著：《闲情偶寄·声容部》，作家出版社1995年版，第119页。
② （清）史震林撰：《西青散记》卷二，中国书店1987年版，第37页。
③ 陈寅恪著：《柳如是别传》第三章，上海古籍出版社1980年版，第75页。
④ 盛伟编：《蒲松龄全集·聊斋诗集》，学林出版社1998年版，第1581页。
⑤ 盛伟编：《蒲松龄全集·聊斋诗集》，学林出版社1998年版，第1651页。

羡其得艳妻，而羡其得腻友也。观其容可以忘饥，听其声可以解颐。得此良友，时一谈宴，则‘色授魂与’，尤胜于‘颠倒衣裳’矣。”（第91页）将两者联系起来看，就大致可以得出蒲松龄对于男女之恋更偏重于精神层面的结论。偏好如此，无论是其主动追慕还是其被动无奈，都有士林文化在这一问题上的传承性因素。唐代诗人李商隐写过许多表现缠绵悱恻艳情的《无题》诗，仿佛是好色的登徒子一流人物。他三十九岁时丧妻，府主欲将能歌善舞、才貌双全的张懿仙嫁与他，他以《上河东公启》婉谢：“至于南国妖姬、丛台妙妓，虽有涉于篇什，实不接于风流。”[①]似乎涵泳于理想的境界更易满足情感的饥渴。文学对于现实失意的代偿性满足功能，在蒲松龄身上也得到完美的体现。在想象中驰骋人生，就是其情感的休养生息之所，对于顾青霞的这种隐密的情感，我们常常可以在《聊斋》的有关篇章中寻觅到蛛丝马迹，如《娇娜》、《婴宁》、《连城》、《连琐》、《罗刹海市》、《白秋练》等名篇，细心的读者几乎都可以在其中寻觅到顾氏的影子。

较早注意这一问题的是袁世硕先生，其《蒲松龄事迹著述新考》有云：“蒲松龄对这一位曾一度沦入烟花巷，后来成了官僚姬妾的女子（指顾青霞——笔者注），是有一定的感情的。”又说：“这种感情中的细微、隐密的东西，在人们的实际生活中是大量存在的，许多人都是曾经有过的，自然往往是如同一缕云烟，飘乎即逝，成了无果之花。”[②]李灵年先生也认为：“蒲氏南游期间，得以接触南方一些能歌善舞之青年女性，今见记载者如顾青霞（孙蕙妾）……还特选百首唐人绝句供顾青霞吟咏。本篇（指卷二《连琐》）中之‘有自选宫词百首录诵之’，与此情相似。顾氏不幸早逝，蒲氏有《伤顾青霞》七绝。又有《客斋》诗一首四句为：‘高斋灯火客思情，旅况萧条华发生。自有酒人来击筑，欲招小妇坐鸣筝。’《连锁》等篇写鬼女哀楚之情，凄冷之音，或寓纪念顾氏等而发乎？”[③]此外，朱振武先生特别提及蒲松龄对于顾青

① （唐）李商隐撰：《上河东公启》，周振甫选注《李商隐选集》，上海古籍出版社1986年版，第413页。

② 袁世硕著：《蒲松龄事迹著述新考》上编第三章，齐鲁书社1988年版，第73—74页。

③ 李灵年：《稀树居丛札——读〈聊斋〉二》，载《蒲松龄研究》1993年第1、2期合刊。

霞的柏拉图式精神恋爱[1]，邹宗良先生亦论及这种仅限于精神层面的爱情[2]。可见蒲松龄的这一隐秘情感已为众多学者所发现并认同。

这种近乎“暗恋”或如同当代作家三毛寻觅“梦中橄榄树”式浪迹天涯的情感，对于某些人而言可能是终生难忘的，并不随空间的隔膜与时间的流逝而烟消云散，反而因好事难成而令思念更加炽烈。钱锺书先生《管锥编》二五九《全后周文》卷一〇有云：“济慈咏古器上绘男女欲就而未即之状，谓‘彼其子之爱将永不弛，彼姝者子色复终不衰’，盖涵两意。一犹俚语所谓‘偷着不如偷不着’，‘许看不许吃’（江盈科《雪涛小说·知足》、《二刻拍案惊奇》卷九、李渔《比目鱼》第一〇齣），或龚自珍《端正好》所谓：‘月明花满天如愿，也终有酒阑灯散，倒不如冷被更香销，独自去思千遍’；一即指画中人阅千载而‘朱颜不老’，‘欢情依然’，所谓‘凝’尔。”[3]季羡林先生在将近九十五岁高龄时写有《忆念荷姐》一篇散文，对于他年轻时心仪却又错过姻缘的一位家乡女子荷姐仍念念不忘。1948年，季先生回济南，曾有机会再见荷姐，文中这样写道：“她漂亮如故，调皮有加。一见我，先是高声呼叫‘季大博士’。这我并不奇怪，我们从小相互开玩笑惯了。但是，她接着左一个‘季大博士’，右一个‘季大博士’，说个不停。这就引起了我的疑心。我悚然听之，我猛然发现，在她的内心深处蕴藏着一点凄凉，一点寂寞，一点幽怨，还有一点悔不当初……从此以后，就同荷姐失去了联系，到现在已经快六十年了。”在文章结尾处，作者无限怅惘地说：“到了今天，又已经过去了几年。看来，要想见到荷姐，只有梦中团圆了。”[4]空间的睽违与时间的流逝可令人对心仪者美好的想象空间更加宽广，并且永远定格于对象年轻时的容颜，终生相随，永不磨灭。当代小说家贾平凹在20世纪80年代中写有一首题为《单相思》的诗：“世界上最好的爱情／是单相思／没有痛苦／可以绝对勇敢／被别人爱着／你不知别人是谁／爱着别人／你知道你自己／拿一把钥匙／打开我的单元房间。”据作者说：“这首诗是为了追忆我平生第一次爱上

---

① 朱振武：《“聊斋”创作的心灵流变》，载《蒲松龄研究》2002年第3期。

② 邹宗良：《隐含作者与真实作者——〈聊斋志异·娇娜〉篇创作心态探析》，载《蒲松龄研究》2008年第1期。

③ 钱锺书著：《管锥编》二五九《全后周文》卷一〇，中华书局1979年版，第1524页。

④ 季羡林：《忆念荷姐》，《季羡林全集》第三卷《散文三》，外语教学与研究出版社2009年版，第426—427页。

一个女子的感觉。”[①]

情恋中精神活动无可替代，这在传统读书人中广有市场，一入作家之林，“柏拉图式”的精神之恋就更成为他们笔下习以为常的情节构想。《娇娜》中孔生与娇娜的关系，就非同一般的友谊或友情的书写，而具有精神恋爱的特征，诸如此类的描写在《聊斋志异》中并不罕见。卷八《香玉》中绛雪之语颇有代表性：“妾以年少书生，什九薄幸，不知君固至情人也。然妾与君交，以情不以淫。若昼夜狎昵，则妾所不能矣。”（第2237页）卷七《乔女》中女主人公语：“妾以奇丑，为世不齿，独孟生能知我。前虽固拒之，然固已心许之矣。”（第1876页）卷三《罗刹海市》中龙女对马骥的表白：“人生聚散，百年犹旦暮耳，何用作儿女哀泣！此后妾为君贞，君为妾义，两地同心，即伉俪也，何必旦夕相守，乃谓之偕老乎？”（第679页）卷八《乐仲》篇末“异史氏曰”有云：“乐仲对丽人，直视之为香洁道伴，不作温柔乡观也。寝处三十年，若有情，若无情，此为菩萨真面目，世中人乌得而测之哉！”（第2229页）

这种纯属于精神层面的男女之情常可与读书人的知己之求相应共振，联系紧密。卷二《连城》中乔生有言：“‘士为知己者死’，不以色也。诚恐连城未必真知我，但得真知我，不谐何害？”（第529页）清但明伦把蒲氏之脉有时极准，评《连城》云：“果知我而不谐，所谓终身不御，不得谓非琴瑟也。”（第529页）其评卷六《爱奴》有云：“灵气一散，艳骨何存，爱之而反杀之，所谓以迹交不若以神交之淡而能久也。”（第1753页）所谓“神交”即偏向于精神层面的爱恋，属于“灵”超越于“肉”的恋情。蒲松龄笔下的诸多女性常常带有他所期待的理想特征，“娇波流慧”、“弱柳生姿”固然是对美的颂扬，但有时出于对精神之恋的渴望，也不妨暂时放弃对于女性美的追求，卷七《瑞云》中和生所谓“天下惟真才人为能多情，不以妍媸易念也”（第2015页），这显然与作者渴求知己的心理是一致的。

《聊斋》所反映出的性心理无疑是以男子为中心的，卷二《莲香》、卷四《小谢》、卷六《嫦娥》、卷八《香玉》等篇中的男主人公无一例外全是一位书生，女方则或一鬼一狐，或两女鬼，或一仙一狐，或二花妖，皆共恋一位

---

① 贾平凹著：《我是农民》，陕西旅游出版社2000年版，第125—126页。

才子，演出无尽缠绵的一段情事。卷四《西湖主》幻想男子有一身两享仙凡之奉的荣华，卷八《房文淑》更属美女眷恋书生的自我陶醉。《聊斋》中的瑰丽想象虽不符合生活的逻辑，却又时时受到作者头脑中儒家仁善思想的制约，才不致令情节演成心猿意马式的荒诞。此外，作者笔下常换位于女子眼中设置自身形象，于是就有了令男女地位暂时获得平等的利他性倾向，这无疑又使《聊斋》中的许多恋情篇章获得了超越时代的隽永魅力。蒲松龄三十二岁写有《为友人写梦八十韵》五排一首，绮语纷纭，清王士禛有评云："缠绵艳丽，如登临春、结绮，非复人间闺闼。"[①] 探讨《聊斋》的恋情篇章，亦当作如是观。

《聊斋》写男女恋情大多隔膜于社会，与婚姻实际也有相当距离，这是其文化品格有别于"三言"、"二拍"的一大特征。"三言"、"二拍"固然也有士林文化因素，但主要以市井文化品格为主，因而在男女之情的表现上多暴露出情与理的冲突，与时代脉搏相应共振；《聊斋》则以士林文化品格为主，其对男女之情的表现偏重于类似"意淫"的精神层面，并与其强烈的自恋心理相融合，为自我写心，有超越社会和历史的特殊美感。若与明末清初盛行一时的才子佳人小说比较，体裁相异姑且不论，两者的文化品格也迥然不同。才子佳人小说也多属青云无路的封建下层文人白日梦式幻想的结晶，但其结撰显然有受到书贾与市井细民好恶的商业性制约，从而染上浓重的市井文化色彩，功名遂心后又享洞房花烛之乐的几乎千篇一律的结局，不无媚俗的虚假感。蒲松龄常年生活于乡村，并坐馆于乡绅之家，与市井中的落魄文人有别；他更不像写出染有浓重个性解放色彩的《牡丹亭》的前辈作家汤显祖那样，与泰州学派传人有一定师承关系。蒲松龄以《聊斋》抒发"孤愤"，有相当浓烈的自娱成分，并于自娱中寻求某种精神的寄托，这就更与士林文化品格相一致了。王茂福先生认为："与《牡丹亭》对礼教自觉而明确的批评相比，《聊斋》中'情'的标准明显表现出一种游离、超脱于礼教的倾向。"又说："尽管《聊斋》写情的作品多出于作者性压抑的幻想，有不少如《双灯》之类不够厚重甚而轻佻的艳遇描写，并且具有极明显的男子中心主义倾向，但它们毕竟变'二姓之好'为'二性之好'，也同样是古代作家对现实社会制

---

① 赵蔚芝笺注：《聊斋诗集笺注》卷一，山东大学出版社1996年版，第28页。

度、礼俗束缚男女爱情的现状不满意、不满足的反映，同样代表着人类以感情来联系两性的美好理想与愿望，因而应予充分肯定。”[①] 所论甚是。

士林文化与儒家思想密不可分，固然属于历史的范畴，但由于它有强调精神与理想的一面，从而不无对诗意人生的心理祈向。《聊斋志异》也正是在这一意义上获得了其超越时代的感人魅力。

① 王茂福：《〈聊斋志异〉两性关系评判标准探赜》，载《蒲松龄研究》2001年第4期。

《聊斋志异》阅读接受三探

创作一部优秀的文学作品难，为优秀作品寻觅“理想的读者”也不易。蒲松龄对自己精心结撰的《聊斋志异》曾发出“知我者，其在青林黑塞间乎”的叹息（第30页）。作家的此类感慨，晚生于蒲松龄七十五年的曹雪芹也有，其自题《红楼梦》一绝有云：“满纸荒唐言，一把辛酸泪。都云作者痴，谁解其中味？”[①] 作家如是说，高明的读者也颇自知，乾隆间人刘堮有《聊斋志异用高南阜韵》两首七古，其二有云：“古人著书当建树，个里金针未易悟。几人读书能眼明，解道聊斋用情处。”[②] 清冯镇峦《读聊斋杂说》亦云：“是书遍天下无人不爱好之，然领会各有深浅。往日有一人闻予评文，索之再三，不肯出以相示。后索之不已，三日见还，无一领会语。噫！作者难，评者亦不易。”（第2480页）不同时代的读者鉴赏、接受《聊斋志异》的艺术构思时会产生一定的距离，但读者的每一次阅读接受，其各自的经验世界都在不断地丰富着作品所建构的虚幻世界的内涵，所谓“作者用一致之思，读者各以其情而自得”[③]，虽为解《诗经》之语，用之于对小说诠释的解读，也很适用。今天研究《聊斋志异》，如果仅从作家、作品入手，而漠视对于读者接受的主观能动性的探讨，也许就会丧失原作的部分意义或价值。而从审美角度而言，对于《聊斋志异》的鉴赏也无非是对象化了的自我欣赏。当我们主动介入这部文言短篇小说集的接受领域时，我们所看到的就不仅是多具人情的鬼狐花魅或狰狞恐怖的山妖树怪，而有了可以反观自身的丰富多彩的绚烂世界了。

从读者角度研究《聊斋志异》，或许可以在渐呈拥挤的研究领域之外再开垦出一小块处女地，所谓“三探”也只是初步尝试而已，还需要广大读者不断丰富。

---

① （清）曹雪芹著：《红楼梦》第一回，人民文学出版社1964年版，第4页。

② （清）刘堮撰：《抱秀山房诗集》卷二，道光十六年（1836）刘氏味经书屋刊本。

③ （清）王夫之撰：《薑斋诗话·诗译》，戴鸿森笺注：《薑斋诗话笺注》卷一，人民文学出版社1981年版，第4页。

一、纷繁的《聊斋》阅读接受方式

《聊斋志异》的作者蒲松龄经常置身于一个幻化的世界中探索人生，一些脍炙人口的名篇构筑出一个个摇曳多姿、五彩缤纷的理想王国，而这些理想王国又是一个个开放的体系，可以容纳进比作者所处时代更为广阔深远的生活内容。这些作品可与不同时代的读者发生心灵的撞击，闪现的辉光不但可将读者的自身照亮，还可以大致辉映出一个时代的接受轮廓。如果笼统地探讨艺术接受，《聊斋志异》非只阅读一途。伴随人类社会物质文化水平的不断提高，视听接受也不断丰富着人们的生活，有关《聊斋》的评书、戏曲以及影视剧的出现，更随电视与电脑、智能手机等新媒体的日新月异而获得各自不同的接受者，从而令这部文言小说的部分篇章具有了多重接受的性质。接受形式的变化自然会影响接受者的审美趣味与价值判断，而不同接受形式的相互影响，又可能使接受者受到不同的干扰，从而呈现出一种错综复杂的局面。即使只从阅读的角度讨论《聊斋》的接受问题，我们也难以回避问题的复杂性与错综性。

文学作品的“接受”是一个体现历史进程的概念，历时性的分析针对垂直接受，共时性的分析针对水平接受，这大致是就研究工作而言。若仅仅着眼于一定时期读者的阅读接受，从接受角度区分，可以有情节接受、情感接受与理念接受等；从接受方式区分，可以有社会接受与个体接受的不同。一般而言，诸多文学史的有关书写是《聊斋志异》社会接受的反映，揭露封建社会黑暗、歌颂理想爱情、批判科举取士制度的弊端这三大主题曾经是这部文言短篇小说集社会接受的三大支柱，围绕这三大主题所进行的艺术分析也基本上是对作品艺术特点的归纳分类，而非个别接受主体的内心感受或品味体验。

社会接受多体现于研究性质的成果，它并非个体接受主体简单的综合或概括，而是社会有选择性地对形成文本的诸多个体接受的认同，它受制于社会环境，并与社会发展阶段及时代风尚密切相关。以近现代而论，出版社与期刊的编辑对之有关键性的决定作用，一部作品一经公诸世，就反过来对个体接受有了某种导向的意义。阅读《聊斋》，清人与现代人之社会接受自然不会相同，即使在现代社会，社会接受也会随社会发展阶段的不同而出现差异。20世纪50年代至80年代末，中国大陆地区一般多以上述三大主题阐释《聊斋》，其中阶级分析内容占有主导地位，这在当时的诸多文学史与教科书书写中皆有反映，此不赘言。伴随社会的进步与经济的繁荣以及思想的解放，《聊斋》的社会接受也趋于多元化，发展至今，学界已经不再局限或纠缠于对上述三大主题的诠释，而有了全新的视角与内容。如一位“80后”的年轻论者认为：“相对于纯真爱情，在《聊斋》中展现得更多的是现实生活的压抑、各种欲望的纠缠、与欲望合而为一的‘野心’，以及男性作为压迫者和统治者的权力。因此，以《聊斋》为插入点来探讨蒲松龄乃至传统文人心态是很有价值也是有待深入的问题。本文并非要否定《聊斋》，也不是要苛求蒲松龄具有超越时代社会的‘进步思想’，只是认为到了今天，应当对它的价值进行重新定位：其价值正在于反映了传统社会下层知识分子‘心灵的真实’。如果我们把它当作一部‘心灵史’来读，也许会读出许多不同的意味来。”[①] 对于《聊斋》诸如此类的论断，代表了新一代学人的部分社会接受视角，不无新见，值得瞩目。

个体接受虽然千差万别，但总的说来可以分为研究接受与审美接受两大类。简括言之，研究接受侧重于理性的思考与探索，既会印有社会接受的烙印，又带有研究者的个性特征，理论思维在此类接受中居于主体地位。审美接受偏重于相关情感上的共鸣，虽也难以避免社会接受的影响，但更具普遍意义的却是只可意会、难以言传的个别体验，内容无限丰富，形象思维在此类接受中居于主体地位。具体到《聊斋》而言，其审美接受又可以再细分为简单接受与复杂接受两种。简单接受者只满足于对小说故事情节的把握，属于通晓故事型的读者，图书市场诸多“白话聊斋”一类的出版物即可基本满足这一类读者的需求。就审美而言，《聊斋》之精华所在对于简单接受者已然丧失殆尽，是典型的故事情节接受者。复杂接受者于情节而外，更注重《聊斋》语言艺术以及构思布局的审美，并企图从中品味作者的丰富情感与深刻

---

① 黄晶：《“异史氏”的“心灵史”——论《聊斋志异》中的压抑与幻想》，载《蒲松龄研究》2004年第1期。

用心。若再细分，同为复杂接受者，也有深、浅层次的不同。浅层次阅读者，对于小说中的语词、典故等需要有一个大致的了解，并从中体味到作者的用意；深层次阅读者不仅需要明悉词语、典故的确切涵义，对于其出处或相关书证也要问个究竟，以期进一步体味或重温作者创作中的甘苦，从而达到深层次的审美愉悦。深层次的复杂接受者甚至还要有参与其中的融入意识。当他们从现实世界潜移默化于瑰丽璀璨的艺术世界之中时，就会自我观照个人最隐秘的情感世界，从而获得一种不可言喻的高峰体验。朱自清先生论及陶渊明诗歌的注释问题，也许对我们深入体味《聊斋》的必要性会有所启发，其《陶诗的深度》一文有云："从读者的了解或欣赏方面说，找出作品字句篇章的来历，却一面教人觉得作品意味丰富些，一面也教人可以看出那些才是作者的独创。固然所能找到的来历，即使切合，也还未必是作者有意引用；但一个人读书受用，有时候却便在无意的浸淫里。作者引用前人，自己尽可不觉得；可是读者得给搜寻出来，才能有充分的领会。"[①] 阅读古人作品，真正"读懂"而非郢书燕说，绝非易事！

《聊斋志异》的简单接受者舍弃了原作品中也许最耐人寻味的情感或理念的精华，其阅读行为大多是被动的；复杂接受者由于有主动的参与意识，无疑会拓展或丰富作品的蕴涵，获得独特的审美愉悦。两种接受者并没有一条壁垒森严的界限，其间还有一类处于主动接受和被动接受之间的接受状态。这一类接受者往往先有一种思维定势，在社会接受的制约下进行阅读；同时，他们也能发挥一定的主观能动性，在《聊斋》的阅读中容纳进自身的部分生活体验。显而易见，《聊斋》阅读的个体接受，审美接受中的复杂接受是最值得我们研究探讨的一种阅读样态，其无限丰富的个体体验可以令这部短篇小说集不断获取新的生命力。当然，这类接受也不是无限自由的发挥和随意的阐释，它受作品导向的限制，也受接受者所处的社会接受因素以及民族心理、文化背景的影响，因而这类接受在个别中又孕育着一般，自有其普遍性的一面。

研究《聊斋》的阅读接受问题，难以运用社会统计学的方法，而运用"内省"的方法又会失去相当的客观性。幸运的是，清人冯镇峦、何守奇、但

---

① 朱自清：《陶诗的深度》，《朱自清古典文学论文集》下册，上海古籍出版社1981年版。

明伦、方舒岩有关《聊斋》的评点文字以及今天众多论者带有个性色彩的评论文章，都可以为我们的研究提供证据，何况个体接受也有其普遍性的一面，这样我们就有可能大致勾勒出《聊斋志异》复杂接受的轮廓，而这也正是这项研究的基础。一个天才的文学家本人的个性中总包含着一些普遍性的价值，19 世纪俄国文艺批评家别林斯基在评价莱蒙托夫的诗歌创作时曾说："伟大的诗人谈着他自己、谈着他的'我'的时候，也就是谈着大家、谈着全人类，因为他的天性里具备着使人借以生存的一切东西。所以，人们在他的悲哀里看出了自己的悲哀，在他的心灵里认识到自己的心灵，看到他不仅是一个诗人，而且是一个人，一个在人性上和自己同宗的弟兄。"① 这一评论用在天才的文言小说家蒲松龄身上也恰如其分，作者尽管自称《聊斋》为其"孤愤"之书，然而一位"理想的读者"，或曰复杂接受者，仍然可以毫不费力地从作家的心灵中透视到自己的心灵，从其作品中感悟的情境或理境中寻觅到可容纳自己情感或理想的"空白"。可以说，正是《聊斋志异》的伟大不朽为我们的接受研究提供了优越的条件。

《聊斋》中"善"的理念体系对于历史是开放性的，它可以复现不同时代读者的诉求，在读者心中形成一个令作品生命得到永恒的抽象理境。《聊斋》中"美"与"真"的情感体系对于社会是诱导性的，它可以形成一个包容广泛的情感世界，容纳进众多的读者在他们心中激发出面目各别的具象情境，从而令作品青春常在。在这样的阅读中，理境与情境的独秀或互融，随各篇小说情况的不同而发生变化，也随读者自我介入的深浅而发生变化。众多单篇作品的理境与情境错综复杂，交互重叠，这又是构成全书广阔的审美空间即"意境"的基础。读者只有进入到这一层次的审美空间中去，才有可能达到现实视野与历史视野的完美融合，而阐释理解也正是这一视野融合的过程。阅读《聊斋》就是要把握全书，惟有如此，才能做一位合格的复杂接受者。

我们今天对于《聊斋志异》的阅读接受所作出的理解，仅是古代作品现代化的方式之一，由于受时空条件以及个性差异的影响，会产生某种局限性。这种局限性可能来源于读者的主观认知或判断，也受制于文本阅读所处的历史情境，然而从根本上讲，对《聊斋》的理解过程就意味着对作品的再创造，

---

① ［苏］别林斯基著：《别林斯基论文学》，梁真译，新文艺出版社 1958 年版，第 41 页。

个体接受带有鲜明的个性特征，受到接受者学识、经验、性格的影响，因而不带片面性的理解就成为不可能的理解。如果极力追求完全符合原作宗旨，《聊斋志异》的阅读接受也就无须研讨了。

二、《聊斋》阅读接受的差异性探讨

《聊斋志异》的虚幻世界与读者的现实世界有相当强烈的反差，沟通两个世界的媒介是作品文字所构筑的具有感召力的情境。《聊斋》不同于一般通俗小说（如武侠小说）的阅读接受，在通俗小说的阅读接受中，读者沉醉于他自己想象中的幻影，而仅以作品的文字作为这些幻影行动起来的向导，情节接受当多于情感接受。《聊斋》的阅读接受由于文字的感人韵味而使情感接受凸显，并使情节接受时而退居于次位，这种接受的过程很像《聊斋志异》卷一《画壁》一篇所述朱孝廉不自觉地融入庙宇东墙中的景况，姑可称之为"画壁效应"。小说中的画壁恰可视为虚幻世界与现实世界的分界，拈花微笑召唤朱孝廉进入幻界的垂髫仙女可视为"情"的化身，那"图绘精妙，人物如生"的壁画可视为沟通两个世界的语言文字。如此方能在读者心中激发出情境和语境缺一不可、只有两者俱备才可"幻由人生"的奇妙世界。小说中的朱孝廉于壁画前"注目久，不觉神摇意夺"（第 21 页），恍惚之间已从现实自我跳位于艺术自我。画壁中从"无我"到"有我"的瞬间，再恰当不过地体现了《聊斋》阅读接受中的化入效应，当然这是复杂接受者在条件适宜的静心阅读中才有可能出现的景况。所谓"条件适宜"是指阅读环境的幽雅僻静，有论者曾说："若是读《聊斋志异》，作品中的人物环境和自己周围的环境似乎立即消失了界限。室外一丝风、几滴雨，虫声唧唧，树影摇摇，飞蛾绕灯，蝙蝠穿窗，都增加了作品感人的气氛……《聊斋》的艺术魅力，就在于作品的境界和生活的境界能浑然为一，生活的任何一个角落，都随时可以直接成为作品中环境的补充。"[①] 这无疑是一位理想读者阅读接受的经验之谈，有一定的认识价值。

---

① 蓝翎：《有情才动人——〈葛巾〉乱弹》，《聊斋志异鉴赏集》，人民文学出版社 1983 年版。

《聊斋》阅读接受中的“画壁效应”便于读者摘去现实世界中的人格面具，暂时获得某种心灵的自由，于是狐妖花魅的虚幻世界就成为这些读者的心灵徜徉遨游之所。卷四《小谢》一篇，蒲松龄以传神的笔墨、简洁的句法渲染出儿女情长的缠绵。对于患难中友情的期待，是由先调皮有加、后善解人意的两位女鬼设置的，如此情境就有可能令读者再创造的想象活动远离尘世的喧嚣，完全沉溺于幻域的绮思之中。现实中不可能发生的事情，由于有“鬼”的参与，就有了存在的依据。读者虽明知是假，却仍然乐于主动融入这一情境之中，体味一下情感跌宕的快感，实现各自潜意识中自己也未曾明确意识到的诸多念头。

德国接受美学家伊瑟尔曾说：“在文学作品本文的写作过程中，作者的头脑里始终有一个‘隐在的读者’，而写作过程便是向这个隐在的读者叙述故事并与之对话的过程。因此读者的作用已经蕴含在本文的结构之中。”[①]《聊斋志异》中的“异史氏曰”的作用，论者已经多有探讨，这里不再赘言；如果套用接受美学的观点，将之视为被蒲松龄有意推向前台的“隐在的读者”，也未尝不可。《小谢》篇末“异史氏曰”有云：“绝世佳人，求一而难之，何遽得两哉！事千古而一见，惟不私奔女者能遘之也。”（第1165页）这一番议论堪称道出了文人头脑中的一种渺茫的企盼，又具有某种道德自律的意识，《小谢》一篇所设计出的情境对于古今读者的普遍意义正在于此。《聊斋》的清代评论者冯镇峦说：“《聊斋》情当，凡事境奇怪，实情致周匝，合乎人意中所欲出，与先正不背在情理中也。”[②]卷二《阿宝》一篇，冯镇峦引“半痴子”曰：“世间只有情难画，谁似先生写状来。”[③]正是《聊斋》本身所普遍存在的真情因素调动着读者的阅读，读者因情生境并优游于这一情境中方有可能被感动、被陶醉，获得美的享受。

与《小谢》情境相似的卷二《莲香》一篇，在鬼女与狐女同救桑生的过程中，一片小儿女声口写尽儿女情长之态。从作者角度而言，刻画堪称惟妙

① ［德］沃尔夫冈·伊瑟尔：《读者作为小说结构的重要成分》，《中外文艺理论概览》，春风文艺出版社1986年版。

② （清）冯镇峦：《读〈聊斋〉杂说》，任笃行《全校会注集评聊斋志异》，齐鲁书社2000年版，第2490页。

③ 任笃行辑校：《全校会注集评聊斋志异》，齐鲁书社2000年版，第346页。

惟肖；从读者角度而言，爱与害的矛盾冲突置于温馨的氛围中时，就与人生中时常难以避免的两难处境近似，从而引来阅读兴趣。小说中那种心心相印的旖旎景象便与读者的心灵贴近，而从中漫射出的愧恨、羞赧、得意、惶恐等诸多情态，也与读者的生活体验有似曾相识的联系。今天的读者不可能有桑生那样诡异的人生经历，但境缘情生的情境则构成了现实与虚幻两者之间的理解基础，读者也正是在此基础上获得审美愉悦的。《聊斋》中的许多篇章都表现了人们对美好生活的祈望与追求，而在这一动态的过程中，作者又往往借生活的“欠缺”以言情。卷六《张鸿渐》中男主人公被冤出逃，历经磨难，但在读者阅读中，自可忽略这一情节指向，而专注于对小说中真诚、温暖、智慧、奇谲以及沧桑之感所构筑的情境的欣赏，张鸿渐的人生“欠缺”终于被“情”所掩，读者也于这“欠缺”所造成的情境中体味到人生的丰富内涵，找到情感的共鸣点。这样，小说的凄凉哀愁的基调就被淡化，而代之以缠绵无尽的情思。

卷二《连城》一篇，有现代论者评述云：“乔生和连城的自由相爱，却遭到封建社会种种势力的阻挠，但他们不屈于重压、坚决斗争，经过生生死死的磨难，终于取得了胜利。”[①] 这代表了现代读者在一定历史时期阅读接受中的一种思维模式。小说“隐在的读者”即“异史氏曰”则从“知希之贵”立论，并联系自身命运作了发挥：“一笑之知，许之以身，世人或议其痴。彼田横五百人，岂尽愚哉！此知希之贵，贤豪所以感结而不能自已也。顾茫茫海内，遂使锦绣才人，仅倾心于蛾眉之一笑也，悲夫！”（第532—533页）这可以视为作者转变为读者后的一种接受。王士禛是蒲松龄同时代的阅读接受者，其评有云：“雅是情种，不意《牡丹亭》后复有此人。”作者身后的冯镇峦评：“《牡丹亭》丽娘复生，柳生未死也，此固胜之。”但明伦评：“宾娘一事，只由情感推而言之。”何守奇评：“连城爱文士，乔生重知己，乃可死死生生。”方舒岩评：“能恤友之妻子，生者不死，故能得己之妻子，死者重生。且一举而双美归焉。投以木桃，报之琼瑶，礼则然矣，何异之有？”[②] 阅读接受的差异性反映了不同时代接受模式的不同，即使为同时代人，由于接受的侧重点

---

① 黄竹三：《一曲知己之爱的颂歌》，《聊斋志异鉴赏集》，人民文学出版社1983年版。

② 以上所举清代五人评语，见于任笃行辑校《全校会注集评聊斋志异》，齐鲁书社2000年版，第533页。

不同，也会有所区别。然而无论古今，作为《连城》的读者也有相同的一点，即他们的评语全部围绕“情”而设辞，而文学艺术的本质就是将人类情感形象地展示出来以供欣赏者理解。《连城》依靠幻想实现人生价值，小说所构筑的情境就是人类对于真善美的执著追求，因而不同时代的读者阅读这篇小说就有了共鸣的基础。

《聊斋》阅读接受的差异性还体现于认知定势与审美感受的矛盾运动中，这在蒲松龄有关科举题材的小说中较为显著。卷六《司文郎》是《聊斋志异》中公认的批判清代科举取士弊端的名篇，这是社会接受中的一种普遍的认知模式，也符合作者的写作初衷。但今天的读者对于八股取士制度并没有切身的体验，阅读中也就难以在这方面与作者共鸣，但却能为作品中善与友谊的互融情境、执著自奋与朴讷忠悃的价值取向所感染。在小说结尾，王平子因故去南京：“遇馀杭生于旅次，极道契阔，深自降抑，然鬓毛斑矣。”（第1626页）人世沧桑的感慨又罩上一层淡淡哀愁的阴影，这会给读者留下无限想象的“空白”，馀味无穷。这种认知定势与审美感受有所背离的状况，在卷五《镜听》一篇中有更明显的例证。二郑的妻子以自家丈夫乡试中举，不满于父母对大郑夫妇的偏向，在厨中力掷饼杖而起，“侬也凉凉去”一语脱口而出，愤激之情溢于言表，动人心魄。篇末“异史氏曰”有云：“贫穷则父母不子，有以也哉！庭帏之中，固非愤激之地；然二郑妇激发男儿，亦与怨望无赖者殊不同科。投杖而起，真千古之快事也！”（第1397页）清但明伦就此评云：“快心语，闻之可疗郁闷症。”今天的读者对于小说中二郑之妻快人快语式发泄的审美感受，略同于但明伦，远比“异史氏曰”中“贫穷则父母不子”的主调认知定势强烈得多。小说对于社会人情世态在家庭关系中反映的描绘，已居于次要地位，而让位于人人心中皆有所藏的郁闷的宣泄。小说所营造出的情境有召唤读者主动参与其中的魅力，作为现实中自我的读者，就有情不自禁融入于艺术自我的可能，为二郑之妻的决撒而去喝彩叫好。

《聊斋志异》的其他篇章，如卷一《叶生》中“魂从知己，竟忘死耶”（第122页）的评论，卷六《凤仙》中“好胜佳人，作镜影悲笑”（第1730页）的情节，卷五《胡四娘》中“神巫知人贵贱”（第1427页）的构想，等等，都符合人类情感的逻辑，所造就的情境也是开放的，可激发读者的无限联想。《聊斋》中还有一些情境的构筑是以人类的有关理想为基础的，现实中未必能够发生，但也可以得到读者的共鸣，如卷五《向杲》中的人可化虎报仇情节，卷七《瑞云》中的人可俊丑递变情节，就是人类情感世界中一种超越现实的幻想。

情境而外，理境的形成也在《聊斋》的阅读接受中举足轻重，同样可以给予读者以无限联想的自由。如卷二《快刀》：

> 明末，济属多盗，邑各置兵，捕得辄杀之。章丘盗尤多。有一兵佩刀甚利，杀辄导窾。一日，捕盗十馀名，押赴市曹。内一盗识兵，逡巡告曰："闻君刀甚快，斩首无二割。求杀我！"兵曰："诺。其谨依我，无离也。"盗从至刑所，出刀挥之，豁然头落。数步之外，犹圆转而大赞曰："好快刀！"（第307页）

故事并没有复杂的情节，有否现实根据以及小说的主旨究竟何在，这里不作辨析，可视为六朝志怪一脉。由于"好快刀"三字赞语的戛然而止，从读者接受而论，就会生成一种耐人寻味的理境。我们可以以否定的态度看待这一描写，焉有被害者赞扬刽子手刀快的道理！但也可进一步分析：小说揭露了封建统治者对人民的血腥统治、残酷镇压；也可以从反面立论：小说赞扬了"盗"的视死如归，因而是对统治者的极度轻蔑。至此，小说的多义性似乎并没有被完全穷尽，读者掩卷深思，故事并不产生血腥残酷的恐怖感。"好快刀"三字有将一幕悲剧化为正剧的可能，从而遮掩了对于不幸者同情的底蕴，于是"死"在这里变成了一种人生解脱。五代诗人江为的《临刑诗》："街鼓侵人急，西倾日欲斜。黄泉无旅店，今夜宿谁家。"[①]无非也是视死如归的人生谢幕。熟悉《庄子》的读者甚至可以联想主《养生主》中那位操刀解牛游刃有馀的庖丁，从而悟出一番道理。原本"志怪"的内容由于结尾的精采收煞，可以生发出作者可能始料未及的效果，即在读者心目中召唤出某种理境。如果说《快刀》一篇的理境稍显模糊，并非读者人人可见而不具普遍意义的话，那么作者蒲松龄代读者设置的富于展拓性的理境，即"异史氏曰"的指向就明确、清晰得多了。

"异史氏曰"在《聊斋》中是作者营造理境的重要手段，其议论言简意

① 《全唐诗》卷七四一，中华书局1960年版，第8448页。

赅，往往借文本已有之情境而发挥，这时的作者就暂时转化为读者中的一员了。卷二《莲香》篇末“异史氏曰”有云：“嗟乎！死者而求其生，生者又求其死，天下所难得者，非人身哉？奈何具此身者，往往而置之，遂至腼然而生不如狐，泯然而死不如鬼。”（第333页）读者阅读小说文本时，由现实融入幻境的“画壁效应”显现，可与男女主人公同悲同喜；读至“异史氏曰”，读者忽又退出“画壁”，反瞻回顾已然阅读过的情节，不免浮想联翩，转入理论思维，并用自己的生活经验或学识补充“异史氏曰”中的“空白”，形成各自不同的理境。但无论如何，这一理境的生成与小说的情境是相辅相成的。《聊斋》中一些偏向寓言类的小说，如《种梨》、《劳山道士》等篇，由于构成情境的条件不充分，其“异史氏曰”的理境导向性就不够清晰了。“异史氏曰”作为小说中的“隐在的读者”，属于清初时代氛围下的读书人身份，与今天的读者已有了垂直接受的距离，因而某些小说篇末的“异史氏曰”与文本情境的联系难以令今天的读者一目了然，理境的形成从而受到一定的制约。

《聊斋志异》中小说情境与理境的相互阐发可以极大地扩充审美空间，有助于意境的生成。几篇题材类似的作品，如果联系起来阅读，也会相互生发，获得某种难以言传的意境。卷四《西湖主》、《花姑子》两篇同属于书写异类报恩的小说，前者“要皆恻隐之一念所通”的“异史氏曰”，后者“人有惭于禽兽者”的“异史氏曰”，温馨中流露出人生行“善”的意愿。卷五《阿绣》、《宦娘》同是书写为人作嫁、成人之美的小说，前者带有崇高而微有遗憾的情调以及小儿女好胜争强的娇憨态，营造出温暖的情境，与后者微带凄凉的情境书写可互为补充，更易得到读者的情感认同。同卷《小翠》则于上述两篇小说的情境兼而有之，联系起来阅读，可容纳进读者更多的情思，“真”与“美”的意境由此而生。卷七《黄英》、《葛巾》，卷八《香玉》三篇，皆书写花精与人恋爱的故事，结局各异：黄英与马子才终老；黄生死化牡丹，为追随香玉不惜同为异类；葛巾则因常大用的见疑而决然离去。读者若将三篇小说连读，就会感到小说中的男女主人公无论结局是团圆还是离异，喜与悲中似乎都弥漫着一种人生苍凉的无可奈何之感，而这与《聊斋志异》全书略带伤感的情调相合。其他如卷四《窦氏》、卷五《梅女》，同为女子复仇的题材，也有相互生发之效。《聊斋志异》意境的生成，基于各篇小说情境与理境的有机融合，与蒲松龄的“孤愤”同向而行，从而魅力无穷！

三、《聊斋》文本的“召唤结构”

《聊斋志异》用文言写作，对于今天的广大读者而言，小说文本与现实生活的隔膜势必扩大两者间的距离，而作者在典雅的文言中有意融入一些通俗化的语句，又有令文本与现实生活贴近的趋势，成为“画壁效应”的催化剂。扩大与贴近两种作用力一推一挽，适以形成《聊斋志异》的特殊语境。《聊斋》有特色的文言书写就像一道设限的门户，能够借助相关注释跨入者即可登堂乃至入室，领略其中壸（kǔn 捆）奥；徘徊其外者，则只能借助白话翻译的阶梯从墙头远望室内诸多陈设，看不真切时就难以产生融入其中的“画壁效应”。换言之，古代汉语的运用为今天的《聊斋》阅读接受者设置了一定的审美距离，而精警简洁并富于个性化的语言所营构的内涵丰富的情境又有缩小文本与读者情感距离的作用，召唤读者参与其中。

关于《聊斋志异》的语言问题，清人早有“出语必古，命意必新”[①]的评论；但明伦评论《长亭》一篇有云：“篇中多凝炼之句，亦流利，亦端庄，文笔之当行出色者。”（第1947页）从读者阅读的角度而言，《聊斋》形象化的叙述语言和个性化的对话语言，都是形成其文本语境的基础。卷五《梅女》：“促膝戟指，翻变良久，封迷乱不知所从，女辄口道而颐指之，愈出愈幻，不穷于术。”（第1355页）同卷《胡四娘》：“申贺者，捉坐者，寒暄者，喧杂满屋。耳有听，听四娘；目有视，视四娘；口有道，道四娘也。而四娘凝重如故。”（第1429页）卷八《寄生》：“遂以五可之容颜发肤、神情态度，口写而手状之。”（第2362页）这些简洁形象的语句可造成小说中人物关系或动作举措联系之间的众多“空白”，小说所提供者仅是导向性的字句，馀下者全需由读者进行创造性的想象加以完成。文本即使只有寥寥几笔，就已将对象完全写活。这就像中国的山水画“计白当黑”的技法一样，即使画家作画留有许多空白，甚至画幅的大半不用笔墨，但水云苍茫，意境深远，景物的无限延

① （清）王之春：《椒生随笔》卷二，朱一玄编：《聊斋志异资料汇编·评论编》，南开大学出版社2002年版，第506页。

展性被表现得淋漓尽致，给予观赏者以无限遐思的馀地。这正如德国美学家莱辛所言："凡是他不应该画出来的，他就留给观众去想象。"[①] 这种空白的存在，在接受美学中又称"召唤结构"，它可以唤起具有不同生活经验的读者的联想，从而令文本的语言意义摆动于作品的虚构世界、读者的经验世界、真实的现实世界之间，而读者的阅读接受也正是在三者的共同作用下完成的。讨论《聊斋志异》的语言魅力，有论者曾指出作者巧妙运用文字的超强能力："蒲松龄驾驭语言艺术的超人的本领之一，就在于用优美而精炼的语言和独特的笔法描绘出能够唤起读者再创造的心理活动的形象，让人们不是简单地接受某种概念，而是从探索、发现和补充中获得审美乐趣。"[②] 这是结合读者接受问题论证《聊斋》语言之一例，也是我们研究读者阅读接受的一个极有说服力的例证。

《聊斋》的人物对话多用被作者有意改造了的文言，且各肖其声口，颇富情韵。卷四《小谢》中男主人公陶生对来历不清的二女有言云："相对丽质，宁独无情；但阴冥之气，中人必死。不乐与居者，行可耳；乐与居者，安可耳。如不见爱，何必玷两佳人？如果见爱，何必死一狂生？"（第1160页）卷一《成仙》中成生劝慰周生制怒之语："强梁世界，元无皂白。况今日官宰半强寇不操矛弧者耶！"（第130页）卷五《梅女》中阴间老娼痛詈为非作歹的某典史之语："汝本江浙一无赖贼，买得条乌角带，鼻骨倒竖矣！汝居官有何黑白？袖有三百钱便而翁也！神怒人怨，死期已迫。汝父母代哀冥司，愿以爱媳入青楼，代汝偿贪债，不知耶？"（第1357页）这三段小说人物口语，或一反一正，晓以利害；或递进一层，曲譬反诘；或破口大骂，痛快淋漓。语境与情境相融无间，这正是令读者产生某种倾向性接受的基础。将不太难懂的带有俚俗色彩的浅近文言运用于人物对话，也可令今天的读者于阅读接受中产生某种情趣，激发无限联想，比用白话表达反而更具优越性。卷二《商三官》中女主人公对两兄的愤激之语："人被杀而不理，时事可知矣。天将为汝兄弟专生一阎罗包老耶？骸骨暴露，于心何忍矣！"（第545页）作者另写有题材同一的俚曲《寒森曲》，其第二回中商三官的对话纯

① ［德］莱辛著：《拉奥孔》，朱光潜译，人民文学出版社1979年版，第16页。

② 孙一珍：《谈谈〈晚霞〉的艺术美》，《聊斋志异鉴赏集》，人民文学出版社1983年版。

用白话写成："哥们好胡突！告了一遭子，不过是如此，也就知这世道了。老天爷待为咱敬生出一个包文正来哩么？"[①]比较两者，仅从阅读效果而论，前者比后者有更强的感染力。

在人物对话中适当地运用典故，或切合情境，或有意调侃，造成小说人物与相关文学经典的重合，饶有兴味。卷六《凤仙》中女主人公与书生刘赤水初遇相谑："刘狎抱之。女嫌肤冰，微笑曰：'今夕何夕，见此凉人！'刘曰："子兮子兮，如此凉人何！"遂相欢爱。"（第1724页）男女对话语本《诗·唐风·绸缪》："绸缪束薪，三星在天。今夕何夕，见此良人。子兮子兮，如此良人何。"[②]这本是一首庆贺新婚，戏谑新郎、新娘的诗，作者用此诗为两人结合之前奏，切合当时情境，且谐音"良人"为"凉人"，更见风趣。所谓"良人"，《诗经》中意即美人。卷六《司文郎》中的王平子受到馀杭生的嘲弄，小说有如下一段描写："次日，宋至，王具以告。宋怒曰：'我谓"南人不复反矣"，伧楚何敢乃尔！必当有以报之！'"（第1621页）所谓"南人不复反矣"，意谓：原以为馀杭生不会再狂妄了。六字语本《三国志》卷三五《诸葛亮传》，南朝宋裴松之注引《汉晋春秋》："（诸葛）亮至南中，所在战捷。闻孟获者，为夷、汉所服，募生致之。既得，使观于营陈之间，问曰：'此军何如？'获对曰：'向者不知虚实，故败。今蒙赐观看营陈，若只如此，即定易胜耳。'亮笑，纵使更战，七纵七擒，而亮犹遣获。获止不去，曰：'公，天威也，南人不复反矣。'遂至滇池。"[③]宋生巧用被诸葛亮降服的失败者孟获再不反叛之语，且以"南人"双关馀杭生，以"反"双关返回，将其早成手下败将的狼狈景况再行拈出，令人解颐。以上所举两例人物对话，读者即使不了解其中用典的意义，也不影响对文本的大致判断，但会造成阅读接受的某种缺陷，令小说对话的幽默活泼的趣味丧失殆尽。

《聊斋志异》的语言文字与情节结构的艺术"空白"以及接受美学中所谓"期待视野"的形成，也是阅读接受中一个重要问题，本书将有专题探讨，此不赘言。总而言之，我们今天阅读《聊斋志异》，如果结合文本

---

① 盛伟编：《蒲松龄全集·聊斋俚曲集》，学林出版社1998年版，第2637—2638页。
② （宋）朱熹集注：《诗集传》卷六，上海古籍出版社1958年版，第70页。
③ （晋）陈寿撰：《三国志》卷三五《诸葛亮传》，中华书局1959年版，第921页。

充分发挥艺术想象力，就可能与作品中的某些人物形象相互渗透乃至合而为一，感悟到一种特殊的审美愉悦，那么我们就无疑是一位合格而理想的读者了。

《聊斋志异》艺术“空白”论

《聊斋志异》一书甫经问世，即受到不同层次、不同时代广大读者的青睐，它在凸显作者蒲松龄个性以及其所处时代、社会的独特性的同时，也反映或暗示出人类一些带有普遍意义的情感因素。小说有对命运积极思索的篇章，也有对黑暗势力顽强抗争的主题，当然其中也不乏对一切美好事物理想追求的憧憬。质言之，《聊斋志异》就是一部具有广阔接受天地的文言短篇小说集。

《聊斋志异》到底有多少篇小说，随其版本不同，载录数量各异，一般多以四百九十馀篇或将近五百篇模糊约略言之，这是因为个别篇目或有不同版本分合不一的现象所致。马振方先生《聊斋志异评赏大成·前言》(漓江出版社 1992 年版）有云：“以篇目计算，《聊斋志异》包含作品四百九十四篇。此外，一目多文涨出十篇，篇末故事类附则四十一篇（不含引录他人作品），‘异史氏曰’记述生活故事九篇。全书计有各类作品五百五十四篇。”又说：“《聊斋》还有一定数量的议论文字，这就是部分篇末的‘异史氏曰’。全书计有‘异史氏曰’一百九十四则，虽不全是议论，还是以议论为主调。”[①] 这一统计最为明晰。在《聊斋志异》中，无论长篇还是短制，都或多或少寄寓有作者的某种情怀，论者对此已多有揭示。在诸多小说文本中，是否尚有未得到充分诠释的某种情愫？内中是否有与未来读者对话交流的基础？答案显然是肯定的。《聊斋志异》为今天的读者提供了一个可以容纳进多种情感的审美空间，它不排斥不同层次、不同水平读者情感的丰富多样性，对他们都会产生或大或小的吸引力。

人类情感的丰富性与复杂性给予《聊斋》作者蒲松龄提供了施展艺术才能的天地，而如何淋漓尽致地体味《聊斋》文本中所隐藏的微妙情怀与复杂心态，也给后世的《聊斋》读者提供了驰骋想象与反观自照的机会。当然这并非说《聊斋》五百馀篇小说都可能为读者提供这一机会，那些专门以志怪述异为主或明显带有寓言性质的篇章，或满足人们的好奇心，或用形象阐说

---

① 马振方.《聊斋志异评赏大成·前言》，漓江出版社 1992 年版，第 11 页，第 17 页。

一种哲理性的思考，并不反映或较少反映人类的细微情感，如卷一《尸变》、《犬奸》，卷二《江中》，卷三《番僧》等篇即是。如果我们在分析时排除上述一类篇章，而专注于如卷一《王六郎》、《娇娜》、《叶生》、《婴宁》，卷二《连琐》、《连城》，卷三《公孙九娘》、《辛十四娘》，卷四《花姑子》、《马介甫》，卷五《向杲》、《宦娘》，卷六《司文郎》、《凤仙》，卷七《瑞云》、《葛巾》，卷八《香玉》、《王桂庵》等诸多以写情见长的小说作品时，我们可能就会发现这些作品似乎也记录着自己的喜悦、怅惘、理想与追求，而可以容纳这些情感的又往往不是其文字本身，而是作品中的艺术“空白”。在接受美学中，“空白”或称“召唤结构”，它是常常是沟通创作与接受的津梁。

一、《聊斋》艺术“空白”的填补

“空白”在古今中外的多种艺术形式中都被广泛普遍地运用着。德国美学家莱辛在论及古希腊提曼特斯的《伊革涅亚的牺牲》这幅画时曾说：“凡是他不应该画出来的，他就留给观众去想象。一句话，这种遮盖是艺术家供奉给美的牺牲。它是一种典范，所显示的不是怎样才能使表情越出艺术的范围，而是怎样才能使表情服从艺术的首要规律，即美的规律。”① 所谓“遮盖”，也可以理解为就是艺术“空白”，中国传统的山水画也正因为留有“空白”，才有可能呈现出尺幅千里的气势，但它不是供奉给美的牺牲，而是以有限的画面容纳进无限的空间，当然这也要与观赏者的创造性想象结伴而行。在诗歌作品中，精炼的语词之间的跳跃性过渡令各意象之间产生了或大或小的距离，这些大小距离也可视为艺术“空白”，诗歌的意境或从中生成。在小说作品中，“空白”作为联系文本不同部分的一种手段，也可视为一种叙述技法的运用，如故事线索突然中断后又从另一角度开始或向出人意表的方向发展，都可以看作是有待于读者补充完形的“空白”。清代著名小说评点家金圣叹早已注意到这种类似于“空白”的妙用，称之为“忽然一闪法”。他曾论及《水浒》第八回林冲在柴进庄上与洪教头酝酿比武过程中的有意中断进程说：“说

---

① ［德］莱辛著：《拉奥孔》，朱光潜译，人民文学出版社 1979 年版，第 16 页。

使棒，反吃酒，极力摇曳，使读者心痒无挠处。”① 在《聊斋》的清人评点者眼中更有所谓“双提法”的称谓，其实也是作者有意埋下伏笔而给读者留下“空白”填充的可能。卷七《晚霞》描绘阿端与晚霞之情恋，优美动人。小说起始并没有开门见山，而是先叙述五月五日吴越间斗龙舟之戏，从而引出购童作剧与船头载美妓的不同。但明伦就此有评云：“叙阿端之死，先插入吴门载美妓一笔，仍是暗用双提法。”（第 2136 页）也就是说，晚霞到龙宫的过程因有其后阿端堕水一段描写而被作者有意省略。晚霞在龙宫按试燕子部时出现，而此前她的遭遇可由读者根据前面的有关铺垫想象得来，晚霞落水这一“空白”恰到好处，需要读者加以填充。这在触发读者丰富想象力的同时，避免了头绪纷繁与情节的重复，所以但明伦以“双提法”命名。所谓“提笔”，就是一种文本艺术“空白”的实际运用。

情节性的“空白”构成是限定性的，读者在阅读过程中的填充也有一定的框定范围，不能随意发挥。小说中还有一种“空白”，它与情节线索关联无多，却又引人深思，或触发情感的激荡，或引来理性的思考。卷七《葛巾》叙述常大用思念花仙葛巾：“既醒，红日满窗，试起，病若失，心益信其为仙。无可夤缘，但于无人时，仿佛其立处、坐处，虔拜而默祷之。”冯镇峦就此评云：“二句抵《西厢》‘惊艳’后一篇文字。”（第 2083 页）这是清人作为一名“理想的读者”运用积极联想手段填补小说情感“空白”的一种选择。在小说的阅读接受中，无论哪一种艺术“空白”的构成方式，都是激发读者无限想象力的媒介，而填补其不确定性的“空白”的过程，归根结底就是读者再创造的过程。这一过程从表面上看，似乎与作者无关，实则读者的有关想象并不能天马行空般地远离原作者意向的限定性，同时原作中的某些不确定的“空白”存在又能令读者充分驰骋于想象的天地。在限定性与不确定的对立统一的矛盾运动中，读者的任何想象也就无疑包含了作者在写作中的惨淡经营。问题的关键在于，原作意向的限定性与艺术“空白”存在之间的关系是否恰到好处，运用得当，方能锦上添花。《聊斋志异》的许多篇章处理这类问题堪称游刃有馀，这是这部文言小说集能够涵泳人类复杂情感的一个相当重要的原因。

---

① （清）金圣叹撰：《第五才子书施耐庵〈水浒传〉》第八回，中州古籍出版社 1985 年版，第 170 页。

清梁启超说："凡人之性，常非能以现境界而自满足者也……小说者，常导人游于他境界，而变换其常触常受之空气者也。"①《聊斋志异》谈狐说鬼的虚构性给各时代的读者都提供了一个"变换空气"的场所，其幻想的境界可将读者从现实中拉出，在领受其怪诞的情境、呼吸其神秘的空气的同时，就会不自觉地摘下扮演社会角色的人格面具，而回归为具有赤子之心的艺术自我。这很像卷一《画壁》一篇朱孝廉不自觉地融入那庙宇东墙壁画中的景况，体现了现实自我转化为艺术自我的过程。然而艺术自我并不能完全脱离开其自身的经验世界与情感世界，如影随形的品味与体验都带有读者浓厚的个性色彩。一部作品可容纳进形形色色具有个性色彩的读者愈多，就愈脍炙人口，《聊斋》正是这样一部成功之作。

总而言之，尽管《聊斋志异》是在清初的时代氛围下撰写而成，蒲松龄的个人遭际也有别于今人，从而造成其作品与今天的读者具有一定的生活距离；但是这种生活距离仅是社会制度、文化、风俗等的不同，而绝非心理和情感上的距离。它正像《庄子》一书那样，时代的巨大变迁并没有令人们——特别是读书人对于这部《南华经》产生历史的隔膜，其间的心理相通无疑是一个重要的原因。

卷一《叶生》、卷六《司文郎》等反映科举制度取士不公弊端的小说，其锋芒所向距离我们今天的读者已经是相当遥远的事情了，然而我们每一个能够读懂原文（当然须借助相关注释）的读者在每一次阅读接受中仍可被感动不已，有时甚至热泪盈眶，所产生共鸣处并非小说批判科举不公的主题，而是弥漫于小说之中的失望、悲愤、知己之感，乃至可为世人理解的诸多情感。《叶生》中的主人公由病危到随丁乘鹤东归，在小说文本中留有一段空白，冯镇峦于"公不忍去，徐待之。逾数日，门者忽通叶生至"数句下有评云："来得突，不说明。"（第 121 页）这表明了本篇这一艺术"空白"的存在。读者接着阅读至小说将近结尾处："生闻之，怃然惆怅。逡巡入室，见灵柩俨然，扑地而灭。"再回顾填充前面所预留的"空白"，就会感到一种心灵的震颤。如果再接读以下的"异史氏曰"中"抱刺于怀，三年灭字；侧身以望，四海无

---

① （清）梁启超：《小说与群治之关系》，舒芜等编选：《中国近代文论选》，人民文学出版社 1959 年版，第 157—158 页。

家”(第122页)等句，可以填充以上“空白”的情愫就更多了。值得一提的是，类似的感动并不仅在初次阅读中才能产生，而是伴随每一次阅读接受，还有愈趋强烈之趋势。《叶生》是一篇与生活逻辑不符的小说，但由于它符合人们的情感逻辑，因而就有了其超越时空的艺术魅力。

卷二《莲香》中鬼、狐两者对桑生的情感交织着“爱”与“害”的矛盾冲突，这在某种意义上体现了人类生活中的两难抉择。卷七《瑞云》中的女主人公从俊变丑又复原的过程描写，背离生活逻辑，但符合人类为追求理想而希冀借助超自然力量以求目的实现的潜意识。卷二《鲁公女》中张于旦面貌容颜竟能返老还童，冯镇峦对此有评云：“此事为天下所无之事，在此段书为人人意中所有，人情即天道，何妨谓实有是事。”(第431页)作为千千万万读者之一的冯镇峦道出了千千万万读者的共同心声，强调人情作为《聊斋》作者、读者联系纽带的重要作用，很有见地。正是由于《聊斋志异》的诸多情愫符合人类的普遍经验，因而读者阅读接受在填补小说的艺术“空白”时心灵的契合可以达到极点，从而获得极大的审美愉悦。

卷三《促织》一篇属于《聊斋志异》中的名篇。成名之子因扑死其父视若拱璧并赖以交差的奇特蟋蟀，惧而投井，幸而被救复苏。青柯亭本《聊斋志异》于此篇这一情节后改“但蟋蟀笼虚”三句为：“但儿神气痴木，奄奄思睡。成顾蟋蟀笼虚，则气断声吞，亦不复以儿为念。”改“由此以善养虫名”二句为：“后岁馀，成子精神复旧，自言：‘身化促织，轻捷善斗，今始苏耳。’抚军亦厚赉成。”[①] 这样就改为明写成名之子“变形”的悲剧了。然而最接近作者原意的现存半部手稿本以及早期的铸雪斋抄本《聊斋志异》于此篇皆无上述描写，显然赵起杲等人在刊刻青柯亭本时有意作了增饰，可视为后人作为读者对这篇小说艺术“空白”的填补。这一填补可能有助于原作主题的深化，便于读者直接进入理性的思考，但这一增饰却牺牲了原作艺术处理的含蓄性，即读者对于那只敏捷善斗的蟋蟀是否与其子投井有关的不确定思索与想象被固定了下来。从这一意义上讲，原作的“空白”可以容纳进读者更多的想象，而一经青柯亭本文字的框定，对于那些善于从字缝间阅读小说的精细读者，可能会丧失阅读的一部分情趣。青柯亭本的文字增饰自有其一

① 《详注聊斋志异图咏》卷七《促织》，北京市中国书店影印清刊本。

定道理，不可完全以“画蛇添足”一棒子打死。但小说原作这一“空白”究竟是否有必要如此填补，可能见仁见智，两难抉择使今天的我们也很难作出令所有人心悦诚服的判断，而这正表明了艺术鉴赏活动的复杂性，即执一而求往往导致歧路亡羊。

梁启超在论小说与群治的关系时说：“人之恒情，于其所怀抱之想象，所经阅之境界，往往有行之不知，习矣不察者……有人焉，和盘托出，澈底而发露之，则拍案叫绝曰：‘善哉善哉，如是如是。’所谓‘夫子言之，于我心有戚戚焉’，感人之深，莫此为甚。”[①]《聊斋志异》中许多篇什正是以人类的极其普遍而又难以言传的情感因素引来读者的共鸣的。蒲松龄在卷八《香玉》篇末“异史氏曰”中曾说：“情之结者，鬼神可通。”（第2240页）冯镇峦《读聊斋杂说》则说：“（程朱）语录理精，《聊斋》情当。凡事境奇怪，实情致周匝，合乎人意中所欲出，与先正不背在情理中也。”（第2490页）卷四《小谢》一篇不过是小儿女之间尔汝私情的流露，但小说中由于有了“鬼脸”的面具，可令读者于瑰丽的想象中自觉远离尘世的喧嚣，完全沉浸于幻域中的绮思妙想，以满足各自潜意识中自己也难以分剖的隐秘情感。“虚构情境的表现对读者并不具有任何现实的后果：读者在其中担当的角色与他个人生活的情境并无联系。作者也是如此，他也同样只在文本中担当一个角色而已。然而，这种角色的扮演又不是在真空之中发生的，而是基于一种隐含的交流情境，这种情境是一切虚构作品的特征。”[②]以此而论，《聊斋志异》中许多篇虚构的文本，可引导读者依靠生动的幻觉去认同虚构的角色，而文本中艺术“空白”的存在有加强这种认同的趋势，唐人所谓“无间已得象，象外更生意”[③]即是。读者想象中的空白填补可令小说文本中的历史视野与读者的个人经验视野迅速地融合在一起，从而生成一种生动活泼、具有画壁融入效应的积极阅读。

---

① （清）梁启超：《小说与群治之关系》，舒芜等编选：《中国近代文论选》，人民文学出版社1959年版，第158页。

② ［德］K. 施蒂尔勒：《虚构文本的阅读》，张廷琛编：《接受理论》，四川文艺出版社1989年版，第166页。

③ （唐）刘长卿：《观李凑所画美人障子》，《全唐诗》卷一四九，中华书局1960年版，第1532页。

二、《聊斋》旧评的艺术“空白”论

清代几位《聊斋志异》的评点者已经朦胧认识或注意到蒲松龄在小说中巧妙运用艺术“空白”的问题，他们的有关评点有一些很发人深省。今天论及《聊斋志异》的艺术“空白”问题，适当地参考清人的评议，除了研究的客观性目的而外，也便于我们在研讨中避免主观臆测。

卷七《青蛙神》一篇中，有不愿另醮袁家而即刻归返薛家的蛙女转述其父的临别之言：“痴婢！不听吾言，后受薛家凌虐，纵死亦勿归也！”（第2122页）此语之后即转入对薛昆生有关举措的描述，至于木已成舟之事如何峰回路转再现曙光，只通过蛙女不请自来后的追忆补叙，适以造成一处结构上的“空白”。但明伦就此评云：“女字袁氏，且‘垩壁涤庭，候鱼轩矣’，生即愧愤成疾，庸有济乎？善读者须从此处掩卷深思，代为之计：如何转身，如何设法，如何措词……想到十分无法，然后展卷再读，乃知作者笔力直如此圆妙。”（第2122页）但明伦意识到充分发挥读者能动想象力作用的重要性，用代为设想法填补这一艺术“空白”，很有见地。作者于情节叙述中出现省笔，读者可由此及彼地反复琢磨，也可在想象的天地中获取“空白”填补的审美愉悦。

与艺术“空白”相辅相成的“期待视野”的形成，在接受美学中也有重要的意义。所谓“期待视野”并非文本结构上的艺术“空白”，而是读者在思维定式作用下所产生的回味、反顾与设想的心理行为。期待视野既可指作者依其成见储藏于文本中期待读者发现的审美视野，也可指读者依据其成见在阅读中期待作者提供的审美视野。它甚至可以离开文本的限制畅想于自由的天地。卷八《陈云栖》讲述真生与两位女道士的传奇婚姻，但明伦有评云：“入手以娶女道士一语作提笔，随即扬开；徐徐引入，而以潘姓作一线索；中间纵横顿挫，而脉络杂系，有如蜻蜓点水，若即还离。于百忙中代写云眠，在有意无意间。文情既不寂寞，至后而亦不至另起炉灶，且不嫌鹘突也。末以娶两道士作大结束，纵横变化中，仍自有规矩准绳。”（第2172页）艺术分析堪称到位。真生最终放弃对功名的追求，在小康中一人兼拥双美且“优势互补”，又有四男两女、“孙皆入泮”、长孙中举的阖家福乐，仕途无望读书人的白日梦书写至此已为极致，这显然过多融入了作者自身的人生想象。此篇的作者构思预先框定了读者的期待视野，比前述“双提法”的“空白”构成更为深广，可容纳进读者更为丰富的联想。

《聊斋志异》中的一些小说情节变化的展闪腾挪出人意表，可引起读者期待视野的不断变化，而这种变化也能产生阅读接受中的“空白”效应。卷一《王六郎》一篇，许姓渔者与王六郎有两次告别的描写，期待视野也有两次变化。这一方面造成小说的趣味性，一方面又将儒家“仁者爱人”的理念自然地融入读者因期待而产生的“空白”中，在交织惜别与感慨的悲凉中完成对主人公内心世界的完美展示。可见文本中期待视野的作用不容小觑。

但明伦在评点《聊斋》中总结其艺术规律，对于我们讨论小说的艺术“空白”问题具有极大地启发作用。但明伦提出所谓“双提法”而外，尚有所谓“转法”、“蓄法”、“钩连法”等名目。如他评卷七《葛巾》一篇，即以“转法”为名：

> 此篇纯用迷离闪烁、夭矫变幻之笔，不唯笔笔转，直句句转，且字字转矣。文忌直，转则曲；文忌弱，转则健；文忌腐，转则新；文忌平，转则峭；文忌窘，转则宽；文忌散，转则聚；文忌松，转则紧；文忌复，转则开；文忌熟，转则生；文忌板，转则活；文忌硬，转则圆；文忌浅，转则深；文忌涩，转则畅；文忌闷，转则醒。求转笔于此文，思过半矣。（第 2088 页）

评点连用十四转笔形容蒲松龄文字之妙，对于我们探求用接受美学方法研究《聊斋》不无助益！但明伦评点卷八《王桂庵》一篇又以“蓄法”为名：

> 文夭矫变化，如生龙活虎，不可捉摸。然以法求之，只是一“蓄”字诀。前于《葛巾传》论文之贵用“转”字诀矣。“蓄”字诀与转笔相类，而实不同，愈蓄则文势愈紧、愈伸、愈矫、愈陡、愈纵、愈捷。盖“转”以句法言之，“蓄”则统篇法言也。（第 2357 页）

可见无论“转”与“蓄”，即句法之“转”与篇法之“蓄”，两种技法对于期待视野的形成皆功莫大焉。但明伦评卷二《莲香》一篇，则用“钩连法”为名：

> 借妓而出莲香，文势已不鹘突，已不疏散，乃出李女，而犹必牵合莲香，此钩连法也。通篇鬼狐并写，俱用此法，即所谓“紧”字诀。（第 324 页）

总而言之，从艺术“空白”的角度而论，转法、蓄法与钩连法皆可视为各个艺术“空白”所出现的位置、大小疏密之不同以及对应关系等。这其间读者的联想必不可少，缺乏读者的主动参与，也就辜负了这些技法的运用，一切也就无从谈起了。期待视野的不断更新是由情节的不断推进造成的，故事发展的曲折使艺术“空白”有了附丽的基础，这从但明伦对卷二《庚娘》一篇的夹批中可以看得更加清楚。庚娘手刃仇人之后，但明伦有评云：“读至此，忽为之喜，忽为之惊，忽为之奋，忽为之惧；忽有愿其必能成功而欲助之，忽有料其未能成功而欲阻之。及观暗中以手索项，则为之寒噤；怕往下看，又急欲往下看。看至‘切之不死’数句，强者拍案呼快，弱者颈缩而不能伸，舌伸而不能缩，只能称奇称难而已。”（第 562—563 页）在《聊斋》研究中，只有如此充分注意到读者的作用，揣摩顾及到他们的反应，才有可能使这项研究不断走向深入。卷二《红玉》一篇中的男主人公冯相如于大仇已报之后，作者对之有一喜、一哭、一大哭三层描述：“念大仇已报，则辗然喜；思惨酷之祸几于灭门，则泪潸潸堕；及思半生贫彻骨，宗支不续，则于无人处，大哭失声，不复能自禁。”但明伦就此评云：“数语为一篇之警策。从生心中写出三层，使读者咸赏其情致之缠绵，用笔之周匝，几忘其为承接过渡之笔。”（第 409 页）读者与小说中人物心理契合是产生强烈艺术效果不可或缺的因素。

《聊斋志异》的一些篇章在表现人们对美好生活的企盼与追求时往往渲染出稍感“欠缺”的情境，令读者感叹理想的实现总有一种咫尺天涯的感觉。卷一《娇娜》的期待视野与故事情节的发展两次背离，即香奴与娇娜皆未能与孔生结百年之好，适以造成“欠缺”的审美效应。小说中松娘的引入仅使“欠缺”得到部分弥补，却又凸显了“求之不得”的无奈感。小说篇末“异史氏曰”有：“余于孔生，不羡其得艳妻，而羡其得腻友也。观其容可以忘饥，听其声可以解颐。得此良友，时一谈宴，则‘色授魂与’，尤胜于‘颠倒衣裳’矣。”（第91页）世间万事，有时得不到者往往是最可宝贵的。《诗·秦风·蒹葭》：“蒹葭苍苍，白露为霜。所谓伊人，在水一方，溯洄从之，道阻且长。溯游从之，宛在水中央。”[①]汉《古诗十九首·迢迢牵牛星》：“盈盈一水间，脉脉不得语。”[②]皆可为证。何守奇认为：“娇娜一席，却被松娘夺去。使孔生矢志如雷轰时，未必不有济也。”（第91页）这仅是清人填补小说情感“空白”的一种选择，有认识价值，却未必符合作者心态。其实，蒲松龄写这篇小说也是有其现实基础的，他做幕宝应时结识的友人孙蕙的如夫人顾青霞，这或许有若干投射于娇娜的情感影子。袁世硕先生认为：“作者蒲松龄本人就是这样：他与家长主婚的刘氏结成夫妻，双方各尽其夫妻的义务，白头偕老，但由于妻子没有文化，也存在着精神生活的巨大差异，他在外边结识了友人之小妾顾青霞，听她吟诗，为她选唐诗，同情她的不幸，精神上有了共鸣，感情的琴弦发生了共振。《娇娜》之作恐怕就是浸透着他个人的生活体验。”[③]所论甚是。能够写出真感情的文学作品才是最动人的，读《娇娜》当知人论世，方能体会其间微妙之处。

三、《聊斋》艺术“空白”与主题深化

《聊斋志异》某些小说艺术“空白”的构成，有时还通过写景达到，用景物的纵深感、朦胧感尽可能多的容纳进读者的经验世界。卷八《王桂庵》中的男主人公因与芸娘戏谑玩笑，致令芸娘误解而投江，小说以“王大呼，诸船惊闹，夜色昏濛，惟有满江星点而已”（第2356页）四句收束这一段描写，景物的“空白”与情感的“空白”的存在可以容纳进不同读者的不同联想。然而投江的作者构思又与读者的期待视野相背离，这就更加扩大了这一处艺术“空白”，并激发读者产生尽快阅读下去的兴趣。小说所反映的人生困境以

① （宋）朱熹集注：《诗集传》卷六，上海古籍出版社1958年版，第76页。

② 逯钦立辑校：《先秦汉魏晋南北朝诗》，中华书局1983年版，第331页。

③ 袁世硕：《憧憬“灵”与“肉”的统一——〈娇娜〉背后的意思》，载《蒲松龄研究》2004年第4期。

及由此引发出的读者对于人生价值的思索，往往具有社会横向的普遍性与历史纵向的共同性，从而可与古今读者进行充分的情感交流。这是《聊斋志异》中许多作品令人百读不厌的魅力所在。

《聊斋志异》的艺术“空白”是容纳读者情感的海洋，也是召唤读者理性思考的渊薮。情感“空白”的填充而外，理性“空白”的填充也值得瞩目。卷二《红玉》中，虬髯客为冯生报仇杀死御史一家而不杀宰（县令），何守奇就此评云：“侠杀御史一家而不杀宰，意宰之不胜杀也。当兴讼时，上至督抚，卒不得直，独宰也乎哉！”（第411页）显然，这一“空白”的填补有加强作品认知取向的功效，而一经清代几位评点家揭出，就更为明显了。但清代人理性思考的“空白”填补，有时并不见得尽符小说原旨，如卷二《口技》一篇，冯镇峦有评云：“得女子而失丈夫，古今同慨。松龄先生其有见于此，故托技于口，托口技于女子，托女子口技于暮夜，以垂戒后世欤！”（第394页）如此解读纯属民间技艺实录的小说文本，于今人而言无非郢书燕说，令人匪夷所思。但冯镇峦作为封建时代的一名文人士大夫，这一接受与其本身的经验世界有联系，不能认为就是无知妄言，至少有一定的认识价值。

《聊斋》全书弥漫着作者蒲松龄“善”的儒家传统理念，其中一些大谈因果报应的篇什，虽受到佛家典籍的影响，却没有将人类希望的火花在现世中完全熄灭，而是以道德的自我完善去引导人们摆脱业报的威胁。如卷四《布客》即是一篇毫不讳言行善目的性的形象解说，一方面是对命运天数的畏惧，一方面是自强不息的抗争，两方面冲突所营构的情感空间，也需要读者去做理性的填充。如果将《聊斋》中的“异史氏曰”视为小说中潜在隐含的读者，那么其有关议论也就有了理性思考的填充作用。卷五《向杲》中有向杲化虎报仇的情节设置，无疑是对人们幻想借助超自然力以达成某种正义目的的肯定，本质上代表了人类超越自我以完善社会的美好愿望。本篇“异史氏曰”有云：“壮士志酬，必不生返，此千古所悼恨也。借人之杀以为生，仙人之术何神哉！然天下事之指人发者多矣。使怨者常为人，恨不令暂作虎！”（第1247页）这就是一篇诅咒社会不公的檄文，正可用来填补小说中的情感空白。同为复仇的主题，《向杲》可与同卷《梅女》一篇参看，两者有异曲同工之妙，读者可从阅读这两篇小说时实现情感的满足、理性的满足以及道德净化的满足。卷二《连城》一篇的“异史氏曰”有云：“一笑之知，许之以身，世人或议其痴。彼田横五百人，岂尽愚哉！此知希之贵，贤豪所以感结而不能自已也。顾茫茫海内，遂使锦绣才人，仅倾心于蛾眉之一笑也。悲夫！"（第532—533页）这也可以视为读者对小说情感"空白"的一种填补。

"空白"出现于小说的结尾处，能够产生回顾效应而外，还可深化小说主题，它的开放性质，可为读者提供更为广阔的想象天地，可以令小说的艺术接受千变万化，并造成小说阐释的多向化发展。卷五《宦娘》的结尾处叙述宦娘告别温氏夫妇："（宦娘）又起告别。夫妻挽之良苦，宦娘凄然曰：'君琴瑟之好，自相知音；薄命人乌有此福。如有缘，再世可相聚耳。'因以一卷授温曰：'此妾小像。如不忘媒妁，当悬之卧室，快意时，焚香一炷，对鼓一曲，则儿身受之矣。'出门遂没。"冯镇峦就此评云："情思一缕，袅袅不绝，末一段尤妙甚。"又说："结得缥缈不尽，'曲终人不见，江上数峰青'。"（第1464页）交织着希望与等待的艺术"空白"的出现，给读者留下的是一片苍凉，这就是一种意境。卷二《连琐》的结尾处，杨于畏与连琐几经波折终成眷属，而后者："每谓杨曰：'二十馀年，如一梦耳。'"年纪稍长于蒲松龄的王士禛是清初倡导神韵说的诗坛巨擘，他评这一小说结尾时说："结尽而不尽，甚妙！"这与其所倡导的馀味无穷的神韵诗风若合符契，所以其后冯镇峦猜测云："此下似尚有数句，想渔洋删去之耳。《西厢》、《水浒》皆以一梦结，同是此意。然再缀数语，便是俗笔。"但明伦评云："如闻钧天广乐之声，戛然而止。"（第487页）这种可令读者感慨丛生的小说收束，妙在模糊中更饶含蓄之趣，"每谓杨曰"的"每"字的强调，更显示出人生沧桑的感慨，因而耐人寻味。卷二《白于玉》本是一篇探索求仙遁隐的小说，其结尾有云："葛母年五十馀，或见之，犹似二十许人。"但明伦就此评云："结亦尽而不尽。"（第502页）这与《连琐》的结尾近似，也是可以唤来读者前瞻后顾的"空白"联想的结尾。卷一《婴宁》的结尾："女逾年生一子，在怀抱中，不畏生人，见人辄笑，亦大有母风云。"冯镇峦评云："'笑'字馀波袅袅。"但明伦评云："直收到上元之笑。末结一'笑'字，可谓'回头一笑百媚生'。"（第228页）"见人辄笑"与"大有母风"所构成的艺术"空白"适可引导读者于回顾婴宁的善笑性格中，再次获得感染，有回味无穷的魅力。诸如此类之处，的确需要读者进行创造性思维方可较为理想地完成阅读接受。

卷七《葛巾》一篇的结尾仅言："自此牡丹之盛，洛下无双焉。"（第2088

页）并没有交代葛巾与玉版两位花神的最后归宿，令读者于迷茫不解中产生对常大用兄弟的惋惜之情，联想也就以此为基础产生了。同卷《晚霞》的结尾："女以龟溺毁容，而后见之。教三月，终不能尽其技而去。"（第 2141 页）这也没有交代阿端、晚霞的最后归宿。以龟溺自毁容颜固然令人怅惘无限，而三月后的形影俱渺，更易令读者浮想联翩。卷八《粉蝶》的结尾："（杨月旦）每为之鼓《天女谪降》之操，（粉蝶）辄支颐凝想，若有所会。"这也是一种馀味无穷的收束之笔。冯镇峦就此评云："结尾飘飘欲仙，更着不得赞词。"但明伦评云："不结之结，趣味悠然。"（第 2417 页）这篇小说中十六年的岁月忽焉已过，这一时间跨度是容纳读者诸多感慨的"空白"。小说结尾的回顾效应要求读者进行创造性的思维，在完成阅读过程的同时，重建起一个新的接受天地——可容纳人类无限丰富情感的艺术天地！

小说结尾留有"空白"，可造成言有尽而意无穷的阅读效果，而多向化的解析更说明小说诠释的无限趣味。卷三《公孙九娘》中的女主人公之鬼魂因莱阳生"忘问志表"而"负骸骨之托"，终不能谅解其疏忽大意，衔恨回避再见，一腔幽怨难以化解，作者在如此情境之下特意留下情感的"空白"。清人方舒岩评云："荒冢累累，全凭志表而别，莱阳生不能问，九娘亦不能告，二者均失。言惫言冤，俱未当也。"梓园（王金范）评云："志表乃第一要紧事，当先问之。此九娘所以恨也，乌得言冤？"但明伦评云："忘问志表，生固多疏；而夜往路迷，不可谓非鬼之无灵也。"何守奇评云："不以葬处相示，彼此都疏，乃独归咎于莱阳，此异史氏所以有'冤哉'之叹也。"（第 713—714 页）清代四人所评虽略有差异，但就事论事，全以忘告或忘问志表一事发挥，皆未得作者于结尾故作玄虚之三昧。实则此处出现"空白"，正是蒲松龄狡黠所在，可令读者于审视思索中加深对芸芸众生遭受战乱、民不聊生的同情。

读者无论以情感还是以理性填补《聊斋》有关篇章的艺术"空白"，可以说都离不开各自丰富的想象力与创造力。从这一意义上说，《聊斋志异》本身就不是一座永远不变的纪念碑，它更像一部乐谱，在不同层次或不同时代的读者的演奏中不断获得新的生命，成为一个现实的存在。

《聊斋志异》用语的“借鉴”研究

蒲松龄创作《聊斋志异》以文言写成，措词用语皆极其讲究，且反复修改，几乎用尽大半生心血。借鉴古代典籍文献甚至诗词有关词语或修辞方法，屡屡见于《聊斋》篇章中，清代与今天的注家凡遇此多不出注，这对于读者深入体会小说韵味或许造成一定的障碍。作者化用经典文句为我所用，在《聊斋》中层见叠出，亦庄亦谑，典雅清新。笔者拟列举蒲松龄借鉴古代典籍文献的有关方式，力图建立起《聊斋志异》与古典文献相联系的一个通道，从而探讨作者在小说创作中的艰苦用心。

蒲松龄《聊斋志异》使事用典，信手拈来，又能融民间话语于小说人物对话中，文字典雅之外不乏风趣之致，读来耐人寻味。其间巧妙化用古代典籍文献相关词语，可分为词语借鉴、句式借鉴、意境借鉴。三种方式各有千秋，用于小说，一经点染，便觉气韵生动，读者即使一时不明出典，也感活泼传神，的确非同凡响。

一、词语借鉴

明清文人从事科举，八股制义乃功令文之主体，熟读“四书”、“五经”为读书人一生功业的根本，吟诗行文时时流露出经典熏陶的痕迹，实为应有之义。如果作者有意为之，借鉴取资经典或文献中语，于作品中时露峥嵘，就更耐人寻味了。《聊斋志异》虽系小说，文字中直接化用典籍文献中词语，不在少数，典雅而外，也可丰富文字内涵。清人阅读《聊斋》凡遇此等文字皆可会心，唯今日读者对于传统典籍已相当陌生，不经注家指出，实在难以体味其中妙趣，辜负了作者精雕细琢文字的一片苦心。词语借鉴可分如下四种情况。

（一）直接借鉴。《聊斋志异》卷一《耳中人》：“一日，方趺坐，闻耳中小语如蝇，曰：‘可以见矣。’开目即不复闻；合眸定息，又闻如故。谓是丹将成，窃喜。”（第7页）所谓“可以见矣”四字并不难懂，有全注本注云："可以见（xiàn 现）矣：可以现形了。见，通'现'。"[①] 实则四字语本《孟子·滕文公上》："吾今则可以见矣。"又《孟子·滕文公下》："迫，斯可以见矣。"[②] 书证两例皆为"可以相见"的意思。小说中"可以见矣"也两次出现，意义相同，虽属日常习用语，却因携带有科举时代的读书人耳熟能详的"四书"信息而兴象无穷，是作者狡黠之笔，今天的读者切不可囫囵吞枣般读过。又如卷一《劳山道士》："已而歌曰：'仙仙乎，而还乎，而幽我于广寒乎！'"（第 57 页）所谓"仙仙乎，而还乎"，语本《庄子·在宥》："意，毒哉！仙仙乎归矣。"[③] 化用《庄子》中语，不露丝毫痕迹。再如卷一《婴宁》："我言少教诲，此可见矣。年已十六，呆痴裁如婴儿。"（第 222 页）所谓"裁如婴儿"，意谓智力仅仅如婴儿一般，语本《战国策》卷二九《燕策一》："燕王曰：'寡人蛮夷僻处，虽大男子，裁如婴儿。言不足以求正，谋不足以决事。'"[④] 裁，通"才"，意为"仅仅"。另如《婴宁》篇末"异史氏曰"云："观其孜孜憨笑，似全无心肝者。而墙下恶作剧，其黠孰甚焉。"（第 228 页）所谓"全无心肝"，意谓毫无心计，语本《南史》卷一〇《陈本纪下》："既见宥，隋文帝给赐甚厚，数得引见，班同三品。每预宴，恐致伤心，为不奏吴音。后监守者奏言：'叔宝云，既无秩位，每预朝集，愿得一官号'。隋文帝曰：'叔宝全无心肝。'"[⑤] 化用史籍中语，举重若轻。

无论前人别集还是史传文学都堪称蒲松龄取资的宝库。如卷二《阿宝》："遂貌其呆状，相邮传作丑语，而名之'孙痴'。"（第 342 页）所谓"邮传作丑语"，意谓相互传播有关孙子楚难听的话，语本唐柳宗元《与裴埙书》："有喙有耳者，相邮传作丑语耳，不知其卒云何。"[⑥] 所谓"邮传"，即传播，口耳相传；所谓"丑语"，即恶语，难听的话。再如卷二《遵化署狐》之"异史氏曰"云："狐之祟人，可诛甚矣。然服而舍之，亦以全吾仁。"（第 359 页）所谓"服而舍之"，意谓服罪了就加以宽恕，语本《左传·隐公十一年》："许无刑而伐之，服而舍之，度德而处之，量力而行之，相时而动，无累后人，可

---

① 朱其铠主编：《全本新注聊斋志异》，人民文学出版社 1989 年版，第 5 页。
② 杨伯峻译注：《孟子译注》，中华书局 1960 年版，第 134 页，第 152 页。
③ 郭庆藩辑：《庄子集释》，中华书局 1961 年版，第 390 页。
④ （汉）刘向集录：《战国策》卷二九《燕策一》，上海古籍出版社 1985 年版，第 1052 页。
⑤ （唐）李延寿撰：《南史》卷一〇《陈本纪下》，中华书局 1975 年版，第 310 页。
⑥ （清）董诰等编：《全唐文》卷五七三，山西教育出版社 2002 年版，第 3422 页。

谓知礼矣。”[①] 若不明其出处，就难以准切诠释四字语义。经典而外，诗词中语，蒲松龄也时有借鉴。如卷三《辛十四娘》：“果有红衣人，振袖倾鬟，亭亭拈带。”（第 802 页）所谓“振袖倾鬟”，即形容女子整理衣袖、发髻前倾的情态，语本唐刘禹锡《踏歌词四首》其三：“新词宛转递相传，振袖倾鬟风露前。”[②] 从出典当可见作者日常搜集之勤。以上诸例皆径用典籍甚至诗中词语，属于一般性借鉴，并无太多深意，仅反映了作者腹笥深厚的行文从容。直接借鉴在《聊斋》中不胜枚举，这里仅于《聊斋》前三卷摭取数例，读者不明其出处亦无妨理解，但若晓其出典，则鉴赏之馀当别有会心。

《聊斋》中还有一些词语借鉴，若不明出典，或有碍于词义的正确理解。如卷三《寒月芙蕖》：“共趋觇望，则见憧憧者往来于中。”（第 870 页）何谓“憧憧”？有全注本注“憧憧”谓：“指摇曳不定的人影。”[③] 此有望文生义之嫌。在这里，“憧憧”当谓往来不绝的样子，语本《易·咸》：“憧憧往来，朋从尔思。”高亨《周易古经今注》引唐陆德明《经典释文》：“憧憧，马（融）云：‘行貌。’王肃云：‘往来不绝貌。’”[④] 如此为释，小说之描述更觉神采飞扬。再如卷四《西湖主》：“有浮尸继至，则其僮仆。力引出之，已就毙矣。惨怛无聊，坐对憩息……自迟明以至辰后，怅怅靡之。”（第 974 页）所谓“靡之”何谓？笔者所见全注本或选注本多注谓“无处可去”，全译本或译为“精神萎靡”，或不译出。实则“怅怅靡之”意谓在失意不快中与“坐对”的仆尸共处。“靡”意为“共”，语本《易·中孚》：“我有好爵，吾与尔靡之。”高亨《周易古经今注》引唐陆德明《经典释文》：“靡，《韩诗》云：‘共也。’”[⑤] 准确把握“靡之”两字取义，方能体味主人公的困窘遭际之不幸。又如卷七《葛巾》：“生返，不能徙步。意女郎归告父兄，必有诟辱之来。”（第 2082 页）所谓“不能徙步”，即不能移步，这里特别用来形容羞愧惊慌貌，语本《新唐书》卷一〇三《张玄素传》：“始，玄素与孙伏伽在隋皆为令史，太宗尝问玄素宦立所来，深自羞汗。褚遂良见帝曰：‘……陛下昨问玄素在隋任何官，对

① 杨伯峻编著：《春秋左传注·隐公十一年》，中华书局 1981 年版，第 76 页。
② 《全唐诗》卷三六五，中华书局 1960 年版，第 4111 页。
③ 朱其铠主编：《全本新注聊斋志异》，题名为《济南道人》，人民文学出版社 1989 年版，第 584 页。
④ 高亨著：《周易古经今注》，中华书局 1984 年版，第 251 页。
⑤ 高亨著：《周易古经今注》，中华书局 1984 年版，第 339 页。

曰：“县尉。”又问未为尉时，曰：“流外。”又问何曹司，玄素出不能徙步，颜若死灰，精爽顿尽，见者咸共惊怪。’”[①]显然，若不明“不能徙步”的出典，则极难体味蒲松龄在此处遣词用语恰如其分的一片苦心。

确认词语借鉴之出典，有时甚至涉及《聊斋》的文字校勘问题。如卷四《金生色》：“天降凶忧，婿遽遭殒命。”（第1052页）所谓“遭殒命”，任笃行本乃从康熙本、《异史》本、二十四卷抄本、铸雪斋本的文字，当属误校；唯手稿本作“遭命”，是。古人谓行善而遭凶的坏命运为“遭命”，《楚辞·九辩》：“霰雪雰糅其增加兮，乃知遭命之将至。”汉王逸注：“卒遇诛戮，身颠沛也。”[②]汉王充《论衡·命义》：“遭命者，行善得恶，非所冀望，逢遭于外，而得凶祸，故曰遭命。”[③]朱注本注谓：“遽遭命：意谓突然死去。‘遭命’，讳言夭死之词。”[④]校勘不误，释文误。盛注本注谓：“遽遭殒命：意为突然死亡。殒命，丧命。”[⑤]校勘、释文皆误。确认词语借鉴之出处，有时也涉及《聊斋》的断句标点正确与否问题。卷四《花姑子》：“暮归，路经华岳，迷窜山谷，中心大恐。”（第956页）笔者所见两种全注本及选注本皆以“中”属上断句，即以“迷窜山谷中”为句，似不确。“中心”，即心中，语本《诗·王风·黍离》：“行迈靡靡，中心摇摇。”[⑥]

（二）加字借鉴。卷一《娇娜》：“切磋之惠，无日可以忘之。”（第89页）所引文后一句语本《左传·昭公三十二年》：“余一人无日忘之，闵闵焉如农夫之望岁，惧以待时。”[⑦]将“可以”加于“无日忘之”中，令肯定的语气加重。卷一《画皮》：“道士怒曰：‘我固怜之，鬼子乃敢尔！’”（第178页）所谓“鬼子乃敢尔”，语本南朝宋刘义庆《世说新语·方正》：“士衡（陆机）正色曰：‘我父祖名播海内，宁有不知，鬼子敢尔！’”[⑧]所谓“鬼子”，属于詈词，犹言鬼东西，加一“乃”字于“敢尔”之前，强调了愤怒的语气。卷三《狐

① （宋）欧阳修、宋祁撰：《新唐书》卷一〇三《张玄素传》，中华书局1975年版，第4002页。
② （宋）洪兴祖撰：《楚辞补注》卷八，中华书局1983年版，第191页。
③ （汉）王充撰：《论衡》卷二，上海人民出版社1974年版，第19页。
④ 朱其铠主编《全本新注聊斋志异》，人民文学出版社1989年版，第695页。
⑤ 盛伟校注：《聊斋志异校注》，山西人民出版社2000年版，第983页。
⑥ 高亨注：《诗经今注》，上海古籍出版社1980年版，第96页。
⑦ 杨伯峻编著：《春秋左传注》，中华书局1981年版，第1517页。
⑧ 余嘉锡撰：《世说新语笺疏》，中华书局1983年版，第299页。

谐》："狐娘子大清醒，暂借一觞。"（第 746 页）"大清醒"，笔者所见注本多不加注，实乃作者暗示狐女不饮酒而貌如花枝，语本唐范摅《云溪友议》卷下《杂嘲戏》："夔州游使君符，邀客看花而不饮，至今荆襄花下斟茶者吟此戏焉。卢子发：'白帝城头二月时，忍教清醒看花枝。莫言世上无袁许，客子由来是相师。'"[①]加一"大"字于"清醒"前，明显语带调侃意味。卷三《武技》："既而支撑格拒，李时时蹈僧瑕。"（第 894 页）"蹈僧瑕"即"蹈瑕"，谓利用对方的破绽或失误，语本《史记》卷一一八《淮南衡山列传》："高皇始于丰沛，一倡天下不期而响应者不可胜数也。此所谓蹈瑕候间，因秦之亡而动者也。"[②]两全注本皆未能将"蹈瑕"视为一词，指出其出处，仅注"瑕"为玉上的杂斑，不纯净处，引申为破绽、弱点。释义无误，却不全面。"蹈瑕"作为一词运用，又见卷五《邵女》："但女奉侍谨，无可蹈瑕。"（第 1322 页）可见"蹈瑕"两字成词，不宜分拆诠释。又如卷七《湘裙》："仲大悲，随之而入。见庐落亦复整顿。"（第 1925 页）所谓"庐落整顿"，即房舍整齐，语本《后汉书》卷七六《仇览传》："吾近日过舍，庐落整顿，耕耘以时。"唐李贤注引《广雅》曰："落，居也。"[③]加"亦复"两字于其中，具有了与阳世两相比较的意味。

（三）减字借鉴。如卷五《青娥》："生辞以母望，不能久留。"（第 1389 页）何谓"母望"？各注本不注，丧失了小说的部分情韵义。所谓"母望"，谓母亲望儿子归家的殷切心情，语本《战国策》卷一三《齐策六》："王孙贾年十五，事闵王。王出走，失王之处。其母曰：'女朝出而晚来，则吾倚门而望；女暮出而不还，则吾倚闾而望。'"[④]"母望"两字的借鉴，在此处堪称言简意赅。再如卷五《仙人岛》："因而自起泛卮，谢过不遑。"（第 1409 页）所谓"泛卮（fěng zhī 讽支）"，即把酒杯翻过来。这里意谓故意碰翻酒杯，以便借"谢过"之机缓和或转移当时主客尴尬的局面。泛，翻，倾倒，语本《史记》卷九《吕太后本纪》："太后怒，乃令酌两卮酖，置前，令齐王起为寿。齐王起，孝惠亦起，取卮欲俱为寿。太后乃恐，自起泛孝惠卮。齐王怪

---

① （唐）范摅：《云溪友议》卷下，古典文学出版社 1957 年版，第 75 页。

② （汉）司马迁撰：《史记》卷一一八《淮南衡山列传》，中华书局 1959 年版，第 3086 页。

③ （南朝宋）范晔撰：《后汉书》卷七六《仇览传》，中华书局 1965 年版，第 2480 页。

④ （汉）刘向集录：《战国策》卷一三《齐策六》，上海古籍出版社 1985 年版，第 450 页。

之，因不敢饮，佯醉去。”[①] 蒲松龄显然有意借鉴《史记》中吕后欲鸩杀庶长子齐王刘肥而又惧怕伤及其嫡生子刘盈的丑陋行径，微妙地传达出仙人岛主人借机转移淡化王勉因被小女奚落而狼狈不堪的氛围。1990 年汉语大词典出版社出版《汉语大词典》收录“泛卮”词条，释义为“把酒杯翻过来，意谓干杯”，并以《聊斋·仙人岛》为书证，《词典》“意谓干杯”的补释纯属蛇足。“自起泛卮”源于“自起泛孝惠卮”，今天注家注释“泛卮”或谓“谓斟满酒”，或谓“干杯敬酒”；至于全译本，则或译为“敬酒把盏”，或译为“起来斟酒”，或译为“起身满斟一杯”，这就成了岛主借敬酒以替小女赔罪的描写，若然岂不更令王勉无地自容？对照《史记》之文原义，可见以“泛卮”为“干杯”或“斟酒”皆属误解。

减字借鉴若减省过多，取意或未免晦涩。如卷五《柳生》：“公子向慕已久，每托某代访，曩夕始得晤。”（第 1440 页）所谓“曩夕”，谓先时某晚；夕，又谓傍晚拜见尊长，语本《左传·成公九年》：“其为大子也，师保奉之，以朝于婴齐而夕于侧也。”杨伯峻注末句云：“早晨向令尹子重请教，晚间又访问于司马子反。”[②] 这是古人尊卿敬老的体现。以“曩夕”为词，明显有当面奉承傅姓营卒的意味。青柯亭本作“曩昔”，意谓往日、从前，则远不如“曩夕”一词具有微言大义的内涵，且与上两句逻辑线索不清。再如卷六《吕无病》：“无病鞠躬屏气，承望颜色，而妇终不快。”（第 1636 页）所谓“鞠躬屏气”，谓恭敬谨慎，因畏惧而抑止呼吸，语本《论语·乡党》：“摄齐升堂，鞠躬如也，屏气似不息者。”[③] 以上两例，笔者所见两种全注本皆未明书证，于理解小说原义终有所欠缺。又如卷六《钱卜巫》：“子能干蛊，穷败七十年，卒以中兴。”（第 1648 页）所谓“干蛊”，即“干父之蛊”，谓儿子能继承父志，完成父亲未竟之业，语本《易·蛊》：“干父之蛊，有子，考无咎，厉终吉。”高亨《周易古经今译》释“蛊”云：“用以喻人，淫邪之女亦谓之蛊，《左传·昭公元年》：‘女惑男谓之蛊。’是其证。本卦蛊字即此义也。干父之蛊，谓子匡正其父淫邪之妾也。有子如此，则父自无咎，虽危亦终吉矣。”[④] 以此

---

① （汉）司马迁撰：《史记》卷九《吕太后本纪》，中华书局 1959 年版，第 398 页。

② 杨伯峻编著：《春秋左传注·成公九年》，中华书局 1981 年版，第 845 页。

③ 杨伯峻译注：《论语译注》，中华书局 1980 年版，第 98 页。

④ 高亨著：《周易古经今注》，中华书局 1984 年版，第 215 页。

印证《钱卜巫》小说真义，亦通，可见弄清楚“斡蛊”一词的出典完全必要。另如卷六《小梅》篇末“异史氏曰”云：“不绝人嗣者，人亦不绝其嗣，此人也而实天也。”（第1780页）末句意谓貌似乃人事左右，其实全由老天安排，语本《太平广记》卷二三六《隋炀帝》引《朝野佥载》：“此实天心，非关人事也。”[①]若不明出典，对于准确理解小说原义终隔一层。

（四）改字借鉴。如卷二《鲁公女》：“今近在咫尺，而邈若河山。”（第429页）所谓“邈”，即遥远，指空间距离大，意谓生与死之间遥远得如隔山河，语本南朝宋刘义庆《世说新语·伤逝》：“自嵇生夭、阮公亡以来，便为时所羁绁，今日视此虽近，邈若山河。”[②]改“山河”为“河山”，属于小改，无关宏旨。再如卷一《鬼哭》篇末“异史氏曰”云：“邪怪之物，惟德可以已之。”（第114页），引文后一句语本《左传·昭公二十六年》：“唯礼可以已之。”[③]借鉴中以“德”易“礼”，属于概念置换。又如卷一《董生》：“女又笑曰：‘君误矣，尾于何有？’”（第195页）所谓“尾于何有”，意谓哪里有尾巴，属于狐女的自我调侃，语本《左传·襄公二十三年》：“群臣若急，君于何有？”[④]化用经典入口语，可令会心的读者解颐。另如卷二《莲香》：“临榻哂曰：‘田舍郎，我岂妄哉！’”（第327页）语本元辛文房《唐才子传》卷三有关“旗亭画壁”的掌故。唐诗人王昌龄、高适、王之涣等在旗亭（酒楼）以歌妓唱诗多寡较胜，王之涣自视甚高，预言自己将获胜。果然最后一佳妓连唱三首王之涣的绝句，王之涣得意之馀对王、高等人说：“田舍奴，吾岂妄哉！”[⑤]蒲松龄借鉴时改“田舍奴”为“田舍郎”，更符合旧时男女间打情骂俏的语境。此外，卷二《巧娘》：“生曰：‘跛者不忘履，盲者不忘视。’相与粲然。”（第379页）所引谚语意谓虽然力有未逮，但心向往之，语本《吴越春秋》卷八《勾践归国外传》：“今寡人念吴，犹躃者不忘走，盲者不忘视。孤未知策谋，惟大夫诲之。”[⑥]蒲松龄改动两字，即令谚语更通俗上口。

《聊斋》借鉴古典，有时改字也兼改动其意。如卷四《马介甫》：“万石思

---

① （宋）李昉等编：《太平广记》卷二三六，中华书局1961年版，第1814页。
② 余嘉锡撰：《世说新语笺疏》，中华书局1983年版，第637页。
③ 杨伯峻编著：《春秋左传注·昭公二十六年》，中华书局1981年版，第1480页。
④ 杨伯峻编著：《春秋左传注·襄公二十三年》，中华书局1981年版，第1077页。
⑤ 孙映逵校注：《唐才子传校注》，中国社会科学出版社1991年版，第235页。
⑥ 张觉译注：《吴越春秋全译》，贵州人民出版社1993年版，第331页。

媚妇意，微露其假。"（第1084页）所谓"思媚妇意"，谓意欲逢迎取悦于妻子，系巧用《诗·周颂·载芟》"有嗿其馌，思媚其妇"[①]的字面义，原诗句为赞美田间送饭妇女的美丽漂亮。思，句首助词，这里改"其妇"两字为"妇意"外，又将"思"用作动词，极见巧思。再如卷五《江城》："生日在兰麝之乡，如犴狴中人仰狱吏之尊也。"（第1282页）又卷七《席方平》："肆淫威于冥界，咸知狱吏为尊。"（第1956页）无论"狱吏之尊"或"狱吏为尊"，皆形容狱吏对于犯人的淫威，语本《史记》卷五七《绛侯周勃世家》："吾尝将百万军，然安知狱吏之贵乎！"[②]又南朝梁任昉《为范尚书让吏部封侯第一表》："赭衣为虏，见狱吏之尊。"[③]"尊"与"贵"义同，蒲松龄未必有意改动，但今人作注，若不注出典，终为缺憾。《聊斋》改字借鉴，有时也涉及前人诗作。如卷七《湘裙》："仲念鬼虽非人，慰情亦胜无也。"（第1926页）所谓"慰情亦胜无"，意谓有鬼侄在膝下总比没有强，当改自晋陶渊明《和刘柴桑》诗："弱女虽非男，慰情良胜无。"[④]

二、句式借鉴

句式借鉴属于模拟典籍文献行文的范畴，注家一般不予指出，其实这种借鉴法较之词语借鉴更可见《聊斋》作者熟悉古代典籍文献的学养。

卷一《野狗》："忽见阙头断臂之尸，起立如林。内一尸，断首犹连肩上，口中作语曰：'野狗子来，奈何？'群尸参差而应曰：'奈何！'"（第106页）所谓"奈何"，即意谓怎么办，与下文"群尸"所应"奈何"，有意模拟《礼记·曲礼下》句式："国君去其国，止之曰'奈何去社稷也'；大夫曰'奈何去宗庙也'；士曰'奈何去坟墓也'。"[⑤]模拟经典最为明显者，如卷二《连城》："生曰：'卿死，仆何敢生！'"（第530页）两句意谓你死了，我怎能还

① 高亨注：《诗经今注》，上海古籍出版社1980年版，第501页。
② （汉）司马迁撰：《史记》卷五七《绛侯周勃世家》，中华书局1959年版，第2073页。
③ （清）严可均校辑：《全上古三代秦汉三国六朝文》，中华书局1958年版，第3194页。
④ 逯钦立校注：《陶渊明集》，中华书局1979年版，第58页。
⑤ （清）阮元校刻：《十二经注疏》，中华书局1979年版，第1259页。

活在世上，此反用《论语·先进》：“子畏于匡，颜渊后。子曰：‘吾以女为死矣！’曰：‘子在，回何敢死！’”[①] 清人何守奇、冯镇峦早已指出这一模拟。又如卷四《白莲教》：“假兵马死真将军，亦奇矣！”（第1147页）此句式模拟“死诸葛走生仲达”，语本《晋书》卷一《高祖宣帝》：“会亮病卒，诸将烧营遁走，百姓奔告，帝出兵追之。亮长史杨仪反旗鸣鼓，若将距帝者。帝以穷寇不之逼，于是杨仪结阵而去……乃知亮死审问。时百姓为之谚曰：‘死诸葛走生仲达。’”[②] 卷四《武孝廉》：“我有丸药，能起死。苟病瘳，勿相忘。”（第968页）末两句意谓如果病治愈，不要忘记我。句式模拟《史记》卷四八《陈涉世家》：“陈涉少时，尝与人佣耕，辍耕之垄上，怅恨久之，曰：‘苟富贵，无相忘。’”[③] 卷四《荷花三娘子》：“乃略近拂拭曰：‘桑中之游乐乎？’”（第1028页）“桑中之游乐乎”的句式模拟宋苏轼《后赤壁赋》：“梦一道士，羽衣蹁跹，过临皋之下，揖予而言曰：‘赤壁之游乐乎？’”[④]“桑中之游”，意谓私奔幽会的行为，语本《诗·鄘风·桑中》：“云谁之思？美孟姜矣。期我乎桑中，要我乎上宫，送我乎淇之上矣。”宋朱熹注：“桑中、上宫、淇上，又沬乡之中小地名也……卫俗淫乱，世族在位，相窃妻妾。故此人自言将采唐于沬，而与其所思之人相期会迎送如此也。”[⑤] 蒲松龄于小说中精心设计人物语言，即使男女间调笑戏谑之语，也大费周章，两用书典，注家若不明其原委，一般读者就难以体味其中妙趣。

《聊斋》于先秦典籍瞩目尤多，这或许与作者常年从事八股举业有关，制义有所谓“入口气”之说，须代圣人立言，自不能涉及春秋以下事典。卷四《云翠仙》：“途中见女郎从媪，似为女也母者。”（第1125页）所谓“女也母者”，即女子之母。又卷八《陈云栖》：“果尔，则为母也妇；不尔，则终为母也女，报母有日也。”（第2169页）前三句意谓那位“潘氏”子若已结婚，我就做母亲的儿媳妇，否则我就终身做母亲的女儿。以上所举两例的句式皆模拟《礼记·檀弓上》：“为伋也妻者，是为白也母；不为伋也妻者，是不为白

① 杨伯峻译注：《论语译注》，中华书局1980年版，第117页。
② （唐）房玄龄等撰：《晋书》卷一《高祖宣帝》，中华书局1974年版，第9页。
③ （汉）司马迁撰：《史记》卷四八《陈涉世家》，中华书局1959年版，第1949页。
④ （宋）苏轼撰：《苏轼文集》卷一，中华书局1986年版，第8页。
⑤ （宋）朱熹注：《诗经集传》，吉林人民出版社1999年版，第37页。

也母。”[①] 以虚词“也”置于定中结构的词组中，语气的停顿而外，强调作用显然，属于先秦时代的特有句法，蒲松龄将这种句法偶尔运用于小说中，可见其仿古的用心。清冯镇峦早已点明《陈云栖》有关字句模拟《檀弓》句法，然而笔者所见今人各注本皆未注出这一句法的书证，极不利于读者对于小说的鉴赏体味。又如卷二《酒友》：“生笑曰：‘美哉睡乎！’”（第319页）卷五《仙人岛》：“闻人鼓掌曰：‘美哉跌乎！’”（第1407页）上举两例所包含“美哉”的四字句式完全模拟《左传·襄公二十九年》吴公子季札观乐之一系列以“美哉”开首的赞叹语，如“为之歌《邶》、《鄘》、《卫》，曰：‘美哉渊乎！忧而不困者也。’”“为之歌《豳》，曰：‘美哉荡乎！乐而不淫，其周公之东乎？’”[②] 将《左传》中有关句式运用于小说人物对话中，一股典雅的书卷气不觉迎面扑来，这是《聊斋》的语言艺术特色之一。

《聊斋》模拟经典文献句式大多并非有意为之，而是常年吟诵涵泳之下潜移默化的结果，不经意的模拟中自有一种深透骨髓的韵致。卷六《于去恶》：“书艺、经论各一，夫人而能之。”（第1712页）所谓“夫人而能之”，意谓很多人都可以做出来，不足为奇，当是模拟《周礼·冬官考工记》：“粤无镈，燕无函，秦无庐，胡无弓车。粤之无镈也，非无镈也，夫人而能为镈也；燕之无函也，非无函也，夫人而能为函也；秦之无庐也，非无庐也，夫人而能为庐也；胡之无弓车也，非无弓车也，夫人而能为弓车也。知者创物，巧者述之守之，世谓之工。”[③] 诸如此类的模拟句式，《聊斋》中还有一些，如卷七《长亭》：“如其不还，在卿为负义，道里虽近，当亦不复过问，何不信之与有？”（第1946页）所谓“何不信之与有”，意谓有什么可以不信任的呢，其句式模拟《国语》卷八《晋语二》：“亡人苟入扫宗庙，定社稷，亡人何国之与有？”[④] 清冯镇峦评“何不信之与有”，谓“似《左氏传》中词品”（第1946页），似有弄混出典之嫌。又如卷七《素秋》：“公子曰：‘妹年已二十矣，长而不嫁，人其谓我何？’”（第1965页）所谓“人其谓我何”，意谓别人将怎么说我，模拟《左传·桓公六年》：“今以君命奔齐之急，而受室以归，是以师

---

① （清）阮元校刻：《十三经注疏》，中华书局1979年版，第1274页。
② 杨伯峻编著：《春秋左传注·襄公二十九年》，中华书局1981年版，第1162页。
③ （清）阮元校刻：《十三经注疏》，中华书局1979年版，第905—906页。
④ 《国语》卷八《晋语二》，上海古籍出版社1978年版，第311页。

昏也。民其谓我何？”[①] 句式模拟有时与本文“一”中的“改字借鉴”法易相混淆，须仔细辨别，方能认清。

三、意境借鉴

蒲松龄从古代典籍文献中汲取营养为我所用，词语借鉴、句式借鉴而外，意境借鉴属于更上一层楼的语言艺术，体现了《聊斋》作者左右逢源、炉火纯青的文学功力。

卷一《劳山道士》：“一客曰：“良宵胜乐，不可不同。”（第56页）后四字讲所谓“同乐”原则，系化用《孟子·梁惠王下》：“曰：‘独乐乐，与人乐乐，孰乐？’曰：‘不若与人。’曰：‘与少乐乐，与众乐乐，孰乐？’曰：‘不若与众。’……此无他，与民同乐也。今王与百姓同乐，则王矣。”[②] 小说用语中的意境借鉴多属于作者耳濡目染日积月累下的产物，今天的读者或一时难以分辨，注家也竟难措手。如卷一《成仙》：“成笑曰：‘不然。人将弃予，其何人之能弃。’”（第132页）后两句意谓只有他人弃恩忘旧抛弃我，我又能抛弃何人呢？语带讽刺调侃，系化用《诗·小雅·谷风》：“将恐将惧，维予与女。将安将乐，女转弃予。”毛传：“言朋友趋利，穷达相弃。”汉郑玄笺：“朋友无大故，则不相遗弃，今女以志达而安乐，弃恩忘旧，薄之甚。”[③] 若不明出典，就难以理解作者遣词运用之妙存乎一心的典雅之趣。

《聊斋》中的意境借鉴往往于人物对话中凸显，看似闲笔，实则大有深意在。卷一《婴宁》：“生无语，目注婴宁，不遑他瞬。婢向女小语云：‘目灼灼，贼腔未改！’女又大笑，顾婢曰：‘视碧桃开未？’”（第222页）婴宁所谓“碧桃开未”之问何以接续其婢小荣“贼腔未改”之语？作者显然有意借用汉东方朔偷桃传说，调侃王子服。据《汉武故事》，西王母种碧桃，三千年一结子，东方朔曾三次偷食，乃被谪降人间。又有神话传说，谓西王母曾将碧桃赐予汉武帝。唐韩偓《荔枝三首》其一：“汉武碧桃争比得，枉令方朔号偷

---

① 杨伯峻编著：《春秋左传注·桓公六年》，中华书局1981年版，第114页。

② 杨伯峻译注：《孟子译注》，中华书局1960年版，第26—27页。

③ （清）阮元校刻：《十三经注疏》，中华书局1979年版，第459页。

儿。"[①]"贼腔"与"碧桃"的联系一经点破，作者设计此情境的巧思就和盘托出了。类似的意境借鉴如卷四《酒虫》："负郭田三百亩，辄半种黍，而家豪富，不以饮为累也。"（第916页）又同卷《细侯》："四十亩聊足自给，十亩可以种黍，织五匹绢，纳太平之税有馀矣。"（第1184页）所谓"种黍"，即谓种植可以酿酒的黍子，系借鉴晋陶渊明事。《晋书》卷九四《陶潜传》："执事者闻之，以为彭泽令。在县公田悉令种秫谷，曰：'令吾常醉于酒足矣。'妻子固请种秔。乃使一顷五十亩种秫，五十亩种秔。"[②]黍，即黍子，通称黄米；秫，粱米、粟米之黏者，两者都是古代可以酿酒的粮食作物。蒲松龄以"种黍"代"种秫"，取意总在于酒，并无别情。青柯亭刻本《聊斋·细侯》改"种黍"为"种桑"，以与"织五匹绢"照应，却令向往男耕女织的生活情趣大打折扣，系不明其相关意境借鉴之故。酒在物质资源较为匮乏的古代社会，其地位举足轻重，温饱满足以外，家酿丰盈实为一种小康生活的必须。可见"种黍"的意境借鉴在小说中所蕴含的诗情画意不可或缺。

卷二《莲香》："袅娜如此，妾见犹怜，何况男子。"（第329页）又同卷《巧娘》："此即吾家小主妇耶？我见犹怜，何怪公子魂思而梦绕之。"（第381页）无论"妾见犹怜"还是"我见犹怜"，皆形容女子极其美丽温柔，连同性别者都生怜爱之心。其意境借鉴于南朝宋刘义庆《世说新语·贤媛》"桓宣武平蜀，以李势妹为妾"一则，刘孝标注引南朝宋虞通之《妒记》："温平蜀，以李势女为妾。郡主凶妒，不即知之，后知，乃拔刃往李所，因欲斫之。见李在窗梳头，姿貌端丽，徐徐结发，敛手向主，神色闲正，辞甚凄惋。主于是掷刀，前抱之：'阿子，我见汝亦怜，何况老奴。'遂善之。"[③]作者巧借前人典籍中的相关意境，间接书写女子的温柔美丽，自能收事半功倍之效。

卷二《白于玉》："人间尤物，仆求一而难之，君集群芳，能令我真个销魂否？"（第499页）又卷四《西湖主》："梁见佳丽满前，乘醉大言曰：'明允公，能令我真个销魂否？'"（第980页）所谓"真个销魂"，两例皆谓意欲占有其中一位美女，其情境当借鉴于明王世贞《艳异编》卷三〇："詹天游，名玉可，字大。风流才思，不减昔人。故宋驸马杨震有十姬，皆绝色，名粉儿

---

① 《全唐诗》卷六八〇，中华书局1960年版，第7795页。
② （唐）房玄龄等撰：《晋书》卷九四《陶潜传》，中华书局1974年版，第2461页。
③ 余嘉锡撰：《世说新语笺疏》，中华书局1983年版，第693页。

者尤胜。一日，召天游宴，尽出诸姬佐觞，天游属意于粉儿，口占一词云：‘淡淡青山两黛春，娇羞一点口儿樱。一梭儿玉一窝云，白藕香中见西子，玉梅花下遇昭君。不曾真个也销魂。’杨遂以粉儿赠之，曰：‘请天游真个销魂也。’”[①]所谓“销魂”，谓灵魂离开肉体，形容极其欢乐。宋秦观《满庭芳》词：“销魂，当此际，香囊暗解，罗带轻分。”[②]笔者所见各注本对于“真个销魂”皆未注出，可能令读者丧失对小说部分情韵义的体味。蒲松龄于诗中也常属意此典，其七绝《戏酬孙树百四首》其一：“汾阳公子真豪迈，便使柔魂真个销。”笺注者谓：“柔魂：温柔之魂，指歌妓的心神。销，失掉。此句言歌妓之柔情使孙蕙销魂。”[③]其实如果明晓诗中的有关意境出典，所谓“柔魂”当系蒲松龄自谓之词，语带戏谑，故诗题曰“戏酬”者本此。

《聊斋》中的意境借鉴有时涉及小说中的名物问题，从中可见作者构思中的曲折用心。卷四《莲花公主》描写人与蜂的恋情，显然是模仿唐李公佐《南柯太守传》之作，此不赘言。小说中称蜂王之府：“礼已，践席，列筵丰盛。仰视殿上一匾曰‘桂府’。”（第1014页）所谓“桂府”，旧时谓礼闱，指礼部试进士的场所。这里有暗寓读书人“折桂”即科举及第的吉祥义，又双关窦旭将要娶公主为妻的艳遇。注家或注为“月宫”，并不确切。作者在构思中，为描绘蜂巢“万户千门”的精巧构造，至少参考了诸如明彭大翼《山堂肆考》等有关宫室楼堂建筑一类的文献，《山堂肆考》卷一七二《宫室·阁·折桂》：“阁本名折桂，在华亭县尉厅。宋右文殿修撰李夔为尉时，生子纲于此，后纲为相，因呼为相公阁。”[④]小说中褐衣人初请窦旭，若对一般无势位之庶民径称“吾王”似有碍社会常情，故自谓“相公”所派遣；而取义模糊的“相公”称谓之由来，正与名蜂巢为“桂府”的出处同一。作者虽未明确窦旭的身份，但所出联语上句“才人登桂府”，已经暗示出其为读书人无疑，暗寓“折桂”之思正是所有读书人的梦想，于是蒲松龄又从《山堂肆考》中的“折桂阁”想到“相公阁”，从而令褐衣人首呼自家君主为“相公”。

---

① （明）王世贞撰：《艳异编》卷三〇，春风文艺出版社1988年版，第426页。

② 唐圭璋编：《全宋词》，中华书局1965年版，第458页。

③ 赵蔚芝笺注：《聊斋诗集笺注》卷一，山东大学出版社1996年版，第46页。

④ （明）彭大翼撰：《山堂肆考》卷一七二，影印文渊阁《四库全书》，台湾商务印书馆1986年版，第977册第459页。

这一称谓用于此处虽有些不伦不类，却因有迹可寻而并不荒诞。至于称公主为“莲花”，当然是为取偶于“桂府”的方便，并无深意。作者意境借鉴的艺术匠心，灼然可见。小说中描写蜂国即将遭难：“公主号咷曰：‘不能急人之急，安用郎也！’”（第 1017 页）两句意谓不能为人排忧解难，要婚姻何用。这段话明显借鉴于《史记》卷七七《魏公子列传》：“胜所以自附为婚姻者，以公子之高义，为能急人之困。”[①]

卷五《邵女》：“于是授美锦，使学制，若严师诲弟子。”（第 1317 页）前两句意谓主妇金氏拿出有彩色花纹的丝织品，指令侧室林氏学习缝纫衣服等。然而在小说中，这并非起关键性作用的情节，却也是作者参阅先秦典籍后的结果。所谓“美锦学制”，系化用《左传·襄公三十一年》郑国子产对子皮阐述如何用人为政的一段比喻：“子有美锦，不使人学制焉。大官、大邑，身之所庇也，而使学者制焉，其为美锦，不亦多乎？”[②] 令生手用昂贵的彩纹绸缎去学习裁缝，不是措施失误就是有意刁难人，蒲松龄取此意境，正是凸显奇妒的金氏故意折磨丈夫新娶妾的手段毒辣。不明出典，轻易读过，则难以窥见金氏居心之险恶。清何垠注明其出典，今天各家注本反而失语，辜负了作者的一支生花妙笔。诸如此类有关先秦典籍意境的借鉴，《聊斋》中在所多有。如卷一《丁前溪》“异史氏曰”有云：“受之施而不报，岂人也哉？”（第 258 页）所谓“受之施而不报”，意谓接受他人的恩惠而不思报答，系借鉴《左传·僖公十三年》：“冬，晋荐饥，使乞籴于秦。秦伯谓子桑：‘与诸乎？’对曰：‘重施而报，君将何求？重施而不报，其民必携，携而讨焉，无众必败。’”[③] 卷二《红玉》：“一夜，相如坐月下，忽见东邻女自墙上来窥。”（第 405 页）末一句意境借鉴战国楚宋玉《登徒子好色赋》：“天下之佳人，莫若楚国。楚国之丽者，莫若臣里。臣里之美者，莫若臣东家之子。东家之子，增之一分则太长，减之一分则太短；著粉则太白，施朱则太赤。眉如翠羽，肌如白雪，腰如束素，齿如含贝。嫣然一笑，惑阳城，迷下蔡。然此女登墙窥臣三年，至今未许也。”[④] 蒲松龄信手拈来之笔，因意境有所依托，故而情

① （汉）司马迁撰：《史记》卷七七《魏公子列传》，中华书局 1959 年版，第 2379 页。
② 杨伯峻编著：《春秋左传注·襄公三十一年》，中华书局 1981 年版，第 1192 页。
③ 杨伯峻编著：《春秋左传注·僖公十三年》，中华书局 1981 年版，第 344 页。
④ （南朝梁）萧统编：《文选》卷一九，中华书局 1977 年版，第 269 页。

韵盎然。

卷四《河间生》一篇，从题名到取意皆借鉴唐柳宗元《河间传》(又作《河间妇传》）一文，其篇名也有意与柳文为对。然而两者不同的是，《河间妇》为弃善为恶，《河间生》则为改恶迁善。对柳文《河间妇传》取意的逆向借鉴，反映了蒲松龄转益多师的文学借鉴途径，读者若欲深入品味《聊斋》，有时不可不寻根问源。本书第四编《〈聊斋志异〉丛脞新录》有《说〈河间生〉》一文，可参阅，此不赘述。

借鉴，无论词语、句式还是意境，皆属于《聊斋志异》用语的艺术范畴，深入其中加以探讨，就会感到其乐无穷。

《聊斋志异》清人旧评六议

清代人评议《聊斋志异》，无论是宏观落墨，还是微观剖析，由于同处一个朝代中，历史氛围大同小异，灵犀相通的会心之处颇多，因而具有今人研究评议难以取代的优势。研讨评议《聊斋志异》如果轻视清人旧评这一笔丰富的遗产，往往会事倍功半甚至费力不讨好。即使仅从《聊斋》接受史的角度加以考察，有关清人旧评，也是不可或缺的重要一环。

一、《聊斋》有关序跋与题咏

从广义上讲，《聊斋志异》的清人旧评，不仅限于小说评点派的批评，举凡是书清人各种版本的序跋、题辞以及有关笔记、诗词，皆应当归入旧评范畴。年长于蒲松龄十二岁的顺治六年（1649）进士唐梦赉（1628—1698）为《聊斋》作序有云："今观留仙所著，其论断大义，皆本于赏善罚淫与安义命之旨，足以开物而成务，正如扬云《法言》，桓谭谓其必传矣。"（序第27页）唐序撰写于康熙二十一年（1682），其时《聊斋志异》尚未最后杀青，所谓"赏善罚淫与安义命"之说，评价较为一般，但却是当时文人某种心态的真实反映，对于我们体味儒家思想熏陶下的作者创作心理有一定的认识价值。

余集（1739—1823）所序《聊斋志异》一文，结撰于乾隆三十年（1765），已是蒲松龄辞世以后半个世纪了，但把握蒲氏心态却很准确到位："嗟夫！世固有服声被色，俨然人类，叩其所藏，有鬼蜮之不足比，而豺虎之难与方者。下堂见虿，出门触蜂，纷纷沓沓，莫可穷诘。惜无禹鼎铸其情状，镯镂决其阴霾，不得已而涉想于杳冥荒怪之域，以为异类有情，或者尚堪晤对；鬼谋虽远，庶几警彼贪淫。呜呼！先生之志荒，而先生之心苦矣。"（第2454—2455页）蒲松龄极力向内心世界寻觅一方净土，驰想于杳冥荒怪之域，正导源于作者对冷酷现实世界的无奈与失望，这又诚如其《聊斋自志》所云："集腋为裘，妄续《幽冥》之录；浮白载笔，仅成孤愤之书。寄托如此，亦足悲矣。嗟乎！惊霜寒雀，抱树无温；吊月秋虫，偎阑自热。知我者，其在青林黑塞间乎！”（序第30页）清初执诗坛牛耳的大诗人王士禛（1634—1711）与蒲松龄所处时代相同，又属同乡，最能洞悉《聊斋》作者心态，其《戏书蒲生〈聊斋志异〉卷后》一诗有云：“料应厌作人间语，爱听秋坟鬼唱时。”[①]蒲松龄对于地位显赫的这位乡贤题诗大为感激，“知希”可贵而外，搔到其痒处也是重要因素。而上揭余集之评，正可作这两句诗的注脚。

古人讨论诗歌创作，向有“穷而后工”之说，宋欧阳修《梅圣俞诗集序》有云：“予闻世谓诗人少达而多穷，夫岂然哉！盖世所传诗者，多出于古穷人之辞也……盖愈穷则愈工。然则非诗之能穷人，殆穷者而后工也。”[②]诗歌创作如此，古文创作亦如此。唐韩愈《送孟东野序》有所谓“不平之鸣”说：“大凡物不得其平则鸣……人之于言也亦然，有不得已者而后言，其歌也有思，其哭也有怀，凡出乎口而为声者，其皆有弗平者乎！”[③]古代小说创作又何尝不是如此呢？《聊斋志异》这样一部文言短篇小说集，其创作除去天赋因素外，终生淹蹇不遇也是一个重要条件。撰写于雍正元年（1723）署名南邨的跋语有云：

> 余读《聊斋志异》竟，不禁推案起立，浩然而叹曰：嗟乎！文人之不可穷有如是夫！聊斋少负艳才，牢落名场无所遇，胸填气结，不得已为是书。余观其寓意之言，十固八九，何其悲以深也！向使聊斋早脱鞲去，奋笔石渠、天禄间，为一代史局大作手，岂暇作此郁郁语，托街谈巷议，以自写其胸中磊块诙奇哉！文士失职而志不平，毋亦当事者之责也。后有读者，苟具心眼，当与予同慨矣。（第2462页）

南邨，即高凤翰（1683—1749），字西园，号南邨、南阜，胶县（今山东胶州）人，清代著名书画家，为“金陵八怪”之一。康熙三十六年（1697）春，年仅十四岁的高凤翰曾随侍其父高曰恭赴淄川儒学教谕任，开始了在淄川五年的游学之旅。在李希梅家，高凤翰拜识了年长于自己四十三岁的蒲松龄，仰慕之馀也结有忘年之谊，对于蒲松龄晚年心境当有一定的了解。上揭跋语，

① 袁世硕主编：《王士禛全集·蚕尾诗集》卷一，齐鲁书社2007年版，第1072页。
② 陶秋英编选：《宋金元文论选》，人民文学出版社1984年版，第92页。
③ 郭绍虞主编：《中国历代文论选》，上海古籍出版社1979年版，第125页。

就是高凤翰为《聊斋志异》铸雪斋钞本所题识者，洞见症结，绝非泛泛而谈。通过小说抒发内心积郁且寄托遥深，正是深受孔孟思想熏陶而又难以实现治国平天下理想的封建文人，在虚无缥缈的理想世界中实现自我的一种方式。这种局限于精神层面的追求，本属于个人，但其开掘的深入已然接触到人类潜意识中的某些层面，因而具有了一定的普遍意义。《聊斋志异》之所以具有超越时代的感人魅力，可以说这是一个相当重要的原因。

较早且较为系统地评点《聊斋志异》的清代文人冯镇峦（1760—1830），字远村，重庆府合州（今重庆市合川区）人。乾隆五十七年（1792）举人，三十三岁即乡试获隽，不可谓不遇，但此后数次赴京参加会试不遇，只能凭借举人身份通过"大挑"选官，以学官终其一生。他一生著有《晴云山房诗文集》、《晴云山房笔记》、《红椒山房笔记》、《片云诗话》、《黎雅诗话》、《读史随笔》、《批点古文左翼》、《冷斋图说》、《读〈聊斋〉杂说》、《晴云山房丛钞》，达十数种之多，也属于"作家"之流。冯镇峦晚生于蒲松龄一百二十年，一生功名虽仅止步于举人，但与一生科举无功的蒲松龄相较又强了许多；如果从男儿奋志青云的角度考察两者，似乎人生都有无穷的遗憾。就此而论，冯镇峦也有与蒲松龄"心有灵犀一点通"的情感交集。如他对《聊斋·王六郎》一篇的夹评有云："聊斋每篇直是有意作文，非以其事也。"（第42页）笼统论之，未免有过甚其词之嫌，但评点小说要顾及到作者的社会身份与心态，未有切身之感者难以道出。

今人探讨《聊斋志异》，不能忽略蒲松龄所谓"孤愤"说的夫子自道式宣言，否则就有可能得出郢书燕说的结论，甚至与作者初衷南辕北辙。在阶级斗争说盛行的时代，有些论者常常纠缠于蒲松龄是否同情乃至支持农民反抗官府的问题；有些论者则在肯定作者大胆暴露社会黑暗的同时，又往往不忘"曲终奏雅"式地提上一笔：作者因为没有认清阶级压迫剥削的本质，而令小说的批判锋芒大为削弱。如果照此思路再行"探讨"下去，蒲松龄就不成其为优秀的文言小说作家，而应当是黄巢、李自成、徐鸿儒或者牛金星、宋献策一流的人物了，岂不滑天下之大稽！可见重视对《聊斋志异》清人旧评的开掘是令今人研究不走或少走弯路的一个有力保证，同时对于今天的论者正确把握作者心态也大有裨益。

《聊斋志异》的旧评范围，评点而外，序跋题词与相关笔记文字也不可忽视，清人题咏《聊斋》篇目一些针对性较强的的歌诗也值得论者瞩目，不能熟视无睹。清代光绪间广百宋斋刊行《聊斋志异图咏》，共计四百四十四幅线勾白描图，针对青柯亭本《聊斋志异》四百三十一篇小说基本各配图一幅，绘者佚名。每幅图又配七绝一首，以图文并茂广受读者欢迎。另有《聊斋图说》，清末约光绪年间在上海绘制，工笔重彩，精美绚丽，作者亦不详，但从个别画面的布局构图而言，《图说》与《图咏》当有一定的渊源关系。与《图咏》不同者，除工笔重彩的绘画风格较比《图咏》的线勾白描更加鲜明生动而外，一篇小说往往配置多图，而每图仍各系七绝一首，隶书书写。或谓《聊斋图说》乃进献慈禧太后六十寿辰的礼品，遂流传至北京。光绪二十六年（1900），八国联军侵华，《聊斋图说》为沙俄军队劫掠而去。1958 年 4 月间，苏联对外文化联络委员会将《聊斋图说》移交归还中国，今藏中国国家博物馆。原本四十八册，今缺第一、二册，存四十六册，共为四百二十篇小说绘图七百二十五幅。中国国家博物馆编、吕章申主编《国博经典·聊斋图说》，选其中七十五幅图原大仿真，由中国社会科学出版社 2009 年出版，令世人得窥其一斑。

最值得今天论者关注的当是清代文人的题咏《聊斋志异》之作，王士禛、张笃庆等与蒲松龄的同时代人的题咏之作，其重要性不言而喻。后于蒲松龄时代的文人题咏也不能忽视，如安徽歙县人鲍廷博（1728—1814）题青柯亭本《聊斋志异》古风一首有云：“传钞何假十手给，快睹争先一囊倒。尘封《论衡》网《汲冢》，奴命董狐仆干宝。”（第 2494 页）评价极高，是说部在清人评价中日益提升的表现。对于《聊斋》中具体篇目的题咏，除上揭《聊斋图咏》与《聊斋图说》的七绝题咏而外，山东高密人宫去矜（1719—?）写有六十首评阅《聊斋》各篇目的七绝，前三十首见于乾隆三十三年戊子（1768）序刻本《守坡居士诗集》卷一二《杂咏〈聊斋志异〉三十首》，后三十首见于乾隆四十一年（1776）刻本《守坡居士续集》卷一《后杂题〈聊斋志异〉三十首》。后者有自序，言其前后题咏始末甚详。今举其前三十首中咏《宦娘》一首：“一阕新词怨不任，嫁衣辛苦为知音。纵教遗挂长留在，消得他年几曲琴。”①《聊斋图咏》也有同题材七绝：“顾聆雅奏拜门墙，暗里良缘撮合

① （清）宫去矜撰：《守坡居士诗集》卷一二，乾隆三十三年序刻本。

忙。绣阁焚香操缦候，分明一曲凤求凰。”[①]《聊斋图说》同题材七绝：“鬼声凄楚藉琴宣，镜里形容愈可怜。留写传词成美事，酬师情意特缠绵。”[②]就艺术水平而言，以宫去矜所吟者耐人寻味，非只就事论事。而在清人诗集中，诸如此类的吟咏当还有不少，有待研究者进一步挖掘。

二、《聊斋》诸家评点概述

小说评点作为中国文学批评的一种独特形式，奠定于明代万历年间的李贽与叶昼等人，此后明末清初的金圣叹评点《水浒传》、毛宗岗父子评点《三国演义》、张竹坡评点《金瓶梅》以及此后脂砚斋评点《红楼梦》等，堪称层见叠出，对于相关小说的传播与普及起到了巨大的作用。谭帆先生曾对“评点”作出如下界定：“评点是中国古代文学批评的一种重要形式，与‘话’、‘品’等一起共同构成古代文学批评的形式体系。这种批评形式有其独特性，其中最为重要的是批评文字与所评作品融为一体，故只有与作品连为一体的批评才称之为评点，其形式包括序跋、读法、眉批、旁批、夹批、总批和圈点。”[③]这一界定较为清晰，可为我们探讨《聊斋志异》清人旧评所遵行。

关于《聊斋志异》的序跋，前已论及，此不赘言，仅就清人有关《聊斋》读法、眉批、夹批等评点形式而言，最为后人所青睐的，莫过于王士禛、冯镇峦、方舒岩、何守奇、但明伦诸家的评点了。冯镇峦曾有“作者难，评者亦不易”的慨叹（第2480页），所谓“评者”，这里即专指《聊斋志异》一书的评点批书人。20世纪60年代初，上海古籍出版社出版张友鹤先生辑校《聊斋志异会校会注会评本》，学界通称“三会本”。该书之会评，主要辑录了王士禛、冯镇峦、但明伦、何守奇、王金范（横山、梓园）、段䨱（雪亭）、胡泉（者岛）、冯喜赓（虞堂）、刘瀛珍（仙舫）、稿本无名氏甲评、稿本无名氏乙评等十一家评语，受到众多研究者的关注。据统计，从清初至清末民初，

① （清）佚名绘：《聊斋志异图咏》，上海古籍出版社2002年影印广百宋斋本。
② （清）佚名绘：《聊斋图说》，吕章申主编：《国博经典·聊斋图说》，中国社会科学出版社2009年版。
③ 谭帆著：《中国小说评点研究》，华东师范大学出版社2001年版，第6页。

评点《聊斋志异》的约有十七家之多，除上述十一家外，尚有王芑孙、王东序（大镛）、方舒岩、陈廷机（省庵）、王升（曰轩）以及狄平子（狄葆贤）等人的评点[①]。齐鲁书社2000年出版任笃行辑校的《全校会注集评聊斋志异》，较“三会本”即多辑有方舒岩与王芑孙两家评语，分别从“还淳方舒岩先生批本《聊斋志异》”与“王金范十八卷刊本《聊斋志异摘抄》”中辑得，此正是其较“三会本”优长之处。

对于诸家评点的《聊斋志异》，论者一般较重视王士禛与冯镇峦、何守奇、但明伦总共四家的评点，光绪十七年（1891），四川喻焜将王士禛、冯镇峦、何守奇、但明伦的评语合刻在一起，是为《聊斋志异》的四家合评本，为清代评点《聊斋》的“四家说”奠定了基础。20世纪80年代中，方舒岩的评点公诸世以后，已经日益引起有关论者的瞩目。

王士禛（1634—1711），字子真，一字贻上，号阮亭，晚号渔洋山人，新城（今属山东淄博市桓台县）人。顺治十二年（1655）会试中式，三年以后补行殿试，考中二甲第三十六名进士，历官扬州推官、礼部主事、户部郎中、翰林院侍读、左都御史、刑部尚书，仕宦显赫，又因其主盟清初诗坛多年，以倡导神韵说驰名后世，在文人士大夫中享有一言九鼎的威望与地位。他评点《聊斋》虽只有三十馀则，而且每则也只有寥寥数语，却足以令这部文言小说荣耀一时了。蒲松龄本人对乡贤王士禛的评点文字也非常重视，他写于康熙二十七年（1688）《偶感》一诗颈联曾有“一字褒疑华衮赐，千秋业付后人猜”[②]的感慨，据袁世硕先生考证：“诗中抒发的分明是作者在自感穷途末路，不为人所理解、赏识的境遇中，忽然受到一位身份较高的人的奖誉而产生的感激、欣慰的心情。”又说：“这位称赏者显然比高珩、唐梦赉，以及县令汪如龙诸人的名位更高。此诗作于康熙二十七年前后，他不是达官兼名诗人王士禛又会是谁呢？”[③]但严格而论，王士禛对《聊斋》的评点与其后的诸家评点不尽相同，并非如后者属于明代以来发展起来的中国小说评点派的承流接响，而只是文人兴之所至下感悟式的评骘笔墨。

王士禛评《喷水》一篇云：“玉叔襁褓失恃，此事恐属传闻之讹。”（第13

① 盛伟：《清代诸家批点〈聊斋志异〉述评》，载《南开学报》1997年第1期。
② 盛伟编：《蒲松龄全集·聊斋诗集》，学林出版社1998年版，第1723页。
③ 袁世硕著：《蒲松龄事迹著述新考》上编第九章，齐鲁书社1988年版，第196页。

页）以宋琬自幼丧母为证，明其事之无据，虽有一定认识价值，但无关鉴赏。又如评卷二《酒友》一篇云："车君洒脱可喜。"（第 320 页）随感而已，堪称聊胜于无。卷二《狐联》一篇有联语云"戊戌同体，腹中止欠一点；己巳连踪，足下何不双挑。"这篇微型小说或许是作者先得此有关字体结构的妙对，然后嫁名于狐，又令联语带有一语双关的趣味，可谓水到渠成。上联以所谓"同体"、"一点"，暗喻男女生理之别，含有谐谑成分。下联之"足下"，本属于同辈相称的敬词，又双关"己巳"两字之末笔；"双挑"即由"己巳"两字的末笔写法问题引申为将两美一同勾引挑逗。将上下两联合起来看，带有明显的猥亵意味。在对联中，平仄相对是基本要求，特别是下联末字当为平声，而"挑"在这里无论作汉字笔画"挑勾"解，还是双关"挑逗"，皆读上声，属仄音，犯联语大忌。王士禛评点此篇谓"才狐也，乃不谙平仄"（第 399 页），一语破的。然而能得此佳构，就顾不上音调的协调，也属人在创作中之常情，可以不论。

卷二《连琐》一篇结尾："每谓杨曰：'二十馀年，如一梦耳。'"王士禛点评此篇有云："结尽而不尽，甚妙。"冯镇峦就此进而评云："渔洋独赏结句之妙，其实通篇断续即离，楚楚有致。"（第 487 页）在评点卷五《宦娘》一篇"出门遂没"的四字结语时，冯镇峦也不自觉地进入这一批评窠臼中，大加赞扬说："结得缥缈不尽，'曲终人不见，江上数峰青'。串插离合，极见工妙，一部绝妙传奇。"（第 1464 页）这与王士禛的艺术鉴赏品格已经颇为近似了。王士禛论诗主神韵，所谓"神韵"，从某种意义上讲就是一种意在言外的诗歌境界追求，神龙见首不见尾，也许最能体现其神韵的妙旨。《聊斋志异》中的一些篇章就具有诗歌神韵的特征，作为小说的讲述功能在这里已经退居次要，而其间的情感展示则上升至首要地位。王士禛评点虽只有寥寥七字，却能言简意赅，洞见小说艺术闪光之处，于读者鉴赏大有益处。卷三《青梅》一篇，王士禛点评有云："天下得一知己，可以不恨，况在闺闼耶！青梅，张之知己也，乃王女者又能知青梅。事妙文妙，可以传矣。"（第 666 页）此评在王评文字中属于较长者，当属于对文人心理的自我解读，很有认识价值。

冯镇峦评点《聊斋》有明显接受明人经验的意图，更有意借鉴明末清初金圣叹评点《水浒传》、《西厢记》的方式。金圣叹评点两书，分别写有《读第五才子书法》与《读第六才子书〈西厢记〉法》，作为总纲；冯镇峦评点

《聊斋》也加以模仿，写有《读聊斋杂说》。至于总评、夹评，冯镇峦也都依样葫芦，甚至连评点的口气声调也多求相似。如冯镇峦讨论批书人的工作状态说："作文人要眼明手快，批书人亦要眼明手快。天外飞来，只是眼前拾得。"（第 2483 页）其中最后一句话系直接从金圣叹评点《水浒传》第四十一回中的夹评中借鉴而来："何等奇妙，真乃天外飞来，却是当面拾得。"[①] 至于冯镇峦屡次将《聊斋》与《左传》、《战国策》、《史记》、《汉书》等史书相提并论，也无非是受金圣叹将《庄子》、《离骚》、《史记》、杜诗与《水浒传》、《西厢记》并列为"六才子书"的影响。

冯镇峦在《读聊斋杂说》中曾批评他的前辈评点家说："李卓吾、冯犹龙、金人瑞评《三国演义》及《水浒》、《西厢》诸小说、院本，乃不足道。"（第 2483 页）并进而评价金圣叹："金人瑞批《水浒》、《西厢》，灵心妙舌，开后人无限眼界、无限文心。故虽小说、院本，至今不废。惟议论多不醇正。"（第 2483 页）这两段有些自相矛盾的文字，无意中泄露了自家天机，明确了他评点《聊斋志异》渊源有自而非别出心裁。对于同属前辈的王士禛评点《聊斋》，冯镇峦也抱有类似的矛盾态度，即一方面接受了王士禛有关小说神韵的鉴赏标准，如本文所前揭者；一方面又不以为然，意在凸显自家作为《聊斋》评点造端发轫地位的不可动摇。如冯镇峦曾曲借他人之口说："友人曰：'渔洋评太略，远村评太详。渔洋是批经史杂家体，远村似批文章小说体。言各有当，无取雷同。然《聊斋》得远村批评一番，另长一番精神，又添一般局面。"（第 2486 页）又说："赵清曜谓：'先生书成，就正于渔洋，渔洋欲以百千市其稿，先生不与，因加评骘而还之。'予思渔洋一代伟人，文章总持，主骚坛者数十年，天下翕然宗之，何必与聊斋争之。且此书评语亦只循常，未甚搔着痛痒处，《聊斋》固不以渔洋重也。或谓渔洋跋，含蓄有味，不必多见，而见地自高，似未可推倒。予终不以为然。后人拈笔，何敢遂轻前人。渔洋实有不足聊斋处，故以率笔应酬之，原非见地不高。公是公非，何能为古人讳。"（第 2488 页）自抬身价的用心而外，也意在表明自身小说评点派正统传人的地位。

---

① （清）金圣叹撰：《金圣叹评改本水浒传》，华中理工大学出版社 1998 年版，第 614 页。

三、方舒岩评点《聊斋》

从小说评点派的角度考察，王士禛姑且不论，其馀十六家分量较多且加详者，如但明伦有2700馀则，冯镇峦有2000馀则，何守奇有900馀则，稿本无名氏乙评将近200则，方舒岩有100馀则。其他各家的评点，分量或内容稍显不足，但也绝非无足观。如王芑孙（1755—1818），字念丰，号铁夫，又号惕甫、楞伽山人，长洲（今江苏苏州）人。乾隆五十三年（1788）赐举人，任国子监典籍，咸安宫教习、华亭县教谕，后辞官归主扬州乐仪书院。家富藏书，学问宏博，文章名震一时，又工诗善书法，有"吴中尊宿"之誉。著有《惕夫未定稿》二十六卷、《碑版广例》十卷、《渊雅堂集》二十卷等。他评点《聊斋》文字见于王金范十八卷刊本《聊斋志异摘抄》，有130馀则，三言两语就事论事，大都较短小，然亦不乏闪光之处。如总评卷三《续黄粱》有云："观此篇，世之自命不凡者，倘能穷则独善，达则兼善，方且功名垂之竹帛，何有此景况哉！曾之不能如此，其使之梦者，正所以使之悟也。"（第783页）此非熟悉封建官场黑暗者所不能道，至今仍有其认识价值。

王芑孙而外，清人评点《聊斋》较著名者如冯镇峦、方舒岩以及何守奇、但明伦等[①]，他们的评点完成时间孰先孰后，论者或有争议，但这些学者共同构成《聊斋》评点的一道风景线，则可以确认。冯镇峦的评点遭遇不佳，其评点完成于嘉庆二十三年（1818），却于七十年以后的光绪十七年（1891）方以四家合评本即四川喻焜刊本《聊斋志异》行于世。何守奇评本《聊斋》刊于道光三年（1823），但明伦评本《聊斋》刊于道光二十二年（1842），从刊行角度而论，两者问世皆早于冯评本。然而冯、方、何、但四家之评，不相为谋，并没有"前修"与"后学"的嬗递关系，则可以肯定，这反而令今天的论者有了易于比较轩轾的基础。

方舒岩评点《聊斋》，即"还淳方舒岩先生批本《聊斋志异》"，系一部

---

① 张菊如《〈王批聊斋志异〉评介》一文（载《明清小说研究》1988年第3期）认为原藏于上海杨震方先生处的溧阳人王东序（字大镛，生活于乾隆间）批本《聊斋志异》当早于冯镇峦批本，可参考。

从未付梓问世的钞本，今藏于安徽省博物馆。如前所述，方批本《聊斋》于20世纪80年代中始公诸世，但因其评点多因时而发，涉及对现实社会、政治的批判，所以认识价值较高。方舒岩（生卒年不详），淳安（今属浙江杭州市）人，大约出生于乾隆间，一生科场淹蹇，长期教授私塾，这一点与蒲松龄平生遭迹近似；唯游历较广，从其批语中可见，他曾到过京师（今北京市）。评点《聊斋》当在嘉庆十六年（1811）以后，所评139篇小说的评语达103则[①]。如对卷二《李伯言》一篇有评云：

> 彰善瘅恶，阳世之大法。奈刀笔吏往往失之不平，转望之冥报，阎罗肯任其责哉？青天白日，曲直莫分，岂酆都黑暗之中，反能代为剖析？此含冤者所以终难昭报也。然火烧堂廨，王生受笞，又何以闻？则无其理者，不妨姑传其事，使狂悖者稍知敛迹，又未必非圣王神道设教之意也夫。（第459页）

此段议论可与同篇之“异史氏曰”比较：“阴司之刑，惨于阳世，责亦苛于阳世。然关说不行，则受残酷者不怨也。谁谓夜台无天日哉？第恨无火烧临民之堂廨耳！”（第459页）可见方舒岩总批模仿之对象，愤世之感毫无二致。卷二《白于玉》一篇没有“异史氏曰”的议论，方舒岩循作者思路加以发挥，较好地阐释了一篇宗旨。蒲松龄一直困居读书人的底层，始终没有翻身的机会，幻想成仙无非是对人生的另类憧憬，这篇《白于玉》就显然带有作者白日梦式的想象成分。人是社会关系的总和，出世成仙就意味着告别这种社会关系，但小说中的吴筠（号青庵）却偏偏与人世若即若离，既得仙眷仙子于天界，又获贤妇持家于尘世，如此天上人间兼顾的美事，或许只是落魄读书人的某种自我心理安慰，现实中“不如意事常八九”，又何谈两全其美！清方舒岩有评云：“总之，亲朋骨肉一无所存，虽化鹤归来，只增忉怛耳，何益哉？故吾谓青庵游仙，不在‘拾紫’于一夕，而在‘采葛’之三年；亦不在获梦仙于天上，而在养亲训子，光前裕后于人间。”（第502页）这就是看到了蒲松龄此篇之真义仍落脚于现实人生的本质，可谓一针见血。

卷七《仇大娘》一篇“异史氏曰”云：“噫嘻！造物之殊不由人也！益仇

① 汪庆元：《〈聊斋志异〉方舒岩评点初探》，载《明清小说研究》1988年第2期。

之而益福之，彼机诈者无谓甚矣。顾受其爱敬，而反以得祸，不更奇哉？此可知盗泉之水，一掬亦污也。”（第2028页）方评踵事增华，又加发挥：“大黄芒硝，每多败事。苟得其用，功亦较烈。如大娘之刚健，好在能知大义，故仇氏卒赖以兴，己亦并受其福。奈世之同胞而兄弟，反有愧于异母而巾帼者，抑又何也！”（第2029页）仇大娘性格刚烈，其父当家时，常因归宁“馈赠不满其志”而冒犯冲撞父母；然而娘家遭遇大难后，却又能排除私利，主动担负起“中兴”仇家的重担。在家中“不在其位”则可以蛮不讲理，一旦因形势所逼被推到责无旁贷的重要位置，就脱胎换骨成为新人，这在心理学上也有其根据，即责任心的重要。所谓“知大义”云云，其实就是责任心的另一种称谓，正是这份家族性的责任心令巾帼不让须眉，仇大娘终于完成了复兴仇姓一家的任务。人类伟大责任心的辉煌展现，是读者阅读这篇小说应当体会到的潜在线索。

卷八《王者》是《聊斋》中暴露封建王朝政治腐败的小说，可与卷五《梦狼》一篇对读，发人深省。贪黩与贿赂是一对孪生兄弟，在任何社会都难以绝迹，而于人治社会则尤为肆无忌惮。英国思想史学者阿克顿勋爵（1834—1902）有名言云：“权力导致腐败，绝对权力导致绝对腐败。”（有人对翻译文字曾提出异议，这里姑且不论）在中国漫长的封建专制社会中，正是至高无上的皇权导致了社会的全面腐败。拙作《落日辉煌：雍正王朝与康乾盛世》（济南出版社2001版）有《后记》云：“百足之虫，死而不僵；日薄西山，犹见馀晖。有清一代以康乾盛世，足傲千秋，究其原委，竟以君主一己之私而成就天下之公，帝王威焰，莫此为烈！梨洲‘视天下为莫大之产业，传之子孙’者，此之谓也。而曾几何时，流水落花，春光不再，官贪吏墨，魍魉横行。大官大贪，小官小贪，上下其手，沆瀣一气。益知‘廉吏而可为而不可为’也。何则？官场混沌，政以贿成，帷薄不修者成廉吏，簠簋不饰者为能员；洁身者将伯无助，反难保一位之尊，空书咄咄，徒呼负负而已。致令黄钟毁弃，瓦釜雷鸣；乾坤颠倒，成何世界！真聊斋所谓：‘黜陟之权，在上台不在百姓。上台喜，便是好官；爱百姓，何术能令上台喜也？’仕途‘关窍’固决于政体，甚矣，专制之为虐也。”[①] 所谓“黜陟之权”六句，即源

① 赵伯陶著：《落日辉煌：雍正王朝与康乾盛世》，济南出版社2001年版，第303—304页。

于《梦狼》中白翁长子甲的升官秘诀。《王者》篇末“异史氏曰”亦云：“红线金合，以儆贪婪，良亦快异。然桃源仙人，不事劫掠；即剑客所集，乌得有城郭衙署哉？呜呼！是何神欤？苟得其地，恐天下之赴诉者无已时矣。”（第2159页）其中最末两句为点睛之笔，表明封建专制体制下贪黩之风难以抑制，贪官污吏层出不穷，防不胜防！与蒲松龄同时代的王士禛与赵吉士，分别在《池北偶谈》卷二三《剑侠》与《寄园寄所寄》卷一〇《驱睡寄·勇侠》中记述了类似事件，尽管发生地点有异，然而情节大体相同，可见当时读书人心态，殊可玩味。方舒岩评此篇云：“异史以王者为神，诚神于惩贪矣。惜乎知州佐无罪，而不知吾民之尤无罪也。当抚公檄属官补解，非从天降也，非从地出也，仍敛之黎首也。即此一焉，恐赴诉者不在州佐，又在吾民矣。合一省郡之民以相诉，王者已不暇给，况不止一事耶！岂穷民必不若州佐之有力能诉欤？果尔，是不成为神也。或曰抚公之死，王为之，然贪囊自若，其于民究何益哉，究何益哉！”（第2159页）站在黎民百姓的立场上为民请命，更显示出后世读书人对社会难以根除的官吏贪腐问题的认真思考，可见方舒岩一些评语借题发挥，正与“异史氏曰”同调，其认识价值不能低估。

四、冯镇峦评点《聊斋》

在《聊斋志异》的清人旧评中，方舒岩而外，冯、何、但三家因问世传播于清末，论者关注较多，影响也较大，比较这三家评点《聊斋》之异同，对于今人的《聊斋志异》研究更有助益。

冯、何、但三家评各有特色，质言之，冯评重在对《聊斋》的宏观把握，但评显示出卓越的艺术鉴赏力，常于微观中品味小说的艺术魅力。何评数量较冯、但两家为少，内容也较为单薄，却也绝非自郐以下，闪光处也值得玩味。但明伦（1783—1855），字天叙，一字云湖，广顺州（今贵州长顺）人。嘉庆二十四年（1819）二甲第四十九名进士，选庶吉士，授编修，历官监察御史、两淮盐运使等，在《聊斋》评点者中，他属于仕宦通达者。在两淮盐运使任上，为保卫扬州，在抵抗英国侵略军的斗争中功绩显著。著有《广顺州志》、《贻谋随笔》、《读史管见编》、《资治通鉴观要》等。他评点《聊斋》

并非一蹴而就，据其《聊斋志异新评 · 自序》："岁己卯，入词垣，先后典楚、浙试，皇华小憩，取是书随笔加点，载以臆说，置行箧中。"（第 2470 页）己卯即嘉庆二十四年，至道光二十二年（1842）写此自序时已有二十馀年之久，可见其评点《聊斋》有一个漫长的过程，信非苟作。何守奇（生卒年不详），字体正，广东南海人。其评本《聊斋志异》所据版本是青柯亭十六卷本，刻于道光三年（1823）的经纶堂，题名《批点聊斋志异》。孙大海先生《何守奇及其〈聊斋志异〉评点——以北大藏本〈批点聊斋志异〉为中心》一文，首次发现北京大学图书馆所藏《批点聊斋志异》卷首载有何守奇的一篇序文，以文不长，迻录如下：

> 《聊斋志异》盖古齐谐之流，志怪之书也。正如东坡强人说鬼，所云"姑妄言之"者。顾世人好异，几于家有其书。无论寓言十九，即天地间怪怪奇奇，何所不有，苟能持之以正，则虽稗官小说，未尝不可还读我书。因披览之下，偶缀评语，取而观之，未必非阅是书之一助云。时嘉庆二十一年岁次丙子秋七月既望，南海何守奇题于南村之益堂。[①]

孙先生认为通过何序中"嘉庆二十一年"（1816）的时间点，可证明何守奇批点《聊斋志异》要略早于冯镇峦，他从北大藏本辑出何评达 972 则之多。

金圣叹批评《水浒传》第二十二回总评有云："天下莫易于说鬼，而莫难于说虎。无他，鬼无伦次，虎有性情也。说鬼到说不来处，可以意为补接；若说虎到说不来时，真是大段着力不得。"[②] 这一说法就一般而论，可以说无懈可击，充分显示出金圣叹的艺术鉴赏力。然而《聊斋》说狐道鬼也绝非凭空结撰，而是出之以人情物理，因而方能摇人心旌，感人肺腑。冯镇峦有意通过反驳金氏此说来提高《聊斋》中鬼狐故事的身价，指出："说鬼亦要有伦次，说鬼亦要得性情。"并从宏观角度再加揄扬："试观聊斋说鬼狐，即以人事之伦次、百物之性情说之。说得极圆，不出情理之外；说来极巧，恰在人人意愿之中。虽其间亦有意为补接、凭空捏造处，亦有大段吃力处，然却喜

---

① 孙大海：《何守奇及其〈聊斋志异〉评点——以北大藏本〈批点聊斋志异〉为中心》，载《蒲松龄研究》2015 年第 4 期。

② （清）金圣叹撰：《第五才子书施耐庵水浒传》，中州古籍出版社 1985 年版，第 362 页。

其不甚露痕迹牵强之形，故所以能令人人首肯也。”（第2484—2485页）针对金圣叹的言论反衬出蒲松龄小说的写作特色，极见冯氏巧思。

《聊斋》是一部文言短篇小说集，冯镇峦有意将其中的长篇短制联系起来加以鉴赏，这也显示出他宏观把握的功力。在卷三《头滚》一篇之末，冯氏有评云：“短篇文字不似大篇出色，然其叙事简净，用笔明雅。譬诸游山者才过一山又问一山，当此之时不无借径于小桥曲岸、浅水平沙。然而前山未远，魂魄方收，后山又来，耳目又费。虽不大为着意，然政不致遂败人意。况又其一桥一岸、一水一沙，并未一望荒屯绝徼之比。晚凉新浴，豆花棚下，摇蕉扇，说曲折，兴复不浅也。”（第834页）对这一段议论，冯镇峦甚为自得，又将其直接写入《读聊斋杂说》。《杂说》作为评点《聊斋》的总纲，属于宏观之论，这正是冯评区别于何评与但评之所在。

在具体篇目的评点中，冯镇峦也不时显露其真知灼见。如卷八《粉蝶》一篇描写书生阳曰旦乘舟海行遇风一段：“风愈狂，瞑然任其所吹。亡何，风定，开眸，忽见岛屿，舍宇连亘。把棹近岸，直抵村门。村中寂然，行坐良久，鸡犬无声。见一门北向，松竹掩蔼。时已初冬，墙内不知何花，蓓蕾满树。心爱悦之，逡巡遂入。遥闻琴声，步少停。”冯有夹评云：“从飓风大作、天地震炫后，忽闻琴声，直觉心清神爽，别是一番世界。小说《三国演义》叙先主马跳檀溪后，入水镜庄闻司马德操琴声，同是一样景色。”（第2413页）通过不同文体小说的艺术比较，总结出蒲松龄绘景写情的曲折跌宕与张弛有致的艺术节奏，对读者鉴赏此段文字甚有启发。

卷四《小谢》一篇中的陶生，针对两女鬼的嘲弄有如下一番妙语：“相对丽质，宁独无情；但阴冥之气，中人必死。不乐与居者，行可耳；乐与居者，安可耳。如不见爱，何必玷两佳人？如果见爱，何必死一狂生？”虽属调侃之语，却耐人寻味，对此冯有夹评云：“《左传·哀六年》‘悼公稽首曰：若我可，不必亡一大夫；若我不可，不必亡一公子。’似此句法。”（第1160页）在检索条件较为单一的时代，冯氏能够指出《聊斋》与《左传》这种内在的句法联系，非于儒家经典了然于心者难以办到。此段评语除可补吕、何两注的不足而外，对于今人鉴赏、研究也不可或缺。又如《小翠》一篇，蒲松龄于篇首即点出王太常幼时无意中救狐厄难一事，为此后情节的逐步展开进行了必要的铺垫，冯镇峦就此种写法有夹评云：“有于后始见者，有于中露出者，此却预提于前，作文不一例也，熟《左》、《史》者知之。”（第1481页）蒲松龄写作《聊斋》转益多师，“四书”、“五经”乃至史书、笔记小说中词语皆可为其取法的对象，本书皆有专章探讨，此不赘言。

在《聊斋》有关艺术手法的运用上，冯评也往往只眼独具，提出不同寻常的见解。卷三《促织》一篇有如下一段叙述：“村中少年好事者，驯养一虫，自名‘蟹壳青’，日与子弟角，无不胜。”平铺直叙，并无惊人之笔。冯评则能于夹缝中窥见其间窾窍：“特标一名，用衬垫加一倍写法，所谓写煞红娘，正是写双文也。若只与寻常之虫斗，胜则一常品耳。”（第723页）可谓对作者的艺术匠心了如指掌。所谓“蟹壳青”并非作者杜撰，而是蟋蟀中的异品，明刘侗、于奕正《帝京景物略》卷三《胡家村》：“首项肥，腿胫长，背身阔，上也，不及斯次，反斯下也。其号之油利挞、蟹壳青、枣核形、土蜂形、金琵琶、红沙、青沙、绀色为一等，长翼、梅花翅、土狗形、螳螂形、飞铃为一等，皂鸡、蝴蝶形、香狮子为一等。若是者形辨。”[①]蒲松龄对于明末竟陵派文风一向钦慕，借鉴《帝京景物略》一书之处在所多有，于此可见一斑。

将《聊斋》中各篇作横向比较，以明其真谛，也是冯评的特色。卷五《邵女》一篇叙述柴廷宾的正妻金氏奇妒，虐待侧室无所不用其极：“日夜切齿，将伺柴出而后泄愤于女。柴知之，谢绝人事，杜门不通吊庆。妻无如何，惟日挞婢媪以寄其恨，下人皆不可堪。”冯镇峦夹评云：“或曰，同叙妒妇，与杨万石、江城二篇何以不同？曰：杨万石篇专写懦夫，江城篇专写悍妇，此篇专写邵女之贤，命意先不同也。”（第1322页）比较《聊斋》中类似题材的篇章命意之不同，三言两语点出其笔力所在，对于读者阅读小说的指导意义不言而喻。

有关《聊斋》写作的细节刻画问题，冯镇峦也给予了充分的重视。卷三《辛十四娘》中老妪遥想辛十四娘风范之语：“是非刻莲瓣为高履，实以香屑，蒙纱而步者乎？”冯夹评云：“每于极琐事随口诌出，随笔点缀，是史家颊上添毫法。”（第803页）卷四《花姑子》中“回首，见炉傍有蓟心插紫姑未竟”的叙述语后，冯亦夹评云：“点缀琐事，写小女子性情，都是传神之笔。”（第

① （明）刘侗、于奕正撰：《帝京景物略》卷三，孙小力校注，上海古籍出版社2001年版，第178—179页。

957 页）这些评点文字虽仅停留于“知其然”的层面，而没有剖析其“所以然”，但于读者阅读仍会有所启迪。至于冯评的借题发挥之处，也可增加读者阅读原作的趣味，如卷一《陆判》一篇讲述陆判为朱尔旦醉梦之中换心之举后，冯评有云：“慧心易得，所难得者亦心耳，安得髯宗师取天下无义男子黑心，一一更换之？”（第 206 页）然而冯镇峦也有引申失当，不免郢书燕说之嫌的点评，如卷二《口技》一篇，书写以口技售其医术的一位女子，本无太多深意。冯镇峦有一段较长的总评，内有云：“乃世之听妇人女子言者，一听而神昏，再听而魂迷，三听而手足失所，听未及终而耳聋矣。得女子而失丈夫，古今同概。松龄先生其有见于此，因托技于口，托口技于女子，托女子口技于暮夜，以垂戒后世欤！”（第 394 页）如此讨论作品宗旨，未免迂腐。

五、何守奇与但明伦评点《聊斋》

何守奇评点《聊斋》的文字较为琐碎，其夹评有时仅仅一两字，总评则就文而论，着重于对故事情节的总结。如卷二《红玉》一篇，何守奇有总评云：“侠杀御史一家而不杀宰，意宰之不胜杀也。当兴讼时，上至督抚，卒不得直，独宰也乎哉！”（第 411 页）对于社会腐败黑暗的认识较为深刻，这正是何评的价值所在。但何守奇的点评也有未搔到原作之痒处，甚至出现有悖于原作意旨的评点。如卷一《婴宁》一篇，鬼母与婴宁分别时说：“有何喜，笑辄不辍？若不笑，当为全人。”何守奇夹评云：“婴宁憨态，一片天真，过于司花儿远矣。我正以其笑为全人。”（第 224 页）点评者似乎没有搞清蒲松龄的文笔微妙之处，其实小说篇末的“异史氏曰”已有解释：“观其孜孜憨笑，似全无心肝者。而墙下恶作剧，其黠孰甚焉。至凄恋鬼母，反笑为哭，我婴宁殆隐于笑者矣。”（第 228 页）这无非表明小说描写婴宁之善笑，乃寄情于憨，用笑来掩饰其身世与凄凉意绪的用心，绝非“一片天真”四字可以概括，何评无疑将小说中人物的复杂性格描写简单化了。又如卷一《娇娜》一篇，何守奇的总评也有类似的缺憾，他认为：“娇娜一席，却被松娘夺去，使孔生矢志如雷轰时，未必不有济也。”（第 91 页）何守奇将本是虚构的小说情节设计，当作已然发生的历史看待，就失去了评议的基础；没有体味出作者构筑欠缺情境的用心，更属于盲人摸象。比较但明伦于孔生为救娇娜而被雷轰仆地后的夹评："真能好色者，不必其果为我所有也。"（第90页）何、但两者评点孰优孰劣判然可见，后者切中肯綮，体味到了作者的深刻用心。《娇娜》篇末"异史氏曰"有"得此良友，时一谈宴，则'色授魂与'，尤胜于'颠倒衣裳'矣"之论，蒲松龄有《赠妓》诗五首，其一有云："灯前色授魂相与，醉眼横波娇欲流。"[①]正可与本篇"异史氏曰"数语相发明，作者于男女之恋偏重于精神层面的取向略见一斑。

但明伦评点《聊斋》最为细致精警，有论者谓之为"集大成"者，则有言过其实之嫌，因为《聊斋》的诸位评点者并无相互参阅的机会，"集大成"从何谈起？然而但明伦的艺术感觉异常敏锐则可以肯定。卷一《青凤》中有描述耿生不欲施援手于青凤叔父的假设之词，作者转写青凤态度："女笑曰：'忍哉！'"但明伦就此夹评云："'忍哉'二字恨词也，而以笑出之，则感其如是，而又幸其不如是也。其词若有憾焉，其实乃深喜之。"（第171页）这样细致入微的评点就很发人深省。卷二《张诚》一篇有张家老父忽见三子同归的一段描写："父自讷去，妻亦寻卒；块然一老鳏，形影自吊。忽见讷入，暴喜，恍恍以惊；又睹诚，喜极，不复作言，潸潸以涕。又告以别驾母子至，翁辍涕愕然，不能喜，亦不能悲，蚩蚩以立。"对于如此传神入理的一段描绘，何守奇仅以"错落有致"四字加以概括，令读者难得要领。但明伦对此则有一大段夹评，内有云："只是兄弟同归见父耳，看他分作三样写法。见讷惊，惊其生还也，此一喜犹在意中也；又睹诚，则喜出望外，悲从中来矣，复何言。至闻千户母子至，不惟非意中，亦且非望外，不喜，不能；喜，亦不能。不悲，不能；悲，亦不能。未见时，惟愕然蚩蚩以立；既见后，亦坐立不知所为而已。用笔之妙，乃至于斯！"（第367页）如此解析，抓住了原作精蕴所在，绝非率尔操觚。又如卷二《红玉》一篇写冯相如蒙冤被释归后的情态："念大仇已报，则辗然喜；思惨酷之祸几于灭门，则泪潸潸堕；及思半生贫彻骨，宗支不续，则于无人处，大哭失声，不复能自禁。"这也是描绘人类复杂情感的一段传神笔墨，但明伦有夹评云："从生心中写出三层，使读者咸赏其情致之缠绵，用笔之周匝，几忘其为承接过渡之笔。"（第409页）诸

---

① 盛伟编：《蒲松龄全集·聊斋诗集》，学林出版社1998年版，第1651页。

如此类的点评，但明伦有许多，不胜枚举，表明了他艺术感受力的异常敏锐。

《聊斋志异》摹写人情世态淋漓尽致，栩栩如生，有时只可意会，难以言传。遇到这种事例，但明伦点评则另设一情境加以描摹，对读者体味其间情愫大有助益。卷六《凤仙》一篇，两位同有偷情记录的联襟（僚婿，俗称“一担挑”）相遇于途，似曾相识又难相认，只得以平时难以启齿之事提醒对方：“刘惶愧谢过。少年曰：‘此何妨。但南阳三葛，君得其龙，区区者又何足道！’刘疑其言。少年曰：‘君不认窃眠卧榻者耶？’刘始悟为胡。叙僚婿之谊，嘲谑甚欢。”但明伦夹评巧以他事摹拟以上之相见情态：“有两生同时考劣等而被斥者，后联姻相见，皆讶曰：‘似何处相晤来。’沉吟久之，相与点首曰：‘哦，哦！’情态亦如是。”（第 1725 页）如此淋漓尽致、摹情拟态的评点真令人拍案叫绝。

卷五《邵女》一篇中媒婆贾媪为说媒与邵妻有一段异常精彩的对话：

> 登门，故与邵妻絮语。睹女，惊赞曰：“好个美姑姑！假到昭阳院，赵家姊妹何足数得！”又问：“婿家阿谁？”邵妻答：“尚未。”媪言：“若个娘子，何愁无王侯作贵客也！”邵妻叹曰：“王侯家所不敢望；只要个读书种子，便是佳耳。我家小孽冤，翻复遴选，十无一当，不解是何意向。”媪曰：“夫人勿须烦怨。恁个丽人，不知前身修何福泽，才能消受得！昨一大笑事，柴家郎君云：于某家茔边望见颜色，愿以千金为聘。此非饿鸱作天鹅想耶？早被老身呵斥去矣！”邵妻微哂未答。媪曰：“便是秀才家，难与较计，若在别个，失尺而得丈，宜若可为矣。”邵妻复笑不言。媪抚掌曰：“果尔，则为老身计亦左也。日蒙夫人爱，登堂便促膝赐浆酒；若得千金，出车马，入楼阁，老身再到门，则阍者呵叱及之矣。”邵妻沉吟良久，起而去，与夫语；移时，唤其女；又移时，三人并出。邵妻笑曰：“婢子奇特，多少良匹悉不就，闻为贱媵则就之。但恐为儒林笑也！”（第 1318—1320 页）

但明伦就以上一段描写有夹评云：“此一段文字，得力全在‘故与邵妻絮语’一句。盖使入门而告以本意，则千金为聘之言如何出口？失尺得丈之言又如何出口？须看其死中求活，只故作闲谈：先从高一层说起，使之自口道出；又复借为笑谈，若有意若无意，冲口而出，即便扬开，然后揣其微哂之意，顺手代说出作难本心；至见其复笑不言，乃极力熏动，却从自家身上对面烘衬而出。抑扬顿挫，不即不离，使人入其彀中而不觉。此等笔墨，乃滥觞于《战国策》者。"（第1320页）如此分析，中肯到位，令人信服。

《珊瑚》一篇，又有沈氏与于媪一段绘声绘色的问答：

> 明日，以车来迎沈。沈至其家，先求见甥妇，亟道甥妇德。媪曰："小女子百善，何遂无一疵？余固能容之。子即有妇如吾妇，恐亦不能享也。"沈曰："呜乎冤哉！谓我木石鹿豕耶！具有口鼻，岂有触香臭而不知者？"媪曰："被出如珊瑚，不知念子作何语？"曰："骂之耳。"媪曰："诚反躬可骂，亦恶乎而骂之？"曰："瑕疵人所时有，惟其不能贤，是以知其骂也。"媪曰："当怨者不怨，则德焉者可知；当去者不去，则抚焉者可知。向之所馈遗而奉事者，固非予妇也，而妇也。"沈惊曰："如何？"曰："珊瑚寄此久矣。向之所供，皆渠夜绩之所贻也。"沈闻之，泣数行下，曰："我何以见吾妇矣！"（第2047页）

但明伦针对以上文字有夹评云："媪与沈问答一段，文字吞吐挑剔，俱臻绝妙，是从《左传》、《战国策》中得来。愈委婉，愈真切，一字一珠，一字一泪。我读至此，忽不知何以亦泣数行下也。"（第2047页）对于《聊斋》语言艺术的重视与赞赏，表明但明伦小说艺术鉴赏的全面性。

关注《聊斋》细节描写，但评也有精彩的评点文字。卷七《任秀》是一篇彰显人间果报说的小说，其中有任秀客中舟卧闻赌博声而技痒的一段描写：

> 至临清，泊舟关外。时盐航舣集，帆樯如林。卧后，闻水声人声，聒耳不寐。更既静，忽闻邻舟骰声清越，入耳萦心，不觉旧技复痒。窃听诸客，皆已酣寝，囊中自备千文，思欲过舟一戏。潜起解囊，捉钱踟蹰，回思母训，即复束置。既睡，心怔冲，苦不得眠；又起，又解。如是者三，兴勃发，不可复忍，携钱径去。

但明伦有夹评云："欲写骰声，先写水声、人声之聒耳。舟中不寐固是难堪，至更静而闻骰声，不且聒耳更甚哉！而入耳萦心者，偏觉其清越也。技痒而潛起，而捉钱，而回思，而束置，而复睡，而怔忡，而又起又解，如是者三，勃发不可复忍。写尽嗜博者之神魂，绘出嗜博者之形态，先生似曾亲眼见来。”（第2131页）这一段评点文字干净利落，几可与小说描写相映生辉。

卷四《莲花公主》中有一段写梦的妙笔：

> 生曰：“有卿在目，真使人乐而忘死。但恐今日之遭，乃是梦耳。”公主掩口曰：“明明妾与君，那得是梦？”诘旦方起，戏为公主匀铅黄，已而以带围腰，布指度足。公主笑问曰：“君颠耶？”曰：“臣屡为梦误，故细志之。倘是梦时，亦足动悬想耳。”

但明伦就这一描述夹评云：“明明梦也，以梦而说恐是梦，又以梦而说不是梦，更以梦而说不是梦，且当作倘是梦。翻空妙笔，最足启人智慧。”（第1016页）此评点能从细微之处发现小说作者的艺术匠心，这是但评于微观体味优于冯评，更超过何评的主要地方。

今天的论者重视但评，还在于但明伦总结出了《聊斋志异》的小说结构与写作方法上的若干特点。如他总评卷八《嘉平公子》的写法是“反逼法”：“此篇纯用反逼法，入手只说公子风仪秀美；即接入丽人，自微笑，自点首……在女一边真写到十二分快足。忽然转落正面，作万分扫兴语，真足令人喷饭。”（第2297页）再如夹评卷二《莲香》总结出“钩连法”与“紧”字诀：“借妓而出莲香，文势已不鹘突，已不疏散，乃出李女，而犹必牵合莲香，此钩连法也。通篇鬼狐并写，俱用此法，即所谓‘紧’字诀。”（第324页）又如总评卷七《葛巾》的写法属于“转法”：“此篇纯用迷离闪烁、夭矫变幻之笔；不惟笔笔转，直句句转，且字字转矣……”（第2088页）分析卷八《王桂庵》与《陈云栖》两篇，但明伦又有“蓄字诀”的揭示，《王桂庵》总评云：“文夭矫变化，如生龙活虎，不可捉摸。然以法求之，只是一‘蓄’字诀。前于《葛巾传》论文之贵用‘转’字诀矣；‘蓄’字诀与转笔相类，而实不同，愈蓄则文势愈紧，愈伸，愈矫，愈陡，愈纵，愈捷。盖‘转’以句法言之，‘蓄’则统篇法言也。”（第2357页）然而两者并不全同，《陈云栖》后有总评辨析云：“此篇与《王桂庵》篇文法相似，而中有大不相同者：入手以娶女道士一语作提笔，随即扬开；徐徐引入而以潘姓作一线索；中间纵横顿挫，而脉络杂系，有如蜻蜓点水，若即还离。于百忙中带写云眠，在有意无意间。文情既不寂寞，至后而亦不至另起炉灶，且不嫌鹘突也。末以娶两道士作大结束，纵横变化中，仍自有规矩准绳。率尔操觚者，那能解此。”（第2172页）关于“提笔”，又有所谓“双提”之法，但明伦总结卷七《晚霞》、卷八《香玉》两篇即用“双提法”。如其对《香玉》的总评有云：“爱妻良友，两两并写，各具性情，各肖口吻。入手用双提，中间从妻及友，又从友及妻；复恐顾此失彼，以言语时时并出之；末后三人齐结，笔墨一色到底。”（第2241页）除以上所述外，但明伦论《聊斋》还有“横插笔”、“双顶笔”等名目，不一而足。

有论者认为，但明伦评点《聊斋志异》纯用八股文的批评法，不足为训。实则八股文章作为科举的功令文字是极其讲究逻辑章法的，与诗、古文的作法有很多相通之处，清代桐城派即常以“以古文为时文，以时文为古文”作标榜。清初王士禛也说过：“时文虽无与诗古文，然不解八股，即理路终不分明。”[①] 但明伦用八股文法所总结出的文言小说结构章法诸特点，对于今天仍有研究价值。

将《聊斋志异》中某些篇章或个别词句加以引申，酿成引人深思之论，也是但明伦评点小说的特色之一。卷四《狐梦》中有“弈之为术，在人自悟”两语，但明伦有评云：“以此求道，思过半矣。在人自悟，凡学问之道，莫不皆然。专求指诲，便是下著。”（第934页）卷八《锦瑟》中的王生被指使在“给孤园”服负尸之役，王生有难色，但明伦就此评云：“不到万分困苦，不下十分工夫，如何干得出大学问，如何干得出大事业。‘君如不能’二语，是为半途而废者痛下针砭。”（第2422页）卷一《劳山道士》一篇，但明伦有总评云：“亦以见学问之途，非浮慕者所得与。虽有名师，亦且俟其精进有得，而后举其道以传之；苟或作或辍，遂欲剽窃一二以盗名欺世，其不触处自踣者几希。”（第58页）这一番议论至今仍有极高的认识价值。但明伦的评点文字动辄与学问事业相联系，这不禁令人想起王国维在其《人间词话》中以宋人词句阐释做学问三种境界的妙喻，别有一番风味。

---

① （清）王士禛撰：《池北偶谈》卷一三，中华书局1982年版，第301页。

六、从诸家评点看《聊斋》的创作心态

清人评点《聊斋志异》，对于同时代作者的心态把握可谓近水楼台。从评点者的有关评批文字了解蒲松龄的创作心态，就有举重若轻的便利。

一部《聊斋》说狐道鬼，无非是作者畅想于理想境界的产物。卷四《小谢》一篇中有陶生咒骂冥间黑判官与城隍的情节："黑老魅何敢如此！明日仆其像，践踏为泥，数城隍而责之。案下吏暴横如此，渠在醉梦中耶！"但明伦就此有评云："生能仆黑魅、责城隍，而不能仆贵介、责学使，可见人之恶实胜于鬼，鬼犹可以理服，人则难以理服也。"（第 1162 页）这已经涉及现实与理想两者的关系问题，蒲松龄正是无奈于现实的残酷，才到"青林黑塞间"去徜徉的。卷六《司文郎》一篇中王平子再应顺天乡试以犯规被黜，鬼魂宋生为之大哭，拭泪以后道出自己身世，但明伦就此夹评云："拭泪而言，先生自道也，故曰：'知我者，其在青林黑塞间乎？'"（第 1624 页）如此为论，评批者可谓深得作者的写作用心。

蒲松龄因风云之气无以发舒，才于小说中借儿女情长以泄愤，而这一类儿女情是在儒家传统道德自律下以"善"为基础的，同时又与现实世界保持着相当的距离。冯镇峦评批《聊斋》对此有极准确的把握，卷六《绩女》一篇没有巧妙的情节构思，"仙女"耐不住寂寞，非要寄身绩女与寡媪做伴劳作，原因何在，作者并没有明确交代。绩女以色相示人，致令七旬老妪"我见犹怜"，遂生"惜身非男子"的温柔绮思。冯镇峦有夹评云："世间惟有'情'字了得。朱晦翁诗云：'世上无如人欲险，几人到此误平生。'然此尚以'欲'言，若论'情'字，则一缕情丝直传遍大千世界，圣贤仙佛俱入其中。袁子才云：'惜玉怜香而心不动者，圣人也；惜玉怜香而心动者，常人也；不知玉不知香者，禽兽也。'此语颇有见。"（第 1792 页）卷二《鲁公女》借助于无边的佛法演绎出一幕超越现实、返老还童又生死以之的生死恋。"色即是空"本是佛学中的基本要义，然而"精诚所至，金石为开"，也可以为"情"的幻想敞开大门，于是才有小说中令痴男怨女穿越时空终成眷属的情节，其间所蕴含的无非是人们普遍存在的鱼与熊掌可兼而有之的占有心理。冯镇峦

对此篇有夹评云："此事为天下所无之事，在此段书为人人意中所有。人情即天道，何妨谓实有是事。"（第431页）蒲松龄笔下的狐妖花魅多具人情就是作者尊情的具体体现，冯镇峦常常就此生发议论。卷四《木雕美人》所记述者当系传统的提线木偶与动物两者加以配合的表演，在今天属于杂技一类，无所谓用"情"，冯镇峦却偏偏能以情取义，其总评云："大抵有情人虽遇无情之物亦觉有情，无情人君父且路人视之矣。"（第918页）评批者认为蒲松龄在其小说用情处无所不在，有时不免郢书燕说，今人自不必较真。

《聊斋》言情之处多以儒家之"善"加以统摄并止乎礼义，因而魅力无穷。卷八《香玉》篇末"异史氏曰"有云："情之结者，鬼神可通。花以鬼从，而人以魂寄，非其结于情者深耶？一去而两殉之，即非坚贞，亦为情死矣。"（第2240页）然而《聊斋》之情是以道德自律为基础的，绝非滥情。卷二《红玉》中冯翁发现其子有偷情之行，即加以严厉训斥："畜产！所为何事！如此落寞，尚不刻苦，乃学浮荡耶？人知之，丧汝德；人不知，亦促汝寿！"（第405页）卷四《小谢》篇后"异史氏曰"有云："绝世佳人，求一而难之，何遽得两哉！事千古而一见，惟不私奔女者能遘之也。"（第1165页）卷一《聂小倩》中书生宁采臣拒绝奔女："卿防物议，我畏人言。略一失足，廉耻道丧。"冯镇峦很能体味作者的这一心态，他对宁采臣之行有评云："刚直人何尝无情，但能止乎礼义，故古来忠臣孝子、义夫节妇，做出轰轰烈烈事业，皆情为之也。若世间薄行之辈，见利贪，见色迷，稍有变动，弃如敝屣，王魁、元正岂不自谓多情？予谓柳下、鲁男乃世之多情人也。"（第239—241页）

古代文人士大夫的道德自律是以"善"为基础的，《孟子》所谓"与人为善"体现了儒家一以贯之的道德传承。然而"善"又有"有心"与"无心"之分殊，以后者为最高境界。卷一《考城隍》在《聊斋志异》诸多版本中皆属首篇，所谓"有心为善，虽善不赏；无心为恶，虽恶不罚"（第3页）十六字为一篇宗旨，行善容不得半点虚情假意，清纪昀《阅微草堂笔记》卷一六有阴间业镜洞见人心之说："人镜照形，神镜照心。人作一事，心皆自知；既已自知，即心有此事；心有此事，即心有此事之象，故一照而毕现也。若无心作过，本不自知，则照亦不见。心无是事，即无是象耳。冥司断狱，惟以有心无心别善恶，君其识之。”[①] 论贵诛心，与《考城隍》中语两相对照，对于理解清代正统文人之心态大有裨益。但明伦体味蒲松龄心态深刻入微，其总评有云：“一部大文章，以此开宗明义，见宇宙间惟‘仁孝’两字生死难逾；正性命，质鬼神，端在乎此，舍是则无以为人矣。‘有心为善’四句，自揭立言之本旨，即以明造物赏罚之大公。”（第 4 页）对于卷五《刘姓》中的乡里恶人因偶发善心救助逃荒者摆脱困境的描写，但明伦夹评有云：“此所谓无心为善，才是真善。”（第 1313 页）窥测蒲松龄小说立意洞见症结，契合无间。

蒲松龄对于情的渴望通常染有混合小农意识的士人心理色彩。如卷四《云翠仙》篇末“异史氏曰”有云：“得远山芙蓉，与共四壁，与以南面王岂易哉！”（第 1129 页）科场失意、青云无路，蒲松龄在向内心世界寻觅乐土的过程中，所憧憬者是男读女织的桃花源式的生活，卷四《细侯》中女主人公“闭户相对，君读妾织，暇则诗酒可遣，千户侯何足贵”的畅想就是作者的向往。但明伦对于蒲松龄的这一心态深有同情，他就此夹评云：“室有美人，闭户相对，书声机声，衔杯拈韵，千户侯真不足贵也。”（第 1185 页）怡然自得，与世无争，这一生活理想显然不存在于现实世界，于是作者又生发出几多感慨。卷五《江城》篇末“异史氏曰”有云：“每见天下贤妇十之一，悍妇十之九，亦以见人世之能修善业者少也”（第 1287 页）卷二《夜叉国》篇末“异史氏曰”有云：“夜叉夫人，亦所罕闻，然细思之而不罕也。家家床头有个夜叉在。”冯镇峦以“游戏收”三字为评（第 512 页），可见评点者也不认为“夜叉”家家有之说属于社会常态，而只是作者理想与现实反差过大之下的一种变形的心理反应，虽不具备社会生活的真实性，却有文人心态的认识价值。

因果业报与人生有定数是蒲松龄诠解善恶姻缘的依据。《毛狐》借农人与毛狐之露水因缘以及终娶丑妇的结局，抒发的是自身的人生感慨，这对于一位怀才不遇、蹭蹬科场的读书人而言，属于一种廉价的自我心理慰藉。其篇末“异史氏曰”有云：“余每谓：非祖宗数世之修行，不可以博高官；非本身数世之修行，不可以得佳人。信因果者，必不以我言为河汉也。”（第 639 页）这是作者真实心结的反映，在作者看来，奋志青云与娶佳人作妇竟然那样难得，以致只能在因果报应中求得解释。其实这也表明了作者心目中的理想女

---

① （清）纪昀撰：《阅微草堂笔记》卷一六，上海古籍出版社 1980 年版，第 410 页。

性大多属于超现实的，社会中实难寻觅。卷三《双灯》就是一个“姻缘自有定数”的故事，魏运旺无端邂逅一位“楚楚若仙”的女郎，绸缪半载又翩然而去，这未始不是作者自家的绮思妙想。但明伦有总评云：“来也突焉，去也忽焉。汉家温柔乡不敌邯郸黄粱一梦也。双灯导来，双灯引去，直是双眸之恍惚耳。有缘麾不去，无缘留不住，一部《聊斋》，作如是观；上下古今，俱作如是观。”（第825页）这一概括是极为符合蒲松龄《聊斋志异》创作心态的。

卷四《蕙芳》书写仙女下嫁一位贫苦诚笃的小商人马二混的故事，是以有关民间神话传说为素材创作的，本没有曲折动人的情节。故事虽隔膜于文人的生活，却也有融入作者自身人生期待的遐思，透露出作者以幻想为依据的男女情爱观。其“异史氏曰”有云：“马生其名混，其业亵，蕙芳奚取哉？于此见仙人之贵朴讷诚笃也。余尝谓友人：若我与尔，鬼狐且弃之矣。所差不愧于仙人者，惟‘混’耳。”这一番议论体现了市井文化与士林文化的合流趋势，也彰显了两者在追求儒家人生价值观的一致性。但明伦于此篇后有总评云：“混，非美字也，胡以名？然亦有辨焉：混于人则不可，混于钱则不可，混于事则不可，混于时则不可，混于心与混于理则不可。若夫质朴居心，拙呐处世，随事相安，随时自足，以此为混，恐未必真能混也。马固朴讷无他长者，仙人且愿委身。混而不混，不混而混，必如是而后可以混，是以谓之混也。”（第1201—1202页）如此评批，犹如注语，可谓道出其间款曲，是深得作者之心的文字。

当代有论者认为，蒲松龄受到明中叶以来兴盛的反禁欲主义的王阳明心学的影响，从而在意识深处已有萌生主张婚姻自由、反抗封建纲常的要求。有论者甚至认为蒲松龄的思想已经染有资本主义萌芽下个性解放的色彩。这些观点是值得商榷的。蒲松龄所处时代虽晚于主张个性解放的汤显祖等，但却不具备这些先行者的反礼教思想。蒲松龄既没有王学后起之秀泰州学派的师承关系，也没有身处明代中后期那般有浓厚思想解放氛围的时代，他一生只到过江苏宝应一带当过不足一年的县衙幕僚，除到郡城济南以及青州、崂山等地外，几乎终生以塾师为业，过着苜蓿生涯。特别是蒲松龄具有内向性格，满足于在想象世界中对于“情”的体味，因此用今人所常用的“爱情”两字去评价蒲松龄有关男女情爱的小说，终觉方枘圆凿。《娇娜》、《瑞云》、《婴宁》、《青梅》等篇章，无非都是作者理想中女性的传记，现实性不强，完全属于作者自我精神层面的瑰丽想象。

卷一《娇娜》篇末“异史氏曰”有云：“余于孔生，不羡其得艳妻，而羡其得腻友也。观其容可以忘饥，听其声可以解颐。得此良友，时一谈宴，则‘色授魂与’，尤胜于‘颠倒衣裳’矣。”（第91页）卷三《罗刹海市》一篇中龙女对马生有言：“此后妾为君贞，君为妾义，两地同心，即伉俪也，何必旦夕相守，乃谓之偕老乎？”（第679页）卷二《连城》一篇中乔生有言：“‘士为知己者死’，不以色也。诚恐连城未必真知我，但得真知我，不谐何害！”但明伦就此有夹评云：“‘不以色’三字说得铮铮有声。果知我而不谐，所谓终身不御，不得谓非琴瑟也，夫何害？”（第529页）蒲松龄近似于柏拉图式的情爱观，被评点者敏锐而准确地捕捉到了，作者喜于在蛾眉中寻求知己的落寞而真诚的情怀，也被评点者发挥得淋漓尽致。卷六《爱奴》从一位常年坐馆授徒的家庭教师的视角审视了塾师奔波无定的生活，全篇笼罩在一种极度压抑的凄凉气氛中。徐生于薄醉中强灌酒于魂灵女子爱奴，致令其魂飞魄散，但明伦有夹评云：“灵气一散，艳骨何存。爱之而反杀之，所谓以迹交不若以神交之淡而能久也。”（第1753页）洞微烛隐，凸显了作者偏重于男女精神层面相恋的价值取向。

《聊斋》文心曲折深沉，但明伦的评点对作者文心时有显扬发明之处。卷一《婴宁》一篇中女主人公得知自己已然无家可归时只是孜孜憨笑，但明伦就此有夹评云：“此处略露‘笑’字之由。盖此身之来历，既不可明言；疑其为鬼，又不可置辨。无骇无悲，惟有孜孜憨笑以掩之，而徐察姑及郎之心而已。”（第225页）这与“婴宁”之命名取意于《庄子·大宗师》中的释道之言“撄宁”，即“扰动外表下的安宁”，丝丝入扣，堪称知言。参见本书第四编《〈聊斋志异〉丛脞新录》之《说〈婴宁〉》一篇。卷一《水莽草》一篇中祝生不饮媪所奉水莽草茶，却对寇三娘所奉同一种茶“吸尽再索”，但明伦就此夹评云：“人即姿容艳绝，茶必芳烈无伦，不待嗅之而吸已尽矣。”（第263页）对于客观事物的评价，当事者往往掺杂进主观情感因素，而令认知错位，所谓“爱屋及乌”即是此意。但明伦可谓百年以后蒲松龄的知音。

总之，《聊斋志异》的清人旧评是一笔宝贵的文化遗产，闪光之处在所多有，披沙简金，往往见宝，无论其评点方法还是其评点内容，都可供今人探讨《聊斋》借鉴或参考。

第三编

《聊斋志异》与重要典籍关系新证

《聊斋志异》与《尚书》、《周易》

“五经”作为中国儒家的传统经典，与“四书”同为封建时代读书人的人生教科书。《尚书》与《周易》皆名列于“五经”中，两者或被简称为《书》、《易》。凝结蒲松龄大半生心血的《聊斋志异》写作受到“四书”、“五经”的影响不言而喻，但比较而言，《聊斋志异》与《书》或《易》之关联远较它与《诗经》、《礼记》乃至《春秋》(主要体现于《左传》)之关联为简单。尽管如此，探讨这部文言短篇小说集与《书》、《易》的关系问题，对于研究《聊斋志异》的创作方法仍然不可或缺，对于清人以及今人注释中的有关误读或错解也有一定的廓清作用。

《尚书》属于中国上古历史文献和部分追述古代事迹著作的汇编，其所记者基本是誓、命、训、诰一类的言辞，文字大多古奥深眇，今人读来不无诘屈聱牙之感，但也有少数文字形象活脱，至今仍有相当的生命力，如“有条不紊”、“不可向迩”、“暴殄天物”等，早已凝固为汉语中的成语而被人们口头或书面所惯常使用。在文学史上，《尚书》是以中国古代第一部散文集享誉后世的。自汉初以来，《尚书》就有“今文”与“古文”两种不同的传本，因无关于本文题旨，这里不作深论。

《周易》也称《易经》，又简称《易》，一向被视为占卜书，主要通过象征天、地、风、雷、水、火、山、泽八种自然现象的八卦形式以推测自然与人事的变化。《周易》是中国传统思想文化中自然哲学与人文实践的理论根源，据说是上古由伏羲氏与周文王(姬昌)根据《河图》、《洛书》演绎并加以总结概括而成。它有从八卦演化而来的六十四卦，包括《上经》三十卦、《下经》三十四卦，分三百八十四爻，这属于“经”的部分。故称“易经”，也可专指《周易》的卦爻辞。《易传》(又称《十翼》，即《上彖》、《下彖》、《上象》、《下象》、《上系》、《下系》、《文言》、《说卦》、《序卦》、《杂卦》十篇)，是儒家学者对《周易》所作出的解释，其中《上象》与《下象》即《象传》上、下篇。如“天行健，君子以自强不息”这两句话，即出自《易·乾》卦的《象传》，常被人们作为励志的格言而被广泛运用。又如“二人同心，其利断金”，出自《易·系辞上》，现在也具有了成语的规格。

《聊斋志异》与《尚书》或《周易》发生关联，主要集中于前者对后两者有关语词或语意的借鉴，而后两者对于校勘、注释前者的功用，也不可忽视。以下即分三个方面加以论述。

一、《聊斋》对《书》、《易》语词的经典性借鉴

卷二《胡氏》是一篇人狐结亲的故事，不过化干戈为玉帛的情节设置，在《聊斋志异》众多关于狐的篇章中属于别出心裁一类。本是狐仙胡生求为主人之婿，经过一番争斗与周折，最终峰回路转，柳暗花明，却是胡生之妹嫁与主人之子。无论嫁与娶，虽然皆属于人狐异类间之联姻，却折射出民间“嫁女须攀高门”的习惯心理，即嫁女万难屈从于低势位的人家，而娶妇则可以在某种情势下不计门第。小说中的胡生因求娶主人女失败成仇而率领狐兵围攻主人家宅：“一日，胡生率师至，主人身出，胡望见，避于众中。主人呼之，不得已，乃出。主人曰：‘仆自谓无失礼于先生，何故兴戎？’群狐欲射，胡止之。”（第442页）所谓“兴戎”，即发动战争或引起争端，语出《书·大禹谟》：“惟口出好兴戎，朕言不再。”唐孔颖达疏：“兴戎，谓疾人而动甲兵。”[①]这是虞舜决定禅位夏禹时最后赞誉并告诫禹的一番话，大意是：想那出言能赞扬良善行为，也可能引来争端甚至战争，我就不再申说了。小说中的胡生欲联姻主人，本属善意，却因此反目成仇，兵戎相见，蒲松龄用《书》中语词，诚属于深思熟虑后的借鉴，今天的注家自当以明确其书证为好。

卷二《庚娘》情节奇幻，叙述节奏张弛有致，穿插照应有条不紊。小说中女主人公庚娘在变起仓促中，处变不惊，从容不迫，她不但能保全贞洁，而且最终亲自“手刃仇雠”，并与丈夫金大用团聚。小说叙述金大用遭王十八挤溺河中，濒死得救后，又与亦遭溺水的王十八结发妻在岸上相遇，王妻痛恨丈夫的忘恩负义、丧心病狂，求归于金。因两人皆处于厄难之中，故金回答说：“我方寸已乱，何暇谋人？”（第563页）所谓“谋人”，即为人谋画，语出《书·盘庚下》：“朕不肩好货，敢恭生生，鞠人谋人之保居，叙钦。”孔

① （清）阮元校刻：《十三经注疏》，中华书局1980年版，第136页。

传："人之穷困，能谋安其居者，则我式序而敬之。"[①]经文的大意是：我（盘庚，商朝的第二十位君主）不任用贪财者，只举用能为众生谋利益者，那些能抚养众生并能谋画令他们安居的人，将得到我依次的敬重。蒲松龄在金大用的答话中特意截取《尚书》中"谋人"两字是有针对性的，歇后暗寓王妻企盼"安居"之诉求，仓促中尽显"旧家子"的儒雅风度。

卷三《青梅》是作者精心结撰的一篇小说，无论情节的跌宕起伏，还是语言的生动传神，皆有炉火纯青之妙。篇末"异史氏曰"所谓"青夫人能识英雄于尘埃"一句道出了全篇主旨，其意向或与唐杜光庭《虬髯客传》传奇小说中奇女子红拂于风尘滚滚中慧眼识布衣李靖的路数相同，但其间自我参与融入的意识更为深沉强烈而已。青梅与阿喜皆为现实中难以立足的人物形象，而竟然活跃跳动于蒲松龄的笔下，显然染有作者高自位置的悬想。也就是说，小说中两位女性的性格特征完全是按照作者白日梦式的幻想所塑造的，而这又与明末开始盛行的才子佳人小说中某书生历经曲折兼拥双美的价值取向略同。狐女小梅为阿喜使女，以贫士张生纯孝，认为他前途远大，力劝主人阿喜下嫁未成，就自媒于张生，张生回答："得人如卿，又何求？但有不可如何者三，故不敢轻诺耳。"（第660页）所谓"不可如何"，即无可奈何，读者无须注释也能通晓，但若明其书证，即觉其答语兴味无穷。四字语本《易·小过》："初六，飞鸟以凶。《象》曰：'飞鸟以凶'，不可如何也。"唐孔颖达疏云："小过之义，上逆下顺，而初应在上卦，进而之逆，同于飞鸟无所错足，故曰'飞鸟以凶'也。"又云："'不可如何'也者，进而之逆，孰知不可自取凶咎，欲如何乎！"[②]小说对话中之所以暗用经典并旁及注疏中语词，就在于婉转劝解小梅"不可自取凶咎（灾殃）"。明此书证，蒲松龄措语之妙方能显豁。

卷三《碁鬼》描述一位将博弈雅事变为赌博且倾家荡产、气死老父的书生执迷不悟的人鬼历程，引人深思。小说有如下情节："阎摩王以书生不德，促其年寿，罚入饿鬼狱。"（第798页）所谓"不德"，即不修德行，语出《书·伊训》："尔惟不德罔大，坠厥宗。"唐孔颖达疏："尔惟不德，谓不修德

① （清）阮元校刻：《十三经注疏》，中华书局1980年版，第172页。
② （清）阮元校刻：《十三经注疏》，中华书局1980年版，第71页。

为恶也。《易·系辞》曰：'善不积不足以成名，恶不积不足以灭身。'乃谓大善始为福，大恶乃成祸。"①经文乃商初贤相伊尹教导太甲的训辞，这两句大意是：你不修德为恶，即使作恶无多，也可能导致亡国。蒲松龄以"不德"作为阎王对于碁鬼的判语，显然有意歇后运用《书》中语词，明其虽为恶无多，却可以导致绝嗣的后果，用语极有分寸，言简意赅且意味深长。

卷五《阿绣》在借鉴前人故事如南朝宋刘义庆《幽明录·买粉儿》一则的框架基础上，平添狐姐无私相助情节以及战乱突发的背景，令故事亦真亦幻，夭矫变化，起伏跌宕，可见作者巧妙之构思。刘子固痴情于杂货肆主之女阿绣，以频繁购物获得接近阿绣的机会。小说接着有如下描写："积半月，为仆所窥，阴与舅力要之归。意惓惓不自得，以所市香帕脂粉等类，密置一簏，无人时，辄阖户自捡一过，触类凝想。"（第1468页）所谓"阖户"，无非是闭门的意思，然而却与经典有所关联。《易·系辞上》："是故阖户谓之坤，辟户谓之乾。"唐孔颖达疏："阖户，谓闭藏万物若室之闭阖其户。"②蒲松龄以《易》中"阖户"两字形容刘子固私密空间的自我建构，又与前"密置一簏"相映衬，巧妙将这位痴情人的驰想专注且自我神秘之态勾画而出。今天的注家若能注出《易》之出典，蒲松龄撰写小说用词考究与精致可见一斑。

如果说以上五例借鉴经典的语词与书证的外在联系尚不明显，明确其书证有益于诠释的话，那么以下各例借鉴《书》或《易》语词与书证的外在联系就较为紧密了，明确其书证也很有必要。

卷三《续黄粱》中的曾孝廉之梦早已超脱了天马行空般的云山雾罩，而具有了讽刺现实官场丑恶的用心，这绝非作者"葡萄酸"心理在作祟，而是作壁上观者冷眼相觑下的产物，其警醒世道人心的作用不言而喻。小说描写梦中得志后的曾某为官飞扬跋扈、贪赃枉法、为所欲为，终于引来朝臣龙图学士包的上疏弹劾。此弹章措词犀利，指斥奸佞一针见血，其中有自我表白一段："臣夙夜祗惧，不敢宁处，冒死列款，仰达宸听。"（第779页）所谓"夙夜祗惧"，即言日夜恭敬并小心谨慎，完全模仿周武王伐纣前于孟津誓师的口吻。四字语出《书·泰誓上》："予小子夙夜祗惧，受命文考。"③大意是：

---

①（清）阮元校刻：《十三经注疏》，中华书局1980年版，第163页。

②（清）阮元校刻：《十三经注疏》，中华书局1980年版，第82页。

③（清）阮元校刻：《十三经注疏》，中华书局1980年版，第181页。

我小子日日夜夜恭敬小心，接受先父文王伐商的遗命。蒲松龄特意用《书》中语词修辞，意在强调弹劾曾某的正义性，今人作注《聊斋》，自以注出为好。

卷三《念秧》实际上讲了两个故事，前者大半为实事，后者则为虚构，前后呼应，相映生辉，可见作者之艺术匠心。至于两个故事的承接过渡，作者显然模仿《史记》卷八六《刺客列传》的联缀笔法，此不赘言。在第二个故事中，吴生与狐为友，欲从都中返乡，深惧旅途为人所骗，加强戒备。狐友则以“勿须，此行无不利”为劝（第852页）。所谓“无不利”，即言一切平安，似乎无须解释；实则若明其书证，于深入体味蒲松龄用词措语之妙，不可或缺。三字语出《易·遯》：“上九，肥遯，无不利。”唐孔颖达疏：“子夏传曰：‘肥，饶裕也。’……上九最在外极，无应于内，心无疑顾，是遯之最优，故曰肥。”[①]后世多称退隐为“肥遯”。吴生欲离都中回归故里，正与“肥遯”大意相同，所以蒲松龄安排狐友特以“藏前”修辞法道出“无不利”的《易》中卦辞，以令吴生安心回乡，占卜之意宛然如见。

卷五《钟生》中的主人公钟庆馀在对母亲“多得一日之奉养”与猎取功名的两难抉择中，毅然选取前者，的确难能可贵。明清读书人所最企盼者无非是乡试中举后再登进士榜，所谓“两榜进士”即分别指乙榜考中举人、甲榜考中进士。道士预知钟生“今科乡举可望”，但返乡后恐怕难以再见母亲，钟生听后毅然决定放弃尚未结束的乡试急速归家奉母，道士即言：“若过此已往，一榜亦不可得矣。”（第1534页）所谓“过此已往”，即除此以外，若言机不可失，时不再来。四字语出《易·系辞下》：“精义入神，以致用也；利用安身，以崇德也。过此以往，未之或知也。”唐孔颖达疏：“‘过此以往，未之或知’也者，言精义入神以致用，利用安身以崇德，此二者皆入理之极，过此二者以往则微妙不可知，故云未之或知也。”[②]道士预测未来属于打卦占卜，蒲松龄特意插《易》中语词于对话中，其用心不言而喻。读者明此书证，正可提高阅读小说的兴趣。

---

① （清）阮元校刻：《十三经注疏》，中华书局1980年版，第48页。
② （清）阮元校刻：《十三经注疏》，中华书局1980年版，第87—88页。

二、取意调侃：《聊斋》借鉴《书》、《易》的艺术呈现

《聊斋志异》借鉴儒家经典并不局限于一般语词范畴，取意于《书》、《易》中语词并加以灵活运用，乃至语涉调侃的借鉴，也属于蒲松龄小说书写的艺术技巧之一。

卷二《宫梦弼》在“人情冷暖，世态炎凉”的社会背景衬托下，小说主人公柳和经历人生一番磨难，终于因意外之财而致富。柳和对于势利熏心的老岳父、岳母先羞辱，后容纳，除了其妻的贤慧贞异因素外，作者蒲松龄头脑中儒家中庸思想的影响也不可低估。小说描写其黄姓岳父家败之后无奈投奔已经致富的女婿柳和，只能通过柳家下人与女儿暗通消息：“黄因诉所苦。妇入，以酒一盛、馔二簋，出置黄前；又赠五金，曰：‘郎君宴房中，娘子恐不得来。明旦宜早去，勿为郎闻。’”（第573—574页）所谓“二簋”，即两个盛器。簋，古代祭祀宴享时盛黍稷的圆腹、侈口、圈足的器皿。“二簋”的原意是比喻祭品无多，这里谓饭菜少，典出《易·损》：“元吉，无咎，可贞，利有攸往。曷之用，二簋可用享。”三国魏王弼注：“二簋，质薄之器也。行损以信，虽二簋而可用享。”唐孔颖达疏：“行损之礼，贵夫诚信，不在于丰。既行损以信，何用丰为？二簋至约，可用享祭矣。”①蒲松龄“二簋”之遣词取意于《易》，暗喻柳家对岳父的招待简慢，若不明书证，作者“微言大义”的苦心经营就被无形湮没了。

卷四《马介甫》是一篇谴责悍妒之妇的小说，篇末“异史氏曰”用骈文写就，属于作者精心结撰之作，其中有“需之殷者仅俄顷，毒之流者无尽藏”（第1091页）两句，意谓为数频繁的男女交欢不过求一时片刻之乐，婚姻若遇悍妇则一生受害无穷无尽。所谓“毒之流”，即“流毒”之倒文，犹言毒害传播，语出《书·泰誓中》：“有夏桀弗克若天，流毒下国。”②大意是：夏桀不能顺从天意，将毒害传播于天下。蒲松龄取意于《书》中所言天下大事运用

---

① （清）阮元校刻：《十三经注疏》，中华书局1980年版，第52页。

② （清）阮元校刻：《十三经注疏》，中华书局1980年版，第181页。

于闺中，有调侃意。所谓“无尽藏”，原为佛教语，谓佛德广大无边，作用于万物，无穷无尽。小说“异史氏曰”结合《书》中语反用于悍妒之妇的流毒，令调侃意味更加浓厚。

卷七《珊瑚》所描述的婆媳关系问题当属于清初社会生活的真实反映，寡母作婆，婆媳关系就更加难处，作者通过此后对比手法的运用更凸显了这一问题的严重性。小说开篇即明言书生安大成的母亲沈氏性格悍虐：“生娶陈氏，小字珊瑚，性娴淑。而生母沈，悍谬不仁，遇之虐，珊瑚无怨色，每早旦靓妆往朝。值生疾，母谓其诲淫，诟责之。珊瑚退，毁妆以进。母益怒，投颡自挝。生素孝，鞭妇，母始少解。”（第 2044 页）所谓“诲淫”，即诱人产生淫欲，语出《易・系辞上》：“慢藏诲盗，冶容诲淫。”唐孔颖达疏：“女子妖冶其容，身不精悫，是教诲淫者使来淫已也。”[①] 小说以“每早旦靓妆往朝”来刻画珊瑚侍奉婆母的礼数周全，而恰恰是如此小心谨慎又招来婆母“诲淫”的责难，联系“值生疾”三字，蒲松龄取意于《易》的用心昭然若揭，无非是藏前“冶容”两字，无理取闹中更见沈氏刁难儿媳的专横跋扈。

《聊斋志异》善于利用经典中语词，穿插于小说评论或叙事中，巧妙喻指事涉猥亵的不堪之举，更具有浓烈的调侃意味，不过稍嫌刻画而已。

卷二《黄九郎》描写何子萧对黄九郎情感之执著，是男性同性恋的写照，反映了明末清初社会士大夫阶层的部分生活现实，因而具有一定的认识价值。然而作者本人对于同性恋则抱着一种戏谑调侃的态度，并且不惜费时费力运用骈文形式以炫才。小说中所谓“笑判”也者，对于男性同性恋并非是一种决绝的态度，而是具有相当宽容度的。其词有云：“蛮洞乃不毛之地，遂使眇帅称戈。”（第 466 页）以“蛮洞”暗喻男性谷道，这里不作深论。下一句中“眇帅”，则暗喻男性性器官，此处也不细述。所谓“称戈”，即举起戈，多泛指动用武力，语出《书・牧誓》：“称尔戈，比尔干，立尔矛，予其誓。”孔传：“称，举也。戈，戟。”[②] 这是周武王在牧野将与商纣王决战前的誓师之词，蒲松龄将其中有关语词用于男性间的性事描写，不乏幽默感。

前举卷三《念秧》的第二个故事中，黄某与史郎等设圈套欲图谋吴生钱

---

① （清）阮元校刻：《十三经注疏》，中华书局 1980 年版，第 80 页。
② （清）阮元校刻：《十三经注疏》，中华书局 1980 年版，第 183 页。

财，为了迷惑吴生并消除其警惕性，史郎不惜在夜间投怀送抱于吴生："吴心知其诈，然计亦良得，遂相偎抱。史极力周奉，不料吴固伟男，大为凿枘，嚬呻不可任，窃窃哀免。吴固求讫事。手扪之，血流漂杵矣。乃释令归。"（第854页）所谓"血流漂杵"，即血流成河，能漂起木杵，原意形容杀人极多，这里形容男性谷道受伤后流血很多。四字语出《书・武成》："受率其旅若林，会于牧野，罔有敌于我师，前徒倒戈，攻于后以北，血流漂杵。"孔传："血流漂舂杵，甚之言。"[1] 这是周武王灭商以后，在大会诸侯国时追叙牧野之战的惨烈之状，所谓"血流漂杵"，不免夸张。杵，通"橹"，为古代武器中的盾。蒲松龄用此四字于小说的相关情节中，以"藏前"之修辞法，取意于"前徒倒戈，攻于后以北"，用其引申义暗寓男性间性行为的后果极其严重，其戏谑的调侃意味不言而喻。

三、《书》、《易》校注《聊斋》的书证勘误

校注《聊斋志异》如果无视有关文献的书证作用，释义往往就会误解原义甚至郢书燕说，不得要领。《书》或《易》的有关书证，对于校注《聊斋志异》的作用不可小觑。

卷四《金生色》中的金木氏在丈夫死后不久即不安于室，闹出"丑声四塞"的绯闻，这种毫无夫妻情义可言的行径，在任何社会都是应当被谴责的。全篇文字细针密线、丝丝入扣，构思虽涉神怪，而层层剥笋、娓娓道来，皆表明作者匠心独运的巧妙。小说中有如下一段描写："命人操兵弩，逐搜纵火者，见一人趫捷如猿，竟越垣去。垣外乃翁家桃园，园中四缭周墉皆峻固。数人梯登以望，踪迹殊杳。"（第1054页）所谓"四缭周墉"，即言围绕四周筑有高墙。墉，特指高墙，语出《书・梓材》："若作室家，既勤垣墉，惟其涂塈茨。"孔传："马云：卑曰垣，高曰墉。"[2] 金木氏本是旧时代的小脚妇女，何以"趫捷如猿"，显然为鬼使神差所致。蒲松龄先写其"越垣"，再强调桃

---

① （清）阮元校刻：《十三经注疏》，中华书局1980年版，第185页。
② （清）阮元校刻：《十三经注疏》，中华书局1980年版，第208页。

园“周墉皆峻固”，墉为高墙，与垣恰形成高低的对比，翻垣或事属简单，过墉则属超常了，这无非形容超自然力作用于金木氏之身已然不可抗拒，其自取灭亡实乃天惩而非人力。朱其铠主编《全本新注聊斋志异》(正文以下简称“朱注本”)注云：“四缭周墉（yōng庸）：四面环有垣墙。缭，绕。墉，垣墙。”①盛伟校注《聊斋志异全注》(以下正文简称“盛注本”)注云：“四缭周墉：四面围绕的垣墙。缭，围绕。周墉，围墙。《文选·张载〈七哀诗〉》：‘园寝化为墟，周墉无遗绪。’”②两注皆因忽视了《尚书》的相关书证，致使诠释不确切，辜负了蒲松龄对小说情节设置微妙传神的良苦用心。

卷七《云萝公主》书写一桩仙凡婚姻的美妙幻想，其间也不乏对尘世生活的观照。小说描写云萝公主的次子可弃自幼无赖，难以成材，幸有其母为可弃所择妻子异常精明，方令浪子得以回头。小说有如下一段描写：“妇持筹握算，日致丰盈，可弃仰成而已。”(第1857页)所谓“仰成”，即言依赖别人取得成功，语出《书·毕命》：“嘉绩多于先王，予小子垂拱仰成。”孔传：“我小子为王垂拱，仰公成理。”③仰，这里当作依赖或依靠的意思。《三国志》卷一六《杜畿传》：“畿谓卫固、范先曰：‘卫、范，河东之望也，吾仰成而已。’”④朱注本注云：“仰成：仰首等待成功，比喻坐享其成。”⑤盛注本注云：“仰成：仰首以待成功，比喻坐享其成。《尚书·毕命》：‘嘉绩多于先王，予小子垂拱仰成。’”⑥从其比喻义的诠解而论，两注并无大错；但皆注“仰”为“仰首”，则有望文生义之嫌。前者未明书证，致误或有缘由；后者已明书证，却仍沿袭前者之误，令人难以理解。可见注释《聊斋》，即使明确儒家经典的语词出处，还须参考古人对于书证的相关注疏，不能臆断，否则也会功亏一篑，乃至劳而无功。

卷七《胭脂》一篇写作的主要目的在于蒲松龄抒发对赏识他的山东学政施闰章的感激之情，其所述案件或许有一定的现实依据，并非完全捕风捉影，但事情的诸多巧合与施闰章明察秋毫的破案技巧则完全是作者虚构加工的结

① 朱其铠主编：《全本新注聊斋志异》，人民文学出版社1989年版，第696页。
② 盛伟校注：《聊斋志异全注》，山西人民出版社2000年版，第984页。
③（清）阮元校刻：《十三经注疏》，中华书局1980年版，第245页。
④（晋）陈寿撰：《三国志》卷一六《杜畿传》，中华书局1959年版，第495页。
⑤ 朱其铠主编：《全本新注聊斋志异》，人民文学出版社1989年版，第1272页。
⑥ 盛伟校注：《聊斋志异全注》，山西人民出版社2000年版，第1632页。

果，显示了其炉火纯青的艺术功力。篇末“异史氏曰”有云：“人皆服哲人之折狱明，而不知良工之用心苦矣。”（第 1994 页）何谓“哲人”？这里并非指智慧卓越的人，而是特指制裁犯罪者。哲，通“折”，语出《书·吕刑》：“哲人惟刑，无疆之辞属于五极。”[①]清王引之《经义述闻》卷四《尚书下·哲人惟刑》：“‘哲’当读为‘折’。‘折’之言制也。折人惟刑，言制民人者惟刑也。”[②]朱注本注云：“哲人：贤明而有智慧的人。”[③]盛注本于“哲人”未出注，可不论。以笔者所见《聊斋志异》其他选注本，注家于“哲人”多不出注，也有注为“贤明而有智慧的人”者，可见明确蒲松龄借鉴儒家经典语词的书证并加以客观而非臆断的解读，对于校注这部文言短篇小说集，实属必要，绝非蛇足。

卷二《张诚》构思巧妙，叙事简洁而饱含感情，将张氏兄弟的友于深情栩栩如生地和盘托出。在旧时的君臣、父子、兄弟、夫妻、朋友五种伦理关系中，“兄弟”一伦不可或缺。小说中的同父异母弟张诚怜悯其兄张讷樵采辛苦，希望能助一臂之力；哥哥则以弟年幼，叮嘱其弟的塾师：“吾弟年幼，宜闲之。山中虎狼恶。”（第 363 页）所谓“闲”者，即限制、防闲的意思，语出《易·家人》：“初九：闲有家，悔亡。”唐孔颖达疏：“治家之道，在初即须严正立法防闲，若黩乱之后方始治之，即有悔矣。”[④]所谓“宜闲之”三字，朱注本、盛注本皆作“宜闭之”[⑤]，显然都信从了铸雪斋抄本的形讹致误，未作认真的校勘。以“闲”为“限制”或“防闲”的用法，《聊斋志异》中非止一处。卷二《小二》以明末白莲教起事为故事的背景，小说中的女主人公小二随父亲加入白莲教，因“知书善解”而大得教主徐鸿儒信任：“女以徐高足，主军务，昼夜出入，父母不得闲。”（第 552 页）所谓“不得闲”，即不得加以限制的意思。朱注本注云：“闲：同‘间’，参预。”盛注本注云：“闲：同‘间’，

---

① （清）阮元校刻：《十三经注疏》，中华书局 1980 年版，第 251 页。
② （清）王引之：《经义述闻》，《续修四库全书》，上海古籍出版社 2001 年版，第 174 册第 354 页。
③ 朱其铠主编：《全本新注聊斋志异》，人民文学出版社 1989 年版，第 1370 页。
④ （清）阮元校刻：《十三经注疏》，中华书局 1980 年版，第 50 页。
⑤ 朱其铠主编：《全本新注聊斋志异》，人民文学出版社 1989 年版，第 243 页；盛伟校注：《聊斋志异全注》，山西人民出版社 2000 年版，第 327 页。

参预。”[①]两部全注本皆因未明“闲”字之《易》书证，遂令注释发生误解。

在上举《张诚》一篇中，兄弟两人山中打柴，弟张诚为虎叼走，兄张讷自戕后，魂入阴间寻弟，但见：“城中新鬼、故鬼，往来憧憧，亦有故识，就问，迄无知者。”（第364页）所谓“憧憧”，即往来不绝的样子，语出《易·咸》：“憧憧往来，朋从尔思。”[②]唐陆德明《经典释文》卷二引王肃曰：“憧憧，往来不绝貌。”[③]朱注本注云：“憧憧（chōng chōng 冲冲）：形影摇晃的样子。”[④]此亦因未明“憧憧”书证而望文生义。盛注本未出注，可不论。“憧憧”一词的使用，又见卷三《寒月芙蕖》，此篇又名《济南道人》。这篇小说反映了作者“三教合一”思想的牢固及对封建官场的不屑心理。济南道人于水面亭大宴宾客：“道人于壁上绘双扉，以手挝之。内有应门者，振管而启。共趋觇望，则见憧憧者往来于中，屏幔床几，亦复都有。”（第870页）朱注本注云：“憧憧（chōng chōng 冲冲）者：指摇曳不定的人影。”[⑤]其致误原因与前同。盛注本无注，亦不论。

卷四《西湖主》中的男主人公陈生因无意中放生而获福报，于是仙界、人间“一身而两享其奉”的幻想大行其道。其情节设计匪夷所思，但也不乏令读者心向往之的魅力。陈生因大风覆舟洞庭湖，他落水后幸而“扳一竹簏”，得以上岸：“有浮尸继至，则其僮仆。力引出之，已就毙矣。惨怛无聊，坐对憩息。但见小山耸翠，细柳摇青，行人绝少，无可问途。自迟明以至辰后，怅怅靡之。”（第974页）所谓“怅怅靡之”，意即在失意不快中与“坐对”的仆尸共处。四字语出《易·系辞上》：“我有好爵，吾与尔靡之。”唐孔颖达疏：“‘吾与尔靡之’者，言我虽有好爵，不自独有。”[⑥]可见“靡”于此处即有“共”的意思。朱注本注云：“靡之：无处可去。之，住。”[⑦]盛注本注云：“靡（mǐ 弭）之：无处可去。靡，无，没有。《诗经·邶风·泉水》：‘有怀于卫，

---

① 朱其铠主编：《全本新注聊斋志异》，人民文学出版社1989年版，第379页；盛伟校注：《聊斋志异全注》，山西人民出版社2000年版，第463页。
② （清）阮元校刻：《十三经注疏》，中华书局1980年版，第47页。
③ （唐）陆德明撰：《经典释文》，中华书局1983年版，第25页。
④ 朱其铠主编：《全本新注聊斋志异》，人民文学出版社1989年版，第247页。
⑤ 朱其铠主编：《全本新注聊斋志异》，人民文学出版社1989年版，第584页。
⑥ （清）阮元校刻：《十三经注疏》，中华书局1980年版，第79页。
⑦ 朱其铠主编：《全本新注聊斋志异》，人民文学出版社1989年版，第648页。

靡日不思。'郑玄笺:'靡,无也。'"[①] 以笔者所见凡入选《西湖主》的《聊斋》选注本,皆注"靡之"为"无处可去"或类似的意思。显然,弄清楚"靡之"的《易》之语词书证,是正确注释两字的关键,否则一切皆无从谈起。

卷五《梅女》如同一首美妙的复调乐曲,小说是在两组旋律的交叉进行中展开的。抨击专制统治下的丑恶吏治是一组旋律,描述作者心目中男女温馨的情爱是又一组旋律,两组旋律的进行无分主次,在丑与美的交互对立中完成乐曲的完美呈示。梅女借展孝廉家痴女之体还魂,由痴变慧,令展孝廉喜不自胜:"无何,女至,举止皆佳,因大惊异。女但掩口微笑。展细诘之,女进退而惭于言,封为略述梗概。展大喜,爱悦逾于平时。"(第1359页)所谓"进退",犹言"犹豫",语出《易·巽》:"初六,进退,利武人之贞。象曰:进退,志疑也。"三国魏王弼注:"《巽》顺之志,进退疑惧。"唐孔颖达疏:"志疑者,欲从之则未明其令,欲不从则惧罪及己,志意怀疑,所以进退也。"[②] 朱注本注云:"进退:为难的样子。"[③] 盛注本未注,无须论。注释《聊斋志异》,明确其语词书证,方能准确释义。蒲松龄撰写小说,虽不能称"无一字无来历",但他善于从经典文献中挖掘相关语词为我所用,注家、读者皆不可漠然视之,否则《聊斋志异》文辞典雅的风格就无从谈起了。

卷六《钱卜巫》中的夏商在预知自己将连续遭受五十八年的厄运后,安贫自守中也并非毫无作为,而是把握时机,试搏人生,"从翁贷赀,小权子母"即是一种对自身命运的测试。如果说这篇小说带有寓言性质,其守时待命的主旨无非是作者寄希望于等待之中的科举心态的折射。小说篇末"异史氏曰"有评云:"幸而鸟死鸣哀,子能幹蛊,穷败七十年,卒以中兴;不然,父孽累子,子复累孙,不至乞丐相传不止矣。"(第1648页)所谓"幹蛊",即"幹父之蛊"的省文,谓儿子能继承父志,完成父亲未竟之业。这与"不然"以下一段适成对文。"幹蛊"两字语出《易·蛊》:"幹父之蛊,有子考无咎,厉终吉。象曰:'幹父之蛊,意承考也。'"[④] 周振甫《周易译注》:"继承父亲的事业,有子孝,无害。即使有危险,终于是吉的。《象传》说'幹父之蛊',

① 盛伟校注:《聊斋志异全注》,山西人民出版社2000年版,第926页。
② (清)阮元校刻:《十三经注疏》,中华书局1980年版,第69页。
③ 朱其铠主编:《全本新注聊斋志异》,人民文学出版社1989年版,第907页。
④ (清)阮元校刻:《十三经注疏》,中华书局1980年版,第35页。

意思是继承父的事业。”[①] 朱注本注云：“幹蛊：谓父母有过恶而子贤德以掩盖之。《易・蛊》：‘初六，幹父之蛊，有子，考无咎。’”[②] 盛注本注云：“幹蛊：谓子贤德可以矫正父母之过。《周易・蛊》：‘幹父之蛊，有子孝无咎，厉终吉。’注：‘以柔巽之质，幹父之事，能承先轨，堪其任者也。’”[③] 两注皆通晓“幹蛊”相关《易》之书证，却未能正确加以释义，显然受到小说开篇所言夏商之父因“豪富侈汰”而家败的预设情节影响，从而忘记了“异史氏曰”于“子能幹蛊”之前尚有“幸而鸟死鸣哀”一语。看来准确理解儒家经典及其相关注疏也不是一件一蹴而就的事情。20 世纪 90 年代以后，有关《聊斋志异》的白话译本出版了不少，笔者所见三种颇具代表性，不妨考察这三种译本如何翻译“子能幹蛊”这一段话。马振方《聊斋志异评赏大成》(正文以下简称“漓江本”)：“他儿子又能够矫正、弥补父亲的过错……”[④] 孙通海等译《文白对照聊斋志异》(正文以下简称“中华本”)：“儿子能补正父亲的过错，勤俭持家……”[⑤]丁如明等译《聊斋志异全译》(以下正文简称“上古本”)：“儿子能改正父亲过失，振作起来……”[⑥] 三译本皆承继了全注本的相关注释，译文与小说原意南辕北辙，未能独立仔细考察《易》中相关文字的释义是主要原因。

如果说以上各例有关校勘注释问题，即使理解有误也无关小说宏旨的话，那么以下一例中有关“颠越货多”四字的释义，涉及明清官吏管理制度问题，就需认真对待了。

卷四《潞令》是一篇抨击封建酷吏的小说，其所揭发者不仅是宋国英这位酷吏“贪暴不仁”的为官之道，而是他将杀人如麻的劣迹笼罩上顺从民心、为民除害的光环，从而令其残暴无道披上了“正义”的外衣，并有可能因此得到“卓异”上考。就此，小说作者感叹说：“呜呼！幸有阴曹兼摄阳政，不然，颠越货多，则‘卓异’声起矣，流毒安穷哉!”(第 1106 页) 其中所谓“颠越货多，则‘卓异’声起”二句，意指宋国英严厉惩处那些所谓“杀远人

---

① 周振甫译注：《周易译注》，中华书局 1991 年版，第 71—72 页。
② 朱其铠主编：《全本新注聊斋志异》，人民文学出版社 1989 年版，第 1122 页。
③ 盛伟校注：《聊斋志异全注》，山西人民出版社 2000 年版，第 641 页。
④ 马振方主编：《聊斋志异评赏大成》，漓江出版社 1992 版，第 1778 页。
⑤ 孙通海等译：《文白对照聊斋志异》，中华书局 2010 年版，第 1351 页。
⑥ 丁如明等译：《聊斋志异全译》，上海古籍出版社 2012 年版，第 505 页。

取财货”令人痛恨的“罪犯”越多，“卓异”的政声就会四处传扬。在这里，作者显然语带强烈的厌恶与讽刺意味，概括、凝炼儒家经典中的有关语词，皮里阳秋地指斥官场酷吏栽赃诬陷、草菅人命的无耻行径。所谓“颠越货多”，语出《书·康诰》：“凡民自得罪，寇攘奸宄，杀越人于货，暋不畏死，罔弗憝。”孔传：“凡民用得罪，为寇盗攘窃奸宄，杀人颠越人，于是以取货利。暋，强也。自强为恶而不畏死，人无不恶之者，言当消绝之。”[①]《尚书》这一段经文的大意是：百姓凡因偷窃、抢劫、内外作乱、杀死远人取其财货犯罪，又刁顽不怕死，就无人不切齿痛恨。此外，《孟子·万章下》也提到了《书》中这一段话：“《康诰》曰：‘杀越人于货，闵不畏死，凡民罔不憝。’是不待教而诛者也。”[②]蒲松龄用“颠越货多”四字概括经书中的复杂涵义，曲折地勾画出宋国英巧借以顺从民心的名义滥杀无辜的丑恶嘴脸，而这与小说前述宋国英的自我标榜之语暗合：“官虽小，莅任百日，诛五十八人矣。”卓异，为清代考核地方官员用语。清代吏部定期考核官吏，针对中央各部官员者称“京察”，针对地方官员者称“大计”，文官三年，武官五年，政绩突出，才能优异者称为“卓异”，为最上等，即“上考”。《清史稿》卷一一一《选举六》：“凡京察一等、大计卓异有定额，京官七而一，笔帖式八而一，道、府、厅、州、县十五而一，佐杂、教官百三十而一，以是为率。非历俸满者，未及年限者，革职留任或钱粮未完者，满官不射布靶、不谙清语者，均不得膺上考。”[③]

蒲松龄所谓“‘卓异’声起”，只是一种虚拟的官府考语，并非已然发生之事。要弄清楚蒲松龄这一段话的原意究竟如何，首先要探究“颠越货多”四字的主语是何人。清何垠注云：“谓颠越其人而取其货，盗也。”（第1107页）主语已确认为盗。朱注本注云：“颠越货多：谓杀人掠财甚多。《尚书·康诰》：‘杀越人于货，暋不畏死。’孔安国传：‘杀人颠越人，于是以取货利。’”[④]盛注本注云：“颠越货多：谓杀人劫掠其财物。《尚书·康诰》：‘杀越人于货，暋不畏死。’孔安国传：‘杀人颠越人，于是以取货利。’”两部全

---

① （清）阮元校刻：《十三经注疏》，中华书局1980年版，第204页。

② 杨伯峻译注：《孟子译注》，中华书局1960年版，第240页。

③ 赵尔巽等撰：《清史稿》卷一一一《选举六》，中华书局1976年版，第3222页。

④ 朱其铠主编：《全本新注聊斋志异》，人民文学出版社1989年版，第713页。

注本注释大同小异，“颠越货多”之主语似皆暗指潞城县令朱国英。出版早于这两部全注本的《评注聊斋志异选》注云：“‘颠越货多’二句——意说杀人抢劫越多，官声越高。颠越货，指杀人抢劫，语本《尚书·康诰》‘杀越人于货’。‘卓异’是清代考核地方官政绩的最高评语。”① 从注释的行文逻辑判断，“杀人抢掠”的主语无疑就是朱国英。再看三种全译本关于“不然，颠越货多，则‘卓异’声起矣”的翻译。漓江本译为：“否则，杀人掠财甚多，为政‘卓异’的声誉就鹊起了。”② 中华本译为：“不然的话，杀人敛财甚多，就能扬起‘政绩卓异’的名声。”③上古本译为：“不然，杀人敛财越多，就越能获得‘政绩优异’的美名。”④ 三译大同小异，皆将“颠越货多”的主语视为宋国英，未免误解了小说原意。凡尚可正常运行的任何社会，绝不会公开赞誉地方官杀人掠财的无耻行径；但如果是地方官巧借整肃盗贼的名义而不断处罚刑杀罪犯的话，则另当别论了。康熙间潞城县令实有“宋国镆”其人，为山东东平州贡生，死于任上，见《潞城县志》。本书第四编《〈聊斋志异〉丛脞新录》有《说〈潞令〉》一文，可参阅，此不赘言。

蒲松龄撰写《聊斋志异》，以文言行文，典雅流畅，时而又有民间口语穿插其中，运用之妙，存乎一心，广事借鉴经、史、子、集中语词为我所用，是其小说彪炳千秋的有力支撑。《聊斋志异》与《尚书》、《周易》的关联，不过是研究其小说语言特色之一隅而已，至于《聊斋志异》与“四书”、“三礼”、《左传》、《诗经》、“前四史”乃至《太平广记》等典籍的关系问题，笔者以下皆有专章探讨，恕不赘言。

---

① 中山大学中文系编：《评注聊斋志异选》，人民文学出版社 1977 年版，第 351 页。

② 马振方主编：《聊斋志异评赏大成》，漓江出版社 1992 版，第 1127 页。

③ 孙通海等译：《文白对照聊斋志异》，中华书局 2010 年版，第 883 页。

④ 丁如明等译：《聊斋志异全译》，上海古籍出版社 2012 年版，第 319 页。

《聊斋志异》与“三礼”

“三礼”属于中国儒家的传统经典，其中《礼记》又名列“五经”之一，在明清科举考试中属于考生“各占一经”中的选项。蒲松龄在科场奋战大半世，“四书”而外，他于“五经”中究竟选哪一部应考，今天虽已难于考见，但《聊斋志异》的写作受到《礼记》乃至《周礼》、《仪礼》这“三礼”的影响则显而易见。如何正确诠解《聊斋志异》，涉及利用“三礼”相关书证对《聊斋志异》文字加以校勘辨析诸问题。探讨蒲松龄如何巧妙灵活运用“三礼”相关词语典故的问题，更是今天的读者鉴赏《聊斋志异》写作技巧的关键之一。

“五经”之说始于汉代，即《诗》、《书》、《易》、《礼》、《春秋》五部儒家经典的总称。其中《礼》在汉代特指《仪礼》，至唐代已经转指《礼记》。明清科举考试，八股文中“四书义”而外又有“五经义”。“四书义”对于考生是必考项，“五经义”对于考生则是选考项，所谓士子“各占一经”（即“本经”）就是此意。《明史·选举二》云：“科目者，沿唐、宋之旧，而稍变其试士之法，专取“四子书”及《易》、《书》、《诗》、《春秋》、《礼记》“五经”命题试士。盖太祖与刘基所定，其文略仿宋经义，然代古人语气为之，体用排偶，谓之八股，通谓之制义。”[①]《清史稿·选举一》：“而明则专取《四子书》及《易》、《书》、《诗》、《春秋》、《礼记》五经命题试士，谓之制义。有清一沿明制，二百馀年，虽有以他途进者，终不得与科第出身者相比。”[②]在明清两代科举考试中，《礼记》属于“五经义”中的选项之一，无可置疑。蒲松龄在科举考试中的“本经”为何？今天因文献无征，已难于考见。其《聊斋志异》的写作与“五经”语词文字皆有所关联，实难分主次，也是事实。蒲松龄对于“五经”的平均熟稔程度并不亚于“四书”，可见他大半世为科场获隽所付出的艰苦努力。

“三礼”之说始于东汉郑玄，即《仪礼》、《周礼》与《礼记》三部经典的合称。《仪礼》为春秋、战国时代一部分礼制的汇编，汉时所传有戴德本、戴

① （清）张廷玉等撰：《明史》卷七〇《选举二》，中华书局1974年版，第1693页。

② 赵尔巽等撰：《清史稿》卷一〇六《选举一》，中华书局1976年版，第3099页。

圣本与刘向《别录》本。今传十七篇为郑玄注《别录》本，唐贾公彦《疏》。《周礼》原名《周官》，或称《周官经》，西汉末列为经而属于礼，故称《周礼》。分天官、地官、春官、夏官、秋官、冬官六篇，后缺冬官，补以《考工记》。今传本四十二卷，有汉郑玄《注》、唐贾公彦《疏》。《礼记》为西汉戴圣采自先秦旧籍编定，共四十九篇。有汉郑玄《注》及唐孔颖达《正义》。因同时戴德别有《记》八十五篇，称《大戴礼》，此书又称《小戴记》。蒲松龄《聊斋志异》涉及"三礼"语词的小说，以《礼记》为最多，《周礼》次之，《仪礼》最少。这与作者长期从事举业而对儒家经典关注的轻重次序是相符的。以下即分三个方面探讨《聊斋志异》与"三礼"的关系问题。

一、对"三礼"语词的一般性借鉴

蒲松龄写小说很注意对人物性格的刻画，往往三言两语即可凸显人物神采，对主要人物如是，对于次要人物的描写也很注意语词的修饰锤炼。卷一《婴宁》中的女主人公婴宁爱花与善笑是其人物描写的两大特征，妙在其性格于爽朗中又隐藏有些许凄凉哀怨意绪，蒲松龄下笔为文对婴宁倾注了无比炽热的情感。为写好婴宁，作为衬托，婢女也酷肖其女主人之风，小说有如下描写："甫坐，即有人自窗外隐约相窥。媪唤：'小荣！可速作黍。'外有婢子噭声而应。"（第221页）所谓"噭声"，即高声急应。《礼记·曲礼上》："毋侧听，毋噭应。"唐孔颖达疏："噭，谓声响高急，如叫之号呼也。应答宜徐徐而和，不得高急也。"[①] 婴宁之婢女之所以如此无"规矩"，一方面照应前文"媪聋聩"之伏线，一方面也凸显了婴宁家之无拘无束的家风，起到了对婴宁性格烘云托月的效用，可谓一举两得。"噭声而应"，《聊斋志异》铸雪斋抄本作"嗷声而应"，属于没有搞清蒲松龄对《礼记》语词的借鉴而致妄改原稿。

卷一《丁前溪》以小说主人公丁前溪与贫而好客的杨家娘子侠义相报的故事，验证了"千古文人侠客梦"的存在，其表层意义无非是对理想人际关系的一种企盼，而其底蕴则显示了作者对于社会公平正义的向往。小说篇末

---

① （清）阮元校刻：《十三经注疏》，中华书局1980年版，第1240页。

“异史氏曰”有云：“贫而好客，饮博浮荡者优为之，最异者，独其妻耳。”（第258页）所谓“饮博浮荡”，即轻浮放荡的饮酒博戏行为。所谓“优为之”，即任事绰有馀力。三字语本《礼记·文王世子》：“仲尼曰：‘昔者周公摄政践阼而治，抗世子法于伯禽，所以善成王也。闻之曰，为人臣者杀其身有益于君则为之，况于其身以善其君乎？周公优为之。’”[①]其大意是说：孔子认为，周公暂代周成王执政，以教导世子之法教育伯禽，为的是让周成王成为合格的天子。我听说，只要有益于天子，哪怕杀身也要去做，更何况只是以身作则令天子受益呢？周公任事真是游刃有馀。蒲松龄借鉴《礼记》语词，赞扬了地位低下者“贫而好客”的侠肝义胆，感情极其真挚。

卷二《莲香》一篇无非是作者白日梦式性幻想意愿的达成，蒲松龄之所以选择一狐一鬼为书生的理想伴侣，参差有别、相映生辉而外，不过以为两者皆毫无社会关系的羁绊或外界的干扰，加之显隐倏忽，呼之即来，挥之即去，可天马行空般我行我素，为所欲为，如此构思小说正可减省诸多必须交代的笔墨。其中有一段狐仙为桑生治疗“鬼症”的描写：“莲香夜夜同衾偎生，生欲与合，辄拒之。数日后，肤革充盈。”（第326页）所谓“肤革充盈”，即身体恢复健康，语词借鉴《礼记·礼运》：“四体既正，肤革充盈，人之肥也。”唐孔颖达疏：“肤是革外之薄皮，革是肤内之厚皮革也。”[②]

诸如以上所举借鉴经典的一类语词，今天的注家若不出注，对于一般读者而言并不难读懂，然而明其书证对于深入体味蒲松龄用语追求典雅的努力大有裨益，换言之，这对于探讨《聊斋志异》的语言艺术风格的确不可或缺。

卷四《萧七》中的男主人公徐继长去儒为吏，不得已而为之的情愫中已经暗示他需要另一种活法以满足其人生期待。然而理想的实现必定还要受到现实生活的制约，绝非想入非非般轻而易举。宿命因缘论也许是调整人生想象与实践矛盾的最佳心理抚慰。徐继长本有妻室，却因一次与狐女萧七的“艳遇”改变了其生活。幸而其妻不妒，萧七也自行上门甘心为妾。小说有如下一段描写：“女掩口局局而笑，参拜恭谨。妻乃治具，为之合欢。”（第1207页）所谓“治具”，即备办酒食；所谓“合欢”，即和合欢乐，这里又双关男

① （清）阮元校刻：《十三经注疏》，中华书局1980年版，第1407页。
② （清）阮元校刻：《十三经注疏》，中华书局1980年版，第1427页。

女交欢。徐妻为两人准备酒食的举措并非小说写作的随意虚构，而是有经典依据的，《礼记·乐记》：“故酒食者，所以合欢也；乐者，所以象德也；礼者，所以缀淫也。”[①]这种已带有使事用典性质的语词借鉴，注家若轻易放过，就有可能辜负了作者根据《礼记》有关内容巧妙构思小说的一片苦心，因为徐妻与萧七“姊姨辈”随后的相互请客吃饭，正是推动小说情节发展的关键。

卷五《邵女》属于《聊斋》“悍妇”系列中的一篇。小说男主人公柴廷宾“百金买妾”，其妾却被其妻金氏酷虐一年致死。柴愤不与金氏同居，金氏为挽回丈夫之心，“设筵内寝”又赔不是，终于暂时讨得丈夫欢心：“柴益喜，烛尽见跋，遂止宿焉。”（第1317页）所谓“烛尽见（xiàn现）跋”，即言夜已深。见跋，谓显出烛根，典出《礼记·曲礼上》：“烛不见跋。”汉郑玄注：“跋，本也。”唐孔颖达疏：“本，把处也。古者未有蜡烛，唯呼火炬为烛也。火炬照夜易尽，尽则藏所然残本。所以尔者，若积聚残本，客见之则知夜深，虑主人厌倦或欲辞退也。故不见残本，恒如然未尽也。”[②]问题是作者何不径言“夜深”，而非要借鉴《礼记》语词不可？实则“烛尽见跋”四字除表明夜已深沉外，还体现了夫妻二人小别后相聚长谈的一个时间过程，有不知不觉中时间流逝的意蕴。如此描写，才能凸显令反目的夫妻重归于好的情感逻辑线索。今天的注家若不明四字书证，蒲松龄斟酌用词的微妙之处就难以体味了。

卷五《仙人岛》是旧时文人在科场失利、青云无路中，想入非非于仙界的产物。佛家的“彼岸”憧憬，远不如中国土生土长的道教“此岸”享受的畅想更吸引红尘中人。目空一切的小说主人公王勉未能大展宏图于人世，却可以栖迟于地仙境界且享尽艳福。书生王勉携仙女芳云从仙人岛归家，见只有“衰老堪怜”的老父与好赌博的儿子尚在，于是功名之念顷刻淡然，芳云则对公公尽其儿媳之侍奉：“芳云朝拜已，燂汤请浴，进以锦裳，寝以香舍。”（第1413页）所谓“燂汤”，即烧热水，典出《礼记·内则》所规范的子妇在父母舅姑之所应尽的奉养之劳：“五日则燂汤请浴，三日具沐。”汉郑玄注：“燂，温也。”[③]其大意是：儿媳每五天要烧一次温水请公婆洗浴，三天洗一次头发。蒲松龄专门用《礼记》之语词刻画地仙云芳孝敬公公的行为，意在表

① （清）阮元校刻：《十三经注疏》，中华书局1980年版，第1534页。
② （清）阮元校刻：《十三经注疏》，中华书局1980年版，第1240页。
③ （清）阮元校刻：《十三经注疏》，中华书局1980年版，第1462页。

明仙女下嫁凡人并无特殊之处，从而替凡世间不得志的书生扬眉吐气，同时也是自家久郁心底的人生腾达愿望的达成。今天注家注释《聊斋》，为体味作者遣词用心之深，就不能忽略“燂汤请浴”四字的书证及其诠释。

有时蒲松龄巧用《礼记·内则》中语词，还带有某种调侃意味，不明其书证也难以探究作者用语妙处。卷七《神女》属于人神相恋的大团圆结局类型，米生受神女眷恋的设想就是读书人高自位置的产物。傅公子求助米生，期望他救助身陷厄难的父亲，米生当时不知傅乃神女胞兄，加以拒绝。神女亲自来求，米生得悉他们的这一关系后，马上有“但有驱策，敢不惟命”的允诺，情不自禁中又调戏神女：“因挽其袪。隐抑搔之。”（第1916页）这惹恼了神女，米生赔罪并答应将尽全力施救，方罢。所谓“抑搔”，即按摩抓搔，语出《礼记·内则》：“疾痛苛痒，而敬抑搔之。”[①]这本是《礼记》对于儿媳侍奉公婆的要求，九个字大意是：公婆若有病痛疴痒，就须小心地为之按摩抓搔。蒲松龄改《礼记》文字“敬”为“隐”，用“隐抑搔之”形容米生对神女动手动脚的不恭，如此借鉴经典，笔调不乏幽默感。读者也只有明其书证，方可发出会心一笑。

《聊斋志异》有时整句借鉴《礼记》，明其书证就更为必要了。卷二《张诚》这篇小说构思巧妙，叙事简洁而饱含感情。描写张父与原配妻子及三子团聚一节，情景与人物形态刻画皆有颊上三毫之妙，令读者回味无穷，极其感人。小说有如下一段描写：“别驾得两弟，甚欢，与同卧处，尽悉离散端由，将作归计。太夫人恐不见容。别驾曰：‘能容，则共之；否则析之。天下岂有无父之国？’”（第366—367页）最后一句意谓父亲的地位最为崇高，借鉴于《礼记·檀弓上》：“不可，君谓我欲弑君也，天下岂有无父之国哉！吾何行如之。”汉郑玄注：“言人有父则皆恶欲弑父者。”[②]春秋时晋献公听信其宠妃骊姬谗言，欲杀其世子申生，申生弟重耳劝哥哥逃亡，申生纯孝，就用上引一段话作答，认为“天下哪里会有没有父亲的国家呢？我能逃到哪里去”！于是自尽而死。当代两部全注本对于这八个字皆未出注，反而是清吕湛恩注出《礼记·檀弓上》的有关书证，这对于今天读者阅读《聊斋》，的确功德无量。

---

① （清）阮元校刻：《十三经注疏》，中华书局1980年版，第1461页。
② （清）阮元校刻：《十三经注疏》，中华书局1980年版，第1276页。

二、对“三礼”语词的取意借鉴与对“三礼”相关句式的模仿

《聊志志异》遣词造句取意借鉴于“三礼”或对“三礼”的相关句式加以模仿，属于比一般性语词借鉴高一层次的效法经典，更有必要深入探讨。

卷五《金和尚》或系蒲松龄据民间传闻撰写，故有相当的虚构成分，但大体符合当时光明寺僧人气焰熏天的实际状况。饱暖生淫欲，诗中僧人欺男霸女，为虐一方，也非空穴来风。在历史的宗教信仰中具有舍身求法精神的唐玄奘一类的高僧大德毕竟属于少数，而当宗教在某种客观情势下仅沦为一种谋生乃至致富手段时，道德的崩溃就在所难免，这时“普度众生”的宗教情怀早已被抛到九霄云外，无影无踪了。金和尚的行径及其庞大寺院经济的繁荣有其特殊的历史条件，在明清两代并不具有普遍性，但在当时的社会中，道德低于俗家的酒肉和尚当不在少数。这篇小说运用皮里阳秋之法贬斥僧人中的邪恶势力，自有运用之妙、存乎一心的从容。对于这位金和尚之死，蒲松龄如此下笔：“无何，太公僧薨。孝廉缞麻卧苫块，北面称孤。”（第1495页）将“太公”与“僧”联称，已属不伦不类，又以“薨”讳言其死，作者显然有意运用《春秋》笔法，对金和尚及其随从等加以皮里阳秋式的嘲讽。“薨”作为“死”的别称，自周代始。在等级社会中，人之死亡也有尊卑之分，《礼记·曲礼下》：“天子死曰崩，诸侯曰薨，大夫曰卒，士曰不禄，庶人曰死。”[①]唐代则以“薨”称三品以上大官之死。蒲松龄取意于《礼记》中相关内容，称金之死为“薨”，今天注家若不取《礼记》为书证，作者用语微妙之处就难以凸显了。

取意于《礼记》并带有相当调侃意味的类似文字，有时又相当隐曲乃至晦涩，只有明其书证才能体味到蒲松龄文笔的精妙。卷六《单父宰》所记述青州民之二子对其父惨下阉割毒手事，起因于两兄弟贪婪无度，无非为日后家产分割时少一位或多位竞争者，希冀多分得一杯羹而已。在一己的蝇头微利面前罔顾亲情，属于人伦之大变，也透露出乡民的愚昧无知。至于附则所

① （清）阮元校刻：《十三经注疏》，中华书局1980年版，第1269页。

可“并传一笑”的本乡故事，也无非运用有关人体器官的谐音双关意味造成某种喜剧效果。以文不长，特全录如下：“邑有王生者，娶月馀而出其妻。妻父讼之。时辛公宰淄，问王何故出妻。答云：‘不可说。’固诘之，曰：‘以其不能产育耳。’公曰：‘妄哉！月馀新妇，何知不产？’忸怩久之，告曰：‘其阴甚偏。’公笑曰：‘是则偏之为害，而家之所以不齐也。’”（第1757页）其中辛公所谓“是则”二句巧用经书成句，语带双关，调侃王生出妻一事，意谓因妻子不能生育，竟然造成难以修身、治家的后果。所谓“家之所以不齐”，语本《礼记·大学》：“古之欲明明德于天下者，先治其国。欲治其国者，先齐其家。欲齐其家者，先修其身。欲修其身者，先正其心。欲正其心者，先诚其意。欲诚其意者，先致其知。致知在格物。”[①]所谓“偏之为害”，当典出《礼记·内则》：“妻将生子，及月辰，居侧室。夫使人日再问之。作而自问之，妻不敢见，使姆衣服而对。至于子生，夫复使人日再问之。夫齐（zhāi 斋），则不入侧室之门。”唐孔颖达疏：“夫正寝之室在前，燕寝在后，侧室又次燕寝，在燕寝之旁，故谓之侧室。”[②]大意是：妻子将要生子，至临产之月，就住在侧室里。丈夫每天派人问候两次。将分娩，丈夫亲自去问候，妻子因衣服不整，不敢见，即请女师帮忙整理好衣服再见面。孩子出生，丈夫仍每天派人问候两次，若要斋戒，就不再进入侧室之门。小说附则中王生妻以所谓“不能产育”被出，自无居侧室以待分娩的机会，丈夫斋戒不入侧室（这里有讽喻“其阴甚偏”的双关意味）也就无从谈起，最终导致其家“不齐”。王生与县令辛公都是读书人，所以辛公的调侃之语彼此会心，旧时能够读懂《聊斋》者也不难意会；而今天对于儒家经典生疏的广大读者，若要体味其中妙处，就需要注释的帮助了，否则将会一头雾水，全不得要领。

古代友朋相互间礼尚往来以及婚丧嫁娶等活动皆有一定之规，《礼记》中对此皆有明确规范。蒲松龄写小说借鉴《礼记》语词，今天的读者若不明书证，就有可能难以准确理解小说意旨。卷五《局诈》由三则故事构成，似皆根据前朝亦即明末的有关传闻而构思。最有趣的是第三则故事，古人或称之为“雅赚”。有琴癖的程道士为得到李生的古琴，心机用尽，先捐赀为县丞，

① （清）阮元校刻：《十三经注疏》，中华书局1980年版，第1673页。
② （清）阮元校刻：《十三经注疏》，中华书局1980年版，第1469页。

以借机接近李生，费时年馀，又通过美女诱惑，终于将朝思暮想的古琴行骗到手。如此大费周章，虽非光明磊落之举，却也不乏文人之雅趣。此则故事开篇讲李生偶获古琴后即言："邑丞程氏，新莅任，投刺谒李。李故寡交游，而以其先施故报之。"（第1524页）何谓"先施"？旧时谓人先行拜访或馈赠礼物，其意取自《礼记·中庸》："所求乎朋友，先施之。"唐孔颖达疏："欲求朋友以恩惠施己，则己当先施恩惠于朋友也。"① 朱其铠主编《全本新注聊斋志异》注云："以其先施故：因其首先拜谒的缘故。施，先加礼致敬叫施。《礼记·曲礼》上：'其次务施报，礼尚往来。'"② 盛伟《聊斋志异校注》注云："以其先施故：以其首先拜谒的原因。施，谓致以礼。《礼记·曲礼上》：'其次务施报，礼尚往来。'"③ 两部全注本所注内容略同，虽皆以《礼记》为书证，但与"先施"语词并不吻合，故诠释略有偏差，并不确切。正确选择《礼记》书证的重要性，可见一斑。

卷五《金和尚》言及金和尚死后的吊丧活动："邑贡监及簿史，以手据地，叩即行，不敢劳公子、劳诸师叔也。"（第1496页）所谓"不敢"云云，意即吊丧时叩完头后即行，以免去丧家叩头回礼之劳，属于敬畏心理的体现。古代吊丧仪式，视吊丧人与死者相互社会地位的高低而繁简不一，吊丧人地位低于死者，吊丧仪礼烦琐而丧家回礼则轻；反之，吊丧仪礼轻而丧家回礼重。此可参见《仪礼·士丧礼》。旧时民间吊丧，丧主在家中第一次见到吊丧人时，无论对方年纪、辈分大小，皆要行跪拜礼以示迎接与感谢。这一丧俗源于《仪礼》的相关规定，今天的读者若不明古代这一风习，就难以搞清楚"不敢"云云的内蕴了。本书第四编《〈聊斋志异〉丛脞新录》有《说〈金和尚〉》一文，可参见，此不再赘述。

卷八《公孙夏》一篇是作者对朝廷公开卖官鬻爵行径的嘲讽，同时对于饶有家财却不学无术、气焰嚣张的腾达者又具有一种不屑一顾的心理优势，于是作者嬉笑怒骂皆成文章，借机吐露出满腔激愤的不平之气。小人得志，飞扬跋扈之态令人齿冷；遭遇正人，令速成者希望成空也是大快人心之事。小说开篇："保定有国学生某，将入都纳赀，谋得县尹。方趣装而病，月馀不

---

① （清）阮元校刻：《十三经注疏》，中华书局1980年版，第1627页。
② 朱其铠主编：《全本新注聊斋志异》，人民文学出版社1989年版，第1028页。
③ 盛伟校注：《聊斋志异全注》，山西人民出版社2000年版，第1387—1388页。

起。忽有僮入白：'客至。' 某亦自忘其疾，趋出迎客。客华服，类贵者。三揖入舍，叩所自来。"（第 2391 页）所谓"三揖"，即"三揖三让"，古人谓以隆重礼节迎宾。《周礼·秋官·司仪》："宾三揖三让，登，再拜授币。"汉郑玄注："三揖者，相去九十步揖之使前也。至而三让，让入门也。"[①] 朱注本、盛注本于"三揖"皆未出注并明其书证，今天的读者就有可能不明就里，作者生动刻画国学生某趋炎附势丑态的意图很可能被湮没。"三礼"中《周礼》书证的重要性于此也可见一斑。

对于"三礼"有关句式的模仿，也是《聊斋志异》借鉴经典的方法之一。卷一《野狗》以清初于七一案为背景，所记录者虽涉鬼怪不经之谈，但对当时百姓冤情郁结的反映则系实情展示。小说描写被杀害者尸横遍野的状况："忽见阙头断臂之尸，起立如林。内一尸，断首犹连肩上，口中作语曰：'野狗子来，奈何？' 群尸参差而应曰：'奈何！'"（第 106 页）所谓"奈何"，即怎么办。两次"奈何"句式的出现，有意模仿《礼记·曲礼下》："国君去其国，止之曰'奈何去社稷也'；大夫曰'奈何去宗庙也'；士曰'奈何去坟墓也'。"[②]

卷四《云翠仙》中女主人公云翠仙早识小商贩梁有才的轻薄为人，但迫于母命，无奈下嫁匪类，险遭不测。小说描写梁有才路遇云翠仙情境："途中见女郎从媪，似为女也母者。"（第 1125 页）所谓"女也母者"，即女子之母。将两者的从属关系表述为并列的结构，中置一虚词以分割之。这种句式模仿自《礼记·檀弓上》："为伋也妻者，是为白也母；不为伋也妻者，是不为白也母。"[③] 这是孔子的嫡孙孔伋（字子思）回答其门人所问其子孔白（字子上）缘何不为其母（已与孔伋离异）服丧的一段话，大意是：她作为我孔伋的妻子，就是孔白的母亲；她不是我的妻子了，也就不再是孔白的母亲了。卷八《陈云栖》："果尔，则为母也妇；不尔，则终为母也女，报母有日也。"（第 2169 页）所谓"果尔"这四句意谓若"潘氏"已结婚，我就做母亲的儿媳妇，否则我就终身做母亲的女儿。可见蒲松龄对于《礼记》这一句法情有独钟，所以不止一次在小说中借鉴模仿。清冯镇峦评《陈云栖》中"果尔"四句有云："《檀弓》句法。"（第 2169 页）已经明确指出这一句法的渊源有自，可见古人读书之细心处。

---

① （清）阮元校刻：《十三经注疏》，中华书局 1980 年版，第 897 页。
② （清）阮元校刻：《十三经注疏》，中华书局 1980 年版，第 1259 页。
③ （清）阮元校刻：《十三经注疏》，中华书局 1980 年版，第 1274 页。

卷六《于去恶》中的三位书生虽分别处于阴阳两界，但却共呼吸，同命运，皆难以在科举一途扬眉吐气。坎坷的遭遇令三位怀才不遇者惺惺相惜，在相互引对方为知己的情怀中相濡以沫，建立起纯真的友情。小说真实反映了作者在科举取士的严峻现实面前的几多无奈心态，堪称为当时众多读书人心灵的写照。小说主人公于去恶在阴间科场考毕被友人问起试题，于回答说："书艺、经论各一，夫人而能之。"（第1712页）所谓"夫人而能之"，意谓很多人都可以做出来，不足为奇。五字模仿《周礼·冬官考工记》句式："粤无镈，燕无函，秦无庐，胡无弓车。粤之无镈也，非无镈也，夫人而能为镈也；燕之无函也，非无函也，夫人而能为函也；秦之无庐也，非无庐也，夫人而能为庐也；胡之无弓车也，非无弓车也，夫人而能为弓车也。知者创物，巧者述之守之，世谓之工。"[①]以笔者目前所见诸多《聊斋》注本，对于"夫人而能之"五字皆不出注，这未免抹煞了作者修辞典雅追求的苦心，对于我们鉴赏《聊斋》的语言艺术也不利。

值得一提的是，《聊斋志异》所涉及的名物有时也源于经典，并非凭空结撰。卷一《水莽草》中男主人公祝生误饮水莽草茶而死，其鬼魂不愿寻找生人为替身而投胎转世，终于以"己所不欲，勿施于人"的一念之仁修成正果，被上帝封为"四渎牧龙君"。所谓"水莽草"，即"莽草"，为一种有毒的植物名。《周礼·秋官·翦氏》："翦氏掌除蠹物。以攻禜攻之，以莽草熏之。"汉郑玄注："莽草，药物杀虫者，以熏之则死。"[②]此外，《山海经·中山经》、明李时珍《本草纲目》卷一七下对莽草皆有所记述，此不赘言。

《聊斋志异》是一部"鬼狐史"，小说文字未必皆言之有据，字字有来历，但其与儒家经典的诸多方面的关联，无论读者与研究者皆不可忽视。

三、从校勘注释认识"三礼"书证的作用

明确《聊斋志异》借鉴经典语词的相关书证，对于这部小说的文字校勘

① （清）阮元校刻：《十三经注疏》，中华书局1980年版，第905—906页。

② （清）阮元校刻：《十三经注疏》，中华书局1980年版，第889页。

具有确定是非的作用；这对于真正读懂这部小说也实属必要，读者如果囫囵吞枣，不求甚解，就有可能错误理会作者原意。

卷四《莲花公主》为模仿唐李公佐《南柯太守传》之作，蒲松龄在借鉴前人之作中，有意大为缩小梦幻的时间跨度，摒弃其间的消极因素，在人与蜂的异物之恋中注入更多的旖旎情愫，令人读后备感温馨。小说讲述男主人公窦旭重新加入蜂国国王的宴饮："见王，伏谒，王曳起，延止偶坐。"（第1016页）所谓"偶坐"，即陪坐。《礼记·曲礼上》："偶坐不辞。"汉郑玄注："偶，配也。"唐孔颖达疏："偶，媲也。或彼为客设馔而召己往，媲偶于客共食，此馔本不为己设，故己不辞之也。"[①] 朱注本注云："延止偶坐：请坐于侧座。延，请。止，至。坐，同'座'。"[②] 盛注本从铸雪斋抄本、青柯亭刻本《聊斋志异》，作"延止隅坐"[③]，不如手稿本"延止偶坐"义胜，且未出校记与注。《礼记·曲礼上》中所谓"偶坐"，正是讲求陪长者一同侍奉国君吃饭的礼节，蒲松龄运用于蜂国国王招待窦旭的宴席，极为得体，朱注本注"偶坐"为"侧座"，并不确切。

卷六《嫦娥》是一篇主旨驳杂的小说，世间人、月中仙与西山狐三者的纠缠与离合恍惚迷濛，既有二女共事一夫的男子白日梦般的瑰丽想象，又有嫦娥与颠当之间颇染有同性恋色彩的暧昧之情，令人读后实在难得要领。小说写男主人公宗子美再见嫦娥后又失其踪影："宗大哭失声，不欲复活，因解带自缢。恍惚觉魂已出舍，伥伥靡适。"（第1583页）所谓"伥伥"，即无所见貌，典出《礼记·仲尼燕居》："治国而无礼，譬犹瞽之无相与，伥伥乎其何之。"汉郑玄注："伥，无见貌。"[④]《聊斋志异》青柯亭刻本作"怅怅"，实在不如《异史》本等作"伥伥"义胜。可见在《聊斋志异》文字校勘中，明确有关语词之书证就有确定校勘是非的作用，不可掉以轻心。

注释《聊斋志异》，不明语词书证，就有可能茫然无解。卷二《小二》一篇以明末白莲教起事为故事的背景，涉及民间法术等内容。小说中有丁生、小二夫妇欲用法术"搬运"富邻家千金一节，两人在家等待成功的过程中饮

① （清）阮元校刻：《十三经注疏》，中华书局1980年版，第1243页。
② 朱其铠主编：《全本新注聊斋志异》，人民文学出版社1989年版，第672页。
③ 盛伟校注：《聊斋志异全注》，山西人民出版社2000年版，第952页。
④ （清）阮元校刻：《十三经注疏》，中华书局1980年版，第1613页。

酒，以翻检《周礼》作酒令，大有意味：“任言是某册第几页、第几行，即共翻阅。其人得‘食’傍、‘水’傍、‘酉’傍者饮，得‘酒部’者倍之。既而女适得‘酒人’，丁以巨觥引满促釂。女乃祝曰：‘若借得金来，君当得饮部。’丁翻卷，得‘鳖人’。女大笑曰：‘事已谐矣！’滴沥授爵。丁不服，女曰：‘君是水卒，宜作鳖饮。’”（第553页）所谓“鳖人”，乃周朝掌取献甲壳类动物之官名。《周礼·天官·鳖人》：“鳖人掌取互物。”①所谓“互物”，即甲壳类动物的总称。小说中所谓“饮部”当包括《周礼·天官》中的《酒正》、《酒人》、《浆人》三章，而《鳖人》则不属于所谓“饮部”，故下文方有“丁不服”之描述。至于小二所说“君是水卒”，则以其姓氏“丁”戏加调侃。丁，指蚌、蛤壳内侧坚韧的小肉柱。清周亮工《闽小记·江瑶柱》：“（江瑶柱）肉不堪食，美只双柱。所谓柱亦如蛤中之有丁。蛤小则字以丁。此巨因美以柱也，味亦与蛤中丁不小异。蛤之美实亦在丁。”②朱注本、盛注本皆未明所以，诚属诠释中的缺憾。本书第四编《〈聊斋志异〉丛脞新录》有《说〈小二〉》一文，可参见，此不赘述。

卷三《武技》近似一篇寓言，故事以比武为喻，讲述了这样一个道理，即天外有天，人外有人，任何人在任何情况下绝不能自高自大，目空一切，否则必跌跟头。李超拜少林僧为师，自以为武艺颇精，但在与师父一试身手时，大败，于是“李以掌致地，惭沮请教”（第894页）。所谓“致地”，即言头与手皆至地，是古人非常郑重的致敬礼。致，通“至”，达到。《礼记·玉藻》：“君赐，稽首据掌致诸地。”唐孔颖达疏：“致诸地者，致，至也，谓头及手俱至地，左手按于右手之上致地也。”③朱注本注云：“致地：撑地。”④盛注本注云：“致地：谓用手掌撑地。”⑤因未明书证，注家令此致敬礼的性质发生变化。

卷四《跳神》属于当时民间风俗的实录，其中形容满洲萨满教宗教仪式“跳虎神”时全家的小心谨慎之状：“一家媪媳姊若妹，森森蹜蹜，雁行立，

① （清）阮元校刻：《十三经注疏》，中华书局1980年版，第664页。
② （清）周亮工撰：《闽小记》卷上，台北成文出版社有限公司1975年版，第3b页。
③ （清）阮元校刻：《十三经注疏》，中华书局1980年版，第1483页。
④ 朱其铠主编：《全本新注聊斋志异》，人民文学出版社1989年版，第598页。
⑤ 盛伟校注：《聊斋志异全注》，山西人民出版社2000年版，第877页。

无岐念，无懈骨。”（第 1136 页）所谓“森森蹜蹜（sù sù 素素）”，乃形容拘谨敬畏的样子。森森，战栗貌；蹜蹜，形容小步快走。《礼记·玉藻》：“执龟玉，举前曳踵，蹜蹜如也。”唐孔颖达疏：“蹜蹜如也，言举足狭数。”[①]朱注本注云：“森森蹜蹜（sùsù 宿宿）：一个接一个紧靠在一起。森森，繁密的样子。蹜蹜，通‘缩缩’，紧缩在一起。”[②]盛注本注云：“森森蹜蹜（sù sù 宿宿）：谓害怕得一个紧靠一个。森森，寒噤貌。蹜蹜，此谓紧缩一起。”[③]两注皆有望文生义之嫌，如果人“紧靠”或“紧缩”在一起，则与下文“雁行立”（形容站立排列整齐而有次序）矛盾了。《礼记》书证的提供在此一诠释中是必要的，蒲松龄显然有意借鉴了这一儒家经典的描述文字。实则“森森蹜蹜”（拘谨敬畏中小步快走）以至“雁行立”，是全家人在仪式中行进乃至完成定位的整个过程描述，极为形象传神。再看《聊斋》三种全译本的相关翻译。马振方主编《聊斋志异评赏大成》（以下简称“漓江本”）：“一家婆媳姐妹，一个紧靠一个，瑟瑟缩缩，行走或站立都像大雁般排成一字……”[④]孙通海等译《文白对照聊斋志异》（以下简称“中华本”）：“一家之中的婆婆、媳妇、姐姐及妹妹，一个挨一个紧靠着，一字排开……”[⑤]丁如明等译《聊斋志异全译》（以下简称“上古本”）：“一家之中婆、媳、姊、妹这班妇女们，抖抖缩缩，呆立成行……”[⑥]三种译文皆有误，望文生义而外，前两种又可能受了朱注本或盛注本的影响，有以讹传讹之嫌。

卷五《阿英》是一篇通过人禽异类之恋歌颂人情美的小说。秦吉了与鹦鹉在小说中能化为丽人，两者一暗一明，相互生发，无论感恩图报还是信守前约，皆属有情有义，有始有终，人间真情俱在小说中展现无遗，给人以无限温馨之感。小说描写男主人公甘玨与鹦鹉女阿英相遇一节：“玨一日偶游涂野，遇一二八女郎，姿致娟娟。”（第 1370 页）所谓“涂野”，实即“野涂”之倒文，亦作“野途”，古代指周王城外二百里内的通路。《周礼·考工记·匠

① （清）阮元校刻：《十三经注疏》，中华书局 1980 年版，第 1484 页。
② 朱其铠主编：《全本新注聊斋志异》，人民文学出版社 1989 年版，第 761 页。
③ 盛伟校注：《聊斋志异全注》，山西人民出版社 2000 年版，第 1275 页。
④ 马振方主编：《聊斋志异评赏大成》，漓江出版社 1992 年版，第 1178 页。
⑤ 孙通海等译：《文白对照聊斋志异》，中华书局 2010 年版，第 921 页。
⑥ 丁如明等译：《聊斋志异全译》，上海古籍出版社 2012 年版，第 333 页。

人》："野涂五轨。"唐贾公彦疏："国外谓之野，通至二百里以内。"[①]小说中当泛指城郊野外的通路。朱注本注云："涂野：犹言'旷野'，涂，同'途'。"[②]盛注本未出注，可不论。旷野，即空阔的原野，旧时男女相遇于旷野，成何体统？蒲松龄绝不会如此造文。全译本多译"涂野"作"郊外"，而不言及道路，差强人意而已。

卷五《梦狼》是一篇带有浓厚政治寓言色彩的小说，至今仍有极高的认识价值。篇中"异史氏曰"有云："窃叹天下之官虎而吏狼者，比比也。即官不为虎，而吏且将为狼，况有猛于虎者耶！"（第1554页）所谓"猛于虎者"，当指封建专制统治下繁重的赋税、苛刻的法令等苛政，典出《礼记·檀弓下》："孔子过泰山侧，有妇人哭于墓者而哀，夫子式而听之。使子路问之曰：'子之哭也，一似重有忧者。'而曰：'然，昔者吾舅死于虎，吾夫又死焉，今吾子又死焉。'夫子曰：'何为不去也？'曰：'无苛政。'夫子曰：'小子识之，苛政猛于虎也。'"[③]朱注本注云："猛于虎：比虎还凶猛。语见《礼记·檀弓》。此谓贪吏甚至比贪官凶狠。"[④]盛注本注云："猛于虎：谓比虎还凶猛。《礼记·檀弓下》：'夫子曰：小子识之，苛政猛于虎也。"[⑤]朱注本虽指明书证，但理解有误。再看全译本对于"况有猛于虎者耶"的翻译。漓江本译为："何况有比老虎更凶猛的官呢！"[⑥]中华本译为："何况那些官还猛于虎呢！"[⑦]上古本译为："何况当官的还有比虎更加凶猛的呢！"[⑧]竟然无一符合小说原意。其实《梦狼》中所谓"猛于虎者"当属于藏词修辞中的"藏头"法，意在统治者的"苛政"，与官或吏的身份认证实无牵涉。

卷六《小梅》中的东山老狐为报答"一夜情"的真挚以及王慕贞在毫不知情下的慷慨援手，令爱女小梅以身相许于王生，延续王氏一族之血脉后嗣，充分将"一夜夫妻百日恩"的俗谚完美地诠释而出。小说写小梅出场有如下

① （清）阮元校刻：《十三经注疏》，中华书局1980年版，第928页。
② 朱其铠主编：《全本新注聊斋志异》，人民文学出版社1989年版，第917页。
③ （清）阮元校刻：《十三经注疏》，中华书局1980年版，第1313页。
④ 朱其铠主编：《全本新注聊斋志异》，人民文学出版社1989年版，第1055页。
⑤ 盛伟校注：《聊斋志异全注》，山西人民出版社2000年版，第1414页。
⑥ 马振方主编：《聊斋志异评赏大成》，漓江出版社1992年版，第1671页。
⑦ 孙通海等译：《文白对照聊斋志异》，中华书局2010年版，第1269页。
⑧ 丁如明等译：《聊斋志异全译》，上海古籍出版社2012年版，第473页。

一段描写："女覥然出，竟登北堂。"（第 1775 页）所谓"北堂"何指？古代当指居室东房的后部，为妇女盥洗之所。《仪礼·士昏礼》："妇洗在北堂。"汉郑玄注："北堂，房中半以北。"唐贾公彦疏："房与室相连为之，房无北壁，故得北堂之名。"①后因以"北堂"指主妇居处。唐韩愈《示儿》诗："主妇治北堂，膳服适戚疏。"②朱注本注云："北堂：堂屋；正房。"③盛注本注云："北堂：北屋，农舍中的正房，主妇所居。《玉台新咏·古乐府〈陇西行〉》：'请客北堂上，坐客毡氍毹。'"④因不明《仪礼》的有关书证，两注对"北堂"的诠释皆有偏差。

卷七《云萝公主》在仙凡婚姻的外壳下所反映的并非超凡入圣的理想婚姻憧憬，而完全是世俗生活的掠影。小说有描写安大业的次子可弃夫妇婚姻的一段话："侯虽小家女，然固慧丽，可弃雅畏爱之，所言无敢违。"（第 1856 页）所谓"畏爱"，即敬佩爱戴，与人的惧怕心理无关。两字语本《礼记·曲礼上》："贤者狎而敬之，畏而爱之。"汉郑玄注："心服曰畏。"⑤朱注本、盛注本皆未出注，可不论。再看全译本如何翻译"畏爱"一词。漓江本译为"可弃又怕她，又爱她。"⑥中华本译为："可弃对她又爱又怕。"⑦上古本译为："可弃对她又怕又爱。"⑧译者皆因望文生义而对"畏"的阐释发生错误，可见未能注意此语词与《礼记》的关联是三种全译本致误的主要原因。

卷七《天宫》一篇染有浓厚的唐传奇色彩，小说并非从道德层面或人性角度对于权奸佞臣的为所欲为乃至伤天害理行为加以抨击，而是在承认一夫多妻礼俗的前提下，引出帷薄不修而致"广田自荒"的教训。其间不无痛恨权贵衣冠禽兽、暴虐恣睢的心理，也不乏冷眼气焰嚣张的统治集团个别人出乖露丑的快意。篇末"异史氏曰"有云："唾壶未干，情田鞠为茂草。"（第 1871 页）这两句意谓严世蕃任意凌辱姬妾，以美婢之口承接痰唾，心地如同

---

① （清）阮元校刻：《十三经注疏》，中华书局 1980 年版，第 971 页。
② 《全唐诗》卷三四二，中华书局 1960 年版，第 3836 页。
③ 朱其铠主编：《全本新注聊斋志异》，人民文学出版社 1989 年版，第 1210 页。
④ 盛伟校注：《聊斋志异全注》，山西人民出版社 2000 年版，第 1592 页。
⑤ （清）阮元校刻：《十三经注疏》，中华书局 1980 年版，第 1230 页。
⑥ 马振方主编：《聊斋志异评赏大成》，漓江出版社 1992 年版，第 1964 页。
⑦ 孙通海等译：《文白对照聊斋志异》，中华书局 2010 年版，第 1527 页。
⑧ 丁如明等译：《聊斋志异全译》，上海古籍出版社 2012 年版，第 574 页。

道路被茂草所遮蔽，行事伤天害理。两句不过十个字，却涉及明冯梦龙《古今谭概·汰侈部·吐壶》、《诗·小雅·小弁》的相关掌故，因无关于本文主旨，恕不详议，这里只论“情田”。按，此两字当指心地，语本《礼记·礼运》：“故人情者圣王之田也，修礼以耕之，陈义以种之，讲学以耨之，本仁以聚之，播乐以安之。”唐孔颖达疏：“土地是农夫之田，人情者，亦是圣王之田也。”[①]此外，《孟子·尽心下》：“孟子谓高子曰：‘山径之蹊间，介然用之而成路，为间不用，则茅塞之矣。今茅塞子之心矣。’”汉赵岐注：“高子，齐人也，尝学于孟子，向道而未明，去而学于他术……喻高子学于仁义之道，当遂行之，而反中止，正若山路，故曰‘茅塞子之心’也。”[②]茅草堵塞心田，本是谴责那些起初学习仁义之道又半途而废者的一种比喻，蒲松龄用以谴责严世蕃居心不良地虐待姬妾的行径，含蓄中不乏厌恶之情。当然，或许这里也语带双关，照映前文婢女所谓“妾非处子，然荒疏已三年矣”一语，别有隐义，因而清但明伦有评云：“情田自彼辟之，自彼荒之；倩人代耕，于女何足深责乎！”（第1871页）这显然是将“情田”顾文思义地理解为男女情感的田地。循此思路，朱注本注云：“情田鞠为茂草，即前婢子所谓‘荒疏’。《诗·小雅·小弁》：‘踧踧周道，鞫为茂草。’此借为隐喻。”[③]盛注本注云：“情田鞠为茂草：谓可耕种的田地，都‘荒疏’成为茂草，此隐语也。《诗·小雅·小弁》：‘踧踧周道，鞫为茂草。’”[④]再来看三种全译本对“唾壶未干，情田鞠为茂草”的翻译。漓江本译为：“唾壶未干，情田已长满了荒草。”[⑤]中华本译为：“唾壶还没有干，情感的田地已经长满了野草。”[⑥]上古本译为：“作‘香唾壶’时间不久，感情的田地已长满荒草。”[⑦]三种译文属于照原文直译，与上举两种全注本相同，都将“情田”简单地理解为男女情感的天地，这未免削弱了蒲松龄对于荒淫无耻的严世蕃之流的批判锋芒。如果注者或译者找出“情田”的《礼记》书证，也许就不会简单地注译这两个字了。

---

① （清）阮元校刻：《十三经注疏》，中华书局1980年版，第1426页。
② （清）阮元校刻：《十三经注疏》，中华书局1980年版，第2775页。
③ 朱其铠主编：《全本新注聊斋志异》，人民文学出版社1989年版，第1280页。
④ 盛伟校注：《聊斋志异全注》，山西人民出版社2000年版，第599页。
⑤ 马振方主编：《聊斋志异评赏大成》，漓江出版社1992年版，第1977页。
⑥ 孙通海等译：《文白对照聊斋志异》，中华书局2010年版，第1537页。
⑦ 丁如明等译：《聊斋志异全译》，上海古籍出版社2012年版，第579页。

《聊斋志异》的写作精雕细琢，转益多师，借鉴儒家经典与史书、子书、集部的有关语词以丰富小说的表现力，是蒲松龄日积月累并持之以恒的不懈追求。探讨《聊斋志异》借鉴“三礼”语词或取境、取意于“三礼”的微妙之处，一些难以通晓的问题也许就会迎刃而解了，而这正是笔者研究两者关系的初衷。至于是否达到了目的，就有待方家学者批评指正了。

《聊斋志异》与《诗经》

在明清科举考试中，“四书”的八股文写作属于必考项目，而且是中式与否的主要依据。《诗经》作为中国儒家的传统经典“五经”之一，属于科举考试中士子“各占一经”中的选项，在场屋中，其重要性明显逊于“四书”。然而作为中国传统诗歌的源头之作，《诗经》在旧时读书人心目中地位崇高，平时文人相互应酬离不开诗歌唱和，而欲为写诗打牢基础，首先须从《诗经》的诵读开始。蒲松龄凝结大半生心血的《聊斋志异》写作受到《诗经》的影响不言而喻。

明清科举考试中，“四书”之外，“五经”也是必考的内容，但士子对于五部经书即《诗》、《书》、《礼》、《易》、《春秋》有选择的馀地。《清史稿》卷一〇八《选举三》谓顺治二年（1645）所颁科场条例云：“首场‘四书’三题，‘五经’各四题，士子各占一经。”[①] 蒲松龄传世的制义八股文有二十三篇，其中取题自《论语》者十二篇，取题自《孟子》者六篇，取题自《大学》者三篇，取题自《中庸》者两篇，全属于“四书”题，难以确定蒲松龄在场屋中所“占经”为哪一部，文献亦未发现有关记述。然而无论如何，作为文人士大夫的蒲松龄对于《诗经》的极其熟稔是确定无疑的，《聊斋志异》文字中有关《诗经》语词的化用、取意乃至调侃性借用，均有线索可寻。至于我们今天对于《聊斋志异》的校勘、注释，《诗经》也有其不可或缺的作用。本书拟从注家理解《聊斋志异》所涉及的《诗经》书证正确与否、从蒲松龄如何巧妙灵活运用《诗经》语词等方面立论，就《聊斋志异》与《诗经》关系的四个方面加以探讨，以就正于方家。

一、对《诗经》语词的一般性借鉴

在小说写作中适当借鉴《诗经》语词，生动传神而外，也增加了有关描述的典雅书卷气与缠绵情韵义。《聊斋志异》对于《诗经》语词的一般性借

---

① 赵尔巽等撰：《清史稿》卷一〇八《选举三》，中华书局1976年版，第3148页。

鉴，无疑可在相当程度上增添小说的阅读趣味。

卷一《胡四姐》，反映了科举时代读书人在穷困潦倒之时的企盼，他们虽在困境中，却绝不乏日后奋迹青云的憧憬与梦想，所谓“朝为田舍郎，暮登天子堂”的俗谚，尽管虚无缥缈，却是当时社会人才可以垂直流动的理想写照。伴随这种企盼，读书人高自位置的精神优越感，也相应影响了其性意识，以为天下美女皆能钟情于己，这也正是篇首尚生“颇存遐想”之由来。而在众美环绕的幻觉中，“人生乐在相知心”的诉求又渐趋于主导地位，胡四姐与尚生相互救助的情节，也无非是书生在现实无奈中寻求某种精神知己愿望的达成。小说开篇有如下描写：“生就视，容华若仙。惊喜拥入，穷极狎昵。自言：‘胡氏，名三姐。’问其居第，但笑不言。生亦不复置问，惟相期永好而已。”（第 293 页）所谓“永好”即情好永结，语本《诗·卫风·木瓜》：“投我以木瓜，报之以琼琚。匪报也，永以为好也。”宋朱熹集注：“但欲其长以为好而不忘耳。”[①]

卷二《红玉》也是一篇极有认识价值的小说，在贫贱与富贵相距悬殊的社会中，政以贿成即是特权社会运作的显著标志，而“贪赃”与“枉法”结成双胞胎，终令司法腐败难以遏制。冯相如因娶妻貌美而几遭灭门之祸，正如同《水浒传》中八十万禁军教头林冲被逼上梁山的遭遇，而呼告无门，将伯无助，更凸显出被迫害者的无奈。“虬髯阔颔”丈夫的出现与代人复仇，只能是无告者计无复之下的幻想产物，就如同历代百姓对包拯式的“青天大老爷”无限企盼的心理一样。至于漂亮的狐女红玉的大力援助，除了书生白日梦的幻想以外，道德自律下好人必有好报的心理也是个中缘由。篇末“异史氏曰”有云：“其子贤，其父德，故其报之也侠。非特人侠，狐亦侠也。遇亦奇矣！然官宰悠悠，竖人毛发，刀震震入木，何惜不略移床上半尺许哉？使苏子美读之，必浮白曰：‘惜乎击之不中！’”（第 410 页）三言两语，堪称点睛之笔。小说写冯相如与狐女初见：“问其姓名，曰：‘妾邻女红玉也。’生大爱悦，与订永好，女诺之。”（第 405 页）以所谓“永好”为情好永结或婚姻的用法，又见卷二《林四娘》：“有心爱妾，但图永好可耳，絮絮何为？”（第 419 页）卷三《罗刹海市》：“投梭织女，犹怅银河。我何人斯，而能永好？”（第

① （宋）朱熹集注：《诗集传》，上海古籍出版社 1958 年版，第 41 页。

680页）卷四《封三娘》：“十一娘愿缔永好，请倩冰也。”（第923页）卷四《农人》：“狐谓女曰：‘纸上符咒，能奈我何！’女绐之曰：‘汝道术良深，可幸永好。顾不知生平亦有所畏者否？’”（第943页）卷四《花姑子》：“女不言，但云：‘君自思之。’生固求永好。女曰：‘屡屡夜奔，固不可；常谐伉俪，亦不能。’安闻言，邑邑而悲。”（第959页）卷四《莲花公主》：“王执手泣曰：‘君子不弃，方图永好。讵期孽降自天，国祚将覆，且复奈何！’”（第1016页）卷六《丑狐》：“倘得永好，勿忧贫也。”（第1630页）卷七《天宫》：“期以永好；不意人情乖沮，今将粪除天宫，不能复相容矣。”（第1870页）

上述十例中“永好”两字，蒲松龄皆有意取自《诗经》，读者不明书证亦能读懂，但其间情韵义将丧失殆尽。《聊斋》对《诗经》的这种语词借鉴不在少数。卷二《小二》一篇因涉及明末白莲教起事，其间不免有关民间宗教法术的描写：“值大旱，女令村人设坛于野，乘舆夜出，禹步作法，甘霖倾注，五里内悉获霑足。人益神之。”（第555页）所谓“霑足”，即雨水充分浸润土壤，语本《诗·小雅·信南山》：“既优既渥，既霑既足，生我百谷。”宋朱熹集注：“优、渥、霑、足，皆饶洽之意也。冬有积雪，春而益之，以小雨润泽则饶洽矣。”[①]用“霑足”两字形容甘霖之降，言简意赅，恰到好处。

卷二《霍生》属于警示人际交往切勿轻薄随意之作，霍生者，即“祸生”也。人与人之间开玩笑适可而止，或与幽默诙谐相关，自无伤大雅；《诗·卫风·淇奥》“善戏谑兮，不为虐兮”[②]，所谓“谑而不虐”就是古人开玩笑的一种境界。如果朋友间玩笑过火，甚至流于淫荡放浪并涉及他人隐私，无论言语或行动，都会产生难以预料的后果，轻则发生口角乃至反目成仇，重则引来杀身之祸，古今中外诸多教训，可谓更仆难数。小说开篇即云：“文登霍生与严生，少相狎，长相谑也。”（第538页）开门见山，点出祸端。所谓“相狎”，即相互亲近，语本《左传·襄公六年》：“宋华弱与乐辔少相狎，长相优，又相谤也。”[③]关于《聊斋志异》与《左传》的关系问题，本书另有专章探讨，这里不作深论。所谓“相谑”，即相互开玩笑，相互嘲弄，语本《诗·郑风·溱洧》：“维士与女，伊其相谑，赠之以勺药。”宋朱熹集注：“士女相与

① （宋）朱熹集注：《诗集传》，上海古籍出版社1958年版，第155页。
② （宋）朱熹集注：《诗集传》，上海古籍出版社1958年版，第35页。
③ 杨伯峻编著：《春秋左传注·襄公六年》，中华书局1981年版，第946页。

戏谑，且以芍药相赠而结恩情之厚也。此诗淫奔者自叙之词。”[①] 由于蒲松龄此处用“相狎”、“相谑”两语具有一定的针对性，所以今人注释《聊斋》，自以明确其两处书证为好。

《聊斋》借鉴《诗经》语词，有时属于引申取义。卷三《雷曹》中主人公乐云鹤以自己的道德操守意外得到了朋友的恩施，以豪放慷慨的性格特征赢得了雷神的垂青，这一切都折射出作者的人生价值取向。其中有乐云鹤与雷神的一段对话：“乐曰：‘君固壮士，何飘泊若此？’曰：‘罪婴天谴，不可说也。’”（第613页）所谓“不可说也”，这里即讲天机不可泄漏，然而其出处却与《诗经》相关。《诗·卫风·氓》：“士之耽兮，犹可说也。女之耽兮，不可说也。”宋朱熹集注：“说，解也。”[②] 蒲松龄将《诗经》中“说”的原义“解说”引申为“泄漏”，机趣盎然。

卷三《胡四相公》一篇以人狐异类相交好故事结构全篇，暗中却讽刺亲兄弟间的薄情寡义，宣泄出亲情不及友情的愤懑之情。其中有对狐仙现身的一段描写：“内有美少年，相视而笑。衣裳楚楚，眉目如画。”（第841页）所谓“衣裳楚楚”，即衣装鲜明貌，语本《诗·曹风·蜉蝣》：“蜉蝣之羽，衣裳楚楚。”宋朱熹集注：“楚楚，鲜明貌。”[③] 卷三《武技》当属于一篇寓言性质的小说，其中有对自恃身手不凡的李超与少年尼僧交手相搏的一段描写：“方颉颃间，尼即遂止，李问其故，但笑不言。”（第895页）所谓“颉颃”，即鸟飞上下貌，这里比喻两人比武的展闪腾挪之势，形象传神。两字语本《诗·邶风·燕燕》：“燕燕于飞，颉之颃之。”宋朱熹集注：“飞而上曰颉，飞而下曰颃。”[④] 同样的用法又见卷一《王成》中描写斗鹑的场面，因系描写禽类相搏，更饶“本地风光”：“而玉鹑方来，则伏如怒鸡以待之。玉鹑健啄，则起如翔鹤以击之。进退颉颃，相持约一伏时。”（第160页）

卷三《姊妹易嫁》反映了社会民间婚嫁嫌贫爱富的状况，至今仍有认识价值。篇末“异史氏曰”有云：“呜呼！彼苍者天久不可问，何至毛公，其应如响？”（第768页）所谓“彼苍者天”，是仰面苍天的呼吁，意即“高高在上

① （宋）朱熹集注：《诗集传》，上海古籍出版社1958年版，第56页。
② （宋）朱熹集注：《诗集传》，上海古籍出版社1958年版，第37页。
③ （宋）朱熹集注：《诗集传》，上海古籍出版社1958年版，第87页。
④ （宋）朱熹集注：《诗集传》，上海古籍出版社1958年版，第17页。

的苍天啊"！四字语本《诗·秦风·黄鸟》："彼苍者天，歼我良人！"[①]蒲松龄将古人无奈的呼告化为对于上天的一般性指代，行文稍有顿挫感而外，并无特别深沉的用心。但《聊斋》文字有时借鉴《诗经》，是专从语气的模仿着眼的，染有原作强烈的感情色彩。如卷四《彭海秋》一篇具有佛家"苦海无边，回头是岸"的寓意，其中描述书生彭好古一见仙家彭海秋即颇为投缘，大喜而言曰："是我宗人。今夕何夕，遘此嘉客。"（第1059页）所谓"今夕何夕"，即今夜是何夜？多用作赞叹语，即谓此夜正是良辰。四字语本《诗·唐风·绸缪》："今夕何夕，見此良人。子兮子兮，如此良人何。"宋朱熹集注谓此四句为"喜之甚而自庆之词也"[②]，蒲松龄借鉴《诗经》此四字为意外忽逢佳客之词，小说主人公欣喜欢悦之情跃然纸上！

卷四《荷花三娘子》中男主人公宗湘若先结交狐女，又因仁人之心而获报，终与荷花仙子为侣多年，瑰丽的想象支撑了这篇小说的骨架，又完成了书生一次白日梦的旅程。宗生不忍与荷花仙子永别，苦苦挽留说："卿归我时，贫苦不自立，赖卿小阜，何忍遽言离逷？且卿又无邦族，他日儿不知母，亦一恨事。"（第1031页）这番话中所谓"邦族"，意即邦国宗族，用来指称非人类的仙家出身，尤为确切。两字借鉴《诗·小雅·黄鸟》："言旋言归，复我邦族。"宋朱熹集注："民适异国，不得其所，故作此诗。托为呼其黄鸟而告之曰：尔无集于谷而啄我之粟，苟此邦之人不以善道相与，则我已不久于此而将归矣。"[③]蒲松龄笔下的宗生之所以突兀道出"且卿又无邦族"，意即荷花仙子并无处可归，巧借《诗经》相关意境的用心非常明显。注家遇此等文字不注出其书证，实在辜负了蒲松龄小说构思的苦心一片！

二、对《诗经》语词的化用取意

《诗经》语词的一般性借鉴而外，对《诗经》语词的化用取意也是《聊斋志异》锤炼文字的有效方法。在借鉴的层次上，化用取意要高于一般性借鉴。

---

① （宋）朱熹集注：《诗集传》，上海古籍出版社1958年版，第77页。
② （宋）朱熹集注：《诗集传》，上海古籍出版社1958年版，第70页。
③ （宋）朱熹集注：《诗集传》，上海古籍出版社1958年版，第123页。

所谓"兽交"，古今中外并非罕事，甚至在神话传说中也能觅其踪影。晋干宝《搜神记》卷一四记有盘瓠的故事，即帝喾高辛氏为平外患，而将小女嫁与立有战功而名为"盘瓠"的犬，并养育了六男六女。这一具有文化人类学意义的传说，甚至在正史《后汉书》卷八六《南蛮西南夷列传》中也有类似记载。《聊斋》卷一《犬奸》就是蒲松龄记述一妇人与犬交合的小说，这是人类变态性行为的一次实录。因事关隐私，本不易发觉，只因犬啮其亲夫致死，所以成为轰动一时的新闻，"示众"之馀又引来众人"围观"的癖好。作者似乎也未能免俗，感慨之馀，模仿衙门断案写下判词，炫才而外，颇有过一把官瘾的意味。判词中有句云："人非兽而实兽，奸秽淫腥，肉不食于豺虎。"（第74页）所谓"肉不食于豺虎"，取意于《诗·小雅·巷伯》："取彼谮人，投畀豺虎。豺虎不食，投畀有北。"[①] 诗中以"豺虎"泛指猛兽。《犬奸》中的判词认为，投送这样的人于猛兽之口都被拒绝食用，可见当时人们对兽交行为的憎恶之情。如此化用《诗经》，今天的注家自以注引书证为好，否则就难以凸显作者议论的感情色彩

卷一《成仙》是一篇内容较为驳杂甚至不无矛盾之处的小说，其主旨既有对友朋情义深厚、肝胆相照的赞颂，又有对官场腐败、社会黑暗的鞭挞；既有对脱屣妻孥、成仙了道的向往，又有对不劳而获、坐致千金的企盼；既有倏忽易容、形骸互换的怪诞，又有借剑杀妻、罥肠庭树的恐怖。诸如此类的描写，这里不作辨析。其中周生与已然道装的成生有一段对话，值得瞩目："周曰：'愚哉！何弃妻孥犹敝屣也？'成笑曰：'不然。人将弃予，其何人之能弃。'"（第132页）成生的答话意谓只有他人弃恩忘旧抛弃我，我又能抛弃何人呢？这一语带讽刺的调侃性话语化用自《诗·小雅·谷风》："将恐将惧，维予与女。将安将乐，女转弃予。"关于后两句，毛传："言朋友趋利，穷达相弃。"汉郑玄笺："朋友无大故，则不相遗弃，今女以志达而安乐，弃恩忘旧，薄之甚。"[②] 朱其铠主编《全本新注聊斋志异》注云："'不然'三句：你说的不对。是他人要抛弃我，我又能抛弃谁呢？末句句首省'予'字。"[③] 盛伟校

---

① （宋）朱熹集注：《诗集传》，上海古籍出版社1958年版，第145页。
② （清）阮元校刻：《十三经注疏》，中华书局1980年版，第459页。
③ 朱其铠主编：《全本新注聊斋志异》，人民文学出版社1989年版，第99页。

注《聊斋志异校注》注云："其何人之能弃：我又能抛弃什么人呢？"[①]然而两部全注本皆未引《诗经》书证，于准确理解蒲松龄对于成生答话有关人生伦理上的设计构思终有所欠缺。

卷七《神女》属于人神相恋的大团圆结局类型，米生受神女眷恋的设想属于读书人高自位置的产物；而生性清鲠的米生仅因神女之求即放弃其处世原则，终施援手救下了有厄难的神女之父，也完全符合人类普遍的性心理。小说中米生与神女有如下一段对话："女曰：'受人求者常骄人，求人者常畏人。中夜奔波，生平何解此苦，只以畏人故耳，亦复何言！'生慰之曰：'小生所以不遽诺者，恐过此一见为难耳。使卿夙夜蒙露，吾知罪矣！'"（第1916页）所谓"夙夜蒙露"，意即人在在天未明前的奔波因露水太多而艰辛异常。四字乃化用《诗·召南·行露》："厌浥行露。岂不夙夜。谓行多露。"宋朱熹集注："厌浥，湿意；行，道；夙，早也。"[②]朱注本、盛注本皆未出注，这就可能令读者体味不到原著对话的典雅韵味。

对于相关语词稍加改动，也是《聊斋志异》借鉴《诗经》的手法之一。社会腐败，政以贿成，司法不公，首当其冲。汉代朱家、郭解一类的侠客之所以能够在太史公的《史记》中被书写下浓重的一笔——《游侠列传》，就在于这些人的存在，可以多多少少缓解因社会不公所带来的世人普遍的焦虑，至少作为一种企盼或希冀，也总能令无告的百姓获得一丝心灵的慰藉。卷三《田七郎》就是一篇崇尚侠义以及有恩必报的小说，武承休在官府为救出被诬陷的叔叔，对县令大声疾呼："杀人莫须有！至辱詈搢绅，则生实为之，无与叔事。"（第695页）所谓"生实为之"，即承认"辱詈搢绅"是我所为。四字化用《诗·邶风·北门》："已焉哉！天实为之，谓之何哉！"[③]蒲松龄在人物对话中特意改"天"为"生"，如此借鉴《诗经》语词，在刻画武承休勇于担当的性格特征的同时，也凸显了他作为乡绅的读书人风习，一箭双雕，绝非闲笔。

卷四《莲花公主》描写人与蜂的异物之恋，并在其中注入了更多的旖旎情愫，令人读后倍感温馨。小说中有巨蟒来袭蜂国的情节，急迫中蜂王对小说主人公窦旭说："君子不弃，方图永好。讵期孽降自天，国祚将覆，且复

① 盛伟校注：《聊斋志异全注》，山西人民出版社2000年版，第138页。
② （宋）朱熹集注：《诗集传》，上海古籍出版社1958年版，第10页。
③ （宋）朱熹集注：《诗集传》，上海古籍出版社1958年版，第25页。

奈何!"(第1016页)所谓"孽降自天",即灾祸从天而降,取意于《诗·小雅·十月之交》:"下民之孽,匪降自天。"汉郑玄笺:"孽,妖孽,谓相为灾害也。"[①]《诗》中八字译成白话就是:黎民百姓的灾难并非从天而降。显然蒲松龄对于这八个字是反《诗经》之意而用之,如此借鉴符合一国之主的身份与口吻,堪称温文尔雅,恰如其分。

卷四《窦氏》是一篇鞭挞为富不仁者的作品,小说中的男主人公恶霸南三复为达到霸占农家女的目的,以花言巧语欺骗窦氏,作者就此有如下一段描写:"女要誓,南指矢天日,以坚永约,女乃允之。"(第1071页)所谓"指矢天日",即对天与太阳发誓。古人的这类习俗,先秦文学作品中早有反映,如《楚辞·九章·惜诵》:"所作忠而言之兮,指苍天以为正。"汉王逸注:"夫天明察,无所阿私,惟德是辅,惟恶是去,故指之以为誓也。"[②]又《诗·王风·大车》:"谓予不信,有如皦日。"唐孔颖达疏:"谓我此言为不信乎,我言之信有如皦然之白日,言其明而可信也。"[③]蒲松龄如此化用取意于《楚辞》、《诗经》中的有关语词,不如前举各例有迹可寻,确凿无疑,但遵循使事用典的规律,今天的注家仍以注出为好,否则就难以令读者认识到小说作者对文字精雕细琢的努力了。

三、对《诗经》语词的调侃性运用

对《诗经》语词的调侃性运用属于蒲松龄灵活借鉴经典的手笔,具有令文字活泼而不呆板的修辞取向。

卷三《余德》是一篇想象离奇的小说。余德何许人?是仙人,是狐精,还是异方神圣?小说并没有交代;其踪迹来去倏忽,有神龙见首不见尾之妙。若论小说主旨何在,却又瞻之在前,忽焉在后,实在难以捉摸。小说的精彩之处在于对情景的渲染及设计出击鼓催花为令的奇特想象,摇人心旌,引人入胜。而最为耐人寻味的地方,则是小白石缸的"曲终奏雅","缸之魂"之说匪夷所

---

① (清)阮元校刻:《十三经注疏》,中华书局1980年版,第447页。
② (宋)洪兴祖撰:《楚辞补注》卷四,中华书局1983年版,第121页。
③ (宋)朱熹集注:《诗集传》,上海古籍出版社1958年版,第333页。

思，其虚中有实、似有还无的特征，犹如现代三维全息摄影般的奇幻神妙。小说有对余德设宴款待所租屋主人的描写：“筵间不过八簋，而丰美异常。”（第652页）所谓“八簋”，即八样菜肴，取意于《诗·小雅·伐木》：“於粲洒埽，陈馈八簋。”毛传：“粲，鲜明貌。圆曰簋，天子八簋。”①簋，古代祭祀宴享时盛黍稷或食品用的圆口圈足器皿。周制，天子八簋。小说特意用周代天子的宴享气派“八簋”来假设余德的宴席，用略带调侃的语气以转折复句的形式强调了其宴席非同寻常的丰盛与精致，堪称神来之笔。朱注本与盛注本皆未明确“八簋”的《诗经》书证，这就有可能令读者体味不到蒲松龄小说文字的轻松幽默感。值得一提的是，用“簋”的数量来表明饮食的丰俭并进而渲染小说中人物之间微妙的关系，《聊斋》中还有类似描写。如卷二《宫梦弼》：“妇入，以酒一盛、馔二簋，出置黄前。”（第574页）在此处，蒲松龄以婿家用极为简单的饭菜招待嫌贫爱富的岳父，其怠慢之情不言而喻。“二簋”，典出《易·损》，三国魏王弼注阐幽发微，若不明此书证，就很难体会蒲松龄小说文字的精妙之处。《聊斋志异》与《易经》的关系问题，本书设有专章论述，此处恕不赘言。

卷四《狼三则》属于写屠夫与狼周旋的小品，皆短小精悍、要言不烦，合为一篇，相互映衬，更见神采。其中第二则描写屠夫智斗二狼，犹如《孙之兵法》中“攻其无备，出其不意”的用计，可谓展闪腾挪，纵横捭阖。小说开始有以下叙述：“一屠晚归，担中肉尽，止有剩骨。途中两狼，缀行甚远。屠惧，投以骨，一狼得骨止，一狼仍从；复投之，后狼止而前狼又至。骨已尽，而两狼之并驱如故。”（第1190页）最末一句本是一般的记叙性文字，并无难懂之处，然而若明其书证，则饶有趣味。此八字取意于《诗·齐风·还》：“子之昌兮，遭我乎狃之阳兮。并驱从两狼兮，揖我谓我臧兮。”②这本是齐国的猎者相互间称誉赞美的诗，“并驱”的主语是两位身手不凡的猎者。蒲松龄巧改“并驱”之主语为“两狼”，化用《诗经》成句，具有浓重的调侃意味，熟悉《诗经》的人不难体会到其间妙不可言的诙谐。

卷六《凤仙》以书生刘赤水与狐女凤仙的悲欢离合为线索，其指归在于渲染男欢女爱与事业的关系，有意将原本具有冲突意向的两者归于统一。小

① （清）阮元校刻：《十三经注疏》，中华书局1980年版，第411页。
② （宋）朱熹集注：《诗集传》，上海古籍出版社1958年版，第58—59页。

说中有关家庭生活场景的描写惟妙惟肖，完全是人世间一门和乐的折光。大姐八仙与三妹凤仙恩怨相尔汝，经常斗嘴戏谑，作者刻画小儿女情态栩栩如生。在一次团圆欢快的狐仙家宴中，两位狐姊妹又起风波："八仙起，捉水仙曰：'凤仙从来金玉其音，不敢相劳；我两人可歌《洛妃》一曲。'"（第1276页）所谓"金玉其音"，意即珍惜自己的声音如同金玉，不肯轻易表演。其语略带嘲讽意味，取意化用自《诗·小雅·白驹》："生刍一束，其人如玉。毋金玉尔音，而有遐心。"宋朱熹集注："其人之德美如玉，盖已邈乎其人不可亲矣。然犹冀其相问而无绝也，故语之曰：毋贵重尔之音声，而有远我之心也。"[①] 明此书证，大姊八仙尖刻而不失风雅的口吻如见。朱注本对此书证未予理会，盛注本注引书证，对于读者认识八仙性格特征大有裨益。

在《聊斋志异》中，作者用故意曲解《诗经》句意的手法，巧用经典中语词以叙事，若不明其书证，其间强烈的调侃意味就会荡然无存。《诗·周颂·载芟》"有嗿其馌，思媚其妇，有依其士。"宋朱熹集注："嗿，众饮食声也；媚，顺；依，爱；士，夫也。言饷妇与耕夫相慰劳也。"[②]《诗》中所谓"思媚其妇"的"思"，属于发语词，无意义；媚，即顺美，是赞美田间送饭女子美丽顺美之词。《聊斋志异》卷四《马介甫》是一篇谴责悍妒之妇的小说，小说中杨万石特别惧内，其妻尹氏则得寸进尺，酷虐其夫。幸有狐仙马介甫略施"小术"，以狰狞"巨鬼"严惩了尹氏，使其威风顿敛。然而不久杨万石即泄漏"天机"："万石思媚妇意，微露其假。"（第1084页）这终于令尹氏故态复萌且变本加厉。小说中所谓"思媚妇意"即意欲讨得妻子的欢心，"思"在这里已化为表示心理活动的能愿动词，"媚"则是逢迎取悦之意了。蒲松龄如此化用《诗经》语词，文笔有出神入化之妙。

四、从校勘释义认识《诗经》书证的作用

明确《聊斋志异》中的《诗经》书证，对于我们今天校勘与注释这部文

---

① （宋）朱熹集注：《诗集传》，上海古籍出版社1958年版，第123页。
② （宋）朱熹集注：《诗集传》，上海古籍出版社1958年版，第234页。

言小说作用非凡，不可低估。

赌博对于正常运行社会的作用皆是负面的，卷三《赌符》以作者之菩萨心肠劝人戒赌，语重心长。其“异史氏曰”用骈文写就，淋漓酣畅，发人深省：“及遭败后我方思，已作下流之物；试问赌中谁最善，群指无裤之公。”（第622页）所谓“方思”，是乘筏渡水的意思，语本《诗·周南·汉广》：“江之永矣，不可方思。”宋朱熹集注：“方，桴也。”[①] 所谓“方”即竹木编的筏子；思，语末助词，无意义。“下流之物”语本《论语·子张》，以河流的下游比喻众恶所归的地位。所引前两句若串讲，意即赌博失利后再乘筏渡水（比喻脱离灾难），早已处于下流。这里的“下流”一语双关，倍见作者巧思，但前提是必须晓得“方思”的《诗经》书证，否则一切无从谈起。朱注本注释两句云：“及至全盘失败，方思悔恨，但已被目为众恶所归之人。”[②] 盛注本未出注，可不论。再看全译本如何翻译这两句：马振方主编《聊斋志异评赏大成》译为：“等到惨败之后才思悔恨，已经成为品行卑污的东西。”[③] 孙通海等译《文白对照聊斋志异》译为：“直到遭到这样惨重的失败之后才开始反思，可是他已经堕落下去了。”[④] 丁如明等译《聊斋志异全译》译为：“待到惨败他再追悔，已成了下流的东西。”[⑤] 无论注本还是译本，全将“思”作为动词理解，如此，则“思”与“下流之物”的逻辑关系就模糊不清了。看来不明《诗经》书证，就难免误解《聊斋》语词。

卷三《黑兽》一篇的主旨并不在对于“强中更有强中手”的鼓吹，其积极作用乃在于蒲松龄借题发挥，从而使这篇小说具有了寓言的意义。作者所谓“贪吏似狨”道出了封建专制社会的通病，在专制人主的淫威下，百姓只有任凭宰割的命运，在“暂时做稳了奴隶”的挣扎中苟活，其原因就在于对漠视他人遭殃而自己尚存一线生机的企盼，为了苟全性命于乱世，崇尚所谓“丛林法则”，甚至不惜为虎作伥，人性的弱点暴露无遗！篇末“异史氏曰”有云：“余尝谓贪吏似狨，亦且揣民之肥瘠而志之，而裂食之；而民之戢

① （宋）朱熹集注：《诗集传》，上海古籍出版社1958年版，第6页。
② 朱其铠主编：《全本新注聊斋志异》，人民文学出版社1989年版，第427页。
③ 马振方主编：《聊斋志异评赏大成》，漓江出版社1992年版，第656页。
④ 孙通海等译：《文白对照聊斋志异》，中华书局2010年版，第535页。
⑤ 丁如明等译：《聊斋志异全译》，上海古籍出版社2012年版，第184页。

耳听食，莫敢喘息，蚩蚩之情，亦犹是也。”（第650页）所谓“蚩蚩”，即无知貌，语本《诗·卫风·氓》：“氓之蚩蚩，抱布贸丝。”宋朱熹集传：“蚩蚩，无知之貌，盖怨而鄙之也。”[①]朱注本注云：“蚩蚩，指群氓，百姓。《诗·卫风·氓》：‘氓之蚩蚩。’”[②]盛注本注云：“蚩蚩，指百姓。《诗·卫风·氓》：‘氓之蚩蚩。’”[③]书证之引用皆无误，唯诠释反生错讹。

卷三《念秧》讲述了两则歹人欺骗行旅者的故事，所谓“念秧”，即以甜言蜜语与貌似忠谨之行做成圈套，诈取行旅者的财物。小说第二则故事中有狐友预嘱吴生“倘闻人喧，但寐无吪”两句话（第853页），所谓“吪”，这里是“动”的意思，语本《诗·王风·兔爰》：“尚寐无吪。”宋朱熹集注：“吪，动也。”[④]所谓“但寐无吪”四字，意谓睡着不要动。朱注本注云：“吪：呼喊。”[⑤]似有望文生义之嫌；盛注本未出注，可不论。王锡荣先生《全本新注〈聊斋志异〉若干问题商榷》（载《吉林大学社会科学学报》2011年第5期）已经指出这一问题，毋庸赘言。

卷四《黎氏》是一篇寓言性质的小说，凸显社会中因继母而引来家庭诸多矛盾问题的严重性。小说中的狼女黎氏对于“谋聘继室”的轻薄子谢生迫不及待的求欢行为，故作矜持又欲擒故纵地说：“燕婉之求，乃若此耶？缓我，当相就耳。”（第1025页）所谓“燕婉之求”，即只求嫁个性格温顺好男儿。燕婉，仪态安详温顺貌。所谓“燕婉之求”，当取意于《诗·邶风·新台》：“燕婉之求，籧篨不鲜。”宋朱熹集注：“籧篨，不能俯，疾之丑者也。盖籧篨本竹席之名，人或编以为囷，其状如人之臃肿而不能俯者，故又因以名此疾也。鲜，少也。”[⑥]蒲松龄用“燕婉之求”，特意歇后“籧篨不鲜”，即不美的残疾人，从而坐实“乃若此耶”之所指，暗寓对于谢生的讥讽。朱注本注云：“燕婉：亦作‘嬿婉’。指夫妇和爱之情。《文选》苏武《诗四首》：‘欢娱在今夕，嬿婉及良时。’”[⑦]盛注本注云：“燕婉：亦作‘嬿婉’，指欢好，和

① （宋）朱熹集注：《诗集传》，上海古籍出版社1958年版，第36页。
② 朱其铠主编：《全本新注聊斋志异》，人民文学出版社1989年版，第447页。
③ 盛伟校注：《聊斋志异全注》，山西人民出版社2000年版，第527页。
④ （宋）朱熹集注：《诗集传》，上海古籍出版社1958年版，第45页。
⑤ 朱其铠主编：《全本新注聊斋志异》，人民文学出版社1989年版，第576页。
⑥ （宋）朱熹集注：《诗集传》，上海古籍出版社1958年版，第26页。
⑦ 朱其铠主编：《全本新注聊斋志异》，人民文学出版社1989年版，第676页。

美。《文选・苏武（诗）之三》：‘欢娱在今夕，嬿婉及良时。’吕向注：‘嬿婉，欢好貌。’”[①]两注皆因未顾及到《诗经》的书证，诠释因而出现偏差，这就有可能误导读者。

卷五《青娥》巧以童性天真化解一场可能发生的官司，且令一对青年男女终成眷属。作者构思是以“孝”为基础的，正因为霍生的孝母，于是有了仙缘，平白无故得到道士慷慨所赠之神镵，通过它与意中人青娥成其好事乃至以之“凿壁”之功再续前缘，是皆倚仗神赐而非人力可及。小说叙及霍生穿墙事发，又为青娥母拒婚所羞辱，霍母则以牙还牙并推卸责任说：“不肖儿所为，我都梦梦。何遂以无礼相加！”（第1386页）所谓“梦梦（méng méng 盟盟）”，即不明或无所知晓的意思，语出《诗・小雅・正月》：“民今方殆，视天梦梦。”宋朱熹集传：“梦梦，不明也。”[②]朱注本注云：“梦梦：犹‘懵懵’，昏昧不明，指一无所知。”[③]盛注本注释正确，且引《诗经》为书证[④]。显然，注释“梦梦”，《诗经》书证必不可少，否则以“懵懵”为解，仅是昏昧糊涂的样子，这与霍母毫无自责之意且反唇相讥的语气并不相合。

卷五《仙人岛》并非《聊斋志异》中的名篇，但作者从构思到措辞乃至调侃经典、大开诗书典籍的玩笑，其间前后映衬、伏线照应，又的确下过一番功夫，信非苟作。书生王勉在仙人岛上因滥情而受到惩罚，私处出现了状况——“前阴尽缩”；王勉与仙女芳云经过一番利用经典语句的戏谑玩笑，最终两相谅解：“（芳云）乃探衣而咒曰：‘黄鸟黄鸟，无止于楚。’王不觉大笑，笑已而瘳。”（第1411页）所谓“黄鸟”二句，意谓“前阴”不要再隐藏了，系化用融合《诗・秦风・黄鸟》：“交交黄鸟，止于楚。”与《诗・小雅・黄鸟》：“黄鸟黄鸟，无集于穀。”“黄鸟黄鸟，无集于桑。”“黄鸟黄鸟，无集于栩。”[⑤]小说中所谓“黄鸟”，系喻指男阴；楚，谓丛莽，这里喻指男性阴毛，所谓“无止于楚”，正与前文“前阴尽缩”呼应。朱注本注云：“‘黄鸟’二句：由《诗・秦风・黄鸟》和《诗・小雅・黄鸟》的诗句凑泊成句，用作戏

---

① 盛伟校注：《聊斋志异全注》，山西人民出版社2000年版，第961页。
② （宋）朱熹集注：《诗集传》，上海古籍出版社1958年版，第130页。
③ 朱其铠主编：《全本新注聊斋志异》，人民文学出版社1989年版，第929页。
④ 盛伟校注：《聊斋志异全注》，山西人民出版社2000年版，第1097页。
⑤ （宋）朱熹集注：《诗集传》，上海古籍出版社1958年版，第78页，第123页。

语。黄鸟，喻指男子生殖器。楚，树名，即牡荆。此借为‘痛楚’之‘楚’，痛苦。”[①]按，朱注本所引书证完全正确，但解释“楚”一字又出现谬误。小说前已言及云芳戏谓霍生“前阴尽缩”是“既非痛痒，听之可矣”，何以“探衣而咒”又渲染其“痛楚”？如作此解，显然不合逻辑。盛注本所引书证缺《小雅·黄鸟》，以“一种丛生落叶灌木，又名荆”[②]诠释“楚”，只就“喻体”而言，未顾及比喻之“本体”，终有缺憾。再看全译本：漓江本于云芳所施“咒”，译文未作翻译，另加注释云：“芳云合用《诗经》中的两句诗，歪曲其意思凑成一句玩笑话。”[③]大而化之，惜未深入。中华本径引“咒”语后括注云：“黄鸟，借指男子生殖器；楚，暗指疼痛。”[④]释“楚”亦有误。上古本则于芳云所施“咒”，未作翻译。

卷六《霍女》是一篇寓意与言情兼而有之的小说作品，但后者明显弱于前者，霍女作为抽象美色的符号意义远大于其人物形象的鲜活性。朱大兴、世胄何某、巨商子与黄生四个人物围绕“美”的诱惑，因身份不同而表现各异，或因恋色而破产，几无葬身之地；或听友人劝说而大悟，悬崖勒马；或见色起意，枉掷千金。作者笔下所中意者黄生，明显带有其自身的理想与强烈的自我融入意识。黄生之所以作为霍女的最终选择，贫困而诚实的书生本色当是霍女所最看重的，这也是此女终于改弦更张、相夫有道的原因。小说中有霍女在第二段姻缘中与何某的一段对话：“女谓何曰：‘妾在朱家，亦非采礼媒定者，胡畏之？’何喜，将与质成。”（第1608页）所谓“质成”，即请人判断是非而求得公正解决，语本《诗·大雅·绵》：“虞芮质厥成，文王蹶厥生。”宋朱熹集注：“虞、芮，二国名。质，正；成，平也。传曰：虞、芮之君，相与争田，久而不平，乃相与朝周。”[⑤]朱注本注云：“质成：争讼。在公堂对质。”[⑥]因未引《诗经》书证，注释不够确切。盛注本注云：“质成：请人评定是非；即在公堂对质。《诗经·大雅·绵》：‘虞芮质厥成。’”[⑦]虽引用

---

① 朱其铠主编：《全本新注聊斋志异》，人民文学出版社1989年版，第950页。
② 盛伟校注：《聊斋志异全注》，山西人民出版社2000年版，第1123页。
③ 马振方主编：《聊斋志异评赏大成》，漓江出版社1992年版，第1494页。
④ 孙通海等译：《文白对照聊斋志异》，中华书局2010年版，第1149页。
⑤ （宋）朱熹集注：《诗集传》，上海古籍出版社1958年版，第181页。
⑥ 朱其铠主编：《全本新注聊斋志异》，人民文学出版社1989年版，第1096页。
⑦ 盛伟校注：《聊斋志异全注》，山西人民出版社2000年版，第625页。

《诗经》书证，但解词仍似不够完整，令读者不知所以然。

《聊斋志异》中有关白莲教题材者，如卷二《小二》，卷三与卷四《白莲教》两篇同名小说，皆以这一民间秘密宗教团体传说中的所谓“法术”为中心设计故事，其可信度如何姑且不论，作者不过借其法术之奇幻推动情节展开而已。卷六《邢子仪》也以白莲教为故事背景，正直书生邢子仪的形象明显带有作者自身的人生价值观。凡是能够融自身于其间的《聊斋》故事，为弥平理想与现实的巨大差距，作者往往乞灵于天马行空式的幻想。白莲教的“法术”恰可成为廉价的道具，令其白日梦丰富多彩且通畅无阻。小说开篇即云：“徐鸿儒诛后，杨幸漏脱，遂挟术以遨。”（第1676页）所谓“以遨”，同“以敖”，意即游戏人间，语本《诗·邶风·柏舟》：“微我无酒，以敖以游。”汉郑玄笺：“非我无酒可以遨游忘忧也。敖，本亦作遨。”[①] 朱注本注云：“遨：游。”[②] 未举书证。盛注本未出注，可不论。就“以遨”两字的诠释而言，若不明其《诗经》书证，蒲松龄“遂挟术以遨”的行文就有些令读者莫名其妙了。

蒲松龄写小说借鉴《诗经》语词问题，不仅须瞩目《诗经》正文，我们对朱熹的相关注释有时也不能轻易放过。卷三《辛十四娘》中，描写性格特征鲜明的男主人公冯生因“轻脱纵酒”而终得美妇，又因积习难改而误入奸徒陷阱，险遭不测。小说开首记述冯生因鲁莽求婚而被辛家狐翁深夜赶出家门，误入涧谷，有如下描写：“仰见高闳，以策挝门，内有问者曰：‘何处郎君半夜来此？’生以失路告，问者曰：‘待达主人。’生累足鹄俟。”（第802—803页）所谓“累足”，犹言重足，即两足相叠，不敢正立，形容小心戒惧。《诗·小雅·正月》：“谓地盖厚，不敢不蹐。”宋朱熹集注：“蹐，累足也。”[③] 清何垠注云：“累足：犹侧足，不敢正立也。”（第812页）清人所注虽未举《诗经》书证，但释文无误。朱注本注云：“累足，站立不动。”[④] 盛注本注云：“累足，两足相叠，侧立。《史记·吴王濞列传》：‘胁肩累足，犹惧不见释。’”[⑤] 盛注似强于朱注，但皆不如清人何垠能注出小说主人公形体动作所流

---

① （宋）朱熹集注：《诗集传》，上海古籍出版社1958年版，第296页。

② 朱其铠主编：《全本新注聊斋志异》，人民文学出版社1989年版，第1142页。

③ （宋）朱熹集注：《诗集传》，上海古籍出版社1958年版，第130页。

④ 朱其铠主编：《全本新注聊斋志异》，人民文学出版社1989年版，第548页。

⑤ 盛伟校注：《聊斋志异全注》，山西人民出版社2000年版，第275页。

露出的小心戒惧的心态。

卷四《金永年》记述年近八十的老媪竟能生一子的奇闻："无何，媪腹震动；十月，竟举一男。"（第955页）所谓"震动"，即怀孕。《诗·大雅·生民》："履帝武敏歆，攸介攸止。载震载夙，载生载育，时维后稷。"宋朱熹集注："履，践也；帝，上帝也；武，迹；敏，拇；歆，动也，犹惊异也；介，大也；震，娠也；夙，肃也……姜嫄出祀郊禖，见大人迹而履其拇，遂歆歆然如有人道之感，于是即其所大所止之处而震动有娠，乃周人所由以生之始也。"[①] 朱注本、盛注本于"震动"皆未出注，似有缺憾。

明确《诗经》书证，对于《聊斋志异》正确的标点断句也有相当的参考价值。卷四《花姑子》讲述异类相爱的故事，但理想终究不属于现实，安生不能与花姑子终成伴侣，其意义不在于美丽的幻想难以成真，而是想象的美妙无法真正呈现于现实社会的苦痛。小说开篇描写安生归途迷路："暮归，路经华岳，迷窜山谷，中心大恐。"（第956页）所谓"中心"，即心中，当借鉴于《诗·王风·黍离》："行迈靡靡，中心摇摇。"[②] 朱注本、盛注本、于注本以及笔者所见到的《聊斋》的各种选注本、两种全译本（上古本不附原文，可不论），甚至笔者写这篇论文所据依的底本任笃行辑校本《全校会注集评聊斋志异》，皆以"中"属上断句："暮归，路经华岳，迷窜山谷中，心大恐。"似有未妥。此皆因一时疏忽，没有顾及《诗经》中的有关书证所致。

《诗经》在《聊斋志异》文字校勘中的作用也不可小觑。卷四《林氏》塑造了一位贞洁、智慧与贤能、宽容的奇女子林氏。小说中有这样一段描写："居数年，林不育，因劝纳婢，戚曰：'业誓不二，鬼神宁不闻之。即似续不承，亦吾命耳。'"（第1174页）所谓"似续"，即继承，继续，语出《诗·小雅·斯干》："似续妣祖，筑室百堵。"宋朱熹集注："似，嗣也。"[③] 这里意为后嗣。唐柳宗元《对贺者》："自以上不得自列于圣朝，下无以奉宗祀、近丘墓，徒欲苟生幸存，庶几似续之不废。"[④] 朱注本据铸雪斋抄本改手稿本之"似续"

---

① （宋）朱熹集注：《诗集传》，上海古籍出版社1958年版，第190页。
② （宋）朱熹集注：《诗集传》，上海古籍出版社1958年版，第42页。
③ （宋）朱熹集注：《诗集传》，上海古籍出版社1958年版，第125页。
④ （清）董诰：《全唐文》卷五八五，山西教育出版社2002年版，第3490页。

为“嗣续”[①]；盛注本径作“嗣续”[②]，未出校记。再看全译本：漓江本著录原文作“嗣续”[③]，有误；中华本著录原文作“似续”[④]，正确。然而在中华本基础上再加注释、题解的于注本，却回改“嗣续”[⑤]，未知何故。正是铸雪斋抄本妄改原手稿本文字，造成两字的讹误流传，以致是非混淆。

探讨《聊斋志异》的写作借鉴模仿《诗经》语词问题，除有利于读者对小说鉴赏而外，在学术研究上也有其不可忽视的价值。

---

① 朱其铠主编：《全本新注聊斋志异》，人民文学出版社 1989 年版，第 788 页。

② 盛伟校注：《聊斋志异全注》，山西人民出版社 2000 年版，第 1297 页。

③ 马振方主编：《聊斋志异评赏大成》，漓江出版社 1992 年版，第 1218 页。

④ 孙通海等译：《文白对照聊斋志异》，中华书局 2010 年版，第 950 页。

⑤ 于天池注，孙通海、于天池等译：《聊斋志异》，中华书局 2015 年版，第 1535 页。

《聊斋志异》与《左传》

蒲松龄《聊斋志异》的创作借鉴多方，古代典籍文献中如“四书”、“五经”、《左传》、《楚辞》、《战国策》乃至历代正史、笔记小说，皆可以成为蒲松龄汲取营养、为我所用的对象。正是这种转益多师的创作态度令《聊斋志异》获得了文言小说创作高峰的位置。《左传》作为儒家十三经之一，相传是春秋末年鲁国史官左丘明根据鲁国国史《春秋》编成，其史学地位毋庸置疑，其文学成就也辉映千秋，特别是其叙事艺术的炉火纯青，更为历代文人所推崇。《左传》成熟的叙事艺术与精湛的古文笔法对于后世史传文学乃至文言小说皆有深刻影响，蒲松龄的《聊斋志异》写作也深受《左传》影响。至于《聊斋》部分篇章中设置“异史氏曰”的评论，更是模仿《左传》中的“君子曰”、《史记》中的“太史公曰”等史评形式并加以发扬光大，凸显了小说家的睿智，具有无可替代的评论或警示作用。《左传》对于《聊斋志异》写作的诸多影响，学者已多有论述，此处不赘。《聊斋志异》对于《左传》词语的一般性借鉴，对于《左传》字词用法或相关句式的借鉴，《聊斋志异》词语释义校勘与《左传》的关系问题则是本书讨论的重点。

词语借鉴是《聊斋志异》模仿《左传》的有力证据，论者对此尚无较为系统的探索，这无疑妨碍了我们对蒲松龄小说艺术成就的进一步挖掘。明确《聊斋志异》对于《左传》等的词语继承关系，可以帮助我们正确诠释蒲松龄笔下事涉所谓“微言大义”的词语。如卷三《促织》一篇，小说中主人公成名本是一位未曾进学的读书人，因帝王向民间征求蟋蟀之举，几至于家败人亡，后因机缘以进献善斗之蟋蟀而富过世家。“异史氏曰”就此评论道：“故天子一跬步皆关民命，不可忽也。独是成氏子以蠹贫，以促织富，裘马扬扬。”（第724页）何谓“以蠹贫”？如果简单地理解为“因为害民之里胥而贫穷”或“因为读书而受穷”，未免削弱了小说的批判锋芒，且与上一句“天子一跬步皆关民命”之论也无逻辑关系。如果明确“蠹”一字语本《左传·襄公二十二年》中“不可使也，而傲使人，国之蠹也”[1]数语，且作者运用了

---

① 杨伯峻编著：《春秋左传注·襄公二十二年》，中华书局1981年版，第1065页。

修辞学中的“飞白”一格，巧妙用“蠹”一字比喻祸国害民的人或事，这里即指皇宫“岁征”蟋蟀的弊政。如此诠释，则《促织》直斥帝王滥用民力的批判锋芒就显而易见了。本书第四编《〈聊斋志异〉丛脞新录》有《说〈促织〉》一文，可参阅，此不赘述。

一、对《左传》词语的一般性借鉴

将《左传》中的有关词语化用于小说中，若别无深意，只是信手拈来或稍加变化，无非意图增加语言的情韵色彩，这可称之为“一般性借鉴”。

卷一《瞳人语》中读书人方栋因慕色“钉梢”而受“天谴”，若非洗心革面，决意自新，几致失明。“万恶淫为首，百善孝当先”，被旧时受儒家传统思想影响的读书人奉为金科玉律，蒲松龄此篇的“戒淫”宗旨显然，苦口婆心，亦是儒家理念的反映。其中对方栋郊郭路遇女郎有如下描写：“内一婢，乘小驷，容光绝美。”（第15页）清人何垠注云：“驷：马名。《左传·僖十五年》：晋侯乘小驷，郑所献也。”（第18页）按，何注引文与原文有差异，考《左传·僖公十五年》：“卜右，庆郑吉，弗使。步扬御戎，家仆徒为右，乘小驷，郑入也。”[①]文中“小驷”是郑国人献给晋惠公的一匹马的名字。在晋国与秦国的交战中，晋国大夫庆郑曾进谏晋惠公：出兵作战一定要驾本国出产的马，以其能服水土并熟悉本国的道路。晋惠公不听劝阻，结果在与秦人作战中，小驷陷于泥淖而不得出，致使晋惠公被秦人俘获。蒲松龄将《左传》中的马名“小驷”用于小说中，并无任何深意，不过借用其名形容所骑之马身形小巧而已，然而由于有《左传》的这一词语因缘，在熟悉经典的旧时文人士大夫看来，无疑会令小说增加几分韵味，这或许也是蒲松龄在这里借用经书中马名的用心所在。

化用借鉴《左传》中词语为我所用，类似笔法在《聊斋志异》中绝非罕见。如卷一《董生》描写读书人家室以外的艳遇企盼，终为狐女所祟而走向死亡之路：“久之，面目益支离，乃惧，复造善脉者诊之。医曰：‘此妖脉

① 杨伯峻编著：《春秋左传注·僖公十五年》，中华书局1981年版，第354页。

也。前日之死征验矣，疾不可为也。’”（第196页）所谓“疾不可为”，即谓此病已难医治，无可救药。四字看似寻常无奇，实则语本《左传·昭公元年》：“晋侯求医于秦。秦伯使医和视之，曰：‘疾不可为也。是谓：近女室，疾如蛊。非鬼非食，惑以丧志。良臣将死，天命不祐。’”[①]小说中的董生因狐祟终于“呕血斗馀而死”，这与《左传》中晋平公因溺于女色而身亡的事例相同。“疾不可为”四字不难理解，《聊斋》注家多不出注，然而注明出处，正可见作者行文着意于典雅的追求。《董生》前文中还有“女笑曰：‘何所见而仙我？’董曰：‘我不畏首而畏尾。’女又笑曰：‘君误矣。尾于何有？’”（第195页）董生与狐女的对话中“我不畏首而畏尾”一句本属调侃之语，却也语有所本，并非凭空结撰。《左传·文公十七年》：“古人有言曰：‘畏首畏尾，身其馀几？’”[②]“畏首畏尾”原意为疑虑重重貌，这里仅用其字面义，显示出蒲松龄修辞的狡黠之处。尤为难能可贵的是，狐女之答语“尾于何有”亦模仿自《左传》中的有关句式，《左传·襄公二十三年》：“群臣若急，君于何有？”[③]意即群臣如果急了，哪里还有国君。蒲松龄套用此句式，巧妙而又诙谐地道出狐尾已然不见，非对《左传》如数家珍般的熟稔不能臻此境界。清吕湛恩注出董生之语的出处，而未顾及狐女答言的经典依据，这在一定程度上有可能辜负作者构思这篇小说对话情节的一片苦心。

卷一《陆判》一篇讲述陆姓判官为书生朱尔旦及其妻换心、换头的故事，人神相交莫逆，几乎无所不谈：“积三十年，一夕，陆告曰：‘君寿不永矣。’问其期，对以五日。‘能相救否？’曰：‘惟天所命，人何能私？且自达人观之，生死一耳，何必生之为乐，死之为悲？’”（第209页）所谓“惟天所命”，意谓只有上天能主宰人生的命运，语本《左传·宣公三年》：“成王定鼎于郏鄏，卜世三十，卜年七百，天所命也。”[④]这体现了古人的天命观，正如宋罗大经《鹤林玉露》丙编卷六《风水》所云：“且人之生也，贫富贵贱，夭寿贤愚，禀性赋分，各自有定，谓之天命，不可改也。”[⑤]今人为《聊斋志异》作

① 杨伯峻编著：《春秋左传注·昭公元年》，中华书局1981年版，第1221页。
② 杨伯峻编著：《春秋左传注·文公十七年》，中华书局1981年版，第626页。
③ 杨伯峻编著：《春秋左传注·襄公二十三年》，中华书局1981年版，第1077页。
④ 杨伯峻编著：《春秋左传注·宣公三年》，中华书局1981年版，第671—672页。
⑤ （宋）罗大经撰：《鹤林玉露》卷六，中华书局1983年版，第344页。

注，若不注出四字乃是《左传》的出典，读者就难以理会作者一以贯之的命定论思想渊源有自，绝非无本之木、无源之水。

再看卷一《聂小倩》一篇，作者描写尚为鬼魂的聂小倩侍奉宁采臣母亲的辛劳："女朝旦朝母，捧匜沃盥，下堂操作，无不曲承母志。"（第243页）所谓"捧匜沃盥"，即两手端着注水之用具为他人浇水盥洗，语本《左传·僖公二十三年》："秦伯纳女五人，怀嬴与焉。奉匜沃盥，既而挥之。"[①]"匜"为用以盛水的洗手洗面之具，形似瓢，柄中有道，可以向外注水，流行于先秦时代。古人洗盥，一人持匜，注流水于洗盥者之手，下有槃接水。这种盥洗习俗，明清时早已不流行，蒲松龄将四字用于小说中，仅是形容小倩在宁家的殷勤侍奉，并非写实手法的运用。可见读者若明确其出典，更有利于鉴赏蒲松龄文笔变化的夭矫多姿。

卷三《罗刹海市》中大罗刹国的视觉审美皆美丑颠倒，妍媸易位，惟于听觉审美和所谓"治安之道"与中华尚有"同嗜"之好。内有其国村人对马骥的一番话语："吾侪小人受大夫赐，明日赴海市，当求珍玩，用报大夫。"（第676页）所谓"吾侪小人"，意即我辈小人，四字语本《左传·宣公十一年》："吾侪小人所谓'取诸其怀而与之'也。"杨伯峻注云："杜注：'叔时谦言小人意浅，谓譬如取人物于其怀而还之，为愈于不还。'吾侪小人，当时习惯语，又见襄十七年及三十年《传》。昭元年《传》云'吾侪偷食'，二十四年《传》云'吾侪何知焉'，亦'吾侪'连用。'吾侪'犹今言'我们这一班'，不仅表多数。"[②]可见明确《聊斋志异》用语之出典及有关诠释，对于准确体味小说中人物对话语言之情韵色彩，非常重要！今天的注家不应以其字面义浅就弃而不顾。

卷七《珊瑚》所描述的婆媳关系问题当属于清初社会生活的真实反映，寡母作婆，婆媳关系就更加难处，两者关系的强势与弱势的矛盾存在，或者双方势均力敌而纷扰不休，则是中外古今多数家庭皆可能遇到的问题。小说中的骄悍的二儿媳臧姑是作为贤惠的长儿媳珊瑚的陪衬而设置的，其后因连丧两子而萌忏悔之心："未半年而母病卒，臧姑哭之恸，至勺饮不入口。向人

---

① 杨伯峻编著：《春秋左传注·僖公二十三年》，中华书局1981年版，第410页。

② 杨伯峻编著：《春秋左传注·宣公十一年》，中华书局1981年版，第715页。

曰：‘姑早死，使我不得事，是天不许我自赎也！’”（第 2050 页）所谓“勺饮不入口”，即一勺汤水都不饮。勺饮，言汤水量少，语本《左传·定公四年》：“申包胥如秦乞师……立，依于庭墙而哭，日夜不绝声，勺饮不入口七日。”[①]今天的注家只有明其出典，才能令读者体会到曾为悍妇的臧姑于婆母卒后痛改前非、洗心革面的真诚与难以自我救赎的追悔莫及心情。

蒲松龄借鉴《左传》词语，有时并非机械地照搬原词，而是略加变通或移步换形，正所谓“运用之妙，存乎一心”。如卷一《珠儿》一篇，在阴阳两界的交互中，展现了一幅生动的社会民俗画卷。篇首写常州民李化老年得子后的苦恼云：“儿渐长，魁梧可爱，然性绝痴，五六岁尚不辨菽麦，言语蹇涩。”（第 282 页）所谓“不辨菽麦”，并不难理解，无非是分不清豆苗与麦苗而已。今天生长于城市的儿童不能辨别两者，绝不能以“痴”视之。然而古代物质条件简陋，人与自然的关系远较现代密切，能否分清菽麦就成为鉴别儿童智力的一项最低标准。《左传·成公十八年》：“周子有兄而无慧，不能辨菽麦。”晋杜预注：“菽，大豆也。豆麦殊形易别，故以为痴者之候。不慧，盖世所谓‘白痴’。”[②]蒲松龄虽然变《左传》中“不能辨菽麦”一语为“不辨菽麦”，但使事用典痕迹宛然，今人注释《聊斋》，自当以注出其出典为佳，否则难以窥见作者善于借鉴传统经典的修辞手法。

卷二《道士》是一篇描写道士幻术的小说，在光怪陆离的情节展示中，韩生、徐某与道士构成一个三人的世界，相互言语无多，个性特征也不突出，但却将社会人际关系的微妙通过相互宴请之礼表现得淋漓尽致。世家出身的韩生对不速之客道士有言：“何日栖鹤东观，竟不闻知，殊缺地主之礼。”（第 436 页）所谓“地主之礼”，即“地主之谊”或“地主之仪”，谓当地的主人对来客接待的礼节以及饮食馈赠等情谊。此四字语本《左传·哀公十二年》：“子服景伯谓子贡曰：‘夫诸侯之会，事既毕矣，侯伯致礼，地主归饩，以相辞也。’”晋杜预注：“侯伯致礼以礼宾也。地主，所会主人也。饩，生物。”唐孔颖达疏：“致礼礼宾，当谓有以礼之，或设饮食与之宴也。”[③]蒲松龄借鉴《左传》词语，注家有时需要溯源所本，并找到前人相关注疏，这对于体味小

① 杨伯峻编著：《春秋左传注·定公四年》，中华书局 1981 年版，第 1548 页。
② （清）阮元校刻：《十三经注疏》，中华书局 1980 年版，第 1923 页。
③ （清）阮元校刻：《十三经注疏》，中华书局 1980 年版，第 2170 页。

说作者遣词造句之用心的确不可或缺。

卷二《夜叉国》一篇对于世间为官者神气活现的三言两语勾画，对于男权社会“母老虎”个别现象的调侃，皆显示出作者机智幽默的性格特征。篇末形容夜叉夫人助子征战有云：“母尝从之南征，每临巨敌，辄擐甲执锐，为子接应，见者莫不辟易。”（第512页）所谓“擐甲执锐”，意谓穿上甲胄，手执锋利的兵器，属于冷兵器时代战士的装束。四字语本《左传·成公二年》：“擐甲执兵，固即死也，病未及死，吾子勉之。”[①]蒲松龄变“执兵”为“执锐”，增加了其间的情感色彩，并非无意为之。

卷三《阿霞》一篇借因果报应之玄机，谴责喜新厌旧的凉薄社会风气。阿霞曾珍惜与景生的一段露水姻缘，她厌恶其书斋白天来往人杂，就对景生说：“妾姑去，此处烦杂，困人甚。继今请以夜卜。”（第625页）所谓“夜卜”，即“卜夜”，意谓选择夜间相会。两字语本《左传·庄公二十二年》：“饮桓公酒，乐。公曰：‘以火继之。’辞曰：‘臣卜其昼，未卜其夜，不敢。’”杨伯峻注：“言卜者，服虔云：‘臣将享君，必卜之，示戒慎也。’但此两卜字，恐系虚说。”[②]小说中之“卜”，可以解释为“选择”。蒲松龄变“卜其夜”为“夜卜”，颠倒语序，令动宾结构化为定中结构，可使对话更为顺畅，亦非无意。显然，如果明了“夜卜”出典，则《聊斋》用语之典雅追求就灼然可见了。

蒲松龄借鉴《左传》，或许出于偏爱，有些词语可一用再用。如卷六《霍女》是一篇寓意与言情兼而有之的小说作品，但后者明显弱于前者，霍女作为抽象美色的符号意义远大于其人物形象的鲜活性。小说中对话有云：“君欲遄返，胡再不谋？遗夫人去，二三年，谁复能相待也？”（第1612页）再如卷七《长亭》以人狐之恋为中心，塑造了一位温柔善良、聪慧美丽又通情达理的狐女形象，并通过石太璞与狐女长亭的悲欢离合折射出人间社会家庭伦理的复杂关系。其中长亭之母狐媪有对石太璞略带愧疚的问语：“曩夜之归，胡再不谋？”（第1942页）所举两例都用到了“胡再不谋”四字。所谓“胡再不谋”，意谓为何不再商量一下，语本《左传·襄公二十四年》：“同乘，兄弟

① 杨伯峻编著：《春秋左传注·成公二年》，中华书局1981年版，第792页。
② 杨伯峻编著：《春秋左传注·庄公二十二年》，中华书局1981年版，第221页。

也。胡再不谋?"[①] 再，两次。卷三《田七郎》的写作受到《史记》中《魏公子列传》以及《游侠列传》、《刺客列传》相关描写的启发，会通融合，游刃有馀。塑造田七郎与田母的形象，皆生动传神，"大义"凛然。田七郎为报答乡绅武承休知遇之恩，暗中杀死了武的仇人林儿，引来毫不知情的武承休的疑虑："转念：果尔，胡得不谋?"(第696页)所谓"胡得不谋"，意谓何以不先谋画。蒲松龄在这篇小说中改用《左传》中四字词语中的一字加以运用，以与情节相符合，显示了作者对于借鉴经典的执著而又灵活的态度。

二、对《左传》字词用法或有关句式的借鉴

一般性借鉴而外，《聊斋志异》对于《左传》特殊字词用法或有关句式也往往垂青，在小说中每多仿效，从而丰富了其作品的表现力。

卷一《青凤》一篇属于在相对封闭社会中男子以自我为中心的梦幻遐思。小说开首即言太原世家耿氏以自家宅第"生怪异"，于是"耿患之，移居别墅，留老翁门焉"(第167页)。所谓"门"，即谓守门，系以名词作动词。这一用法模仿《左传·哀公十五年》："子路入，及门，公孙敢门焉。"晋杜预注："守门。"[②]

类似上例"门"的词性变化用法，即名词活用为动词，蒲松龄有意模仿《左传》，在《聊斋志异》中并不难寻觅踪迹。卷五《江城》一篇为书写悍妇的极致。小说开篇："临江高生，名蕃，少慧，仪容秀美，十四岁入邑庠。富室争女之。"(第1278页)所谓"女(nǜ 衄)"，谓将女子嫁给人，《左传·庄公二十八年》早有此类用法："晋伐骊戎，骊戎男女以骊姬。"晋杜预注："骊戎在京兆新丰县，其君姬姓，其爵男也。纳女于人曰女。"[③] 晋皇甫谧《高士传》卷下《梁鸿》："势家慕其高节，多欲女之，鸿并绝不娶。"[④] 可见《左传》的这种名词活用法，后世嗣响自有人在。《聊斋志异》的清人注本姑不论，以

① 杨伯峻编著:《春秋左传注·襄公二十四年》，中华书局1981年版，第1092页。
② (清)阮元校刻:《十三经注疏》，中华书局1980年版，第2175页。
③ (清)阮元校刻:《十三经注疏》，中华书局1980年版，第1781页。
④ (晋)皇甫谧撰:《高士传》卷下《梁鸿》，中华书局1985年版，第93页。

笔者所见现代的三种全注本亦皆未注明此“女”为名词活用为动词之法，这对于深入鉴赏《聊斋》的语言艺术终觉有所欠缺。

有关量词的使用，《聊斋志异》时而也有意借鉴《左传》。卷二《单道士》中主人公之“作剧”以及遁形，似乎随心所欲，出神入化，显然具有道听途说的虚幻特征。小说对单道士有如下描写：“袖中出旨酒一盛，又探得肴一簋，并陈几上。”（第493页）又卷二《宫梦弼》一篇对于社会中所谓“人情冷暖，世态炎凉”颇多感慨，其中有如下一段描写：“妇入，以酒一盛、馔二簋，出置黄前。”（第573页）上述所举两例皆以“盛（chéng成）”为称述酒多少的量词，“一盛”，即一器所盛之量，其用法亦借鉴于《左传》。《左传·哀公十三年》：“吴申叔仪乞粮于公孙有山氏，曰：‘佩玉蘂兮，余无所系之；旨酒一盛兮，余与褐之父睨之。’”晋杜预注：“一盛，一器也。”唐孔颖达疏：“酒盛于器，故谓一器为一盛。”[①]至于“一盛”之容量为多少，并非小说情节要求所必须，因而可以径从经典借鉴。

实词而外，《聊斋志异》中的某些虚词用法也常借鉴于《左传》。卷三《姊妹易嫁》一篇以批评世俗社会婚嫁嫌贫爱富为主调，并增添了有关风水堪舆、神人赐梦以及福禄天定等内容。张家长女因眼光短浅而错失良缘，又迭遭不幸，最终削发为尼：“师默然自叹，念平生所为，辄自颠倒，美恶避就，繄岂由人耶？”（第768页）“繄（yī衣）”在这里为语气助词，其用法早见于先秦，《左传·隐公元年》：“尔有母遗，繄我独无。”晋杜预注：“繄，语助。”[②]从中可见蒲松龄对《左传》中虚词的有关用法，也多有关注。

类似模仿《左传》的文字在一些无关紧要的词语运用上也有反映。如卷六《大鼠》以万历间宫中豢养宠物猫成风为背景展开情节，中有“众咸谓猫怯，以为是无能为者”（第1764页）的描写，“无能为”，意谓不能做什么。看似寻常的三字，却语有所本，《左传·隐公四年》：“卫国褊小，老夫耄矣，无能为也。”[③]卷六《姚安》讲述了一个现代医学临床上属于严重的妄想型精神分裂症的故事，其“异史氏曰”有云：“呜呼！截指而适其履，不亡何待！”（第1651页）所谓“不亡何待”，意谓不自取灭亡还等什么，语本《左传·成公

---

① （清）阮元校刻：《十三经注疏》，中华书局1980年版，第2172页。
② （清）阮元校刻：《十三经注疏》，中华书局1980年版，第1716页。
③ 杨伯峻编著：《春秋左传注·隐公四年》，中华书局1981年版，第37—38页。

十五年》:“善人,天地之纪也,而骤绝之,不亡何待?”[①]

卷二《红玉》一篇,冯相如因娶妻貌美而几遭灭门之祸,“虬髯阔颔”丈夫的出现与代人复仇,只能是无告者计无复之下的幻想产物,就如同历代百姓对包拯式的“青天大老爷”无限企盼的心理一样。此丈夫临行前曾对冯生说:“不济,不任受怨;济,亦不任受德。”(第408页)两句意即不成功,不能忍受埋怨;成功了,也不接受你的感激。济,成功。不任,谓不能忍受或不能胜任。此两句语本《左传·成公三年》:“王曰:‘子归,何以报我?’对曰:‘臣不任受怨,君亦不任受德,无怨无德,不知所报。”[②]

卷三《青梅》是作者精心撰写的一篇小说,无论情节的跌宕起伏,还是语言的生动传神,皆有炉火纯青之妙。其中有阿喜的一段自叹:“不苟合,礼也;必告父母,孝也;不轻然诺,信也。有此三德,天必祐之,其无患贫也已。”(第661页)所谓“不苟合”三句,其句式完全仿效《左传·昭公二十年》:“奔死免父,孝也;度功而行,仁也;择任而往,知也;知死不辟,勇也。父不可弃,名不可废,尔其勉之,相从为愈。”[③]蒲松龄着意化用仿照《左传》有关句式,今天的注家若不注明《左传》的出典,则小说行文典雅之趣丧失殆尽。

字词用法而外,《聊斋志异》对于《左传》有关句式的借鉴与模仿也有耐人寻味的魅力。卷四《小谢》中书生陶望三有对两女鬼的一番表白:“相对丽质,宁独无情;但阴冥之气,中人必死。不乐与居者,行可耳;乐与居者,安可耳。如不见爱,何必玷两佳人?如果见爱,何必死一狂生?”(第1160页)所谓“不乐”四句,当脱胎于《左传·定公元年》:“若从君者,则貌而出者,入可也;寇而出者,行可也。”[④]所谓“如不”后四句,当脱胎于《左传·哀公六年》:“吾子奉义而行者也。若我可,不必亡一大夫。若我不可,不必亡一公子。义则进,否则退,敢不唯子是从?”[⑤]陶生一席话竟然两次套用《左传》中的句式,可见蒲松龄对经典的熟悉,这对于我们探讨《聊斋志异》

---

① 杨伯峻编著:《春秋左传注·成公十五年》,中华书局1981年版,第876页。
② 杨伯峻编著:《春秋左传注·成公三年》,中华书局1981年版,第813页。
③ 杨伯峻编著:《春秋左传注·昭公二十年》,中华书局1981年版,第1408页。
④ 杨伯峻编著:《春秋左传注·定公元年》,中华书局1981年版,第1526页。
⑤ 杨伯峻编著:《春秋左传注·哀公六年》,中华书局1981年版,第1638页。

与《左传》的关系问题无疑具有示范意义。

《左传》中有宾语提前的一些特殊句式，也往往为蒲松龄所借鉴仿效。卷五《邵女》在“异史氏曰”的评论中提出“以命自安，以分自守”的妾媵之道，属于当时一夫多妻社会习俗制约下的产物，合理与否，这里不作辨析。小说中柴妻金氏奇悍，为表明自家不妒，曾对其夫有如下一番话：“前日误杀婢子，今甚悔之。何便仇忌，遂无结发情耶？后请纳金钗十二，妾不汝瑕疵也。”（第1317页）所谓“不汝瑕疵”，即“不瑕疵汝”，属于古代汉语中宾语提前的用法，意谓不以纳妾事指责你。此四字之句式明显借鉴《左传·僖公七年》：“唯我知女（汝），女专利而不厌，予取予求，不女疵瑕也。”瑕疵，同“疵瑕”，玉的斑痕，亦比喻人的过失或事物的缺点。杨伯峻注“不女疵瑕”云：“我不罪过汝。疵瑕，动词意动用法。”[①]蒲松龄特意将这一用法穿插于小说人物对话中，古韵悠然，今天注家自当注出，否则难以凸显作者有意仿古的文字特征。

三、《左传》与《聊斋》的释义校勘

明确《聊斋志异》对于《左传》词语或文字、句式用法的借鉴关系，有助于读者对蒲松龄小说语言的准确把握，否则对其有关词语的释义就有可能郢书燕说甚至南辕北辙。

卷一《珠儿》中借尸还魂的珠儿有言：“今在冥间，为姜员外作义嗣，亦甚优游。”（第284页）何谓“义嗣”？即理所当然的继承者。今天注家多注“义嗣”为“义子”，未免缩小了其内涵。《左传·襄公十四年》：“君，义嗣也。”晋杜预注：“诸樊，嫡子，故曰义嗣。”[②]所谓“义子”则仅指无血缘关系而收认为子者，并非家庭中唯一的理所当然的继承者。

卷二《莲香》：“设旦旦而伐之，人有甚于狐者矣。天下痨尸瘵鬼，宁皆狐蛊死耶？”（第325页）所谓“蛊死”，意谓受诱惑、迷乱而死，当与淫色相

---

① 杨伯峻编著：《春秋左传注·僖公七年》，中华书局1981年版，第316页。
② （清）阮元校刻：《十三经注疏》，中华书局1980年版，第1956页。

关，而与所谓“蛊毒”（谓用毒药杀人）无涉。《左传·庄公二十八年》：“楚令尹子元欲蛊文夫人，为馆于其宫侧而振万焉。”晋杜预注：“蛊，惑以淫事。”唐孔颖达疏：“女惑男谓之蛊。”[①] 今人为《聊斋》“蛊死”作注，或谓：“迷信说法，把蛊毒（一种特制的虫毒）放在饮食里，吃了的人就会昏狂迷惑。蛊死，就是受毒害而死的意思。”[②] 如此为释，显然不符合小说原意。

卷二《红玉》：“诚恐宋人话我。今实布腹心：仆之卧薪尝胆者，固有日矣。”（第407页）所谓“腹心”，犹言至诚之心。《左传·宣公十二年》：“君之惠也，孤之愿也，非所敢望也。敢布腹心，君实图之。”杨伯峻注云：“《尚书·盘庚下》云：‘今予其敷腹心，历告尔百姓于朕志。’此之‘布腹心’即《盘庚》之‘敷腹心’，可见此种惯语由来已久。”[③] 今人诸多注本多不加注，白话译本或译作“现在照实说出心里话”，或译为“现在可以向你坦露心腹”，或译成“现在我向你吐露真心”[④]，三例译文皆不够确切，原因就在于没有搞明白“布腹心”的《左传》出典及其正确释义。

卷三《辛十四娘》：“广平冯生，正德间人，少轻脱，纵酒。”（第801页）所谓“轻脱”，即轻佻。两字组合语本《左传·僖公三十三年》：“秦师轻而无礼，必败。轻则寡谋，无礼则脱。”晋杜预注：“脱，易也。”[⑤]“易”在这里为轻率之意。现代三部全注本于“轻脱”皆不加注。张注本注曰“不庄重”[⑥]，差强人意；李伯齐等《聊斋志异选》注“轻脱”为“轻佻放达”[⑦]，加添“放达”两字，有画蛇添足之嫌。后一例因不明其出典，故注释不甚确切。

卷三《捉鬼射狐》：“急取弓矢，对关欲射。”（第828页）这里所谓“关（wān 弯）”，意即引满弓。《左传·昭公二十一年》：“将注，豹则关矣。”杨伯峻注云：“注是置矢于弓上，关是已注引满弓。”[⑧]《聊斋志异》两部全注本注

---

① （清）阮元校刻：《十三经注疏》，中华书局1980年版，第1781页。

② 张友鹤选注：《聊斋志异选》，人民文学出版社1956年，第86页。

③ 杨伯峻编著：《春秋左传注·宣公十二年》，中华书局1981年版，第720页。

④ 马振方主编：《聊斋志异评赏大成》，漓江出版社1992年版，第440页；孙通海等译：《文白对照聊斋志异》，中华书局2010年版，第339页；丁如明等译：《聊斋志异全译》，上海古籍出版社2012年版，第120页。

⑤ （清）阮元校刻：《十三经注疏》，中华书局1980年版，第1833页。

⑥ 张友鹤选注：《聊斋志异选》，人民文学出版社1956年版，第160页。

⑦ 李伯齐、徐文军选注：《聊斋志异选》，人民文学出版社2006年版，第169页。

⑧ 杨伯峻编著：《春秋左传注·昭公二十一年》，中华书局1981年版，第1429页。

"关"皆谓"指阁门"[①]，漓江本译："对着那楼上。"[②]中华本径改正文为："对阁欲射。"[③]未知所据；上古本译："对着阁门。"[④]均有误，盖皆不明其出典所致。其实卷一《妖术》一篇中文字已有"关"的相同用例："公以剑拨矢，矢堕。欲击之，则又关矣。"（第102页）朱注本于"关"未出注；盛注本正文作"则又弯矣"；漓江本、中华本正文亦作"则又弯矣"；上古本译为"巨鬼又已弯弓射来"[⑤]，因未录原文，难以判断所据如何。《聊斋志异》的《异史》本、青柯亭本、铸雪斋本等，于此处皆作"则又弯矣"。"弯"与"关"在"引满弓"的意义上，音与义全同，此亦可反证《捉鬼射狐》中的"对关欲射"之"关"绝不能诠释为"阁门"。

卷三《公孙九娘》："幸念一夕恩义，收儿骨归葬墓侧，使百年得所依栖，死且不朽。"（第712页）所谓"死且不朽"，这里犹言至死不忘。《左传·成公三年》："以君之灵，累臣得归骨于晋，寡君之以为戮，死且不朽。"唐孔颖达疏："怀荷君恩，身虽死而朽腐，此恩不朽腐也。死尚不朽，以示其至死不忘也。"[⑥]关于"死且不朽"，两部全注本朱注本、盛注本皆未注，笔者所见各选注本亦未加注，似乎就是现代人通常所理解的"永垂不朽"的意思。再看全译本如何翻译"使百年得所依栖，死且不朽"一句。漓江本译为："使我长久有安身之处，死了也不朽灭。"[⑦]中华本译为："使我有个百世的归宿，此恩我将永世不忘。"[⑧]上古本译成："好永世有个依靠归宿，死了也能不朽。"[⑨]三种译文只有中华本理解正确。看来注释或翻译《聊斋志异》，重视作者对于《左传》有关词语的借鉴并找到其正确释义，非常必要！否则极易产生讹误。

卷三《姊妹易嫁》："秀才以阴欲易妻，故被冥司黜落，岂妖梦不足以践。"（第767页）所谓"妖梦"，谓反常之梦；所谓"践"，谓应验。《左

---

① 朱其铠主编：《全本新注聊斋志异》，人民文学出版社1989年版，第557页；盛伟校注：《聊斋志异校注》，山西人民出版社2000年版，第1010页。
② 马振方主编：《聊斋志异评赏大成》，漓江出版社1992年版，第850页。
③ 孙通海等译：《文白对照聊斋志异》，中华书局2010年版，第682页。
④ 丁如明等译：《聊斋志异全译》，上海古籍出版社2012年版，第242页。
⑤ 丁如明等译：《聊斋志异全译》，上海古籍出版社2012年版，第30页。
⑥ （清）阮元校刻：《十三经注疏》，中华书局1980年版，第1900页。
⑦ 马振方主编：《聊斋志异评赏大成》，漓江出版社1992年版，第749页。
⑧ 孙通海等译：《文白对照聊斋志异》，中华书局2010年版，第611页。
⑨ 丁如明等译：《聊斋志异全译》，上海古籍出版社2012年版，第213页。

传・僖公十五年》："寡人之从君而西也，亦晋之妖梦是践，岂敢以至。"晋杜预注："狐突不寐而与神言，故谓之妖梦。"[①]朱注本注"妖梦"为"怪异的梦兆"[②]；盛注本注"妖梦"为"奇梦的征兆"[③]。两全注本皆未注明《左传》出典，故解释有偏差。李注本注明《左传》出典，却释"践"为"履行"[④]，串讲全句为"难道怪异之梦就不值得履行"，似有颠倒现实与梦的主、客观之嫌，终觉美中不足。这也是未能准确理解所谓"妖梦是践"出典的缘故。

卷五《钟生》："舅乃非人！此弥天之祸，不可为谋。"（第1537页）所谓"不可为谋"，意谓难以有解决的办法。四字语本《左传・昭公十三年》："众怒如水火焉，不可为谋。"[⑤]所谓"不可为谋"，朱注本与盛注本皆未出注，更不明出典，甚不便读者阅读理解。

《聊斋志异》中的一些词语，若不搞清楚其《左传》出典，就极易令注家望文生义，解释错误。

卷四《武孝廉》："一日，石失印绶，合署沸腾，屑屑还往，无所为计。"（第970页）所谓"屑屑"，形容劳瘁匆迫貌。《左传・昭公五年》："礼之本末将于此乎在，而屑屑焉习仪以亟。"[⑥]居官印绶一失，何以合署人员来回匆迫奔忙？《大清律例》卷七《吏律・公式・弃毁制书印信》："若遗失制书、圣旨、印信者，杖九十、徒二年半。"[⑦]朱注本注云："屑屑：《广雅・释训》：'屑屑，不安也。'"[⑧]此种诠释似不准确，若以"不安"为释，则仅为武孝廉一人之事，合署人即武孝廉的下属人员实不必有此心理，而来回奔忙的行动则为官署属下之常情。盛注本注云："屑屑：劳瘁匆迫不安的样子。《汉书・王莽传上》：'晨夜屑屑，寒暑勤勤，无时休息。"[⑨]此一诠释未引《左传》较早的书证，而且凭空增加"不安"的解读，似有蛇足之嫌。

---

① （清）阮元校刻：《十三经注疏》，中华书局1980年版，第1806页。
② 朱其铠主编：《全本新注聊斋志异》，人民文学出版社1989年版，第524页。
③ 盛伟校注：《聊斋志异校注》，山西人民出版社2000年版，第283页。
④ 李伯齐、徐文军选注：《聊斋志异选》，人民文学出版社2006年版，第156页。
⑤ 杨伯峻编著：《春秋左传注・昭公十三年》，中华书局1981年版，第1348页。
⑥ 杨伯峻编著：《春秋左传注・昭公五年》，中华书局1981年版，第1266页。
⑦ 田涛、郑秦点校：《大清律例》卷七《吏律・公式・弃毁制书印信》，法律出版社1999年版，第158页。
⑧ 朱其铠主编：《全本新注聊斋志异》，人民文学出版社1989年版，第643页。
⑨ 盛伟校注：《聊斋志异校注》，山西人民出版社2000年版，第921页。

卷四《窦氏》："南捉臂狎之，女惭急，峻拒曰："奴虽贫，要嫁，何贵倨凌人也！"（第1071页）所谓"要（yāo腰）嫁"，意谓以明誓的方式就嫁娶作出庄严的承诺。要，约言。《左传·哀公十四年》："使季路要我，吾无盟。"晋杜预注："子路信诚，故欲得与相要誓而不须盟。"[①]朱注本注云："要（yāo腰）嫁：要约而嫁，指按照婚礼聘订。"[②]此注明确了"要约"之义，但未举出其典出《左传》的书证，不无缺憾。盛注本注云："要（yāo腰）嫁：谓要按照婚约聘订而嫁。"[③]此注为后出，未举出书证外，也没有"约言"或"明誓"的释义，显然与小说的情境设计不相符合。

卷六《崔猛》一篇中道士之语云："我固知君不信。但我所言，不类巫觋，行之亦盛德；即其不效，亦不至有所妨。"（第1658页）所谓"盛德"，当谓盛美之事。《左传·僖公七年》："夫诸侯之会，其德、刑、礼、义，无国不记，记奸之位，君盟替矣。作而不记，非盛德也。"[④]朱注本注"盛德"为"积德"，盛注本未出注。再看全译本，"行之亦盛德"一句，漓江本译为"如果照着做，也是一件发扬美德的好事"[⑤]；中华本译成"你按我说的话去做，也是积德行善"[⑥]；上古本译作"做到了也是一种美德"[⑦]。其实"盛德"与当事人的道德或品德毫无关系，只是谓行事的客观效果良好而已。

卷六《诗谳》："遂遣役至日照，坐拘李秀。"（第1669页）所谓"坐拘"，当谓因须对质而加拘捕。坐，谓对质。《左传·昭公二十三年》："叔孙婼如晋，晋人执之。书曰'晋人执我行人叔孙婼'，言使人也。晋人使与邾大夫坐。"杨伯峻注云："杜注：'坐讼曲直。'孔疏云：'《周礼·小司寇》云："命夫命妇不躬坐狱讼。"凡断狱者，皆令竞者坐而受其辞。'古代诉讼双方互相辩论曰坐。"[⑧]所谓"坐拘"，朱注本注云："犹言立即拘捕。坐，坐等，坐致。"[⑨]盛

---

① （清）阮元校刻：《十三经注疏》，中华书局1980年版，第2173页。
② 朱其铠主编：《全本新注聊斋志异》，人民文学出版社1989年版，第708页。
③ 盛伟校注：《聊斋志异校注》，山西人民出版社2000年版，第996页。
④ 杨伯峻编著：《春秋左传注·僖公七年》，中华书局1981年版，第318页。
⑤ 马振方主编：《聊斋志异评赏大成》，漓江出版社1992年版，第1793页。
⑥ 孙通海等译：《文白对照聊斋志异》，中华书局2010年版，第1359页。
⑦ 丁如明等译：《聊斋志异全译》，上海古籍出版社2012年版，第508页。
⑧ 杨伯峻编著：《春秋左传注·昭公二十三年》，中华书局1981年版，第1442页。
⑨ 朱其铠主编：《全本新注聊斋志异》，人民文学出版社1989年版，第1136页。

注本注云："马上拘捕。坐，坐等。"[①] 再看三种全译本，"坐拘李秀"，漓江本译为"立刻拘捕李秀"[②]，中华本译成"去拘捕李秀"[③]，上古本译作"指名拘捕李秀"[④]。所谓"坐"，当何谓？上举三例似皆未能准确译出。

卷七《长亭》："女起，经理家政，柩前牲盛洁备，石乃大慰。"（第1944页）所谓"牲盛"，即"杀牲盛馔"，意谓以杀死诸多家畜为祭品。《左传·昭公十七年》："昭子曰：'日有食之，天子不举。'"唐孔颖达疏："杀牲盛馔曰举，故'天子不举'，谓去盛馔也。"[⑤] 清乐钧《耳食录》卷一二《王侍御》："侍御所居村，向有所谓三圣公王者，素能祸人。众为小石龛栖其主，岁时奉牲盛惟谨。"[⑥] 此可以为"牲盛"成词之证。朱注本注云："牲盛，牲祭、供设。牲，指三牲（牛、羊、猪）祭品。盛，盛器，碗、盘之类。"[⑦] 盛注本注云："牲盛，祭品。《周礼·天官·庖人》：'掌共六畜、六兽、六禽。'注：'始养之曰畜，将用之曰牲。'牲，指三牲（牛、羊、猪）祭品。盛，器皿。"[⑧] 张注本注云："牲盛（chéng）：碗里的肉食祭品。"[⑨] 三个注本皆以"盛"为碗一类的器皿，似不确切，"牲盛"之"盛"这里仍应读"丰盛"之"盛"，当属于形容词。

卷八《寄生》："使君为人病，而不为妾病，则亦不必强求容矣。"（第2365页）所谓"求容"，意谓取悦于人。《左传·定公九年》："夫阳虎有宠于季氏，而将杀季孙，以不利鲁国，而求容焉。"杨伯峻注云："求容谓博取喜悦。《说苑·权谋篇》云：'异日吾好音，此子遗吾琴；吾好佩，又遗吾玉，是不非吾过者者也，自容于我者也，吾恐其以我求容也。'即此义。"[⑩] 朱注本、盛注本皆未出注。再看三种全译本。"则亦不必强求容矣"一句，漓江本译

---

① 盛伟校注：《聊斋志异校注》，山西人民出版社2000年版，第656页。
② 马振方主编：《聊斋志异评赏大成》，漓江出版社1992年版，第1803页。
③ 孙通海等译：《文白对照聊斋志异》，中华书局2010年版，第1369页。
④ 丁如明等译：《聊斋志异全译》，上海古籍出版社2012年版，第512页。
⑤ （清）阮元校刻：《十三经注疏》，中华书局1980年版，第2082页。
⑥ （清）乐钧撰：《耳食录》卷一二《王侍御》，时代文艺出版社1987年版，第156页。
⑦ 朱其铠主编：《全本新注聊斋志异》，人民文学出版社1989年版，第1333页。
⑧ 盛伟校注：《聊斋志异校注》，山西人民出版社2000年版，第300页。
⑨ 张友鹤选注：《聊斋志异选》，人民文学出版社1956年，第303页。
⑩ 杨伯峻编著：《春秋左传注·定公九年》，中华书局1981年版，第1573页。

成“也就不必强求你了”[①]；中华本译为“我也就不会强求你一定要娶我了”[②]上古本译作“那我也就不必强求你接纳了”[③]。诠释《聊斋志异》词语，不对其用典使事详加考证，就有可能曲解原文；对于读者而言，“以其昏昏使人昭昭”，也是不负责任的做法。

有关地名的使用，《聊斋志异》也有与《左传》发生某种关联的可能，不明个中奥妙，注释就往往会生讹误或偏差。卷四《西湖主》：“有男子步驰，似是驭卒，因就问之。答曰：‘此西湖主猎首山也。’”（第975页）所谓“首山”，这里当非实指，系小说虚构的地名，但仍可从经典中找到相关根据，而非蒲松龄凭空结撰。《左传·宣公二年》：“初，宣子田于首山，舍于翳桑。”杨伯峻注云：“首山即首阳山，亦即雷首山，在今山西永济县东南。中条山即西起雷首迤逦而东者。”[④]又《山海经》卷五《中山经》：“东三百里，曰首山，其阴多穀、柞。”[⑤]从蒲松龄对于《左传》的偏好与熟稔来看，所谓“西湖主猎首山”，显然脱胎于《左传》中“宣子田于首山”一语。西湖主本非凡人，坐实其打猎的处所，反而不符合女主人公不食人间烟火的身份；而巧妙地借用经典出现中的地名，减省小说不必要的头绪外，也可令文字典雅有趣。朱注本注云：“首山：山名。就文中所说的方位看，应在洞庭湖北岸，湖北省蒲圻县西三十里有山，‘志曰蒲圻之首山’，或当指此。见《读史方舆纪要》卷七十六。”[⑥]盛注本注云：“首山：据《地名大辞典》载，河北、河南、辽东皆有首山。但据故事所言之方位，当在洞庭湖北岸。《读史方舆纪要》卷七十六载：湖北省蒲圻县西三十里有山，‘志曰蒲圻之首山’。”[⑦]“首山”也者，当谓第一山。两注对于《读史方舆纪要》所云“首山”一词理解似有所偏差，考《蒲圻县志》，并无首山之山名。

卷八《周生》一篇记述淄川县县令时惟豫的幕友周生为县令夫人徐氏代写参礼碧霞元君的祝文，文用骈体，涉及时县令的同性恋癖好，而此癖恰为

---

① 马振方主编：《聊斋志异评赏大成》，漓江出版社1992年版，第2609页。
② 孙通海等译：《文白对照聊斋志异》，中华书局2010年版，第2001页。
③ 丁如明等译：《聊斋志异全译》，上海古籍出版社2012年版，第745页。
④ 杨伯峻编著：《春秋左传注·宣公二年》，中华书局1981年版，第660页。
⑤ 袁珂校注：《山海经校注》卷五《中山经》，上海古籍出版社1980年版，第132页。
⑥ 朱其铠主编：《全本新注聊斋志异》，人民文学出版社1989年版，第648页。
⑦ 盛伟校注：《聊斋志异校注》，山西人民出版社2000年版，第926页。

徐夫人所深恶痛绝，祝文故有为之抱不平之意。小说例举祝文四句，以状写周生对碧霞元君神灵轻薄为文的不恭："栽洛阳满县之花，偏怜断袖；置夹谷弥山之草，惟爱馀桃。"（第 2371 页）所谓"夹谷"，乃古地名，属春秋齐地，故址当在今山东省莱芜市夹谷峪。春秋齐、鲁两国有夹谷之会，孔子曾于夹谷之会中折冲樽俎，维护了鲁国的利益。事见《左传·定公十年》："夏，公会齐侯于祝其，实夹谷。"[①] 又乾隆八年（1743）《淄川县志》卷一《古迹》："夹谷台，县西南四十里甲山，旧名祝其山。《左传·定公十年》：'夏，公会齐侯于祝其，实夹谷。孔丘相。'注云：'夹谷即祝其。'按祝其县，汉隶东海郡，去齐、鲁国都甚远。又《舆图备考》云：'莱芜县为古夹谷。'考之《水经注》，止有莱芜谷而无夹谷。"康熙二十二年（1683），蒲松龄曾写有《夹谷行》杂言诗一首，首两句"夹谷之台，其高不可端"[②]，显然所言者乃淄川县西南之夹谷台。然而无论小说中之"夹谷"谓莱芜者还是指淄川者，全与《左传》中的夹谷之会相关，似无疑义。《周生》中的献神祝文以地名"夹谷"与上句"洛阳"为对，实又双关女阴。清兰皋主人《绮楼重梦》第二十八回《逗春情淡如入学，膺赦诏蓉儿还乡》："腰款款以摆摇，腹便便其摩荡。环夹谷以合围，透垓心而搔痒。直探幽壑之源，深入不毛之壤。"[③] 如此刻画，可证"夹谷"的比喻义。至于"洛阳满县之花"，除借用晋潘岳"河阳一县花"的县令掌故外，又是暗喻男宠之语。隋秦玉鸾《忆情人诗》："兰幕虫声切，椒庭月影斜。可怜秦馆女，不及洛阳花。"又隋张碧兰《寄阮郎诗》："郎如洛阳花，妾似武昌柳。两地惜春风，何时一携手。"[④] 小说中周生"以亵词致干神怒"，终于死于署中，蒲松龄认为是轻薄为文的果报。朱注本于"夹谷"未出注，令小说韵味丧失不少。盛注本于"夹谷"出注，并以《左传·定公十年》为书证，诚所谓"后出转精"。值得一提的是，朱、盛两注本或从铸雪斋本，或从《异史》本，皆校青柯亭本的"洛阳满县之花"为"般阳满县之花"。"般阳"，元代设般阳路，治所即在淄川县，以般阳借代淄川过于明显且无意味，实不如"洛阳"义胜。可见弄清《聊斋志异》中的用典问题，对于校勘

① 杨伯峻编著：《春秋左传注·定公十年》，中华书局 1981 年版，第 1577 页。
② 赵蔚芝笺注：《聊斋诗集笺注》卷二，山东大学出版社 1996 年版，第 227 页。
③ （清）兰皋主人撰：《绮楼重梦》，北京大学出版社 1990 年版，第 179 页。
④ 逯钦立辑校：《先秦汉魏晋南北朝诗》，中华书局 1983 年版，第 2738 页。

文字不可或缺。

有关《聊斋志异》文字校勘与《左传》相关的问题，今人的确不可忽视。如卷三《公孙九娘》："但言老耄，无他骨肉，不欲九娘远嫁，期今夜舅往赘诸其家。伊家无男子，便可同郎拜也。"（第711页）所谓"拜"，这里当作顺服、敬奉义。《左传·昭公十五年》："晋居深山，戎狄之与邻，而远于王室，王灵不及，拜戎不暇，其何以献器。"杨伯峻注云："焦循《左传补疏》云：'拜，服也。拜戎不暇谓服戎不暇也。'"[①]又《礼记·郊特牲》："拜，服也；稽首，服之甚也。"唐孔颖达疏："拜者，是服顺于亲也。"[②]朱注本据铸雪斋本，盛注本据《异史》本，皆校改手稿本之"拜"为"往"，如此，"便可同郎往也"则与上文"伊家无男子"义无连属了。

《聊斋志异》中有些看似平常的用语，其取境竟也与《左传》有联系，注家若能注出，可见作者信非苟作的奥妙之处。卷七《云萝公主》："又生一子。女举之曰：'豺狼也！'立命弃之。"（第1855页）所谓"豺狼"，即豺与狼，皆凶兽，常用来比喻凶残的恶人。云萝公主何以将亲生子比作豺狼，事当有本。《左传·宣公四年》："初，楚司马子良生子越椒，子文曰：'必杀之。是子也，熊虎之状而豺狼之声，弗杀，必灭若敖氏矣。谚曰："狼子野心。"是乃狼也，其可畜乎？'"[③]朱注本、盛注本这两种全注本皆未注出出典，不便于读者深入体味蒲松龄小说文字运用的精当与隽永。

蒲松龄对于《左传》词语的诸多借鉴，显示了作者对于古代经典作品五体投地的崇拜心理与惟妙惟肖的模仿艺术。在中国文学史上，《聊斋志异》文言小说高峰地位的确立与不可动摇，绝非偶然！

---

① 杨伯峻编著：《春秋左传注·昭公十五年》，中华书局1981年版，第1371页。
② （清）阮元校刻：《十三经注疏》，中华书局1980年版，第1457、1458页。
③ 杨伯峻编著：《春秋左传注·宣公四年》，中华书局1981年版，第679页。

《聊斋志异》与“四书”

作为中国儒家的传统经典，“四书”是封建时代读书人的人生教科书，它包括《大学》、《中庸》、《论语》、《孟子》，明清科举考试的八股文写作，从命题到内容皆与“四书”须臾难离，其重要性超越“五经”，“四书文”的写作是科举中式与否的主要依据。蒲松龄奋战场屋大半世，于“四书”自然是“倒背如流”。其凝结大半生心血的《聊斋志异》写作受到“四书”的影响不言而喻，无论有意无意，从词语、句式乃至使事用典等，我们都可以发现这种影响的深刻性与广泛性。这对于我们探讨这部文言短篇小说集的写作技巧问题大有助益，对于小说文本的校勘辨析以及今人注释中的有关误读或错解也有一定的廓清作用。

蒲松龄腹笥深厚，写作小说使事用典信手拈来，如盐著水中，浑然无迹。作者对于“四书”（其实主要是《论语》和《孟子》）语词的一般性借鉴、某些特殊句式的模拟乃至有关情境的化用，大多当属作者于“四书”潜移默化中的涉笔成趣，并非刻意而为。如卷一《耿十八》：“守固佳，嫁亦恒情。明言之，庸何伤？”（第278页）这几句话并不难懂，“庸何伤”的三字反诘语，与《论语·先进》“何伤乎？亦各言其志也”两句当有关联[①]。庸，副词，意谓“岂”，“难道”；伤，妨碍。诸如此类的语词借鉴，《聊斋志异》中在所多有，不胜枚举，不注明其出处，亦无关理解问题。但《聊斋志异》有一些借鉴“四书”的语词，不明其书证，今人解读或产生某种偏差，原文的调侃意味也丧失殆尽。如卷一《耳中人》：“一日，方趺坐，闻耳中小语如蝇，曰：‘可以见矣。’开目即不复闻；合眸定息，又闻如故。谓是丹将成，窃喜。”（第7页）所谓“可以见矣”四字语本《孟子·滕文公上》：“吾今则可以见矣。不直，则道不见；我且直之。”[②]大意是：墨家信徒夷之求见孟子，孟子称病未见；过了一段时间，夷之再次求见，孟子就说了以下一段话：“现在我可以相见了。但若不直言，道理难以显现；我姑且直言相告吧。”又《孟子·滕文公下》：

① 杨伯峻译注：《论语译注》，中华书局1980年版，第119页。
② 杨伯峻译注：《孟子译注》，中华书局1960年版，第134页。

“公孙丑问曰：‘不见诸侯何义？’孟子曰：‘古者不为臣不见。段干木逾垣而辟之，泄柳闭门而不纳，是皆已甚。迫，斯可以见矣。’”[①]大意是：公孙丑一次问孟子：“不主动拜见诸侯，有何道理？”孟子回答：“在古代，若非诸侯的臣属，就不主动求见。段干木为逃避魏文侯跳墙而去，泄柳也曾紧闭大门不见鲁穆公，这未免太过分了。如果被逼相见，也不妨可以一见。”蒲松龄小说中的主人公谭晋玄因练类似今天气功的“导引之术”而走火入魔，听耳中有人小声说“可以见矣”，就误认为自己“内丹”将成，于是择机再以“可以见矣”四字为答，不料耳中有小人跃出离身，因受邻人来访惊吓而难以原路返回，谭晋玄从此患“颠疾”，医药半年方痊愈。这个故事无非讲练功出偏事，系根据乡里传闻之事记述成篇，并非全凭虚构。小说中主人公幻听、幻视等状况皆已出现，属于典型的精神错乱。“可以见矣”两次出现，虽属日常习用语，却因携带有科举时代的读书人耳熟能详的“四书”信息而不无调侃意味。今人阅读也只有明其书证才能真正体味到作者的风趣叙事与狡黠的用笔追求。

清代为《聊斋志异》作注者有吕湛恩与何垠两家，凡遇有关“四书”的语词或典故，多不出注，原因即在于当时能够阅读《聊斋志异》的读书人大都对“四书”烂熟于心，读到相关语词，自可会心，若出注，反成蛇足。然而今天的读者早已没有旧时读书人的文化背景，对于“四书”典若不出注，虽有可能并无理解的障碍，却由于相关信息的缺失，难以体味小说用语措辞的妙处所在。《聊斋志异》中的有关篇目的语词与“四书”密切关联，可分以下四个方面加以论述。

一、对“四书”语词的一般性借鉴

卷一《婴宁》：“甫坐，即有人自窗外隐约相窥。媪唤：‘小荣！可速作黍。’外有婢子噭声而应。”（第221页）“作黍”即做黍米饭，系从《论语·微子》化出：“止子路宿，杀鸡为黍而食之，见其二子焉。”[②]后世常以“作黍”

① 杨伯峻译注：《孟子译注》，中华书局1960年版，第152页。
② 杨伯峻译注：《论语译注》，中华书局1980年版，第196页。

为准备家常饭诚意待客之谦称。卷二《九山王》："今遣儿女辈作黍，幸一垂顾。"（第352页）卷五《柳生》："但勿问，宜速作黍。"（第1440页）卷七《云萝公主》："或朋旧相诣，辄窃听之：论文则瀹茗作黍；若恣谐谑，则恶声逐客矣。"（第1858页）卷七《湘裙》："湘裙欲出作黍，伯辞曰：'弟事未办，我不遑暇。'"（第1930页）《聊斋》一共有五篇皆以"作黍"为备饭待客之语，这属于对"四书"语词的一般性借鉴。卷一《胡四姐》："四姐怨生曰：'君不长进，与骚狐相匹偶，不可复近！'遂悻悻欲去。"（第294页）卷五《江城》："翁姑沸噪，略不顾瞻；挞至数十，始悻悻以去。"（第1280页）"悻悻"，即怨恨失意的样子，语本《孟子·公孙丑下》："谏于其君而不受，则怒，悻悻然见于其面。"[①]此两例也属于对于"四书"语词的一般性借鉴。

诸如此类情况者，《聊斋志异》在所多有。如卷三《狐妾》："内言曰：'主人未尝预嘱，咄嗟何以办？'既而曰：'无已，其假之。'"（第606页）所谓"无已"即"不得已"，语本《孟子·梁惠王下》："是谋非吾所能及也，无已，则有一焉。"[②]卷八《乐仲》："辛哭告父，父不知何时已僵，衣冠俨然。"（第2228页）所谓"俨然"，即严肃庄重的样子，语本《论语·尧曰》："君子正其衣冠，尊其瞻视，俨然人望而畏之。"[③]蒲松龄将"衣冠"与"俨然"两者连用，显然脱胎于《论语》。

以上所举诸例，读者于此类语词不明出典，并不妨碍对小说意韵的把握；然而《聊斋》有一些语词借鉴虽也属于一般性的，却以明其出处更能唤起读者阅读的趣味。如卷二《黄九郎》："今某从下流而忘返，舍正路而不由。"（第466页）卷三《赌符》："及遭败后我方思，已作下流之物"（第622页）两例中"下流"两字，比喻众恶所归的地位，语本《论语·子张》："纣之不善，不如是之甚也。是以君子恶居下流，天下之恶皆归焉。"宋邢昺疏："谓为恶行而处人下，若地形卑下，则众流所归，人之为恶处下，众恶所归。"[④]其中第一例"舍正路"句，意谓男子同性相恋违背通常男女交合之道，语本《孟子·离娄上》："仁，人之安宅也；义，人之正路也。旷安宅而弗居，舍正

① 杨伯峻译注：《孟子译注》，中华书局1960年版，第108页。
② 杨伯峻译注：《孟子译注》，中华书局1960年版，第49页。
③ 杨伯峻译注：《论语译注》，中华书局1980年版，第210页。
④ （清）阮元校刻：《十三经注疏》，中华书局1979年版，第2532页。

路而不由，哀哉！”[①] 遇到这一类语词借鉴，今天的注家若不揭出《论语》、《孟子》的书证，《聊斋》作者的有关价值取向与用词之巧就有被忽视的可能。又如卷二《小二》：“女怃然为间，豁然梦觉。”（第553页）卷六《嫦娥》：“嫦娥乃掐其耳，逾刻释手，颠当怃然为间，忽若梦醒。”（第1587页）所揭两例中“怃然为间”云云，意谓茫然自失了一会儿，语本《孟子·滕文公上》：“夷子怃然为间，曰：‘命之矣。’”宋朱熹集注：“怃然，茫然自失之貌。为间者，有顷之间也。”[②] 有注本注“怃然为间”，谓其语出《论语·微子》，不确。卷七《胭脂》：“少年俯其首，趋而去。”（第1986页）所谓“趋”属于古代的一种礼节，即以碎步疾行表示敬意。《论语·子罕》：“子见齐衰者、冕衣裳者与瞽者，见之，虽少，必作；过之，必趋。”[③] 蒲松龄用“趋而去”形容鄂生瞥见胭脂一刹那的情态，显然是着意借鉴《论语》语词刻画鄂生循规蹈矩、尊重妇女的儒生面貌，并非闲笔，明其书证十分必要。以笔者所见各种当今注本于“趋”皆未出注，诚属缺憾。

《聊斋》借鉴“四书”语词，若系词组，今天的注家注明其书证，对于读者理解小说遣词造句之趣尤有助益。如卷五《江城》：“有夫妻而不能欢，有姑嫜而不能事，是诚何心！”（第1286页）所谓“是诚何心”，意谓这个连我自己也不懂是什么心理。四字语本《孟子·梁惠王上》：“是诚何心哉？我非爱其财而易之以羊也。”[④] 卷五《二商》：“一日，泣为母请粟，商妻欲勿与，二商念其孝，按月廪给之。”（第1346页）所谓“为母请粟”，意谓请求给予其母粮食，并不难理解，然而若明其书证，则其间所富含情韵义呼之欲出。四字语本《论语·雍也》：“子华使于齐，冉子为其母请粟。”[⑤] 孔子的学生公西子华出使齐国，孔子的另一位弟子冉有再三替子华的母亲请求增加小米的馈赠。最后冉有一下给予其母小米八十石，孔子不以为然，认为子华家并不贫穷，“君子周急不继富”，意即君子只做雪里送炭的事情，不去锦上添花。有此书证，小说中“按月廪给之”一语就有了“周急”的深层涵义，二商对其兄大

① 杨伯峻译注：《孟子译注》，中华书局1960年版，第172页。
② （宋）朱熹集注：《四书章句集注·孟子集注》，齐鲁书社1992年版，第77页。
③ 杨伯峻译注：《论语译注》，中华书局1980年版，第89页。
④ 杨伯峻译注：《孟子译注》，中华书局1960年版，第15页。
⑤ 杨伯峻译注：《论语译注》，中华书局1980年版，第55页。

商一家的骨肉深情也就和盘托出了。这篇小说篇末“异史氏曰”有云：“闻大商一介不轻取予，亦狷洁自好者也。”（第1346页）其中“一介”，谓微小的事物，《孟子·万章上》：“非其义也，非其道也，一介不以与人，一介不以取诸人。”汉赵岐注：“一介草不以与人，亦不以取于人也。”[①]蒲松龄之所以在篇末突然以“狷洁自好”评价大商，原因即在于《孟子》在《万章上》中另有对于舜妥善处理与其弟象关系的记述，连类而及，蒲松龄也不得不再作周章，为商姓兄弟本无芥蒂的基础补上一笔。明此书证，不但可见作者对于二商兄弟关系书写刻画的分寸把握，而且更可知《聊斋》创作借鉴“四书”相关文字的曲折过程。《二商》的写作素材或取自莒州传闻，康熙年间，莒州一带天灾、地震频仍，饥荒不断，以之为背景描写家庭伦理关系的变迁，未必纯属虚构。作者“异史氏曰”又云：“二商以贫始，以素封终。为人何所长？但不甚遵阃教耳。”将兄弟失和的原因完全归罪于妯娌间的矛盾，这或许与蒲松龄的早年家庭经历有关。蒲松龄有《述刘氏行实》一文，是为纪念其亡妻刘氏而撰写，文中谈及妻子“不及诸宛若慧黠”，而妯娌间“呶呶者竞长舌无已时”[②]，终于导致兄弟分家。其间无奈与悲凉之感，情见乎辞。正是有感于自家兄弟早年不和的难言之隐，致令作者对于大商“狷洁自好”的性格加以肯定，对于二商“不甚遵阃教”的行为由衷钦佩，从而创作有关兄弟题材的小说时，就饱含悲天悯人之情，刻画情景逼真，富于劝人为善的感染力。

卷六《夏雪》借气候反常一事，通过人际称谓的变迁，暴露当时社会世风日下的现实。其篇末“异史氏曰”有云：“初由于小人之谄，而因得贵倨者之悦，居之不疑，而纷纷者遂遍天下矣。”（第1564页）所谓“居之不疑”，意谓自以为是而不加疑惑，语本《论语·颜渊》：“夫达也者，质直而好义，察言而观色，虑以下人，在邦必达，在家必达。夫闻也者，色取仁而行违，居之不疑。在邦必闻，在家必闻。”宋邢昺疏：“‘夫闻也者，色取仁而行违，居之不疑’者，此言佞人色则假取仁者之色，而行则违之，安居其伪而不自疑也。”[③]显然，对于“居之不疑”四字，注家若不引《论语》为书证，小说言辞间强烈的讽刺意味就会大为削弱。

---

① （清）阮元校刻：《十三经注疏》，中华书局1979年版，第2738页。
② 路大荒整理：《蒲松龄集·聊斋文集》卷八，上海古籍出版社1986年版，第250页。
③ （清）阮元校刻：《十三经注疏》，中华书局1979年版，第2504页。

卷三《青梅》是旧时文人在极度自恋中描述“天生佳丽，固将以报名贤”的白日梦幻想，但其间又辅以正直士人的道德自律：“卿爱我，谓我贤也。昏夜之行，自好者不为，而谓贤者为之乎？”（第660页）所谓“自好者”二句，意谓贤良士人绝不会发生男女苟且之事，语本《孟子·万章上》：“乡党自好者不为，而谓贤者为之乎？”宋朱熹集注：“自好，自爱其身之人也。”[①]这一对话属于直接抄录《孟子》中成句，除表明小说男主人公为儒家坚定信徒的身份外，也言简意赅地传达出作者的人生价值取向，今天的注家自当注引书证。

《聊斋志异》对“四书”语词的借鉴，有时并非完全照搬，而是适当加以化用。卷六《吕无病》描写自居妾位的吕无病对骄悍正室王天官女的小心侍奉的情态：“无病鞠躬屏气，承望颜色，而妇终不快。”（第1636页）所谓“鞠躬屏气”，意谓恭顺谨慎，因畏惧而几乎抑止呼吸，四字化用脱胎于《论语·乡党》：“摄齐升堂，鞠躬如也，屏气似不息者。”[②]卷七《珊瑚》中以虐待儿媳闻名的沈氏自辩之语有云：“呜乎冤哉！谓我木石鹿豕耶！具有口鼻，岂有触香臭而不知者！”（第2047页）所谓“木石鹿豕”，即木头、石块，鹿与猪，形容山野无知觉、无感情之物，四字化用脱胎于《孟子·尽心上》：“舜之居深山之中，与木石居，与鹿豕游，其所以异于深山之野人者几希。”[③]以上两例皆巧用“四书”成句并加以变化，其取意与“四书”的联系不能忽视；注家遇此情况，自不可掉以轻心。

二、对“四书”语词的调侃性借鉴

《聊斋志异》有时借用“四书”中语，带有一定的调侃意味，如若不明书证，蒲松龄小说文笔的诙谐风格就难以为读者所会心。语词的调侃性借鉴较比一般性借鉴更为灵活生动。

卷一《贾儿》：“楚某翁，贾于外。妇独居，梦与人交，醒而扪之，小丈夫也。察其情，与人异，知为狐。”（第185页）所谓“小丈夫”，本来喻指庸

① （宋）朱熹集注：《四书章句集注》，齐鲁书社1992年版，第140页。
② 杨伯峻译注：《论语译注》，中华书局1980年版，第98页。
③ 杨伯峻译注：《孟子译注》，中华书局1960年版，第307页。

俗而见识短浅的人，语本《孟子·公孙丑下》："予岂若是小丈夫然哉，谏于其君而不受则怒，悻悻然见于其面，去则穷日之力而后宿哉？"[①] 小说中则转义形容雄狐的身材与性器皆较小，若明其书证自可令读者莞尔解颐。卷二《莲香》："彼连宵为我作巫医，请勿为怼，情好在我。"（第 326 页）这是桑生对鬼女李氏评说狐女莲香真心救助自己的一番肺腑之言。所谓"巫医"，本指巫师和医师，语本《论语·子路》："子曰：'南人有言曰：人而无恒，不可以作巫医。善夫！'"宋邢昺疏："巫主接神除邪，医主疗病。"[②] 莲香的"巫医"身份属于一身而二任，若不明其书证，则蒲松龄有意藏前"人而无恒"之"恒心"，就难以显现，调侃语气中自有形容桑生由衷感谢莲香数夜通宵为自己不懈努力祛除阴毒的用心。

在小说中人物对话中巧妙运用"四书"中语并略加改动，也是蒲松龄对"四书"语词调侃性借鉴的一种展示。卷二《白于玉》："白曰：'胡久不娶？'笑曰：'寡人有疾，寡人好色。'白亦笑曰：'王请无好小色。'"（第 497 页）这是志在功名的吴筠与仙家白于玉的一番趣味横生的对话。"寡人有疾"二句，系借用《孟子》中齐宣王与孟子之有关对话，吴筠自我调侃地婉转道出自己怀恋葛太史女的隐衷。《孟子·梁惠王下》："王曰：'寡人有疾，寡人好色。'对曰：'昔者太王好色，爱厥妃。《诗》云："古公亶父，来朝走马，率西水浒，至于岐下，爰及姜女，聿来胥宇。"当是时也，内无怨女，外无旷夫。王如好色，与百姓同之，于王何有？'"[③] 其大意是：齐宣王认为自己有喜爱女人的毛病，不利于实行王政。孟子就加以解劝说："从前周文王的祖父太王古公亶父也喜爱女人，与其妻太姜相爱。《诗经·大雅·绵》中就有对太王与太姜驱马巡视漆水、岐山，以寻求宅地建房的吟诵。那个时代没有老处女，也没有老鳏夫。大王喜爱女人，若与百姓同，实行王政就无困难。"小说中白于玉又以"王请无好小色"为答，则系改动《孟子》中齐宣王与孟子的另一段对话，幽默地劝讽吴筠不要迷恋一般意义上的女色。《孟子·梁惠王下》："王曰：'大哉言矣！寡人有疾，寡人好勇。'对曰：'王请无好小勇。夫抚剑

---

① 杨伯峻译注：《孟子译注》，中华书局 1960 年版，第 108 页。
② （清）阮元校刻：《十三经注疏》，中华书局 1979 年版，第 2508 页。
③ 杨伯峻译注：《孟子译注》，中华书局 1960 年版，第 37 页。

疾视，曰：彼恶敢当我哉！此匹夫之勇，敌一人者也。王请大之！’”[①]其大意是：齐宣王认为自己喜好勇力，难以与邻国相处。孟子解劝说：“手按刀剑欲与他人斗狠，只是小勇，能敌一人而已；希望您能够扩大勇力的效用。”蒲松龄将“王请无好小勇”六字置换为“王请无好小色”，以稍稍改动圣贤经典语将仙、凡两道人生价值取向的不同隐约道出，调侃中不乏风趣幽默感。

《聊斋》运用“四书”语置于小说人物对话中，调侃而外又如颊上三毫，可收生动传神之效。卷三《刘海石》：“海石曰：‘汝造孽既多，拔一毛犹不肯耶？’”（第591页）这是已成仙人的刘海石对幻化为豕的狸妖倪氏女所说的一番话。“拔一毛犹不肯”，语本《孟子·尽心上》：“孟子曰：‘杨子取为我，拔一毛而利天下，不为也。’”[②]后世常以杨朱的“一毛不拔“比喻以自我为中心的极端吝啬者。蒲松龄将之用于对浑身长毛的狸妖的斥责，一语双关，有强烈的调侃戏谑意味。

卷三《棋鬼》讲述了一位将围棋雅事变为赌博的书生故事，他因痴迷围棋而倾家荡产，身化饿鬼尚不悬崖勒马，终于被罚下地狱“永无生期”。篇末“异史氏曰”有云：“见弈遂忘其死；及其死也，见弈又忘其生。非其所欲有甚于生者哉！”（第798页）其中“所欲有甚于生”，意谓沉迷于某种癖好，可以超过对生命的渴望，语本《孟子·告子上》：“生亦我所欲也，义亦我所欲也；二者不可得兼，舍生而取义者也。生亦我所欲，所欲有甚于生者，故不为苟得也；死亦我所恶，所恶有甚于死者，故患有所不辟也。”[③]孟子原意为阐述舍生取义的道理，蒲松龄因“弈”与“义”同音，就巧用自己非常熟悉的《孟子》语句调侃了棋鬼已经变态的癖好，显示出蒲松龄行文之狡黠与幽默。

在小说的一般性叙述中夹用“四书”语词，也可收非同寻常的幽默效果。如卷六《爱奴》：“又视腰间，裹黄金数铤，卷怀之。”（第1752页）所谓“卷怀”，这里就是收藏起来的意思，语本《论语·卫灵公》：“邦无道，则可卷而怀之。”[④]孔子之语属于以物为喻，是藏身隐退、收心息虑的意思。蒲松龄不使用“取之”二字，而特用“卷怀之”三字，化《论语》具有比喻意味的行动

---

① 杨伯峻译注：《孟子译注》，中华书局1960年版，第31页。
② 杨伯峻译注：《孟子译注》，中华书局1960年版，第313页。
③ 杨伯峻译注：《孟子译注》，中华书局1960年版，第265页。
④ 杨伯峻译注：《论语译注》，中华书局1980年版，第163页。

为小说中的实有举措，尤得耐人寻味之妙趣。

三、对“四书”有关文字取境性的借鉴

《聊斋志异》借用“四书”中的有关情境或意境融入于小说文本，可称“取境性的借鉴”，运用得当也妙趣无垠。

卷一《劳山道士》：“一夕归，见二人与师共酌……诸门人环听奔走。一客曰：‘良宵胜乐，不可不同。’”（第56页）所谓“不可不同”，意即应当共同欢乐今宵，语本《孟子·梁惠王下》：“曰：‘独乐乐，与人乐乐，孰乐？’曰：‘不若与人。’曰：‘与少乐乐，与众乐乐，孰乐？’曰：‘不若与众。’……此无他，与民同乐也。今王与百姓同乐，则王矣。”[①]劳山道士之客所言“不可不同”正是基于孟子的“与民同乐”的思想，蒲松龄的描写属于“取境性的借鉴”。今天的注家逢此若不出注，作者有意会通儒、道的思想就难以显现了。

卷二《连城》中连城与乔生的生死之恋是建筑于“但得真知我，不谐何害”的基础之上的，爱的精神性因素超越于寻常的男欢女爱，执著之中明显带有作者自身的情感体验，否则就写不出如此真切感人的文字。这对恋人在阴间相遇，乔生对连城说“卿死，仆何敢生！”（第530页）意谓你死了，我怎能还活在世上。这是借境并反用《论语·先进》中的一段文字：“子畏于匡，颜渊后。子曰：‘吾以女为死矣！’曰：‘子在，回何敢死！’”[②]注家不注，乔生这段话的儒者韵味就丧失殆尽了。

卷六《吕无病》虽非《聊斋志异》中的名篇，读来却情义缠绵，催人泪下，特别是吕无病奔波京师向孙生报告其子阿坚遭难的描写，失声而言，话仅半句即倒地消逝：“久之久之，方失声而言曰：‘妾历千辛万苦，与儿逃于杨……’句未终，纵声大哭，倒地而灭。”清但明伦有评云：“鞠躬尽瘁，死而后已。缠绵悱恻，绝妙文心，从左氏得来。读至此，为之泣数行下。”（第1637页）所谓“逃于杨”，仅半句话，却有意暗用“四书”典，语本《孟

① 杨伯峻译注：《孟子译注》，中华书局1960年版，第26—27页。
② 杨伯峻译注：《论语译注》，中华书局1980年版，第117页。

子·尽心下》："逃墨必归于杨，逃杨必归于儒。"[①] 蒲松龄七律《嘲雪灰禅师破戒》其三："纵使离经非叛道，喜看逃墨渐归杨。"[②] 小说以"逃于杨"暗示其子阿坚落脚处，制造悬念而外，也为下文"或言五十里外有杨谷，遣骑诣讯，果得之"伏线；然而更为重要的是，三字出于有一定文化素养并"愿为康成文婢"的吕无病之口，照应了篇首孙生测试吕无病并获肯定的描写，极端危难之中的话语仍洋溢浓厚的书卷气，正是作者塑造吕无病形象的不可或缺之笔。这种顺手牵羊般对于"四书"取境性的借鉴，极易为注家与读者所忽略，从而湮没了作者刻画人物的一片苦心。

犹如古人吟诗填词使事用典，蒲松龄在小说写作中取境性地借鉴"四书"，也有巧用典故的用心。卷七《贾奉雉》："祥家给奉渐疏，或嘑尔与之。贾怒，携夫人去，设帐东里。"（第 1980 页）所谓"嘑尔与之"，喻指无礼的、带有污辱性的施舍，语本《孟子·告子上》："一箪食，一豆羹，得之则生，弗得则死。嘑尔而与之，行道之人弗受；蹴尔而与之，乞人不屑也。"[③] 嘑尔，呵叱貌。孟子所云与《礼记·檀弓下》所述齐国饿人不食嗟来之食的故事近似。读《聊斋》有时需明确其取境何在，方能准确地体味到蒲松龄小说情节的构思绝非率尔操觚。

《聊斋》借境于"四书"最为典型之例莫过于卷八《嘉平公子》篇末"异史氏曰"所云："温姬可儿！翩翩公子，何乃苛其中之所有哉！遂至悔不如倡，则妻妾羞泣矣。"（第 2297 页）何谓"妻妾羞泣"？意谓丈夫外强中干，徒令妻妾生羞。四字语本《孟子·离娄下》："齐人有一妻一妾而处室者。其良人出，则必餍酒肉而后反。其妻问所与饮食者，则尽富贵也。其妻告其妾曰：'良人出，则必餍酒肉而后反，问其与饮食者，尽富贵也，而未尝有显者来，吾将瞷良人之所之也。'早起，施从良人之所之，遍国中无与立谈者。卒之东郭墦间，之祭者乞其馀，不足，又顾而之他，此其为餍足之道也。其妻归，告其妾，曰：'良人者，所仰望而终身也，今若此。'与其妾讪其良人，而相泣于中庭，而良人未之知也，施施从外来，骄其妻妾。由君子观之，则人之

---

① 杨伯峻译注：《孟子译注》，中华书局 1960 年版，第 335 页。

② 赵蔚芝笺注：《聊斋诗集笺注》续录，山东大学出版社 1996 年版，第 674 页。

③ 杨伯峻译注：《孟子译注》，中华书局 1960 年版，第 266 页。

所以求富贵利达者，其妻妾不羞也而不相泣者，几希矣。”[①]清代两位注家遇此不加注释，不足为怪；笔者所见两部今人全注本也未加注，读者再不加留意，蒲松龄对于如绣花枕头般膏粱子弟的批判锋芒就会被削弱许多。

不明《聊斋》所借境于“四书”之书证，有时还极易引来误读。卷八《太原狱》“附记”一则最具代表性：“孙公才非所短，然如得其情，则喜而不暇哀矜矣。”（第2431页）所谓“如得”二句，意谓如果侦得案件真情，就自鸣得意而顾不上行怜悯之心了。这一番话取境并反用《论语·子张》两句话：“如得其情，则哀矜而勿喜。”[②]意即你假如能够审出罪犯的真情，就应该同情怜悯他，不应自鸣得意。这与古代“慎刑”的法律思想相辅相成。哀矜，即怜悯。《书·吕刑》：“皇帝哀矜庶戮之不辜。”[③]晋傅玄《傅子·法刑》：“司寇行刑，君为之不举乐，哀矜之心至也。”[④]朱注本于此未出注，盛伟《聊斋志异校注》注明其反用《论语·子张》[⑤]，是。再看全译本《聊斋志异评赏大成》：“他如果掌握了案情，沾沾自喜，就顾不上怜悯百姓了。”[⑥]《文白对照聊斋志异》：“而是要等到查明了实际情况以后，才会对犯法之徒毫不怜悯同情。”[⑦]《聊斋志异全译》：“如果了解其中原委，倒是要赞同他的做法，而不会去想到哀怜受刑者的。”[⑧]前一种翻译正确，后两种晚出，反而译错，可见今天读者通晓“四书”有关书证是非常必要的。

四、“四书”与《聊斋》的释义校勘

校注《聊斋》，无论校勘还是注释，若不明“四书”书证，就很容易释义致误甚至南辕北辙。卷三《捉鬼射狐》：“裸裼下榻，欲就捉之。”（第827页）

---

① 杨伯峻译注：《孟子译注》，中华书局1960年版，第203—204页。
② 杨伯峻译注：《论语译注》，中华书局1980年版，第203页。
③ （清）阮元校刻：《十三经注疏》，中华书局1979年版，第247页。
④ （清）严可均校辑：《全上古三代秦汉三国六朝文》，中华书局1958年版，第1731页。
⑤ 盛伟校注：《聊斋志异校注》，山西人民出版社2000年版，第1526页。
⑥ 马振方主编：《聊斋志异评赏大成》，漓江出版社1992年版，第2686页。
⑦ 孙通海等译：《文白对照聊斋志异》，中华书局2010年版，第2065页。
⑧ 丁如明等译：《聊志志异全译》，上海古籍出版社2012年版，第768页。

所谓“裸裼”，即赤身露体。裼，袒开或脱去上衣，露出身体。《孟子·公孙丑上》：“尔为尔，我为我，虽袒裼裸裎于我侧，尔焉能浼我哉？”宋朱熹注：“袒裼，露臂也；裸裎，露身也。”① 朱注本、盛注本皆谓“不及穿衣”②，似有增义为训之嫌。

卷四《小谢》：“生恐夜为所苦，欲移归，又耻其言不掩，乃挑灯读。”（第1159页）所谓“其言不掩”，意谓言行不一致，即其行为与其先所作《续无鬼论》相违背。四字语本《孟子·尽心下》：“夷考其行，而不掩焉者也。”汉赵岐注：“考察其行，不能掩覆其言，是其狂也。”③ 掩，掩覆，谓掩饰。朱注本注“其言不掩”云：“意谓自己《续无鬼论》之说，有失检点。掩，通‘检’，检束。”④ 因未明四字出处，铨解显然有误。盛注本则因找出四字书证，注释正确。

注释《聊斋》，找准“四书”书证也很重要，否则也难免郢书燕说。卷四《林氏》：“凡农家者流，苗与秀不可知，播种常例不可违。”（第1175页）何谓“苗与秀”？朱注本注云：“苗与秀：植物初生叫苗，开花叫秀。”⑤ 所释不误，可惜未引“四书”有关书证。秀，即禾类植物开花抽穗，语本《论语·子罕》：“子曰：‘苗而不秀者有矣夫！秀而不实者有矣夫！’”宋朱熹集注：“谷之始生曰苗，吐华曰秀，成谷曰实。”⑥ 蒲松龄化用《论语》中语，意在表明林氏劝丈夫纳妾以期生子的真诚，以此凸显其贤惠。王锡荣先生《〈全本新注聊斋志异〉若干问题商榷（续）》一文提出异议，认为秀当作“莠”解，并引用《本草纲目·草部》：“莠草……穗形像狗尾，故名狗尾草。”又引用《说文·艸部》：“莠，禾粟下生莠。”另引用《孟子·尽心下》：“恶莠，恐其乱苗也。”赵岐注：“莠之茎叶似苗。”从而得出结论：“农家种地长苗则有收成，长草则无收成，此事难以预料，但每年播种却不可废弃。文中是用来比况：戚安期之妻林氏不育，劝戚纳妾，并劝戚与妾过男女生活，至于是否生子固不可知，但男女生活不可废。如依‘秀’本字，原有‘草类结籽’的

---

① （宋）朱熹集注：《四书章句集注》，齐鲁书社1992年版，第48页。

② 朱其铠主编：《全本新注聊斋志异》，人民文学出版社1989年版，第557页；盛伟校注：《聊斋志异校注》，山西人民出版社2000年版，第1010页。

③ （清）阮元校刻：《十三经注疏·孟子注疏》，中华书局1979年版，第2779页。

④ 朱其铠主编：《全本新注聊斋志异》，人民文学出版社1989年版，第779页。

⑤ 朱其铠主编：《全本新注聊斋志异》，人民文学出版社1989年版，第788页。

⑥ （宋）朱熹集注：《四书章句集注》，齐鲁书社1992年版，第90页。

意思……可见，秀乃草类结籽之义。此义与‘莠’近，都是与苗相对而言，用在这里比用‘植物开花’之义似更贴切。”[①]显然，改字为训又绕了一个大圈子，源于对“四书”书证的误认，可见准确解析《聊斋》有关篇目与“四书”的关联实为读懂小说的关键。

卷六《司文郎》有云：“三子者不同道，其趋一也，夫一者何也？曰：仁也，君子亦仁而已矣，何必同。”（第1620页），此六句话为宋生所作以“殷有三人焉”为题八股文的“破题”与“承题”部分，乃巧用《孟子·告子下》中的孟子语来“破”“承”《论语·微子》中的孔子之言。此后，馀杭生以“其为人也小有才”回复宋生，亦取自《孟子·尽心下》中相关文字，暗示了宋生的鬼魂身份。以笔者所见诸多注本皆未注出其“四书”的相关书证，令这篇小说丧失了应有的文字趣味。本书第四编《〈聊斋志异〉丛脞新录》有《说〈司文郎〉》一文，可参阅，此不赘言。

卷七《仇大娘》：“明日，拘牒已至，赵行行殊不置意。”（第2020页）所谓“行行（hàng hàng 沆沆）”，即刚强负气貌，语本《论语·先进》：“子路，行行如也；冉有、子贡，侃侃如也。子乐。”宋朱熹集注：“行，胡浪反……行行，刚强之貌。”[②]张友鹤先生《聊斋志异选》注“行行”云：“行（hàng）行：形容态度强硬的样子。”[③]未引《论语》书证。耿莲峰、鲁童先生《对张友鹤〈聊斋志异选〉注释的几点意见》一文提出异议：“按：‘行行’是山东淄川一带的方言，不是‘态度强硬的样子’，而是有不经心、不费劲、不在乎等几种含义。这里是‘不在乎’的样子，用以形容‘不置意’，‘不在乎’才是‘不置意’。”[④]朱注本注云：“行行（háng háng）：倔强的样子。”并引《论语·先进》相关文字为书证[⑤]。盛注本注云：“行行（háng háng）：淄川方言，玩艺的意思。”[⑥]如果承认《聊斋志异》有关篇目的文字与“四书”的关系密切，“行行”之淄川方言说就难以立足了。张选本除未引书证之缺憾外，无大

---

① 王锡荣：《〈全本新注聊斋志异〉若干问题商榷（续）》，载《华夏文化论坛》第九辑，吉林文史出版社2013年版，第79—80页。

② （宋）朱熹集注：《四书章句集注》，齐鲁书社1992年版，第106页。

③ 张友鹤选注：《聊志志异选》，人民文学出版社1956年版，第334页。

④ 山东大学蒲松龄研究室编：《蒲松龄研究集刊》第4辑，齐鲁书社1984年版，第282页。

⑤ 朱其铠主编：《全本新注聊斋志异》，人民文学出版社1989年版，第1387页。

⑥ 盛伟校注：《聊斋志异校注》，山西人民出版社2000年版，第1669页。

误；朱注本亦无误，唯注“行”音声调为阳平，不无小疵。

为《聊斋》有关语词找出确切的“四书”书证是今天注家或译者准确注译蒲松龄小说的必要前提。卷七《青蛙神》(又)作为其前篇《青蛙神》的补篇，项庄舞剑，意在沛公，将社会中拜金主义的丑陋现状暴露出来，不无认识价值。善财难舍，自古而然。过手三分肥，以公谋私或假公济私，在缺乏监督机制的社会司空见惯，不足为奇。蛙神司募，巧以“恶心”人的办法逼迫为富不仁者就范，终让吝啬者破财，并令以“善款”自肥者当众出乖露丑，维护了公正。篇末“异史氏曰”有云：“老蛙司募，无不可与为善之人，其胜刺钉拖索者，不既多乎?”(第2127页)所谓“无不可”一句，意谓全都是可以共同行善的人，语本《孟子·公孙丑上》：“取诸人以为善，是与人为善者也，故君子莫大乎与人为善。”宋朱熹注云：“与，犹许也，助也。取彼之善而为之于我，则彼益劝于为善矣，是我助其为善也。能使天下之人皆劝于为善，君子之善孰大于此!”[①] 所谓“与人为善”即与他人一同做善事。笔者所见当今注本以为“无不可”句语义浅显，多不出注，在于没有找出这句话与《孟子》的关联。再看全译本：漓江本译为“就没有不能做善事的人”[②]；中华本译为“就没有人敢不做善事”[③]；上古本译为“没有不参与行善的人”[④]。三种译文皆无大错，但由于不明其语“四书”之书证，从翻译文字的语气而论，终欠一筹。

蒲松龄为应科举，大半世与“四书”相依为伴，对“四书”文字堪称“滚瓜烂熟”,《聊志志异》的有关文字与“四书”语词或情境水乳交融实为顺理成章。今天的读者欲真正读懂《聊斋》，亟须明晓其中有关“四书”的书证，否则就有可能丧失对相当一部分篇目的鉴赏之趣味乃至发生误读。

---

① (宋)朱熹集注：《四书章句集注·孟子集注》，齐鲁书社1992年版，第47页。
② 马振方主编：《聊斋志异评赏大成》，漓江出版社1992年版，第2334页。
③ 孙通海等译：《文白对照聊斋志异》，中华书局2010年版，第1791页。
④ 丁如明等译：《聊斋志异全译》，上海古籍出版社2012年版，第668页。

《聊斋志异》与“前四史”

《聊斋志异》写作转益多师，除“四书”、“五经”、《楚辞》、《战国策》等先秦文献外，“前四史”即《史记》、《汉书》、《后汉书》、《三国志》一类史书中的词语典故，也是蒲松龄刻意效法或化用的对象。有目的地找出《聊斋志异》文字与“前四史”词语典故的相关性联系，对于我们探讨这部文言短篇小说集的创作方法大有助益，对于清人以及今人注释中的有关误读或错解也有一定的廓清作用。本章从注家理解《聊斋志异》所涉及的“前四史”书证正确与否、从蒲松龄如何巧妙灵活运用“前四史”词语典故等方面立论探讨蒲松龄小说写作的文字技巧，同时涉及利用“前四史”书证对《聊斋志异》文字加以校勘辨析的问题。

“前四史”在中国有“正史”之誉的“二十四史”中地位显著，历来受到读书人的高度重视。司马迁的《史记》为纪传体的通史，班固的《汉书》、范晔的《后汉书》、陈寿的《三国志》皆为纪传体的断代史，发凡起例的筚路褴褛之功诚不可没以外，以《史记》为代表的文学性叙事的生动活泼也一向为后世所推崇。先秦典籍文献外，蒲松龄对“前四史”情有独钟，《聊斋志异》的“异史氏曰”即有意借鉴《史记》中的“太史公曰”的形式。小说中大量借鉴“前四史”中的有关词语或典故，融入小说叙事中，为我所用，典雅蕴藉，更加耐人寻味。若以《聊斋》写作之借鉴“前四史”频率为序，《史记》第一，《后汉书》次之，《三国志》与《汉书》殿后。今天注家注释《聊斋志异》，若不一一注出书证，似乎也能读懂小说内容，但有一些词语借鉴若不明出典，极可能造成误解甚至释义南辕北辙，并且以讹传讹，积非成是。

一、“前四史”书证的正确把握

欲真正读懂《聊斋志异》，蒲松龄有关“前四史”词语典故的书证确认而外，读者对所涉及的书证文字的正确诠释与准确把握也不可忽视。《聊斋志异》卷三《雷曹》：“人生富贵须及时，戚戚终岁，恐先狗马填沟壑，负此生矣。"（第 612 页）所谓“先狗马填沟壑”，意谓自己早死，典出《史记》卷一一二《平津侯主父列传》：“臣弘行能不足以称，素有负薪之病，恐先狗马填沟壑，终无以报德塞责。”[①] 狗马，旧时属于臣下对君主的自谦之词。填沟壑，谓填尸于沟壑，常用作死亡的婉辞。《战国策·赵策四》：“（舒祺）十五岁矣。虽少，愿及未填沟壑而托之。”[②] 朱其铠先生主编《全本新注聊斋志异》注云：“恐先狗马填沟壑：语出《汉书·公孙弘传》。狗马，服役于人之最低下者。此谓恐已未及脱离贫贱而忧瘁致死，尚不如狗马得终其天年也。”[③] 盛伟先生《聊斋志异校注》注云：“恐先狗马填沟壑：指谓先于狗马而死亡。”[④] 随之亦以《汉书·公孙弘传》为书证。以《史记》或《汉书》为书证涉及文献问世时间先后问题，这里姑且不论；就古代汉语语法而言，将修饰动词“填”且移置于名词“狗马”之前的时间副词“先”，理解为位于名词之前的介词，就难免错会原意。在这里，“狗马”乃自喻的谦词，并非作为自身的映衬或对比之物而出现于句中，“恐先狗马填沟壑”，即“恐狗马先填沟壑”。以笔者所见三种全译本《聊斋志异》[⑤]，除中华本对于“狗马”未予理会、大而化之外，其馀两种皆将“狗马”作为人的对立物而翻译，显然属于误读。

卷四《章阿端》：“卫辉戚生，少年蕴藉，有气敢任。"（第 945 页）所谓“有气敢任”，意谓神气饱满而处事果敢不加约束，语出《史记》卷一一一《卫将军骠骑列传》：“骠骑将军为人少言不泄，有气敢任。”唐司马贞索隐：“谓果敢任气也。”[⑥] 这只是对“敢任”的解释。所谓“有气”，意即神气饱满。《韩非子·内储说上》：“从者曰：‘奚敬于此？’王曰：‘为其有气故也。’”[⑦]《吕氏春秋·决胜》：“有气则实，实则勇；无气则虚，虚则怯。”陈奇猷校释：“所谓气者，殆为神气饱满之意。”[⑧] 朱注本注云：“有气敢任：纵性使气，敢做敢

① （汉）司马迁撰：《史记》卷一一二《平津侯主父列传》，中华书局 1959 年版，第 2952 页。
② （汉）刘向集录：《战国策·赵策四》，上海古籍出版社 1985 年版，第 770 页。
③ 朱其铠主编：《全本新注聊斋志异》，人民文学出版社 1989 年版，第 420 页。
④ 盛伟校注：《聊斋志异校注》，山西人民出版社 2000 年版，第 503 页。
⑤ 三种全译本：马振方主编：《聊斋志异评赏大成》，漓江出版社 1992 年出版；孙通海等译：《文白对照聊斋志异》，中华书局 2010 年版；丁如明等译：《聊斋志异全译》，上海古籍出版社 2012 年版。
⑥ （汉）司马迁撰：《史记》卷一一一《卫将军骠骑列传》，中华书局 1959 年版，第 2939 页。
⑦ 陈其猷校注：《韩非子校注》，上海人民出版社 1974 年版，第 554 页。
⑧ 陈其猷校释：《吕氏春秋校释》，学林出版社 1984 年版，第 454 页。

当。”[①]盛注本注云：“有气敢任：谓有气节，敢做敢当。”[②]并引《史记》为书证。于注本注云：“有气敢任：纵性使气，敢做敢当。”[③]三部全注本对“有气”的诠释，无论“纵性使气”还是“有气节”，皆与原义“神气饱满”有所差距。可见对于《聊斋》使用词语的出典有时须寻根溯源，方有可能正确理解其意义。

卷四《绛妃》：“楚王蒙其蛊惑，贤才未能称意，惟得彼以称雄。”（第1111页）三句意谓楚襄王受到风的蛊惑，对于楚贤者的一次召问未得要领，于是仅满足于对“大王雄风”的自我陶醉。楚王，即楚顷襄王（前298—前263在位），楚怀王子，名横，曾与秦和亲，后又欲与齐、韩联合伐秦，终为秦所败，质太子于秦，在位三十六年卒。贤才，当谓楚国的一位猎者。据《史记》卷四〇《楚世家》，顷襄王十八年，“楚人有好以弱弓微缴加归雁之上者，顷襄王闻，召而问之”，此人巧妙设喻，劝谏顷襄王果断确定外交策略，但此人最终未获重用，仅“遣使于诸侯，复为从，欲以伐秦”[④]，终于导致失败。所谓“贤才未能称意”即指楚顷襄王虽有贤者在旁却仍于外交与军事上遭受挫辱。所谓“称雄”，这里谓以“雄风”（强劲的风）之说自我陶醉，相对于当时楚国困顿的处境仅仅聊以自慰而已。所谓“雄风”，语本战国楚宋玉《风赋》：“楚襄王游于兰台之宫，宋玉、景差侍。有风飒然而至，王乃披襟而当之曰：‘快哉此风！寡人所与庶人共者邪？’”于是宋玉以“大王之雄风”与“庶人之雌风”的不同为答，并形容雄风：“清清泠泠，愈病析酲，发明耳目，宁体便人，此所谓大王之雄风也。”[⑤]蒲松龄所谓“贤才”何指？只有查考《史记》等相关文献方能找到正确诠释的路径。朱注本、盛注本与于注本皆谓“贤才”就是指《风赋》的作者宋玉，未能找出《史记》有关猎者的书写内容，因而错会了蒲松龄这三句话的原意。康熙二十二年（1683），蒲松龄四十四岁，补廪膳生，长孙立德出生。这一年他在毕际有家设馆已经四年，《聊斋志异》的框架也在此前四年大体告成，有其《聊斋自志》以及高珩

① 朱其铠主编：《全本新注聊斋志异》，人民文学出版社1989年版，第630页。
② 盛伟校注：《聊斋志异校注》，山西人民出版社2000年版，第907页。
③ 于天池注，孙通海、于天池等译：《聊斋志异》，中华书局2015年版，第1232页。
④ （汉）司马迁撰：《史记》卷四〇《楚世家》，中华书局1959年版，第1730—1731页。
⑤ （南朝梁）萧统编：《文选》，中华书局1977年版，第191页。

所作序可证。《绛妃》大致写于这一段时间。作为一篇骈文力作，蒲松龄苦心孤诣、精心结撰，的确非一蹴而就之笔，可证当时作者生活尚较顺心，心态较为平和，故能从容不迫地徜徉于前人类书与有关诗文之中，寻章摘句，连缀成文。讽世之心，容或有之，但炫才之意，当为主因。古人骈文之作，就是以诸多典故为材料，巧办佳肴，串联古人的有关情事传达出自己内心中之所想。“楚王”三句，蒲松龄绝非仅以《风赋》为资粮，而旁征博引正是《绛妃》写作的鲜明特征。

卷六《采薇翁》：“自古名将，止闻以智，不闻以术。浮云、白雀之徒，终致灭亡。”（第 1654 页）所谓“浮云、白雀之徒”何谓？乃以东汉末年形形色色各具奇特名号的农民军比喻毫不知晓军事策略的乌合之众，典出《后汉书》卷七一《朱儁传》：“自黄巾贼后，复有黑山、黄龙、白波、左校、郭大贤、于氐根、青牛角、张白骑、刘石、左髭丈八、平汉、大计、司隶、掾哉、雷公、浮云、飞燕、白雀、杨凤、于毒、五鹿、李大目、白绕、畦固、苦唒之徒，并起山谷间，不可胜数。其大声者称雷公，骑白马者为张白骑，轻便者言飞燕，多髭者号于氐根，大眼者为大目，如此称号，各有所因。大者二三万，小者六七千。”[①] 清何垠注引《剑侠传》、《酉阳杂俎》释“浮云”、“白雀”，谓妙手空空儿能隐身浮云，浑然无迹；渔阳人张坚曾罗得一白雀，后借其力而登天。现代朱注本、盛注本与于注本亦因袭之，皆因未明出典而致误[②]。其实 1990 年出版之《汉语大词典》第五册已有“浮云”词条，并分别以《后汉书・朱儁传》与《聊斋・采薇翁》为书证，解决了这一问题。

然而国内颇具权威性质的《汉语大词典》（汉语大词典出版社 1990—1993 年版）也有疏漏之处，注释古籍不可全为依据。卷五《仙人岛》：“众大笑。桓怒诃之，因而自起泛卮，谢过不遑。”（第 1409 页）所谓“泛卮（fěng zhī 讽支）”，意即把酒杯翻过来，语本《史记》卷九《吕太后本纪》“太后乃恐，自起泛孝惠卮”[③]。蒲松龄借用“自起泛卮”四字，意谓仙人岛主人桓文若为缓和当时自命不凡的书生王勉因被小女百般奚落而陷于无限尴尬的局面，故意起

---

① （南朝宋）范晔撰：《后汉书》卷七一《朱儁传》，中华书局 1965 年版，第 2310 页。

② 赵伯陶：《〈聊斋志异〉注释问题举隅》（载《厦门广播电视大学学报》2014 年第 2 期）已经指明这一问题，但因篇幅所限，未若本章引证详细。

③ （汉）司马迁撰：《史记》卷九《吕太后本纪》，中华书局 1959 年版，第 398 页。

身碰翻酒杯，以便借“谢过”之机转移众人的注意力，起到为王勉打圆场的作用。泛，意为“翻”或“倾倒”。《汉语大词典》收录“泛卮”词条，释义为“把酒杯翻过来，意谓干杯”，并以《聊斋·仙人岛》为书证。实则《汉语大词典》“意谓干杯”的补释纯属蛇足。蒲松龄以“自起泛卮”四字形容岛主之作为，言简意赅，显然有意借鉴《史记》中吕后欲鸩杀庶长子齐王刘肥，又惧怕伤及其嫡生子刘盈，因而故意碰翻酒杯的行动，微妙地刻画出岛主主动为客人解困的机智。对照《史记》之文原义，可见今天的注家或译家若以“泛卮”为“干杯”或“斟酒”之解释，皆属误读。参阅本书第二编《〈聊斋志异〉文化艺术新论》之《〈聊斋志异〉用语的“借鉴”研究》，此处恕不详述。

卷六《化男》篇幅短小，今全录如下：“苏州木渎镇，有民女夜坐庭中，忽星陨中颅，仆地而死。其父母老而无子，止此女，哀呼急救。移时始苏，笑曰：‘我今为男子矣！’验之果然。其家不以为妖，而窃喜其暴得丈夫子也。奇已！亦丁亥间事。”（第1566页）所谓“丁亥”即康熙四十六年（1707）。所谓“化男”事并非纯粹的志怪，另见于清乾隆十三年（1748）《苏州府志》卷七七《祥异》：“（康熙）四十六年大旱，四月不雨，至于七月。吴县木渎镇民谭某家女子，化为丈夫。”此异闻，《清史稿》卷四〇《灾异一》亦有记述，取材当源于府志。类似记述包括“男化女”的传闻，如明李中馥《原李耳载》卷下《女变男形》、明冯梦龙《情史》卷一一《化女》、清王士禛《池北偶谈》卷二四《女化男》等，这在历代笔记或小说中并不罕见。正史中较早记录者为《汉书》卷二七下之上《五行志》：“史记魏襄王十三年，魏有女子化为丈夫。京房《易传》曰：‘女子化为丈夫，兹谓阴昌，贱人为王；丈夫化为女子，兹谓阴胜，厥咎亡。’一曰，男化为女，宫刑滥也；女化为男，妇政行也。”[①] 东汉王充《论衡》卷二《无形篇》也有类似解释：“人受正气，故体不变。时或男化为女，女化为男，由高岸为谷，深谷为陵也。应政为变，为政变，非常性也。”[②] 就现代医学而言，男女之别除明显的解剖学上的特征外，人体基因中性染色体的区别是其根本原因。男女两性而外，还有因染色体异常导致“雌雄同体”的双性人存在，或称之为“阴阳人”。这类两性畸形人在

① （汉）班固撰：《汉书》卷二七下之上《五行志》，中华书局1962年版，第1472页。
② （汉）王充撰：《论衡》卷二《无形篇》，上海人民出版社1974年版，第22页。

生长发育的过程中，会因外部刺激或体内激素分泌的变化，而令第二性征乃至性器官发生逆转，从而有了罕见的男女互变现象的产生，其中“真两性畸形人”在雌激素分泌旺盛时，极个别者还可以产子。古人不明此理，常常以“阴阳消长”附会有关人主政治得失的因果关系，如上举《汉书》之例，这就不免真正落入“志怪”的怪圈了。青柯亭刻本系统《聊斋志异》皆无此篇，可见清中叶文人当有所忌讳使然。蒲松龄熟读“前四史”，是否特意记下此事有所讽喻之隐衷，不得而知，但深层次读者却不可轻易放过此篇。这也凸显了今天读者对于《聊斋志异》有关文献书证准确把握的重要性，切不可囫囵吞枣般读过。

二、“前四史”书证的灵活借鉴

上述所谓“准确把握”是从读者阅读《聊斋》如何不曲解文献书证的角度立论，此节则从蒲松龄运用“前四史”词语典故写作的灵活性着眼加以阐述。

（一）意境借鉴。卷一《成仙》：“强梁世界，元无皂白。况今日官宰半强寇不操矛弧者耶？”（第130页）卷五《局诈》：“疑其中有幻术存焉，所谓‘大盗不操矛弧’者也。”（第1523页）所谓“矛弧”，即矛和弓，这里泛指兵器。所谓“强寇”或“大盗”之“不操矛弧”，意谓大强盗作案乃智取，并不使用武力，语本《史记》卷一二七《日者列传》：“试官不让贤陈功……犯法害民，虚公家：此夫为盗不操矛弧者也，攻而不用弦刃者也，欺父母未有罪而弑君未伐者也。”[①]《成仙》以“半强寇不操矛弧”形容专制社会弱肉强食的丛林法则与封建官场是非难辨的暗无天日，一针见血；《局诈》则专从“大盗不操矛弧”的巧诈立论，立场客观，并无明显的批判意识。《聊斋》对于历史文献有关意境的灵活借鉴可见一斑。

卷二《白于玉》：“焉有才如吴生而长贫贱者乎”（第496页），意谓吴筠有才，不可能长久贫贱，句式模拟《史记》卷五六《陈丞相世家》：“人固有

① （汉）司马迁撰：《史记》卷一二七《日者列传》，中华书局1959年版，第3217页。

好美如陈平而长贫贱者乎？”[①] 卷三《刘海石》：“至倪，海石仰天而视，大笑不已。”（第590页）精通“阳宅风鉴”之术的刘海石何以要“仰天而视”？注家多未晓，译本照文直译，也不明其所以然。原来“仰天而视”属于古代星相家预测人事前仰观天象的举措，语本《史记》卷一二八《龟策列传》：“卫平乃援式而起，仰天而视月之光，观斗所指，定日处乡。”[②] 如果说《白于玉》用《史记》典故，读者即使不联系相关文献尚可读懂；那么《刘海石》用《史记》典故，读者不明出处就难以体味作者有意借鉴文献相关意境以便令文字收事半功倍之效的一片苦心了。又如卷一《叶生》“且士得一人知己可无憾”（第121页），语本《三国志》卷五七《虞翻传》裴松之注引《翻别传》云：“生无可与语，死以青蝇为吊客，使天下一人知己者，足以不恨。”[③] 这种对典籍有关文字意境上的借鉴令小说主人公科场落魄的悲剧色彩更为浓厚了。

意境借鉴的最高层次是两者之间并无明显能起到纽带作用的关键词语可供查考，完全属于“断章取义”式的模拟。如卷四《莲花公主》描写蜂国即将遭难：“公主号咷曰：‘不能急人之急，安用郎也！’”（第1017页）意谓不能为人排忧解难，要婚姻何用，将婚姻的功利性目的和盘托出，直言无隐。这段话就是对《史记》卷七七《魏公子列传》有关文字的巧妙借鉴：“胜所以自附为婚姻者，以公子之高义，为能急人之困。”[④] 读者阅读中如果不能建立这两者之间的有机联系，《聊斋》非同一般文言小说的典雅之趣就会丧失不少。蒲松龄对于《史记》情有独钟，《聊斋》中往往借鉴于无形，搞不清出典，注释或翻译其中的部分小说文字就无从谈起。如卷七《龙飞相公》：“蒲伏渐入，则三步外皆水，无所复之，还坐故处。”（第2038页）何谓“无所复之”？当即“计无复之”的另一种表达方式，意谓再无别的办法可想，语本《史记》卷一〇〇《季布栾布列传论》：“夫婢妾贱人感慨而自杀者，非能勇也，其计画无复之耳。”[⑤] 以笔者所见三种全注本对于“无所复之”皆无注，三种全译本只有中华本译为“没法子过去”，差强人意；其馀两种全译本或译为“没地

---

① （汉）司马迁撰：《史记》卷五六《陈丞相世家》，中华书局1959年版，第2052页。
② （汉）司马迁撰：《史记》卷一二八《龟策列传》，中华书局1959年版，第3229页。
③ （晋）陈寿撰：《三国志》卷五七《虞翻传》，中华书局1959年版，第1323页。
④ （汉）司马迁撰：《史记》卷七七《魏公子列传》，中华书局1959年版，第2379页。
⑤ （汉）司马迁撰：《史记》卷一〇〇《季布栾布列传论》，中华书局1959年版，第2735页。

方可去”，或译为“再没有可去之处”，理解上的偏差就未免过大了。再如卷三《阿霞》：“人之无良，舍其旧而新是谋，卒之卵覆而鸟亦飞，天之所报亦惨矣！”（第628页）所谓“天之所报”，即“天报”，谓上天对人为善作恶的不同报应，典出《史记》卷一〇六《吴王濞列传》：“盖闻为善者，天报之以福；为非者，天报之以殃。”[①] 今天注家凡遇此类语句多不注出典，令读者看不出《聊斋志异》与古代文献典籍的相关性联系，这于正确理解小说文字之真义终隔一层。

《聊斋》文字的意境借鉴有时几乎无迹可寻，反映了作者运用之妙存乎一心的自如。卷四《林氏》：“故谓戚曰：‘妾劝内婢而君弗听。设尔日冒妾时，君误信之。交而得孕，将复如何？’戚曰：‘留犊，鬻母。’”（第1175页）所谓“留犊”，意谓留下儿子，这里暗用汉末时苗居官清廉的故事。《三国志》卷二三《常林传》裴松之注引三国魏鱼豢《魏略》：“时苗字德胄，钜鹿人也。少清白，为人疾恶……其始之官，乘薄笨车，黄牸牛，布被囊。居官岁馀，牛生一犊。及其去，留其犊，谓主簿曰：‘令来时本无此犊，犊是淮南所生有也。’群吏曰：‘六畜不识父，自当随母。’苗不听，时人皆以为激，然由此名闻天下。”[②] 笔者所见诸多注本于此释义概付阙如，从而将“留犊，鬻母”四字所蕴涵的情韵义完全湮没。

小说中人物身份的确定有时也有对典籍文献相关意境的借鉴关系。卷七《胭脂》：“东昌卞氏，业牛医者。”（第1986页）所谓“牛医”，即专为牛治病的兽医，这里以“业牛医”形容其家世贫贱，典出《后汉书》卷五三《黄宪传》：“黄宪，字叔度，汝南慎阳人也。世贫贱，父为牛医……同郡戴良才高倨傲，而见宪未尝不正容，及归，罔然若有失也。其母问曰：‘汝复从牛医儿来邪？’对曰：‘良不见叔度，不自以为不及；既睹其人，则瞻之在前，忽焉在后，固难得而测矣。’”[③] 可见牛医在古代的社会地位极其低下，但其子女却未必庸陋；蒲松龄于《胭脂》一篇开首即以“业牛医者”四字含蓄亮出胭脂的家世出身，为此后宿介、毛大等人皆对卞氏之女心存非分之想并付诸行动张本。可见小说中东昌卞氏的职业并非作者随意编造而自有其文献依据。蒲

① （汉）司马迁撰：《史记》卷一〇六《吴王濞列传》，中华书局1959年版，第2833页。
② （晋）陈寿撰：《三国志》卷二三《常林传》，中华书局1959年版，第662页。
③ （南朝宋）范晔撰：《后汉书》卷五三《黄宪传》，中华书局1965年版，第1744页。

松龄对于卞氏“牛医”的身份设定，今天各注本皆以为无关宏旨而不出注，惟清吕湛恩注出其《后汉书》的出典，是古人读书细心的体现。从便于读者深入阅读的角度出发，此一注真不可或缺。

《聊斋》中的意境借鉴还有以雅词为亵语的书写表达，体现了作者腹笥之深厚。卷一《犬奸》有蒲松龄以骈文形式结撰的判词，其中“留情结于镞项，甫饮羽而生根”（第74页）两句，即巧用汉代飞将军李广射虎的典故，形容人犬苟合。《史记》卷一〇九《李将军列传》：“广出猎，见草中石，以为虎而射之，中石没镞，视之石也。因复更射之，终不能复入石矣。”[①] 镞为箭头，羽为箭尾上的羽毛。饮羽，谓箭深入被射物体。《吕氏春秋·精通》：“养由基射先（兕），中石，矢乃饮羽。”[②] 刻画描写，穷形尽相，蒲松龄对先秦典籍以及“前四史”的熟稔，令其小说写作左右逢源，著手成春。

（二）词语借鉴。这一现象在《聊斋志异》中广泛存在，不胜枚举。卷三《余德》：“年最少，而容仪裘马，翩翩甚都。”（第652页）所谓“翩翩”，形容风度或文采的优美，语本《史记》卷七六《平原君虞卿列传论》：“平原君，翩翩浊世之佳公子也。”[③] 所谓“甚都”，即很美，语本《史记》卷一一七《司马相如列传》：“相如之临邛，从车骑，雍容闲雅甚都。”裴骃集解引郭璞曰：“都犹姣也。《诗》曰：‘恂美且都。’”[④]“翩翩甚都”四字组合典出《史记》两处，只有熟读《史记》者方能组词如此天衣无缝。卷四《花姑子》：“妾与父讼诸阎摩王，阎摩王弗善也。”（第961页）又卷四《金生色》：“母知之，心弗善也”（第1053页）所谓“弗善”、“心弗善也”，皆谓心中不赞同，不以为是，典出《史记》卷一〇八《韩长孺列传》：“梁孝王，景帝母弟，窦太后爱之，令得自请置相、二千石，出入游戏，僭于天子。天子闻之，心弗善也。”[⑤] 上举两例皆用《史记》有关词语，各注本未注，丧失了对这一词组所蕴含之情韵义的体味。

明确出典有时关涉到词组的正确诠释问题，否则极易望文生义，产生误

---

① （汉）司马迁撰：《史记》卷一〇九《李将军列传》，中华书局1959年版，第2871页。
② 陈其猷校释：《吕氏春秋校释》，学林出版社1984年版，第507页。
③ （汉）司马迁撰：《史记》卷七六《平原君虞卿列传论》，中华书局1959年版，第2376页。
④ （汉）司马迁撰：《史记》卷一一七《司马相如列传》，中华书局1959年版，第3000页。
⑤ （汉）司马迁撰：《史记》卷一〇八《韩长孺列传》，中华书局1959年版，第2857页。

读。如卷四《武孝廉》："石赴都夤缘，选得本省司阃。"（第968页）所谓"司阃"，谓地方军事长官。阃，谓郭门，语本《史记》卷一〇二《张释之冯唐列传》："臣闻上古王者之遣将也，跪而推毂，曰阃以内者，寡人制之；阃以外者，将军制之。"[①] 朱注本注云："司阃：门卫武官。'本省司阃'，指任省城之门卫武官。"[②] 这无意中大大缩小了其所任官职的品位。盛注本释义与书证皆不误。再如卷五《仙人岛》："略致问难，响应无穷。"（第1410页）所谓"响应"，比喻应答敏捷。《史记》卷一〇二《张释之冯唐列传》："上问上林尉诸禽兽簿，十馀问，尉左右视，尽不能对。虎圈啬夫从旁代尉对上所问禽兽簿甚悉，欲以观其能口对响应无穷者。"[③] 朱注本以"回答，应答"简注之，不确。盛注本则未注。又如卷五《小翠》："公爽然自失，而悔无及矣。"（第1486页）所谓"爽然自失"，亦作"爽然若失"，形容茫无主见，无所适从，语本《史记》卷八四《屈原贾生列传论》："又怪屈原以彼其材，游诸侯，何国不容，而自令若是。读《服鸟赋》，同死生，轻去就，又爽然自失矣。"[④] 朱注本以"深为内疚"为释，不确。另如卷六《霍女》："按剑相胁，逼女风走。"（第1613页）所谓"风走"，即如风似地疾趋。语本《史记》卷九二《淮阴侯列传》："因民之欲，西乡为百姓请命，则天下风走而响应矣。"[⑤] 朱注本云："风走：指随夫远去。风，奔逸。《尚书·费誓》：'马牛其风。'《疏》：'因牝牡相逐而遂至放佚远去也。'"[⑥] 盛注本释义略同，仅未以"马牛其风"为书证。两部全注本郢书燕说，皆在于没有搞明白"风走"之确切出典。明确《聊斋》词语的出典，对于品味小说语言的典雅之趣大有助益。如卷七《胭脂》："但尔日别后，即觉忽忽不快，延命假息，朝暮人也。"（第1987页）所谓"朝暮人"，意谓不久于人世，语本《汉书》卷六六《杨恽传》："太仆定有死罪数事，朝暮人也。"唐颜师古注："言不久活也。"[⑦] 除盛注本外，笔者所见其他注本仅释两句大意，皆未明"朝暮人"出处，终属欠缺。

---

① （汉）司马迁撰：《史记》卷一〇二《张释之冯唐列传》，中华书局1959年版，第2758页。
② 朱其铠主编：《全本新注聊斋志异》，人民文学出版社1989年版，第642页。
③ （汉）司马迁撰：《史记》卷一〇二《张释之冯唐列传》，中华书局1959年版，第2752页。
④ （汉）司马迁撰：《史记》卷八四《屈原贾生列传论》，中华书局1959年版，第2503页。
⑤ （汉）司马迁撰：《史记》卷九二《淮阴侯列传》，中华书局1959年版，第2624页。
⑥ 朱其铠主编：《全本新注聊斋志异》，人民文学出版社1989年版，第1097页。
⑦ （汉）班固撰：《汉书》卷六六《杨恽传》，中华书局1962年版，第2893页。

《聊斋》词语借鉴典籍又分一般性使用与针对性借用两种情况。“偶语”，谓窃窃私语，典出《史记》卷八《高祖本纪》：“父老苦秦苛法久矣，诽谤者族，偶语者弃市。”[①]此一词在《聊斋》中凡四见，卷一《聂小倩》：“鲐背龙钟，偶语月下。”（第238页）同卷《耿十八》：“又闻御人偶语云。”（第278页）卷六《丐仙》：“且与诸曹偶语，共笑主人痴。”（第1743页）此三例属于一般性使用“偶语”一词，不明出典无妨。卷四《马介甫》：“家人皆以为异，相聚偶语。”（第1083页）此例“偶语”则属于针对性借用，若不注明出典，则小说中悍妇尹氏在家中的淫威难以凸显。

对典籍词语稍加变动也是《聊斋》的借鉴方式之一。卷四《绛妃》：“催蒙振落，动不已之瑚珊。”（第1113页）两句意谓秋风意欲摧毁一切美好事物，无休无止。所谓“催蒙振落”，谓摧残新生者又摇掉将落的枯叶，变化改动自《史记》卷一二〇《汲郑列传》：“淮南王谋反，惮黯，曰：‘好直谏，守节死义，难惑以非。至如说丞相弘，如发蒙振落耳。’”[②]这里改“发”为“催”（同“摧”），令“发蒙振落”原来比喻轻而易举的取义改变，为我所用。笔者所见《聊斋》各注本皆未引证并加释义，辜负了作者遣词造句中的苦心经营。再如卷四《小谢》：“黑老魅何敢如此！”（第1162页）所谓“黑老魅”，犹言老黑精怪，属于詈语，典出《后汉书》卷六六《陈蕃传》：“死老魅！复能损我曹员数，夺我曹禀假不？”[③]活用《后汉书》中词语，《聊斋》诸多注本皆不注，令原著所承载的文献信息衰减殆尽。

《聊斋》借鉴“前四史”词语多属有意为之，明其出典，对于深层次的读者十分必要。如卷一《胡四姐》：“秀才何思之深。”（第293页）所谓“何思之深”，意谓有什么深沉之思，语带调侃，语本《三国志》卷三五《诸葛亮传》裴松之注引《蜀记》录晋李兴《诸葛丞相故宅碣表》：“英哉吾子，独含天灵。岂神之祇，岂人之精？何思之深，何德之清！异世通梦，恨不同生。”[④]注本若明四字来源，其间趣味不言而喻。《聊斋》中的词语借鉴“前四史”，或许只是当作一般成语使用，虽无深切用意，却又非生吞活剥。如卷三《公

① （汉）司马迁撰：《史记》卷八《高祖本纪》，中华书局1959年版，第362页。
② （汉）司马迁撰：《史记》卷一二〇《汲郑列传》，中华书局1959年版，第3109页。
③ （南朝宋）范晔撰：《后汉书》卷六六《陈蕃传》，中华书局1965年版，第2170页。
④ （晋）陈寿撰：《三国志》卷三五《诸葛亮传》，中华书局1959年版，第936页。

孙九娘》："乃指画青衣，置酒高会。"（第 711 页）所谓"置酒高会"，意谓设置酒肴，举办盛大宴会，语本《史记》卷七《项羽本纪》。卷四《小谢》："即移灯往，宽譬哀情。"（第 1164 页）所谓"宽譬哀情"，意谓宽慰劝解悲伤的感情，语本《后汉书》卷一七《冯异传》。卷四《细侯》："欲效作一首，恐未能便佳，为观听所讥。"（第 1184 页）所谓"观听所讥"，意谓为舆论所讥诮，语本《后汉书》卷三二《阴识传》。卷四《菱角》："湖南百里，涤地无类。"（第 1224 页）所谓"涤地无类"，即荡涤无遗，形容乱后无幸存者，语本《后汉书》卷一三《隗嚣传》。卷五《罗祖》："远近搜罗，则绝匿名迹。"（第 1349 页）所谓"绝匿名迹"，意谓踪影全无，语本《后汉书》卷八一《李业传》。卷五《青娥》："由是遘疾，遂惫不起。逆害饮食。"（第 1387 页）所谓"逆害饮食"，意谓因气逆而妨害饮食，语本《后汉书》卷一〇下《顺烈梁皇后传》。卷七《刘夫人》："发墓搜之，剖棺露胔。"（第 1886 页）所谓"剖棺露胔"，意谓劈开棺材露出尸体，语本《后汉书》卷一六《寇荣传》。

尤其值得瞩目的是卷六《于去恶》篇末"异史氏曰"："呜呼！三十五年，来何暮也。"（第 1716 页）所谓"来何暮"，意谓何以来迟，双关对小说人物张飞为读书人撑腰出气的德政的颂扬，语本《后汉书》卷三一《廉范传》："成都民物丰盛，邑宇逼侧，旧制禁民夜作，以防火灾，而更相隐蔽，烧者日属。范乃毁削先令，但严使储水而已。百姓为便，乃歌之曰：'廉叔度，来何暮？不禁火，民安作。平生无襦今五袴。'"[①] 这一借鉴带有作者强烈的感情色彩，不引书证则难以窥见蒲松龄对于科举取士不公的愤慨之情。然而笔者所见《聊斋》诸多注本皆未出注或引录相关书证。

词语而外，《聊斋》还有对"前四史"中整句话的挪用借鉴。如卷四《柳氏子》篇末"异史氏曰"有云："荡费殆尽，尚不忘于夜台，怨毒之于人甚矣哉！"（第 1038 页）末一句意谓仇恨对于人而言竟如此深刻吗，语本《史记》卷六六《伍子胥列传》"太史公曰"："怨毒之于人甚矣哉！王者尚不能行之于臣下，况同列乎！"[②] 再如卷五《邵女》："女造次不能以词自达。"（第 1323 页）全句意谓仓促中难以用言语加以解释，语本《后汉书》卷一八《吴汉传》：

---

① （南朝宋）范晔撰：《后汉书》卷三一《廉范传》，中华书局 1965 年版，第 1103 页。

② （汉）司马迁撰：《史记》卷六六《伍子胥列传》，中华书局 1959 年版，第 2183 页。

"汉为人质厚少文，造次不能以辞自达。"[①]又如卷五《仙人岛》："福泽诚不可知，然世上岂有仙人。"（第 1405 页）所谓"世上岂有仙人"，意谓尘世间并无仙人，语本《三国志》卷五七《虞翻传》："彼皆死人，而语神仙，世岂有仙人邪！"[②]以上各例，朱注本与盛注本皆未注引书证，唯最后一例，清吕湛恩注明出典，有益于读者深入体味小说文字。

三、"前四史"书证的校勘释义作用

"前四史"书证对《聊斋志异》文字的校勘功能也不可忽视。如卷六《崔猛》："崔大异之，亲与口对状，申忿相争。"（第 1661 页）所谓"口对状"，意谓受审时亲口与之据诉状核对事实。对状，犹"对簿"；状，狱辞的文书，犹今之起诉状。"口对状"，语本《史记》卷一〇一《袁盎晁错列传》："人有告袁盎者，袁盎恐，夜见窦婴，为言吴所以反者，愿至上前口对状。"[③]异史本、青柯亭刻本外，铸雪斋本、二十四卷本皆作"对状"，无"口"；朱注本据铸雪斋本，亦无"口"；盛注本据异史本，作"口对状"。今校以《史记》，可见盛注本是。再如卷七《神女》："君不幸得毋望之祸，闻之太息。"（第 1914 页）所谓"毋望之祸"，意谓不期而至的祸患，形容出乎意外或难以测度之祸，语本《史记》卷七八《春申君列传》："世有毋望之福，又有毋望之祸。今君处毋望之世，事毋望之主，安可以无毋望之人乎？"唐张守节正义："无望谓不望而忽至也。"[④]朱注本据铸雪斋本，盛注本据异史本，皆改手稿本之"毋望之祸"为"无妄之灾"。今校以《史记》有关文字，显然除手稿本外，《聊斋志异》诸本皆作"无妄之灾"，然而这并不符合蒲松龄的原创文字风格。

古汉语中有一些字词或词组，随着时间的流逝，其相关义项逐渐转为冷僻或已经被他词所替代。蒲松龄博学好古，每喜用词语古义，后人不辨其书证，往往校改失误。卷七《云萝公主》："生归，殡母已，柴门谢客。"（第

---

① （南朝宋）范晔撰：《后汉书》卷一八《吴汉传》，中华书局 1965 年版，第 676 页。
② （晋）陈寿撰：《三国志》卷五七《虞翻传》，中华书局 1959 年版，第 1321 页。
③ （汉）司马迁撰：《史记》卷一〇一《袁盎晁错列传》，中华书局 1959 年版，第 2742 页。
④ （汉）司马迁撰：《史记》卷七八《春申君列传》，中华书局 1959 年版，第 2397 页。

1852页）所谓“柴（zhài寨）门”，犹杜门，闭门，语本《后汉书》卷五四《杨震传》：“夜遣使者策收震太尉印绶，于是柴门绝宾客。”①柴，谓编木维护四周。《公羊传·哀公四年》：“亡国之社盖揜之，揜其上而柴其下。”汉何休注：“揜、柴之者，绝，不得使通天地四方。”②“柴门”，清黄炎熙选抄本《聊斋志异》作“闭门”，朱注本据铸雪斋本作“杜门”，皆不妥；盛注本据异史本（同手稿本）作“柴门”，是，但未注音。实则清吕湛恩注已明“柴门”之典出《后汉书》，清何垠注已经明确其义，今人作注自当依据手稿本校勘为“柴门”为是。

《聊斋志异》有时用词虽同一却取义有别者，也需依据相关书证加以辨析。如卷四《章阿端》：“何处狂生，居然高卧。”（第945页）此处所谓“狂生”，谓无知妄为的人，语本《荀子·君道》：“危削灭亡之情举积此矣，而求安乐，是狂生者也。狂生者，不胥时而乐。”③同卷《狐梦》：“无惑乎同道者不交狂生也。”（第935页）此处所谓“狂生”，则谓狂放的人，语本《后汉书》卷四九《仲长统传》：“统性俶傥，敢直言，不矜小节，默语无常，时人或谓之狂生。”④再如“邂逅”一词，《聊斋》中屡用之，其释义或不同。卷三《青梅》：“徜非阻雨，何以有此邂逅。”（第665页）此处所谓“邂逅”，谓不期而遇，语本《诗·郑风·野有蔓草》：“有美一人，清扬婉兮，邂逅相遇，适我愿兮。”⑤卷三《公孙九娘》：“邂逅含情，极尽欢昵。”（第711页）此处所谓“邂逅”，谓欢悦貌，语本《诗·唐风·绸缪》：“今夕何夕，见此邂逅。”⑥卷四《花姑子》：“今之邂逅，幸耳。”（第962页）此处所谓“邂逅”谓事出于意料之外，语本《后汉书》卷五七《杜根传》：“周旋民间，非绝迹之处，邂逅发露，祸及知亲，故不为也。”⑦《资治通鉴》卷五〇“汉安帝建光元年”引此文，元胡三省注云：“邂逅，不期而会，谓出于意料之外也。”⑧今人注本多不加注，

① （南朝宋）范晔撰：《后汉书》卷五四《杨震传》，中华书局1965年版，第1766页。
② （清）阮元校刻：《十三经注疏》，中华书局1980年版，第2347页。
③ 章诗同注：《荀子简注》，上海人民出版社1974年版，第128页。
④ （南朝宋）范晔撰：《后汉书》卷四九《仲长统传》，中华书局1965年版，第1644页。
⑤ 高亨著：《诗经今译》，上海古籍出版社1980年版，第125页。
⑥ 高亨著：《诗经今译》，上海古籍出版社1980年版，第155页。
⑦ （南朝宋）范晔撰：《后汉书》卷五七《杜根传》，中华书局1965年版，第1840页。
⑧ （宋）司马光撰：《资治通鉴》卷五〇“汉安帝建光元年”，中华书局1956年版，第1609页。

忽略了一词多义的可能性存在。词语取义，有典籍书证可以为据，不辨则罔。以下再举数例：

卷四《黎氏》篇末“异史氏曰”：“士则无行，报亦惨矣。”（第1026页）所谓“士则”，原谓士大夫的楷模、榜样，这里即指代文人士大夫，语本《三国志》卷二八《邓艾传》：“年十二，随母至颍川，读故太丘长陈寔碑文，言‘文为世范，行为士则’，艾遂自名范，字士则。后宗族有与同者，故改焉。”[①] 所谓“士则”，各注本皆未出注，极易令读者视“则”为连词。

卷六《崔猛》篇末“异史氏曰”有云：“然欲天下无不平之事，宁非意过其通者与？”（第1663页）所谓“意过其通”，意谓主、客观相脱离，愿望超过实施的可能性，语本《三国志》卷二五《辛毗杨阜高堂隆传评》：“辛毗、杨阜，刚亮公直，正谏匪躬，亚乎汲黯之高风焉。高堂隆学业修明，志在匡君，因变陈戒，发于恳诚，忠矣哉！及至必改正朔，俾魏祖虞，所谓意过其通者欤！”[②] 通，实施，《易·系辞上》：“化而裁之存乎变，推而行之存乎通。”[③] 所谓“意过其通”，盛注本未注；朱注本注云：“意过其通：意谓主观所想超过常理。通，通常的道理。”[④] 未引《三国志》为书证，释“通”之义也有偏差。

卷六《小梅》篇末“异史氏曰”：“至座有良朋，车裘可共，迨宿莽既滋，妻子陵夷，则车中人望望然去之矣。死友而不忍忘，感恩而思所报，独何人哉！”（第1780页）前五句意谓富贵时高朋满座，可互通有无；等到主人去世，家业消亡，昔日友人莫不纷纷离去，避之唯恐不及。后三句为赞赏狐女小梅的话。这一段话中间数句出典姑且不论，一头一尾则皆语本《后汉书》。所谓“座有良朋”，典出《后汉书》卷七〇《孔融传》：“（孔融）及退闲职，宾客日盈其门。常叹曰：‘坐上客恒满，尊中酒不空，吾无忧矣。’”[⑤] 所谓“独何人哉”，意谓那是什么人呢，属于赞许之语，语本《后汉书》卷四八《徐璆传》：“璆乃叹曰：‘龚胜、鲍宣，独何人哉？守之必死！’”[⑥] 今天

---

① （晋）陈寿撰：《三国志》卷二八《邓艾传》，中华书局1959年版，第775页。
② （晋）陈寿撰：《三国志》卷二五《辛毗杨阜高堂隆传评》，中华书局1959年版，第719页。
③ 周振甫译注：《周易译注》，中华书局1991年版，第250页。
④ 朱其铠主编：《全本新注聊斋志异》，人民文学出版社1989年版，第1133页。
⑤ （南朝宋）范晔撰：《后汉书》卷七〇《孔融传》，中华书局1965年版，第2277页。
⑥ （南朝宋）范晔撰：《后汉书》卷四八《徐璆传》，中华书局1965年版，第1621页。

的注家对于“独何人哉”四字多不予理会，其实若注引书证，“异史氏曰”一段话所饱含的情韵意味就呼之欲出了，今人不可漠然视之。

卷七《神女》：“子诚敝人也！不念畴昔之义，而欲乘人之厄。”（第1916页）所谓“敝人”，谓德行不高的人，语本《后汉书》卷二五《卓茂传》：“汝为敝人矣。凡人所以贵于禽兽者，以有仁爱，知相敬事也。”[①]清吕湛恩已注明“敝人”一词的《后汉书》出典，今人注本反而不加引证，诚属缺憾。

卷八《王者》：“限期已满，归必就刑，禀白何所申证。”（第2158页）所谓“申证”，谓明白的证据，语本《后汉书》卷一六《邓骘传》：“罪无申证，狱不讯鞫，遂令骘等罹此酷滥。”唐李贤注：“申，明白也。”[②]朱注本注云：“申证：申述验证。”[③]似有望文生义之嫌。其他注本皆不注，更令读者难得“申证”两字之要领。

《聊斋》中的一些副词，如果用法特殊，有时也需要利用书证加以辨析。如“稍稍”，卷一《瞳人语》：“稍稍近觇之。”（第15页）同卷《狐嫁女》：“公稍稍转侧，作嚏咳。”（第79页）卷三《姊妹易嫁》：“然女素病赤鬝，稍稍介公意。”（第767页）三例所谓“稍稍”，皆意谓“稍微”，不引注书证，其意亦明。卷一《耿十八》：“稍稍近问，始历历言本末。”（第279页）卷二《侠女》：“稍稍稔熟，渐以嘲谑。”（第309页）卷三《罗刹海市》：“马由是稍稍权子母。”（第673页）这三例所谓“稍稍”，皆意谓“逐渐”，也可不引书证。卷三《念秧》：“张望见王，垂手拱立，谦若厮仆，稍稍问讯。”（第848页）此处所谓“稍稍”，则是“随即”之意，语本《史记》卷一〇七《魏其武安侯列传》：“（灌夫）坐乃起更衣，稍稍去。”[④]此义因不常用，就须引相关书证以为凭。又如副词“暂”，有“突然”的义项。卷四《荷花三娘子》：“心疑其非人，而亦无术暂绝使去。”（第1029页）后一句青柯亭本无“暂”字，似是刻书者以为衍字而删改，其实这一用法早见于《史记》卷一〇九《李将军列传》：“广佯死，睨其旁有一胡儿骑善马，

---

① （南朝宋）范晔撰：《后汉书》卷二五《卓茂传》，中华书局1965年版，第870页。
② （南朝宋）范晔撰：《后汉书》卷一六《邓骘传》，中华书局1965年版，第617页。
③ 朱其铠主编：《全本新注聊斋志异》，人民文学出版社1989年版，第1469页。
④ （汉）司马迁撰：《史记》卷一〇七《魏其武安侯列传》，中华书局1959年版，第2849页。

广暂腾而上胡儿马。”[①]可见《聊斋志异》中的副词使用也有模仿“前四史”用法的痕迹，两者的关联可谓无所不在，注家若能注出，显然于读者当大有裨益。

① （汉）司马迁撰:《史记》卷一〇九《李将军列传》，中华书局1959年版，第2871页。

《聊斋志异》与《太平广记》

蒲松龄《聊斋志异》的创作多方借鉴，词语、句式乃至有关情境，常从古代典籍文献乃至笔记小说中汲取营养，转益多师，为我所用，这正是《聊斋志异》有别于历代文言小说的显著艺术特征。《太平广记》是宋人编纂的一部大型类书，取材于汉代至宋初的野史小说及释藏、道经等和以小说家为主的杂著，内容丰富，受到“用传奇法而以志怪”写作方法的蒲松龄的青睐势所必然。《聊斋志异》有关本事与《太平广记》的渊源关系，前人多有论述，这里不再加探讨；词语借鉴、情境借鉴以及注释校勘与《太平广记》的关系则是本章讨论的重点。

《太平广记》为宋初李昉等人奉宋太宗之命集体编纂的一部大型类书，成书于太平兴国年间，与《太平御览》的编纂大约同时，故名为《太平广记》。这部类书凡五百卷，按题材分为九十二大类、一百五十馀细目，非常便于查考检阅；其引书多达四百七十五种，所引录者半数以上皆已散佚，其珍贵性不言而喻[①]。《太平广记》虽成书于宋初，但一直流传不广，直至明嘉靖四十五年（1566）无锡谈恺刻本出现以后方得以广泛传播。蒲松龄从四十岁即坐馆于官宦毕际有家，长达三十年之久。毕家有藏书楼远近闻名，其藏书兴盛时达五万馀卷之多[②]，无论规模、种类，在清初江北藏书家中皆属中上等水平。这在没有公共图书设施的古代是极为难得的，应该说淄川毕氏的丰富藏书在一定程度上弥补了蒲松龄著述人生未能“行万里路”的缺憾。总之，书海徜徉对于蒲松龄《聊斋志异》的创作成功起到了至关重要的作用。《太平广记》对于蒲松龄而言就是一座取之无尽、用之不竭的宝山，据统计，《聊斋志异》中有四十馀篇故事的本事或取资于这座宝山。朱一玄先生所编《聊斋志异资料汇编·本事编》对此考之甚详，有一些篇章如《劳山道士》、《续黄粱》、《蕙芳》、《贾奉雉》等，可从《太平广记》中找出其本事之渊源，且尚不止一处。本文除有关本事问题一概不予讨论外，主要分“词语借鉴”、“情境借

① 汪绍楹撰：《太平广记·点校说明》，中华书局1961年版，第1页。
② 刘松岭：《蒲松龄与毕氏藏书楼》，载《蒲松龄研究》2010年第4期。

鉴”、“注释校勘”三个方面探讨《聊斋志异》与《太平广记》两者的关系。本书此章谨以千虑一得之愚，就正于方家学者，以期此问题引起学界的关注。

一、对《太平广记》的词语借鉴

本事而外，《聊斋志异》的遣词用语也常常借鉴于《太平广记》，无论清人与现代注家逢此多不注引书证，其中一些虽无碍于对小说故事情节的总体把握，但于深入体味理解蒲松龄创作的苦心孤诣终有所缺欠。

《聊斋志异》卷一《胡四姐》昭示科举时代的读书人在穷困潦倒之时，绝不乏日后奋迹青云的憧憬与梦想，伴随这种企盼，读书人高自位置的精神优越感，也相应影响了其性意识，以为天下美女皆能钟情于己，这也正是篇首尚生“颇存遐想”之由来。而在众美环绕的幻觉中，“人生乐在相知心”的诉求又渐趋于主导地位，胡四姐与尚生相互救助的情节，也无非是书生在现实无奈中寻求某种精神知己愿望的达成。小说有如下形容：“二人备尽欢好，既而引臂替枕，倾吐生平，无复隐讳。”（第293页）所谓“引臂替枕”，意谓男方伸展自己的手臂替女方当枕头，属于闺中床上的亲昵行为，语本《太平广记》卷四八七引唐蒋防《霍小玉传》：“生闻之，不胜感叹，乃引臂替枕。”①注家遇此不出注，读者也不难理解，但一经注出词语出典，其间情韵即盎然而出，也可见蒲松龄的小说创作绝非一蹴而就。卷三《翩翩》：“生视之，年廿有三四，绰有馀妍，心好之。”（第643页）所谓“馀妍”，意谓体态无限娇美，两字组词亦源于唐蒋防《霍小玉传》：“解罗衣之际，态有馀妍。”②

卷三《公孙九娘》是蒲松龄精心撰写的一篇小说，作者无非借人鬼之露水姻缘，宣泄难以明言的一腔幽愤之情。其中有云：“舅不以沉魂可弃，又蒙赐金帛，儿已得之矣。”（第709页）所谓“沉魂”，谓沉冤之魂。“不以沉魂可弃”六字明显借鉴于《太平广记》卷三三二引唐陈劭《通幽记·唐晅》：“儿郎张氏也，闻君悲吟相念，虽处阴冥，实所恻怆。媿君诚心，不以沉魂可弃，

---

①（宋）李昉等编：《太平广记》卷四八七，中华书局1961年版，第4007页。

②（宋）李昉等编：《太平广记》卷四八七，中华书局1961年版，第4007页。

每所记念，是以此夕与君相闻。”[①] 指出这一借鉴对于深入体味小说中被清廷冤杀的女子难以释怀的无尽哀怨不可或缺。此篇又云：“后五日，果见朱来，整履摇箑，意甚忻适。”（第 711 页）所谓“整履摇箑”，意谓穿戴齐整，摇着扇子，形容一种悠闲自得之态。这番描写也与《太平广记》卷二九〇引《妖乱志·吕用之》相关：“用之年十二三，其父挈行，既慧悟，事诸贾，皆得欢心。时或整履摇箑，匿家与奴仆等居。”[②] 可见蒲松龄在创作中参阅《太平广记》时用心甚专，借鉴其中词语或词组为我所用，一经点染，自可收叙事的事半功倍之效。

诸如此类借鉴《太平广记》中词语，在《聊斋志异》中在所多有，读者实应知晓，研究者更当瞩目。如卷三《驱怪》：“实欲何为？幸祛疑抱。”（第 760 页）又同卷《辛十四娘》：“未审意旨，幸释疑抱。”（第 802 页）无论“幸祛疑抱”还是“幸释疑抱”，皆意谓企盼消除疑虑，两例当借鉴于《太平广记》卷三四五引唐李隐《潇湘录·郑绍》：“尊亲焉在？嘉耦为谁？虽荷宠招，幸祛疑抱。”[③] 此外，《辛十四娘》一篇词语还有多处借鉴《太平广记》者，如：“仰见高闳，以策挝门。”（第 802 页）所谓“以策挝门”，谓用赶驴的鞭子敲门，当借鉴《太平广记》卷一九五引《甘泽谣·红线》：“使者以马箠挝门，非时请见。”[④] 所谓“马箠”即马鞭，蒲松龄以驱赶驴马役畜的鞭棒“策”置换，意义相同。又如：“忽闻振管辟扉，一健仆出，代客捉驴。”（第 803 页）所谓“振管辟扉”，意谓拨动门闩，打开大门，当借鉴《太平广记》卷四五五引《三水小牍·张直方》：“少顷，有秉蜜炬自内至者，振管辟扉，引保母出，知古前拜，仍述厥由。”[⑤] 管，古称“钥匙”，“振管”即谓从里面打开门闩。一篇小说之中借鉴《太平广记》有关词语如此众多，注家指出与否或许于一般读者理解故事内容并无大碍，但于研究者则可以以之寻根求源，从而推想作者写作或修订《辛十四娘》时翻阅参考这部大型类书的情状，进而对《聊斋志异》的创作方法加以深入研讨。

---

① （宋）李昉等编：《太平广记》卷三三二，中华书局 1961 年版，第 2635 页。
② （宋）李昉等编：《太平广记》卷二九〇，中华书局 1961 年版，第 2304 页。
③ （宋）李昉等编：《太平广记》卷三四五，中华书局 1961 年版，第 2734 页。
④ （宋）李昉等编：《太平广记》卷一九五，中华书局 1961 年版，第 1461 页。
⑤ （宋）李昉等编：《太平广记》卷四五五，中华书局 1961 年版，第 3714 页。

对于《太平广记》的词语借鉴，在《聊斋志异》中无论长篇短制皆不难寻觅。卷四《金生色》："妻闻之，甘词厚誓，期以必死。"（第1052页）所谓"甘词厚誓"，亦可作"甘辞厚誓"，谓用美好的言词发重誓，当借鉴于《太平广记》卷三四〇引《李景亮为作传·李章武》："我夫室犹如传舍，阅人多矣。其于往来见调者，皆殚财穷产，甘辞厚誓，未尝动心。"[①] 卷五《江城》："女自是承颜顺志，过于孝子。"（第1286页）所谓"承颜顺志"意同"承颜顺旨"，谓看父母脸色行事，毫不违拗，当借鉴于《太平广记》卷一六二引《儆诫录·孟熙》："蜀孟熙，贩果实养父母。承颜顺旨，温凊定省，出告反面，不惮苦辛。"[②] 卷五《青娥》："而半夜经营，疲殆颇甚，少一合眸，不觉睡去。女醒，闻鼻气休休。"（第1385页）又同卷《小翠》："夫人辍涕抚之，则气息休休，而大汗浸淫，沾浃裀褥。"（第1485页）所谓"休休（xǔ xǔ 许许）"，形容嘘气声。休，通"咻"。"鼻气休休"或"气息休休"，当借鉴于《太平广记》卷九引《神仙传·焦先》："见先熟卧于雪下，颜色赫然，气息休休，如盛暑醉卧。"[③] 卷六《绩女》："绍兴有寡妇夜绩，忽一少女推扉入，笑曰：'老姥无乃劳乎？'"（第1789页）所谓"无乃劳乎"，意谓不是太辛苦了吗，当借鉴于《太平广记》卷二〇二引《谭宾录·萧德言》："唐萧德言笃志于学，每开五经，必盥濯束带，危坐对之。妻子谓曰：'终日如是，无乃劳乎？'德言曰：'敬先师之言，岂惮于此乎！'"[④] 仔细体味，以上各例所用词语或词组并非与《太平广记》巧合，乃是蒲松龄特意仿效其中小说措词的结果。

《聊斋志异》中有一些借鉴《太平广记》中的词语在不同篇章中反复使用，更可见作者有意为之的用心。所谓"悍不还"，三字言简意赅，运用于文言叙事中，带有口语并情绪化的特征，生动传神。卷四《柳氏子》："彼是我何父！初与义为客侣，不图包藏祸心，隐我血赀，悍不还。今愿得而甘心，何父之有！"（第1038页）卷五《小翠》："过数日，公子告母曰："借榻去，悍不还！"（第1485页）卷八《王大》："取赀悍不还，反被捏造！人之无良，至汝而极！"（第2219页）上揭三例中的"悍不还"，皆意谓蛮横不归还，在

---

① （宋）李昉等编：《太平广记》卷三四〇，中华书局1961年版，第2699页。
② （宋）李昉等编：《太平广记》卷一六二，中华书局1961年版，第1174页。
③ （宋）李昉等编：《太平广记》卷九，中华书局1961年版，第63页。
④ （宋）李昉等编：《太平广记》卷二〇二，中华书局1961年版，第1519页。

上述仇恨、嗔怨、愤怒三种语境中，正各肖其人物声口，堪称恰如其分。这三字词组显然从《太平广记》卷三二三引《渚宫旧事·甄法崇》加以借鉴："卿县民某甲，负我米千馀石，无券书，悍不还。"[①]当是作者预储诸多词汇于头脑或簿册，届时挪用，自有信手拈来之妙。

值得研究者关注的是，《聊斋志异》中有一些不常见而用法特殊的词语也当从《太平广记》中有意借鉴。如卷四《上仙》："众恐碍夜难归，烦再祝请。"（第1041页）所谓"碍夜"，即谓深夜，当借鉴于《太平广记》卷三二四引《甄异录·秦树》："欲进路，碍夜不可前去，乞寄外住。"[②]再如卷四《跳神》："妇吻辟翕，杂鼓声，不甚辨了。"（第1135页）所谓"辨了"，意谓清楚，明白。加否定词的"不甚辨了"，当借鉴于《太平广记》卷三七五引北魏杨衒之《洛阳伽蓝记·崔涵》："臣姓崔名涵，字子洪，博陵安平人。父名畅，母姓魏。家在城西阜财里。死时年十五。今乃二十七，在地下十二年。常似醉卧，无所食。时复游行，或遇饮食，如梦中，不甚辨了。"[③]又如卷六《嫦娥》："偶过姚巷，值一女子，垢面敝衣，俇儴如丐。"（第1582页）所谓"俇儴（kuāng ráng 匡瓤）"，意谓惶急的样子，当借鉴于《太平广记》卷四五五引唐皇甫枚《三水小牍·张直方》："知古俇儴，趋于庭中，四顾逊谢。"[④]

蒲松龄构思小说有意取用《太平广记》中的现成词语，可以令文字简洁生动，而传神写照正在阿堵中。

二、对《太平广记》的情境借鉴

情境借鉴较之词语借鉴更进一层，是对于前人有关描写的仿效。卷一《宅妖》："生睥睨良久，毛森立，如霜被于体。因大呼，遽走，颠床下，摇战莫能起。"（第37页）所谓"如霜被于体"，谓因受惊吓而毛骨悚然。如此恐怖情境的描写，在《太平广记》卷四〇一引《宣室志·吕生》中可以找到根据：

---

① （宋）李昉等编：《太平广记》卷三二三，中华书局1961年版，第2561页。
② （宋）李昉等编：《太平广记》卷三二四，中华书局1961年版，第2568页。
③ （宋）李昉等编：《太平广记》卷三七五，中华书局1961年版，第2980页。
④ （宋）李昉等编：《太平广记》卷四五五，中华书局1961年版，第3715页。

"久之，又有一妪忽上榻，复以臂揕生。生遽觉一身尽凛然若霜被于体。"[①]《宅妖》以两事志怪。第一事为宅主人所亲历者，有视觉，有触觉，不能用"幻视"等类似人类精神分裂的症状解释；第二事为在李家坐馆的王先生所经历者，虽可用"幻视"解释，但小人停柩哭丧，历历在目，颇具情节，似非幻影。朱一玄先生编《〈聊斋志异〉资料汇编》列举《太平广记》所录引晋干宝《搜神记》卷一九《鼠妇》一则、唐戴孚《广异记·毕杭》一则为其本事，两则故事皆有家鼠幻化为小人哭丧的情节，显然是仅就第二事所勾稽者。其实蒲松龄写作《聊斋志异》，所参考之文献资料很多，大至结构布局，小至措辞用语，皆有所借鉴。《宣室志·吕生》一则，讲述水银精所化"长二尺许"的老妪，被吕生挥剑后化为"各长寸许"的"十馀妪"，这符合水银在常温下流动与分合无定的特性，与《宅妖》中"小人"国当有一定关联。蒲松龄借用吕生受惊吓时"若霜被于体"之比喻，亦属顺理成章。从中可见《聊斋志异》创作过程中集思广益、转益多师之一斑。

卷一《王六郎》体现了儒家所谓"仁者爱人"的思想，许姓渔夫与王六郎鬼魂的互助与友谊超脱生死，不避形迹，属于作者理想化的一种人际关系。以两人友谊建筑于"仁心"的基础之上，因而历久弥新，深刻感人。小说开篇即云："许姓，家淄之北郭，业渔。每夜携酒河上，饮且渔。饮则酹地，祝云：'河中溺鬼得饮。'以为常。"（第39页）小说描写许姓渔夫每夜饮酒必分酹溺鬼的作为，显然脱胎于《太平广记》卷三〇八引唐李复言《续幽怪录·蔡荣》有关蔡姓木工每食必分祝土地的描写："中牟县三异乡木工蔡荣者，自幼信神祇，每食必分置于地，潜祝土地，至长未常暂忘也。"[②]木工蔡荣终于在关键时刻得到土地神的庇护，免遭阎王追役之灾；渔夫许某也因施恩溺鬼而受到自家捕鱼独多的报偿。从中可见蒲松龄在构思故事情节时从前人作品中广泛汲取艺术营养的不懈努力。

卷三《阿霞》一篇借因果报应之玄机，谴责喜新厌旧的凉薄社会风气，体现了封建时代一位正直知识分子的道德担当意识。其中无故休妻的读书人景星再遇奇女子阿霞后有这样一段描写："视女子，策蹇去如飞，怅恨而

---

① （宋）李昉等编：《太平广记》卷四〇一，中华书局1961年版，第3229页。
② （宋）李昉等编：《太平广记》卷三〇八，中华书局1961年版，第2438页。

已。"（第627页）所谓"策蹇去如飞"，意谓鞭策驴如飞疾走。蹇，劣马或跛驴；策蹇，原谓乘跛足驴，比喻工具不利，行动迟慢。这里似故意以"策蹇"来形容迅速离去时的摇摆颠簸之状，比骑快马离去更富于戏剧性情境。这与《太平广记》卷三五引《逸史·齐映》的一段描写近似："老人曰：'某先去，留一奴引郎君。'跃上白驴如飞。"①无独有偶，类似形容蹇驴"如飞"的描写又见清徐珂编撰《清稗类钞·诙谐类·状元归去驴如飞》："顺治开科状元，为东昌傅相国以渐。相国曾扈驾，骑蹇驴归行帐。世祖在高处眺望，写其形状，戏题云：'状元归去驴如飞。'画幅二尺许，设色古茂。"②显然，"策蹇去如飞"的情境借鉴是蒲松龄的有意为之，更符合当时乡村的生活情趣。

卷三《水灾》："石门庄有老叟，暮见二牛斗山上，谓村人曰：'大水将至矣！'遂携家播迁。村人共笑之。"（第732页）所谓"二牛斗"，乃水患将至的预兆，蒲松龄当取资于战国秦李冰在蜀化牛治水的传说。《太平广记》卷二九一引《成都记·李冰》："李冰为蜀郡守，有蛟岁暴，漂垫相望。冰乃入水戮蛟。己为牛形，江神龙跃，冰不胜。及出，选卒之勇者数百，持强弓大箭，约曰：'吾前者为牛，今江神必亦为牛矣。我以太白练自束以辨，汝当杀其无记者。'遂呼吼而入。须臾雷风大起，天地一色。稍定，有二牛斗于上。公练甚长白，武士乃齐射其神，遂毙。从此蜀人不复为水所病。至今大浪冲涛，欲及公之祠，皆弥弥而去。故春冬设有斗牛之戏，未必不由此也。"③《聊斋》三部全注本皆未注及此，令《水灾》的读者可能丧失了对小说叙事中部分情韵的把握。

《聊斋志异》对《太平广记》的情境借鉴也涉及到人物身份的暗示问题。如卷五《小翠》："是从我糠覈不得饱，一旦置身广厦，役婢仆，厌膏粱，彼意适，我愿慰矣，岂卖菜也而索直乎！"（第1481页）所谓"岂卖菜"一句，其字面义即谓嫁女不能像卖菜一样收钱，但其中蕴涵深刻。《太平广记》卷一五九引唐李复言《续玄怪录·定婚店》，略谓月下老人赤绳系足，曾将韦固与店北卖菜家眇妪之女定为婚姻，虽两者历经劫难，但终成眷属。这里小翠之母虞氏暗用此掌故，表明婚姻前定，并暗示自家身份卑贱，有自我调侃之

① （宋）李昉等编：《太平广记》卷三五，中华书局1961年版，第223页。
② （清）徐珂编撰：《清稗类钞·诙谐类》，中华书局1984年版，第1765页。
③ （宋）李昉等编：《太平广记》，中华书局1961年版，第2316页。

意。清何垠注“卖菜索直”，谓典出《后汉书·周紆传》，并加结论：“谓不足齿数之人也。”所举书证有误。清吕湛恩注：“未详。疑即用《续幽怪录》韦固事。”（第1489页）所举书证正确，唯书名讹一字。然而遗憾的是现代其他各注本对于“卖菜索直”皆未注出，丢失了注家对原作中部分情韵义的揭示。再如卷六《农妇》篇末“异史氏曰”云：“世言女中丈夫，犹自知非丈夫也，妇并忘其为巾帼矣。其豪爽自快，于古剑仙何以少殊，毋亦其夫亦即磨镜者流耶！”（第1817页）所谓“磨镜”，即磨治铜镜，古代所用铜镜，须常用药磨光方能照影。所谓“磨镜者”，其身份乃借鉴自《太平广记》卷一九四引唐裴铏《传奇·聂隐娘》，故事略云唐贞元中魏博大将聂锋之女聂隐娘，年十岁即被一女尼携去，学成出神入化的剑仙之术，五年后又被送回聂锋家中，“忽值磨镜少年及门，女曰：‘此人可与我为夫。’白父，父不敢不从，遂嫁之。其夫但能淬镜，馀无他能。”[①]蒲松龄意在以此凸显出身平常的农家妇女非凡的豪侠性格，注家若明确其出典，读来更耐人寻味。

《聊斋志异》作者的评论文字有时也借鉴《太平广记》中语，两者属于一种情境上的关联。如卷六《小梅》篇末“异史氏曰”云：“不绝人嗣者，人亦不绝其嗣，此人也而实天也。”（第1780页）所谓“此人也而实天也”，意谓貌似人事，其实全由老天暗中安排，当借鉴于《太平广记》卷二三六引《朝野佥载·隋炀帝》：“大行殿者，不祥之兆也，是非王莽轻车之比。此实天心，非关人事也。”[②]注家凡遇此种情况，自当以注引书证为宜。

三、《太平广记》书证的校勘释义作用

《聊斋志异》借鉴《太平广记》中有关词语，有一些如果不明其出处，就极易引起误解，造成注释的错乱。如卷三《辛十四娘》中薛尚书坟墓中的郡主老夫人对冯生所讲的一段话：“子当是我弥甥。老身钟漏并歇，残年向尽，骨肉之间，殊所乖阔。”（第803页）所谓“钟漏”，谓钟和刻漏，古代用以报

---

① （宋）李昉等编：《太平广记》，中华书局1961年版，第1457页。
② （宋）李昉等编：《太平广记》卷二三六，中华书局1961年版，第1814页。

时、计时的器具，常借指时日无多；所谓“钟漏并歇”，即用来比喻年老衰残，距离大去之日不远了。《太平广记》卷八二引《异闻集·吕翁》：“今年逾八十，位历三公，钟漏并歇，筋骸俱弊，弥留沉困，殆将溘尽。”[①]《聊斋志异》诸多注本皆未引此一书证，致使诠释“钟漏并歇”四字发生一定程度的偏差。如张友鹤先生《聊斋志异选》注云：“钟漏并歇：‘钟’和‘漏’都是古代报时的工具。古语，‘钟鸣漏尽’意思说晨钟已动，夜漏将残，用以比喻衰年。这里改作‘并歇’，暗示已经死亡。”[②]朱注本注云：“钟漏并歇：暗示死亡。徐陵《答李颙之书》：‘馀息绵绵，待尽钟漏。’以钟漏待尽喻残年。此谓钟漏并歇，系指生命终止。”[③]盛注本注云：“钟漏并歇：……古语有‘钟鸣漏尽’，其意是说晨钟已动，夜漏将残，用以喻人之衰老。并歇，其意当暗示已经死亡。”[④]于注本注释及其书证与朱注本略同[⑤]。笔者所见《聊斋》其他注本也大多沿袭上述解释，并且没有找出《太平广记》的书证。然而有趣的是，笔者所见《聊斋志异》三种全译本翻译这一段话时皆无错误[⑥]，可能是“暗示死亡”的意向在人物对话中实在难以体现的缘故。《吕翁》与《文苑英华》所录唐沈既济所撰传奇《枕中记》文字略同，其中“钟漏并歇”四字无异文，乃主人公卢生梦中位极人臣后临殁上疏谢恩之语，显然其间并无“已经死亡”的意思。《辛十四娘》中的墓中郡主虽早以为鬼，但蒲松龄为之所设计的与冯生之对话内容，并无暗示其已经死亡的含义，不过是垂暮之人的一般消极话语而已，与《吕翁》中卢生上疏用语意义毫无二致。可见在类似这些词语的诠释上，只有明确其出典的书证，方能得到正确的释义。

卷五《阎罗薨》：“言一出，即有牛首阿旁执公父至，即以利叉刺入油鼎。”（第1422页）所谓“牛首阿旁（ā bàng 啊阴平棒）”，亦作“牛头阿傍”、“牛头阿旁”，佛教谓地狱中鬼卒名。阿旁，为梵语音译。《太平广记》

---

① （宋）李昉等编：《太平广记》卷八二，中华书局1961年版，第528页。

② 张友鹤选注：《聊斋志异选》，人民文学出版社1986年版，第160页。

③ 朱其铠主编：《全本新注聊斋志异》，人民文学出版社1989年版，第548页。

④ 盛伟校注：《聊斋志异校注》，山西人民出版社2000年版，第276页。

⑤ 于天池注，孙通海、于天池等译《聊斋志异》，中华书局2015年版，第1068—1069页。

⑥ 马振方主编：《聊斋志异评赏大成》，漓江出版社1992年版，第833页；孙通海等译：《文白对照聊斋志异》，中华书局2010年版，第665页；丁如明等译：《聊斋志异全译》，上海古籍出版社2012年版，第235页。

卷二五〇引《传载·爊牛头》："有士人，平生好吃爊牛头。一日，忽梦其物故，拘至地府酆都狱。有牛首阿旁，其人了无畏惮，仍以手抚阿旁云：'只这头子，大堪爊。'阿旁笑而放回。"[①]可见"牛首阿旁"从语法角度而论属于定中结构，实为一鬼卒名，其形象为牛头人身，手执铁叉。南朝齐王琰《冥祥记》对此鬼卒言之甚详："何澹之，东海人，宋大司农，不信经法，多行残害。永初中，得病，见一鬼，形甚长壮，牛头人身，手执铁叉，昼夜守之……相识沙门慧义，闻其病往候；澹之为说所见，慧义曰：'此是牛头阿旁也。'"[②]朱注本注云："牛首、阿旁：均为迷信传说中阴间恶鬼名。"[③]于注本未点断"牛首阿旁"四字，注释则云："均为民间传说中地狱中恶鬼，负责逮捕审讯的衙役。"[④]似皆有误一为二之嫌，若能以《太平广记》等典籍为书证，则完全可以避免此误。

卷八《乌使》："苑城史乌程家居，忽有鸟集屋上，香色类鸦。史见之，告家人曰：'夫人遣鸟使告我矣。急备后事，某日当死。'至日果卒。殡日，鸦复至，随榇缓飞，由苑之新。至殡宫，始不复见。长山吴木欣目睹之。"（第2382页）所谓"夫人"谓何人？三部全注本皆未注，笔者所见三种全译本亦皆未译出。所谓"夫人"也者，在古代属于命妇的封号，平头百姓绝不会随便以之称谓自己的已故妻子或其他亲属，因而出自史乌程之口的"夫人"，又不加任何修饰语，必也特指当地人所熟悉之神灵。位于长山县附近的长白山西之夫人墓的存在，为我们提供了诠释的馀地。据康熙五十五年（1716）《长山县志》卷七《轶事》记述，苑城店在明清长山县北二十里，长白山西的夫人墓即当地传说中三国魏文学家吴质之女、刘府君（刘瑶）妻刘夫人之墓。县志所记则完全根据《太平广记》卷三二六引《酉阳杂俎·崔罗什》的相关内容节略而成，注家若能引《太平广记》为书证，则小说"乌使"的意旨不言而喻。古代神话传说中，"青鸟"一向为西王母信使的代称。本篇《乌使》中的鸦也是作为"刘夫人"的信使出现的，史乌程是否受到西王母之青鸟传说的影响而将鸦作为传达自己死期的灵物？可能的情况是，史乌程对于存在

① （宋）李昉等编：《太平广记》卷二五〇，中华书局1961年版，第1943页。
② 鲁迅：《鲁迅全集》第八卷《古小说钩沉·冥祥记》，鲁迅全集出版社1938年版，第611页。
③ 朱其铠主编：《全本新注聊斋志异》，人民文学出版社1989年版，第953页。
④ 于天池注，孙通海、于天池等译《聊斋志异》，中华书局2015年版，第1852页。

于本乡本土的“夫人墓”甚感兴趣，自己意欲如同南北朝时的文士崔罗什一样，也有入冢中获得刘夫人一番礼遇的荣耀，于是朝思暮想，凝盼成疾。预知大限，显然已是病入膏肓下的谵语，又孰料一语成谶，回天乏术，终于呜呼哀哉。这从旁观者的视角加以考察，自然奇妙无比，不可思议。《太平广记》在注释《聊斋》中的重要性于此可见一斑。本书第四编《〈聊斋志异〉丛脞新录》有《说名物·夫人》一节，可参阅，此不赘述。

有感于《太平广记》在注释校勘中的不可或缺，这里也顺带提一下《太平御览》的重要性。卷二《连城》：“生太息，言：‘心事殊未了。’”（第530页）所谓“心事殊未了”，意谓心中有事尚没有了结。卷七《神女》：“逾数日，傅公子登堂申谢，纳黄金百两。生作色曰：‘所以然者，为令妹之惠我无私耳；不然，即万金岂足以易名节哉！’再强之，生色益厉。公子惭而去，曰：‘此事殊未了！’”（第1917页）所谓“殊未了”，各注本皆未注。“此事殊未了”，三种全译本分别译为：“这事实在不能算完！”“这件事还没有完！”“这事还远没了！”[①] 其实此处“殊未了”与前例释义完全不同，意谓极不明白、清楚。了，即“了然”，谓明白清楚。《太平御览》卷五四二引《郭子》：“陶公自上流来赴苏峻之难，含怒于庾公。庾公谓必戮已，进退无计。温公乃劝诣陶公：‘卿但径拜，必无他。我为卿保之。’庾殊未了，而不得不往，乃从温言诣陶，至便拜。庾风姿雅润，陶见拜，不觉自起，止之曰：‘庾元规何缘拜陶士行？’”[②] 其中“殊未了”意谓极不清楚明白。有此书证，可见蒲松龄在《神女》中用此三字并非无源之水，否则误解就在所难免了。

---

① 马振方主编：《聊斋志异评赏大成》，漓江出版社1992年版，第2098页；孙通海等译：《文白对照聊斋志异》，中华书局2010年版，第1579页；丁如明等译：《聊斋志异全译》，上海古籍出版社2012年版，第594页。

② （宋）李昉等编：《太平御览》卷五四二，影印文渊阁《四库全书》，台北商务印书馆1986年版，第898册第141页。

第四编

《聊斋志异》丛胜新录

概 说

《韩非子·外储说左上》有云："客有为齐王画者，齐王问曰：'画孰最难者？'曰：'犬马最难。''孰最易者？'曰：'鬼魅最易。夫犬马，人所知也，旦暮罄于前，不可类之，故难。鬼魅，无形者，不罄于前，故易之也。'"[①]类似描述，汉应劭《风俗通义·序》说得更为明确易晓：

> 昔客为齐王画者，王问："画孰最难，孰最易。"曰："犬马最难，鬼魅最易。犬马旦暮在人之前，不类不可，类之故难；鬼魅无形，无形者不见，不见故易。"[②]

画犬马必须有因物象形的功夫方能得心应手，取悦于人；图形鬼魅则只要凭空构想，经过一番组合增删，即可以用来炫耀于世。鲁迅也就此发表过很透彻的意见，他说："天才们无论怎样说大话，归根结蒂，还是不能凭空创造。描神画鬼，毫无对证，本可以专靠了神思，所谓'天马行空'似的挥写了，然而他们写出来的，也不过是三只眼，长颈子，就是在常见的人体上，增加了眼睛一只，增长了颈子二三尺而已，这算什么本领，这算什么创造？"[③]作者暗将韩非所取喻的绘画难易问题引入于文学批评，否定了没有生活基础的文学"创造"，极有说服力。

《聊斋》搜神说鬼，谈狐道魅，本当归入"毫无对证"之类，但蒲松龄"描写委曲，叙次井然，用传奇法，而以志怪，变幻之状，如在目前"[④]，令狐妖花魅皆富于人情美，仿佛就是世间中人，而非云山雾罩、荒诞不经之谈。除去来去倏忽、展闪腾挪，颇涉幻想而外，小说中的男女主人公无论狐鬼仙凡，其言谈话语、行思坐卧，与人间并无二致。至于描摹世态，淋漓尽致；刻画性格，栩栩如生，更是耐人寻味，具有说不尽的隽永魅力。清初李渔曾

---

① 陈奇猷校注：《韩非子集释》，上海人民出版社 1974 年版，第 633 页。

② 吴树平校释：《风俗通义校释》，天津人民出版社 1980 年版，第 2 页。

③ 鲁迅：《且介亭杂文二集·叶紫作丰收序》，人民文学出版社 1973 年版，第 3 页。

④ 鲁迅：《中国小说史略·清之拟晋唐小说及其支流》，人民文学出版社 1973 年版，第 179 页。

说："凡说人情物理者，千古相传；凡涉荒唐怪异者，当日即朽。"[①]《聊斋》所画鬼魅狐仙，是有形之鬼魅狐仙、有情之鬼魅狐仙，属于有源之水、有本之木，生活基础坚实，形诸笔墨当较画犬马更难投机取巧。读者无论古今中外，展卷捧读，皆有似曾相识之感，此是《聊斋志异》脍炙人口、长久盛传不衰的原因之一。

清初金圣叹有云："天下莫易于说鬼，而莫难于说虎。无他，鬼无伦次，虎有性情也。说鬼到说不来处，可以意为补接；若说虎到说不来时，真是大段着力不得。"[②]金氏此说当亦源于《韩非子》，而以所谓"性情"区分说鬼与说虎的易与难，较诸韩非所言无形与有形以衡文谈艺，似更竿头进步。性情的一个侧面即生活真实，而非想入非非的心猿意马；性情的另一个侧面即理有固然，而不是痴人说梦似的扣盘扪烛。抛却性情，无论说鬼、说虎、说犬马、说人，都将语言无味，面目可憎；或者画虎类犬，难成气候。甲戌本《红楼梦》第三回有脂砚斋眉批云：

> 近闻一俗笑语云：一庄农人进京回家，众人问曰："你进京去可见些个世面否？"庄人曰："连皇帝老爷都见了。"众罕然问曰："皇帝如何景况？"庄人曰："皇帝左手拿一个金元宝，右手拿一个银元宝，马上捎着一口袋人参。行动人参不离口，一时要屙屎了，连擦屁股都用的是鹅黄缎子，所以京中连掏毛厕的人都富贵无比。"试思凡稗官写富贵字眼者，悉皆庄农进京一流也。盖彼实未身经目睹，所言皆在情理之外焉。[③]

不是身所亲历或亲眼目睹，而全凭想象虚构，随意编造，必然有悖情理，贻笑大方。说虎写人，不能"天马行空"；描狐道鬼，也不可胡编乱造。清冯镇峦《读聊斋杂说》即从这一角度为《聊斋志异》说鬼道狐辩言：

> 说鬼亦要有伦次，说鬼亦要得性情。谚语有之：说谎亦须说得圆。此即

① （清）李渔著：《闲情偶寄·词曲部》，作家出版社1995年版，第22页。
② （清）金圣叹评点：《第五才子书施耐庵水浒传》第二十二回回前评语，中州古籍出版社1985年版，第362页。
③ 朱咏葵汇校：《脂砚斋传本曹雪芹石头记》上，文津出版社1988年版，第40页。

性情伦次之谓也。试观《聊斋》说鬼狐，即以人事之伦次，百物之性情说之。说得极圆，不出情理之外；说来极巧，恰在人人意愿之中。虽其间亦有意为补接、凭空捏造处，亦有大段吃力处，然却喜其不甚露痕迹牵强之形，故所以能令人人首肯也。（第2484—2485页）

一言以蔽之，即写鬼写狐也要认真当作“人”来写！

鬼狐有灵，本属于子虚乌有之谈，欲使它们具有性情伦次，作者即须以真情融入于小说人物形象的构思中，方能画龙点睛，呼之欲出。然而“世间只有情难画”，人情即天道，《聊斋》用情之处无所不在，无论人鬼殊途，生生死死，还是秋波频传，心心相印，皆有一“情”字深寓其中。一部《聊斋》即是一部情史，夫妇之情、儿女之情、父子之情、兄弟之情、朋友之情乃至缱绻缠绵之情、悲愤感伤之情、调侃戏谑之情、欢喜怡乐之情，无不有之，无不惟妙惟肖！

金元好问有词云：“恨世间，情是何物，直教生死相许。”[①] 清人刘塄《聊斋志异用高南阜韵》其二诗有云：“古人著书当建树，个里金针未易悟。几人读书能眼明，解道聊斋用情处。”[②]《聊斋志异》所言情，纵横古今，充塞天地，本为人人所具有，而蒲松龄发微抉隐，独能探得个中三昧。清沈德潜《姜自芸太史诗序》有云：“大抵遭放逐，处逆境，有足以激发其性情，而使之怪伟特绝，纵欲自掩其芒角而不能者也。”[③] 蒲松龄平生难得一第之荣，坎坷不遇，小说创作又适以造成其宣泄的渠道，其文才又足以令其抑郁之情化为动人心魄的文字，这是《聊斋》成功的关键所在。

《聊斋》用情方略，多以幻境出之。卷一《画壁》篇末“异史氏曰”有云：“‘幻由人作’，此言类有道者。人有淫心，是生亵境；人有亵心，是生怖境。菩萨点化愚蒙，千幻并作，皆人心所自动耳。”（第23页）这一论述，明代小说《金瓶梅》早开其端，其第十七回叙述李瓶儿因思念西门庆，孤苦凄凉之状：“妇人盼不见西门庆来，每日茶饭顿减，精神恍惚。到晚夕，孤眠枕上，展转踌蹰。”于是李瓶儿因有淫心，终生亵境：“妇人自此梦境随邪，夜

① 唐圭璋编：《全金元词》，中华书局1979年版，第75页。
② （清）刘塄撰：《挹秀山房诗集》卷二，道光十六年（1836）刘氏味经书屋刊本。
③ （清）沈德潜著：《归愚文钞》卷一二，乾隆十六年（1751）序刊本。

夜有狐狸假名抵姓，摄其精髓，渐渐形容黄瘦，饮食不进，卧床不起。”[①] 这种“千幻并作”的可怕后果被清人曹雪芹写入《红楼梦》第十二回中，对王熙凤心存非分之想的贾瑞正照风月宝鉴，即因淫心荡漾而生亵境，终至沉湎其中不能自拔而一命呜呼。

然而世间也有以幻境为“妙境”者。清初并不乏声色之娱的李渔就说过：“想当然之妙境，较深醉温柔乡者倍觉有情……幻境之妙，十倍于真。”[②] 这位颇具商业头脑的才子并没有“葡萄酸”的无奈，却在风花雪夜的生活享受中更愿意开拓自己的想象世界，将内心之所思所想外化于其词曲创作中：“予生忧患之中，处落魄之境，自幼至长，自长至老，总无一刻舒眉，惟于制曲填词之顷，非但郁藉以舒，愠为之解，且尝僭作两间最乐之人，觉富贵荣华，其受用不过如此，未有真境之为所欲为，能出幻境纵横之上者。我欲做官，则顷刻之间便臻荣贵；我欲致仕，则转盼之际又入山林；我欲作人间才子，即为杜甫、李白之后身；我欲娶绝代佳人，即作王嫱、西施之元配；我欲成仙作佛，则西天蓬岛即在砚池笔架之前；我欲尽孝输忠，则君治亲年，可跻尧、舜、彭钱之上。”[③] 生活时代与蒲松龄相当的李渔以词曲创作为寄托，蒲松龄则以小说寄托自己的绮思。

《聊斋志异》所创造的诸多幻境中，虽有个别亵境，也不乏《嫦娥》中所谓“吾得一美人，而千古之美人皆在床闼矣”（第1581页）的想入非非，但却始终有“真”心与“善”心贯串其间，从而构筑出一个理想中的情感世界。《聊斋》中的幻境之想与李渔略同，而同中见异的是，蒲松龄能够超脱于个人得失与情感满足之上，而有了为世间郁郁者写心，为怀才不遇者吐气的用心。其小说内涵深刻，讲求公道人心，鄙夷邪恶势力，因而能在文言小说中独树一帜，获得不朽的声誉。

《金瓶梅》第二回有清人张竹坡之批语云：“做文如盖造房屋，要做梁、柱，榫眼却合得无一缝可见。而读人的文字，却要如拆房屋，使某梁、某柱的榫，皆一一散开在我眼中也。”[④] 今人欲批评《聊斋志异》，虽未必如碎拆七

① （明）佚名：《新刻绣像批评金瓶梅》第十七回，齐鲁书社1989年版，第213页。
② （清）李渔著：《闲情偶寄·声容部》，作家出版社1995年版，第119页。
③ （清）李渔著：《闲情偶寄·词曲部》，作家出版社1995年版，第55—56页。
④ 陈昌恒整理：《张竹坡评点〈金瓶梅〉辑录》，华中师范大学出版社1986年版，第52页。

宝楼台般件件经心，却也要循作者意旨，体味作者心态，登堂入室，以便遍览琳琅。前人夹评、眉批乃至注释，可借鉴者极多，但有一些做法未免陈旧，不宜“古为今用”。

何谓“丛脞”?《书·益稷》:“元首丛脞哉，股肱惰哉，万事堕哉。”大意是：君主琐碎缺乏大的志向，大臣们就懒惰懈怠，一切事情即将杂乱无章了。汉孔安国传：“丛脞，细碎无大略。君如此则臣懈惰，万事惰费，其功不成，歌以申戒。”[①] 所谓“丛脞”，即琐碎或杂乱的意思，含有贬义。蒲松龄《聊斋志异》中的各篇小说，或近于六朝志怪，或摹仿唐人传奇，刻画人物，语言生动；叙事简洁，擅长使事用典。从清人开始，注家稍有疏忽，诠释就有可能言不及义乃至郢书燕说，甚至南辕北辙。笔者在详注新评《聊斋志异》的过程中，选择一些值得今人瞩目的篇目，如做读书札记，比勘古人成说，录其精义，或阐发大要，或寻绎隐衷，或谈艺，或论事，不斤斤于主题分析，不拘泥于众人所云。将所发现的前人一时疏忽或未及发现的琐碎问题，或典故探源，或语词辨析，大多以篇章为目，一一形诸文字，管窥蠡测，在所不避，故以“丛脞新录”名篇。一孔之见，虽卑之无甚高论，但愚者千虑一得，或许有助于读者探求《聊斋》真义。以此就正于大方之家，纵然是引玉之砖，亦不可谓废物矣。

① （清）阮元校刻:《十三经注疏》，中华书局1960年版，第144页。

说名物

蒲松龄《聊斋志异》中涉及有关事物名称众多，注家稍有不慎就会出错，乃至以讹传讹，误导读者。笔者于详注新评《聊斋志异》之馀，列举数端如下，以与前辈注家商榷并就正于广大读者。

在《聊斋志异》中，《尸变》、《妖术》、《驱怪》、《鬼津》、《查牙山洞》、《青蛙神》(又)、《王大》、《鸟使》等八篇小说，皆非名篇，多不入当今论者之法眼。然而小说中所涉及的一些名物，读者若朦胧读过，理解似是而非，对于其相关情节的把握终有所欠缺，不无遗憾。本书即针对这八篇作品中涉及的有关名物略作诠释，或许对读者深入细致鉴赏《聊斋志异》不无裨益。

一、搭帐衣

在《聊斋志异》中，卷一《尸变》属于较为恐怖者。作者善于以简洁从容的文笔营造阴森萧杀的气氛，刻画个中人物心理细致入微，引人入胜。《尸变》记述负贩四人投店，因客满不得不与店主新去世之子妇尸体在同一屋室中过夜："入其庐，灯昏案上。案后有搭帐衣，纸衾覆逝者。"(第9页)何谓"搭帐衣"？清吕湛恩、何垠皆未出注。朱注本注云："搭帐衣：指灵堂中障隔灵床的帷幛。旧时丧礼，初丧停尸灵床，灵前置几，设位燃灯，祭以酒浆，几后设帷。见《莱阳县志》。《礼记·丧大礼》'彻帷'《疏》：'彻帷者，初死恐人恶之，故有帷也。至小敛衣尸毕，有饰，故除帷也。'"[①]盛注本注云："搭帐衣：指在灵堂中所设间隔灵床的帷帐。旧时民间丧礼，初丧时停尸于灵床，前设供桌、燃油灯，列酒浆以祭之，桌后设帷。"[②]于注本与朱注本注释"搭帐衣"内容与所引书证略同。三部全注本大同小异，全以"帷幛"或"帷帐"解释"搭帐衣"。再看白话译本的翻译。漓江本译为"帐幔"[③]，中华本译

① 朱其铠主编：《全本新注聊斋志异》，人民文学出版社1989年版，第7页。

② 盛伟校注：《聊斋志异校注》，山西人民出版社2000年版，第7页。

③ 马振方主编：《聊斋志异评赏大成》，漓江出版社1992年版，第11页。

为“帷幛”[①]，上古本译为“帐幕”[②]，显然皆受到上述相关注释的影响。

所谓“搭帐衣”若真是帷帐一类物品，则作者以下之有关描写就不合逻辑了：“惟一客尚矇眬，忽闻灵床上察察有声，急开目，则灵前灯火，照视甚了。女尸已揭衾起。俄而下，渐入卧室。”（第9页）既有帷帐相隔，则客何以见“女尸已揭衾起”之状况？其实，搭帐衣或称“搭衣架”，乃旧时吊丧者送给死者陪葬的衣衾等物，属于古代向死者赠送衣衾的吊丧之礼“襚”的遗存。停柩前吊丧者为死者穿衣，或停柩后将送死者之衣置于柩东，皆谓之“襚”。宋高承《事物纪原》卷九《含襚》：“凡始死，以珠玉实口中曰含，以衣衾赠死者曰襚，襚即今俗谓搭衣架是也。”[③]唐段成式《酉阳杂俎》续集卷二：“遂搜其服玩，勘得一箦，箦中悉是丧家搭帐衣，衣色唯黄与皂耳。”[④]由此可证所谓“搭帐衣”绝非帷帐一类的物品。

二、高壶

卷一《妖术》文字通畅，叙述井然有序，特别是篇末“异史氏曰”，三言两语，洞悉人心，有画龙点睛之妙。《左传·庄公十四年》议论“妖由人兴”，认为：“人无衅焉，妖不自作；人弃常，则妖兴，故有妖。”[⑤]俗语又有所谓“见怪不怪，其怪自败”之说。这些话对人生皆有警示意义，可以之作为座右铭。小说开首即介绍主人公身手不凡：“于公者，少任侠，喜拳勇，力能持高壶作旋风舞。”（第101页）何谓“高壶”？张友鹤先生《聊斋志异选》注云：“壶：这里是指古代一种作盛水、盛酒浆之用的器具，通常为圆口方腹，金属物制，分量很重。”[⑥]中山大学中文系《评注聊斋志异选》注云：“高壶不知确指何物，原文疑有误。”[⑦]朱注本注云：“高壶：疑指壶铃。壶铃，一种供习武

---

① 孙通海等译：《文白对照聊斋志异》，中华书局2010年版，第7页。
② 丁如明等译：《聊斋志异全译》，上海古籍出版社2012年版，第2页。
③ （宋）高承撰：《事物纪原》卷九《含襚》，中华书局1989年版，第477页。
④ （唐）段成式撰：《酉阳杂俎》续集卷二《支诺皋中》，中华书局1981年版，第212页。
⑤ 杨伯峻编著：《春秋左传注·庄公十四年》，中华书局1981年版，第197页。
⑥ 张友鹤选注：《聊斋志异选》，人民文学出版社1956年版，第24页。
⑦ 中山大学中文系评注：《评注聊斋志异选》，人民文学出版社1977年版，第25页。

人提举，锻炼臂力的器械。”[①]盛注本注云：“高壶：是古代一种盛水的的容器，以金属制成，其状类壶，分量很重。”[②]于注本注释“高壶”与朱注本略同。再看白话译本，漓江本译为“漏壶”[③]，中华本译为“计时用的大漏壶”[④]，上古本译为“盛水计时的大壶”[⑤]。上述注或译似皆未得“高壶”之真义。

其实，“高壶”乃谓古代宴会礼制或游戏中的“投壶”，宾主依次用矢投向高壶壶口，以投中壶口或两边小耳者决胜负，负者饮酒。高壶多为铜或铁制，故有一定分量。《礼记·投壶》，汉郑玄注：“《投壶》者，主人与客燕饮，讲论才艺之礼也。”[⑥]汉刘安撰《淮南子》卷一五《兵略训》：“敦六博，投高壶。”[⑦]投壶之戏作为古代士大夫宴饮时做的一种投掷游戏，滥觞于西周晚期，《左传·昭公十二年》：“晋侯以齐侯宴，中行穆子相。投壶，晋侯先，穆子曰：‘有酒如淮，有肉如坻。寡君中此，为诸侯师。’中之。齐侯举矢曰：‘有酒如渑，有肉如陵。寡人中此，与君代兴。’亦中之。”[⑧]可见投壶在当时竟然具有折冲樽俎的外交作用。秦汉以后，它在士大夫阶层中盛行不衰，宋司马光曾有《投壶新格》之作。明陆容《菽园杂记》卷一一：“投壶，射礼之变也。虽主乐宾，而观德之意在焉。后世若司马公图格，虽非古制，犹有古人遗意。近时投壶者，则淫巧百出，略无古意。如常格之外，有投小字、川字、画卦、过桥、隔山、斜插花、一把莲之类，是以壶矢为戏具耳。予初时于燕集见人写字画卦，亦尝为之，后即惭悔，虽违众不恤，盖非欲自重，亦以礼制心之一也。近见镇江一倅有铁投壶，状类烛檠，身为竹节梃，下分三足，上分两岐，横置一铁条，贯以三圈，为壶口耳。皆有机发矢，触之则旋转不定。转定复平，投矢其中。昔孔子叹觚不觚，其所感者大矣。今壶而不壶，能无感乎？盖世之炫奇弄巧，废坏古制，至此极矣，岂但投壶之非礼而

① 朱其铠主编：《全本新注聊斋志异》，人民文学出版社 1989 年版，第 71 页。
② 盛伟校注：《聊斋志异校注》，山西人民出版社 2000 年版，第 98 页。
③ 马振方主编：《聊斋志异评赏大成》，漓江出版社 1992 年版，第 111 页。
④ 孙通海等译：《文白对照聊斋志异》，中华书局 2010 年版，第 83 页。
⑤ 丁如明等译：《聊斋志异全译》，上海古籍出版社 2012 年版，第 30 页。
⑥ （清）阮元校刻：《十三经注疏》，中华书局 1980 年版，第 1665 页。
⑦ 诸伟奇主编：《刘文典全集·淮南鸿烈集解》卷一五《兵略训》，安徽大学出版社、云南大学出版社 1999 年版，第 523 页。
⑧ 杨伯峻编著：《春秋左传注·昭公十二年》，中华书局 1981 年版，第 1331—1332 页。

已哉!”[①]明代小说《金瓶梅》第七十二回《潘金莲抠打如意儿，王三官义拜西门庆》：“抬过高壶来，又投壶饮酒，四个小优儿在傍弹唱。”[②]此亦可证，所谓“高壶”就是投壶之壶。清人入关以后，投壶之戏逐渐趋于衰落。21世纪初曾有明晚期一尊长颈球腹的铜投壶出现于厦门古玩市场，据介绍，此投壶通高30厘米，在壶颈顶端有大小相同、相互对称的双耳，均为圆筒状，直径与壶颈口的直径相同，在壶颈外表面上还有两条盘旋的龙，在壶的腹部有八卦以及动物纹饰。值得一提的是，投壶一般左右对称，因而能够抱之作旋风舞，具有一定的美感；若是盛水、盛酒的器皿或是计时用的漏壶，抱之而翩翩起舞就难言优美了。

三、如意钩

卷三《驱怪》一篇极有可能是蒲松龄根据当时的乡里传闻加工而成，素材无非是一起阴差阳错、歪打正着的事件。兽首人身的妖怪可能是当时不甚明晓的一头较大的野兽，一经作者的文学加工，顿觉有声有色、起伏跌宕，具有了耐人寻味的艺术魅力。小说主人公徐远公是被动的驱怪人，他于情势窘迫之下急中生智，以被子为武器驱赶走怪兽，属于应激反应下的意外成功，所谓“无心插柳柳成荫”。事后这位“弃儒访道”者并没有无中生有，借机吹嘘，而是实话实说，丝毫不失忠厚老实人的本色，这与到处招摇撞骗的江湖术士自难同日而语。“驱怪”结束后，徐远公曾恨恨地对主人说：“我不惯作驱怪术，君遣我，又秘不一言，我囊中蓄如意钩一，又不送达寝所，是死我也!”（第761页）何谓“如意钩”？朱注本注云：“如意钩：一种数齿多向形如铁锚的铁钩，柄端系有长绳，可缘以逾垣登高。”[③]若然，这类铁钩很难用为格斗的兵器，且道教中人的囊中藏此翻墙之物何用？又怎能公开以此炫耀于众人？确实不合常理，诠释为“形如铁锚类的铁钩”似有臆断之嫌。于注

① （明）陆容撰：《菽园杂记》卷一一，中华书局1985年版，第140页。
② （明）佚名：《新刻绣像批评金瓶梅》第七十二回，齐鲁书社1989年版，第1000页。
③ 朱其铠主编：《全本新注聊斋志异》，人民文学出版社1989年版，第519页。

本注云："如意钩：一种形状像如意一样的钩状兵器。"[①]此注也有望文生义之嫌。明罗懋登《三宝太监西洋记》第六十八回《元帅收服金眼国，元帅兵阻红罗山》："只见银角大王离了席面……取出一件兵器来。只有三寸来阔，却有二尺来长，弯不弯，直不直，如乙字之样。拿起来照头上一撇，一撇撇在半空里面，喝声道'变'！只见那件兵器一变十，十变百，即时间就变做一百口飞刀，飞的齁齁的响。一口口都插到他自己身上，自己一个身子就像一座刀山的样儿。一会儿，把个身子一抖，一口口的又吊下地上来，身子上没有半点伤痕。再喝声道'变'！那一百口刀还变做那件兵器……这个兵器千变万化，不可端倪。凭你的意思，要变甚么，就变做个甚么。所变之物，无不如意，故此他名字就叫做如意钩。"[②]这样的如意钩显系小说家的虚构笔墨，现实中并不存在。蒲松龄很可能根据诸如此类的相关小说情节再加杜撰，遂成为仅存在于想象中的一种短兵器名，其状或类似于"L"形或三叶形的"飞去来器"，即回旋镖，掷出伤敌后可沿一定曲线再飞回掷者手中。当然，蒲松龄也或许另有如下刻画人物的用心：徐远公为描摹当时其处境艰险而随口诌出的一种现实中并不存在的兵器，以凸显主人有意隐瞒真情的可怕后果。

四、参芦

卷五《鬼津》属于微型小说，篇中李某白昼见"鬼"，显然患有中医所谓"痰热互结，阻于气道"之症，呼吸不畅，极易心脑缺氧，因之产生幻视幻听，或于白昼做一场噩梦。"肥黑绝丑"妇人的出现，与其说是鬼物逞狂，莫如说是缺氧状态下的人体应激反应。患者于恍惚中仿佛真的遭遇到鬼怪，这在科学尚未昌明的清代初年并非不可思议。李某主诉如此，听者神乎其神，遂令奇闻不胫而走，愈传愈玄，其间不免腌臜污秽之形容，为文笔擅长的蒲松龄记下，于是就产生了这篇如同六朝志怪的小说。

古人患咳喘之疾，镇咳祛痰多用催吐方法，小说《鬼津》结尾："由此

---

① 于天池注，孙通海、于天池等译《聊斋志异》，中华书局 2015 年版，第 1019 页。

② （明）罗懋登撰：《三宝太监西洋记》第六十八回《元帅收服金眼国，元帅兵阻红罗山》，华夏出版社 1995 年版，第 541 页。

腹胀喘满，数日不食。或教以参芦汤探吐之，吐出物如卵清，病乃瘥。”（第1404页）此即显示了这种治疗方法的有效性。如果将这篇小说视为古代一桩临床医案，也未尝不可。何谓“参芦汤”？朱注本注云：“参芦汤：中药方剂，参芦散的汤剂。人参和芦根为末。水调一、二钱，或加竹沥和服。功能吐虚痰。治虚弱人痰涎壅盛，胸膈满闷，温温欲吐。见《医方集解》。”[①]盛注本注云：“参芦汤：为中医之汤头，参芦散之煎剂。主要有二味人参与芦根。治痰涎壅盛，胸膈满闷。”[②]两注皆以“参芦”为人参与芦根两味药，实则有望文生义之嫌。笔者所见三种白话全译本，皆依原文“参芦汤”照译，避免了可能的误解。于注本注云：“参芦汤：中药方剂。别名‘人参芦汤’。处方为人参芦半两。方出元朱震亨《格致馀论》。名见《本草纲目》。”[③]此注是为得之。所谓“参芦”就是一味药，即“人参芦”，又称“人参芦头”，为人参根部顶端的根茎部分，性味苦微温，功能涌吐、升提，过去中医主要用于体虚的痰饮病症。明李时珍《本草纲目》卷二《序例下·张子和汗吐下三法·吐法》：“凡病在胸膈中脘已上者，皆宜吐之。考之本草：吐药之苦寒者，瓜蒂、卮子、茶末、豆豉、黄连、苦参、大黄、黄芩。辛苦而寒者，常山、藜芦、郁金。甘而寒者，桐油。甘而温者，牛肉。甘苦而寒者，地黄、人参芦……”[④]又明李时珍《本草纲目》卷一二《草部》引元朱震亨云：“人参入手太阴，补阴中之阳，芦则反能泻太阴之阳。亦如麻黄，苗能发汗，根则止汗。谷属金而糠之性热，麦属阳而麸之性凉。先儒谓物物具一太极，学者可不触类而长之乎？一女子性躁味厚，暑月因怒而病呃，每作则举身跳动，昏冒不知人。其形气俱实，乃痰因怒郁，气不得降，非吐不可。遂以人参芦半两，逆流水一盏半，煎一大碗饮之，大吐顽痰数碗，大汗昏睡一日而安。”[⑤]可知“参芦汤”实为中医之验方，虽只用一味药，却有很强的催吐功效。

---

① 朱其铠主编：《全本新注聊斋志异》，人民文学出版社1989年版，第940页。

② 盛伟校注：《聊斋志异校注》，山西人民出版社2000年版，第1112页。

③ 于天池注，孙通海、于天池等译《聊斋志异》，中华书局2015年版，第1826页。

④ （明）李时珍编：《本草纲目》卷二《序例下·张子和汗吐下三法·吐法》，中国书店1988年版，第108页。

⑤ （明）李时珍编：《本草纲目》卷一二《草部》，中国书店1988年版，第96页。

五、山塑

古溶洞属于喀斯特地貌，又称“岩溶地貌”，为水对可溶性岩石（主要是碳酸盐类岩石，如石灰岩、白云岩、泥灰岩等）进行溶蚀等作用所形成的地表和地下形态的总称。中国喀斯特地貌分布广泛，主要在碳酸盐岩出露地区，以广西、贵州和云南东部所占的面积最大，西藏和北方一些地区也有分布。钟乳石、石笋、石幔、石盾、石珊瑚、石珍珠等为古溶洞中最令人赏心悦目并叹为观止的溶岩样态。明末徐霞客（1587—1641）曾考察过浙江、湖南、广西、贵州、云南等地三百多个溶洞，是世界考察喀斯特地貌的先驱，其所撰《徐霞客游记》比欧洲最早记述喀斯特地貌的著作早约二百年。

《聊斋志异》卷六《查牙山洞》是蒲松龄对山东章丘长白山南麓的一座古溶洞的记述，作者似乎并没有亲自考察过查牙山洞，其所记述者也不完全是听那位幸存者事后的追忆，这就如同宋代范仲淹在河南南阳撰写地处湖南的洞庭湖景观《岳阳楼记》一样，一支妙笔多凭想象加以挥洒。蒲松龄除了对《徐霞客游记》中有关溶洞的描写有所借鉴外，寺庙中的“山塑”当是其瑰丽想象的基础。不同于寺庙中庄严肃穆的佛祖塑像，所谓“山塑”所塑人物、神鬼、动物等当能充分调动古代雕塑工匠的想象力，因而生动活泼，富于表现力，用以形容溶洞中的“天工”之作，最恰如其分：“两壁嶙嶙峋峋然，类寺庙山塑，都成鸟兽人鬼形：鸟若飞，兽若走，人若坐若立，鬼罔两示现忿怒。奇奇怪怪，类多丑少妍。”（第1837页）何谓“山塑”？朱注本注云：“山墙下的塑像。山，山墙的省称。寺庙两山墙下多塑众鬼神像。”[①] 盛注本注云：“指山墙下的塑像。”[②] 再看白话译本，“山塑”，漓江本译为“寺庙里的塑像”[③]，中华本译为“寺庙中的雕塑”（原文为“寺庙中塑”）[④]，上古本译为“寺庙中

① 朱其铠主编：《全本新注聊斋志异》，人民文学出版社1989年版，第1257页。
② 盛伟校注：《聊斋志异校注》，山西人民出版社2000年版，第842页。
③ 马振方主编：《聊斋志异评赏大成》，漓江出版社1992年版，第2054页。
④ 孙通海等译：《文白对照聊斋志异》，中华书局2010年版，第1507页。

的塑像”[①]。三者大同小异，释义皆过于宽泛，并未抓住山塑的特征。所谓“山塑”，当谓寺庙中带有一定故事性的人物、神鬼、动物等的系列群雕塑像。王学坚先生《潍县的寺庙文化》：“潍县东关鱼店街绿瓦阁的庙会，别具一格，值得一提。绿瓦阁供奉的是关老爷等神圣。阁里面不仅有关老爷的漂亮塑像，还有他一生中过五关斩六将等故事的系列群雕塑像。这些群雕形神兼备，栩栩如生，当时人们称其为‘山塑’……‘正月十五看山塑’成为潍县百姓的一大美谈。”[②]明万历三十六年（1608）竹林道人镇澄《重修殊像寺碑记》：“又闻真容大殿，瓦脱椽摧，山塑淋漓，多为废坠。”[③]所谓“山塑”一词，带有浓厚的地方民间色彩，因而有关工具书难以检索到，谓其为“山墙下的塑像”显然是不准确的。

六、刺钉拖索

青蛙神属于汉族与壮族等民间信仰的神祇，当源于原始社会的图腾崇拜。唐张读《宣室志》卷一《玄阴池蛙》记述商人石宪在雁门关遇到群蛙幻形为群僧，属于志怪。据《列仙全传》卷八记述，宋琼州人葛长庚，母以白玉蟾呼之，后隐于武夷山，号海琼子。事陈翠虚九年得道，嘉定中，诏封紫清明道真人。旧时民间则有玉蟾大王庙，是为人化之青蛙神，流行于长江中下游地区。与花妖狐魅相较，《聊斋志异》中人神相恋篇章的蛙神书写多了一层腌臜的色彩，卷七《青蛙神》中“门堂藩溷皆蛙”的描写着实令人不寒而栗。卷七《青蛙神》（又）作为其前篇《青蛙神》的补篇，暴露了清代社会募化集资办“公益”（敛金修关圣祠）中为富不仁者的丑恶嘴脸与首事者上下其手的舞弊行为。幸亏有“司募政”的蛙神暗中监督，以制造令常人难以忍受的“恶心”法，即大蛙、小蛙爬满家室，终令淫纵吝啬者大破其财；蛙神又另有神通，可使暗中克扣善款者遭遇病患，甚至作为蛙神代言者的“巫”，也因监守自盗、侵渔公帑而难逃惩罚。其巫于不自觉中在大庭广众自我揭发，终于

---

① 丁如明等译：《聊斋志异全译》，上海古籍出版社2012年版，第567页。
② 王学坚：《潍县的寺庙文化》，载电子版《潍坊学院校报》2011年4月22日第19期。
③ 张正明、科大卫主编：《明清山西碑刻资料选》，山西人民出版社2005年版，第338页。

当众出乖露丑后不得已吐出了贪污所得的所有赃款，蛙神处事公正无私略见一斑。篇末“异史氏曰”有评云：“老蛙司募，无不可与为善之人，其胜刺钉拖索者，不既多乎？又发监守之盗而消其灾，则其现威猛，正其行慈悲也。”（第 2127 页）这是作者蒲松龄对于老蛙神办事公正无私并与人为善的正面评价，从一侧面流露出作者对当时社会上下普遍腐败的厌恶心理。

何谓“刺钉拖索”？清代吕湛恩、何垠两家无注。朱注本注云：“刺钉拖索：谓官府酷刑追索逋欠。刺，刺剟，以铁刺之。《史记·张耳陈馀列传》：‘榜笞数千，刺剟，身无可击者。’钉，钉镣，用以固定刑具。”[①]民间筹募善金与官府催科追逼逋欠的非刑拷打何干？以此同老蛙与人为善的劝募举措相观照，岂非不伦不类？然而这一误解也影响了《聊斋志异》诸多白话译本，沿袭承续，积非成是。“老蛙司募，无不可与为善之人，其胜刺钉拖索者，不既多乎”四句，漓江本译云：“老青蛙负责募捐事宜，就没有不能做善事的人，这比用酷刑来追索拖欠的银两，不是好得多吗？”[②]中华本译云：“老青蛙主持募捐事宜，就没有人敢不做善事，比起官府用酷刑来催讨久（欠）债不是强很多吗？”[③]上古本译云：“老蛙主持募捐，没有不参与行善的人，这比刺铁钉拖铁索的不是强得多了吗？”[④]三种全译本于前两句的翻译皆小有瑕疵，姑不论；后两句的翻译，除上古本故意模糊处理，大而化之，未明确意向外，前两种皆译“刺钉拖索”为酷刑，显然与原文意旨大异其趣。盛注本出版于 2000 年，纠正了此前十一年出版的朱注本讹误，注“刺钉拖索”四字云：“旧时僧道募化者，有的袒胸露臂，在肌肉上刺上铁针，拖着长索，以引起人们的怜悯之情。”[⑤]这一诠释无误，不足之处在于将刺钉、拖索视为一事。这一解释较官府酷刑说合理得多，唯其如此，方有与老蛙司募之法相观照比较的基础，可惜未有旁证，稍乏说服力。所谓“刺钉拖索”，实为旧时僧道通过自残或自虐希图引人怜悯而劝善募化的两种行为。刺钉，谓身上扎上铁钉的自残行为；拖索，谓身拖铁索行街的自虐行为。清初岐山左臣编次白话小说《女

---

① 朱其铠主编：《全本新注聊斋志异》，人民文学出版社 1989 年版，第 1451 页。
② 马振方主编：《聊斋志异评赏大成》，漓江出版社 1992 年版，第 2334 页。
③ 孙通海等译：《文白对照聊斋志异》，中华书局 2010 年版，第 1791 页。
④ 丁如明等译：《聊斋志异全译》，上海古籍出版社 2012 年版，第 668 页。
⑤ 盛伟校注：《聊斋志异校注》，山西人民出版社 2000 年版，第 707 页。

开科传》第五回《驾薰风背地兴波》对于“拖索”曾有详解：“这还算不得畅意，还要打发徒弟四处布施，或拖索拜石，敲梆击板，高声念佛，沿门叩首，托言某处起建某寺，某处装修某佛。”[①]所言徒弟诸般行径的目的与《青蛙神》（又）中募建关圣祠略同，正可与“老蛙司募”之法相比较。这种募化方式在古代社会并不罕见，还有因此名传不朽者。清末山东堂邑的著名贫民教育家武训为解决下层平民子弟的教育问题，就曾用锥刺身、刀破头等自残自虐的方式乞讨募化钱财以购田置地，兴办义学。他因此一时朝野闻名，其坚持不懈的顽强精神至今仍有积极意义。

七、铁豆

赌博极易滋生事端，甚至闹出人命，卷八《王大》一篇即属于嘲讽赌徒的作品。小说中众赌徒为城隍所捕，赌者纷纷贿赂押送者以减轻处罚，唯独周子明舍命不舍财，被押者讥讽说：“汝真铁豆，炒之不能爆也！”（第2217页）何谓“铁豆”？朱注本未出注。盛注本注云：“用俗语‘铁豆炒之不爆’，比喻其吝啬，一毛不拔。”[②]如此为注，仍未能明其取意为何，等于未注。其实铁豆即“烈豆”，俗称绿豆中难以煮烂的坚硬豆子。明末郑二阳《烈豆》：“煮绿豆中往往有煮之不烂者，人皆名为烈豆，亦曰铁豆，其名甚佳。夫以猛火沸汤之中，诸豆尽皆糜烂，而此豆独能坚挺如铁，完好自若，毫不为损。真可谓入水不濡，入火不焚者矣，称之曰烈，宜哉！”[③]所谓“铁豆”，或称“烈豆”，用于文学作品中，多取其褒义，这与元代关汉卿《南吕一枝花·不伏老》中“我是个蒸不烂、煮不熟、捶不扁、炒不爆、响珰珰一粒铜豌豆”[④]的自我调侃性取义有近似处。蒲松龄特以之形容赌徒冥顽不灵、难以理喻的人物性格，则全属贬义了，嘲弄不屑中用为恨极之语，堪称神来之笔。读者若

---

① （清）岐山左臣编次：《女开科传》第五回《驾薰风背地兴波》，春风文艺出版社1983年版，第52页。

② 盛伟校注：《聊斋志异校注》，山西人民出版社2000年版，第768页。

③ 胡义成选评：《明小品三百篇》，西北大学出版社1992年版，第200页。

④ 朱东润主编：《中国历代文学作品选》下编第一册，上海古籍出版社1980年版，第93页。

不明其取义，一切就无从谈起了。

八、夫人

卷八《鸟使》也是一篇微型小说，篇幅不长，全录如下：

> 苑城史乌程家居，忽有鸟集屋上，香色类鸦。史见之，告家人曰："夫人遣鸟使告我矣。急备后事，某日当死。"至日果卒。殡日，鸦复至，随榇缓飞，由苑之新。至殡宫，始不复见。长山吴木欣目睹之。（第2382页）

小说中"夫人"何谓？显然不是史乌程的长辈或平辈亲属，而是神仙中人，否则何来"遣鸟使"的神通？朱注本、盛注本皆未出注，诚属缺憾。所谓"夫人"似指当地传说中三国魏文学家吴质之女、刘府君（刘瑶）妻刘夫人，旧长山县长白山西有"夫人墓"。康熙五十五年（1716）《长山县志》卷七《轶事》："长白山西有夫人墓。魏孝昭时，清河崔罗什弱冠被征，夜经于此。忽见朱门粉壁有青衣出，语曰：'女郎，平陵刘府君妻、侍中吴质女，府君先行，故欲相见。'遂引入就床座，女郎在户东立，与什叙温凉。什遂问曰：'魏帝以尊公为元城令，然否？'女曰：'家君元城之日，妾生之年。'什乃与论汉魏事，系与魏史合。"按，《县志》此记系节录于唐段成式《酉阳杂俎》前集卷一三《冥迹》，《太平广记》卷三二六载录，明冯梦龙《情史》卷二〇《情鬼类·刘府君妻》亦载录。《酉阳杂俎》所录者如下：

> 长白山西有夫人墓。魏孝昭之世，搜扬天下才俊，清河崔罗什，弱冠有令望，被征诣州，夜经于此。忽见朱门粉壁，楼台相望。俄有一青衣出，语什曰："女郎须见崔郎。"什恍然下马，入两重门，内有一青衣通问引前。什曰："行李之中，忽蒙厚命，素既不叙，无宜深入。"青衣曰："女郎乃平陵刘府君之妻，侍中吴质之女。府君先行，故欲相见。"什遂前，入就床坐。其女在户东立，与什叙温凉。室内二婢秉烛，呼一婢令以玉夹膝置什前。什素有才藻，颇善风咏，虽疑其非人，亦惬心好也。女曰："比见崔郎息驾庭树，嘉

君吟啸，故欲一叙玉颜。”什遂问曰：“魏帝与尊公书，称尊公为元城令，然否？”女曰：“家君元城之日，妾生之岁。”什乃与论汉魏时事，悉与《魏史》符合，言多不能备载。什曰：“贵夫刘氏，愿告其名。”女曰：“狂夫刘孔才之第二子，名瑶，字仲璋。比有罪被摄，仍去不返。”什乃下床辞出，女曰：“从此十年，当更相逢。”什遂以玳瑁簪留之，女以指上玉环赠什。什上马行数十步，回顾乃见一大冢。什届历下，以为不祥，遂请僧为斋，以环布施。天统末，什为王事所牵，筑河堤于垣冢，遂于幕下话斯事于济南奚叔布，因下泣曰：“今岁乃是十年，可如何也作罢。”什在园中食杏，唯云：“报女郎信，我即去。”食一杏未尽而卒。[1]

文中“魏孝昭之世”似当作“齐孝昭之世”，乃指南北朝北齐孝昭帝高演（535—561）之时，其在位不到两年。

唐李商隐《无题》诗：“蓬山此去无多路，青鸟殷勤为探看。”[2]青鸟是神话传说中为西王母取食传信的神鸟。《艺文类聚》卷九一引旧题汉班固《汉武故事》：“七月七日，上（汉武帝）于承华殿斋，正中，忽有一青鸟从西方来，集殿前。上问东方朔，朔曰：‘此西王母欲来也。’有顷，王母至，有两青鸟如乌，侠侍王母旁。”[3]后世遂以“青鸟”为信使的代称。这篇《鸟使》中的鸦也是作为“刘夫人”的信使出现的，史乌程是否受到西王母之青鸟传说的影响而将鸦作为传达自己死期的灵物？可能的情况是，史乌程对于存在于本乡本土的“夫人墓”甚感兴趣，自己意欲如同南北朝时的文士崔罗什一样，也有冢中获得刘夫人一番礼遇的荣耀，于是朝思暮想，凝盼成疾。预知大限，显然已是病入膏肓下的谵语，又孰料一语成谶，回天乏术，终于呜呼哀哉。这从旁观者的视角加以考察，自然奇妙无比，不可思议。小说中的“夫人”一词尤当留意，注家无注，译者束手，无异于以其昏昏，使人昭昭。所谓“夫人”也者，在古代属于命妇的封号，平头百姓绝不会随便以之称谓自己的已故妻子或其他亲属，因而出自史乌程之口的“夫人”，又不加任何定

① （唐）段成式撰：《酉阳杂俎》前集卷一三《冥迹》，中华书局 1981 年版，第 120—121 页。
② 《全唐诗》卷五三九，中华书局 1960 年版，第 6169 页。
③ （唐）欧阳询撰：《艺文类聚》卷九一《鸟部中·青鸟》，上海古籍出版社 1982 年版，第 1577—1588 页。

语，必也特指当地人所熟悉之神灵，长山县境长白山西之夫人墓的存在，为我们提供了进一步诠释的馀地。白日见鬼，此其是也。至于出殡日有鸦相送，这在古代多未经开发的旷野，特别是坟地中并不罕见。鲁迅的小说《药》在结尾描写坟地的场景："他们走不上二三十步远，忽听得背后'哑——'的一声大叫；两个人都竦然的回过头，只见那乌鸦张开两翅，一挫身，直向着远处的天空，箭也似的飞去了。"[①]

蒲松龄所处时代与今相距三百馀年，《聊斋志异》中所涉及的有关名物或打有岁月变迁、社会兴替的深深烙印，为之作注就千万不能掉以轻心，否则望文生义或逞臆为释乃至不予理会，就有可能贻误读者。

① 鲁迅：《呐喊》，人民文学出版社1973年版，第36页。

说“亚魁”

明清乡试于名列前茅者有所谓“亚魁”的称谓,《聊斋志异》中《叶生》与《阿霞》皆有关于考中“亚魁”的描述。《聊斋》注家或注“亚魁”为乡试第二名,或注为第六名,或注为第六至第十八名皆可称“亚魁”。本章根据相关史料与匾额实物遗存略加考辨,以期引来科举研究者的关注。

《聊斋志异》有不少涉及明清科举制度的篇章,有关科举名词的释义,由于历史的隔膜,注家稍有不慎就有可能贻误读者,决不能掉以轻心或不了了之,更不能望文生义,郢书燕说。“亚魁”属于明清乡试后对于名次较为靠前的中式举人略带恭维性质的一种称谓,民间习用,官方也不排斥,甚至出现于省级大僚为新科举人题写的匾额上。乡试获隽,与“亚魁”关系较近的“解元”、“亚元”、“经魁”以及名次较后的“文魁”等,皆属于对新科举人名次的一种荣誉性称谓,既不会影响以后会试、殿试的录取,对于屡经会试而未能进入进士行列的举人以拣选、大挑、截取等方式选官也没有任何实质性的影响。乡里中悬挂一块诸如“经魁”、“亚魁”等经官方题写的匾额,不过夸示桑梓,令门楣生辉,光宗耀祖而已,特别是在穷乡僻壤,有一举人出现就已属百年不遇,更何况名列前茅呢?!

《聊斋志异》中仅有两篇小说涉及“亚魁”的称谓。卷一《叶生》中命运坎坷的叶生为报答邑令丁乘鹤的知遇之恩,悉心尽力教读丁公子举业文:“公子名再昌,时年十六,尚不能文。然绝惠,凡文艺三两过,辄无遗忘。居之期岁,便能落笔成文。益之公力,遂入邑庠。生以生平所拟举子业,悉录授读,闱中七题,并无脱漏,中亚魁。”(第121页)卷三《阿霞》一篇借因果报应之玄机,谴责喜新厌旧的凉薄社会风气。书生景星为接纳新欢阿霞,薄倖休妻,阿霞鄙夷景星之所为,两人路遇时,阿霞的一席话振聋发聩:“向以祖德厚,名列桂籍,故委身相从。今以弃妻故,冥中削尔禄秩,今科亚魁王昌,即替汝名者也。”(第627页)结果当年乡试榜发,景星果然名落孙山,亚魁则有“王昌”之名。至于“经魁”,又称“经元”,《聊斋》中仅出现一次,卷七《贾奉雉》中的贾生在屡试不中的困窘中,不得已以“戏缀之文”入场,反而高中举人:“贾取文稿自阅之,大非本怀,怏怏不自得,不复访郎,嗒丧而归。未几榜发，竟中经魁。又阅旧稿，一读一汗。"（第1977页）所谓"文魁"，因已无名列前茅的优势地位，《聊斋》中没有使用过这一称谓。至于"解元"，或称"解首"，即乡试第一名举人，卷三《姊妹易嫁》称明嘉靖初内阁首辅毛纪未发达时为"毛解元"，预订其日后乡试第一的功名，与史实符合。卷六《于去恶》中又有"魁解"一词，即为乡试中的经魁与解元的联称，属于预祝主人公于去恶乡试高中的吉祥话。卷八《三仙》中有"擢解"一词，卷二《阿宝》中乡试所谓"抡魁"，也都是高中乡试第一名解元之意。明清乡试第二名或称"亚元"，这一称谓与"解元"、"经魁"、"经元"、"文魁"等称谓或系专指，或属于集合名词，一般不会用错。如"经魁"与"文魁"，就是集合名词。经魁五人，即乡试前五名，包括解元与亚元；文魁则是亚魁以后名次的举人的通称。然而"亚元"也作为集合名词使用，并不单指乡试第二名。乡试发榜后，报录人对第一名以下中举者通常恭称"亚元"，即亚于解元的举人之意。清吴敬梓《儒林外史》第三回《周学道校士拔真才，胡屠夫行凶闹捷报》："捷报贵府老爷范讳进高中广东乡试第七名亚元，京报连登黄甲。"[①] 称乡试第七名为"亚元"，恭维中不乏多讨些赏钱的用心。

明清科举的文体以八股文为主，八股文出题又分别从"四书"与"五经"中取材，称"四书文"或"五经文"。诸多士子应试，有关"四书"的考题完全相同，于"五经"则各占一经，考题就有五种之多。如若以"五经"决定考生成败，则失去横向比较的基础，显然唯有"四书文"才是衡量考生水平的主要依据。至于"五经文"，尽管明清科举首场七艺，试"四书文"三题，试"经文"四题，以数量而论，比重似乎偏向于经题，实则考生中式与否，主要视其"四书文"，特别是首艺的写作而定。至于张榜的名次排序前五名，则需照顾到诸多考生选经的平衡性，各经考生平均分配前五名，利益均沾，不能只集中取中一经或偏向两、三经考生。清梁章钜《称谓录》卷二四释"经魁"有云：

> 经魁：《会典》："各省乡试，士子分经肄业，不能无人数多寡之殊。其《诗》、《书》、《易》三经，习者人多，故中额亦多。即《春秋》、《礼记》，习

---

① （清）吴敬梓撰：《儒林外史》第三回，人民文学出版社1977年版，第41页。

者甚少，亦必设立一房，取中数名者，诚以并列学官，欲士子不废诵读也。”案：国初乡试，士子必先陈明所习何经，其中额亦即分经取中。《会典》载，顺治二年，定京省各经中额：顺天《易经》四十九名，《诗经》六十名，《书经》三十六名，《春秋》十五名，《礼记》十一名。其他各直省多寡有差是也。中额既分经酌定，即每科第一名至第五名，必于《五经》各中一名，而每名各居一经之首，故世有五经魁之称。①

明清乡、会试多数情况阅卷皆以“五经”分房，在理论上至少有五位同考官方可足用，但每经由一房阅卷，在考生众多的状况下显然有些捉襟见肘，于是就有了“十八房”的说法。清顾炎武（1613—1682）《日知录》卷一六《十八房》云：

今制，会试用考试官二员总裁，同考官十八员分阅“五经”，谓之十八房。嘉靖末年，《诗》五房，《易》、《书》各四房，《春秋》、《礼记》各二房，止十七房。万历庚辰、癸未二科，以《易》卷多添一房，减《书》一房，仍止十七房。至丙戌，《书》、《易》卷并多，仍复《书》为四房，始为十八房。至丙辰，又添《易》、《诗》各一房，为二十房。天启乙丑，《易》、《书》仍各五房，《书》三房，《春秋》、《礼记》各一房，为十五房。崇祯戊辰，复为二十房。辛未《易》、《诗》仍各五房，为十八房。癸未，复为二十房。今人概称为十八房云。②

明末清初的遗民文人朱舜水（名之瑜，1600—1682）与顾炎武大约同时，他记述“经房分考官”状况为：“《诗经》六房，《易经》六房，《书经》四房，《春秋》一房，《礼记》一房。”③数目比例小有出入，无关大局。明代会试分经阅卷之比例，于乡试阅卷也大同小异；清因明制，乡试以“五经”分房阅卷也大率如此。清代江南有些省份经济发达，由于乡试考生众多，阅卷同

① （清）梁章钜撰：《称谓录》卷二四，岳麓书社1991年版，第299页。
② （清）黄汝成集释：《日知录集释》卷一六，岳麓书社1994年版，第583页。
③ （明）朱舜水著：《朱舜水集》卷一一《问答四·答小宅生顺问六十一条》，中华书局1981年版，第415页。

考官有时甚至达到二十二房之多；而一些偏远省份如云贵地区，有时乡试同考官分为八房已足敷用。此外，每科考生选经比例有时悬殊甚大，这可能造成各同考官阅卷数量的苦乐不均，乾隆中曾一度打破分经阅卷而采取同考官平均阅卷的方法。清赵翼《陔馀丛考》卷二九《十八房》曾谈到乾隆二十七年（1762）顺天乡试情况："余分校壬午乡闱，签掣《诗》五房，通计京闱卷八千有馀，而《诗经》独至五千卷，是五考官较十三考官所阅之卷尚多三分之二。不得已，分八百馀卷入《春》、《礼》四房助校。然《诗经》犹各阅八百馀卷，其视《易》、《书》等房不过二三百卷，闲剧大不侔也。今不分经，则各房所阅卷多寡适均，可以从容校阅，不至苟简矣。"[①] 与蒲松龄所处时代相较，此系后话，无庸详论。同考官或称"房官"，负责向主考官"荐卷"，是考生中式与否的关键环节，得中考生称之为"房师"，对其异常尊重。

再回到本文主旨，何谓乡试"亚魁"？权威的《汉语大词典》如此释义："亚魁：古代泛指科举考试第二名。清蒲松龄《聊斋志异·阿霞》：'是科，景落第，亚魁果王氏昌名。'"[②]《中国科举辞典》释义："亚魁：明清乡试取中正榜者为举人，其第六名称亚魁，自第七名以后皆称文魁。"[③] 此第六名说当源于商衍鎏《清代科举考试述录》，是书第二章《举人及关于举人系内之各种考试》有云：

> 新科举人，顺天由礼部，各省由布政司，颁给牌坊银二十两（亦称旗匾银两），及顶戴衣帽匾额，第一名解元，第二名亚元，第三、四、五名经魁，第六名亚魁，馀曰文魁。各省有作就匾额致送者，银两衣帽后则名存实亡矣。[④]

商衍鎏是清光绪三十年（1904）甲辰恩科第一甲第三名进士，即清代科举考试最末一科的探花，讨论科举有关问题自属于个中人语，他认为亚魁只局限于乡试第六名，从而受到后世研讨科举考试制度者的重视，不言而喻。当下持亚魁为乡试第六名说者不乏其人，至于第二名说，笔者仅能于典籍中找到

---

① （清）赵翼著：《陔馀丛考》卷二九，河北人民出版社 1990 年版，第 575 页。

② 罗竹风主编：《汉语大词典》第一卷，汉语大词典出版社 1990 年版，第 543 页。

③ 翟国璋主编：《中国科举辞典》，江西教育出版社 2006 年版，第 54 页。

④ 商衍鎏著：《清代科举考试述录》，生活·读书·新知三联书店 1958 年版，第 83 页。

一个实例为证。清梁章钜等《楹联丛话全编·楹联四话》卷之三："南海劳莪野孝廉潼素工时文。乾隆乙酉科出闱后，自负不肯作第二人想。及揭晓，泥金到门，乃报中亚魁也。劳曰：'吾文当第一，何以第二！然则解元为谁？'对曰：'顺德梁泉也。'劳始不语。至簪花日，其门署一联云：'险些儿做了五经魁首；好汉子让他一个头名。'"[①]乾隆乙酉即乾隆三十年（1765），劳潼考中这一年广东乡试的第二名，梁章钜不称其为"经魁"或"亚元"，而称之为"亚魁"，可见古人对这一称谓的理解并不单纯。

有关通俗小说乃至遗存科举匾额等，倒常可作为亚魁乃乡试第六名说的旁证：

清曹去晶《姑妄言》第十四回《多情郎金马玉堂，矢贞妓洞房花烛》："众人道：'恭喜相公高中。'遂将红报单贴起。钟生举目看时，高高中在第六名亚魁，喜不自胜。"[②]

清佚名《平山冷燕》第十九回《扬州府求媒消旧想，长安街卖扇觅新知》："二人到了三场，场中做的文字，犹如万选青钱，无人不赏。及放榜之期，燕白颔高高中第一名解元，平如衡中了第六名亚魁。"[③]

清海圃主人《续红楼梦新编》第十二回《惊四座贾茂叔挥毫，感三湘梅月娥对月》："贵筑旧家李云龙，年十七岁，中了贵州第六名亚魁。皆来都中会试。"[④]

北京科举匾额博物馆藏有一块"亚魁"匾，并有拓片。原匾上、下款字迹漫漶不清，拓片上款题写"钦命大主考头品顶戴兵部侍郎巡抚江西等处地方兼理军务兼提督衔德馨为"，下款题写"中式第六名举人陈锦镤立，皇清光绪十六年岁次庚寅仲春月上浣谷旦"。光绪十六年（1890）江西乡试为恩科，匾额拓片已经明确匾主考中乡试亚魁为第六名。不过从拓片字体分析，除居中的"亚魁"两个榜书大字外，其上、下款题字皆非原镌字体，当系转书，而原匾上、下款皆已漫漶不清。向博物馆馆长姚远利先生讨教，也未得到确切的答复，只能存疑。

---

① （清）梁章钜等编著：《楹联丛话全编·楹联四话》卷三，北京出版社 1996 年版，第 316 页。
② （清）曹去晶著：《姑妄言》第十四回，中国文联出版公司 1999 年版，第 684 页。
③ （清）佚名著：《平山冷燕》第十九回，人民文学出版社 1983 年版，第 332 页。
④ （清）海圃主人著：《续红楼梦新编》第十二回，嘉庆十年（1805）文秀堂刊本。

明清之际的朱舜水对于“亚魁”的释义却另有说法，突破了第六名说，将之视为一个集合名词。他于清人入关以后东渡日本，在异国回答日本友人有关明朝科举之问有云：

> 大明分天下为十五国，南、北两京为天子京畿，故不言省。而十三省乃中书省之分署，故曰省。浙江、江西、福建、广东、广西、山东、山西、河南、陕西、四川、湖广、云南、贵州为十三省，合南、北二京为十五国。三年一大比，子、午、卯、酉之年，大集举子于省会。朝廷差京考二员，就其地考试，而房考则督学官自行聘请阅文。中式者为解元，合次四名为经魁，又次五名为亚魁，又次及末为文魁。鹿鸣设宴，此即礼之宾兴，而艰难尊宠过之。①

朱舜水乃明诸生，对于明代科举制度当如数家珍，决不生疏，他认为乡试亚魁如同经魁一样是一个集合概念，即乡试第六至第十名共五位举人皆可称亚魁。这显然是以五经魁为根据立论的，即各经考生既可以有第一名，也须有第二名，因而对应于五个经魁，也必然分别产生仅次于经魁一等的五个亚魁。换句话说就是：五位经魁之后的排次，是否也必须照顾考生所习何经而平均分配？朱舜水对此也有明确的说法，他在回答另一位日本友人关于明代乡试如何以五经分房取士时说：“每经各取一名冠场，合解元为五经魁，第二名为亚魁。”② 这实际上补充了他在《问答一》中的说法，但未予明确的是，五个亚魁的排序（即从第六名到第十名）是否也按照五个经魁所治经书的次第？如果真是一一对应，则可能产生排序的新的不公。如以治《礼记》的考生为第一名解元，那么治《礼记》的亚魁就必然是第六名吗？因为若不照顾士子分经的平衡问题，纯以“四书”文衡量考生水平高下，第六名以下未必就逊于第二名或第三、四、五名。但可以明确的是，至少在明代，经魁有五位，亚魁也有五位，两者合计为十位，且皆照顾到士子所治经的平衡性。这是亚魁

① （明）朱舜水著：《朱舜水集》卷一〇《问答一·答源光国问十一条》，中华书局 1981 年版，第 346 页。

② （明）朱舜水著：《朱舜水集》卷一一《问答四·答小宅生顺问六十一条》，中华书局 1981 年版，第 415 页。

为乡试第六名至第十名的根据。对应此说，在明清通俗小说中也可找到有关亚魁名次的证据：

明天然痴叟《石点头》第一回《郭挺之榜前认子》："三场完了，候到发榜之期，郭乔名字，早高高中了第九名亚魁。忙忙去吃鹿鸣宴，谢座师，谢房师，俱随众一体行事。"[①] 此可证乡试第九名可称"亚魁"。

清古吴墨浪子辑《西湖佳话》卷八《三台梦迹》附录有《于祠祈梦显应事迹》，现代整理本或排印于书末：

> 姚行人未第时，祈兆于坟。梦公曰："汝是当今第七个恶人。"令左右剜去其心。姚惊觉，思曰："此非吉兆，想吾心不诚故也。"遂斋戒三日，再求一梦，以定前程。是夜，复梦公曰："汝这第七个恶人又来了。"急令人再剜去其心。姚复惊醒。自思平日毫无罪过，何得有此恶梦？乃叹曰："吾非但功名不成，他日必得心疾而亡。"其年乡试，中第七名亚魁，会试又中第七，始悟二次恶字。去心，乃亚字也。[②]

乡试第七名可称"亚魁"，第十名也可称"亚魁"。清绿意轩主人（萧鲁甫）《海上花魅影》第三回《迂监生赴省求名，老学究临场做梦》："岂知，这先生正在做梦，梦见出榜自己已中了第十名亚魁。"[③]

乡试第八名称亚魁者，清天花藏主人《两交婚小传》第十四回《占高魁准拟快乘龙，寻旧约何期惊去凤》："捷报贵府令坦辛讳发高中南场乡试第八名亚魁。"[④] 碰巧的是，今互联网上所"晒"的"亚魁"三块匾皆为乡试第八名举人所题写。第一块"亚魁"匾其上、下款至今仍依稀可辨，其上款题"巡抚福建等处地方提督军务督察院右佥都御史纪录十七次黄国材为"，其下款题"雍正二年甲辰科中式第八名举人张骧立"。雍正二年（1724）既非乡试正科年，也非恩科年，而是会试正科年。当是胤禛于雍正元年癸卯（1723）登

① （明）天然痴叟著：《石点头·郭挺之榜前认子》，中州古籍出版社 1985 年版，第 13 页。
② （清）古吴墨浪子辑：《西湖佳话》附录《三台梦迹》所附《于祠祈梦显应事迹》，华夏出版社 2013 年版，第 188 页。
③ （清）绿意轩主人（萧鲁甫）著：《海上花魅影》第三回，北京师范大学图书馆馆藏清钞本。
④ （清）天花藏主人序：《两交婚小传》第十四回，清初刊本。

极，这一年正值乡试正科年，特改正科为恩科，而将乡试原正科错后一年所致。第二块“亚魁”匾上、下款也不模糊，其上款题“大主考太子少保兵部尚书兼督察院右都御史署理闽浙总督盐课印务长麟为”，其下款题“乾隆乙卯科中式举人第八名黄殿安立”。乙卯即乾隆六十年（1795），适为乡试正科年，但因禅位于嘉庆帝，故改正科为恩科。第三块“亚魁”匾上、下款也可辨识，其上款题“全闽将军署闽浙总督兼巡抚事部堂崇善、工部右侍郎兼钱法堂事务秦绶为”，其下款题“光绪癸卯恩科中式举人第八名张大猷立”[①]。癸卯即光绪二十九年（1903），此科乡试本为正科，因庆贺翌年慈禧太后七旬寿诞而改为恩科。

乡试亚魁尽管没有解元乃至经魁荣光，但毕竟名列前茅，可以夸耀乡里，有人即制成牌坊借以传名。清道光《休宁县志》卷一《坊表》：“亚魁，在上溪口，为吴诚。”另卷九《选举·举人》著录吴诚：“嘉靖四年乙酉科，字存之，溪口人。”嘉靖四年即公元1525年，明代休宁属徽州府（今安徽黄山市），乡试在南直隶的应天府举行。这座亚魁牌坊不知题写吴诚的乡试名次如何，但不出第六至第十名则可以肯定。

明清科举制度，乡、会试卷，考生用墨笔书写的考卷称“墨卷”；考官阅卷前由专门誊录人员用朱笔誊写者，不书姓名，只编号码，称“朱卷”。这无非令阅卷者无法辨认考生笔迹，杜绝串通作弊。发榜后，朱卷连同其上考官批语发还考生，中式者往往刻印出来以馈送亲友。顾廷龙主编有《清代朱卷集成》420册，1992年台北成文出版社出版。此书收录清代从康熙到光绪年间的乡试、会试、五贡等朱卷8235份。其中会试卷1635份，涉及的进士共近12000人，另有武会试卷4份；乡试卷5186份，另有武乡试卷34份，五贡卷1576份。是书所收录诸科举人中的第六名至第十名，皆径标其名次，尚未发现用其他称谓者。如收录乾隆乙卯（1795）恩科顺天乡试之江咏朱卷：“江咏，字鸣韶，号褚生，行四，乾隆戊子年三月二十八日生，江南安庆府桐城县监生，民籍。顺天乡试乾隆乙卯恩科，中式第八名。”又收录嘉庆戊辰（1808）恩科顺天乡试之程铨朱卷：“程铨，字衡三，号春岚，行一，乾隆辛

---

① http://image.baidu.com/search/index?word=%E4%BA%9A%E9%AD%81&ct=201326592&cl=2&nc=1&lm=-1&st=-1&tn=baiduimage&istype=2&fm=index&pv=&z=0&ie=utf-8

丑年九月廿六日生，顺天府大兴县民籍，附生。原籍浙江金华府东阳县。顺天乡试，嘉庆戊辰恩科，中式第三名。”[①] 这里并没有使用“亚魁”或“经魁”的称谓。即使乡试解元，《清代朱卷集成》也仅用“第一名”相称。如收录嘉庆十八年癸酉（1813）科江南乡试之沈巍皆朱卷：“沈巍皆，字讲虞，号舜卿，一号朴斋，行四，乾隆甲辰年十月二十一日吉时生，安徽直隶六安州拔贡生，民籍。江南乡试嘉庆癸酉科，中式第一名举人。”[②]

值得瞩目的是，《清代朱卷集成》收录光绪二十六年（1900）浙江乡试夏之霖朱卷：“夏之霖，原名之榆，字羹和，行八，同治戊辰九月二十三日吉时生，系浙江嘉兴府嘉善县优附生，民籍。光绪辛卯科荐卷，甲午备取优贡，乡试堂备。浙江乡试卷第拾房，中式第十三名亚魁（庚子、辛丑恩正併科）。”[③] 在这里，“亚魁”的称谓已然从上述所论前六名至前十名五人延后至第十三名，这显然已经打破了明代以“五经”分房而论亚魁的习惯，而有可能与乡试分房阅卷的同考官数目直接挂钩了。以同考官十八房计，各房皆有同考官所荐之第一名试卷，而五经魁则势必从这十八位第一名（或称房元）的试卷中产生，于是去掉五人的试卷，剩下的十三位考生试卷若不再考虑“五经”的平衡分配问题，则皆可视为仅次于五位经魁的试卷，即亚魁。这一状况绝非个别，从目前遗存的亚魁匾额也可以看到这一称谓在清代特别是清中后期的一般适用原则。

互联网上有一块 1999 年 9 月 11 日复制的“亚魁”匾照片，上款题“道光壬辰年钦赐”，下款题“浙江省第十七名举人翁庆山……公元一九九九年九月十一日”，可见举人第十七名也可称“亚魁”。如果说此匾为复制品，题款也不伦不类，因而不足为据，那么“今日惠州网”所“晒”一块“亚魁”匾则系原物的展示。此匾上款题“钦加头品顶戴兵部侍郎兼督察院右副都御史巡抚广东等处地方提督军务兼理粮饷许振祎为”，下款题“光绪二十三年丁酉

① 顾廷龙主编：《清代朱卷集成》，台北成文出版社 1992 年版，第九三册。
② 顾廷龙主编：《清代朱卷集成》，台北成文出版社 1992 年版，第一三二册。
③ 顾廷龙主编：《清代朱卷集成》，台北成文出版社 1992 年版，第二九四册。

科乡试中式第十一名举人叶蓉煌立”[①]，举人第十一名可称“亚魁”，且为广东巡抚所题匾，绝非儿戏可知。光绪二十三年即公元1897年，这一年为乡试正科。

在清代通俗小说中，称乡试第十名以后的举人为“亚魁”也不罕见。清代李修行所撰小说《梦中缘》第十一回《易姓氏盛世际风云，赴新任驲亭遇骨肉》：“初九日，头场七篇得意，二场、三场大有可望。到了揭晓之日，吴瑞生中了《春秋》经魁第二名，李如白中了《书经》亚魁第十四名。”[②]经魁为第二名不必论，乡试中举第十四名也可称“亚魁”，就已落于第十名以外了。《梦中缘》作者李修行，字子乾，山东阳信人，康熙五十四年（1715）考中三甲第四十一名进士，当生活于康雍时代，可证至少在那个年代以前即清初，“亚魁”已可以称呼乡试第十名以后的举人了。

更为吊诡的是，在通俗小说叙事中，清代科举会试中式竟然也出现“亚魁”之称谓，且在第五名。清震泽九容楼主人松云氏著《绘图英云梦传》第十二回《占春魁权奸护事，封列侯仙丈传情》：“三人唱名入场，三场已毕，揭晓之日三人同去看榜。王云就高高中了第一名会元。本来王云该在下科取中，因他在江西有彩姑阴德，所以今科得中。万鹤中第五名亚魁，钱禄中了第十五名。”[③]小说作者或许不熟悉科举文化，故有此张冠李戴的错讹，实不足为据。

明清科举，乡试武科也有“亚魁”之称谓，且并非个别情况。先看《清代朱卷集成》，是书收录光绪二十年甲午（1894）浙江乡试武生汪凤飞朱卷：“汪凤飞，字文炳，号灿成，行一，同治丁卯年十月十三日吉时生，浙江金华府汤溪县学武生，民籍……乡试中式第八名亚魁。”另收录同科浙江乡试武生李武扬朱卷：“李武扬，字光烈，号功臣，行一，同治丁卯年正月十六日吉时

① http://image.baidu.com/search/index?tn=baiduimage&ipn=r&ct=201326592&cl=2&lm=-1&st=-1&fm=result&fr =&sf=1&fmq=1496284641428_R&pv=&ic=0&nc=1&z=&se=1&showtab=0&fb=0&width=&height=&face=0&istype=2&ie=utf-8&word=%E4%BA%9A%E9%AD%81%E4%BB%8A%E6%97%A5%E6%83%A0%E5%B7%9E%E7%BD%91

② （清）李修行撰：《梦中缘》第十一回，光绪十一年（1885）有益堂刊本。

③ （清）震泽九容楼主人松云氏著：《绘图英云梦传》第十二回，山西人民出版社1989年版，第224页。

生，浙江金华府汤溪县学武生，民籍……乡试中式第十名亚魁。”[①]武生乡试以清代为例，马射、步射、开弓、舞刀、掇石等外场考试内容外，内场考试原用策论，后改为默写《武经七书》(即《孙子》、《吴子》、《司马法》、《六韬》、《尉缭子》、《三略》、《李卫公问对》七书）一段，与“四书”基本无关，与“五经”更不相干，也不用八股文体，自不用同考官分经阅卷，也无庸分房。中式者称“武举”，当无所谓“经魁”之称谓，然而竟然也用“亚魁”名号，且见于朱卷，显然是对文科科举称谓的“搭车跟风”。这在遗存至今的匾额文化中也有反映，中华古玩网曾“晒”出一块咸丰九年（1859）福建武科乡试“亚魁”匾，其上款题“兵部尚书闽浙总督部堂庆瑞、兵部侍郎福建巡抚部院瑞瑸为”，其下款题“咸丰己未恩科并补戊午正科中式武举人第二、六名萧青云、鸿禧立”[②]。武举第二名与第六名皆称“亚魁”，当是仅针对武解元而论。互联网上还有一块道光二十年（1840）庚子浙江武乡试的“亚魁”匾，其上款文字不清晰，仅知其下款有“第十八名武举人柴懋三”字样，即受匾人。第十八名武举称“亚魁”，当是套用了文科乡试当时有“十八房”同考官的惯例。

旧时科举匾额的题写往往夸大其词，题匾人又是高官显贵，这无疑会造成社会上科举称谓名义的混乱。如互联网上有一块“经魁”匾，其上款题“钦命礼部右侍郎实录馆总裁提督福建全省学政加五级史致俨为”，其下款有“岁贡生某某”字样，显然这并非乡试举人匾。北京科举匾额博物馆收藏有一块“优进士”匾，系嘉庆十二年丁卯（1807）礼部尚书汪廷珍、刑部尚书金光悌为这一年的“选举第一名优贡生王临策”所题写，这“优进士”显然不是殿试后已经决出甲第名次的“进士”。该馆另藏有一块乾隆十七年壬申（1752）恩科“经魁”匾，系江西布政使王兴吾为江西乡试第十二名举人吴洲所题，乡试第十二名举人也可称“经魁”，且出自省级大僚之手，令人诧异。明清科举考试中，礼部会试的第一名称“会元”、“贡元”，又称“会魁”，意即会试之魁首。这家博物馆就藏有一块康熙三十九年庚辰（1700）会试“会魁”匾，系东阁大学士吏部尚书熊赐履为“庚辰科会试第十八名进士胡承谋”

---

① 顾廷龙主编：《清代朱卷集成》，台北成文出版社 1992 年版，第三五三册。

② http://image.baidu.com/search/index?word=%E4%BA%9A%E9%AD%81%E4%B8%AD%E5%8D%8E%E5%8 F%A4%E7%8E%A9%E7%BD%91&ct=201326592&cl=2&nc=1&lm=-1&st=-1&tn=baiduimage&istype=2&fm=index&pv=&z=0&ie=utf-8

所题，这一称谓的错位显然也与“十八房”有关，即在会试中，胡承谋可能是十八房中某一房取中的第一名，但称“会魁”总有些勉强。据《明清进士题名碑录索引》，这一年殿试，胡承谋考中第二甲第四十一名进士。最有趣的是该馆所藏一块同治十一年壬申（1872）的“进士”匾，系内阁学士礼部右侍郎李文田为这一年的“正贡一名”某某（看不清）所题，贡生也可悬挂“进士”匾，两字当系动宾结构，与向皇帝贡献人才的“贡生”本义并不矛盾，但总令人觉得有些虚张声势。可见清人题写科举匾额的随意性与混乱性，实在一言难尽。

贡士，明清时代一般称会试中式后准备参加殿试者，但在民间也常常作为“贡生”的敬称，因为从语义而言，两者并无太多差异。《聊斋志异》有《张贡士》一篇，小说主人公张在辛（1651—1738）即康熙二十五年（1686）的拔贡，或笼统地称“贡生”，他一生没有中举，更不用说进京会试了。清因明制，科举承袭尤为明显。蒲松龄生活于清代初期，对于明代科举称谓耳熟能详，《聊斋志异》中所涉及的科举内容也多带有明人的影子。就此而论，“亚魁”在蒲松龄笔下当属于一个集合名词，所指范围当为乡试第六名至第十名，也即乡试名列前茅的意思，这与朱舜水所下定义是相合的。如果《叶生》或《阿霞》中的“亚魁”专指乡试的第二名或第六名，虚构小说情节如此坐实，真无此必要，笔法也略显笨拙；若将“亚魁”释义扩充为第六名至第十八名，又未免过于宽泛，可能有违作者写作初衷。

“亚魁”释义虽属于细微末节，无关宏旨，但若解说正确，对于理解蒲松龄的创作构思不无裨益，读者切不可掉以轻心。

说《考城隍》

稿本《聊斋志异》，以《考城隍》为卷一首篇，其情节简单，几于平铺直叙，毫无跌宕之致，或属于作者早年之作，因而对于作为人间科举取士之影子——冥间考选城隍之举，仍抱有虔诚之念。小说中主人公宋焘以老母七旬奉养无人为辞，不愿意即赴冥职，亦如寻常说部中人每遇强人剪径或两军交战，面临绝境时率以老母年迈为言以求生路，可见源于孔孟儒家之论的仁孝之心深入后世人心牢不可破之状，说者有意，听者亦难断然拒绝。《聊斋志异》全书推本仁孝，以《考城隍》居首，开宗明义，或有深意。而其一篇宗旨，尤在“有心为善，虽善不赏；无心为恶，虽恶不罚”十六字中（第3页）。清但明伦有评云：“‘有心为善’四句，自揭立言之本旨，即以明造物赏罚之大公。”（第4页）清方舒岩对此十六字有更进一步的分辩：“有心为善则伪，无心为恶是过，其赏罚当有差等。遽曰不赏不罚，亦非平论。然可知冥间责备贤智而宽待愚不肖也。”（第3页）可见“有心”与“无心”之论是本篇小说之关键。

有心则有可能深寓机巧，无心则纯任自然。“无心”作为一种人生境界，早为先秦道家所崇尚，《庄子·天地》中有黄帝失玄珠而复得的一篇寓言：

> 黄帝游乎赤水之北，登乎昆仑之丘而南望，还归，遗其玄珠。使知索之而不得，使离朱索之而不得，使吃诟索之而不得也。乃使象罔，象罔得之。黄帝曰：“异哉！象罔乃可以得之乎？”①

象罔，唐成玄英疏：“罔象，无心之谓。离声色，绝思虑，故知与离朱自涯而返，吃诟言辨，用力失真，唯罔象无心，独得玄珠也。”②《庄子》中象罔得珠之喻，就是以“无心”寻求大道（玄珠）的形象阐释；至于《庄子·养生主》中“为善无近名”之论③，意即做世俗上的人所认为的善事就不要有求名之心。

① （清）郭庆藩辑：《庄子集释》，中华书局1961年版，第414页。
② （清）郭庆藩辑：《庄子集释》，中华书局1961年版，第415页。
③ （清）郭庆藩辑：《庄子集释》，中华书局1961年版，第115页。

而“有心为善”，既有求名之心，又有图报之意，因而“虽善不赏”。古人常谓“但行好事，莫问前程”，亦是此意。

“有心”与“无心”属于一对矛盾的存在，引申言之，则存在“有欲”与“无欲”、“有情”与“无情”的分殊，古人多辩证论之。《淮南子·诠言训》有云：“天下非无信士也，临货分财，必控筹而定分，以为有心者之于平，不若无心者也。天下非无廉士也，然而守重宝者必关户而全封，以为有欲者之于廉，不若无欲者也。”[①]北齐刘昼《刘子·去情》有云：“使信士分财，不如投策探钩；使廉士守藏，不若无欲之不廉也。有心之于平，不若无心之于不平也；有欲之于廉，不若无欲之不廉也。”[②]这自然也是崇尚“无心”的议论。宋叶梦得《岩下放言》卷下：“以圣人之道在有心、无心之间，蔽于有心者，翻十二经固不可；蔽于无心，虽藏书亦不可。仁义无心于为，则合人之性；有心于为，则乱人之性。”[③]无心乃是一种人生境界，俗语所谓“着意种花花不活，无心插柳柳成荫”即是此意。无心即顺其自然，有些事情若执意而求反而不得。宋蔡絛《铁围山丛谈》卷三记述趣事一则，发人深省：

> 伯父君谟，号美髯须。仁宗一日属清闲之燕，偶顾问曰：“卿髯甚美，长夜覆之于衾下乎？将置之于外乎？”君谟无以对。归舍，暮就寝，思圣语，以髯之内外悉不安，遂一夕不能寝。盖无心与有心，相去适有间。凡事如此。[④]

小事如此，上升到善与恶的高度，就涉及人性问题了。明洪应明《菜根谭·概论》有云：“为恶而畏人知，恶中犹有善路；为善而急人知，善处即是恶根。”[⑤]明末清初文人朱柏庐（1617—1688）有《治家格言》风行于世，内中有云：“善欲人见，不是真善；恶欲人知，便是大恶。”[⑥]论行善与作恶，也从人的意愿入手为论，与《聊斋》作者的十六字箴言意旨全同。

---

① （汉）高诱撰：《淮南子注》卷一四《诠言训》，上海书店1986年版，第240页。
② 杨明照校注：《刘子校注》，巴蜀书社1988年版，第9页。
③ （宋）叶梦得撰：《岩下放言》卷下，影印文渊阁《四库全书》，台北商务印书馆1986年版，第863册第745页。
④ （宋）蔡絛撰：《铁围山丛谈》卷三，中华书局1983年版，第56页。
⑤ 王同策注释：《菜根谭注释》，浙江古籍出版社1989年版，第86页。
⑥ （清）朱柏庐：《治家格言》，中国友谊出版公司1997年版，第19页。

中国古代将暗中施德于人称为“阴德”，或称“阴骘”。《聊斋志异·刘姓》一篇写一乡间恶霸，本当于死后转生畜道，因其荒年曾以三百钱救助一夫妇，积有阴德，终为阎罗放还。但明伦就此评云：“此所谓无心为善，才是真善。”深得聊斋先生意趣，堪称笃论。有关善恶问题，佛家多有论述，西方基督教文化也有类似说教，如《马太福音》中就有以下一段话：“你们要小心，不可将善事行在人的面前，故意叫他们看见。若是这样，就不能得你们天父的赏赐了。”[①]可见有关善恶的有心与无心，中外一揆，并无二致。

清纪昀《阅微草堂笔记》卷一六有阴间业镜可以洞见人心之说：“人镜照形，神镜照心。人作一事，心皆自知；既已自知，即心有此事；心有此事，即心有此事之象，故一照而毕现也。若无心作过，本不自知，则照亦不见。心无是事，即无是象耳。冥司断狱，惟以有心、无心别善恶，君其识之。”[②]论贵诛心，与《考城隍》十六字箴言两相对照，对于理解清代正统文人之心态大有裨益。周先慎先生《试解开宗明义的〈考城隍〉》一文认为理解“有心为善，虽善不赏；无心为恶，虽恶不罚”这两句话：“要是把隐含的意义‘翻译’到字面上来，应该是：有心为善是为大善，大善不必奖赏；无心为恶是为小恶，小恶可以宽容。这样就顺理成章，不难理解了。”[③]也可备一说。

值得一提的是，有关“善”的内涵，也有随时代不同、社会不同、风俗不同而有所变迁的可能。聊斋先生所云“善”，即以儒家传统思想中之纲常伦理为依归，“仁孝”当是其主要内容。作者将《考城隍》一篇置于卷首，明显有揭橥“善”为一部《聊斋》之纲的用心在。

小说写宋焘与长山张秀才在阴间分手以诗赠别，中有“有花有酒春常在，无烛无灯夜自明”之句，亦非闲笔。两句诗暗喻阴间萧索，孤独中难遇亲友，却并非没有温暖；黑暗之中也自有天理在，并非混沌一片。出句“有花有酒”，语本唐白居易《寄明州于驸马使君三绝句》其一：“有花有

---

① 《新旧约全书·新约全书·马太福音》第六章第一节，中国基督教三自爱国运动委员会、中国基督教协会1988年印发，第6页。

② （清）纪昀：《阅微草堂笔记》卷一六，上海古籍出版社1980年版，第410页。

③ 周先慎：《试解开宗明义的〈考城隍〉》，载《北京大学学报》2010年第4期。

酒有笙歌，其奈难逢亲故何。”[1]蒲松龄用白居易诗意，即在于隐约含蓄地“歇后”道出人在冥间虽乐而孤独无依的惆怅心情，可见蒲松龄小说构思缜密，点水不漏。注家对此若熟视无睹，未免辜负作者的一片苦心。

① （唐）白居易著:《白居易集》卷三二，中华书局1979年版，第718页。

说《瞳人语》与《戏缢》

《聊斋志异》卷一《瞳人语》与卷五《戏缢》可相互参看，两篇篇幅都不长，皆属寓意良深的小说作品，戒轻薄淫荡的主调凸显了蒲松龄对儒家道德理念的坚守。明代中晚期流行的《增广贤文》一类的蒙学读物，“万恶淫为首，百行孝当先”一类的警示世人语赫然在目，表明戒淫与孝行践履的不易。古人对于两者又有不同的判断标准，即判断淫邪，论迹不论心，论心则世上无完人；判断孝行，论心不论迹，论迹则贫家无孝子。前者谓只要无登徒子之行，无妨想入非非；后者谓孝心第一，乞丐虽无能力厚养父母，只要将乞讨而来的第一碗食物奉养父母，即可称孝。

在异性面前展示自以为是的个人“魅力”，本是一种求爱的生物学过程，正如雄性孔雀在异性面前开屏一般，目的在于极度炫耀自己，从而达到令雌性孔雀垂青的求偶目的。人作为高级动物，在异性面前通过各种方式显现自身的存在，虽目的或不在求偶，但那种无意识中的原始冲动却存在于生活的各个角落。微型小说《戏缢》就属于大众生活中某一横断面的展示：淄川一佻挞无赖见少妇骑马而过，为了引起她的注意，戏以高粱秆为梁上吊，结果真就命丧黄泉。故事不无荒诞性，尽管其悲剧的结局令人唏嘘，却具有人类性心理学上的普遍认识价值。宋普济《五灯会元》卷一九有以所谓“小艳诗”参禅的记述：“会部使者解印还蜀，诣祖问道。祖曰：‘提刑少年，曾读小艳诗否？有两句颇相近：频呼小玉元无事，只要檀郎认得声。’提刑应‘喏喏’。祖曰：‘且子细。’”[①]将小艳诗纳入禅宗机锋，自有其普遍的人类性心理基础，佛家以之明心见性，可谓别出心裁。《左传·昭公元年》：“郑徐吾犯之妹美，公孙楚聘之矣，公孙黑又使强委禽焉。犯惧，告子产。子产曰：‘是国无政，非子之患也。唯所欲与。’犯请于二子，请使女择焉。皆许之，子皙盛饰入，布币而出。子南戎服入。左右射，超乘而出。女自房观之，曰：‘子皙信美矣，抑子南，夫也。夫夫妇妇，所谓顺也。’适子南氏。”[②]又《左传·昭公

① （宋）普济著：《五灯会元》卷一九《南岳下十四世·五祖演禅师法嗣》，中华书局1984年版，第1254页。

② 杨伯峻编著：《春秋左传注·昭公元年》，中华书局1981年版，第1211—1212页。

二十八年》："昔贾大夫恶，娶妻而美，三年不言不笑，御以如皋，射雉，获之。其妻始笑而言。贾大夫曰：'才之不可以已，我不能射，女遂不言不笑夫！'"[①]前一故事中，徐吾犯漂亮的妹妹终于选择了有男子汉气概的公孙楚（子南）为夫，而不是衣服华丽并携带彩礼的公孙黑（子皙）；后一故事中，面貌丑陋的贾国大夫被结婚三年的妻子瞧不起，然而他在一次打猎中证明了自己的才能后，终于赢得了妻子的芳心。可见这种能力的自我展示在异性面前是何等的重要，的确非同小可，只不过展示时不要用歪了心思，更不要用歪了方法或用错了地方、用错了时间而已。

《瞳人语》中讲述喜尾缀游女之车的轻薄士方栋惨遭目盲之报，后因忏悔诵经自新，终于一目恢复视力："虽一目眇，而较之双目者，殊更了了。"并且从此改过，"益自检束，乡中称盛德焉"（第16页），这算是一幕喜剧的收场，并开轻薄者自新之路。

方栋一双盲目中有小人出没且能对话，构思奇特，或有所本。明沈德符《万历野获编》卷二八《奇疾》：

> 古纪奇疾，非理所有者多矣。或以为文人游戏，必非真有其事。以余亲所闻见，则有如穆吏部深者，山东济南人，壬辰进士，罢官里居，忽患异疾。耳中时闻车马之声，则疾大作。一日闻耳内议曰："今日且遨游郊坰。"即有装驮驴马鳞次而出，其恙顿除。至晚复闻游者回镳尽返，耳中则所苦如故。吏部公屡治不痊，一日忽洗然若失。[②]

论者有谓《奇疾》一则为《瞳人语》所本，然而前者只记其病之奇，后者则具劝惩之意，自难同日而语。关于尾随丽人而行的放荡行为，唐人已有描绘，张泌（字子澄）《浣溪沙》词其九："晚逐香车入凤城，东风斜揭绣帘轻，慢回娇眼笑盈盈。　消息未通何计是，便须佯醉且随行，依稀闻道太狂生。"李冰若《花间集评注·栩庄漫记》评此词云："子澄笔下无难达之情，无不尽之境，信手描写，情状如生，所谓冰雪聪明者也。如此词活画出一个狂少年举

① 杨伯峻编著：《春秋左传注·昭公二十八年》，中华书局1981年版，第1496页。
② （明）沈德符撰：《万历野获编》卷二八，中华书局1959年版，第728页。

动来。”[①] 鲁迅有感于当时上海“摩登少爷勾搭摩登小姐”的颓风，写有《唐朝的钉梢》一文，收入《二心集》，即引用了这首唐人小词。小说中读书人方栋因慕色“钉梢”而受“天谴”，若非洗心革面，决意自新，几致失明。蒲松龄此篇小说的“戒淫”宗旨显然，苦口婆心，亦是儒家理念的反映。

《瞳人语》篇末“异史氏曰”又讲述了“轻薄者往往自侮”一事，其乡一读书人与两友人遥见前面骑驴少妇，出言调笑，近前方知是自己的儿媳妇，在两友面前无限尴尬。这一补笔，其警世之心尤为明显。清嘉庆间有荆园居士仿效《聊斋志异》撰《挑灯新录》，内有《术自侮》一则，讲述有操邪术以肆奸术之林姓者，因与二三友人赌东道，以邪术误令其儿媳裸立于众人面前，出乖露丑，终致家败人亡。这一故事情节即似受《瞳人语》“异史氏曰”所述故事的启发。

佛家对于人的淫念之起更深恶痛绝，其五戒、八戒、十戒，皆有“不淫邪”一戒，宋慧严《大般涅槃经》卷二九：“复有菩萨自言戒净，虽不与彼女人身合嘲调戏笑，于壁障外遥闻女人璎珞环钏种种诸声，心生爱著。如是菩萨成就欲法毁破净戒，污辱梵行令戒杂秽，不得名为净戒具足。”[②] 西方基督教文化也有类似说教：“只是我告诉你们：凡看见妇女就动淫念的，这人心里已经与他犯奸淫了。”[③] 宗教戒律未免严苛，企图钳制信众“意淫”之思，只能令人口是心非，弄虚作假。清曹雪芹《红楼梦》第五回中警幻仙姑特别诠释“意淫”二字有云：“淫虽一理，意则有别。如世之好淫者，不过悦容貌，喜歌舞，调笑无厌，云雨无时，恨不能天下之美女供我片时之趣兴，此皆皮肤淫滥之蠢物耳。如尔则天分中生成一段痴情，吾辈推之为‘意淫’。惟‘意淫’二字，可心会而不可口传，可神通而不可语达。汝今独得此二字，在闺阁中虽可为良友，却于世道中未免迂阔怪诡，百口嘲谤，万目睚眦。”[④] 曹雪芹笔下所谓“意淫”自与艳情分殊，前者当高出后者一筹。

聊斋先生结撰小说，绮情丛生，幻想所至，颇涉艳情；其为人则谦谦君

---

① 杨景龙校注：《花间集校注》卷四，中华书局 2014 年版，第 643—645 页。

② 《大正新修大藏经》第十二册 No. 0375《大般涅槃经》卷二九，河北省佛教协会 2004 年版。

③ 《新旧约全书·新约全书·马太福音》第五章第二十八节，中国基督教三自爱国运动委员会、中国基督教协会 1988 年印发，第 5 页。

④ （清）曹雪芹撰：《红楼梦》第五回，人民文学出版社 1957 年版，第 64 页。

子，持身惟谨。蒲松龄有《为人要则·远损》一文，内云："何谓损？如贪财猎色，损人之德行；奇技淫巧，损人之精神；博赌游荡，损人之资产；斗讼无赖，损人之品行。此等事，当避之如垢腻。此等人，当畏之如蛇蝎。"[①] 内中除"奇技淫巧"一说似可商榷外，作者道德自律严谨，儒家传统思想又辅以佛家果报观，处世为人自属正统文人一脉。《聊斋》卷一《画皮》篇末"异史氏曰"有云："然爱人之色而渔之，妻亦将食人之唾而甘之矣。天道好还，但愚而迷者不寤耳。可哀也夫！"（第181页）警世之馀也不乏自警之心。南朝梁萧纲《诫当阳公大心书》："立身之道，与文章异；立身先须谨重，文章且须放荡。"[②] 蒲松龄与萧纲所处时代及个人身份皆大不相同，萧纲或许只是说说而已，蒲松龄则立身谨重毫不含糊，其小说之写情，总体说来也绝非"放荡"。《聊斋志异》的作者畅游理想境界，抒发内心积郁，虽与现实世界常有交集，但其立身处世终能分清两者界限，不使混淆。《聊斋志异》之独特魅力或许正在于此！

---

① 盛伟编：《蒲松龄全集·聊斋文集》，学林出版社1998年版，第1371页。

② （清）严可均校辑：《全上古三代秦汉三国六朝文·全梁文》卷一一，中华书局1958年版，第3010页。

说《咬鬼》与《鬼津》等

《聊斋志异》说狐道鬼，很多小说作品自寓身世之悲。康熙十年（1671），已经三十二岁的蒲松龄旅居宝应县令孙蕙幕中，写有《十九日得家书感赋即呈孙树百刘孔集》七律一首，其颔联有云：“新闻总入鬼狐史，斗酒难消块磊愁。”[1] 所谓“鬼狐史”三字，或作“夷坚志”，属版本异文，姑且不论。作者将自己正在撰写的《聊斋志异》径呼为“鬼狐史”，并与对句“块磊愁”为偶，这与其四十岁时所撰《聊斋自志》中“浮白载笔，仅成孤愤之书”（卷首第30页）的用意正同。仅以《聊斋》中的鬼魂而言，无论男鬼、女鬼，多具性情，并非作为人的对立面加以书写，如卷二《莲香》中的李氏、卷六《司文郎》中的宋生等。但《聊斋》中也有一些如六朝志怪的短章中的鬼物，则是作为人的对立面出现的，如卷一《咬鬼》，卷五《鬼津》，卷三《谕鬼》、《泥鬼》、《驱怪》、《捉鬼射狐》等篇即是。

人忽遇鬼魅而毫不畏惧，并敢与之周旋，《咬鬼》中的某翁在女鬼压身而手足如缚的艰难状态下，不惜以口为利器，啮鬼之腮颊，终于战而胜之，可见问心无愧则所向披靡。这篇小说没有晋干宝《搜神记》卷一六所述宋定伯捉鬼那般有趣，也没有晋裴启《语林》中嵇康“耻与魑魅争光”的那般豪壮之气，仅是急中生智，不畏腌臜，显示了某翁的过人胆略，惊悚之馀，亦令读者解颐。

与《咬鬼》内容情节有相似之处的《鬼津》一篇，却似非鬼物逞狂。小说中李某显然患有中医所谓“痰热互结，阻于气道”之症，呼吸不畅，极易心脑缺氧，因之产生幻视、幻听乃至于白昼昏睡中做了一场噩梦。“肥黑绝丑”妇人的出现，与其说是鬼物来袭，莫如说是缺氧状态下人体的应激反应。患者于恍惚中仿佛真有白日见鬼的遭遇，在科学尚未昌明的清代初年并非不可思议。李某主诉如此，听者神乎其神，遂令奇闻不胫而走，愈传愈玄，其间不免腌臜污秽之形容，又为文笔擅长的蒲松龄记下，于是就产生了这篇如同六朝志怪的小说。古人患咳喘之疾，镇咳祛痰多用催吐方法，小说结尾

---

① 盛伟编：《蒲松龄全集·聊斋诗集》，学林出版社1998年版，第1605页。

"吐出物如卵清，病乃瘥"（第1404页），即显示了中医这种治疗方法的有效性。如果将此篇小说视为古代一桩临床医案的记述，也未尝不可。

清袁枚《随园诗话》卷四有一则云："湖南张少廷尉名璨，字岂石，紫髯美貌，议论风生，能赤手捕盗，与鲁观察亮侪，俱权奇自喜……谓人云：'如见鬼莫怕，但与之打。'人问：'打败奈何？'曰：'我打败，才同他一样。'"[①] 无所畏惧中又透露出古人的几许幽默。卷三《捉鬼射狐》一篇所记述者为主人公李著明一人所经历之两地两事，即以其无所畏惧的过人胆略为基础的。虽"捉鬼"与"射狐"一事无成，但主人公临险不惧、从容应变的形象栩栩如生，呼之欲出。作者刻画人物随意点染，涉笔成趣，叙事井然有序，深得太史公《史记》状貌取神之三昧。无惧鬼怪狐妖者，须胸中常蓄浩然正气，始能一往无前，应付裕如。晋干宝《搜神记》卷一六记述南阳年少的宋定伯骗鬼、捉鬼一事，其随机应变的超群智慧的产生也是以胆力过人为基础的：

> 南阳宋定伯，年少时，夜行逢鬼。问之，鬼言："我是鬼。"鬼问："汝复谁？"定伯诳之，言："我亦鬼。"鬼问："欲至何所？"答曰："欲至宛市。"鬼言："我亦欲至宛市。"遂行数里。鬼言："步行太迟，可共递相担，何如？"定伯曰："大善。"鬼便先担定伯数里。鬼言："卿太重，将非鬼也？"定伯言："我新鬼，故身重耳。"定伯因复担鬼，鬼略无重。如是再三。定伯复言："我新鬼，不知有何所畏忌？"鬼答言："惟不喜人唾。"于是共行，道遇水，定伯令鬼先渡，听之，了然无声音。定伯自渡，漕漼作声。鬼复言："何以有声？"定伯曰："新死，不习渡水故耳。勿怪吾也。"行欲至宛市，定伯便担鬼著肩上，急执之，鬼大呼，声咋咋然，索下，不复听之。径至宛市中，下著地，化为一羊，便卖之。恐其变化，唾之。得钱千五百乃去。当时石崇有言："定伯卖鬼，得钱千五。"[②]

如果那位年少的宋定伯内心动摇，遇鬼即馁，骗鬼、捉鬼之妙计亦无所从出。《捉鬼射狐》于篇末"异史氏曰"发出"浩然中存，鬼狐何为乎哉"（第828

① （清）袁枚撰：《随园诗话》卷四，人民文学出版社1960年版，第106页。
② （晋）干宝撰：《搜神记》卷一六，中华书局1979年版，第199页。

页）的慨叹，这与《管子·内业》“中无惑意，外无邪灾，心全于中，形全于外”[①]的论述有异曲同工之妙。

卷三《驱怪》一篇可能系蒲松龄根据当时的乡里传闻加工而成，素材无非是一起阴差阳错、歪打正着的事件。兽首人身鬼物的出现可能是当时不甚明了的一头较大而长相怪异的野兽，一经作者的文学加工，顿觉有声有色、起伏跌宕，具有了耐人寻味的艺术魅力。小说主人公徐远公于情势窘迫之下急中生智，以被子为武器驱赶走怪兽，属于应激反应下的意外成功，所谓“无心插柳柳成荫”。事后这位“弃儒访道，稍稍学敕勒之术”（第760页）者并没有无中生有、借机吹嘘，而是实话实说，丝毫不失忠厚老实人的本色，这与到处招摇撞骗的江湖术士自难同日而语。《太平广记》卷五〇〇引《原化记·京都儒士》，其文略谓一位内心怯懦却又当众自夸胆大的读书人，以自己一人可夜宿“凶屋”与诸同仁赌东道。此人独处空宅，在半夜三更时恐惧有加，误将故帽当怪鸟而挥剑相斫；捱至五更时，又误将自家所乘驴当作妖怪击伤。天明以后，战栗中仍不忘向前来看视的同仁夸夸其谈其“昨宵与物战争之状”，直到真相全部大白后，“众大笑绝倒”，“士人惊悸，旬日方愈”[②]。两相比较，宋人笔下的《京都儒士》无非是一篇笑谈。《驱怪》篇末“异史氏曰”有云：“‘黄狸黑狸，得鼠者雄。’此非空言也。假令翻被狂喊之后，隐其所骇惧，而公然以怪之遁为己能，天下必将谓徐生真神人不可及。”（第761页）评论数语堪称画龙点睛，已有超出故事以外的哲理思考，引人深思。

《泥鬼》一篇是与科举时代民间有关信仰相联系的。古代民间认为，凡能经过科举考试考上举人乃至进士者，都是天上文曲星下凡，清吴敬梓《儒林外史》中范进的老丈人胡屠户就是这一类传说的忠实信仰者，从而闹出了一连串的笑话。将来的贵人，从出生起就与众不同，神鬼也要避让三分，这种意识，为人师表的蒲松龄也未能免俗而坚信不移。作者对于唐梦赉这位乡贤十分敬仰，投桃报李，唐梦赉亦曾为《聊斋志异》作序，可见两人关系非同一般。唐梦赉去世，蒲松龄有《为众绅祭唐太史》文，内有云：“而况一木折而大厦倾，一人死而气运衰！即妇子之无知，犹辍舂而涕洟；矧亲承乎謦欬，

① （春秋齐）管仲撰：《管子》卷一六《内业》，《诸子集成》本，中华书局1954年版，第271页。
② （宋）李昉等编：《太平广记》卷五〇〇，中华书局1961年版，第4101页。

悲见其脱屣而长归!”[①]更可见其景仰之情。小说略谓唐梦赉幼时游寺庙，“阴以指抉取”庑下所塑泥鬼之琉璃睛，泥鬼不敢惹日后能考中进士为官之“贵人”，反而迁怒于与唐同游之童子。其实鬼怕贵人，更怕恶人，欺软怕硬，鬼域实与人世无异。旧题宋苏轼所撰《艾子杂说》就有《鬼怕恶人》一则，发人深省。人们将庙中神像横于水沟之上，践踏而过，后有一人认为不当对神像如此亵慢，复将神像扶于坐上，再拜而去。庙中小鬼请神降祸于履神像者，而神却要降祸于后来者，原因是“前人已不信矣，又安祸之”[②]。迷信者常常落败于自己所迷信之人或物，人间万事就是如此荒唐!将《泥鬼》与《鬼怕恶人》两者对照阅读，更有趣味横生之妙。

《谕鬼》一篇叙写明代兵部尚书石茂华尚未发迹时，通过妙手著文章，宣谕于恶兽或厉鬼，终令其遵命远遁或就此销声匿迹，为青州地方除去一害。类似以文驱怪之事，唐代韩愈早开先河。唐宪宗元和十四年（819）春天，刑部侍郎韩愈因谏迎佛骨，被“夕贬潮阳路八千”，远徙至岭南做潮州刺史。据《新唐书》卷一七六《韩愈传》云：“初，愈至潮，问民疾苦，皆曰：‘恶溪有鳄鱼，食民畜产且尽，民以是穷。’数日，愈自往视之，令其属秦济以一羊一豚投溪水而祝之……”这就是其《祭鳄鱼文》名篇的由来。另据上引《韩愈传》记述：“祝之夕，暴风震电起溪中，数日水尽涸，西徙六十里。自是潮无鳄鱼患。”[③]正史即如是说，令人有真假莫辨的疑惑。但古人能以文章驱鬼怪，如送穷神一类的佳作却不绝于史，可见这一作法在文人思维中的根深蒂固。这篇《谕鬼》就是这样一篇文字，虽然不长，但用四六骈文精心结撰，对仗工稳，文采焕然，用典工巧，一气呵成，的确非同凡响!强调石茂华日后官居尚书的高位，似乎恶鬼也惧怕阳世未来的高官，这无非体现了封建时代官本位思想的牢不可破。这篇“谕鬼”之作，著作权属于蒲松龄，还是属于那位前于蒲松龄百多年前的真实历史人物石尚书，今已难于考辨。不过笔者认为，从文风与《聊斋志异》的写作习惯而言，属于蒲松龄首创的可能性更大一些，这也无非是借题发挥，以“谕鬼”之文彰显自家才华的一种手段。

---

① 盛伟编：《蒲松龄全集·聊斋文集》，学林出版社 1998 年版，第 1325 页。

② （宋）苏轼撰：《苏轼文集·苏轼佚文汇编》卷七《附录·艾子杂说》，中华书局 1986 年版，第 2605 页。

③ （宋）欧阳修、宋祁撰：《新唐书》卷一七六，中华书局 1975 年版，第 5262—5263 页。

蒲松龄写鬼，无论长篇还是短制，无论深具人性之美者还是作为人之对立物的害人精，皆各有旨趣，这是《聊斋志异》迥出六朝志怪与唐人传奇之上的重要原因。

说《婴宁》

如同《聊斋志异》中许多篇章的命名规律，卷一《婴宁》、卷四《颜氏》、卷六《凤仙》三篇，也皆以小说中的女主人公名字为题。这三位性格迥异的女子代表了旧时代妇女的三种不同类型：婴宁于天真无邪的爽朗性格中隐藏着智慧与某种凄凉意绪，属于作者心目中理想女性的展现；颜氏以自己的聪慧书写了巾帼不让须眉且有过之的自信，是作者自身科举愿望达成的瑰丽想象；至于凤仙，则争强好胜，以镜中传达自我形象的悲欢去激励丈夫苦读应考，虽有古代女子欲出人头地须因夫成事的无奈感，但也传达出作者男儿当自强的人生拼搏意识。

婴宁是《聊斋志异》中性格尤为鲜明的女性，蒲松龄对之倾注了无比炽热的情感，篇末"异史氏曰"中以"我婴宁"称之，即可见一斑。在有些论者的笔下，婴宁似乎是那一时代女性解放的先锋，具有反封建礼教的意义，并认为作者为其命名乃谐音《韩非子·说难》中"婴鳞"一词："夫龙之为虫也，柔可狎而骑也；然其喉下有逆鳞径尺，若人有婴之者则必杀人。人主亦有逆鳞，说者能无婴人主之逆鳞则几矣。"[①] 若依此为诠释，则"婴宁"其义即为敢于触犯封建秩序，具有冲决旧时代规范妇女"三从四德"道德堤坝的力量。其实"婴宁"之命名，语本《庄子·大宗师》阐释"道"的内涵之语："其为物，无不将也，无不迎也；无不毁也，无不成也。其名为撄宁。撄宁也者，撄而后成者也。"何谓"撄宁"？今人陈鼓应先生综合前人各家之说，以"扰乱中保持安宁"[②] 解释之，最为简明。蒲松龄极为推崇庄子那汪洋恣肆的文风，其《〈庄列选略〉小引》一文称《庄子》为"千古之奇文"[③]。摭拾《庄子》中语为自己笔下最为中意的文学女性形象命名，其取意即为"扰动外表下的安宁"。可见蒲松龄笔下的婴宁性格并非反抗性的，而是近似于大智若愚般的韬晦策略的反映。

爱花与善笑作为婴宁的两大性格特征，属于蒲松龄对于理想女性美的一

---

① 陈奇猷校注：《韩非子集释》，上海人民出版社 1974 年版，第 223—224 页。
② 陈鼓应著：《庄子今注今译》，中华书局 1983 年版，第 186 页。
③ 路大荒整理：《蒲松龄集》，上海古籍出版社 1986 年版，第 54 页。

种朦胧憧憬；而"反笑为哭"，在笑与凄凉意绪的强烈感情反差中，更映现出以男性为本位的中国古代读书人有关女性的审美期盼。《霍小玉传》、《莺莺传》等唐传奇，女主人公即使在两情相悦的境况中也常带有淡淡的哀愁。唐刘禹锡《三阁辞四首》其一"不应有恨事，娇甚却成愁"①的描写，宋欧阳修《诉衷情》（眉意）词"拟歌先敛，欲笑还颦，最断人肠"②的渲染，都寄寓了古代文人对于女性美的几多幻想。《婴宁》一篇也可寻绎出作者深层次的潜意识，隐藏于婴宁形象背后者，也有其自身虽处纷扰世间而将终有别于芸芸众生的优越心理在，凸显了庄子"撄宁"的蕴涵。拙作《〈婴宁〉的命名及其蕴涵》（载《明清小说研究》1995年第1期）一文，可参阅，此不赘言。蒲泽、蒲婷婷先生《谈谈新发现的分类广注绘图〈聊斋志异〉》引录民国间通俗小说社编辑、上海世界书局印发的《分类广注绘图〈聊斋志异〉》中无名氏"总评"《婴宁》之语云："通篇以笑字作经，以花字作纬，写笑不离花，写花不离笑，而又无一笔重复。章法笔法，俱极高妙。"③三言两语，抓住《婴宁》篇的艺术特征，洵为知言。至于惩罚西邻子而致其于死地的恶作剧，为凸显婴宁之"奇"而设计如此荒诞的情节，于婴宁形象的塑造，终有南辕北辙、欲益反损的缺憾，当属于"蛇足"无疑。

《婴宁》中吴生欺诳王子服之言云："虽内戚有昏因之嫌，实告之，无不谐者。"（第219页）所谓"内戚有昏因之嫌"，注家或以"意谓姨表亲戚因血缘相近，通婚有所禁忌"④简单为释，其他注本之释语也大同小异，并没有具体涉及清人相关的法律问题。按《大清律例》卷一〇《户律婚姻·尊卑为婚》："若娶己之姑舅、两姨姊妹者（虽无尊卑之分，尚有缌麻之服），杖八十，并离异（妇女归宗，财礼入官）。"⑤如此惩罚不可谓不严厉，然而民间似乎并没有认真对待，官府也持"民不举官不究"的态度，毕竟这样的内戚婚姻并不常见。比《聊斋志异》稍后的《红楼梦》，无论贾宝玉与林黛玉的姨表兄妹关系，还是贾宝玉与薛宝钗的姑表兄妹关系，作者曹雪芹都没有将其

① 《全唐诗》，中华书局1960版，第4103页。
② 唐圭璋编：《全宋词》，中华书局1965年版，第123页。
③ 蒲泽、蒲婷婷：《谈谈新发现的分类广注绘图〈聊斋志异〉》，载《蒲松龄研究》1998年第2期第84页。
④ 朱其铠主编：《全本新注聊斋志异》，人民文学出版社1989版，第156页。
⑤ 田涛、郑秦点校：《大清律例》卷一〇《户律婚姻·尊卑为婚》，法律出版社1999年版，第209页。

视为男女相恋的障碍，即可为证。可见《婴宁》中的吴生之言也不过说说而已，当时无论官民，都没有将内戚关系当作婚姻的绊脚石则可以想见。注家若能在此赘言一二，则于读者了解明清人习俗当有助益。

蒲松龄行文用笔极其讲究，遣词造句精雕细琢，往往化用文献经典中语或前人诗词，略加点缀，便觉风光无限。如王子服负气独自入山寻美，作者以“乱山合沓，空翠爽肌”（第219页）写南山之景，简约精炼中意境全出。何谓“空翠”？当形容略染青色的潮湿雾气，语本唐王维《阙题二首》其一：“山路元无雨，空翠湿人衣。”[①]注家若不出注，当不利于读者的鉴赏。又如“庭后有木香一架，故邻西家，女每攀登其上，摘供簪玩”（第226页）四句，何谓“木香”，又何以称“架”？注家相沿不释，令人费解。木香即荼蘼花的别名，又作“酴醾”，属蔓生观赏植物，春末夏初开白色或黄色花，略有香气。宋陆游《东阳观酴醾》诗：“福州正月把离杯，已见酴醾压架开。”[②]所谓“攀登其上”，并非爬树，而是缘架攀登。又如：“媪唤：‘小荣！可速作黍。’外有婢子噭声而应。”（第221页）“噭声而应”，当今注本或不注，或注“高声答应”，或注“高响的答应声音”，皆不举书证，这不利于深入理解作者刻画人物的细致传神。噭声而应，即高声急应，语本《礼记·曲礼上》：“毋侧听，毋噭应。”唐孔颖达疏：“噭，谓声响高急，如叫之号呼也。应答宜徐徐而和，不得高急也。”[③]蒲松龄反用《礼记》中语，有意将小荣作为婴宁的陪衬而写，有其主之爽朗善笑，则必有其婢之不拘小节，同时又与前文“媪聋聩”一句相照应。若不引书证，则作者之曲折用心就难以彰显了。

《婴宁》中的一些语词直接取用于典籍，不注出典，会令小说韵味丧失。如“我言少教诲，此可见矣，年已十六，呆痴裁如婴儿”（第222页）四句，为鬼母谦评婴宁之语。“裁如婴儿”，不明出典亦能读懂，其语本《战国策》卷二九《燕策一·张仪为秦破从连横谓燕王》：“燕王曰：‘寡人蛮夷僻处，虽大男子，裁如婴儿。言不足以求正，谋不足以决事。’”[④]显然，知其出典就更

---

① 《全唐诗》，中华书局1960版，第1305页。
② （宋）陆游撰：《陆游集》，中华书局1976年版，第12页。
③ （清）阮元校刻：《十三经注疏》，中华书局1979年版，第1240页。
④ （汉）刘向撰：《战国策》卷二九《燕策一·张仪为秦破从连横谓燕王》，上海古籍出版社1985年版，第1052页。

能体会到作者锤炼语言的功夫所在。又如“二人遂发，至山坳回顾，犹依稀见媪倚门北望也”（第224页）三句，所谓“倚门北望”，注家多不加注，令四字之情韵义无以凸显。实则此四字道尽母亲对子女的殷殷盼归之深情，语本《战国策》卷一三《齐策六·王孙贾年十五事闵王》：“王孙贾年十五，事闵王。王出走，失王之处。其母曰：‘女朝出而晚来，则吾倚门而望；女暮出而不还，则吾倚闾而望。女今事王，王出走，女不知其处，女尚何归？’”[①]又如：“但闻室中吃吃，皆婴宁笑声。母曰：‘此女亦太憨生。’”（第225页）所谓“太憨生”，注家亦多不注出典，按，此三字语本旧题宋尤袤《全唐诗话》卷一《虞世南》：“颜师古《隋朝遗事》载：洛阳献合蒂迎辇花，炀帝令袁宝儿持之，号司花女。时诏世南草《征辽指挥德音敕》于帝侧，宝儿注视久之。帝曰：‘昔传飞燕可掌上舞，今得宝儿，方昭前事。然多憨态，今注目于卿，卿才人，可便嘲之。’世南为绝句曰：‘学画鸦黄半未成，垂肩亸袖太憨生。缘憨却得君王惜，长把花枝傍辇行。’”[②]又如篇末“异史氏曰”中“观其孜孜憨笑，似全无心肝者”（第228页）二句，所谓“全无心肝”，语本《南史》卷一〇《陈本纪下》：“既见宥，隋文帝给赐甚厚，数得引见，班同三品。每预宴，恐致伤心，为不奏吴音。后监守者奏言：‘叔宝云，既无秩位，每预朝集，愿得一官号’。隋文帝曰：‘叔宝全无心肝。’”[③]阅读《聊斋志异》，深层次的读者就不应只满足于读懂故事，欲体味小说作者语言的魅力，就须明其出典书证，方能有探赜寻幽的趣味。

《婴宁》中一些语词涉及法律问题，注家失注，也很容易引起误解。如“邑宰素仰生才，稔知其笃行士，谓邻翁讼诬，将杖责之，生为乞免，逐释而出”（第226页）六句，所谓“逐释”，《异史》本、铸雪斋抄本、二十四卷本皆作“遂释”，或为手稿本之形讹。此二字若不出注，极易望文生义。白话译本难以规避其释义，往往望文生义地诠解“逐释”，或译为“赶他出衙门”[④]，

---

① （汉）刘向撰：《战国策》卷一三《齐策六·王孙贾年十五事闵王》，上海古籍出版社1985年版，第450页。

② （清）何文焕辑：《历代诗话》，中华书局1981年版，第63—64页。

③ （唐）李延寿撰：《南史》，中华书局1975年版，第310页。

④ 马振方主编：《聊斋志异评赏大成》，漓江出版社1992年版，第253页。

或译为“赶了出去”[①]，或译为“把他撵出衙门放了”[②]。其实“逐释”就是无罪释放，乃旧时官府法律用语，只要查阅《汉语大词典》一类的工具书，此问题并不难解决。

小说若涉及有关名物，注家更不当失注。如篇末“异史氏曰”中“窃闻山中有草，名‘笑矣乎’，嗅之，则笑不可止。”（第228页）所谓“笑矣乎”，并非作者杜撰，与下文“解语花”适可为对。清吕湛恩注云：“陶穀《清异录》：‘菌蕈有一种，食之得干笑疾，土人戏呼为笑矣乎。’”（第233页）现代多数注本对“笑矣乎”一词反而失注。中山大学中文系《评注聊斋志异选》注云：“相传有一种菌蕈，吃了会使人无故发笑，叫作‘笑矣乎’。见陶穀《清异录》。”[③]盛伟先生《聊斋志异校注》注云：“一种食之可发笑疾的菌类。宋陶穀《清异录》上：‘菌蕈有一种食之令人得干笑疾，土人戏呼为笑矣乎。’”[④]两注显然皆源于清人注，已基本说清楚。这种笑菌实为毒蘑菇，清俞樾《右台仙馆笔记》卷一五：“《清异录》云：‘菌蕈有一种，食之令人得干笑疾，土人戏呼为笑矣乎。’不言其可以致死也。然此菌实有毒，笑而不已，久之必死。余居吴下马医科巷，邻潘氏有一媪，其妻母也。食菌后觉腹中有异，乃至床上卧，俄而吃吃笑，俄而大笑，惊谓其女曰：‘殆矣，吾食笑菌，死矣。’其言虽如此，而笑仍不绝声，未几起而立，旋仆，遂伏地狂笑。其女见此状，惊惶失措，以余家时有药饵馈送邻比，乃踵门问焉。余二儿妇检视沪上所刊经验良方，知食笑菌者，薜荔可以治之。墙头适有此种，乃采一束，煎汤与之饮之，须臾笑止。至今无恙。”[⑤]若详注《聊斋》，是否加引俞樾之笔记，对于读者阅读小说更为有益？

《婴宁》中还有这样一段精彩描写：“生无语，目注婴宁，不遑他瞬。婢向女小语云：‘目灼灼，贼腔未改！’女又大笑，顾婢曰：‘视碧桃开未？’”（第222页）其中，婢女形容王子服“目灼灼，贼腔未改”二句乃照应前文王子服初遇婴宁景况：“女过去数武，顾婢曰：‘个儿郎目灼灼似贼！’”婴宁

---

① 孙通海等译：《文白对照聊斋志异》，中华书局2010年版，第203页。
② 丁如明等译：《聊斋志异全译》，上海古籍出版社2012年版，第71页。
③ 中山大学中文系评注：《评注聊斋志异选》，人民文学出版社1977年版，第61页。
④ 盛伟校注：《聊斋志异校注》，山西人民出版社2000年版，第132页。
⑤ （清）俞樾撰：《右台仙馆笔记》，上海古籍出版社1986年版，第389页。

顾婢之语“视碧桃开未”，作者何以突兀设计此一句？原来此乃以汉东方朔偷桃传说，接续小荣“贼腔未改”之语，对王子服再加调侃。据《初学记》卷二八《果木部·桃第三》引《汉武故事》：“东郡献短人。帝呼东方朔。朔至，短人指朔谓上曰：‘王母种桃，三千岁一子。此子不良，已三过偷之矣。’后西王母下，出桃七枚，母自啖二，以五枚与帝。帝留核着前，母曰：‘用此何？’上曰：‘欲种之。’母笑曰：‘此桃三千年一著子，非下土所植。’”[①]唐韩偓《荔枝三首》其一：“汉武碧桃争比得，枉令方朔号偷儿。”[②]碧桃与偷儿的这一微妙关联，注家若不注出，作者所设计的婴宁机智幽默的言语情趣就难以体味，蒲松龄对于情节构思的良苦用心也将被湮没。

《聊斋志异》于字里行间往往可见作者苦心孤诣处，只有细心体味，方能获得其间的无限妙趣！

---

① （唐）徐坚等辑：《初学记》，中华书局1962年版，第674页。

② 《全唐诗》，中华书局1960版，第7795页。

说《凤阳士人》

俗话讲“日有所思，夜有所梦”，实际上梦的成因异常复杂，现代科学仍无法完美解析梦的来龙去脉。“悠悠生死别经年，魂魄不曾来入梦”①，唐白居易在其《长恨歌》中虽系替唐玄宗代言，但梦不受人主观意志控制的特点，想必世人皆有此经验。然而据说在马来西亚丛林中有一土著部族，他们经过一种特殊训练，即可以自由意志支配梦境。《奥秘》的记述或为道听途说之言，不足为据。德国化学家凯库勒在瞌睡中梦见自咬尾巴的蛇，从而得到灵感，揭示了苯的环状结构，成为一桩世界科学史上的趣闻，则似非杜撰。

人的梦境受潜意识的支配，19世纪末，奥地利精神病学家弗洛伊德在《梦的解析》一书中明确提出此论，并强调梦与“性”的关联，开创了精神分析学派。卷一《凤阳士人》写三人同做一梦，并非别出心裁，蒲松龄显然受到唐人有关传奇的影响，如薛渔思《河东记》中“独孤遐叔”一篇、李玫“张生”一篇。至于白行简《三梦记》传奇，开宗明义即云：“人之梦，异于常者有之：或彼梦有所往而此遇之者，或此有所为而彼梦之者，或两相通梦者。”②《凤阳士人》据此生发，构思出一篇饶有趣味的小说，读者不必追诘这种三人同梦的真实性，所瞩目者当在于其妙笔生花描写的生动性。夫妇久别十馀月，因思念而造梦境，性意识在其中至关重要，所谓“丽人”也者，也是“疑心生暗鬼”的产物，作者篇末以“不知何许”了结，透露出其运思的高妙。明叶子奇《草木子》卷之二下如此释梦：“举世皆梦也，梦梦也，不梦亦梦也。梦乎梦，不梦乎不梦。是故得失，蕉鹿也；物我，蝴蝶也；荣枯，黄粱也。梦之大端二：想也，因也。想以目见，因以类感。谚云：‘南人不梦驼，北人不梦象。’缺于所不见也。盖寤则神舍于目，寐则神栖于心。盖目之所见，则为心之所想，所以形于梦也。因马而念车，因车而念盖，因类而感也。”③梦的产生不受人主观意识的支配，却与做梦人的人生经验密切相关，士人妻梦中丽人的出现，正是女子潜意识中对于丈夫日久不归而可能移

① 《全唐诗》卷四三五，中华书局1960年版，第4819页。

② 汪辟疆校录：《唐人小说》上卷，上海古籍出版社1978年版，第128页。

③ （明）叶子奇撰：《草木子》卷之二下，中华书局1959年版，第34页。

情别恋的担心的产物。

钱锺书先生《管锥编增订》："赫兹里特（William Hazlitt）有《说梦》一篇，畅论人于做梦时，情欲放纵，形骸脱略。一言以蔽之曰'吾人于睡梦中不为伪君子'，洵警语也。"[①]袁世硕先生《〈聊斋志异〉的再创作研究》（载《蒲松龄研究》2010年第3期）讨论《凤阳士人》一篇有云："蒲松龄作《凤阳士人》显然是受唐人传奇的启发，可能还不只是白行简的《三梦记》。《独孤遐叔》、《张生》里有士人妻子被挟迫唱歌、投石击中对方头颅的情节，《凤阳士人》中都采用了。根本的变化是叙述角度由士人所见转变为其妻子所梦，全部情节都是妻子梦中发生的景象……故事的中心是闺中妻子对外出逾期不归的丈夫是否会拈花惹草的忧心所形成的梦境，如但明伦所评：'翘盼綦切，离思萦怀，梦中遭逢，皆因结想而成幻境，势所必然，无足怪者。'这便幻中有真，个中写出了妇女面对丈夫移情别恋最难堪的场合下的最难堪的情态，有了一定的现实人生的内容。"[②]分析到位，读者自可在阅读中深入思考。

这篇小说最优长之处，在于描摹风俗人情方面的栩栩如生，心理刻画也炉火纯青，的确非同凡响。然而注家于个中名物或不甚了了，极易造成读者误解。小说有如下一段描写："觉丽人行迅速，女步履艰涩，呼丽人少待，将归着复履。丽人牵坐路侧，自乃捉足，脱履相假。女喜着之，幸不凿枘。复起从行，健步如飞。"（第272页）何谓"复履"？卷六《凤仙》一篇亦有涉及："举足云：'出门匆遽，棘刺破复履矣，所赠物，在身边否？'"（第1726—1727页）张友鹤先生《聊斋志异选》（人民文学出版社1956年版）未选《凤阳士人》，而入选《凤仙》，其注"复履"云："复履：就是舄。参看前文《叶生》篇注［60］'舄'条。"[③]其所选《叶生》注"舄"云："舄（xì）：一种鞋底嵌有木板的鞋子，穿了可以不受潮湿。古来鞋子分两种：复底的叫做'舄'，单底的叫做'履'。'舄'也叫'复履'。后来'舄'、'履'两字混用，实际上也就没有什么分别了。"[④]朱其铠先生主编《全本新注聊斋志异》注《凤阳

---

① 钱锺书著：《管锥编增订》，中华书局1982年版，第40页。

② 袁世硕：《〈聊斋志异〉的再创作研究》，载《蒲松龄研究》2010年第3期。

③ 张友鹤选注：《聊斋志异选》，人民文学出版社1956年版，第277页。

④ 张友鹤选注：《聊斋志异选》，人民文学出版社1956年版，第30页。

士人》之“复履”云：“夹底鞋。”[①]其他多数注本注释“复履”，与此大同小异。漓江出版社、上海古籍出版社两种《聊斋志异》白话译本分别译“复履”为“夹底鞋”、“厚底鞋”。若真如上述之解释，则丽人“脱履相假”，自身岂不光脚或只穿袜子行路？盛伟先生《聊斋志异校注》注《凤阳士人》之“复履”云：“复履：旧时女子缠足，穿在鞋之内与袜之外的软底套鞋，亦称‘睡鞋’。”[②]此注是为得之，有学者于此前业已指出。耿莲峰、鲁童先生《对张友鹤〈聊斋志异选〉注释的几点意见》：“复履是缠足妇女在袜之外鞋之内所穿的一种软底鞋。一般称为‘睡鞋’(《莲香》篇‘睡舄遗堕’——注意，‘舄’字不能按古义解释)，又称‘眠鞋’(西周生《醒世姻缘传》第五十回‘一双穿过的红细眠鞋’)。因为它是鞋中之鞋，所以又叫‘复履’，并不是指穿在外面着地的复底鞋。”[③]此解释完全正确。

此篇中丽人在下文对士人妻有“履大不适于体，途中颇累赘否”的关怀之问，以照映前文“女步履艰涩”，显然是指士人妻原所着自家鞋过大，开始行进时因无睡鞋为衬，所以“颇累赘”；而不是如某译本所翻译者：“我的鞋大，怕不合你脚，路上很不舒服吧？”——前文“幸不凿枘”与“健步如飞”已经言其颇合脚，下文又何出此言？蒲松龄何以要设计“复履”易着这一情节，就在于旧时女子缠足，难以快步行进，士人妻足着丽人“复履”即“健步如飞”，自是梦中丽人具有“神通”的体现。事后丽人的关怀之问，也意在婉转讨还“复履”，不直接说出，正可见作者绵密细致的用心。看来如何解释“复履”一词，涉及到小说细节的阐释问题，并非无关紧要。中华书局《聊斋志异》白话译本译“复履”为“套鞋”[④]，近似于睡鞋说，唯未明其内外而已。然而中华书局此后所出全本全注全译丛书《聊斋志异》于《凤阳士人》出注“复履”云“夹底鞋”[⑤]，而其下译文仍为“套鞋”，注与译发生龃龉。或谓“复履”即“复舄”，《汉语大词典》释“复舄”：“复底而用木的鞋。《方言》第四：‘扉屦，粗履也。徐兖之郊谓之扉，自关而西谓之屦。中有木者谓之复

① 朱其铠主编：《全本新注聊斋志异》，人民文学出版社1989版，第188页。
② 盛伟校注：《聊斋志异校注》，山西人民出版社2000年版，第218页。
③ 耿莲峰、鲁童：《对张友鹤〈聊斋志异选〉注释的几点意见》，载《蒲松龄研究集刊》第4辑，齐鲁书社1984年版。
④ 孙通海等译：《文白对照聊斋志异》，中华书局2010年版，第237页。
⑤ 于天池注，孙通海、于天池等译《聊斋志异》，中华书局2015年版，第371页。

舄，自关而东谓之复履。’”其实关东所谓“复履”当别指一种鞋，与《聊斋》中两次出现的女子所着“复履”并不同一。

《凤阳士人》中又有：“士人笑曰：‘卿为我度一曲，即当饮。’丽人不拒，即以弓杖抚提琴而歌曰……”（第273页）何谓“提琴”？这又涉及“弓杖”或“牙拨“的解释。朱注本注云：“牙拨：底本字迹不清，铸雪斋抄本和省博物馆本作‘牙杖’。二十四卷抄本作‘牙板’。详上下文，疑为‘牙拨’。提琴：胡琴的一种。弦乐器。种类颇多，所指不详。”① 盛注本注云：“牙拨：手稿本、铸雪斋抄本与原抄本皆为牙杖，二十四卷抄本作‘牙板’。据文中言，‘牙杖抚提琴而歌’，其‘牙杖’当为‘牙拨’，是弦乐器拨弦的用具。卷一《娇娜》篇中‘婢以牙拨勾动’，此类也。”② 但并未注“提琴”为何种乐器。于注本注云：“牙杖：疑为‘牙拨’。提琴：胡琴的一种。弦乐器。种类颇多，所指不详。”③ 既是胡琴一类的乐器，牙拨何所用？有自相矛盾之嫌。笔者所见多种选注本选此篇者，也多选择“牙拨”为释，或不注“提琴”。

以上校勘与注释似皆有误。按以“抚”为动词，则非弹拨动作可知，“提琴”亦非弹拨乐器，故“牙拨”，笔者以为当作“弓杖”为是，即系马尾以“抚”琴弦之琴弓。“弓”、“牙”形近，易讹。退一步说，即使作“牙杖”，即或谓镶有象牙的琴弓，亦通。提琴，为古代拉弦乐器，类似于板胡，两轴、两弦，不设千斤，用马尾弓拉奏。相传明代嘉靖、隆庆间（1522—1572）由魏良辅用于昆山腔伴奏，明清以来主要用于昆曲清唱伴奏。清李渔《闲情偶寄·声容部·丝竹》：“提琴较之弦索，形愈小而声愈清，度清曲者必不可少……丝音之最易学者，莫过于提琴，事半功倍，悦耳娱神。”④ 清毛奇龄《西河词话》卷二《提琴起于明》：“若提琴则起于明。神庙间，有云间冯行人，使周王府，赐以乐器，其一即是物也。但当时携归，不知所用。其制用花梨为干，饰以象齿，而龙其首，有两弦从龙口中出，腹缀以蛇皮，如三弦然而较小。其外则别有鬃弦绊曲木，有似张弓。众昧其名，太仓乐师杨仲修能识古乐器，一见曰，此提琴也。然按之少音，于是易木以竹，易蛇皮以匏，而

---

① 朱其铠主编：《全本新注聊斋志异》，人民文学出版社1989版，第189页。

② 盛伟校注：《聊斋志异校注》，山西人民出版社2000年版，第219页。

③ 于天池注，孙通海、于天池等译《聊斋志异》，中华书局2015年版，第373页。

④（清）李渔著：《闲情偶寄·声容部·丝竹》，作家出版社1995年版，第160页。

音生焉。时昆山魏良辅善为新声，赏之甚，遂携之入洞庭，奏一月不辍，而提琴以传。”[①] 这段记述将“提琴”形制及其改造描写甚详，属于用弓子系马尾（鬃）以摩擦琴弦发声的乐器，并非如《娇娜》中香奴用牙拨所弹奏的琵琶（古人弹琵琶或不似今人用义甲）那样的乐器。

是“弓杖”、“牙杖”，还是“牙拨”，虽不影响对小说主旨的探讨，但尽量接近作者原来的细节设想，也是今天读者阅读的应有之义，不可漠然视之。

① 唐圭璋编：《词话丛编》，中华书局 1986 年版，第 578 页。

说《夜叉国》

《聊斋志异》内容丰富，“描写委曲，叙次井然，用传奇法，而以志怪，变幻之状，如在目前”[①]，但作者蒲松龄撰写小说并非天马行空，全凭虚构，许多篇章关乎地理、人物、历史事件乃至涉及明清某些法律因素，皆非杜撰。尽量熟谙有关传统文化知识或历史掌故，是今人正确解读《聊斋志异》的前提之一。今天我们诠释《聊斋志异》，虽仍然难以面面俱到，但对于一些不大明确的问题小心求证直至细致入微，还是非常必要的，否则注家就有可能误解或曲解作者原意，从而又误导广大读者。

《聊斋志异》卷二《夜叉国》颇涉怪异，似非尘世间事，实则其内容都有一定现实生活依据，绝非凭空结撰。朱一玄先生编《〈聊斋志异〉资料汇编》以宋洪迈《夷坚志·甲志》卷七《岛上妇人》一则与《夷坚志补》卷二一《猩猩八郎》一则为《夜叉国》之本事：《岛上妇人》所言者为泉州一海贾欲往三佛齐（今南洋一带）经商，船触礁沉没，其人漂浮至一岛，与岛上唯一妇人同居八年，生三子；后巧遇泉州故人船误来此岛，终于得救返回故土。《猩猩八郎》则谓金陵商泛海舟溺，至一山岛，与“猩猩国”一女为偶并生一子，三年后携其子搭故乡他船返乡。两则故事皆没有所谓“夜叉国”之说，但蒲松龄构思《夜叉国》极有可能参考了洪迈的这些笔记作品。

至于“夜叉国”之取名，蒲松龄亦有所本，并非虚构。唐杜佑《通典》卷二〇〇《流鬼》：

> 流鬼在北海之北，北至夜叉国，馀三面皆抵大海，南去莫设靺鞨船行十五日。无城郭，依海岛散居，掘地深数尺，两边斜竖木构为屋。人皆皮服，又狗毛杂麻为布而衣之，妇人冬衣豕鹿皮，夏衣鱼皮，制与獠同。多沮泽，有盐鱼之利。地气冱寒，早霜雪，每坚冰之后，以木广六寸、长七尺施系其上，以践层冰。逐及奔兽。俗多狗，胜兵万馀。人无相敬之礼、官僚之法，

① 鲁迅：《中国小说史略》第二十二篇《清之拟晋唐小说及其支流》，人民文学出版社1973年版，第179页。

> 不识四时节序。有他盗入境，乃相呼召。弓长四尺馀，箭与中国同，以骨石为镞。乐有歌舞，死解封树，哭之三年，无馀服制。靺鞨有乘海至其国货易，陈国家之盛业，于是其君长孟蜯遣其子可也余志，以唐贞观十四年三译而来朝贡。初至靺鞨，不解乘马，上即颠坠。其长老人传言，其国北一月行，有夜叉人，皆豕牙翘出，啖人。莫有涉其界，未尝通聘。①

元马端临《文献通考》卷三四七《四裔考·流鬼》有关流鬼国和夜叉国的记述与《通典》所记略同，皆言夜叉国在北海之北的“流鬼国”之北，流鬼国“地气冱寒”，夜叉国当更寒冷，绝非南海热带气象，则可断定。唐刘恂《岭表录异》卷上《六国》一篇记述有“野叉国”的传闻，但其所记者为五岭以南之事，方位则当在现今南海一带：“又到野叉国，船抵暗石而损，遂搬人物上岸，伺潮落，阁船而修之，初不知在此国，有数人同入深林采野蔬，忽为野叉所逐，一人被擒，馀人惊走，回顾见数辈野叉同食所得之人，同舟者惊怖无计。”②所谓“野叉”，即“夜叉”，皆为梵语的音译，为佛经中所讲述的一种形象丑恶的鬼，勇健凶暴，能食人，后受佛之教化而成为护法之神，列为天龙八部众之一。有关典籍或笔记似乎皆含有古人对于当时海外非华夏族原住民的某种想象与误解成分，故常以“夜叉”称呼这些非常陌生的荒岛居民。

《夜叉国》除二十四卷抄本以“胶州徐姓”开篇外，《聊斋志异》其他各本此篇皆以“交州徐姓”开笔。交州，清人无注，今人注本如朱其铠先生主编《全本新注聊斋志异》、盛伟先生《聊斋志异校注》、于天池先生全本全注全译丛书《聊斋志异》以及多种白话译本，皆以岭南之交州为释。按，交州，古地名，为汉武帝元封五年（前106）所设十三州部之一，辖区在岭南至印支半岛一带，其治所，后世屡有变迁，东汉在广信（今广西壮族自治区梧州市苍梧），三国吴时在番禺（今属广州市），后又迁至交趾。古人言“交州”，一般即泛指今两广一带。蒲松龄此篇中屡谓徐姓人返乡航程为“南旋”或“待北风起”，若事发交州，则泛海只能再向南行，绝无乘北风返乡之可能。本书卷八《粉蝶》所言琼州士人阳曰旦泛海，遭飓风漂流至一岛，其回归琼州

---

① （唐）杜佑撰：《通典》卷二〇〇《流鬼》，影印文渊阁《四库全书》，台北商务印书馆1986年版，第605册第751页。

② 商璧、潘博校补：《岭表录异校补》卷上《六国》，广西民族出版社1988年版，第80页。

就是在“南风竞起”的条件下完成的，可见蒲松龄的相关地理概念相当清楚。就此而论，作者心目中的夜叉国显然并非位于南海者，否则其地理概念就“南辕北辙”了！

《夜叉国》若事发于胶州，小说情节则完全符合蒲松龄的相关描写：其泛海必东行出黄海，再被大风吹去向北，或通过对马海峡经日本海漂至一荒岛，如此方符合小说中“南旋”返乡的逻辑，也符合《通典》或《文献通考》对于夜叉国方位的记述。有关世界的地理概念，清初之蒲松龄未必如今人有精确之地图可作参考，但其大致方位不会混淆乃至南北不分则可以肯定；况且“胶州”属于山东近海地域，写入小说就比“交州”更显亲切。有明于此，小说中除对非蒙古利亚人种的想象因少见多怪而有所错位外，可以推想作者构思小说时也并非天马行空般任意驰骋，而是具有一定的文献典籍依据的；从而也可知半部手稿本以外，二十四卷抄本《聊斋志异》的版本价值也不容忽视。小说中对于世间为官者神气活现的三言两语勾画：“出则舆马，入则高堂，上一呼而下百诺，见者侧目视，侧足立，此名为官。”（第 510 页）堪称神来之笔。此外，小说对于男权社会“母老虎”个别现象的调侃，也显示出作者机智幽默的性格特征。

《夜叉国》对夜叉有“中有夜叉二，牙森列戟，目闪双灯”（第 507 页）的形容，何谓“牙森列戟”？朱注本注云：“牙森列戟：牙齿森然如密排长戟。形容牙齿密长尖利，露出唇外。森，繁密貌。牙，前齿。”[①]盛注本注云：“牙森列戟：形容夜叉的牙齿森森如战戟排列。森，繁密貌。”[②]李伯齐、徐文军先生《聊斋志异选》注云：“牙森列戟：牙齿并立如同摆列的长戟。森，峙立。戟，古代武器，旁出两刃。这里喻夜叉的牙齿外突而尖利。”[③]上所举注释似皆不够确切，没有将“列戟”两字阐释清楚。“列戟”在古代有仪仗的意思，旧时宫庙、官府及显贵之府第陈戟于门前，以为仪仗。所谓“牙森列戟”即谓牙齿密布如同官府门前的仪仗般排列，如此形容方得见夜叉狰狞之态。

“诸物早起，项下各挂明珠一串”（第 508 页），朱注本注“明珠”云：“夜

① 朱其铠主编：《全本新注聊斋志异》，人民文学出版社 1989 版，第 348 页。
② 盛伟校注：《聊斋志异校注》，山西人民出版社 2000 年版，第 434 页。
③ 李伯齐、徐文军选注：《聊斋志异选》，人民文学出版社 2006 年版，第 118 页。

明珠，一种名贵珍珠，传说夜间放光。”[①] 盛注本未注“明珠”，可不论。李选本注云：“明珠：夜明珠，也叫夜光珠，非常名贵，传说出自南海。”[②] 按晋王嘉《拾遗记》卷二《夏禹》：“禹凿龙关之山，亦谓之龙门。至一空岩，深数十里，幽暗不可复行。禹乃负火而进，有兽状如豕，衔夜明之珠，其光如烛。”[③] 所谓“明珠”与传说中的夜明珠并不等同，明珠即光泽晶莹的珍珠，乃河蚌或海蚌因沙粒侵入其体，从而孕育而成。古代所说的夜明珠，其实就是现在的荧光石，荧光石可以在夜间发出微量的荧光；珍珠乃水中蚌类所生，明宋应星《天工开物·珠玉》：“凡珍珠必产蚌腹，映月成胎，经年最久，乃为至宝。其云蛇腹、龙颔、鲛皮有珠者，妄也。”[④] 所谓病蚌成珠，未见有放光的记载，则《夜叉国》中所谓“明珠”必非夜明珠可知。以笔者所见三种白话译本，皆未有译为“夜明珠”者。

“每临巨敌，辄擐甲执锐，为子接应，见者莫不辟易。”（第 512 页）所谓“擐甲执锐”，朱注本注云：“擐（guān 关）甲执锐：穿甲胄，拿武器。擐，穿。《左传·成公十三年》：‘文公躬擐甲胄，跋履山川。’锐，兵器。”[⑤] 盛注本注云：“擐（xuān 轩）甲执锐：谓穿上甲胄，拿起武器。《左传·成公二年》：‘擐甲执兵，固即死也。’擐，通‘揎’，捋起，此指穿上。锐，兵器。”[⑥] 两注本所引书证当以后者为是，但两者为多音字“擐”所注音则皆有误，擐（huàn 换），谓贯穿或穿着。通‘揎’者，则谓捋起，读音有别于谓贯穿或穿着者。

以上所言三事虽属于注释中的小问题，但不可忽略，否则极易误导读者。从小说所使用清绿营兵武职官员名称而论，《夜叉国》之时代背景当为清代，注释武官职务就不当以明军制为注或明清两朝军制混注，这也是今天注家应当引起特别注意的问题。

---

① 朱其铠主编：《全本新注聊斋志异》，人民文学出版社 1989 版，第 349 页。
② 李伯齐、徐文军选注：《聊斋志异选》，人民文学出版社 2006 年版，第 119 页。
③ （晋）王嘉撰：《拾遗记》卷二《夏禹》，中华书局 1981 年版，第 38 页。
④ （明）宋应星著：《天工开物》卷下《珠》，广东人民出版社 1976 年版，第 435 页。
⑤ 朱其铠主编：《全本新注聊斋志异》，人民文学出版社 1989 版，第 351 页。
⑥ 盛伟校注：《聊斋志异校注》，山西人民出版社 2000 年版，第 435 页。

说《小二》

《小二》虽非《聊斋志异》中的名篇，但小说以明末白莲教起事为故事的背景，男女主人公的爱情主线以外，又涉及当时社会的诸多问题，内容可谓丰富多彩。小说所用词语如“闲”、“怃然为间”、“肃肃”、“琉璃”等，今人注释千万不可掉以轻心，否则就可能引来歧义，对于读者的阅读接受不为无碍。

白莲教为盛行于元、明、清三代的民间秘密宗教团体，原为佛教净土宗的一个流派，又称“白莲宗”、“白莲社”等，崇奉阿弥陀佛，为南宋初昆山（今属江苏）僧人茅子元创建。此后内部宗派林立，以“真空家乡，无生父母”为八字真诀。白莲教在不断发展的过程中往往成为农民反抗朝廷的组织者，故屡遭官府的严厉禁止与残酷镇压。徐鸿儒，原名诵（？—1622），明末山东巨野（今属山东菏泽市）人，徙居郓城，为白莲教一支闻香教主王森弟子，天启二年（1622）于郓城起事，聚众数万，号中兴福烈帝，建元大乘兴胜，后遭明廷镇压，据守邹县，三阅月而城破被杀。

卷二《小二》一篇即以明末白莲教起事为故事的背景，在表现男女主人公情爱的主线外，又关涉民间宗教法术问题以及经商致富、组织生产问题、未卜先知以趋吉避凶等问题，内容可谓丰富多彩。除两人乘纸鸢比翼而飞逃离虎口、幻化出判官搬运千金尽为己有以及戟指降服群盗的情节涉及志怪外，无论描写人情世态、社会风俗，还是叙述闺中情趣、督课婢仆，皆非凭空结撰，而是具有相当现实基础的文字。其中检《周礼》为觞政，两人斗口饮酒、相互玩笑，生活趣味尤为浓厚，且穿插于“剪纸作判官”以向邻居索要金钱的过程之中，浑然天成，不露斧凿之迹，堪称思致悠然。

宋李清照《金石录后序》记述她与丈夫赵明诚闺中浪漫情事有云：“余性偶强记，每饭罢，坐归来堂烹茶，指堆积书史，言某事在某书某卷、第几页第几行，以中否角胜负，为饮茶先后。中即举杯大笑，至茶倾覆怀中，反不得饮而起。”[①] 蒲松龄是否对李、赵夫妇斗茶一事有所借鉴，难以断言，但为写好这一情节，他经过一番苦心孤诣的构思则是事实。小说中男主人公之所以

---

① 王英志编选：《李清照集》，凤凰出版社 2007 年版，第 170 页。

以“丁”为姓，就是为小二“君是水卒，宜作鳖饮”的斗趣之语张本，并与前文“丁翻卷，得‘鳖人’”相映衬（鳖人为古掌取献甲壳类动物之官名）。所谓“丁”，即指蚌、蛤壳内侧坚韧的小肉柱。清周亮工《闽小记》卷一《江瑶柱》：“（江瑶柱）肉不堪食，美只双柱。所谓柱亦如蛤中之有丁。蛤小则字以丁，此巨因美以柱也，味亦与蛤中丁不小异。蛤之美实亦在丁。人以其无多不审察，故独让江瑶擅此嘉名耳。”[①] 许多注本于此概付阙如，实在是湮没了作者的匠心独运的巧思。在丁生与小二夫妇身上，作者显然寄托了他自己在现实中得不到的闺中情趣，意图在想象中弥补生活的欠缺，因而精心结撰此篇并获成功，读者不可轻易读过。

“女以徐高足，主军务，昼夜出入，父母不得闲。”（第 552 页）何谓“闲（閒）”，朱其铠主编《全本新注聊斋志异》注云：“閒：同‘间’，参预。”[②] 盛伟《聊斋志异校注》注云：“闲：同‘间’，参预。”[③] 所谓“闲”或“閒”在这里是“参预”的意思吗？如此理解似有误。“闲”在此处当是“限制”或“防止”的意思，《易·家人》：“初九，闲有家，悔亡。”高亨注：“《说文》：‘闲，阑也，从门中有木。’盖闭门而以木拒之为闲，所以防人之阑入也。”[④] 笔者所见三种白话译本，中华本译上述四句：“小二因为是徐鸿儒的得意弟子，主持军中事务，白天黑夜都很繁忙，连父母也很少见到她。”[⑤] 上古本译为：“小二因为是徐鸿儒的得意学生，主持军务，不分昼夜出入军中，连父母也不能跟她呆上一会儿。”[⑥] 两种译本似乎都没有准确理解“闲”的意思。漓江本译为：“小二因为是徐鸿儒的得意门生，受命主持军务，白天黑夜出出入入，父母也不能干预。”[⑦] 白话译本之先出版者，其译文反而较为准确，可见对一个“闲”字的解释在这里至关重要，不可囫囵吞枣。旧时女子抛头露面且在军中不分昼夜出出进进，必然与相关的封建观念发生冲突，为人父母者必加限制或干预诚属正常，这里以“不得闲”为词，正可见父母在形势所迫下的困窘无奈。

---

① （清）周亮工撰：《闽小记》卷一（瓜蒂庵藏明清掌故丛刊），上海古籍出版社 1985 年版，第 23 页。
② 朱其铠主编：《全本新注聊斋志异》，人民文学出版社 1989 版，第 379 页。
③ 盛伟校注：《聊斋志异校注》，山西人民出版社 2000 年版，第 463 页。
④ 高亨著：《周易古经今注》，中华书局 1984 年版，第 267 页。
⑤ 孙通海等译：《文白对照聊斋志异》，中华书局 2010 年版，第 471 页。
⑥ 丁如明等译：《聊斋志异全译》，上海古籍出版社 2012 年版，第 163—164 页。
⑦ 马振方主编：《聊斋志异评赏大成》，漓江出版社 1992 年版，第 592 页。

“女怃然为间，豁然梦觉。”（第553页）何谓“怃然为间”？朱注本注云：“茫然自失，停顿不语。怃然，怅惘失志的样子。间，间歇，停顿。”[①]盛注本注云：“惘然失意，停顿了片刻。为间，停顿。《孟子·滕文公上》：‘徐子以告夷子，夷子怃然为间曰：“命之矣。”’”[②]漓江本翻译上述两句为：“小二茫然不知所措，沉吟片刻，才如梦初醒。”[③]中华本译为：“小二茫然若有所失，想了一会儿后，她仿佛一下子从梦中醒来。”[④]上古本译为：“小二听了，茫然若失，呆了一会儿，忽然如大梦醒来。”[⑤]朱注本、盛注本释“间”为“停顿”似不甚准确，“间”在这里有时间短暂持续的意思，形容小二怅然失意的客观状态，而非其主观失语的表现。漓江本、中华本翻译为“沉吟片刻”、“想了一会儿后”，也因染有主观色彩而失其韵味；上古本译为“呆了一会儿”，差强人意。盛注本引《孟子》为书证，甚是，汉赵岐注《孟子》该句云：“为间者，有顷之间也。”[⑥]最为准确。

“鸢肃肃振翼”（第553页），所谓“肃肃”为象声词，当形容鸟羽的振动声。朱注本、盛注本皆以“风声”为释，后者且以蔡琰《悲愤诗》“翩翩吹我衣，肃肃入我耳”为书证[⑦]，似不甚准确。漓江本对“肃肃”未作翻译，中华本译为“刷地”，上古本译为“扑楞楞”，后两者皆从鸟羽振动声入手翻译，以后者较为传神。这是因为“刷地”只是起飞一刻间的声响，而非持续飞翔的状态。

“尝开琉璃厂，每进工人而指点之”（第555页），何谓“琉璃厂”？朱注本注云：“烧制琉璃器皿的工厂。琉璃，用粘土、长石、石青等为原料而烧制的器皿，如琉璃砖、瓦等。”[⑧]盛注本注云：“烧制琉璃器皿的工厂。”[⑨]既然为器皿，何来“琉璃砖、瓦”？前者显然混淆了琉璃器皿与建筑材料的区别，这里的琉璃厂就是指烧制类似玻璃油灯的场所，下文“一切碁灯，其奇式幻采，

---

① 朱其铠主编：《全本新注聊斋志异》，人民文学出版社1989版，第379页。
② 盛伟校注：《聊斋志异校注》，山西人民出版社2000年版，第463页。
③ 马振方主编：《聊斋志异评赏大成》，漓江出版社1992年版，第592页。
④ 孙通海等译：《文白对照聊斋志异》，中华书局2010年版，第471页。
⑤ 丁如明等译：《聊斋志异全译》，上海古籍出版社2012年版，第164页。
⑥ （清）阮元校刻：《十三经注疏》，中华书局1980年版，第2707页。
⑦ 盛伟校注：《聊斋志异校注》，山西人民出版社2000年版，第464页。
⑧ 朱其铠主编：《全本新注聊斋志异》，人民文学出版社1989版，第381页。
⑨ 盛伟校注：《聊斋志异校注》，山西人民出版社2000年版，第465页。

诸肆莫能及”三句，即可为证。琉璃，或称“料器”，清赵翼《陔馀丛考》卷三三《琉璃》：“俗所用琉璃，皆消融石汁及铅锡和以药而成，其来自西洋者较厚而白，中国所制则脆薄而色微青。”[①]宋叶适《赵振文传借琉璃灯铺写山水人物》诗：“古称净琉璃，物现我常寂。”[②]明末清初，淄川、博山一带采煤、丝绸、制陶、制琉璃业乃至集市贸易极为发达，这显然为《小二》中有关工商业经营的描写提供了依据。“棋灯”就是彩灯或花灯，宋范成大《鲁如晦郎中挽词二首》诗其二“棋灯荧夜观，歌板聒春船”[③]可证。白话译本多将“棋灯”译为“琉璃棋子琉璃灯”、“棋子和灯具”、“琉璃棋、琉璃灯”，不免有望文生义之嫌。

“每进工人而指点之”（第555页），所谓“进”在此处是靠近的意思，《礼记·檀弓上》：“丧服，兄弟之子犹子也，盖引而进之。嫂叔之无服也，盖推而远之也。”汉郑玄注：“或引或推，重亲远别。”[④]朱注本注“进”为“传唤”，缺乏现场指导的感觉（烧结琉璃器皿温度很高，离开现场如何指导），似非作者原意。白话译本中漓江本译上例为“凡招收进来的工人，她都亲自指点”[⑤]；中华本译为“凡是招收来的工人都经过小二的亲自指点”[⑥]。如此理解，几乎近似于师傅带徒弟了。上古本译为“常常叫来工人加以指点”[⑦]，采用了朱注本释“进”为“传唤”的说法。看来一个小小动词，若不细心留意，也会郢书燕说。

“甘霖倾注，五里内悉获霑足”（第555页），所谓“霑足”，谓雨水充分浸润土壤，语本《诗·小雅·信南山》：“既优既渥，既霑既足，生我百谷。”[⑧]宋朱熹注云：“优、渥、霑、足，皆饶洽之意也。冬有积雪，春而益之，以小雨润泽，则饶洽矣。”朱注本、盛注本皆未出注，令读者难以体会到蒲松龄遣词用语的典雅风格，不为无憾。

---

① （清）赵翼撰：《陔馀丛考》卷三三《琉璃》，河北人民出版社1990年版，第683页。

② 傅璇琮等主编、北京大学古文献研究所编《全宋诗》，北京大学出版社1998年版，第50册第31210页。

③ 傅璇琮等主编、北京大学古文献研究所编《全宋诗》，北京大学出版社1998年版，第41册第25842页。

④ （清）阮元校刻：《十三经注疏》，中华书局1980年版，第1289页。

⑤ 马振方主编：《聊斋志异评赏大成》，漓江出版社1992年版，第594页。

⑥ 孙通海等译：《文白对照聊斋志异》，中华书局2010年版，第475页。

⑦ 丁如明等译：《聊斋志异全译》，上海古籍出版社2012年版，第165页。

⑧ （宋）朱熹集注：《诗集传》卷一三，上海古籍出版社1958年版，第155页。

说《狐妾》

卷三《狐妾》这篇小说的男主人公刘洞九，即刘澄淇（1586—1659），字洞九，号筠叟，莱芜（今山东省莱芜市）人。明崇祯十三年（1640）贡生，入清，于顺治四年（1647）任汾州府通判，后归田里居。康熙十二年（1673）《新修莱芜县志》卷六《人物志·选举·贡生》著录："刘澄淇，（崇祯）十三年贡。"乾隆三十六年（1771）《汾州府志》卷九《职官·通判》著录："刘澄淇，山东莱芜贡士，顺治四年任。"民国十一年（1922）《莱芜县志》卷一四《选举表·清》著录："刘洞九，任汾州州判。"其事又见刘玉明保存之民国十八年（1929）莱芜重修《刘氏族谱》。

莱芜孝义楼村有关刘洞九与仙奶奶（狐妾）张玉婧的传说，至今不绝如缕，还留有佛象葫芦和眉豆（又称"扁豆"）秧手杖以及九十二洞石的故事，其传播或与蒲松龄的这篇《狐妾》的创作相关，至于孰先孰后，尚须考证。与蒲松龄时代同时的王士禛对所谓"狐妾"则另有记述，主人公从刘洞九已经换位于张四教。其《居易录》卷五云：

> 莱芜张四教，字芹沚，顺治丙戌进士，以部郎居京师。买一婢，年十四，姿首甚丽。询其家世，曰："东乡艾氏女也。"适迁山西提学，因纳之。携行至一驿，晚步驿圃中，有雉起草间，感之而孕。到官十月，张以公事将往他郡。妾泣告曰："弱质托体君子，今将娩矣。君事毕，当速归，冀可相见。"张慰之而去。去数日，妾生一子而殁。预留书与张诀，词极哀艳，多非人世语。又自画小像一帧，留奁箱中。张归见之，惋叹而已。自是，夜必见梦，休咎皆预告。又时时来自乳其子。张悬像别室，食必亲荐。一日，粪污其上，夜梦妾怒诘曰："奈何污我？"旦视之，画已失，张怅怏弥日。致画师数辈，为言姿态，曲折仿佛追写，卒不肖。偶谒巡抚中丞，见屏风画美人绝肖，屡目之。中丞曰："颇爱此乎？"张因自言其故，中丞即辍赠焉。携归，食奠如常，见梦亦如昔矣。尝语张君不利宦途，稍迁即宜为退休计。及秩满，迁榆

林道参议，遂罢归。[①]

张四教（1602—1694），字道一，号芹沚，莱芜人。顺治三年（1646）三甲第二十二名进士，历官山西平阳府推官、兵部员外郎、山西提学佥事、陕西延榆绥兵备道按察司副使，以不能事权贵，罢归。著有《大榆山房集》。康熙十二年（1673）《新修莱芜县志》卷六《人物志·选举·进士》、民国十一年（1922）《莱芜县志》卷一七《人物志·名臣》有传，后者谓其"断狱明决"，屡举"卓异"，"胆识过人"，"家居好义弥笃"。刘洞九年长于张四教十六岁，《狐妾》中张四教所谓"以卿丽质，何之不可？乃托身于鬖鬖之老"（第607页）数语，有现实依据。无论蒲松龄是有心移花接木，还是无意间张冠李戴，从王士禛这则笔记可以推论《聊斋志异》创作中的一个特点，即于道听途说之词不必实录，而是于充分想象中再加移植换位式的虚构，因而引人入胜。

据《大清律例》卷一〇《户律·婚姻》："凡府、州、县亲民官，任内娶部民妇女为妻妾者，杖八十。"[②]这或许是官员纳妾托言为"狐"以掩人耳目的社会基础。至于狐仙摄取财物必"天下无主之物"，如小说中取黄河水下汴梁城中的库藏，即是一例，"盗亦有道"而外，也属于"避罪"一法。可见小说情节虽大多属于虚构，但也绝非波谲云诡，可任意想象、恣意设计。

"向结伴至汴梁，其城为河伯占据，库藏皆没水中，入水各得些须，何能饱无餍之求！"（第608页）这一段话为狐妾专门针对刘洞九的女婿亓生索财无厌的行径而言，汴梁即今河南省开封市，"其城为河伯占据"出现于小说中却并非虚构，而是有确凿的历史依据。从清人至今，注家对此皆未留意，实在辜负了蒲松龄构思小说的一片苦心。

崇祯十五年（1642）九月，明巡抚高名衡决黄河欲水淹李自成农民军，李自成将计就计，开封反而被灌，城中百万户，得脱者不足两万人。后因泥沙淤积，城内屋舍大多被埋没。《狐妾》中所谓"其城为河伯占据"，当谓这一年事，时刘洞九年已五十八岁，距离他担任清朝的汾州府通判尚有五年。据《明史》卷二四《庄烈帝二》载："十五年……九月壬午，贼决河灌开封。

① 袁世硕主编：《王士禛全集·居易录》卷五，齐鲁书社2007年版，第3771—3772页。
② 田涛、郑秦点校：《大清律例》卷一〇《户律·婚姻》，法律出版社1999年版，第210页。

癸未，城圮，士民溺死者数十万人。”[①]又《明史》卷二六七《高名衡传》对李自成决黄河水淹灌开封一事记述更详：“会有献计于巡按御史严云京者，请决河以灌贼。云京语名衡、（黄）澍，名衡、澍以为然。周王恭枵募民筑羊马墙，坚厚如高岸。贼营直傅大堤，河决贼可尽，城中无虞。我方凿朱家寨口，贼知，移营高阜，艨艟巨筏以待，而驱掠民夫数万反决马家口以灌城。九月癸未望，夜半，二口并决。天大雨连旬，黄流骤涨，声闻百里。丁夫荷锸者，随堤漂没十数万，贼亦沉万人。河入自北门，贯东南门以出，流入于涡水。”[②]河伯，即传说中的黄河之神，汉张衡《思玄赋》：“号冯夷俾清津兮，棹龙舟以济予。”唐李善注引《青令传》曰：“河伯，华阴潼乡人也，姓冯氏，名夷，浴于河中而溺死，是为河伯。”[③]

蒲松龄巧借历史事件刻画狐妾获取财物“取之有道”，并非偷窃或明抢所得，又与前文“可出金赀，偿某家汤饼”一事照应，堪称针线细密，滴水不漏。小说以下还有这样一段描写：“（刘洞九）寻以大案罣误，贫至饔飧不给，而当道者又多所需索，因而窘忧欲死。女曰：‘勿忧，床下三千金，可资用度。’刘大喜，问：‘窃之何处？’曰：‘天下无主之物，取之不尽，何庸窃乎！’刘借谋得脱归，女从之。”（第608页）所谓“天下无主之物”，就是指战乱频仍中类似于被淹没于水中的开封库藏之物，作者设计亓生索财的情节，正是为这一段话张本，并非节外生枝的情节描述。

小说中还提及“姜瓌叛，汾州没为贼窟”（第608页）这一历史事件。姜瓌，陕西榆林人（？—1649），明崇祯末为大同总兵，后投降李自成农民军，旋又降清；顺治五年（1648）复叛清，自称大将军，攻下山西十馀州县。第二年在清军的围攻下，为部将杨振威杀死。据《清史稿》卷四《世祖本纪一》，顺治五年十二月“癸巳，姜瓌以大同叛”，顺治六年（1649）四月“乙卯，贼党陷汾州”，八月“乙卯，大同贼被围久，饥死殆尽，伪总兵杨震威斩姜瓌及其弟琳来献”，九月“甲戌，满达海、博洛克汾州、平阳”[④]。另据《清

① （清）张廷玉等撰：《明史》卷二四《庄烈帝二》，中华书局1974年版，第331页。
② （清）张廷玉等撰：《明史》卷二六七《高名衡传》，中华书局1974年版，第6885页。
③ （南朝梁）萧统编：《文选》卷一五，中华书局1977年版，第217页。
④ 赵尔巽等撰：《清史稿》卷四《世祖本纪一》，中华书局1976年版，第112页、第115页、第116页、第116页。

史编年》第一卷《顺治朝》“顺治六年己丑九月二十八日乙卯（10月4日）”载录：“姜瓖部将杨振威等二十三人密通清军，于本日斩姜瓖及其兄姜琳、弟姜有光等，献首级降。此日清军入城，屠大同军民。”[①] 除姜琳与姜瓖孰兄孰弟，两种记述有所不同外，杨振威等降清日期也适有一月之龃龉。《清史编年》的原始史料多源自《清实录》，其准确性当高于《清史稿》，故当以后者所记为是。朱注本没有注明刘洞九何许人，仅注“汾州没为贼窟”云：“据《世祖本纪》，姜瓖部陷汾州在一六四八年四月。九月收复。”[②] 盛注本注“刘洞九”云：“即刘侗九，莱芜人，顺治间官汾州通判。见《莱芜县志》。”另注“汾州没为贼窟”云：“此指姜瓖率部于清顺治五年（1648）四月叛清攻陷汾州，于同年九月收复其（期）间。”[③] 两注本所记姜瓖叛清之时间以及清廷收复汾州府之时间似皆有误，相差几一年，不知所据。

---

① 史松、林铁钧编：《清史编年》第一卷《顺治朝》，中国人民大学出版社2000年版，第244—245页。

② 朱其铠主编：《全本新注聊斋志异》，人民文学出版社1989版，第416—417页。

③ 盛伟校注：《聊斋志异校注》，山西人民出版社2000年版，第497页，第499页。

说《公孙九娘》

卷三《公孙九娘》这篇小说涉及明清间山东聚众抗清人物于七。于七，本名小喜，又名乐吾，号孟熹，栖霞（今属山东省）人。明崇祯间武举，一说原为捕役，顺治五年（1648）于栖霞锯齿山聚众抗清，两年后进攻宁海（今山东省烟台市牟平区），杀知州刘文洪。后受登州知府张尚贤招抚，任栖霞把总，居巨第，与栖霞、莱阳等处旧日伙伴时相往来。顺治十八年（1661）春，有赴兵部告称于七图谋不轨者，清兵往捕，于七又乘机率众起事，分据锯齿山、昆嵛山、招虎山、鳌山等处，清廷围攻于七于锯齿山，激战两月，于七次年兵败，突围入海，不知所终。而据民间传说，崂山华严寺第二代住持善和（1609—1720）就是于七，他在兵败后潜来崂山，华严寺住持慈沾大师用沸水毁其面，诡称天花病僧，躲过清兵搜捕。后于七即拜慈沾为师，皈依佛门，法名善和。慈沾示寂后，善和继任华严寺住持，并教僧众习武，成螳螂拳始祖，世寿百馀岁。善和骨灰塔于“文革”间被毁，后由中华崂山武馆修复，并于1991年立“修复螳螂始祖于七墓塔记”碑以彰其事。清初于七抗命朝廷，是否带有反清复明色彩，这里不作深论，但清廷镇压残酷，株连无辜甚众，以求震慑汉人，则是事实。《聊斋志异》中有《野狗》一篇，也以于七一案中清廷屠杀无辜之行径为背景，可参看。

于七一案，山东栖霞、莱阳一带乡绅士大夫惨遭清廷迫害者甚众，如著名文人宋琬就受到此案牵连，险遭不测。清王培荀《乡园忆旧录》卷二：“宋荔裳先生琬，字玉叔，莱阳人。族中无赖子夜宿土地庙，梦神告以先生与逆贼于七通谋，遂讦之官，系狱二年乃白。”[①]宋琬（1614—1673），顺治四年（1647）二甲第二十九名进士，历官户部河南司主事、礼部稽勋司主事、吏部郎中，擢浙江按察使，以族子挟嫌诬告，系刑部狱三年，事白，流寓江浙。康熙十一年（1672）起为四川按察使，次年入京觐见，适吴三桂叛清，成都陷，闻变惊悸卒。工诗，与施闰章有“南施北宋”之誉。著有《安雅堂集》。《清史列传》卷七〇有传云：“琬少负隽才，著声誉……十八年，擢按察使。

① （清）王培荀著：《乡园忆旧录》卷二，齐鲁书社1993年版，第72页。

时登州于七为乱，琬同族子因宿憾，思陷琬，遂以与闻逆谋告变，立逮下狱，阖门缧系者三载。缘坐中有需外讯，下督抚治之，巡抚蒋国柱鞫得诬状，上闻，颇与部谳牴牾，命质审，得申雪。康熙三年冬，得旨免罪，放归。”[①]宋琬以方面大员尚遭受于七一案之株连，其馀受牵连之众人命运可想而知。清统治者借此案立威于齐鲁，给山东文人士大夫心理投下了浓重的阴影，蒲松龄结构此篇，也无非借人鬼之露水姻缘，宣泄难以明言的一腔幽愤之情。

在六朝志怪小说如晋干宝《搜神记》中，诸如《驸马都尉》、《崔少府墓》（皆见卷一六）一类生死异路、人男鬼女欢爱一时的幽婚，并非罕见题材，但志怪而已，特别是多为皆大欢喜之结局，并无深刻寓意。这篇《公孙九娘》的结局，作者以出人意料的笔墨，渲染了九娘难以释怀的无尽哀怨，她不原谅莱阳生偶然“忘问志表”的粗疏，似乎恋人之间因使性作态、沟通路绝而反成仇家；其实儿女情长与天大冤枉相比，毕竟占据次要地位，读者若仅纠缠于故事中男女恩怨尔汝的情节，则有可能忘怀了蒲松龄《聊斋自志》中所云“寄托如此”的一片苦衷。《公孙九娘》篇末“异史氏曰”有云：“香草沉罗，血满胸臆；东山佩玦，泪渍泥沙。古有孝子忠臣，至死不谅于君父者。公孙九娘岂以负骸骨之托，而怨怼不释于中耶？脾鬲间物，不能掬以相示，冤乎哉！”（第 713 页）清何守奇就此又加评云：“不以葬处相示，彼此都疏，乃独归究（咎）于莱阳，此异史氏所以有‘冤哉’之叹也。”（第 713 页）清梓园则谓：“志表乃第一紧要事，当先问之。此九娘所以恨也，乌得言冤？”（第 714 页）就事论事，皆拘泥于作者的情节设置，将虚构的小说当作已然发生的历史来阅读，实际上误会了作者的良苦用心。清刘堮《挹秀山房诗集》卷二《聊斋志异用高南阜韵》其二有云“几人读书能眼明，解道聊斋用情处”[②]，正可一言蔽之。袁世硕先生品评《公孙九娘》认为：“正是这种出人意外的结尾，才造成了令读者读后还不能立即忘怀这个饱含着现实的血泪内容的故事，忘怀故事中的那几个冤魂，也就是忘怀了造成这些冤魂的那个事件的惨无人道。这不仅仅是文学艺术崇尚的结而不尽的馀味、馀韵，更为重要的还使故事的思想内涵和悲怆情结变得更加沉重。”[③]所评恰如其分，可参阅。

---

① 《清史列传》卷七〇《宋琬传》，中华书局 1987 年版，第 5710 页。

② （清）刘堮撰：《挹秀山房诗集》卷二，道光十六年（1836）刘氏味经书屋刊本。

③ 袁世硕：《续幽明之录，诉弥天之冤——〈公孙九娘〉发微》，载《蒲松龄研究》2005 年第 3 期。

“舅不以沉魂可弃，又蒙赐金帛，儿已得之矣。”（第709页）中山大学中文系《聊斋志异选》注“沉魂”云：“沉滞的魂魄。沉，留滞。”[①]朱注本注云：“沉魂：沉沦于阴间的鬼魂。此也兼指沉冤之魂。”[②]盛注本以及笔者所见其他选注本皆未出注。“沉魂可弃”四字实则为作者直接取用于《太平广记》的成词，《太平广记》卷三三二引唐陈劭《通幽记·唐晅》：“儿郎张氏也，闻君悲吟相念，虽处阴冥，实所恻怆。媿君诚心，不以沉魂可弃，每所记念，是以此夕与君相闻。”[③]所谓“沉魂”，即沉冤之魂。若不注引书证，其义不难理解，但蒲松龄转益多师的创作方法就难以明晓了。类似情况又如：“后五日，果见朱来，整履摇箑，意甚忻适。”（第711页）四句中所谓“整履摇箑”，意谓穿戴齐整，摇着扇子。这番人生得意状态的描写，也语本《太平广记》卷二九〇《吕用之》：“用之年十二三，其父挈行，既慧悟，事诸贾，皆得欢心。时或整履摇箑，匿家与奴仆等居。”[④]《聊斋志异》与《太平广记》的关系问题，可参见本书第三编《聊斋志异》与重要典籍关系新证的最末一章。

搞清楚作者一些措辞之出处，对于《聊斋志异》的校勘不可或缺。如“不欲九娘远嫁，期今夜舅往赘诸其家，伊家无男子，便可同郎拜也。”（第711页）四句中所谓“拜”，铸雪斋本、《异史》本、二十四卷抄本皆作“往”，以笔者所见三种全注本与诸多选注本亦无一例外地皆从铸雪斋或《异史》等本校作“往”。若如此，则“同郎往也”与上一句“伊家无男子”有何逻辑关联？蒲松龄当不至如此蹩脚行文。若依据手稿本作“同郎拜也”，则四句豁然全通。盖“拜”为顺服、敬奉的意思，语本《左传·昭公十五年》：“晋居深山，戎狄之与邻，而远于王室，王灵不及，拜戎不暇，其何以献器。”杨伯峻注云：“焦循《左传补疏》云：‘拜，服也。拜戎不暇谓服戎不暇也。’”[⑤]又《礼记·郊特牲》：“拜，服也；稽首，服之甚也。”唐孔颖达疏：“拜者，是服顺于亲也。”[⑥]显然“拜”较“往”义胜多矣。又如：“收儿骨归葬墓侧，使百年得所依栖，死且不朽。”（第712页）所谓“死且不朽”，犹言至死不忘，语

① 中山大学中文系编：《评注聊斋志异选》，人民文学出版社1977年版，第200页。
② 朱其铠主编：《全本新注聊斋志异》，人民文学出版社1989版，第487页。
③ （宋）李昉等编：《太平广记》卷三三二，中华书局1961年版，第2635页。
④ （宋）李昉等编：《太平广记》卷二九〇，中华书局1961年版，第2304页。
⑤ 杨伯峻编著：《春秋左传注·昭公十五年》，中华书局1981年版，第1371页。
⑥ （清）阮元校刻：《十三经注疏》，中华书局1980年版，第1457、1458页。

本《左传·成公三年》："以君之灵，累臣得归骨于晋，寡君之以为戮，死且不朽。"唐孔颖达疏："怀荷君恩，身虽死而朽腐，此恩不朽腐也。死尚不朽，以示其至死不忘也。"[①] 今人注本对此若不引《左传》为书证，则三句情韵丧失殆尽且易生歧义。

蒲松龄的小说创作虽非"无一字无来历"，然而其遣词处心积虑，每多胜义，往往有出典，寻觅而出，也是阅读《聊斋》之一大趣味。如："儿以舅意白公孙老夫人，夫人作大欢喜。"（第 711 页）所谓"作大欢喜"，乃佛经中常用语，谓高兴已极。又如："乃指画青衣，置酒高会。"（第 711 页），所谓"置酒高会"，谓设置酒肴，举办盛大宴会，语本《史记》卷七《项羽本纪》："汉皆已入彭城，收其货宝美人，日置酒高会。"[②] 小说中公孙九娘口占绝句有"白杨风雨绕孤坟"一句，"白杨"，乃树名，又名"毛白杨"，俗名"大叶杨"，古代坟墓多栽种。宋郭茂倩《乐府诗集》卷三四《相和歌辞九·豫章行》："白杨初生时，乃在豫章山。上叶摩青云，下根通黄泉。"[③] 晋陶渊明《拟挽歌辞三首》其三："荒草何茫茫，白杨亦萧萧。"[④] 唐李益《野田行》："寒狐啸青冢，鬼火烧白杨。"[⑤] 白杨在古人歌诗中意象凄凉，注家若能列举有关书证对于读者是必要的。九娘口占绝句又有"血腥犹染旧罗裙"一句，"旧罗裙"即丝罗制的妇女旧衣裙，若不联系古人语词有关意象，则了无趣味。明汤显祖《牡丹亭》第二十五出《忆女·香罗带》："名香叩玉真，受恩无尽，赏春香还是你旧罗裙。"[⑥] 清吴伟业《阆州行》："将书封断指，血泪染罗裙。"[⑦] 小说形容莱阳生再至稷门重到丛葬所寻觅公孙九娘坟墓："但见坟兆万接，迷目榛荒，鬼火狐鸣，骇人心目。"（第 713 页）"但见"之后全以四字句概括乱葬场所之荒凉凄清景象，其中"坟兆"即坟墓之间的界域，所谓"坟兆万接"四字直接取资于明刘侗、于奕正《帝京景物略》卷三《胡家村》："禾黍中，荒寺数

---

① （清）阮元校刻：《十三经注疏》，中华书局 1980 年版，第 1900 页。
② （汉）司马迁撰：《史记》卷七《项羽本纪》，中华书局 1959 年版，第 321 页。
③ （宋）郭茂倩：《乐府诗集》卷三四《相和歌辞九·豫章行》，中华书局 1979 年版，第 501 页。
④ 逯钦立校注：《陶渊明集》卷四《拟挽歌辞三首》其三，中华书局 1979 年版，第 142 页。
⑤ 《全唐诗》卷二八二，中华书局 1960 年版，第 3212 页。
⑥ （明）汤显祖著：《牡丹亭》第二十五出《忆女·香罗带》，人民文学出版社 1963 年版，第 128 页。
⑦ （清）吴伟业著：《吴梅村全集》卷一，上海古籍出版社 1990 年版，第 23 页。

出，坟兆万接。”[①] 明其出处，趣味无穷！

“阿爹故家子，今亦‘穷波斯’，落落不称意。”（第710页）何谓“穷波斯”？张友鹤先生《聊斋志异选》注云：“穷波斯：波斯就是现在的伊朗，和中国交通很早，出产珊瑚、珍珠、玛瑙等珍物，当时被认为是很富有的国家，并用‘波斯’二字作为富人的代称。‘穷波斯’，是指以前富有而现在贫穷，比喻家道衰落。一说‘波斯’指长髯人，‘穷波斯’就是穷老头儿的意思。”[②] 中山本注云：“穷波斯——破落户。波斯，即现在的伊朗。古代波斯商人来中国出售珍珠、玛瑙、珊瑚等珍物，波斯就成了富商大贾的代称。后来又因波字与奔波有连系，也有称家贫在外奔波的人为穷波斯的。”[③] 朱注本注云：“穷波斯：不详。波斯，古国名，即今伊朗。古代波斯商人多经营珠宝，因以波斯代指富商。又，何垠《注》：‘《俗呼小录》：跑谓之波。穷波斯，盖谓穷而奔忙也。”[④] 盛注本注云：“穷波斯：指穷困的商人。《聊斋诗集》卷二《古镜行赠毕衡伯》：‘君子少，小人常多，波斯贾，其奸不可量！’此泛指穷困潦倒的商人，犹言公孙九娘原出身于富有之家。此言为故家子。波斯，古国名，即今之伊朗。古波斯商人多经营珠宝，故多富商。由富而‘穷’，则喻之‘穷波斯’。”[⑤] 李选本注云：“穷波斯：未详。有的据《俗呼小录》‘跑谓之波’，认为是‘穷而奔忙’的意思。有的说，波斯为古国名，即今伊朗。波斯商人很早来中国经营珠宝，被认为非常富有，‘波斯胡’就成为富人的代称；‘穷波斯’意即由富有变为穷困，喻指家道衰落。以上两说供理解时参考。”[⑥] 马振方先生《聊斋志异（精选本）》（高等教育出版社2008年版）注云：“穷波斯：此偏用其‘穷’字，意为穷汉子或穷措大。波斯，即今伊朗，很早就与中国商贸往来，因其出产珊瑚、珍珠、玛瑙等多种宝物，其人多携宝而来，以富有著称。而从前有个波斯人，未携宝来，反在中国寻购宝物，鲁侯赝鼎、败角秦玺他都收购，最后‘得成宝船’，而‘辛苦头白’，遂被称为‘穷波斯’，或‘无宝穷波斯’。他非但不穷，反倒极富。故被唐代李商隐列入《义山杂著》‘不相

---

① （明）刘侗、于奕正撰：《帝京景物略》卷三，孙小力校注，上海古籍出版社2001年版，第178页。
② 张友鹤选注：《聊斋志异选》，人民文学出版社1956年版，第132页。
③ 中山大学中文系编：《评注聊斋志异选》，人民文学出版社1977年版，第201页。
④ 朱其铠主编：《全本新注聊斋志异》，人民文学出版社1989版，第487页。
⑤ 盛伟校注：《聊斋志异校注》，山西人民出版社2000年版，第569—570页。
⑥ 李伯齐、徐文军选注：《聊斋志异选》，人民文学出版社2006年版，第139页。

称’名目之首，与‘先生不识字’同属自身荒谬词语。”[①] 以笔者所见三种白话译本，翻译上述三句，有的译为：“她父亲是世家子弟，现在也穷困潦倒了，孤孤单单很不如意。”[②] 有的译为：“她父亲是大户人家的子弟，如今也是穷于奔波，零落不堪，不能称心如意。”[③] 有的译为：“她父亲是大户人家子弟，如今也已破落了，日子并不如意。”[④]

以上所罗列诸家有关“穷波斯”之注或译，或大同小异，或别出新见，如“穷于奔波”说，这里不作详论。马先生注本释“穷波斯”提出《义山杂著》，是探源之举。袁世硕先生《“穷波斯”解》有云：“近读署名诗人李商隐之《义山杂纂》，发现‘穷波斯’一语在其中。《义山杂纂》为别具一格之格言体，全书凡40则，均以世间某类现象为题目，下列同类事，如《羞不出》则，列有‘新妇失礼’、‘师姑怀孕’、‘富人乍贫’；《煞风景》则，列有‘松下喝道’、‘花下晒裈’、‘月下把火’等。‘穷波斯’列入《不相称》则，列入此则的还有‘先生不甚识字’、‘瘦人相扑’、‘老翁入倡家’、‘屠家念经’等。所谓‘不相称’，意为其人与所行事不一致，或者说不相当。列‘穷波斯’于其中，当是缘于唐代大都会中居住的波斯国人都是经营珠宝的富商，遂将波斯与珠宝联系起来，‘波斯’成为富商的代称，‘穷’的‘波斯’人，便名实不相称，空有‘波斯’之名了。蒲松龄作《公孙九娘》，正用其义，谓公孙九娘出身世家大族，只是经过社会变乱，现在难称世家了。用‘穷波斯’一语，意在表明女主人公是大家闺秀，仍不失大家风范，颇斯文，能吟咏，所以后文写她在洞房花烛之夜，‘口占二绝’，自诉冤苦。如释作‘破落户’，意思尚可通，却失去了原味；释作‘穷而奔忙’之人家，不惟无据，直是大煞风景了。”[⑤] 这个解释最为明晰。所谓“穷波斯”，即谓与其世家大族出身不相称的现实落魄景象，出于莱阳生女甥之口，略带无奈中的调侃意味，无限凄凉自寓其中。可见读《聊斋志异》若不明有关典故，就有可能似懂非懂，难得要领。

古汉语中一词多义现象常见，注家于工具书中选取义项尤须谨慎。“出金

---

① 马振方选注：《聊斋志异（精选本）》，高等教育出版社2008年版，第117页。

② 马振方主编：《聊斋志异评赏大成》，漓江出版社1992年版，第747页。

③ 孙通海等译：《文白对照聊斋志异》，中华书局2010年版，第607页。

④ 丁如明等译：《聊斋志异全译》，上海古籍出版社2012年版，第211页。

⑤ 袁世硕：《“穷波斯”解》，载《文史知识》2000年第1期。

爵一、晋珠百枚，曰：‘他无长物，聊代禽仪。’ ”（第 710—711 页）所谓“长物”一词何谓？词典中义项之一为“长（cháng 常）物”，即谓好的东西；义项之二为“长（zhàng 涨）物”，即谓多馀物品。联系小说上下文，自以词典之前一义项为佳，属于馈赠自谦语。注家则多以后者为释，未免张冠李戴。注家于古人风俗之注释也以找出其相关同义词为最好。如“生乃出所赠珠，为甥助妆”（第 711 页），所谓“助妆”即“添妆”，旧时谓向新娘赠送财物礼品。《清平山堂话本·快嘴李翠莲记》：“鼓乐喧天响汴州，今朝织女配牵牛。本宅亲人来接宝，添妆含饭古来留。”[①]又《二刻拍案惊奇》卷一四《赵县君乔送黄柑，吴宣教干偿白镪》：“多拜上县君，昨日承蒙厚款，些些小珠，奉去添妆，不足为谢。”[②]因有众多书证，若加以引证，自可令这篇《公孙九娘》中“助妆”一词的释义更为清楚明晰，不可小觑。

---

① （明）洪楩辑，程毅中校注：《清平山堂话本校注》卷二，中华书局 2012 年版，第 112 页。

② （明）凌濛初著：《二刻拍案惊奇》卷一四，上海古籍出版社 1983 年版，第 287 页。

说《促织》

卷三《促织》作为《聊斋志异》中的名篇，诸多《聊斋》选注本不可或缺。蒲松龄对于养虫、斗蟋蟀并非内行，在写作中明显参考了明代刘侗、于奕正《帝京景物略》卷三《胡家村》中有关捉蟋蟀的记述，指出小说中部分词语借鉴前人之处，对于理解作者深刻用心大有裨益。

《促织》中主人公成名之子魂化蟋蟀，手稿本文字属于暗写，青柯亭本在刻印过程中或许编者认为作者针线偶疏，于是改“但蟋蟀笼虚”三句为：“但儿神气痴木，奄奄思睡。成顾蟋蟀笼虚，则气断声吞，亦不复以儿为念。”又改“由此以善养虫名，屡得抚军殊宠”二句为：“后岁馀，成子精神复旧，自言：‘身化促织，轻捷善斗，今始苏耳。’抚军亦厚赉成。”①这样就改为明写成名之子“变形”的悲剧了。何者为佳？见仁见智，这里不做讨论。有论者将此篇与唐陈鸿《东城老父传》传奇比较，唐玄宗喜斗鸡与明宣宗喜斗蟋蟀，玩物之心，毫无二致；但前者因“安史之乱”险些亡国，关于后者，史家则有“蒸然有治平之象”的赞誉（《明史》卷九《宣宗本纪》），两者实有所区别。至于有论者将《促织》与20世纪奥地利作家卡夫卡《变形记》之所谓“异化”说为比，则有些风马牛不相及了。关于《促织》一篇的本事来源，明沈德符《万历野获编》卷二四《斗虫》，明吕毖《明朝小史》卷六《宣德纪·骏马易虫》，明冯梦龙《三教偶拈·济公火化促织》，明拟话本小说《济颠语录》中促织化青衣童子故事，清褚人获《坚瓠集》馀集卷一《蟋蟀》，皆有论者指出其文献依据，此处不赘。然而从作品围绕促织的诸多民俗性问题的描述来看，作者显然从明刘侗、于奕正所撰之《帝京景物略》中借鉴良多，而且可证蒲松龄于斗蟋蟀之有关民俗细节不甚了了甚至疏漏之处，但他转益多师，纵横捭阖，亦可见其《聊斋志异》写作的苦心孤诣之处。孟昭连先生《〈促织〉与〈帝京景物略〉》一文（载《齐鲁学刊》2000年第3期）对此阐发甚多，可参考。

蒲松龄对于《帝京景物略》一书甚为熟悉，其《聊斋文集》卷三有《〈帝

---

① 《详注聊斋志异图咏》卷七《促织》，北京市中国书店影印清刊本。

京景物选略〉小引》一篇小文，内赞刘侗等人之文笔有云：“字为读，句为折；无读不峭，无折不幽，创矣。其所为创，不直学，才也。”[①]可见推崇。《帝京景物略》卷三《胡家村》中有捕捉蟋蟀的描写：“秋七八月，游闲人提竹筒、过笼、铜丝罩，诣草丛处、缺墙颓屋处、砖甓土石堆垒处，侧听徐行，若有遗亡，迹声所缕发而穴斯得。”[②]《促织》加以借鉴：“早出暮归，提竹筒、铜丝笼，于败堵丛草处，探石发穴，靡计不施，迄无济。”（第720页）比较两者文字，可见渊源有自。《胡家村》中又有“坟兆万接”一语，就被蒲松龄直接用于《公孙九娘》一篇中，可证作者对《聊斋志异》反复修改润饰的过程中多所取资的认真态度。

斗蟋蟀之风从南宋奸相贾似道于秋壑堂大开风气之后，迨至明清乃至民国，社会上下皆有同好。明袁宏道《蓄促织》：“京师人至七八月，家家皆养促织。余每至郊野，见健夫小儿，群聚草间，侧耳往来，而貌兀兀若有所失者。至于溷厕污垣之中，一闻其声，踊身疾趋，如馋猫见鼠。瓦盆泥罐，遍市井皆是。不论老幼男女，皆引斗以为乐。”[③]可见明末清初京师风气一斑。作为一项民间娱乐，只要不过分，说不上玩物丧志，但帝王耽于此乐，则有可能误国误民，蒲松龄也正是站在这一立场上意欲进谏帝王的。比蒲松龄早生三十年的黄宗羲在其《明夷待访录·原君》中对于“以天下之利尽归于己，以天下之害尽归于人”的封建帝王做过“为天下之大害者，君而已矣”[④]的明确批判。《促织》篇末“异史氏曰”有云：“天子偶用一物，未必不过此已忘；而奉行者即为定例。加之官贪吏虐，民日贴妇卖儿，更无休止。故天子一跬步皆关民命，不可忽也。独是成氏子以蠹贫，以促织富，裘马扬扬。当其为里正受扑责时，岂意其至此哉！天将以酬长厚者，遂使抚臣、令尹，并受促织恩荫。闻之：一人飞升，仙及鸡犬。信夫！”（第724—725页）黄、蒲之议论两者相较，在对待封建专制统治的态度上，前者比后者“异史氏曰”中的感慨，显然进步多了。清方舒岩评此篇云：“以苛政论，宣德间不必有其事。然宫中偶戏促织，似亦无碍于治。乌知成之破产遭刑，几至于死，而身复难

① 路大荒整理：《蒲松龄集·聊斋文集》卷三，上海古籍出版社1986年版，第53页。
② （明）刘侗、于奕正撰：《帝京景物略》卷三，孙小力校注，上海古籍出版社2001年版，第178页。
③ 钱伯城笺校：《袁宏道集笺校》卷二〇《瓶花斋集之八》，上海古籍出版社1981年版，第727页。
④ （清）黄宗羲撰：《明夷待访录·原君》，中华书局1981年版，第1—2页。

存哉！屋漏在上，知之在下，是以事每忽于所微，而害常生于莫测。”（第 725 页）这是从事理上加以判断，已脱离对于专制主义的批判。可见蒲翁态度在当时仍有其前瞻性的积极一面。

《聊斋志异》全注本以外，《促织》一篇也是诸多选注本的上驷之选，高中语文课本也常能觅其踪迹。然而选注者往往对于一些语词的注释却不甚了了，有进一步商榷之必要。如“循陵而走，见蹲石鳞鳞，俨然类画。”（第 721 页）何谓“蹲石鳞鳞”？张友鹤先生《聊斋志异选》注云：“蹲石鳞鳞：石头一块块在地下排列着，好像鱼鳞一样。”[①] 中山大学中文系《评注聊斋志异选》注云：“蹲石鳞鳞——石块像鱼鳞那样密排着。”[②] 朱其铠先生主编《全本新注聊斋志异》注云：“蹲石鳞鳞：乱石蹲踞，密集象（像）鱼鳞。”[③] 盛伟先生《聊斋志异校注》未出注，“蹲石鳞鳞”作“蹲石嶙嶙”。李伯齐、徐文军先生《聊斋志异选》注云：“蹲石鳞鳞：即前文的‘块石乱卧’。蹲石，丛聚的石头。蹲，通‘僔’，聚，众多。鳞鳞，密集排列的样子。”[④] 实则蹲（cǔn 忖）石鳞鳞，意谓石层聚叠合如鱼鳞一般，有层石相叠压的意思，如此方能与鱼鳞的状况相合。蹲，聚集，叠合。《左传·成公十六年》：“潘尪之党与养由基蹲甲而射之，彻七札焉。”晋杜预注：“蹲，聚也。”[⑤]

“而翁归，自与汝覆算耳。”（第 722 页）何谓“覆算”？《汉语大词典》解释：“覆核帐目。喻指清算并做出相应的处理。”并以《促织》为书证。张注本注云：“再来算账的意思。”[⑥] 中山本注云：“等于说算账，意即追究。”[⑦] 盛注本作“覆算”而未出注，其馀各本皆作“复算”且不出注。在这里，“覆算”不当作“复算”，以《汉语大词典》的释义最为明晰，当遵从之。以笔者所见三种白话译本亦皆以“算帐”或“算账”为译，虽不甚准确，却也差强人意。

“因出己虫，纳比笼中。”（第 723 页）何谓“比笼”？诸多注本皆无注，唯盛注本注云：“评比促织大小的笼子。清陈淏子《花镜·养昆虫法·蟋蟀》：

① 张友鹤选注：《聊斋志异选》，人民文学出版社 1956 年版，第 137 页。
② 中山大学中文系编：《评注聊斋志异选》，人民文学出版社 1977 年版，第 211 页。
③ 朱其铠主编：《全本新注聊斋志异》，人民文学出版社 1989 版，第 495 页。
④ 李伯齐、徐文军选注：《聊斋志异选》，人民文学出版社 2006 年版，第 147 页。
⑤ （清）阮元校刻：《十三经注疏》，中华书局 1980 年版，第 1918 页。
⑥ 张友鹤选注：《聊斋志异选》，人民文学出版社 1956 年版，第 138 页。
⑦ 中山大学中文系编：《评注聊斋志异选》，人民文学出版社 1977 年版，第 211 页。

‘初至斗所，凡有持促织而往者，各纳之比笼中，相其身等、色等。’”[①]再看白话译本如何翻译“比笼”。《聊斋志异评赏大成》译为“旁边的笼子”[②]，《文白对照聊斋志异》译为“斗蟋蟀用的笼子”[③]，《聊斋志异全译》译为“比赛用的瓦盆”[④]。梁宗奎先生《也释“纳比笼中”》一文云：“据上，我们可以断言‘比笼’不是一个词组，而是两个词。‘比笼’不是‘比试的笼子’，而是‘比于笼’的省略。‘纳比于笼’是一个成分省略较多的句子，其主语为村中少年，整句成分全部补出为‘（村中少年）纳（之——蟹壳青）比（之——小虫）（于）笼”，全部译出是：村中少年将自己的虫纳入成名笼中与小虫紧并在一起。这样就言之成理了。”[⑤]如此一来，“比笼”是否成词都成了问题。

《汉语大词典》收有“比笼”词目，释云：“用于盛放准备打斗的蟋蟀的笼子。”并以《古今图书集成》卷一七五引明刘侗《促织志》“初斗虫，主者各内虫乎比笼，身等、色等，合而内乎斗盆”为书证，似乎明清饲养蟋蟀仍用笼子。唐五代至宋，饲养蟋蟀的确多用笼，有文献可证。五代王仁裕《开元天宝遗事》卷二《金笼蟋蟀》：“每至秋时，宫中妃妾辈皆以小金笼捉蟋蟀，闭于笼中，置之枕函畔，夜听其声。庶民之家皆效之也。”[⑥]宋顾文鉴《负暄杂录·禽虫善斗》中所谓“镂象牙为笼”，南宋姜夔《齐天乐·赋蟋蟀》小序中所谓“镂象牙为观贮之”，皆可为证。南宋以后至于明代，饲养蟋蟀已改用瓦盆泥罐，以适应蟋蟀喜阴之特性，明袁宏道《蓄促织》以及刘侗、于奕正《帝京景物略》等文献皆有记述。饲养蟋蟀的工具称“笼”，当属于沿袭旧词，上文“笼养之”当亦属仿古之称谓。一说“比笼”源于宋代的石质“比匣”，入明后改为陶质、瓷质或澄泥烧制的蟋蟀罐，为贮存斗虫的专用器具，并非一般意义上理解的竹篦、木条或金属丝制造的笼子。清顾禄《清嘉录》卷八《秋兴》：“白露前后，驯养蟋蟀，以为赌斗之乐，谓之秋兴，俗名斗赚绩。提笼相望，结队成群。呼其虫为将军，以头大足长为贵，青黄红黑白正色为优。

---

① 盛伟校注：《聊斋志异校注》，山西人民出版社 2000 年版，第 252 页。

② 马振方主编：《聊斋志异评赏大成》，漓江出版社 1992 年版，第 758 页。

③ 孙通海等译：《文白对照聊斋志异》，中华书局 2010 年版，第 617 页。

④ 丁如明等译：《聊斋志异全译》，上海古籍出版社 2012 年版，第 216 页。

⑤ 梁宗奎：《也释“纳比笼中”》，载《临沂师专学报》1989 年第 3 期。

⑥（五代）王仁裕等撰：《开元天宝遗事十种》卷二《金笼蟋蟀》，上海古籍出版社 1985 年版，第 76 页。

大小相若，铢两适均，然后开册。”[①]所谓“提笼”，当为“提罐”，言“笼”，沿袭古称而已。总之，所谓“比笼”，就是用于盛放准备打斗的蟋蟀的陶罐或泥罐。

“独是成氏子以蠹贫，以促织富。”（第724—725页）所谓“以蠹贫”何谓？“蠹”又何所指？先看《聊斋志异》的本证：卷四《伍秋月》篇末“异史氏曰”有云：“余欲上言定律，‘凡杀公役者，罪减平人三等。’盖此辈无有不可杀者也。故能诛锄蠹役者，即为循良。”（第1010页）再如卷五《冤狱》篇末“异史氏曰”亦云：“只足以破产倾家，饱蠹役之贪囊；鬻子典妻，泄小人之私愤而已。”（第1448页）又如卷五《梦狼》：“弟居数日，见其蠹役满堂，纳贿关说者，中夜不绝，流涕谏止之。”（第1552页）“更有蠹役四人，甲聚敛臣也，将携入都。”（第1553页）从上揭《聊斋志异》四例本证可知，将“蠹”与“役”合成为定中结构的词组，为蒲松龄所惯用，似乎非如此组词不足以泄心中对害民的官府衙役之恨。关于《促织》，张注本注云：“蠹：蛀虫。这里指敲诈勒索的里胥像为害的蛀虫。”[②]中山本注云：“蠹——蛀虫。这里指敲诈勒索的里胥。”[③]朱注本注云：“蠹：蛀虫，这里指里胥。”[④]盛注本未出注。李注本注云：“以蠹贫：因当蠹胥而贫。蠹，蠹胥，害民之差役。这里指里胥。蠹，蛀虫。旧时把暴政称为‘蠹政’，把为害民众的官吏称为‘蠹吏’、‘蠹胥’。”[⑤]马注本注云：“蛀虫，指里胥等蠹役。”[⑥]再看白话译本。“以蠹贫”，漓江本译为“因为读书受穷”[⑦]；中华本译为“因蠹吏敲诈而贫穷”[⑧]；上古本译为“因为当上了乡长而受贫”[⑨]。王树功先生《“蠹贫”别解》一文云：“我认为‘蠹贫’应解释为因读书谋取功名未遂而贫穷。蠹。这里是蠹虫、书鱼之意。”[⑩]漓江本之译文或许参考了王先生的“别解”，上古本的译文则又别出心

---

① （清）顾禄撰：《清嘉录》卷八《秋兴》，江苏古籍出版社1999年版，第171页。
② 张友鹤选注：《聊斋志异选》，人民文学出版社1956年版，第138页。
③ 中山大学中文系编：《评注聊斋志异选》，人民文学出版社1977年版，第212页。
④ 朱其铠主编：《全本新注聊斋志异》，人民文学出版社1989版，第497页。
⑤ 李伯齐、徐文军选注：《聊斋志异选》，人民文学出版社2006年版，第151页。
⑥ 马振方选注：《聊斋志异（精选本）》，高等教育出版社2008年版，第125页。
⑦ 马振方主编：《聊斋志异评赏大成》，漓江出版社1992年版，第759页。
⑧ 孙通海等译：《文白对照聊斋志异》，中华书局2010年版，第619页。
⑨ 丁如明等译：《聊斋志异全译》，上海古籍出版社2012年版，第216页。
⑩ 王树功：《“蠹贫”别解》，载《四川师范大学学报》1983年第2期。

裁，将明代的“里长”等同于“乡长”，有讹，可不论。其他注本或译本皆以“蠹”为“胥吏”或“蠹吏”之谓，占大多数，与“读书受穷”说堪称处于“二元对立”的地位。现在在互联网上所见高中语文教学有关课件，仍有并列两说者。有关《促织》中之“蠹”何指，竟然聚讼至今，不得要领，的确令人费解。其实只要细心检索有关工具书，这个问题并不难解决。

蒲松龄《聊斋志异》喜用典籍文献之词语，“蠹”即用《左传》中语，比喻祸国殃民的人或事，这里即指皇宫“岁征”蟋蟀的弊政。所谓“以蠹贫”，语本《左传·襄公二十二年》：“二十二年春，臧武仲如晋，雨，过御叔。御叔在其邑，将饮酒，曰：“焉用圣人！我将饮酒，而己雨行，何以圣为？”穆叔闻之，曰：‘不可使也，而傲使人，国之蠹也。’令倍其赋。”[①] 大意是：鲁襄公二十二年的春天，鲁国大夫臧武仲出使晋国，天下雨，就去探望鲁国御邑大夫御叔。御叔在他的封邑里，打算饮酒，就说：“哪里用得着圣人（指臧武仲）！我要喝酒了，而他却冒雨出行，还要那些聪明做什么？”鲁国大夫穆叔听到这一番话后，就说：“御叔他不配出使，反而对使者臧武仲傲慢，是国家的蛀虫。”于是下令将御叔封邑的赋税增加一倍。蒲松龄故意将“不可使也，而傲使人，国之蠹也”三句话郢书燕说，用其字面义“飞白”一笔，令“使”从“使者”转换为“驱使”之义，从而语带讥讽地批评了明廷祸国殃民的岁征蟋蟀之弊政，并且与上一句“故天子一跬步皆关民命，不可忽也”发生逻辑关联。如果将“以蠹贫”理解为“因蠹吏敲诈而贫穷”或“因为读书受穷”，与上一句“天子一跬步皆关民命”无逻辑关系外，也消弱了小说固有的尖锐批判锋芒。

---

① 杨伯峻编著：《春秋左传注·襄公二十二年》，中华书局 1981 年版，第 1065 页。

说《马介甫》

《聊斋志异》卷四《马介甫》，卷五《江城》、《邵女》等“悍妇”系列的篇章，无一不诉说着所谓“附骨之疽”对于男子的磨难。在讲究“夫为妻纲”的古代社会，悍妒之妇的出现可谓是封建时代的一具怪胎。其产生，男女双方性格因素的差异不能排除，性心理学中的“虐恋”因素以及女子在重重礼教重压下的畸形抗争也是原因之一。大约成书于明末清初、也是书写“恶姻缘”的白话长篇小说《醒世姻缘传》，以因果宿命观念解释悍妇的产生原因，而《聊斋志异》中《江城》一篇阐述悍妒妇之成因，也如此诠释，于是有不少学者认为《醒世姻缘传》亦为蒲氏之作。作者“西周生”究竟为谁，这里不作辨析，但可认定悍妇在古代社会绝非个别现象。淄川的王鹿瞻为蒲松龄的早期友人，曾同为郢中社中人，后因王鹿瞻惧内欺父而关系逐渐疏远。蒲松龄《与王鹿瞻》一函有云：“兄不能禁狮吼之逐翁，又不如孤犊之从母，以致云水茫茫，莫可问讯，此千人之所共指！而所遭不淑，同人犹或谅之；若闻亲讣，犹俟棋终，则至爱者不能为兄讳矣。”[①] 如此致函，几同于绝交之书。这篇《马介甫》中杨万石之原型或许就是王鹿瞻，小说以“此事余不知其究竟，后数行，乃毕公权撰成之”（第 1089 页）为收束，大约不出共同“担责”的用心。毕公权，即毕世持（1649—1687），字公权，自幼文名甚著，又是乡试解元，并且早逝，其影响在当时当地超过乡村教师身份的蒲松龄，堪称是作者以之为“挡箭牌”的不二人选。李汉举《蒲松龄与王鹿瞻》一文（载《山东理工大学学报》2008 年第 24 卷第 3 期），根据《王氏家传世系族谱》对有关王鹿瞻的家世行实考证翔实，可参考。另外，蒲松龄有一篇悼念亡妻的《述刘氏行实》的文章，其中描绘其妻刘氏与诸妯娌有云：“（妻）入门最温谨，朴讷寡言，不及诸宛若慧黠，亦不似他者与姑谇�京也……呶呶者竟长舌无已时。”[②] 看来《马介甫》的写作也有作者家庭的因素寓于其中。

蒲松龄善于借用或化用前人文献典籍中词语置于《聊斋》中，转益多师

① 路大荒整理：《蒲松龄集·聊斋文集》卷五，上海古籍出版社 1986 年版，第 132 页。
② 路大荒整理：《蒲松龄集·聊斋文集》卷八，上海古籍出版社 1986 年版，第 250 页。

且有踏雪无痕之妙。读者若不明其出典，也能读懂，但若知其渊源所自，对于了解作者构思过程则别有一番情趣。《马介甫》中语词多有借鉴前人处，如“在心之情，卒难申致。家门不吉，蹇遭悍嫂，尊长细弱，横被摧残。”(第1082页)所谓“卒难申致”，意谓仓促中难以用语言表达。此语出《太平广记》卷三三二引《通幽记·唐晅》：“在心之事，卒难申叙，然须得一见颜色，死不恨矣。”[①]朱其铠主编《全本新注聊斋志异》未明出处，盛伟《聊斋志异校注》注明出自《太平广记》，可见“后出转精”，惜将原文“卒难申叙”误引为“卒难申致”，不无遗憾。又如“家人皆以为异，相聚偶语。”(第1083页)所谓“偶语”，即窃窃私语，语本《史记》卷八《高祖本纪》：“父老苦秦苛法久矣，诽谤者族，偶语者弃市。”[②]上述两注本皆未出注，作者涉笔成趣的讽刺意味就难以显现了。诸如此类的措词遣句颇多，如“万石思媚妇意，微露其假。”(第1084页)所谓“思媚妇意”，即谓意欲逢迎取悦于妻子。这里系巧用《诗·周颂·载芟》“有嗿其馌，思媚其妇”[③]的字面义，原诗为赞美送饭妇女的美丽漂亮，思，句首助词。作者在这里歪解经书并加化用，将杨万石一贯惧内的情态和盘托出，读来生动有趣。注家不注出典，读者或于作者文字之趣全无会心。又如“万石以足腾起，妇颠去数尺有咫。”(第1086页)所谓“咫”，周制八寸曰咫，合今市尺六寸二分二厘，比喻近或短。“数尺有咫”，不难理解，即谓数尺有馀，语本《列子》卷五《汤问》：“其剑长尺有咫，练钢赤刃，用之切玉如切泥焉。”[④]蒲松龄《〈庄列选略〉小引》有云：“千古之奇文，至庄、列止矣。”[⑤]一句普通的叙述句也非要取资于《列子》不可，从中可见作者行文的精雕细琢，不注出，就很难体味作者用心之细了。又如“妇体几无完肤，嘲哳犹骂。”(第1086页)所谓“嘲哳”，或注为“鸟鸣叫声，杂乱细碎声”[⑥]；或注为“谓杂乱细碎声”[⑦]；或注为“同‘啁哳’。鸟鸣叫声。这里指

---

① (宋)李昉等编：《太平广记》卷三三二引《通幽记·唐晅》，中华书局1961年版，第2636页。
② (汉)司马迁撰：《史记》卷八《高祖本纪》，中华书局1959年版，第362页。
③ 高亨注：《诗经今注》，上海古籍出版社1980年版，第501页。
④ 杨伯峻撰：《列子集释》卷五《汤问》，中华书局1979年版，第189页。
⑤ 路大荒整理：《蒲松龄集·聊斋文集》卷三，上海古籍出版社1986年版，第54页。
⑥ 朱其铠主编：《全本新注聊斋志异》，人民文学出版社1989版，第722页。
⑦ 盛伟校注：《聊斋志异校注》，山西人民出版社2000年版，第1156页。

乱骂声。"[1]三注似乎皆未得要领，其实这里注为"形容说话声音含糊不清"最贴近作者原意，语本宋郭彖《睽车志》卷五："舟人皆寝，闻舳尾拍浮之声，疑其盗也。起视，见一人援柂欲上，操篙击之，其人释柂而詈，语音嘲哳不可晓。始惧其为鬼物，仓猝移舟避之。"[2]注释中书证之引用并非可有可无，其作用于此可见一斑。

《马介甫》篇末之"异史氏曰"开首即云："惧内，天下之通病也。然不意天壤之间，乃有杨郎！"（第1089页）后两句并不难懂，但注家或不明出典，则令其中韵味尽失。其实这两句语本南朝宋刘义庆《世说新语·贤媛》："王凝之谢夫人既往王氏，大薄凝之。既还谢家，意大不说。太傅慰释之曰：'王郎，逸少之子，人才亦不恶，汝何以恨乃尔？'答曰：'一门叔父，则有阿大、中郎；群从兄弟，则有封、胡、遏、末。不意天壤之中，乃有王郎！'"[3]将晋代才女谢道韫轻视其夫王凝之的言语化用在此，可令会心的读者忍俊不禁。

《马介甫》篇末"异史氏曰"乃作者旧作《〈妙音经〉续言》的移用，"余尝作《妙音经》之续言，谨附录以博一噱"已明言之。用骈文发抒有关"惧内"之议论，极见作者才情。何谓"《妙音经》"，注家不注，令读者难得要领。所谓"《妙音经》"，当谓佛经中《妙音菩萨品》。《妙法莲华经》简称《法华经》，七卷二十八品，姚秦弘始八年（406）鸠摩罗什译。是说明三乘方便，一乘真实的经典，为天台宗立说的主要依据。其中第二十四品为《妙音菩萨品》，佛告华德菩萨关于妙音菩萨过去供养云雷音王佛的因果和处处现身说此经典的本事。据《大日经疏》卷一载，妙吉祥菩萨又称妙德、妙音，以其大慈悲力之故，开演妙法音，令一切众生得闻。蒲松龄为之作"续言"，虽属游戏笔墨，亦见菩萨心肠。清何垠注："此借梵语为房帷之戏谑耳。"（第1093页）颇为中肯。

值得一提的是，此篇"异史氏曰"中有云："设为汾阳之婿，立致尊荣，媚卿卿良有故。"（第1090页）三句中所谓"汾阳之婿"何谓？从清代何垠乃至现代诸注家皆以为指唐代功勋卓著的名臣郭子仪的女婿，一些白话译本翻译此三句也大都遵从注家之说。如有的译本译此三句："假如做汾阳郡王的女

---

① 于天池注，孙通海、于天池等译《聊斋志异》，中华书局2015年版，第1416页。

② （宋）郭彖撰：《睽车志》卷五，《宋元笔记小说大观》本，上海古籍出版社2007年版，第4114页。

③ 余嘉锡撰：《世说新语笺疏》，中华书局1983年版，第697页。

婿，立时可得尊荣，讨好老婆自有原因。”[①]又有译本谓：“岳父显贵，自己沾光，巴结老婆还事出有因。”[②]无论直译还是意译，其实都没有搞清楚“汾阳之婿”的真正含义。汾阳，即指唐名将郭子仪（697—781），华州郑县（今陕西省渭南市华县）人，唐指玄宗时为朔方节度使，平安史之乱，功第一，累官至太尉、中书令，封汾阳郡王，号“尚父”。世称郭汾阳、郭令公。新、旧《唐书》皆有传。据《新唐书》卷一三七《郭子仪传》，郭子仪八子七婿，第六子郭暧：“以太常主簿尚升平公主。暧年与公主侔，十馀岁许昏。拜驸马都尉，试殿中监，封清源县侯，宠冠戚里。”郭暧四子，其中郭鏦：“字利用，尚德阳郡主。诏裴延龄为主营第长兴里。顺宗立，主进封汉阳公主，擢鏦检校国子祭酒、驸马都尉。”又郭铦：“性和易，累为殿中监，尚西河公主。”[③]看来郭子仪家真有作帝王女婿的运命。另据唐赵璘《因话录》卷一：“郭暧尝与升平公主琴瑟不调，暧骂公主：‘倚乃父为天子耶？我父嫌天子不作。’公主恚啼，奔车奏之。上曰：‘汝不知，他父实嫌天子不作。使不嫌，社稷岂汝家有也。’因泣下，但命公主还。尚父拘暧，自诣朝堂待罪。上诏而慰之曰：‘谚云：“不痴不聋，不作阿家阿翁。”小儿女子闺帷之言，大臣安用听？’锡赉以遣之。尚父杖暧数十而已。”[④]宋司马光《资治通鉴》卷二二四亦载此事，略同。清赵翼《陔馀丛考》卷一一《〈新唐书〉得史裁之正》：“郭暧尚升平公主，夫妻有违言，为公主所诉，代宗慰郭子仪，有‘不痴不聋，不作阿家翁’之语。此等事司马温公及范淳甫曾采入《通鉴》，则非谀闻可知。而《新书》、《秩传》、《暧传》、《公主传》俱不载。然此犹曰非《旧书》所有也。”[⑤]又据唐赵元一《奉天录》卷一：“驸马郭暧先与公主失意，上收公主在内，隔绝经年。及此（谓奉天之难），暧驰往觅得公主，策骑俱赴行在。三日夜四更，至骆驿，奔及乘舆。”[⑥]有如此一番磨难，夫妻和好势所必然。封建时代能作高官显宦家的女婿，固然荣耀，若言“立致尊荣”，则未免过甚其词。所谓“汾

---

① 马振方主编：《聊斋志异评赏大成》，漓江出版社1992年版，第1144页。
② 丁如明等译：《聊斋志异全译》，上海古籍出版社2012年版，第325页。
③ （宋）欧阳修、宋祁撰：《新唐书》卷一三七《郭子仪传》，中华书局1975年版，第4611—4613页。
④ （唐）赵璘撰：《因话录》卷一，上海古籍出版社1979年版，第70页。
⑤ （清）赵翼著：《陔馀丛考》卷一一《〈新唐书〉得史裁之正》，河北人民出版社1990年版，第189—190页。
⑥ （唐）赵元一撰：《奉天录》卷一，清咸同间刊《粤雅堂丛书》本。

阳之婿”当特指郭子仪之子郭暧为唐代宗长女升平公主驸马一事，三句意谓：如果像唐代郭子仪的子孙多为帝王之女婿可尊荣立至，即使低声下气逢迎妻子也不为过。蒲松龄反用郭暧夫妇事说明怕老婆或有其理，意味深长。郭暧夫妇事在民间也盛传一时，晋剧《打金枝》即演绎郭暧与升平公主夫妻不和事，著名女须生丁果仙（艺名果子红）饰演剧中的唐代宗，在20世纪50年代晋京演出，曾经轰动一时。从此，其他剧种对《打金枝》一剧也多有移植。

此篇“异史氏曰”中又有“娘子军肆其横暴，苦疗妒之无方”二句，“娘子军”用唐高祖之女平阳公主事，注家都能注出，这里不再讨论。所谓“疗妒之无方”，各注本或只注“疗妒，治疗嫉妒”，而不及“无方”，终觉欠缺。实则古人早有“仓庚疗妒”之说，蒲松龄并非不知，这里故意以“无方”为词，正话反说，调侃之下显示了一种无奈感。清吴任臣《山海经广注》卷三《北山经》：“又东北二百里曰轩辕之山，其上多铜，其下多竹，有鸟焉，其状如枭而白首，其名曰黄鸟，其鸣自詨，食之不妒。”其下另加按语云：“任臣案：仓庚亦名黄鸟，仓庚即莺也。李氏《本草》于‘莺’条下云：‘食之不妒。’且引经文为证。又杨夔《止妒论》云：‘梁武帝郗氏性妒，或言仓庚为膳，疗忌，遂令治之，妒果减半。’合观二说，明以此鸟为仓庚矣。”[①] 今天的注家若能在“苦疗妒之无方”之下适当加以诠释，将对于今天的读者理解蒲松龄之曲折用心必大有助益。

---

① （清）吴任臣撰：《山海经广注》卷三《北山经》，影印文渊阁《四库全书》，台北商务印书馆1986年版，第1042册第130—131页。

说《潞令》

在《聊斋志异》中，卷四《潞令》与卷五《梦狼》等小说皆为讽刺封建官场中残民以逞的大小官吏的名篇，极有认识价值。古代称滥用刑法残害百姓的官吏为酷吏，汉司马迁《史记》专设《酷吏列传》,《汉书》承之，也有《酷吏传》,《后汉书》则同《史记》，亦称《酷吏列传》，可见酷吏问题在古代专制社会的严重程度。唐代女皇武则天专用酷吏以消灭敌对势力，为制造政治恐怖气氛，甚至滥杀无辜以树立其专制淫威。周兴、来俊臣是这位女皇手下的两位著名的酷吏，刑讯对手无所不用其极。成语中“不寒而栗”、“请君入瓮”，皆与这些酷吏的行径相关，可见他们在中国历史上臭名远扬的地位。但时过境迁，一旦人主认为酷吏统治不再需要，为收买人心，继而上演卸磨杀驴、兔死狗烹一类闹剧也就在所难免，统治者为平衡政治或舆情的需要，作为其鹰犬的多数酷吏的下场不言而喻。

这篇《潞令》中的主人公，史有其人，并非虚构，“卒于任”也见于《潞城县志》，绝非杜撰。笔者所见中山大学中文系《评注聊斋志异选》、朱其铠先生主编《全本新注聊斋志异》、盛伟先生《聊斋志异校注》等，于“宋国英”皆未出注，或因当时检索有关方志不便所致。宋国英，当作“宋国镆”（生卒年不详），贡生，康熙间任潞城县（今山西省潞城市）知县。光绪五至七年（1879—1881)《东平州志》卷一一《选举志·贡生》著录“宋国镆”，下注“潞城知县”。康熙四十五年（1706)《潞城县志》卷五《官政志·职官·知县》:“以下康熙年任……宋国镆，山东东平州人，贡生，卒于任。”至于小说中宋国英为官草菅人命的恶行，有作者乡人徐白山之见证，当非捕风捉影、道听途说之谈。

《潞令》谓宋国英“以教习授潞城令”(第1106页)，何谓“教习”？朱注本注为：“教习，明清学官，均由进士充任。”[①] 似有所误解。所谓“教习”，这里指清代八旗官学的教职人员，《清史稿》卷一〇六《选举一》:“于是八旗各建学舍。每佐领下取官学生一名，以十名习汉书，馀习满书。二年，从（薛）

① 朱其铠主编:《全本新注聊斋志异》，人民文学出版社1989版，第712页。

所蕴言，合两旗为一学。每学教习十人，教习酌取京省生员。其后学额屡有增减，教习于国学肄业生考选，止用恩、拔、副、岁贡生。如无其人，准例监生亦得考取。举人愿就，一例考选。”[①] 宋国英以贡生出身充任教习一职，正符合当时规制。清初，资深教习可选授县令，至清中叶乾隆八年始成定制。《清史稿》卷一〇六《选举一》：“（乾隆）八年，定汉教习三年期满，分等引见。一等用知县，二等用知县或教职铨选。一等再教习三年，果实心训课者，知县即用。”[②] 宋国英“以教习授潞城令”，正与清初草创选官之制大致相符。

值得瞩目的是，这篇小说所揭发者不仅是宋国英这位酷吏“贪暴不仁”的为官之道，而是他将杀人如麻的劣迹笼罩上顺从民心、为民除害的光环，从而令其残暴无道披上了“正义”的外衣，并有可能得到“卓异”上考的希望。这涉及如何理解小说中“不然，颠越货多，则‘卓异’声起矣”（第1106页）三句。所谓“颠越货多”，清吕湛恩注：“《书·康诰》：‘杀越人于货，暋不畏死。’传：‘越，颠越也。《书·盘庚》：颠越不恭。”清何垠注：“谓颠越其人而取其货，盗也。”（第1107页）所谓“颠越货多”四字之主语为何人？清人并未明确注出，似乎令读者觉得是指责官府即盗。中山本注“颠越货多，则‘卓异’声起矣”二句云：“意说杀人抢掠越多，官声越高。颠越货，指杀人抢劫，语本《尚书·康诰》‘杀越人于货’。”[③] 这已经明确点明四字之主语为宋国英。朱注本注释四字“谓杀人掠财甚多”，并以《尚书·康诰》为书证[④]；盛注本略同：“谓杀人劫掠其财物。”亦以《尚书·康诰》为书证[⑤]。后两者虽未点明四字之主语为谁，但似乎也倾向于指称宋国英。再看相关白话译本，译者翻译至此，就难以避免主语的省略。“不然，颠越货多，则‘卓异’声起矣”，漓江本译为：“否则，杀人掠财甚多，为政‘卓异’的声誉就鹊起了。”[⑥] 中华本译为：“不然的话，杀人敛财甚多，就能扬起‘政绩卓异’的名声。”[⑦]

---

① 赵尔巽等撰：《清史稿》卷一〇六《选举一》，中华书局1976年版，第3110页。
② 赵尔巽等撰：《清史稿》卷一〇六《选举一》，中华书局1976年版，第3111页。
③ 中山大学中文系编：《评注聊斋志异选》，人民文学出版社1977年版，第351页。
④ 朱其铠主编：《全本新注聊斋志异》，人民文学出版社1989版，第713页。
⑤ 盛伟校注：《聊斋志异校注》，山西人民出版社2000年版，第1147页。
⑥ 马振方主编：《聊斋志异评赏大成》，漓江出版社1992年版，第1127页。
⑦ 孙通海等译：《文白对照聊斋志异》，中华书局2010年版，第883页。

上古本译为："不然，杀人敛财越多，就越能获得'政绩优异'的美名。"[①]三本的译文大同小异，是皆以宋国英为"颠越货多"的主语，即两者属于因果关系。这实在是一种郢书燕说。其实，"颠越货多"在这里是虚拟清廷"大计"的考语，其主语当是无辜被杀之人，即为官者栽赃诬陷的百姓。作者巧用经书中语将宋国英"冠冕堂皇"的杀人理由和盘托出，即那些被杀之人属于无人不切齿痛恨的作奸犯科者，可"不待教而诛"，于是其"莅任百日，诛五十八人矣"，就有了"造福一方"的正义说辞，因而才可能得到"卓异"的上考。否则，仅凭明目张胆地杀人掠财为官，在任何正常运行的社会是都不会得到上司嘉奖的。

"颠越货多，则'卓异'声起矣"二句，意谓宋国英严厉惩处那些所谓"杀远人取财货"令人痛恨的"罪犯"，"卓异"的政声就会四处传扬。在这里，作者虽用语隐晦，却带有强烈的厌恶与讽刺意味。颠越货多，语本《书·康诰》："凡民自得罪，寇攘奸宄，杀越人于货，暋不畏死，罔弗憝。"汉孔安国注："凡民用得罪，为寇盗攘窃奸宄，杀人颠越人，于是以取货利。"又："暋，强也。自强为恶而不畏死，人无不恶之者，言当消绝之。"[②]原文大意：百姓凡因偷窃、抢劫、内外作乱、杀死远人取其财货犯罪，又刁顽不怕死，就无人不切齿痛恨。又《孟子·万章下》："《康诰》曰：'杀越人于货，闵不畏死，凡民罔不憝。'是不待教而诛者也。"其大意是："《康诰》说，'杀死别人，抢夺财物，横强不怕死，这种人，是没有人不痛恨的。'这是不必先去教育他就可以诛杀的。"[③]蒲松龄用"颠越货多"四字概括经书中的复杂涵义，言简意赅，意在指称那些被诬陷冤枉的平民百姓，曲折地勾画出宋国英巧借以顺从民心的名义滥杀无辜的丑恶嘴脸。卓异，清代吏部定期考核官吏，针对中央各部官员者称"京察"，针对地方官员者称"大计"，文官三年，武官五年，政绩突出、才能优异者称为"卓异"，为最上等。《清史稿》卷一一一《选举六》："凡京察一等、大计卓异有定额，京官七而一，笔帖式八而一，道、府、厅、州、县十五而一，佐杂、教官百三十而一，以是为率。非历俸满者，未及年限者，革职留任或钱粮未完者，满官不射布靶、不谙清

① 丁如明等译：《聊斋志异全译》，上海古籍出版社2012年版，第319页。
② （清）阮元校刻：《十三经注疏》，中华书局1980版，第204页。
③ 杨伯峻译注：《孟子译注》，中华书局1960年版，第240—241页。

语者，均不得膺上考。”[①]可见，如果注家未弄清楚“颠越货多”的主语为何人，就会误读原著又误导读者，有可能减弱蒲松龄在小说中对封建酷吏义愤填膺、切齿痛恨的程度，并辜负了作者行文意在言外的艺术匠心。

《潞令》篇末“异史氏曰”有云：“潞子故区，其人魂魄毅，故其为鬼雄。今有一官握篆于上，必有一二鄙流，风承而痔舐之。其方盛也，则竭攫未尽之膏脂，为之具锦屏；其将败也，则驱诛未尽之肢体，为之乞保留。官无贪廉，每莅一任，必有此两事。赫赫者一日未去，则蚩蚩者不敢不从。积习相传，沿为成规，其亦取笑于潞城之鬼也已！”（第1106—1107页）这番言简意赅的议论对于地方官“方盛”与“将败”二事的揭露也是异常深刻的。旧时地方官员不顾百姓死活，弄虚作假。在任时为贪污聚敛，上下其手；为装潢门面，又欺下瞒上。将地皮刮净，离任时还要搞一些诸如“留靴”、“万民伞”、“去思碑”一类的把戏，并形成套路，相沿成习。“三年清知府，十万雪花银”[②]，封建专制社会中的地方官多属为官一任，作虐一方，所谓“破家县令”之说，绝非虚语。这自与其社会的专制体制密不可分，聊斋先生“赫赫者一日未去，则蚩蚩者不敢不从”的慨叹，良有以也！

---

① 赵尔巽等撰：《清史稿》卷一一一《选举六》，中华书局1976年版，第3222页。

② （清）吴敬梓著：《儒林外史》第八回《王观察穷途逢世好，娄公子故里遇贫交》，人民文学出版社1977年版，第104页。

说《河间生》

在《聊斋志异》中，卷四《河间生》属于志怪与劝善两相结合的小说，其写作显然受到唐柳宗元《河间传》(又作《河间妇传》)一文的启发，因而其篇名也有意与柳文为对，一“妇”一“生”，皆事出“河间”[①]，不同的是，前者弃善为恶，后者改恶迁善，有关“一念之差”的渲染则是两者异代相通的基础。

小说中的河间某生当是一位读书人，否则不能以“生”称之，这是《聊斋志异》的书写通例。这位书生与在其家麦场寄居的狐翁交友，狐翁携生倏忽飞行至山东鱼台某酒肆，任意取来酒果共餐，无人发觉。书生毕竟良心未泯，意识到狐翁必非正人，而人以群分，自己与狐翁为友即已堕入邪恶之道，方一注想，狐翁的邪术破灭，河间生从房梁跌落，被人发现。但故事结局并非悲剧性质，而是皆大欢喜，书生最终得到酒肆中人的谅解，并获赠钱被送回已是千里之外的故乡河间。书生以一念之间的良心发现，告别邪恶并最终挽救了自己。小说至此即戛然而止，虽无“异史氏曰”另加评议，但蒲松龄劝善之主旨已经昭然若揭，似不必再费笔墨了。

再看柳宗元的《河间传》，河间妇本是一位良家妇女：“始妇人居戚里，有贤操。自未嫁，固已恶群戚之乱尨，羞与为类，独深居为剪制缕结。既嫁，不及其舅，独养姑，谨甚，未尝言门外事。又礼敬夫宾友之相与为肺腑者。”[②]然而就是这样一位贞顺自守的少妇，在族群恶少的再三设计引诱之下，终于被一“貌美阴大者”顷刻间强暴成奸，竟然因此尝到甜头，乐此不疲。随后又自行设毒计，巧借官府之手害死其亲夫，与“少且壮者”、“美颜色者”一类“长安无赖男子”昼夜宣淫，成为长安一带臭名远扬的淫妇。如此荒淫无度，十馀年后，河间妇终于“病髓竭而死”。这篇带有浓厚传奇色彩的《河间

① 河间：柳宗元《河间传》的河间，非指位于今河北的河间市一带，而当泛指流经唐都城长安以北的泾水与渭水之间的地区，两水在今西安市西北高陵区船张村汇流，据说泾、渭二水清浊异流，汇而不混，古人常用成语“泾渭分明”比喻优劣、是非等非常分明。《河间传》属于寓言性质的传奇小说，将先贞后淫之妇的出生地设置为“河间”，或有对此妇前后行径迥异的暗喻。蒲松龄《河间生》之“河间”则专指明清的河间府，治所在今河北省河间市。

② （唐）柳宗元著：《柳宗元集·外集》卷上，中华书局1979年版，第1341页。

传》，显然并非纪实作品，而是具有寓言性质的唐人小说，所宣泄的是作者的一腔忧愤。作者于篇末道出个中原委："天下之士为修洁者，有如河间之始为妻妇者乎？天下之言朋友相慕望，有如河间与其夫之切密者乎？河间一自败于强暴，诚服其利，归敌其夫犹盗贼仇雠，不忍一视其面，卒计以杀之，无须臾之戚。则凡以情爱相恋结者，得不有邪利之猾其中耶？亦足知恩之难恃矣。朋友固如此，况君臣之际，尤可畏哉！"[①] 显然，柳宗元写这篇寓言性质的传奇小说别有寄托，这与唐顺宗即位后"永贞革新"（805）的迅速失败密切相关。

当时主张革新的主要人物有十位，革新失败后皆遭贬官，史称"二王八司马"。所谓"二王"即指王伾、王叔文，属于当时朝中主张革新的核心人物，两人被贬官边远地区后先后死亡。所谓"八司马"即指韦执谊、韩泰、陈谏、柳宗元、刘禹锡、韩晔、凌准、程异八位，革新失败后，八位官员皆被贬官到边远地区当司马（唐代于每州置司马，多用来安排贬谪或闲散人的官职），故称。其中程异被贬郴州司马，不久即凭借其治国理财的经济才能东山再起，至元和十三年（818）曾一度担任宰相。《新唐书》本传称其"异起痕废，能厉己竭节，悉矫革征利旧弊"，又云："元和十三年，以工部侍郎同中书门下平章事，犹领盐铁。异以钱谷奋而至宰相，自以非人望，久不敢当印秉笔。明年，西北军政不治，议置巡边使，宪宗问孰可者，乃自请行。会卒，赠尚书左仆射，谥曰恭。身殁官第，无留赀，世重其廉云。"[②] 再看柳宗元，"永贞革新"失败后被贬永州司马，长达十年，后一度被诏入长安，却又因武元衡等人的阻挠，再贬柳州刺史。元和十四年（819），唐宪宗诏赦柳宗元回长安，未行，即病卒于柳州，终年仅四十七岁。《新唐书》本传有评云："宗元少时嗜进，谓功业可就。既坐废，遂不振。然其才实高，名盖一时。韩愈评其文曰：'雄深雅健，似司马子长，崔、蔡不足多也。'"[③] 柳与程同为"八司马"落难，以后遭际却天差地别，前者心生怨望，且恨后者身居高位而不施援手，因而撰写小说以泄愤，指桑骂槐，甚至牵涉到君主寡恩，亦当属人情之常。

柳宗元再次被贬柳州时，刘禹锡则被贬播州，条件比柳州更恶劣，柳宗

---

① （唐）柳宗元著：《柳宗元集·外集》卷上，中华书局 1979 年版，第 1343—1344 页。

② （宋）欧阳修、宋祁撰：《新唐书》卷一六八，中华书局 1975 年版，第 5142—5143 页。

③ （宋）欧阳修、宋祁撰：《新唐书》卷一六八，中华书局 1975 年版，第 5142 页。

元以刘禹锡有亲在堂，请于朝廷愿以柳州易播州，这番义举终于令朝廷将刘禹锡改贬至条件稍好的连州。韩愈对“永贞革新”持反对态度，但其为柳宗元所撰《柳子厚墓志铭》却有如下议论：“呜呼！士穷乃见节义。今夫平居里巷相慕悦，酒食游戏相征逐，诩诩强笑语以相取下，握手出肺肝相示，指天日涕泣，誓生死不相背负，真若可信，一旦临小利害，仅如毛发比，反眼若不相识，落陷井不一引手救，反挤之，又下石焉者，皆是也。此宜禽兽夷狄所不忍为，而其人自视以为得计，闻子厚之风，亦可以少愧矣。”[①] 此番议论与《河间传》篇后“柳先生曰”的怨恨之议论有相一致的地方。

唐以后人一般将《河间传》视为对所谓世间“淫妇”的写照，明沈德符《万历野获编》卷二五《金瓶梅》一则视《玉娇李》中的潘金莲为“河间妇”，即为一证，就事论事而已，别无他意。但也有从心理因素加以探究者，宋王楙（1151—1213）《野客丛书》卷二〇《河间传意》云：“客或讥原涉曰：‘子本吏二千石之世，结发自修，以行丧推财礼让为名，正复雠取仇，犹不失仁义，何故遂自放纵，为轻侠之徒乎？’涉应曰：‘子独不见家人寡妇邪？始自约敕之时，意乃慕宋伯姬及陈孝妇，不幸一为盗贼所污，遂行淫佚，知其非礼，然不能自还，吾犹此矣。’仆谓此柳子厚《河间传》之意也。《史记·吕不韦传》述太后云云，《河间传》又用其语，古人作文，要必有祖，虽稗杂之语，不可无所自也。”[②] 原涉事，见《汉书》卷九二《游侠传》。原涉为汉哀帝时的南阳太守之子，父卒后，原涉守丧尽礼，因此显名京师，被举为谷口令。此前，原涉的叔父为仇人所杀，原涉“自劾去官，欲报仇”[③]，谷口豪杰竟然替其报仇。从此原涉就与“郡国诸豪及长安、五陵为气节者”相交游，人无贤不肖皆与为友。有人认为原涉如此行径属于“自我放纵”，相当于作践自己，原涉就举守礼寡妇一旦被盗贼所污就“破罐破摔”，不能再守前节为例自我辩护。宋人王楙的意见得到其后戴埴的响应，后者为宋理宗嘉熙二年（1238）进士，其所撰《鼠璞》卷下《柳子厚文》一则也认为《河间传》事本于《汉书·原涉传》，并说柳宗元因此篇撰述而难入馆阁。此不赘述。

---

① （唐）韩愈：《柳子厚墓志铭》，佘冠英等主编《唐宋八大家文集》，国际文化出版公司 1997 年版，第 269 页。

② （宋）王楙撰：《野客丛书》卷二〇《河间传意》，上海古籍出版社 1991 年版，第 289—290 页。

③ （汉）班固撰：《汉书》卷九二，中华书局 1962 年版，第 3715 页。

宋人解读《河间传》也有从读书人的自我修养立论者。南宋人罗大经（1196—1252后）《鹤林玉露》丙编卷六《士修于家》：“全州士人滕处厚，贻书魏鹤山云：‘汉人谓士修于家而坏于天子之庭。夫能坏于天子之庭者，必其未尝修之于家者也。’可谓至论。然余观柳子厚《河间传》，非不修于家也，及窃视持己者甚美，左右为不善者，己更得适意，鼻息咈然。则虽欲不坏于天子之庭，得乎？要之不坏于天子之庭，乃特立独行者也，若夫中人，虽修于家，其不坏于天子之庭者，鲜矣。”[①]所谓“特立独行者”与“中人”是对士人品性的大致分级，前者高于后者，是不受客观外物影响而始终完节全义的人格保证。南宋人黄震（1213—1280）《黄氏日抄》卷六〇则从人世利欲的诱惑出发，讨论柳宗元《河间妇传》的指归，如云：“《河间传》志贞妇一败于强暴，以计杀其夫，卒狂乱以死。子厚借以明恩之难恃。愚以为士之砥节砺行，终不免移于富贵利欲者多矣，正当引以自戒，而不必计其恩之可恃否也。”[②]黄震学宗二程与朱熹，开创东发学派，其观点带有浓厚的宋人理学色彩。

南宋理学家也喜从“一念之差”的心理角度探讨士人修身的重要性，强调格物致知，克己去私，方能不为外物所引诱。此论当以孟子的性善论为基础。朱熹的老师刘子翚（1101—1147）著有《圣传论十首》，其中《禹》一首有云：“人心无不仁，一念之差，不量轻重，惟欲适己。故白起发一疑心，坑虎士如虮；王恺发一快心，截蛾眉如刍俑；李斯发一叨心，横尸四海；杨国忠发一疾心，激祸百年。其端甚微，其流深广，可不痛哉，可不戒哉！孟子曰：‘恻隐之心，人皆有之。’彼有戕鸩灰焚及其至亲而不少悔，是曾虎狼蝼蚁之不若，而不可谓之无恻隐之心者，同之也。同之者何？冀其反也。彼有而不知有也，私心而胜之也。”[③]与朱熹齐名的张栻（1133—1180）在其《南轩集》卷三三《题周奭所编鬼神说后》亦云：“学者诚能致知以穷其理，则不为众说所咻，克己以去其私，则不为血气所动。于其有无是非之故，毫分缕析，了然于中，各有攸当而不乱，然后昔人事鬼神之精意可得而求，德可立而经

---

① （宋）罗大经撰：《鹤林玉露》丙编卷六，中华书局1983年版，第338页。

② （宋）黄震撰：《黄氏日抄》卷六〇，影印文渊阁《四库全书》，台北商务印书馆1986年版，第708册第505页。

③ 曾枣庄、刘琳主编：《全宋文》卷四二五七，上海辞书出版社、安徽教育出版社2006年版，第193册第161页

可正也。不然辨之不明，守之不固，眩于外而怵于内，一理之蔽则为一事之碍，一念之差则为一物之诱，闻见虽多，亦鲜不为异说所溺矣。”[①]明代程朱理学的传人薛瑄（1389—1464）《读书录》卷七：“人惟一心，操之为君子，放之为小人。”“自古兴亡治乱之几，皆由于心之存亡。”又云：“一念之差，贻患生灵有不可胜言者。如汉武只因欲得西域善马，甘心丧师不悔。及贰师再举西伐，仅得善马数十匹而还。是以数十匹马易万人之命，又且作歌被之声乐，夸耀祖宗，其为不仁甚矣！原其本，只由一念之差耳。”[②]意即屏弃外物引诱，方能保持住人人生而有之的善心，而不因“一念之差”而堕入人生邪欲的深渊。

综合上述可知，蒲松龄撰写《河间生》，形式上模仿唐代柳宗元的《河间传》，只不过反其道而行之，而其内蕴则与宋明理学一脉相承。作者为科场获隽，大半生钻研八股，“四书文”以朱熹《四书章句集注》为依归，洞悉其中义理以便临场发挥，实为从事科举考生之要务。“一念之差”可导致人生异向、善恶分途，然而若仅以“人性本善”为基础加以阐发，尚嫌不够完善，因为人之善恶分途并非绝对静止乃至一成不变的，环境的不同或变迁是促成人之善恶相互转化的触媒，所谓“南橘北枳”正是这种转化的形象化阐释。蒲松龄这篇小说是在描写狐翁穿越时空的缩地奇术下，意图说明“一转念间”对于人生是邪抑或是正之价值取向的重要性，寓意深刻，信非苟作。清何守奇评此篇有云：“只一转念间邪正自别。所谓仁与欲非有两心，欲与至非有两候者如此。”（第 1124 页）算是看清了本篇的主旨。

《河间生》一篇可与卷八《桓侯》一篇相参看，两篇小说从创作构思到人物形象刻画，皆有宋明理学的深刻影响在。

---

① （宋）张栻著：《南轩集》卷三三《题周奭所编鬼神说后》，影印文渊阁《四库全书》，台北商务印书馆 1986 年版，第 1167 册第 700 页。

② （明）薛瑄著：《读书录》卷七，影印文渊阁《四库全书》，台北商务印书馆 1986 年版，第 711 册第 661 页。

说《颜氏》

中国科举制度发轫于隋代，经唐宋整合，至明清发展到极致。千军万马同过独木桥，须眉男子欲跳龙门尚且难于上青天，更何况巾帼弱女子欲与男子逐鹿于科场，又谈何容易！唐代武则天曾当过中国唯一的女皇帝，却始终没有开设女科。清代嘉庆间李汝珍的小说《镜花缘》虚构了才女唐闺臣等应考武则天开设的女科，只是文人的一种幻想。比李汝珍年代稍前的女性作家陈端生的长篇弹词作品《再生缘》，有关科举的情节似乎更为荒诞离奇。这部弹词书写孟丽君女扮男装，参加科举考试连中三元，随后又为国家建功立业，这在男权社会中真是匪夷所思！在市井民间，充分发挥如此想象力者也不乏其人，黄梅戏《女驸马》中的冯素贞女扮男装以未婚夫之名应科举考试，竟高中了头名状元，并被皇帝召为驸马，从而演绎出一段悲欢离合的传奇故事，一度深受观众欢迎。

文学或戏曲中的女子科举幻想，在想入非非之中，有时不免捉襟见肘，漏洞百出，经不起推敲。《聊斋志异》卷四《颜氏》将故事发生的背景置于天崩地解的明清易代之际，至少在一定程度上避免了真相大白后的无限尴尬；至于为"顺天某生"设计出流落他乡再回归故里应试的情节，为颜氏设计出不能生育的人生缺陷，也都是为"圆谎"而虚构，绝非等闲之笔。全篇故事紧凑而滴水不漏，极见巧思。若言女状元，在清末太平天国时期，曾有一位南京女子傅善祥，据说是应试太平天国女科的第一名，后入东王杨秀清宫中，曾引来后世文人的诸多评说。但这并非"上帝"眷顾的太平天国尊重女性的表征，或许恰恰相反，反映了这一政权某些阴暗的层面。这里不作深论。清俞樾《春在堂随笔》卷一〇云："定远方濬颐《梦园丛说》云：'叔平言吾邑（按，谓桐城）地当孔道，明季张献忠八次来犯，不能破。良由官民戮力，众志成城故也。时邑侯为直隶进士杨公尔铭，年甫弱冠，丰姿玉英，貌如处子。而折狱明决，善治军事，赏罚无私，战守有法，兵民皆严惮之。每出巡城，著小靴，长不及六寸，扶仆从肩，缓缓而行。人多疑为女子，即《聊斋》所记易钗而弁之颜氏也。大约颜、杨音近而讹传之耳。又得凤阳巡抚史可法、庐州守将靖南伯黄得功为外援，献贼相戒，不再犯桐城。邑侯杨公以行取入都，代者为张公，忘其名，办善后，亦极有法。今杨公、张公、史公、黄公，皆各有专祠。’按《聊斋》所记颜氏事，初以为小说家装点语耳，今乃知其力守危城，身当大敌，至今犹庙食一方，洵奇女子哉！”[①]俞樾认为明末曾有效抵御张献忠围攻的桐城县令杨尔铭就是《聊斋志异》中《颜氏》的原型，系女扮男装者。

按，道光十四年（1834）《桐城续修县志》卷六《职官表》：“崇祯七年以后：杨尔铭，四川筠连人，本姓陈，进士，七年任。有传。”同书卷九《人物志·名宦》：“杨尔铭，筠连人。进士，崇祯末任桐城，时年甫弱冠。”他为抵御“流寇”攻城，“与士民登埤击柝，缮器请援者七年如一日，城赖以完……后擢御史。”又同书卷二三《杂记志·兵事》：“崇祯七年……是年蜀之筠连人杨尔铭来为县令。尔铭年少有奇才，为桐七年，民爱之如父母。御寇治兵，皆有法度。桐之不亡，由前后两县令之力居多。两县令者，尔铭之后为张利民也。其后明亡，尔铭弃官，流落江湖，已死。而张利民逃匿山中不出。桐之父老至今歌思之。”又考光绪二十一年（1895）《叙州府志》卷三五《人士·筠连》：“杨尔铭，字景先，崇祯癸酉举人，甲戌进士，系本邑景阳山后杨家坳人。因幼失怙恃，举人陈敦复见其颖异，育为己子，训以诗书，过目成诵。登第后，初任桐城，有善政，民颂父母，立生祠，肖像以祀之。流贼三劫其邑，效死守之，邑赖以存，且捍御有方，有《三保桐城纪》。邑民请祀名宦。累官至山西宣大巡按御史兼督学政。复姓杨。见《桐城志》。甲申之变，殉难未归，祀本邑忠义祠。”明亡入清后，杨尔铭未回乡里，但并未“殉难”。乾隆十一年（1746）《乌程县志》卷七《寓贤》：“杨尔铭，号锦仙，筠连人，崇祯甲戌进士，为广东道御史。国亡，流寓乌程前庄，披发佯狂，日纵酒。语及旧事，即以酒杯纳口中大嚼，泪血交流。当事闻其名，造庐请谒，匿不见。止一孙，不令读书，力耕，市陌路。遵先志也。”

关于坚守桐城一事，杨尔铭的确因此而名闻四海。清计六奇《明季北略》卷一二有《杨尔铭救史可法》一则，记述“年少而才”的桐城令杨尔铭巧用虚张声势之计逼退“流寇”，为史可法解了围。内有云：“按杨尔铭，四川叙州府筠连县人。崇祯甲戌进士，年十四，即令桐城。冠大，以绢塞后；座高，

---

① （清）俞樾撰：《春在堂随笔》，江苏人民出版社1984年版，第176页。

翘足而升，胥吏甚易之。久之，侧冠而出，吏笑曰：'老爷纱帻歪矣。'尔铭大怒，曰：'汝谓吾歪，即从今日歪使！'投签于地，悉笞之，遂畏惮焉。"[①]若记述无误，则杨尔铭当生于明天启元年（1621），其十四岁中进士并任县令，属于神童且有担当，真有些不可思议，难怪乎有女扮男装的传言了。陈尔铭，《明史》两见，分别在卷二七四《史可法传》与卷二七六《张国维传》中，其职衔为"桐城县令"。杨尔铭，《明史》仅一见，在卷二三五《蒋允仪传》中，其职衔为"御史"。朱宝炯、谢沛霖《明清进士题名碑录索引》著录"杨尔铭"，注云"见陈尔铭"；另著录"陈尔铭"为"四川筠连"人，考中明崇祯七年（甲戌，1634）三甲第一百名进士。综合上述可知，杨尔铭是一位少年得志者，很有才干，且有崇高的民族气节，因而声名远扬。其姓氏由陈易杨，复宗之举当在桐城县令任上。其号"景先"，被《乌程县志》写作"锦仙"，实在也有令人怀疑为女性的嫌疑。

蒲松龄或据流传大江南北的明末桐城县令杨尔铭之轶事再加文学虚构，不无借题发挥地写出这篇《颜氏》，内有颜氏女扮男装考中进士后"授桐城令，有吏治，寻迁河南道掌印御史"（第1151页）的记述，与杨尔铭的仕履略同，俞樾之说不为无据。从《叙州府志》与《乌程县志》所记判断，杨尔铭绝非女扮男装者。马振方先生《〈聊斋志异〉本事旁证辨补》一文认为："俞樾当时或未读过《颜氏》，或读过而已忘却，只以《梦园丛说》有关杨尔铭的记述想见颜氏的事迹和小说的内容。如果他了解《颜氏》的实际内容，就不会写出上面那些不明不白的混乱的按语，大约也不至于把杨尔铭的战功视为《颜氏》的本事。"[②]此可备一说，读者若感兴趣，可找来原文细读，此不赘言。

《颜氏》中所涉及的有关名物或明清官场典制，注家也不可轻易视之，否则极易发生误解。小说中的顺天某生以母亲所遗留的金鸦镮为聘礼向颜氏求婚，所谓"金鸦镮"，即镶嵌有金鸦宝石的戒指。金鸦，宝石名，可见金鸦镮属于当时比较贵重的一种镶嵌首饰。明谢肇淛《五杂组》卷一二《物部四》："今世之所宝者，有猫儿眼、祖母绿、颠不刺、蜜腊、金鸦、鹘石、蜡子等类，然皆镶嵌首饰之用，惟琥珀、玛瑙，盛行于时，皆滇中产也。"[③]朱注本

---

① （清）计六奇撰：《明季北略》，中华书局1984年版，第210页。

② 马振方：《〈聊斋志异〉本事旁证辨补》，载《蒲松龄研究》1989年第1期第138页。

③ （明）谢肇淛撰：《五杂组》卷一二《物部四》，上海古籍出版社2001年版，第247页。

注云："金鸦镮：饰有金乌的指环。金鸦，犹金乌，传说太阳中有三足乌称金乌，故以之指太阳。"[①]盛注本注云："金鵶镮：雕有金乌的指环。金鵶，亦作'金鸦'，即金乌，指太阳。唐韩愈《送惠师》诗：'金鵶即腾翥，六合俄清新。'韩醇注：'金鵶，日也。'"[②]蒲松龄之所以用"金鸦镮"为求婚颜氏的聘礼，自有郑重其事的书写意向，否则仅用一般饰有金乌或雕刻金乌的戒指为聘礼，并不贵重，何必词费？显然两注皆误，辜负了作者对于小说细节精雕细琢的深刻用心。

《颜氏》中又云："是时生父母，屡受覃恩矣。"（第1152页）所谓"覃恩"，即广施恩泽。这里特指旧时封建帝王对于官员的父母"封赠"的恩典。封建时代帝王推恩臣下，可将官爵授予其父母。父母存者称封，死者称赠。顺天某生令已经去世的父母因儿媳冒名顶替而得来的官位受到朝廷追赠官爵的恩典，绝无仅有，属于"异数"，所以作者特意大书一笔。这也是篇末"异史氏曰"所云"翁姑受封于新妇，可谓奇矣"两句所本。清王士禛《古夫于亭杂录》卷一《追赠父母》："李文正昉为相，为本生父故工部郎中超、母陈留郡君谢氏请以郊祀覃恩追赠，太宗嘉之，诏赠超太子太师，谢氏郑国太夫人。此封赠本生父母之始。"[③]封赠之制，起于晋与南朝宋，至唐始备。最初仅及于父母，唐末五代以后，始上追曾祖、祖、父母三代，往往以子孙的官位为赠。清赵翼《陔馀丛考》卷二七《封赠》："元许有壬言：今制，封赠祖父母，降于父母一等。则元时封赠先世，亦尚有差别。本朝令甲，一、二品封三代，三品以下封二代，六品以下封一代，皆全用其本身官秩，并许以本身封典回赠其祖。则例封一代者，实亦得封二代。"[④]朱注本注云："覃恩：深恩。此指朝廷封赐之恩。"[⑤]盛注本注云："覃恩：广施恩泽。旧时多用以称帝王对臣民的封赏、赦免等。《旧唐书·赵宗儒传》：'今覃恩既毕，庶政惟新。'"[⑥]显然两注皆未注清"覃恩"的实际内容，令读者难得"封赠"的要领。

这样一个女扮男装并且最终官居御史的传奇故事，想入非非的荒诞而外，

---

① 朱其铠主编：《全本新注聊斋志异》，人民文学出版社1989版，第770页。
② 盛伟校注：《聊斋志异校注》，山西人民出版社2000年版，第1281页。
③ （清）王士禛撰：《古夫于亭杂录》卷一《追赠父母》，中华书局1988年版，第21页。
④ （清）赵翼撰：《陔馀丛考》卷二七《封赠》，河北人民出版社1990年版，第530—531页。
⑤ 朱其铠主编：《全本新注聊斋志异》，人民文学出版社1989版，第772页。
⑥ 盛伟校注：《聊斋志异校注》，山西人民出版社2000年版，第1283页。

似乎并无任何实际意义；然而“异史氏曰”笔锋一转，巧妙讽刺了封建官场有言责的台谏官员形同虚设的现实，很有认识价值：“然侍御而夫人也者，何时无之？但夫人而侍御者少耳。天下冠儒冠称丈夫者，皆愧死矣！”（第1152页）这或许正是蒲松龄撰写小说的高明之处。

说《鸽异》

与《聊斋志异》中《促织》一篇的写作有意借鉴明刘侗等《帝京景物略》卷三《胡家村》有关蟋蟀的知识一样，卷五《鸽异》一篇在写作过程中也着意参考了明人张万钟《鸽经》的相关内容。《鸽经》是我国目前为止已知的最早的一部记载鸽子的专著，传世有康熙三十六年（1697）张氏霞举堂刻《檀几丛书》二集本。全书共分为六大部分，即论鸽、花色、飞放、翻跳、典故、赋诗，共计约七千馀字。作者张万钟（1592—1644），字扣之，邹平人，其父即张延登。明末贡生，曾任南明福王政权镇江府推官，力图复明，不久因病去世。康熙三十四年（1695）《邹平县志》卷五《选举志·贡生》著录。

张万钟为清初著名诗坛领袖王士禛的岳父，蒋寅先生《有关〈鸽经〉刊印经过的一点补正》一文有云："读到《南京师范大学文学院学报》2002 年第 2 期召玉先生《蒲松龄的〈鸽异〉与〈鸽经〉及其作者》，考证《鸽异》一篇本事，以邹平张幼量为王渔洋岳父张万钟，文末又推测《鸽经》刊入《檀几丛书》可能出于王渔洋的推荐，以未获实证材料为憾。今按：康熙元年盛符升刊本《阮亭诗选》卷七收《内叔幼量先生招同纪伯紫袁宣四集药圃》，则张幼量并非化名或假托，而是张夫人叔，即张万钟弟，以诗题中俱称字，知幼量亦字也。"① 所考甚是。刘洪强、刘翠红先生《〈聊斋志异〉素材来源五则》一文考证出张幼量即张万斛，并说："张幼量与清代不少文人有交往，他有收藏石头、古剑的爱好，是个古董爱好者。他曾经得到一把古剑，不少朋友为其古剑作诗，如丁耀亢《陆舫诗草》卷一有《张幼量古剑铭》，前有小序曰：'张子得古剑于庭池之渊，佩以行，利攸往。予迫而视之，若墨笏，长尺有二咫，寒光洞然，血斑错，上镎下锐，柄如两环，有古玉，血渍透肤，其三代君子所佩耶？张子有德，出以佩之。剑在张子，宝在天下，重剑益重张子，拜而铭。'卷一有《送别张幼量耿隐之》，卷四有《张幼量石龟铭》、《同张幼量饮宋荔裳署中》、《冬夜集幼量斋听美人弹琴》。"② 可参考。就此而论，蒲松

① 蒋寅：《有关〈鸽经〉刊印经过的一点补正》，载《南京师范大学文学院学报》2004 年第 2 期。

② 刘洪强、刘翠红：《〈聊斋志异〉素材来源五则》，载《蒲松龄研究》2010 年第 1 期。

龄这篇《鸽异》是以真人为小说主人公撰写的，尽管其中“白衣少年”纯属虚构，并非实事，但揆情察理，馈赠贵官名鸽鞞鞑而致令双禽惨遭不测，亦非作者天马行空般的随意编造。

这篇小说之寓意深刻，连同附说两则，剖析世俗人情，入木三分。人各有志，价值取向本有不同。《左传·襄公十五年》：“宋人或得玉，献诸子罕。子罕弗受。献玉者曰：‘以示玉人，玉人以为宝也，故敢献之。’子罕曰：‘我以不贪为宝，尔以玉为宝，若以与我，皆丧宝也。不若人有其宝。’”[①]所谓“宝剑赠壮士，红粉送佳人”，物有所值，方能各得其所；需与求一旦发生错位，目的与效果就有可能南辕北辙，甚至欲益反损。至于两者错位导致大煞风景一类的荒唐事，古人不乏记述。宋祝穆《古今事文类聚》别集卷二〇《杀风景诗》：“李义山《杂纂》品目数十，盖以文滑稽者。其一曰“杀风景”，谓清泉濯足，花上晒裈，背山起楼，烧琴煮鹤，对花啜茶，松下喝道。”[②]文中所举这六种“杀风景”的举动，或行为不够检点，或审美情趣另类，只有“烧琴煮鹤”属于破坏性的恶劣行径，与《鸽异》中贵官烹鸽、老佣盘列观赏鱼同一性质。篇后“异史氏曰”中一席话，又涉及人以群分、君臣遇合的大题目，则是作者见微知著的借题发挥，显示了他递进思维的深入性，的确耐人寻味。

《聊斋志异》的近现代校点者由于无暇参阅《鸽经》，致使在标点“又有靴头、点子、大白、黑石夫妇、雀花、狗眼之类”(第1257页)一句时，错标为“又有靴头、点子、大白、黑石、夫妇雀、花狗眼之类”，几十年来递相沿袭，未予改正。上海古籍出版社2002年影印出版《续修四库全书》，其第1119册收录明张万钟撰《鸽经》一卷[③]，不足七千字。其《论鸽》有云：“鸽之种类最繁，总分花色、飞放、翻跳三品。”《鸽异》起首即云：“鸽类甚繁，晋有坤星，鲁有鹤秀，黔有腋蜨，梁有翻跳，越有诸‘尖’，皆异种也。”(第1257页)所录五类鸽品即源于《鸽经》的著录。

---

① 杨伯峻编著：《春秋左传注·襄公十五年》，中华书局1981年版，第1024页。

② (宋)祝穆辑：《古今事文类聚》别集卷二〇《杀风景诗》，影印文渊阁《四库全书》，台北商务印书馆1986年版，第927册第841页。

③ (明)张万钟撰：《鸽经》，影印《续修四库全书》，上海古籍出版社2002年版，第1119册第449—459页。以下凡引《鸽经》，不再出注版本与页码。

据《鸽经》著录，坤星、鹤秀、腋蝶三种，皆属于以“花色”划分鸽之名目。《鸽经·花色》：“坤星，金眼凤头，背有星七如银，左三右四。按：坤星与银稜、亮翅、麸背，皆纯黑白斑，其名虽异，其种则一。银稜巢中，间产麸背。”又云：“鹤秀，银嘴鸭掌，菊凤，头尾俱白，有黑、紫、土合蓝四色，羽毛如鹤之秀，故云。宜豆眼金睛，两腋稍见杂色者，不入格。”至于腋蝶，蝶，通“蝶”，即“麒麟斑”，《鸽经·花色》：“麒麟斑，即腋蝶。嘴无杂羽，腋无异色，背上斑文如麟甲，因名。翅末有稜二道，短嘴矮脚，金眼、豆眼者佳。有紫斑、白斑、深蓝斑三种。”另有紫腋蝶：“紫腋蝶，白质紫纹，嘴有灰色毛，四瓣，如蝶之形；腋有锦羽二团，如蝶之色，故名。银嘴淡金眼者第一，此种不待调养，天性依人，良种也。又有黑白质黑花、蓝白质蓝花、浅蓝色者佳。”翻跳属于以飞行姿态与动作划分鸽之名目，与坤星、鹤秀、腋蝶等以“花色”划分鸽子品相的逻辑起点不同。《鸽经·翻跳》：“翻者，飞至空中，如轮转动也。有三种：自左至右，平飞转动者，为高翻；自上至下，半空转动者，为腰翻；飞不逾丈，逼檐墙而转动者，为檐翻。肩宽尾狭者翻高，肩狭头小者翻腰，身长尾狭者翻檐。跳者，飞不逾尺，不离阶砌，跳跃旋转。一种肩宽身短，无倚附即转、有凭藉方止者，名滚跳；一种身长头小，行动四顾、闻声响即转者，为戏跳；一种进退维谷、逐尾即跳者，为打跳。总之，翻跳原一种，其名不同，其致则一。”诸“尖”，也是以“花色”划分鸽之名目，属于鸽中形体较小的一类。《鸽经·花色》：“尖，高不逾寸，长倍之，一茶器可覆雌雄。鸽中之小，惟逊丁香。嘴宜稻粱，脚宜雀爪。有皂银眼玉嘴、蓝豆眼银嘴、紫碧眼蜡嘴、银淡金眼铁嘴四色，凡尖，雌纽凤，雄光头；如土合杂斑，高脚长嘴等，虽小不入格。”鸽中迥异于常品者即称异种，《鸽经·论鸽》：“地产。野鸽逐队成群，海宇皆然。若夫异种，各有产地。坤星、银稜，产于晋；鞑靼、鹤秀，产于鲁；腋蝶，产蜀、黔；翻跳，产大梁；诸尖，产于粤西；凤尾齐不生中国，产于乌撒乌蒙。射宫，原无种，乃间气所生，在狗眼巢中。惜其昼视不清，哺乳艰难。有黑花白地、眼如丹砂如芙蓉者，可与凤尾齐媲美。”从以上引述可知，蒲松龄写作《鸽异》于《鸽经》多有借鉴。

靴头、点子、大白三类，也属于以“花色”划分鸽之名目，《鸽经·花色》皆有品评，此不赘言。至于黑石夫妇、雀花、狗眼三类，亦皆见于《鸽经·花色》，不过因蒲松龄写作时一时疏忽，将“黑”误置于“石夫妇”之前，竟生歧义，也难怪此处断句不易。所谓“黑石夫妇”，《鸽经》作“石夫石妇”。《鸽经·花色》：“石夫石妇，种出维扬。土人云，石夫无雌，石妇无雄。石夫，黑花白地，色如洒墨玉；石妇纯白，质若雪里梅。短嘴、圆头、豆眼，鸽之小者，此其一种。”可见石夫石妇之羽色系因雌雄而不同，雄者“黑花白地”，雌者“纯白”，“黑石夫妇”当属于蒲松龄百密一疏中的著录。雀花，当即“鹊花”，或属蒲松龄引述时之笔误。《鸽经·花色》：“鹊花，银嘴金眼，长身短脚，文理与喜鹊无别，故名。驯顺不减腋蝶，鸽中之良，此其一种。有紫鹳鸽凤，深紫者佳，尾末有杂毛者，不入格；黑项下有老鸦翎者，不入格。二色，诸鸽嘴俱宜短，惟此种不拘。”狗眼，《鸽经·花色》：“狗眼，雀喙鹰拳，宽肩狭尾，头圆眼大。眼外突肉如丹、高于头者方佳，止宜豆眼、碧眼。外肉白者，用手频拭，则红；有黑，纯黑如墨。又一种烂柑眼，如蜜罗柑皮，皂黑如百草霜。紫有深紫、淡紫二种。白忌小头，蓝忌尾有灰色。五花毛，五色羽相间如锦。莲花白，自头至项，紫白相间。黑花白地，此种最佳。眼大者，品同射宫。鹰背，色最润，背有鳞文者佳。银灰翅，末无皂稜者佳。十色。按狗眼，乃象物命名之义，以狗之眼多红，故名。实为西敖睛，俗多不知，故仍旧呼可耳。”

小说有时径用《鸽经》中的有关文字，由于失去前后的内容文字关联，也易生歧义。如“夜游”一品，本是夜里能放飞的鸽子品种，《鸽经·飞放》：“夜游，凡鸟皆夜栖，惟此种夜间能视，故名。短嘴矮脚，身长不逾银稜，翅与尾齐，眼光如电。离巢不落树木、楼台，冲霄直上，毫无倚傍，方入格。有鹰背豆眼、墨花豆眼、墨青豆眼、白金眼、火斑沙眼、火眼，有白、紫二色，六种。按夜游，原无种，信鸽同鸠哺子，即能夜飞，昔人悬哨者此种。”小说中如此形容夜游：“鸽善睡，睡太甚，有病麻痹而死者。张在广陵，以十金购一鸽，体最小，善走，置地上，盘旋无已时，不至于死不休也，故常须人把握之；夜置群中，使惊诸鸽，可以免痹股之病，是名‘夜游’。”（第1257页）这自然属于小说家的笔法，不可认真。至于“贵官”以“鞑靼”大快朵颐，系因此品种为“鸽中之大者”，而非如诸“尖”般小巧玲珑。鞑靼（dá dá 达达），即“靼鞑”，《鸽经·花色》：“靼鞑，夜分即鸣，声可达旦，因以名之。雄声高，雌声低，高者如挝鼓，低者如沸汤，千百方止。有菊花凤，遮眼凤、后凤三种。脚羽如扇，故飞不能出墙垣，较大白稍逊。鸽中之大者，此其次也。宜金眼豆眼，有蓝豆眼、白金眼者佳。紫豆眼、土合豆眼，雪头，纯黑，头有白羽，一名落雪，五色。”蒲松龄选取鞑靼作为“致残鼎镬”之物，实因其为“鸽中之大者”，属于作者写实风格的展现，并非信手拈来者。

蒲松龄通过阅读《鸽经》构思出一篇“真人假事”且引人入胜的小说，对于我们探讨作者转益多师的创作过程不无助益。

说《罗祖》

卷五《罗祖》在《聊斋志异》中并非名篇，因而较少受到学人的关注，注家对于罗祖的真实身份也常有忽略，更令这篇小说神龙见首不见尾，难明“罗祖”其人其事之原委。

这篇小说主人公“罗祖”，与自明代以来理发业所供奉的祖师“罗祖”并不同一，小说中之罗祖乃明代民间宗教无为教的创始人罗梦鸿（1443—1527），一作罗孟洪，或称罗清、罗怀、罗静、罗因，道号无为居士，后世门徒则尊称之为罗祖。他祖籍莱州府即墨县（今山东省即墨市），无为教宝卷“五部六册”中《苦功悟道卷》所谓“俗家住在山东莱州府即墨县猪毛城成阳社牢山”即是。罗祖自幼家境贫寒，世代隶军籍，三岁丧母，七岁丧父，养于叔婶，十六岁即代叔入戍北直隶密云卫。据民国十三年（1924）《大乘正教宗谱·清庵公事迹》：“祖生于大明正统七年壬戌岁十二月初一日子时，先祖罗应魁，父登笼，母颜氏……三岁，母去世，养育于婶氏。长成，十六岁代叔于密云卫当军。”从军密云卫大约十年左右，艰难贫苦生活的磨练令罗梦鸿不断思索人生，逐渐养成宗教情怀，此后即以罗家儿孙代戍，独自居密云灵雾山中修炼十三年，至明成化十八年（1482）十月十八日悟道成真，被其后之门徒尊为无为教（又称“罗教”）的祖师。传世有“五部六册”宝卷，阐述其融释、道、儒为一体的民间宗教教义。所谓“五部六册”，即《苦功悟道卷》、《叹世无为卷》、《破邪显证钥匙卷》、《正信除疑无修证自在宝卷》、《巍巍不动泰山深根结果宝卷》，其中《破邪显证钥匙卷》分为上、下两册，故称“五部六册”。因其传道过程得到明武宗宫中太监张永等人的赞助，明正德四年（1509）即已出现“五部六册”的较早刊本。据《湖南日报》2016 年 3 月 16 日讯（记者白培生，通讯员高孝书）：“3 月 16 日，记者在宜章县档案馆看到了该馆收藏多年的罗教经书《五部大乘宝卷》。据介绍，这套经书系明朝刻本，采用经折装，经幅 32.8 厘米，每折宽约 12.5 厘米；经盒为木质，规格为 39.2 × 15 × 7 厘米。罗教是中国第一个具有完整形态的民间宗教，也称无为教或罗祖教。罗教源于佛教，又对佛教进行了大刀阔斧的改造，打破了世传佛教的清规戒律、繁琐仪规，使之更加平民化、世俗化。其最重要的经书是

《五部大乘宝卷》，包括《苦功悟道卷》、《叹世无为卷》、《破邪显证钥匙卷》（上、下卷）、《正信除疑无修证自在宝卷》、《巍巍不动泰山深根结果宝卷》等6册。宜章县档案馆工作人员介绍，该馆收藏的罗教经书缺少《破邪显证钥匙卷》下卷和《正信除疑无修证自在宝卷》。但罗教经书目前存世仅4套，宜章这套为其一，因此极其珍贵。历经多年，宜章罗教经书刻本一度破损严重，县档案馆将其送至省档案馆进行了2年抢修，目前保存较好。”南炳文主编的《佛道秘密宗教与明代社会》一书有云：

> 罗教的思想，主要体现在罗清的“五部六册”中，概括而论，有以下诸方面：第一，在世界观方面，罗教吸收了佛教的“空”论。认为空是永恒的、绝对的，是宇宙之根本，世上万物皆由“空”而来。这种真空境界，罗清又常称之为真无极。第二，在修行方法上，罗教提倡以清静无为立教，即人们要达到真空境界，回归“真空家乡”，必须抛弃一切杂念，并反对一切斋戒活动，只向自心中求解脱……第三，反对白莲教等“邪教”，认为它们是假借邪术以惑众，不是真正的修行方法；同时，罗清又对佛教提出了许多异议。从上述罗教的主要思想看，它吸收了佛教禅宗及道教内丹派思想，并在此基础上又有了新的发展，提出了摒弃繁文缛节，只向心中求佛的思想。①

禅宗本不属于汉传佛教的范畴，自南北朝由南天竺普提达摩直接传入中国，即为禅宗初祖，至六祖慧能而大成。禅宗“明心见性”的顿悟成佛说在中国文人士大夫中颇有市场，在佛教各宗派中与儒家学说的亲和力也最强，并渐次影响到下层民众。南宋朱熹所倡导的“一旦豁然贯通”的工夫，即脱胎于禅宗的“一悟即至佛地”的顿悟说。陆九渊提出直接“发明本心”以达到“知”的认识论，也源于禅宗“直指人心，见性成佛”的顿悟理论。与罗梦鸿大约同时的王阳明（1472—1529）贬谪贵州后终于“龙场悟道”，提出“圣人之道，吾性自足”的心学学说，时为明正德元年（1506）；罗梦鸿在密云灵雾山悟道成真在明成化十八年（1482），早于王阳明“龙场悟道”二十四年。从历史的长河中考察两者的顿悟，就时间而言，可谓相差无几。联系明代中后

① 南炳文主编：《佛道秘密宗教与明代社会》，天津古籍出版社2002年版，第156—157页。

期的政治气场与社会风习，后世自不能简单地以“历史巧合”加以解释。

马西沙、韩秉方先生《中国民间宗教史》第五章《罗教与五部经典》有云：

> 明成化至正德间，在北直隶密云卫的穷乡山僻孕育并产生了一支影响当世和后世的民间教派——罗教。罗教的问世是中国民间宗教发展史上的一件大事，以此为转机，一场新兴的民间宗教运动蓬勃兴起。仅明代中末叶，数十支大的教派相继出现在底层社会，民间通俗的宗教信仰风靡大江南北。而其中尤以罗教的思想深刻动人，且浅显易懂，不仅对其他各派民间宗教影响深巨，而且冲击着正统佛教的世袭领地，在明清时代中国的宗教世界掀起了一场无声的风暴。①

明代无为教兴起以后，嘉靖、万历间李宾（李普明）的黄天教、韩太湖（飘高）的弘阳教、林兆恩的三一教以及一炷香教、收圆教、大乘教等等皆大行其道，其教义多与无为教大同小异，其布道经文也多以“宝卷”为名，但也有凭借通俗小说传教者，如《三教开迷归正演义》即可视为三一教的经书。有民间宗教研究学者视明代产生的无为教为南宋兴起的白莲教的最大支派，然而在表面上，无为教却是白莲教的诋毁者，并借此以逃避明廷的围剿，同时又能迎合明武宗信佛好道以求长生的心理。濮文起《中国民间秘密宗教》（浙江人民出版社 1991 年版）就持这一观点。

无为教的创立与传播并非一帆风顺，一开始似乎曾受到明廷的猜忌与打压，罗梦鸿还为此一度入狱。清采蘅子《虫鸣漫录》卷一：“前明正德时，有罗姓者奉佛甚虔，茹斋持戒，而不祝发，居家生子，无异平民。人世之从者颇众，散处齐鲁间。有司惧其摇惑，执而系之狱。适大旱，赤地千里，祈祷无验。罗自言能致雨，大吏奏请暂释，试其术。罗至海滨，望洋诵咒，不三日，大雨如注，槁禾尽苏。民竞为请命，乃不复系狱，纵之使归。数年病殁。”② 这当然仅是一种传说，实际上，无为教创立过程中曾通过明武宗宫中太

---

① 马西沙、韩秉方著：《中国民间宗教史》，上海人民出版社 1992 年版，第 165 页。

② （清）采蘅子编：《虫鸣漫录》卷一，新文化书社 1934 年版。

监张永与宫廷建立了关系，并受到一定程度的庇护。“真空家乡，无生老母”八字真言为以后的无为教教徒所标榜，颇能招徕信众；又由于其进入天国的入门券远远较诸佛、道廉价且不限娶妻生子，无为教传至清代更为兴盛，其声势一度超过佛、道两教。乾隆十一年（1746）及其以后，无为教被清廷目为邪教，曾屡遭禁止查抄，但仍绵延不绝且有扩展之势。据马西沙、韩秉方先生《中国民间宗教史》：“其组织系统大致有以下四支。一是罗氏家族依照血统世代相传。二是外姓弟子衣钵授受，祖祖相承。三是通过大运河运粮军工，由北向南传播，是为‘青帮’的前身。四是在浙、闽、赣等省形成江南的斋教。”[①]另据《大乘正教宗谱·清庵公事迹》，罗梦鸿三十四岁娶妻王氏，三十八岁生子名佛正，生女名佛广。罗梦鸿去世后，教权由其妻掌管，妻卒以后，罗佛正顶承祖业，在密云司马台一带继续传教。此外，其女罗佛广另在盘山一带立业传道，皆属于罗氏家族一脉。

蒲松龄在小说中所记罗祖之妻私通友人李某并被罗祖放过一事，当属于有关罗梦鸿悟道成真的一种“速成”式的传说，对于宣扬这位民间宗教祖师的人格魅力自有助益，但并未见诸其他文献如“宝卷”一类的文字记述。宋普济《五灯会元》卷一九《昭觉勤禅师法嗣·东山觉禅师》：“广额正是个杀人不眨眼底汉，飏下屠刀，立地成佛。且喜没交涉。”[②]显然，小说中有关“罗抽刃出，已复韬之”的描写正是罗祖“立地成佛”的依据。宗教是人类灵魂的叹息，民间宗教之所以有其广泛的民众基础，就因为它往往合释、道、儒三教而一之，且简便易行，符合社会中的无助弱者寻求精神救赎的热望。围绕民间宗教初祖有关仁慈胸怀乃至神异事件的传播，证明底层百姓急需的一种精神安慰与诉求，读这篇《罗祖》亦当作如是观。刘正平先生《〈聊斋志异〉“罗祖”故事原型解析——小说、史实与无为教创教传奇“相互发明”的研究范本》（载《明清小说研究》2009年第4期），读者若有兴趣，可参阅之。

蒲松龄从来没有到过京师（今北京市）一带，但《罗祖》中所涉及的密云山名与地名皆有据可查，绝非杜撰，可见其写作有一定历史根据。“后石匣营有樵人入山，见一道人坐洞中，未尝求食。众以为异，赍粮供之。或有识

① 马西沙、韩秉方著：《中国民间宗教史》，上海人民出版社1992年版，第223页。
② （宋）普济著：《五灯会元》卷一九《昭觉勤禅师法嗣·东山觉禅师》，中华书局1984年版，第1297页。

者，盖即罗也。”（第1350页）这段讲述中的石匣营，即明代密云县地名，又名石匣城，今北京市密云区高岭镇有石匣村即是，位于今密云水库北岸、310省道南侧。清顾祖禹《读史方舆纪要》卷一一有云：“石匣营，县东北六十里。营西有石如匣，因名。旧有石闸驿，在县南里许，宣德四年徙于此。弘治十七年筑城，周四里有奇。自是增兵置守，益为要地。自石匣东北行十里为腰亭铺，始入山。又十里为新开岭，又十里为老王店……又十二里至古北口。水浅则涉潮河，水大则纡回从山顶行，故石匣至古北计程为六十里。”[①]民国三年（1914）《密云县志》卷二之一《舆地·城营》：“石匣城，县东北六十里，亦曰石匣营，城西有石如匣，因以为名。印灵山峙其北，潮河经其东。明弘治十四年建，周四里二百二十四步，城形方正，置四门。”樵人所入之山当即印灵山，为雾灵山分脉。民国三年（1914）《密云县志》卷一之四《舆地·山》：“印灵山，县东北六十二里，石匣城主峰也。”关于雾灵山，清顾祖禹《读史方舆纪要》卷一一有云：“雾灵山，县东北二百里。南距边四十里，一名万花台。《水经注》：‘孟广硎山也，下有广硎水，自黑峪关入，西南流经墙子岭，西合清水河。其山高峻，有云雾蒙其上，四时不绝。山之左右，峰峦攒列，深松茂柏，内地之民，多取材焉。’”[②]印灵山附近有潮河与白河，两条河为当时明代漕运的重要河道，漕运水手云集，这是无为教能够从北向南迅速向全国传播的便利条件。有论者视罗梦鸿为明廷漕运军工出身，即与此相关。

罗梦鸿修道之洞，也非蒲松龄凭空虚构，樵人入山所见之洞即桃花洞。清康熙二十一年（1682）普浩编撰《三祖行脚因由宝卷序》：“隐迹桃花洞中，苦悟一十三载，身卧荆笆，楞木作枕。参透本来面目，洞明不动真空。”[③]罗梦鸿坐化后，小说有“土人为之建庙，每三月间，香楮相属于道”（第1350页）的描写，《三祖行脚因由宝卷》对此也有记述。罗梦鸿卒于明嘉靖六年（1527）正月二十九日，葬礼异常隆重，当时总兵官杨都司助板捐棺，墓侧建

---

① （清）顾祖禹：《读史方舆纪要》卷一一《北直二·密云县·石匣营》，中华书局2005年版，第490页。

② （清）顾祖禹撰：《读史方舆纪要》卷一一《北直二·密云县·雾灵山》，中华书局2005年版，第485页。

③ （清）普浩：《三祖行脚因由宝卷序》，《三祖行脚因由宝卷》卷首，张希舜主编《宝卷初集》，山西人民出版社1994年版，第4册。

有十三层宝塔，并立有镌刻“无为境”的石碑。

明末清初，正值无为教广泛流播之际，罗祖声名赫赫，这或许是作者在小说中对罗祖未加一语诠释的重要原因。后世读者不解其故，若再不明其本事，则一头雾水，读这篇小说总有莫名其妙之感。“若要立地成佛，须放下刀子去”，蒲松龄于篇末揭示此二语，即有“借花献佛”以立一篇宗旨的取意。

说《金和尚》

卷五《金和尚》开篇有云："金和尚，诸城人，父无赖，以数百钱鬻于五莲山寺。少顽钝，不能肄清业，牧猪赴市，若为佣。后本师死，稍有所遗金，卷怀离寺，作杂负贩。饮羊登垄，计最工，数年暴富，买田宅于水坡里。"（第 1494 页）所谓"金和尚"，史有其人，并非蒲松龄杜撰，但有关其行迹与发家史，小说道听途说的虚构成分很大，与事实相距较远。据康熙间释海霆《五莲山志》卷二《诸师本传》与同书卷二录王咸炤《开山大师本传》①，金和尚法号海彻（1614—1675），字泰雨，金姓，出身辽阳世家。明熹宗天启元年（1621），后金军队相继攻陷沈阳、辽阳，泰雨与其已为尼之姐辗转逃难至山东，于天启七年（1627）至诸城五莲山光明寺落发为僧，明崇祯元年（1628）光明寺开山祖师明开和尚圆寂，翌年，泰雨至北京西山寺院从师性觉和尚（据光明寺"世系"，性觉为明开以下第四世），清顺治三年（1646），时年三十三岁的泰雨回归光明寺，两年后性觉圆寂，泰雨继之成为住持僧，直至康熙十四年（1675）九月初八日示寂下葬，为光明寺方丈将近三十年。《五莲山志》的撰写者释海霆即金和尚海彻的师弟。

据释海霆《五莲山志》卷二录王咸炤《开山大师本传》、乾隆二十九年（1764）《诸城县志》卷四三《列传第十五·方伎》著录，光明寺开山祖师明开（1567—1628），号心空，四川成都人，俗姓庞，少业儒，十八岁时阅佛典有悟，受戒为僧，游江南遍访名僧，名噪大江南北。明万历二十八年（1600）来至诸城五朵山，结茅大悲峰下，两年后北赴京师请大内龙藏，因医治好李

---

① 《五莲山志》五卷，清康熙年间五莲山光明寺僧海霆编集，乘州李织斋［即李焕章（1614—1692），字象先，号织斋，乐安（今山东省东营市广饶县）人。《聊斋志异》卷八有《李象先》一篇言其前世今生，本书《〈聊斋志异〉所涉及的明与清初历史人物考》著录］删定，诸城王咸炤批选，张侗订正，康熙二十年（1681）万松禅林刊印，约 3 万言，分上、下两册，16×23.3 厘米。卷一介绍五莲山自然景观；卷二介绍五莲山光明寺的缘起及其佛教宗派、世系、历代住持等；卷三载录《五莲山光明寺碑记》、《重修五莲山光明寺藏阁记》、《重修光明寺大殿碑》、《开山和尚碑记》、《开山和尚自叙碑铭》等五篇碑文；卷四文集，收录《五莲山杂记》、《游五莲山记》等有关游记、散文十一篇；卷五诗集，收录有关古诗四十二首。卷首有诸城臧振荣序和乐安李焕章序。《五莲山志》传世有康熙二十年本与乾隆间本，后者增加《重修五莲山记》一文。康熙本《五莲山志》，今国家图书馆有藏，有数字化资源可供查阅。

太后眼疾，明神宗“遣中侍张思忠发内帑千金，敕建光明寺，山改名五莲，复赍《经律论》六百八十函六千八百卷，贮分贝阁中”。明崇祯元年（1628）元旦：“作偈别众曰：‘濯缨锦水，结社莲峰。不寸丝脚下，无一物胸中。前百世师我者释老，后百世入法者心空。’掷笔泪然而逝。”金和尚的“本师”即为其剃度者，乃光明寺开山祖师明开，明开以后第四世性觉和尚（？—1648）则是金和尚的传承之师。据释海霆《五莲山志》卷二《诸师本传》：“先师讳觉公，字元照，顺天东安人，刘姓。少孤，依怡庵洪公出家，蒙印虚祖翁培养，能自立。居京师三十年，新梵宇，施汤药济众，与士大夫有莲社之约。师又以五莲为己任，凡守青郡令诸邑，必先为之容。五莲僧众安居乐道无恙者，皆其力也。本朝初，师移锡光明寺，后辇上故旧频招，复之京。戊子夏五月示微疴化去，塔于挂月峰前之松梵谷中。”蒲松龄的小说虚构成分较多，所谓“本师”是指明开抑或性觉，无关紧要；卷怀其遗金离寺并经商暴富，自然也属难以稽考的文字，不足为据。

五莲山在今五莲县。五莲县今属山东日照市，位于山东半岛南部、日照市东北端，东临青岛市黄岛区，南接日照市东港区，西连莒县，北靠诸城。五莲山海拔515.7米，面积13平方千米，西距县城18千米，东距黄海20千米，与其西之九仙山隔壑相望。全山有五莲峰、天竺峰、望海峰、大悲峰等二十八座山峰，皆以峻峭雄奇著称。主峰五莲峰原名五朵峰，有五峰并峙，远望如莲花初放，故名。乾隆二十九年（1764）《诸城县志》卷六《山川考》：“五莲山，在九仙东五里，本名五朵，九仙之别峰也。明神宗敕建光明寺，赐名五莲，始自为一山。”康熙间释海霆《五莲山志》卷一录心空《五莲山道里记》：“五莲山在诸城南八十三里，高八百四十丈五尺，径九里二十三步一尺，围二十九里五十三步三尺。”

光明寺属禅宗临济正宗派，位于五莲山大悲峰下，全名“万寿护国光明寺”，明万历三十五年（1607）敕建，从其开山之初，即受到明宫廷的“恩赏”与庇护，内库两次拨银建寺并赐香火田千馀亩，且免收田赋。明清易代，光明寺继续受到顺治、康熙等帝王的青睐，几经整修和扩建。在明末清初之际，性觉和尚与其徒金和尚海彻之所以能够相继顺利接任光明寺住持僧的地位，与他们有显赫强劲的政治背景密不可分。在山东的四大禅寺（其他三座是长清灵岩寺、益都法庆寺、诸城侔云寺）中，无论规模与声名，光明寺皆首屈一指，鼎盛时期，全寺拥有楼、台、亭、阁一百五十馀所，僧人达三四百众，进香拜佛者络绎不绝。释海霆《五莲山志》卷二：“世系：开山和尚自明字起；真字共二十一人，谈公居首；如字共六十三人，弘公居首；性字共九十四人，先师觉公居首；海字共一百三十人，先兄彻公居首；寂字共一百十人，寂定居首，尚未止度；照字共四十人，照悟居首，尚未止度。”截止到康熙二十年（1681），光明寺有世系的僧人已经达到四百馀众，尚不计其间更为众多的服役僧人，可见其寺院规模。小说“买田宅于水坡里”，并非虚指。所谓“水坡”，当即“水泊”，据康熙间释海霆《五莲山志》卷二《庄田》，水泊仅为其寺产十五处庄田之一（或统计为十六处庄田，盖将其中之“上、下林泉”算为两处）。对此，张崇琛先生曾实地踏勘并得出结论：“所有这些庄田共计多少亩呢？据笔者 1983 年在当地的实际考察所知，大约一万馀亩。”[①] 关于光明寺截止清初的规模与庙产，小说有如下描绘：“弟子繁有徒，食指日千计。绕里田千百亩，悉良沃，皆金抚有之。里中甲第数十，皆僧无人；即有人，亦其贫无业、携妻子僦屋佃田者也。”这在当时并非夸张之笔。清乾隆以后，光明寺历经沧桑，于战乱频仍中大部分损毁。直至 20 世纪 80 年代中，光明寺开始修复，至 1986 年，藏经楼、大悲殿、伽蓝楼、西配殿、钟楼、三寺门建成，重塑佛像金身。光明寺重建至今，已成五莲山风景区游览胜地。

小说中还有如下记述：“金又买异姓儿子之，延儒师，教帖括业。儿慧能文，因令入邑庠，旋援例作太学生；未几赴北闱，领乡荐。由是，金之名以‘太公’噪。”（第 1495 页）其中虚实参半，真真假假，并非实录。清王士禛《分甘馀话》卷四也有相关记述：“国初有一僧金姓，自京师来青之诸城，自云是旗人金中丞之族，公然与冠盖交往。诸城九仙山古刹常住腴田数千亩，据而有之，益置膏腴，起甲第，徒众数百人，或居寺中，或以自随。居别墅，鲜衣怒马，歌儿舞女，虽豪家仕族不及也。有金举人者，自吴中来，父事之，愿为之子。此僧以势利横闾里者几三十年乃死，中分其资产，半予僧徒，半予假子。有往吊者，举人斩衰稽颡，如俗家礼。余为祭酒日，举人方肄业太

---

① 张崇琛：《〈聊斋志异·金和尚〉的史学及民俗学价值》，载《蒲松龄研究》2009 年第 3 期。

学，亦能文之士，而甘为妖髡假子，忘其本生，大可怪也。”[①] 此记与蒲松龄这篇《金和尚》异曲同工，皆站在正统儒家立场上对于当时当地佛教势力的畸形扩张颇不以为然。

所谓“异姓儿”或“金举人”，并非无中生有，其人即金奇玉（1646—？），本姓朱，字绍怀，号琢庵，又号龙溪，苏州府昆山（今属江苏）人。自幼遭难出亡至诸城，为光明寺僧海彻收养，延师教读，后中康熙二十年（1681）举人，九上春官不第，康熙四十九年（1710）官河南渑池知县五年。清卢见曾《国朝山左诗钞》卷五九谓金奇玉于渑池知县任上曾陷于山贼，后以计免归。这位举人出身的知县并非庸材，能诗工画，著有《龙溪纪年诗集》八卷。乾隆二十九年（1764）《诸城县志》卷四四《列传第十六・侨寓》：“金奇玉，本姓朱，江南昆山巨姓。十馀龄遭家变，出亡至县，无所依，五莲山僧金姓养为子，从姓金氏。僧延名师教之，乃以昆山籍举顺天乡试，知渑池县。博学工诗画，居城西黑龙沟侧，与县诗人相唱和，集号《龙溪》。德州卢抱孙见曾刊《山左诗钞》，以奇玉为县侨寓，当矣。新城王阮亭士正《池北偶谈》深诋之，盖未详其本末云。”根据相关记载，金奇玉中举顺天，已在金和尚去世的六年以后了，他似乎并没有得到金和尚聚敛的一半财产。邓之诚《清诗纪事初编》卷三著录金奇玉《龙溪纪年诗集》八卷，其末有云：“集中又有举家食粗粝诗，不似得厚产者。或传言之过欤？”看来传闻实难尽信。其首有云：“金奇玉，字琢庵，昆山人。自言本姓张，其祖以家难改。又言其父顺治初为长洲知县。据《启祯纪闻录》云，昆山庠生朱应锟，献本县册，遂令为长洲县令。然则奇玉避仇往诸城，乃改朱为金也。先识李澄中，因澄中以识刘翼明，皆好奇，奇其诗。留居西村，始有声名。遂以诸城籍应试，得乡举。屡试不第，晚始谒选渑池知县。撰《龙溪纪年诗集》八卷，刻于康熙五十年，年六十六矣。”[②]

《分甘馀话》所谓“旗人金中丞”，亦史有其人，中丞即金廷献。俞阅、季蓉先生《〈聊斋志异〉中的“金和尚”与“金举人”本事考》引《钦定八旗通志》卷三四〇《八旗大臣题名二》：“金廷献，汉军镶黄旗人，顺治六年正

① （清）王士禛撰：《分甘馀话》卷四《金姓僧假子金举人》，中华书局1989年版，第89页。
② 邓之诚撰：《清诗纪事初编》卷三，上海古籍出版社1984年版，第374页。

月任偏沅巡抚，十年十一月解。”[①]另考民国十七年（1928）《路南州志》，其旧序后署“康熙岁次壬辰孟夏路南州知州襄平金廷献谨序”。又本志卷二《秩官》著录：“金廷献，镶黄旗奉天广宁人，由监生于康熙四十四年任，七载清慎廉明……”可证这位金中丞曾经为清初的方面大员，有相当的权势。

明末王纲解纽，释明开巧借万历皇帝的势力始建光明寺且规模宏大；迨至清初，寺院已渐式微，其第五世徒海彻则凭借故乡族人金廷献的势力以及家族中诸多“护法”显宦的经济支持成为寺院方丈，从而“重振”光明寺，这与当时满洲入主中原的政治形势密切相关，并非如蒲松龄所云金和尚因投机取巧之经商经历而“数年暴富”。对此，张崇琛先生《〈聊斋志异·金和尚〉本事考》（载《兰州大学学报》1984年第3期）有详尽考证，此不赘言。蒲松龄笔下的金和尚毕竟是据有关传闻撰写，因而有相当的虚构成分，但大体符合当时光明寺僧人气焰熏天的实际状况。饱暖生淫欲，诗中僧人欺男霸女，为虐一方，也非空穴来风。在历史的宗教信仰中具有舍身求法精神的法显与唐玄奘一类的高僧大德毕竟属于少数，而当宗教在某种客观情势下仅沦为一种谋生乃至致富手段时，道德的崩溃就在所难免，这时“普度众生”的宗教情怀早已抛到九霄云外，无影无踪了。金和尚的行径及其庞大寺院经济的繁荣有其特殊的历史条件，在明清两代并不具有普遍性，但在当时社会中道德低于俗家的酒肉和尚当不在少数。蒲松龄与王士禛正是出于痛恨这种社会怪相的情感而对金和尚之流大加鞭挞的，这种态度在今天也是值得肯定的。从艺术角度而言，这篇小说运用皮里阳秋之法贬斥邪恶势力，自有运用之妙存乎一心的从容。清冯镇峦有评云：“此篇零星记叙，段落最难钩出，自成章法，在集中另为一种。通幅满纸腥膻，文章则如锦绣，末笔用老苏《春秋世论》篇终调法。”（第1497页）洵为知言。

《金和尚》记述金和尚死后出殡场面宏大，具有相当的民俗认识价值。以“太公僧薨”称金和尚之死，将“太公”与“僧”联称，并以“薨”赘于后，显然作者有意运用《春秋》笔法加以挞伐。“薨”无非是死的别称，但自周代始，人之死亡，即有尊卑之分，“薨”则专以称诸侯之死。《礼记·曲礼下》：

---

① 俞阅、季蓉：《〈聊斋志异〉中的“金和尚”与“金举人”本事考》，载《蒲松龄研究》2006年第3期。

“天子死曰崩，诸侯曰薨，大夫曰卒，士曰不禄，庶人曰死。”[①] 唐代则以“薨”称三品以上大官之死。小说中以“薨”言僧死亡，而不用“圆寂”或“示寂”等僧人往生之词语，更有微言大义的反讽意味。“会葬者盖相摩，上自方面，皆伛偻入，起拜凡八；邑贡监及簿史，以手据地，叩即行，不敢劳公子、劳诸师叔也。”（第 1496 页）小说这一段文字的嘲讽意味更强。所谓“起拜凡八”，谓三跪八叩首的礼节，比朝见君主的三跪九叩的朝仪仅逊一等；所谓“叩即行，不敢劳公子、劳诸师叔也”两句，尤其凸显士人、官吏趋炎附势的丑恶之态。古代吊丧仪式，视吊丧人与死者相互社会地位的高低而繁简不一，吊丧人地位低于死者，吊丧仪礼烦琐而丧家回礼则轻；反之，吊丧仪礼轻而丧家回礼重。可参见《仪礼·士丧礼》。旧时民间吊丧，丧主在家中第一次见到吊丧人时，无论对方年纪、辈分大小，皆要行跪拜礼以示迎接与感谢。“叩即行”三字，意谓吊丧时免去丧家叩头回礼，以示敬畏，堪称神来之笔，读者须仔细体味，方可见作者皮里阳秋的贬斥之意。

---

① （清）阮元校刻：《十三经注疏》，中华书局 1980 年版，第 1269 页。

说《司文郎》

卷六《司文郎》一篇为蒲松龄精心结撰之作，其间浸注了作者一腔孤愤，故读来令人动容。宋生与王平子两个人物形象皆有作者自身的影子：宋生一生淹蹇，怀才不遇，属于现实中作者的自我写照；王平子刻苦自励，最终能扬眉吐气于科场，未始不是作者长期郁结于心的某种企盼的投影。对于现实的小小颠覆，寄寓着作者对实现理想人生的愿望与期待。蒲松龄在《贺章丘县周素心入泮序》中有云："盖当鸿隐凤伏，斥�得而笑之，而不知一朝发迹，阊阖可叫而开不难也。"[①] 这一番话是勉人也是自励。其《试后示篪笏筠》一诗为康熙四十一年（1702）蒲松龄的三个儿子赴童生试后之作，时作者六十三岁，诗有云："益之幕中人，心盲或目瞽。文字即擅场，半犹听天数。矧在两可间，如何希进取？"[②] 诗最后以"不患世不公，所患力不努"两句结束，这与宋生激励王平子之语如出一辙。

小说中瞽僧以鼻嗅焚烧之文即能识其优劣，与佛家"鼻观"之修行法或有关联。杨敬民先生《钱谦益"香观说"与蒲松龄"以鼻观文"论之比较》一文认为明末清初钱谦益的"香观说"与《司文郎》中的瞽僧"以鼻嗅文"的描写有渊源关系[③]，不为无见，可参考。钱谦益《有学集》卷四八《香观说书徐元叹诗后》一文有云："余老懒不耐看诗，尤不耐看今人诗。人间诗卷，聊一寓目，狂华乱眼，蒙蒙然隐几而卧。有隐者告曰：'吾语子以观诗之法，用目观，不若用鼻观。'余惊问曰：'何谓也？'隐者曰：'夫诗也者，疏瀹神明，洮汰秽浊，天地间之香气也。目以色为食，鼻以香为食。今子之观诗以目，青黄赤白，烟云尘雾之色，杂陈于吾前，目之用有时而穷，而其香与否，目固不得而嗅之也。吾废目而用鼻，不以视而以嗅。诗之品第，略与香等。或上妙，或下中，或斫锯而取，或煎笮而就，或熏染而得。以嗅映香，触鼻即了。而声色香味四者，鼻根中可以兼举，此观诗之便法也。'余异其言

① 路大荒整理：《蒲松龄集·聊斋文集》卷三，上海古籍出版社1986年版，第89页。
② 赵慰芝笺注：《聊斋诗集笺注》卷四，山东大学出版社1996年版，第410页。
③ 杨敬民：《钱谦益"香观说"与蒲松龄"以鼻观文"论之比较》，载《社会科学辑刊》2007年第2期。

而谨识之。”[①] 钱谦益年长于蒲松龄六十馀岁，又是明末文坛领袖，其影响不可低估。以鼻嗅文作为《司文郎》中的点睛笔墨，受到钱文启发当非臆想。

《司文郎》作为《聊斋志异》中的经典篇目，注家或为必选，但往往百密一疏，偶有讹误或脱漏，令读者难晓作者用心曲折细微处。

先说注家讹误者。作者形容宋生“白服裙帽，望之傀然”（第1619页），所谓“傀然”何义？清代何垠注：“傀音瑰，大貌。”（第1626页）现代人注释《聊斋》多因袭之，有注本谓“形容伟大的样子”[②]，有注本释为“高大的样子”[③]，有注本释为“超群独立的样子”[④]；有注本则以《异史》本作“望之傫然”，从而释“傫（léi）然”云：“傫，同‘累’。颓丧貌。《史记·赵世家》：‘（主父）见其长子章傫然也，反北面为臣，诎于其弟，心怜之。’铸雪斋本‘傫’作‘傀’误，与其文意不符。”[⑤]1990年出版的《汉语大词典》解释“傀然”有两个义项：“1. 独立貌。傀，通‘块’。《荀子·性恶》：‘天下不知之，则傀然独立天地之间而不畏，是上勇也。’杨倞注：‘傀，傀伟，大貌也。或曰，傀与块同，独居之貌也。’王先谦集解引王念孙曰：‘后说是也。’2. 魁梧貌。清蒲松龄《聊斋志异·司文郎》：‘有少年游寺中，白服裙帽，望之傀然。’”1995年出版《汉语大字典》于“傀（guī）”下有五个义项，分别为“魁伟、高大”，“怪异”，“盛”，“美”，“姓”；于傀（kuài）下有一个义项：“同‘块’。孤独，孤高。”其中“魁伟、高大”之义项下，除举《说文·人部》、《广韵·灰韵》、《庄子·列御寇》为书证外，最后即以《司文郎》此语为书证。现代两部权威工具书皆释《司文郎》中之“傀然”为“魁梧”或“魁伟、高大”，显然也受到清人何垠的影响。

看来若要正确理解蒲松龄所用“傀然”之意，就须首先弄明白前文“白服裙帽”何谓。所谓“白服裙帽”，语出《南齐书》卷二二《豫章文献王传》：

---

① （清）钱谦益著：《有学集》卷四八《香观说书徐元叹诗后》，上海古籍出版社1996年版，第1567页。

② 张友鹤选注：《聊斋志异选》，人民文学出版社1956年版，第264页。

③ 朱其铠主编：《全本新注聊斋志异》，人民文学出版社1989版，第1103页。中山大学中文系编：《评注聊斋志异选》，人民文学出版社1977年版，第288页。

④ 李伯齐、徐文军选注：《聊斋志异选》，人民文学出版社2006年版，第270页。

⑤ 盛伟校注：《聊斋志异校注》，山西人民出版社2000年版，第1424页。

"宋元嘉世，诸王入斋阁，得白服裙帽见人主，唯出太极四厢，乃备朝服。"[①]所谓"白服"，即古代的便装，《南史》卷五二《萧恭传》："（恭）在都朝谒，白服随列。"[②]所谓"裙帽"，乃曾流行于六朝的一种帽子，因帽缘周围有下垂的薄纱细网，故名。以"白服"作为清初人便装或非秀才的装束，尚不难理解；而裙帽在清初早已过时，蒲松龄以之形容宋生之穿戴，显然隐喻其衣着古怪且不合时宜。如此，则下句"望之傀然"之"傀"当取《汉语大字典》中"怪异"之义项为妥："《广韵·灰韵》：'傀，怪异也。'《周礼·春官·大司乐》：'凡日月食，四镇五岳崩，大傀异烖，诸侯薨，令去乐。'郑玄注：'傀，犹怪也。'晋郭璞《江赋》：'珍怪之所化产，傀奇之所窟宅。'"据蒲松龄的构思，《司文郎》中的宋生为"甲申之年，竟罹于难"的鬼魂，以有别于常人的"奇异貌"加以形容，恰如其分；若谓其高大魁梧，则张冠李戴，反而难晓作者之用心何在了。

无独有偶，《聊斋志异》卷七《胭脂》形容书生鄂秋隼装束亦有"送至门，见一少年过，白服裙帽，丰采甚都"（第1986页）的描述，这篇中的"白服裙帽"四字属于刻画鄂生为妻服丧之装束。按先秦礼法，妻死，夫为妻服"齐衰"（丧服名，为五服之一，其服用粗麻布制成，以其缉边缝齐，故称"齐衰"）一年，后世由于男尊女卑思想的影响，夫为妻服丧之制并未严格执行，这里的"白服裙帽"不过表示象征性服丧而已，并不符合古代礼制。借用典籍成词，以减省笔墨，属于古语活用，亦可略见作者的艺术匠心。

再说注家脱漏者。清代文人多自幼从事八股举业，于"四书"、"五经"早已烂熟于心，所以吕湛恩、何垠注释《聊斋》，遇有经书语，以为尽人皆知，多不加注，若注出反成蛇足。然而经书典对于今天的广大读者而言，已经相当陌生，必须出注方妥，否则阅读中就会囫囵吞枣乃至莫名其妙。

如小说中如下描写："（馀杭）生怒曰："全不能文，徒事谩骂，何以为人！"（第1620页）所谓"何以为人"，现代注家多不注，这有可能会丢失其间丰富的蕴涵。所谓"何以为人"，意谓用什么取得做人的资格，语本《穀梁传·僖公二十二年》："人之所以为人者，言也。人而不能言，何以为人？"[③]这

① （南朝梁）萧子显撰：《南齐书》卷二二《豫章文献王传》，中华书局1972年版，第410页。
② （唐）李延寿撰：《南史》卷五二《萧恭传》，吉林人民出版社1995年版，第735页。
③ （清）阮元校刻：《十三经注疏》，中华书局1979年版，第2400页。

里馀杭生以“何以为人”四字回答宋生“于宾客往来之地，而见一无所知之人焉”的嘲讽，巧借经典嘲骂宋生“非人”，堪称针锋相对。如果不注出典，作者精心设计的宋生与馀杭生对答之趣味就会丧失殆尽。

又如王平子以“殷有三仁焉”为八股文题，令宋生与馀杭生当场角艺。所谓“殷有三仁焉”，语出《论语·微子》：“微子去之，箕子为之奴，比干谏而死。孔子曰：‘殷有三仁焉。’”[①]宋生顺口即将八股文的“破题”与“承题”念出：“三子者不同道，其趋一也。夫一者何也？曰：仁也。君子亦仁而已矣，何必同？”（第1620页）作者用心之巧妙处在于，宋生偷换概念以《孟子》中语狡黠机智地“破承”孔子之言，熟悉“四书”者顿觉妙趣横生。《孟子·告子下》：“居下位，不以贤事不肖者，伯夷也。五就汤，五就桀者，伊尹也。不恶污君，不辞小官者，柳下惠也。三子者不同道，其趋一也。一者何也？曰，仁也。君子亦仁而已矣，何必同？”杨伯峻《孟子译注》翻译云：“处在卑贱的职位，不拿自己贤人的身份去服事不肖的人的，这是伯夷；五次往汤那里去，又五次往桀那里去的，这是伊尹；不讨厌恶浊的君主，不拒绝微贱的职位的，这是柳下惠。三个人的行为不相同，但总方向是一样的。这一样的是什么呢？应该说，就是仁。君子只要仁就行了，为什么一定要相同呢？”[②]宋生所谓“三子”，即以伯夷、伊尹、柳下惠三贤巧换微子、箕子、比干三者，又双关宋生、王平子、馀杭生三位在场人，调侃玩笑中意在缓和僵局，可谓用心良苦。蒲松龄行文得意之处，尽在于此，若不注出出典，不仅令读者丈二金刚摸不着头脑，也辜负了作者构思这一段妙文的苦心！

在与宋生的角艺中，馀杭生虽始终处于下风，却又不甘示弱，最后以“其为人也小有才”一句悻悻而去，似乎大败亏输，实则绝地反击，亦非寻常。所谓“其为人也小有才”，语本《孟子·尽心下》：“盆成括仕于齐，孟子曰：‘死矣盆成括！’盆成括见杀，门人问曰：‘夫子何以知其将见杀？’曰：‘其为人也小有才，未闻君子之大道也，则足以杀其躯而已矣。’”杨伯峻《孟子译注》：“盆成括在齐国做官，孟子说：‘盆成括要死了！’盆成括被杀，学生问道：‘老师怎么知道他会被杀？’答道：‘他这个人有点小聪明，但是不

① 杨伯峻译注：《论语译注》，中华书局1980年版，第192页。

② 杨伯峻译注：《孟子译注》，中华书局1980年版，第284页。

曾知道君子的大道，那只足以杀害自己的身体罢了。'" [1] 这里馀杭生巧借孟子之语暗示出宋生的鬼魂身份，也是作者的狡黠之笔。注家若不注出，不熟悉"四书"的读者似乎也能明其字面义，但其间妙不可言的细微情韵就全部丧失了，馀杭生的学识也将被低估。

从上述宋生与馀杭生的交锋可知，尽管作者对馀杭生持严厉批判态度，然而其文学形象也绝非一塌糊涂，瞽僧通过鼻嗅谓其八股文章"刺鼻棘心"，大约是就其文章风格而言，而非谓其文狗屁不通。明清乡、会试后皆有"闱墨"的刊刻，公诸天下，馀杭生的中式文章不用说不堪入目，即使文字稍有瑕疵，也会令物议纷腾，主考官与同考官的仕途甚至身家性命就堪忧了。其实小说末"异史氏曰"已经透露出作者对馀杭生并非一笔抹煞的鲜明态度："馀杭生公然自诩，意其为文，未必尽无可观；而骄诈之意态颜色，遂使人顷刻不可复忍。天人之厌弃已久，故鬼神皆玩弄之。脱能增修厥德，则帘内之'刺鼻棘心'者，遇之正易，何所遭之仅也。"（第1626页）

读《聊斋》中有关科举的小说，就须对明清科举制度有所了解，注家对此责无旁贷，不当草草失注。如"诸试官"一词，小说中即谓顺天乡试的十八房同考官。清赵翼《陔馀丛考》卷二九《十八房》："本朝会试及京闱乡试，所用同考官凡十八员，谓之十八房。按，分经本始于宋理宗绍定二年，但不载房数。今之十八房，盖沿前明制……《易》、《诗》各五房，《书》四房，《春秋》、《礼记》各二房，共十八房，相沿已久。" [2] 今人须明白乡试之分房阅卷，才有可能理解下文瞽僧"鼻观"馀杭生房师为何人的情节。馀杭生之"师"即"房师"，乃明清乡、会试中式者对分房阅卷并向主考官推荐自己的同考官的尊称。《警世通言·老门生三世报恩》："我取个少年门生，他后路悠远，官也多做几年，房师也靠得着他。" [3] 如果不注"诸试官"与"师"，读者可能难以辨明其间关系，妨碍对于小说内容的正确理解。

《司文郎》又有"又闻次年再行乡试"（第1623页）一句，此于史有据，并非蒲松龄为推进情节而杜撰。明清两代每三年一次在各省城（包括京城）

---

① 杨伯峻译注：《孟子译注》，中华书局1980年版，第336页。

② （清）赵翼著：《陔馀丛考》卷二九《十八房》，河北人民出版社1990年版，第575页。

③ （明）冯梦龙编：《警世通言》第十八卷《老门生三世报恩》，人民文学出版社1956年版，第261页。

举行乡试，逢子、午、卯、酉年为正科，遇庆典加科称恩科。顺治四年丁亥（1647）与顺治十六年己亥（1659）为会试加科，则分别于其前一年举行乡试加科，即顺治三年丙戌科（1646）乡试加科、顺治十五年戊戌科（1658）乡试加科。再行乡试当谓上述两次加科中的一科。注家自当注出，否则读者难明究竟。王平子于再行乡试中又以“犯规被黜”，此即“贴出”，谓乡试中因试卷违式而被摈斥场外，不准继续参加考试。清制，凡收卷、阅卷等官员，将试卷中违式、讹错之处贴签指出，谓之“贴出”。若应贴未贴，皆按例分别参处。凡被贴出者，用蓝榜公布于贡院外墙，即丧失考试资格。《清史稿》卷一〇八《选举三》：“试卷题字错落，真草不全，越幅、曳白，涂抹、污染太甚，及首场七艺起讫虚字相同，二场表失年号，三场策题讹写，暨行文不避庙讳、御名、至圣讳，以违式论，贴出。”①蒲松龄《大圣乐·闱中越幅被黜，蒙毕八兄关情慰藉，感而有作》词有云：“得意疾书，回头大错，此况何如。觉千瓢冷汗沾衣，一缕魂飞出舍，痛痒全无。”②康熙二十六年（1686），四十八岁的蒲松龄到济南府参加山东乡试，中途即因“越幅”（试卷书写误隔一页）被贴出，丧失了一次中举的机会。作者因有切身感受，所以写来倍感痛心。注家不注，亦有碍今天读者的深层次阅读。

此外，小说中有关旧时文人信仰习俗，注家亦不可忽略。如：“即前日瞽僧亦一鬼也，是前朝名家，生前抛弃字纸过多，罚作瞽。”（第1625页）所谓“字纸”，即指写过字的废纸。古人认为字纸为圣人所遗，故有“敬惜字纸”的信仰。明郎瑛《七修类稿》卷四九《奇谑类·王沂公生》：“《文昌化书》后载梓潼神降笔劝敬字纸文。又曰：宋王沂公之父，见字纸遗坠，必掇拾以香汤洗烧之。一夕，梦宣圣拍其背曰：‘汝何以重吾字纸之勤也？恨汝老矣，无可成就。他日当令曾参来汝家受生，显大门户。’未几，果生一男，遂命名曾，后果状元及第。”③读者只有明晓旧时所谓“敬惜字纸”的重要性，才可真正理解小说有关“罚作瞽”严惩的描写依据。

---

① 赵尔巽等撰：《清史稿》卷一〇八《选举三》，中华书局1976年版，第3148页。

② 盛伟编：《蒲松龄全集》，学林出版社1998年版，第2032页。

③ （明）郎瑛撰：《七修类稿》卷四九《奇谑类·王沂公生》，文化艺术出版社1998年版，第600页。

说《澂俗》与《沅俗》

卷六《澂俗》与《沅俗》两篇属于《聊斋志异》中纯粹志怪的一类小说，内容耸人听闻。对于作者蒲松龄而言，无非是有关道听途说的如实记述而已；然而若从文化人类学的角度加以考察，两则故事明显带有原始先民图腾崇拜遗存的印迹，至今仍有其认识价值。如果联系有关史书的文献资料与古代文人笔记的相关记述再加印证，这对古代西南少数民族习俗的探讨就更见其必要性了。

先说《澂俗》，以其篇幅不长，全录如下：

> 澂人多化物类，出院求食。有客寓旅邸，时见群鼠入米盎，驱之即遁。客伺其入，骤覆之，瓢水灌注其中，顷之尽毙。主人全家暴卒，惟一子在。讼客，官原而宥之。（第 1722 页）

文中所谓“澂”，即明清澂江府，府治河阳县，故址在今云南省玉溪市澄江县，地处云南中部，位于今昆明市以南。除汉族而外，澄江一带又是今天二十馀个不同少数民族的聚居地。明清时期，这里属于“天高皇帝远”的边远地区，加之古代资讯贫乏，有关奇异风俗的传说就会不胫而走，又经道听途说者无限放大，迨至中原一带未免怪怪奇奇，耸人听闻。即如湘南以至云南一带有关“蛊”（即传说中可以通过人工培养的毒虫）术的传说，至今仍有人深信不疑，并被写进武侠小说或出现于影视作品中，夺人眼球。

这篇题为《澂俗》的小品，于作者蒲松龄而言，无非志怪而已，但其在文化人类学上的意义不能抹煞。人能化鼠的故事，唐人小说中早见记述，《太平广记》卷四四〇引唐李隐《潇湘录·朱仁》：

> 朱仁者，世居嵩山下，耕耘为业。后仁忽失一幼子，年方五岁。求寻十馀年，终不知存亡。后一日，有僧经游，造其门，携一弟子，其形容似仁所失之幼子也。仁遂延僧于内，设供养。良久问僧曰：“师此弟子，观其仪貌，稍是余家十年前年所失一幼子也。”僧惊起问仁曰：“僧住嵩山薜萝内三十

年矣。十年前，偶此弟子悲号来投我。我问其故，此弟子方孩幼，迷其踪由，不甚明。僧因养育之，及与落发。今聪悟无敌，僧常疑是一圣人也。君子乎？试自熟验察之。”仁乃与家属共询问察视。其母言：“我子背上有一黡记。”逡巡验得，实是亲子。父母家属，一齐号哭，其僧便留与父母而去。父母安存养育，倍于常子。此子每至夜，即失所在；晓却至家，如此二三年，父母以为作盗，伺而窥之，见子每至夜，化为一大鼠走出，及晓却来。父母问之，此子不语。多时对曰：“我非君子也，我是嵩山下鼠王下小鼠。既见我形，我不复至矣。”其父母疑惑间，其夜化鼠走去。①

嵩山下农夫幼子能化为大鼠，与蒲松龄笔下的澂人一家化鼠事毫无二致，全属人与异类可以相互转化的民间传说。英国文化人类学家弗雷泽（1854—1941）所著《金枝》是一部严肃的研究原始信仰和巫术活动的科学著作，其第六十七章《民间习俗中灵魂寄存于体外的观念》第三节《灵魂寄附于动物》曾有这样一段论述：“像民间传说故事里说的那样，在实际生活中，有些人不仅把自己的生命同无生命的物体以及植物互相交感地联系在一起。据说这同样的联系也存在于人和动物之间，病者祸福与共，动物如死，人也偕亡。”②这种带有原始社会人类思维的传说故事，西方与东方心理攸同，华夏民族与世界不同民族的先民具有大致相同的原始信仰。这种信仰之所以能在古代社会大行其道并流传至今，地域文化的隔膜与资讯相对封闭当是其主因，边远少数民族聚居区古老的相关民间传说，一经内地流传即成当地的历史或现实存在，也就不足为怪了。

类似人化异物的传说在文人笔记中也多有反映。明王士性（1547—1598）《广志绎》卷五《西南诸省》：“南甸宣抚司有妇人能化为异物，富室妇人则化牛马，贫者则化猫狗。至夜，伺夫熟睡，则以一短木置夫怀中，夫即觉仍与同寝，不觉则妇随化去，摄人魂魄至死，食其尸肉。人死则群聚守之，至葬乃已，不尔，则为所食。临郡民有经商或公事过其境者，晚不敢睡，群相警戒，或觉物至则群逐之，若得之，其夫家亟以金往赎，若登时杀死，则不

① （宋）李昉等编：《太平广记》卷四四〇引唐李隐《潇湘录·朱仁》，中华书局1961年版，第3595页。
② ［英］J.G. 弗雷泽著：《金枝》第六十七章第三节，中国民间文艺出版社1987年版，第965页。

能化其本形。”[①]南甸宣抚司为明正统九年（1444）由南甸州升置，直隶于云南布政司，治所在今梁河东北，辖境相当于今云南腾冲以南、龙川江以西一带，位于今昆明市以西。这类极其荒诞不经之谈，明人笔记中在所多有。明沈德符（1578—1642）《万历野获编》补遗卷四《土司·人化异类》谓云南陇川一带事亦云：“又夷人中有号为仆食者，不论男女，年至老辄变异形，或犬、或豕、或驴之属，于人坟前拜之，其尸即出，为彼所食，盖亦百夷一种也。”[②]这些记述大多以当地民间传说故事为依据，当与原始人的图腾崇拜相关联，并非好事者天马行空的想象所致；不过后世不明就里，往往以讹传讹，加之旧时民族隔膜所造成之猜疑根深蒂固，对于与自己生活经验迥异的陌生事物极易夸大其词，于是就有了耸人听闻的异地奇风异俗的传说。

再说《沅俗》，这也是一篇记述云南一带少数民族民间传说的志怪小说：

> 李季霖摄篆沅江。初莅任，见猫犬盈堂，讶之。僚属曰：“此乡中百姓瞻仰风采也。”少间，人畜已半；移时，都复为人，纷纷并去。一日，出谒客，肩舆在途。忽一舆夫急呼曰：“小人吃害矣！”即倩役代荷，伏地乞假。怒呵之，役不听，疾奔而去。遣人尾之。役奔入市，觅得一叟，便求按视。叟相之曰：“是汝吃害矣。”乃以手揣其肤肉，自上而下力推之；推至少股，见皮肉坟起，以利刃破之，取出石子一枚，曰：“愈矣。”乃奔而返。后闻其俗，有身卧室中，手即飞出，入人房闼，窃取财物。设被主觉，絷不令去，则此人一臂不用矣。（第 1845 页）

沅江地处何方？以笔者所见两种全注本以及三种全译本，皆以“沅江”为今湖南省益阳市辖下的县级市，位于湖南省东北部，洞庭湖畔。从清代注家始，几乎没有人提出质疑，2015 年中华书局出版《全本全注全译丛书》之《聊斋志异》，于《沅俗》出注云：“沅江：应为元江，指云南元江府。此处‘摄篆沅江’，为蒲松龄误记。李季霖所任职非代理沅江县令，而是任云南元江府知府。”[③]基本解决了这一地名错讹的问题。考察小说所涉及的中心人物李季霖之

① （明）王士性撰：《五岳游草·广志绎》卷五《西南诸省》，中华书局 2006 年版，第 322—323 页。
② （明）沈德符撰：《万历野获编》补遗卷四《土司·人化异类》，中华书局 1959 年版，第 925 页。
③ 于天池注，孙通海、于天池等译《聊斋志异》，中华书局 2015 年版，第 2411 页。

仕履，的确可以证明“沅江”当作“元江”，在清初为元江府，至乾隆三十五年（1770）始改置元江直隶州，今为云南省玉溪市辖下的元江哈尼族彝族傣族自治县，地处今云南省中南部，位于昆明市南部偏西。蒲松龄不经意的一处笔误，令这篇故事的发生地从云南转移到了湖南。

李季霖，即李鸿霔（zhù 注）（生卒年不详），字季霖，号厚馀。其先祖为山东长山县人，至曾祖时迁居新城（今属山东省淄博市桓台县）。顺治十一年（1654）举人，康熙三年（1664）二甲第三名进士。历官内阁中书舍人、刑部浙江司员外郎，以丁父忧去官。康熙二十五年（1686）起复，二十八年后升任元江府知府。有政绩，官声甚佳。卒于官。民国二十二年（1933）《重修新城县志》卷一六《人物志四》有李鸿霔小传，内云：“官云南元江知府，劝农兴学，属邑称治。元江旧俗，官廨所需，皆取给于里民，鸿霔尽革之。苗蛮部落散处二千里，乐鸿霔为政清和，戒其党勿为边患。未几，以疾卒于官。入名宦祠。”民国三十八年（1949）《新纂云南通志》卷一八五《名宦传八·元江直隶州》为李鸿霔立传云：“李鸿霔，新城人，进士。除内阁中书舍人，屡迁户部郎中，历官清谨。康熙二十八年，出守元江，性廉介，杜绝苞苴，申请大府，除历年逋赋。免徭役，严保甲，凡学校、农桑，无不讲求。甫抵任，值四月不雨，乃亲步祷，甘霖立沛，民间有神君之颂。”此外，《元江志稿》卷一四《职官志二·名宦》亦有传，内云“至今李青天之号，犹啧啧人口”。可见这位汉族官僚为官不足一任，却在当地留下了良好形象，堪称为民族团结立下了难以磨灭的功绩，可惜享年不永，殉职云南，未能回归故乡。

蒲松龄家住淄川（今属山东省淄博市淄川区），与李鸿霔算是同乡，年岁当亦相差无几。李鸿霔出身进士，又因南下千里为官卒于异乡，属于山左闻人。其随从或家属回到新城后，对于耳闻目见却又浅尝辄止的元江少数民族文化，未免夸张渲染其词乃至以讹传讹，愈传离事实真相愈远，几经辗转，终于传到蒲松龄耳中，这无疑为“集腋为裘，妄续《幽冥》之录”（第 30 页）的蒲松龄撰写《聊斋志异》提供了“得来全不费工夫”的素材，于是就有了这篇近乎骇人听闻的志怪之作。奇谈既然为作者得诸耳闻而非目治，“元”字因涉下带三点水的“江”字而讹上一字为也带三点水的“沅”，今人就不难理解了。这一讹误在明王士性的《广志绎》卷五中也曾出现过，作者两次提及地处云南的"元江"，皆误作"沅江"[①]，即可为证。

这篇《沅俗》与《澂俗》一篇堪称姊妹篇，皆以云南少数民族聚居地为故事的发生背景，内容怪异，形同《山海经》中语，折射出明末清初时期当地长期民族隔阂的馀光。民国十一年（1922）《元江志稿》卷二〇《种族志·弁言》云："元邑，古西南荒裔也。唐宋以前，诸蛮迭据。明季予之土职，假名器以慑部落。清初改为流官，稽户口而纳田赋，濡被休风，已渐有同化汉民之望。"清初"改土归流"政策的实施，令汉人有了接触西南少数民族部分生活的机会，但长期的文化隔绝势必造成多重误会。如《元江志稿·种族志·僰夷》就说："种类数十，风俗稍别。在元江者能为鬼魅，以一帚系衣后即变形为象、马、猪、羊、猫、犬，立通衢或直冲行人，稍畏避之，即为所魅，入腰中食其五脏，易之以土。"值得瞩目的是，《元江志稿》出版于科学渐趋昌明的20世纪20年代，尚记录有如此怪诞神奇的内容，则清初蒲松龄所记"猫犬盈堂"就更不足为怪了。

对于云南一带少数民族的民俗信仰，类似《沅俗》的记述也多见于明人笔记。明郎瑛（1487—1566）《七修类稿》卷五一《奇谑类·孟密鬼术》："云南孟密安抚司，即汉孟获之地，朝廷每岁取办宝石于此。其地夷俗鬼术甚骇，有名地羊鬼者，擅能以土木易人肢脏。当其易时，中术者不知也。凭其术数，几时而发，发则腹中痛矣，痛至死而五脏尽乃土木。或恶人不深，但易其一手一足，其人遂为残疾。又有名扑死鬼者，惟欲食人尸骸，人死，亲朋锣鼓防之，少或不严，则鬼变为禽兽飞虫，突入而食之矣。皆不可以理喻者。尝读《演义三国》诸葛七擒孟获，蛮夷多有怪术，于今验之果然。今孟获子孙尚繁。"[②]孟密安抚司，明成化二十年（1484）设立，治所在今缅甸蒙米特，与今云南省西部的瑞丽市接壤。明王士性《广志绎》卷五《西南诸省》："广南守为侬智高之后，其地多毒善瘴，流官不敢入，亦不得入。其部下土民有幻术，能变猫犬毒骗人，往往爰书中见之。然止以小事惑人，若用之大敌偷营劫寨，未能也。有自变，亦有能变他人者。此幻术迤西夷方最多，李月山备兵于滇，亲见之。"[③]广南为明代府名，隶云南布政司，治所在今云南省广南

① （明）王士性撰：《五岳游草·广志绎》卷五《西南诸省》，中华书局2006年版，第329页。
② （明）郎瑛撰：《七修类稿》卷五一《奇谑类·孟密鬼术》，文化艺术出版社1998年版，第627页。
③ （明）王士性撰：《五岳游草·广志绎》卷五《西南诸省》，中华书局2006年版，第320页。

县，位于昆明市东南部。至于该则笔记中的所谓“爰书”，即古代记录囚犯供辞的文书，属于官方卷宗，其中居然有如此令人触目惊心的犯罪记录，可见绝非个别事象。

类似令人匪夷所思的云南印象，清人笔记也有反映。清袁枚《子不语》卷五《藏魂坛》亦云：“云贵妖符邪术最盛。贵州臬使费元龙赴滇，家奴张姓骑马上，忽大呼坠马，左腿失矣。费知妖人所为，张示云：‘能补张某腿者赏若干。’随有老人至，曰：‘是某所为。张在省时，倚主人势，威福太过，故与为恶戏。’张亦哀求。老人解荷苞，出一腿，小如虾蟆，呵气持咒，向张掷之，两足如初，竟领赏去。”[①]从文化人类学的角度考察，人能变形为动物乃至人的肢体或脏器可失而复得，或许为各部落上古图腾崇拜的遗存，装扮、嫁接而已，并非真如《西游记》中的孙悟空一样有七十二变的灵异。袁枚在此则笔记中又讲了另外一个贵州发生的故事：“在黔时，有恶棍某，案如山积，官府杀之，投尸于河。三日还魂，五日作恶。如是者数次，诉之抚军，抚军怒，请王命斩之，身首异处。三日后又活，身首交合，颈边隐隐然红丝一条，作恶如初。后殴其母，母来控官，手一坛，曰：‘此逆子藏魂坛也。逆子自知罪大恶极，故居家先将魂提出，炼藏坛内。官府所刑杀者，其血肉之体，非其魂也。以久炼之魂，治新伤之体，三日即能平复。今恶贯满盈，殴及老妇，老妇不能容。求官府先毁其坛，取风轮扇，扇散其魂，再加刑于其体，庶几恶子乃真死矣。’官如其言，杖毙之，而验其尸，不浃旬已臭腐。”[②]灵魂可与肉体分离并藏于坛内，当属于先民原始思维的遗存，不过出现于18世纪的中国西南偏远地区，已经染有相当的传奇甚至迷信的色彩。弗雷泽《金枝》第六十七章《民间习俗中灵魂寄存于体外的观念》第一节《灵魂寄附于无生命的物体》：“许多民族的民间故事里都有这样一种思想，以为灵魂可以在或长或短的时间内寄存于体外某一安全的地方，至少可以藏在头发中。这种思想并非为渲染故事情节而虚构的，而是原始人信念中真实的内涵，并由此产生了相应的一整套习俗。”[③]

在原始社会中，先民习惯于用某种动物、植物乃至无生物或某种自然现

---

① （清）袁枚撰：《子不语》卷五《藏魂坛》，上海古籍出版社1986年版，第123页。
② （清）袁枚撰：《子不语》卷五《藏魂坛》，上海古籍出版社1986年版，第124页。
③ ［英］J.G.弗雷泽著：《金枝》第六十七章第一节，中国民间文艺出版社1987年版，第959页。

象的图形作为本氏族的保护神和标志，即称之为“图腾”（Totem）。有学者认为我国古代典籍《山海经》中所记述的诸如人面牛身、人面马身、羊身人面等神祇形象，就是远古时代各地区图腾神的反映，此可参见何星亮先生《中国图腾神文化》一书，恕不赘言。各种动物以其生命体征活跃，先民多选用为自己氏族的图腾标志。一般认为，夏朝氏族的图腾是熊或鱼，殷商氏族的图腾是玄鸟，周朝氏族的图腾则有龙、龟、鸟、犬、虎诸说。我国古代的北方民族中有所谓“犬戎”、“北狄”，他们极有可能就是以犬或狼为图腾的民族。我国西南地区自古以来就是各少数民族的原住地，在他们的生活习俗中，至今仍保留有图腾崇拜的痕迹。如傈僳族的图腾有虎、熊、羊、鱼、蛇、蜂、猴、鼠、竹、火等数十种之多，纳西族的图腾有虎、豹、猴、蛇、母羊、猫头鹰、猪等，彝族的图腾则以虎、水牛、獐子、龙、蛇、鼠、猴、葫芦等为主。《澂俗》中人能变鼠，不过是图腾崇拜的传说而已；《沅俗》中“猫犬盈堂”，时隔不久又“都复为人”，极可能就是当地人佩戴相关图腾标志的展示。东汉王充《论衡》卷一八《自然篇》：“礼者，忠信之薄，乱之首也。相讥以礼，故相谴告。三皇之时，坐者于于，行者居居，乍自以为马，乍自以为牛，纯德行而民瞳矇，晓惠之心未形生也。当时亦无灾异，如有灾异，不名曰谴告。何则？时人愚蠢，不知相绳责也。末世衰微，上下相非，灾异时至，则造谴告之言矣。”[①] 所谓“乍自以为马，乍自以为牛”，人与动物界限的不分明，正是先民图腾崇拜的反映。

在我国史书的部分正史中，也有一些有关原始先民图腾崇拜的痕迹。《史记》卷一《五帝本纪》：“黄帝者，少典之子，姓公孙，名曰轩辕……炎帝欲侵陵诸侯，诸侯咸归轩辕。轩辕乃修德振兵，治五气，蓺五种，抚万民，度四方，教熊罴貔貅貙虎，以与炎帝战于阪泉之野。三战，然后得其志。蚩尤作乱，不用帝命。于是黄帝乃徵师诸侯，与蚩尤战于涿鹿之野，遂禽杀蚩尤。而诸侯咸尊轩辕为天子，代神农氏，是为黄帝。”[②] 黄帝与炎帝的阪泉之战，前者之所以大获全胜，就在于黄帝联合了一些以熊、罴、貔、貅、貙、虎为图腾的六个小部落氏族，以多胜寡，终于打败了炎帝的氏族。

---

① （汉）王充撰：《论衡》卷一八《自然篇》，上海人民出版社 1979 版，第 281—282 页。
② （汉）司马迁撰：《史记》卷一《五帝本纪》，中华书局 1959 版，第 3 页。

《后汉书》卷八六《南蛮西南夷列传》："昔高辛氏有犬戎之寇，帝患其侵暴，而征伐不克。乃访募天下，有能得犬戎之将吴将军头者，购黄金千镒，邑万家，又妻以少女。时帝有畜狗，其毛五采，名曰槃瓠。下令之后，槃瓠遂衔人头造阙下，群臣怪而诊之，乃吴将军首也。帝大喜，而计槃瓠不可妻之以女，又无封爵之道，议欲有报而未知所宜。女闻之，以为帝皇下令，不可违信，因请行。帝不得已，乃以女配槃瓠。槃瓠得女，负而走入南山，止石室中。所处险绝，人迹不至。于是女解去衣裳，为仆鉴之结，著独力之衣。帝悲思之，遣使寻求，辄遇风雨震晦，使者不得进。经三年，生子一十二人，六男六女。槃瓠死后，因自相夫妻。织绩木皮，染以草实，好五色衣服。制裁皆有尾形。其母后归，以状白帝，于是使迎致诸子。衣裳班兰，语言侏离，好入山壑，不乐平旷。帝顺其意，赐以名山广泽。其后滋蔓，号曰蛮夷。外痴内黠，安土重旧。"①槃瓠作为狗的别称，一般又作"盘瓠"，晋干宝《搜神记》卷一四《盘瓠》讲述了其来历："高辛氏，有老妇人居于王宫，得耳疾历时。医为挑治，出顶虫，大如茧。妇人去后，置以瓠篱，覆之以盘，俄尔顶虫乃化为犬，其文五色，因名'盘瓠'，遂畜之。"引文此后所记述者，与上引《后汉书》所述大同小异，最后又有如下交代："以其受异气于天命，故待以不常之律。田作贾贩，无关繻符传租税之赋；有邑君长，皆赐印绶；冠用獭皮，取其游食于水。今即梁、汉、巴、蜀、武陵、长沙、庐江郡夷是也。用糁杂鱼肉，叩槽而号，以祭盘瓠，其俗至今。故世称'赤髀横裙，盘瓠子孙'。"②

有关盘瓠或类似的传说，还见于汉应劭《风俗通义》、晋郭璞《玄中记》、北魏郦道元《水经注》等文献典籍，可见这个故事流传久远并深受人们喜爱。《山海经·海内北经》："犬封国曰犬戎国，状如犬。"晋郭璞注云："黄帝之后卞明生白犬二头，自相牝牡，遂为此国，言狗国也。"③所谓"自相牝牡"，即兄妹自相婚配，这与盘瓠之后代六男六女"自相夫妻"的传说略同，反映了原始社会乱婚时期的现象，不足为奇。无论"盘瓠"，还是"犬封"，都可以算是上古犬图腾部落成长壮大历史的曲折记录。历史学家范文澜所著《中国

① （南朝宋）范晔撰：《后汉书》卷八六《南蛮西南夷列传》，中华书局1965版，第2829页。
② （晋）干宝撰：《搜神记》卷一四《盘瓠》，中华书局1959版，第168—169页。
③ 袁珂校注：《山海经校注·海内北经》，上海古籍出版社1980版，第309—310页。

通史简编》第一编第一章第三节《传说中的中国远古居民》甚至认为华夏民族开天辟地的祖先盘古氏即从中国南方各族中流行的盘瓠信仰而来："远古时代就居住在中国南方的苗、黎、瑶等族，都有传说和神话，可是很少见于记载。一般说来，南方各族中最流行的神话是'盘瓠'。三国时徐整作《三五历纪》，吸收'盘瓠'入汉族神话，'盘瓠'成为开天辟地的盘古氏。"①

犬图腾而外，正史中有关狼图腾的传说也有记载。《魏书》卷一〇三《高车传》："俗云匈奴单于生二女，姿容甚美，国人皆以为神。单于曰：'吾有此女，安可配人，将以与天。'乃于国北无人之地，筑高台，置二女其上，曰：'请天自迎之。'经三年，其母欲迎之，单于曰：'不可，未彻之间耳。'复一年，乃有一老狼昼夜守台嗥呼，因穿台下为空穴，经时不去。其小女曰：'吾父处我于此，欲以与天，而今狼来，或是神物，天使之然。'将下就之。其姊大惊曰：'此是畜生，无乃辱父母也！'妹不从，下为狼妻而产子，后遂滋繁成国，故其人好引声长歌，又似狼嗥。"②

人与犬或狼虽同属于哺乳动物，但基因组合有不少差异，不可能婚配并产下后代，有关传说只能是原始社会图腾崇拜的产物。有明于此，我们再来观照《聊斋志异》中的《澂俗》与《沅俗》两篇，无论人能化鼠还是"猫犬盈堂"乃至飞臂窃物一类的志怪，都可以说是当地原始图腾崇拜习俗的折光，历史遗留下民间传说的成分远大于作者构思想象中可能的虚构夸张，从而不无文化人类学研究的意义。

---

① 范文澜著：《中国通史简编》第一编第一章第三节，人民出版社1964版，第92页。

② （北齐）魏收撰：《魏书》卷一〇三《高车传》，中华书局1974年版，第2307页。

说《凤仙》

老六《凤仙》是一篇书写男子上进离不开女性激励的小说，属于人类性意识的真实反映。诚如德国诗人歌德《浮士德》长诗之结句所言：“女性长存之德，引导我们上升！”[①] 清何守奇评《凤仙》云：“锐志攻苦，皆由于镜中悲笑，岂好色之心，重于好名乎？然天下有志者少，无志者多，季子（战国时苏秦）简炼揣摩，亦由于妻不下机一激之力，则闺中之人，正自不可少耳。”（第 1730 页）此论切中肯綮。笔者昔日读这篇小说，曾有《读〈凤仙〉》七绝一首云：“狐妖花魅寓蹉跎，镜影悲欢寄恨多。知否定公游戏笔，卷帘梳洗望黄河。”[②] 诗之第三四句，语本清末龚自珍《己亥杂诗》第二五二首：“风云材略已销磨，甘隶妆台伺眼波。为恐刘郎英气尽，卷帘梳洗望黄河。”[③] 龚自珍四十多岁时迷恋一位名叫灵箫的妓女，《己亥杂诗》中有多首关于她的作品，如第九七首：“天花拂袂著难销，始愧声闻力未超。青史他年烦点染，定公四纪遇灵箫。”[④] 所谓“剑气箫心”兼而有之的龚自珍与早于他一个半世纪的蒲松龄，一为自家情事，一为小说虚构，而于性心理上则可称如出一辙，皆以钟情女子的激励作为读书人上进的不可或缺的动力，这也是拙作《读〈凤仙〉》一诗将时代不同的文学家贯串在一起的情感线索。

《凤仙》中的女主人公三姑凤仙争强好胜，与戏谑成性的大姑八仙、沉静渊如的二姑水仙性格迥异，这是小说虚构出类似于今天智能手机视屏之“镜影”的基础。小说篇末“异史氏曰”中“冷暖之态，仙凡固无殊哉”（第 1730 页）之论并非其叙事之主旨，不过是烘托书生刘赤水自我奋进之社会因素而已，作品指归在于渲染男欢女爱与事业的关系，将原本具有冲突意向的两者归于统一。20 世纪奥地利医生弗洛伊德所建立的精神分析学说，将性欲本能的能量称为“力比多”，正是力比多所具有的升华作用，成为创造和繁荣人类

① ［德］歌德著：《浮士德》，樊修章译，译林出版社 1993 年版，第 642 页。

② 赵伯陶著：《贺诗七首（并序）》，载《蒲松龄研究》1998 年第 4 期，目录前标“创刊三十年贺辞”。

③ （清）龚自珍著：《龚自珍全集》，上海人民出版社 1975 年版，第 532 页。

④ （清）龚自珍著：《龚自珍全集》，上海人民出版社 1975 年版，第 518 页

社会文学、艺术乃至科学技术进步的动力与源泉。弗洛伊德的“泛性论”思维固然有其缺陷，但在解释有关具体问题时，不乏启发与引领作用。读这篇《凤仙》正可作如是观；探讨《聊斋志异》的创作动因，亦当作如是观。印度古诗人迦梨陀娑诗剧《沙恭达罗》中的名句：“你无论走得多么远也不会走出了我的心，黄昏时刻的树影拖得再长也离不开树根。”[①] 这也可作为刘赤水与凤仙两人情感始终不渝的写照。

读者若不仅仅满足对于故事的阅览，欲真正读懂《凤仙》并非轻而易举之事，其中涉及对小说中地名、名物乃至遣词用语的诠释问题。若如同囫囵吞枣般的阅读，一切也就无从谈起了。

蒲松龄撰写小说，其事不必真，但所涉及地名，往往并非虚构。《凤仙》的男主人公刘赤水为平乐人，平乐为明清府名，府治平乐，即今广西壮族自治区桂林市平乐县。即如小说中水仙婿丁郎，为富川人，富川亦属平乐府，与府治平乐接壤。刘赤水与其“僚婿”，即大姊八仙的丈夫少年胡郎途中偶遇：“少年曰：‘岳新归，将一省觐，可同行否？’刘喜，从入萦山。”（第 1725 页）所谓“萦山”确有其地，并非作者凭空结撰。史为乐先生主编《中国历史地名大辞典》收录“萦山”词条：“萦山：在今广西平乐县南。《元和志》卷三七平乐县：‘萦山在平乐县南一十里，山有木客。’……《明一统志》卷八四平乐府：萦山‘山势萦回曲折，上有九峰，曰：高岩、羊栏、月岩、兜鍪、马鞍、跨镫、石旗、石剑、丫髻。险不可陟’。”[②] 此前，笔者曾写有《〈聊斋志异〉注释中的地名辨析》一文，刊于《长江学术》2014 年第 1 期，曾错误地认为“萦山”似当作“营山”，可能系作者误书所致。按，营山地当今广西壮族自治区灌阳县与湖南省道县间，位于平乐府以北。现在看来“似当作营山”的判断属于误读原作，诚有厚诬古人之嫌，借此特向广大读者深致歉意！

小说写凤仙一家与三婿欢聚的家宴：“俄，姊妹俱出，翁命设坐，各傍其婿。八仙见刘，惟掩口而笑；凤仙辄与嘲弄；水仙貌少亚，而沉重温克，满座倾谈，惟把酒含笑而已。”（第 1725 页）所谓“沉重”，即沉静庄重。汉仲长统《昌言下》：“人之性……安舒沉重者，患在后时；好古守经者，患在不

---

① 季羡林著：《季羡林全集》第 20 卷《译注一·〈沙恭达罗〉第三幕》，外语教学与研究出版社 2010 年版，第 67 页。

② 史为乐主编：《中国历史地名大辞典》，中国社会科学出版社 2005 年版，第 2280 页。

变。”[①]所谓“温克”，即醉酒后能蕴藉自持。语本《诗·小雅·小宛》：“人之齐圣，饮酒温克。”汉郑玄笺：“中正通知之人，饮酒虽醉犹能温藉自持以胜。”[②]蒲松龄为刻画三姊妹不同的人物性格，写作《凤仙》中肯定参考了有关文献典籍。注家凡遇此等词汇，当以明其书证为佳，以便于读者鉴赏体味。“温克”，二十四卷本《聊斋》作“温文”，显然为抄手未搞清“温克”之书证所致。

小说写凤仙一家的家宴，也显示出作者进一步刻画人物性格的用心：“翁悦曰：‘家人之乐极矣！儿辈俱能歌舞，何不各尽所长？’八仙起，捉水仙曰：‘凤仙从来金玉其音，不敢相劳；我两人可歌《洛妃》一曲。’”（第1276页）所谓“金玉其音”，意谓珍惜自己的声音如同金玉，不肯轻易表演，语涉嘲讽。四字语本《诗·小雅·白驹》：“毋金玉尔音，而有遐心。”唐孔颖达疏：“我思汝甚矣，汝虽不来，当传书信，毋得金玉汝之音声于我。谓自爱音声贵如金玉，不以遗问我而有疏远我之心已。”[③]蒲松龄借用《诗经》中语词刻画八仙语言之尖刻，恰到好处，注家若明其书证，当大有助于读者鉴赏。

小说又有如下一段描写：“刘无颜，亦辞而归。至半途，见凤仙坐路旁，呼与并坐，曰：‘君一丈夫，不能为床头人吐气耶？黄金屋自在书中，愿好为之。’举足云：‘出门匆遽，棘刺破复履矣，所赠物，在身边否？’刘出之，女取而易之。”（第1726—1727页）何为“复履”？乃旧时妇女在袜之外、鞋之内所穿的一种软底鞋。所谓“复履”，《凤阳士人》一篇亦出现一次：“女步履艰涩，呼丽人少待，将归著复履。丽人牵坐路侧，自乃捉足，脱履相假。”（第272页）耿莲峰、鲁童先生《对张友鹤〈聊斋志异选〉注释的几点意见》一文认为：“复履是缠足妇女在袜之外、鞋之内所穿的一种软底鞋。一般称为‘睡鞋’（《莲香》篇‘睡舄遗堕’——注意，‘舄’字不能按古义解释），又称‘眠鞋’（西周生《醒世姻缘传》第五十回‘一双穿过的红细眠鞋’）。因为它是鞋中之鞋，所以又叫‘复履’，并不是指穿在外面着地的复底鞋。”[④]所论甚是。

---

① （清）严可均辑：《全上古三代秦汉三国六朝文》，中华书局1958年版，第954页。
② （清）阮元校刻：《十三经注疏》，中华书局1979年版，第451页。
③ （清）阮元校刻：《十三经注疏》，中华书局1979年版，第434页。
④ 耿莲峰、鲁童：《对张友鹤〈聊斋志异选〉注释的几点意见》，载《蒲松龄研究集刊》第4辑，齐鲁书社1984年版，第277页。

朱注本于《凤阳士人》注云："复履：夹底鞋。"① 似不正确。盛注本于《凤阳士人》、《凤仙》所注"复履"，吸收了耿莲峰、鲁童两位先生的意见，无误。值得一提的是，《汉语大词典》亦收录"复履"词条："即复舄。《方言》第四：'(复舄)自关而东谓之复履。'清蒲松龄《聊斋志异·凤阳士人》：'女步履艰涩，呼丽人少待，将归著复履。'参见'复舄'。"同词典又收录"复舄"词条："复底而用木的鞋。《方言》第四：'扉屦，粗履也。徐兖之郊谓之扉，自关而西谓之屦。中有木者谓之复舄，自关而东谓之复履。'清郝懿行《证俗文》卷二：'《周官·屦人》注："复下曰舄，禅下曰屦"……今人削木为履底，京师妇人好高底，履有至七八寸者，蒙之以布，所谓复舄者也。'"② 此词典所收录"中有木"之"复履"当非蒲松龄笔下的"复履"，《汉语大词典》以《凤阳士人》为书证，并不贴切。

《凤仙》中涉及明清科举的内容，虽仅寥寥数语，不出注则难令读者通晓："如此二年，一举而捷……刘赴宴郡中，女请与俱，共乘而往，人对面不相窥。"(第1727—1728页)所谓"赴宴郡中"，这里当指官府宴请新科举人的鹿鸣宴。"榜后次日设鹿鸣宴。按唐制乡贡事已，长吏以乡饮酒礼，会僚属设宾主、陈俎豆、备管弦，牲用少牢，歌鹿鸣之诗以宴之。明、清两代，定乡举后设鹿鸣宴，即本于此。明代宴于明伦堂，清代例应在布政司衙门，后改在巡抚衙门……主考、监临、学政、内外帘官、新科举人皆与宴。"③ 以笔者所见诸多《聊斋》全注本、选注本遇此皆未出注，诚属憾事。小说中还有"刘属富川令门人，往谒之"(第1728页)两句，所谓"门人"，即"门生"，科举考试中式者对主考官自称"门生"，这里即谓富川县令是分房阅卷录取刘赤水的乡试同考官。此种情况，今天的注家也当以注出为宜。

《凤仙》中还有涉及佛家语词者，今天的注家也当出注。小说篇末"异史氏曰"有云："吾愿恒河沙数仙人，并遣娇女昏嫁人间，则贫穷海中，少苦众生矣。"(第1730页)所谓"贫穷海"，属于佛教语，谓贫穷之苦难深广，故譬之为海，可参见释典《大智度论》。所谓"众生"，乃梵文之意译，

① 朱其铠主编：《全本新注聊斋志异》，人民文学出版社1989版，第188页。
② 罗竹风主编：《汉语大词典》，汉语大词典出版社1994年版，第115—116页。
③ 商衍鎏著：《清代科举考试述录》，生活·读书·新知三联书店1958年版，第82页。

又名“有情”，谓一切有情识的动物，由众缘所生，名为众生。十法界中，除佛之外，九界有情，皆名众生。注家若能注出，蒲松龄的佛学修为自可概见。

说《王桂庵》

卷八《王桂庵》是《聊斋志异》爱情题材中的名篇之一，表现旧时代青年男女邂逅相遇时的一见钟情，生动细腻，曲折夭矫，颇具引人入胜的魅力。小说中的男主人公王桂庵对于江岸偶遇的邻舟女难以忘怀，别后半年之久的行思坐想，又一次终于化为梦境呈现：

> 一夜，梦至江村，过数门，见一家柴扉南向，门内疏竹为篱，意是亭园，径入之。有夜合一株，红丝满树。隐念：诗中“门前一树马缨花”，此其是矣。（第2353—2354页）

作者寥寥数笔即点染如画，尤其是“门前一树马缨花”所谓“引用”辞格的运用，不但为下文“马缨一树，梦境宛然”的实境描述做了必要铺垫，令前后相映生辉，为小说平添了一抹亮丽的色彩；而且韵致悠然，风光无限，自有某种难以言传的情愫。这无疑属于小说叙事的点睛之笔。

关于“门前一树马缨花”这句诗的出典，清人吕湛恩注称：“《水仙神》诗：‘钱塘江上是奴家，郎若闲时来吃茶。黄土筑墙茅盖屋，门前一树马缨花。’”（第2358页）惜未详作者谁何。清冯镇峦评点《聊斋》，将此诗著作权归属于元代诗人虞集，今人注本多因袭之。朱其铠先生主编的《全本新注聊斋志异》综合吸收了“三会本”《聊斋志异》所载录的上述两种清人旧注后谓：“冯镇峦谓是虞集诗，但不见于《道园学古录》及《道园类稿》。”[①] 按，虞集（1272—1348），字伯生，号道园，祖籍仁寿（今属四川），宋丞相虞允文五世孙，其父任黄冈尉，宋亡后，侨居临川崇仁（今属江西）。虞集是元代著名文学家，与杨载、范梈、揭傒斯有“元诗四大家”的美誉。虞集有一首《风入松》词，写江南春景有“杏花春雨江南”之句，被当时机坊织于罗帕之上，因而传诵一时，至今仍脍炙人口。然而所谓《水仙神》诗，的确不是虞集的作品，也是事实。

---

① 朱其铠主编：《全本新注聊斋志异》，人民文学出版社1989年版，第1596页。

考明陶宗仪《南村辍耕录》卷四《奇遇》一则：

> 揭曼硕先生未达时，多游湖湘间。一日，泊舟江涘，夜二鼓，揽衣露坐，仰视明月如昼。忽中流一棹，渐逼舟侧，中有素妆女子，敛衽而起，容仪甚清雅。先生问曰："汝何人？"答曰："妾商妇也，良人久不归，闻君远来，故相迓耳。"因与谈论，皆世外恍惚事。且云："妾与君有夙缘，非同人间之淫奔者，幸勿见却。"先生深异之，迨晓，恋恋不忍去，临别，谓先生曰："君大富贵人也，亦宜自重。'因留诗曰：'盘塘江上是奴家，郎若闲时来吃茶。黄土作墙茅盖屋，庭前一树紫荆花。"明日，舟阻风，上岸沽酒，问其地，即盘塘镇。行数步，见一水仙祠，墙垣皆黄土，中庭紫荆芬然。及登殿，所设像与夜中女子无异。余往闻先生之侄孙立礼说及此，亦一奇事也。今先生官至翰林侍讲学士，可知神女之言不诬矣。①

揭曼硕即揭傒斯（1274—1344），字曼硕，早年生活困顿，四十岁以后方以布衣应召入翰林院，任侍讲学士。其一生遭际颇具传奇性，这可能是陶宗仪将之附会水仙祠奇遇的因素。

如果从战国时代关于楚怀王"巫山云雨"的传说算起，这种人神恋爱的故事可谓源远流长。《太平广记》卷二九九引《异闻录》中《韦安道》一则，记述唐代文士韦安道与后土夫人相恋事，宛曲周至，还惊动了当时威严赫赫的天后武则天，可见流传范围并不局限于一隅之地，以文长不录。唐罗隐《广陵妖乱志》又记述晚唐高骈惑于神仙事，也涉及韦郎其人，即韦安道：

> 高骈末年，惑于神仙之说，吕用之、张守一、诸葛殷等，皆言能役使鬼神，变化黄白。骈酷信之……用之忽云："后土夫人灵仇，遣使就某借兵马，并李筌所撰《太白阴经》。"骈遽下两县，萃百姓苇席数千领，画作甲马之状，遣用之于庙庭烧之。又以五彩笺写《太白阴经》十道，置于神座之侧。又于夫人帐中塑一绿衣年少，谓之韦郎。庙成，有人于西庑栋上题一长句，诗曰："四海干戈尚未宁，谩劳淮海写仪形。九天玄女犹无信，后土夫人岂有灵。一

---

① （明）陶宗仪撰：《南村辍耕录》卷四，中华书局1959年版，第51页。

带好云侵鬓绿，两行岩岫拂眉青。韦郎年少躭闲事，案上修看《太白经》。”好事者竞相传诵。[①]

这一类虚无缥缈的人神情事，文人每喜记述，不乏读书人高自位置的自恋性遐想。如宋代司马光的侄子司马槱巧遇南齐钱塘名妓苏小小鬼魂事，宋人张耒《柯山集》卷四四、何薳《春渚纪闻》卷七以及李献民《云斋广录》、清人所辑《西湖佳话》等皆有记述，元人白朴则有《苏小小月夜钱塘梦》杂剧，再加演绎。今以《春渚纪闻》卷七《司马才仲遇苏小》一则所记述者迻录如下：

司马才仲初在洛下，昼寝，梦一美姝牵帷而歌曰：“妾本钱塘江上住。花落花开，不管流年度。燕子衔将春色去，纱窗几阵黄梅雨。”才仲爱其词，因询曲名，云是《黄金缕》，且曰后日相见于钱塘江上。及才仲以东坡先生荐，应制举中等，遂为钱塘幕官，其廨舍后，唐苏小墓在焉。时秦少章为钱塘尉，为续其词后云：“斜插犀梳云半吐。檀板轻笼，唱彻《黄金缕》。梦断彩云无觅处，夜凉明月生春渚。”不逾年而才仲得疾，所乘画水舆舣泊河塘，柁工遽见才仲携一丽人登舟，即前声喏，继而火起舟尾，狼忙走报，家已恸哭矣。[②]

男子艳遇并伴有诗或词的吟哦，符合旧时文人士大夫心态。蒲松龄在写作《王桂庵》这篇小说时，无疑也怀有类似心态，因而有意化用《辍耕录》中揭傒斯偶遇水仙神女的故事情节，以渲染男女相恋的温馨意境。类似创作方法在《聊斋志异》中较为常见，典雅之外，往往又有画龙点睛的妙用。《红玉》一篇，书生冯相如与“东邻女”红玉的相恋，《婴宁》一篇中女主人公严惩“西人子”的恶作剧，皆以美女居于当事人之东邻为背景，并暗用《孟子·告子下》中的一段话：“逾东家墙而搂其处子，则得妻；不搂，则不得妻；则将搂之乎？”[③]战国楚宋玉《登徒子好色赋》亦有如下描写：“天下之佳人，莫若楚国；楚国之丽者莫若臣里；臣里之美者，莫若臣东家之子。东家之子，增

---

① （清）董诰编：《全唐文》卷八九七，山西教育出版社 2002 年版，第 5518 页。
② （宋）何薳撰：《春渚纪闻》卷七，中华书局 1983 年版，第 102—103 页。
③ 杨伯峻译注：《孟子译注》，中华书局 1960 年版，第 274 页。

之一分则太长，减之一分则太短；著粉则太白，施朱则太赤。眉如翠羽，肌如白雪，腰如束素，齿如含贝。”[①] 所谓“东家墙”或“东家之子”遂成为后世形容美女居所的特殊用语。《聊斋志异》措词用语极其讲究，往往貌似平常，实则下笔之际用心良苦[②]。《王桂庵》一篇中又有“日日细数行舟，往来者帆楫皆熟，而襄舟殊渺”（第 2353 页）的描写，显然化用南齐谢朓《之宣城郡出新林浦向板桥诗》中“天际识归舟，云中辨江树”诗意。如果注家不指出这一意境的化用，也无碍于文义的理解，但若指出其出处，读者读来就会别有一番耐人寻味的情趣。这正是后人虽有意摹仿《聊斋》的文字风格，却始终难以达到其艺术高度的一个重要的原因。

“门前一树马缨花”暗用前人有关人神相恋的故事，对于小说意境的深化也起到了无可替代的作用。清吕湛恩注引《水仙神》诗，首句作“钱塘江上是奴家”，与《南村辍耕录》所载录者不同，或许是记忆中混入了司马才仲遇苏小小的传说，将“盘塘江”写成了“钱塘江”。至于《王桂庵》对末句“庭前一树紫荆花”的改动，则是蒲松龄的有意为之了。紫荆，又名红荆、满条红，早春先叶开花，花为紫红色，簇生。马缨花又名合欢、合昏、夜合，其叶为羽状排列，夜间相合，旧时常用来比喻夫妻欢好，故称合欢。合欢夏季开花，头状花序，雄蕊呈淡红色，状如马缨。蒲松龄改“紫荆花”为“马缨花”，除取其“合欢”的象征意义外，也与下文“红蕉蔽窗”的夏景描写相合，可谓一箭双雕。

《南村辍耕录》所记者，虽闻之于揭傒斯的后人，但毕竟是传说，水仙神女也属于子虚乌有的神话人物，其诗作者亦颇可疑。明田艺蘅《留青日札》卷二有《水仙诗考》一则云：

> 陶九成《辍耕录》载《水仙诗》……乃揭曼硕所遇云，闻之先生之从孙立礼所说。又，丘大祐《吴兴绝唱》亦纪此诗，数字不同，以为张天雨所作。题云《湖州竹枝词》：“临湖门外是侬家，郎若闲时来吃茶。黄土筑墙茅盖屋，门前一树紫荆花。”未知孰是。[③]

---

① （南朝梁）萧统编：《文选》卷一九，中华书局 1977 年版，第 269 页。

② 参见拙作：《聊斋志异注释小议》，载《蒲松龄研究》1994 年第 4 期。

③ （明）田艺蘅撰：《留青日札》卷二，上海古籍出版社 1992 年版，第 39 页。

丘大祐即丘吉（生卒年不详），字大祐，明归安人。归安旧属湖州府，又称吴兴，在今浙江省北部，归湖州市管辖。《吴兴绝唱》为丘吉所编之家乡风物诗的总集。张天雨即张雨（1283—1350），原名泽之，又名天雨，字伯雨，道号嗣真，又号句曲外史，元钱塘（今浙江省杭州市）人。诗人，书法家。明刘基《句曲外史张伯雨墓志铭》云："雨性狷介，常眇视俗流，悒悒思古道，知弗能与人俯仰，遂挺身戴黄冠为道士。"[①]《四库全书总目》卷一六八著录《句曲外史集》三卷、补遗三卷、集外诗一卷，《湖州竹枝词》一诗即收录于文渊阁《四库全书》本《句曲外史集》补遗卷上，诗云："临湖门外是侬家，郎若闲时来吃茶。黄土筑墙茅盖屋，门前一树紫荆花。"[②]清顾嗣立《元诗选》初集中"壬集"载录《句曲外史集》亦收有《湖州竹枝词》，唯首句作"临湖门外吴侬家"[③]，其中之"是"作"吴"，当属传写异文。

显然，《王桂庵》中"门前一树马缨花"的引诗，其著作权当属于元人张雨。张雨诗被人附会为水仙神女持赠揭傒斯之作，或系好事者所为，这在古代不足为奇。然而正是由于陶宗仪的记述，才有可能为后人蒲松龄所取资，意欲为王桂庵与芸娘的爱情再涂上一层典雅温馨的色彩，平添了几许诗情画意。当然，《王桂庵》之取材非止一途，书生与舟人女相恋事，即与宋洪迈《夷坚丁志》卷一七《刘尧举》有所关联：

> 绍兴十七年，京师人刘观为秀州许市巡检。其子尧举买舟趋郡，就流寓试。悦舟人女美，日夕肆微言以蛊之，女亦似有意。翁媪觉焉，防察不少懈。及到郡犹憩舟中。翁每出则媪止，媪每出则翁止，生束手不能施。试之日，出《垂拱而天下治赋》、《秋风生桂枝诗》，皆所素为者，但赋韵不同，须加修润，迨昏乃出。次日，试论复然，既无所点窜，运笔一挥，未午而归舟。舟人固以为如昨日也，翁媪皆入市，独女在。生径造其所，遂合焉。是夕，生

① （元）张雨撰：《句曲外史集·附录》，影印文渊阁《四库全书》，台北商务印书馆1986年版，第1216册第389页。

② （元）张雨撰：《句曲外史集·补遗》卷上，影印文渊阁《四库全书》，台北商务印书馆1986年版，第1216册第403页。

③ （清）顾嗣立编：《元诗选》初集第三册《壬集·句曲外史集》，中华书局1987年版，第2440页。

之父母同梦人持榜来，报秀才为榜首。傍一人曰："非也，郎君所为事不义，天敕殿一举矣。"觉而相语，皆惊异。生还家，父母责讯之，讳不言。已而乃以杂犯见榜。后舟人来，其事始露。又三年，从官淮西，果魁荐。然竟不第以死。[1]

刘尧举与舟人之女两相慕悦，最终并未走入婚姻的殿堂，事属"不义"，因而遭受天谴而终于"不第以死"，惩戒之意明显。《王桂庵》则翻出新意，写男女之相恋生死以之并最终结百年之好，极为感人。

① （宋）洪迈撰：《夷坚志·夷坚丁志》卷一七，中华书局 1981 年版，第 683 页。

说《桓侯》

卷八《桓侯》通过三国、南宋历史人物的“穿越”相聚，暗中表明《易·复卦》中“不远复”三字符的重要性，属于《聊斋志异》中志怪与劝善两相结合的小说。小说以儒家传统道德观为依归，道出了作者人生自我完善的价值取向。

此篇可与卷六《于去恶》一篇相参阅，后者借主人公于去恶之口盛赞三国张飞云：“桓侯翼德，三十年一巡阴曹，三十五年一巡阳世，两间之不平，待此老而一消也。”（第1713页）类似有关张飞或称张桓侯之传说，反映了旧时文人对这位古人的景仰之情。三国时蜀国的张飞，后世的名声远不如关羽，但古代读书人对这位叱咤风云武夫的评价却并不低，原因就在于他刚勇之馀不乏礼贤下士之风。《三国志》卷三六《张飞传》有云：“羽善待卒武而骄于士大夫，飞爱敬君子而不恤小人。”[①]史书这一涉及两位异姓兄弟作风的比较，彰显了张飞在后世士大夫心目中某种优势所在的原因。所谓“士大夫”与“君子”互文见义，都有读书人的影子。清龚炜《巢林笔谈》卷三：“张桓侯礼服孟起，义释严颜，俱是大有学问人作用。其书法铭于刁斗，文集传于艺林，风雅又如此。此关、张之所以并称也。不然，明经好学如解州，肯与兄兄而弟弟耶？俗但知其瞋目横矛，写一时勇态，失却大贤本色矣。”[②]

降至清代，文人士大夫对于张飞尤有好感，甚至认为其神灵在一定范围内能够阻遏张献忠农民军的屠川行径，清彭遵泗《蜀碧》卷二：“保宁有张桓侯庙，千年矣；初献攻城，夜出巡垒，见一黑大人踞城上，手持蛇矛，足浸江中，惊怖失声。如是者三夜。献询知为侯神，望空遥祭而去。一城获全。保宁数被兵，而城中人不至澌尽者，侯之庇也。”[③]阆中为明清县名，属保宁府，治所在今四川省阆中市。阆中县有汉桓侯祠，俗称张飞庙，明代又称雄威庙，包括张飞的陵墓和祭祠。原祠于历代虽屡经兵火，但累毁累建，今存祠庙为清代建筑，位于古城保宁镇西街西端，属于国家级文物保护单位。《桓

---

① （晋）陈寿撰：《三国志》卷三六《张飞传》，中华书局1982年版，第944页。

② （清）龚炜著：《巢林笔谈》卷三，中华书局1981年版，第79页。

③ （清）彭遵泗撰：《蜀碧》卷二，清嘉庆写刻本。

侯》中“仆窃妄有干求，如少存爱恋，即亦不强”（第2409页）数语，将张飞不恃强凌弱的可爱武夫性格刻画而出，很有感染力。

张飞既然是勇冠三军的赳赳武夫，就必有与众不同之处；小说主人公彭好士当是一介儒生，遇事讲究揖让之礼节。作者据此生发，在对比映衬中刻画张飞不事虚文、行事果断的武人本质：

> 俄，主人出，气象刚猛，巾服都异人世。拱手向客，曰：“今日客莫远于彭君。”因揖彭，请先行。彭谦谢，不肯遽先。主人捉臂行之。彭觉捉处如被械梏，痛欲折，不敢复争，遂行。下此者，犹相推让，主人或推之，或挽之，客皆呻吟倾跌，似不能堪，一依主命而行。（第2408页）

蒲松龄对于日常文人间相处的虚伪客套之风的厌恶堪称由来已久，卷五《沂水秀才》一篇其后附志“不可耐”十七事：“对酸俗客。市井人作文语。富贵态状。秀才装名士。信口谎言不掩。揖坐苦让上下。旁观谄态。财奴哭穷。歪诗文强人观听。醉人歪缠。汉人作满洲调。任憨儿登筵抓肴果。市井恶谑。体气苦逼人语。歪科甲谈时文。语次频称贵戚。假人馀威装模样。”（第1352页）其中第六事“揖坐苦让上下”，则可与《桓侯》附则吴木欣所言者对读：

> 吴木欣言：“有李生者，唇不掩其门齿，露于外者盈指。一日，于某所宴集，二客逊上下，其争甚苦。一力挽使前，一力却向后。力猛肘脱，李适立其后，肘过触喙，双齿并堕，血下如涌。众愕然，其争乃息。”此与桓侯之握臂折肱，同一笑也。（第2410页）

吴木欣，即吴长荣（1656—1705），字木欣，一字仁居，号青立，又号茧斋，长山人，贡监生。著有《班马阙疑论》、《宝诚堂随笔录》、《茧斋诗集》等。吴长荣为蒲松龄忘年小友朱缃的从姊丈，蒲松龄有《题吴木欣〈班马论〉》、《题吴木欣〈戒谑论〉》二文，可见两人交谊。康熙五十五年（1716）《长山县志》卷六《人物志·文学》有传，谓其：“性聪慧，志卓迈，制行矜名节，为文尚识力。年未五十，郁愤以死，士论惜之。”蒲松龄以友人的“段子”为《桓侯》的结束之语，似乎小说的主旨已明，即无非以读书人之间的虚文假套反衬张飞勇猛刚毅性格的可爱并留有无穷的馀味。读者如果仅仅止步于此，则小说隐藏的意旨完全被湮没无存，如若欲知其详就要从小说中留宿招待彭好士的居停主人刘子翚的人物设置谈起。此居停主人并非作者虚构，而是史有其人且大名鼎鼎，他曾经做过南宋理学大儒朱熹（1130—1200）的老师，而《聊斋》注家从清人到现代，几乎无人论及这位生活于南宋时代并被蒲松龄特意选作小说《桓侯》中配角的重大作用。

刘子翚（1101—1147），字彦冲，号屏山，南宋建州崇安（今属福建）人。以父荫补承务郎，通判兴化军，后辞归，居武夷山讲学，精《易》，朱熹曾从之学。著有《屏山集》。《宋史》卷四三四有传，内云："（刘子翚）与籍溪胡宪、白水刘勉之交相得，每见，讲学外无杂言。它所与游，皆海内知名士，而期以任重致远者，惟新安朱熹而已。初，熹父松且死，以熹托子翚。及熹请益，子翚告以《易》之'不远复'三言，俾佩之终身，熹后卒为儒宗。子翚少喜佛氏说，归而读《易》，即涣然有得。其说以为学《易》当先《复》，故以是告熹焉。"[①]《四库全书总目》卷一五七著录刘子翚《屏山集》二十卷，内有云："集中谈理之文，辨析明快，曲折尽意，无南宋人语录之习。论事之文，洞悉时势，亦无迂阔之见。如《圣传论》、《维民论》及《论时事劄子》诸篇，皆明体达用之作，非坐谈三代，惟骛虚名者比。"[②]评价不低且极中肯。

关注小说中刘子翚的出现，以及对其所谓"不远复"三言的发覆，可为揭示《桓侯》一篇之宗旨所在以及理清作者的创作思路，起到关键性的作用。朱熹《屏山先生刘公墓表》记述刘子翚临终前两日对"以童子侍疾"的朱熹说："吾于《易》得入德之门焉，所谓'不远复'者，则吾之三字符也。佩服周旋，罔敢失坠。于是尝作《复斋铭》、《圣传论》，以见吾志。然吾忘吾言久矣，今乃相为言之。汝尚勉哉。"[③]朱熹时虚龄十八岁，故自称童子，且"顿首受教"而退。

所谓"不远复"三字符，语本《易·复》："初九：不远复，无祇悔，元

① （元）脱脱等撰：《宋史》卷四三四，中华书局1977年版，第12872页。

② （清）永瑢等撰：《四库全书总目》卷一五七，中华书局1965年版，第1355页。

③ 曾枣庄、刘琳主编：《全宋文》卷五六七七，上海辞书出版社、安徽教育出版社2006年版，第253册第55页。

吉。《象》曰：‘不远’之‘复’，以修身也。”[①] 大意即走得不远就回归，以自身能力欠缺，故用以修身养性。这与小说中彭好士骑乘偶食仙草之马而瞬息千里、远游迷失的情境正同。《复》卦是《易经》六十四卦的第二十四卦，为上坤下震两卦相叠，震为雷，为动；坤为地，为顺。动则顺，顺其自然，动在顺中，进退自如，利于前行。在《复》卦六爻中，唯其下第一爻为阳爻（初九），其他五爻皆为阴爻。周振甫先生《周易译注》翻译上引《易·复》之文云：“倒数第一阳爻：走得不远就回来，没有大问题，大吉。《象传》说：‘不远’之‘复’，用来修身。”又另加“说明”云：“再看爻辞，有‘不远复’，有‘休复’，都是好的。有‘频复’，皱着眉头回来，有问题，但也不严重。有半路回来，敦促回来，说明有些问题。有迷路，才是凶的。”[②] 徐志锐《周易大传新注》解释上引《易·复》之文云：“复为阳复，有失才有复。无失则无复。剥的上九一阳被剥落，阳消失而成坤，然后一变而一阳生于下而成复，是失去不远就回复，故言‘不远’之‘复’。阴阳作为对立面是一正一反，阳为刚，为‘君子’；阴为柔，为‘小人’。初九阳刚失之不远就回复，它也可以象征‘君子’有过失，但知过就改，很快就回复到正道上来。所以《系辞传》说：‘颜氏之子，其殆庶几乎。有不善未尝不知，知之未尝复行也……’此是以修身之道释‘不远复’。”[③] 高亨《周易古经今注》诠解《易·复》之文云：“不远复者，行未远而返也……往而不返，去而不归，则不知所届止，将失其故居，故《周易》以复为吉，不远而复，虽悔不大，且为大吉，故曰不远复，无祇悔，元吉。”[④]

通过现代人对于《复》卦的有关阐释，再来看刘子翚对“不远复”三字的发挥，问题可能就迎刃而解了。其《圣传论十首·颜子》有云：“学《易》者必有门户，《复》卦，《易》之门户也；入室者必自户始，学《易》者必自《复》始。得是者其惟颜子乎！不远而复，称为庶几，盖本夫子尝以复礼为仁之说告之矣。颜子躬行允蹈，遂臻其极，一己即克，天下归仁，复之之功至矣。固有之仁，本无彼此，迷而不复，妄自分隔。且吾身在天地中一物耳，

① （清）阮元校刻：《十三经注疏》，中华书局1980年影印版，第39页。
② 周振甫译注：《周易译注》，中华书局1991年版，第88—89页。
③ 徐志锐著：《周易大传新注》，齐鲁书社1986年版，第161页。
④ 高亨著：《周易古经今注》，中华书局1984年版，第230页。

学者晓此，方是想像说得仁礼，意隔情碍，如何天下归仁？”[1]刘子翚将“不远复”提升至孔子所谓“克己复礼”的自我修养的高度来认识，体现了儒家“修己以敬”的人生价值取向。《论语·颜渊》：“克己复礼为仁。一日克己复礼，天下归仁焉。为仁由己，而由人乎哉？”[2]依刘子翚所见，“不远复”就是个人修为的极致，因而《复》卦就是《易》之门户。至于刘子翚所写《复斋铭》，并未独立成篇，而是包蕴于上引《圣传论十首·颜子》中：

> 余尝作《复斋铭》曰：大《易》之旨，微妙难诠。善学《易》者，以《复》为先。惟人之生，咸具是性。喜怒忧乐，或失其正。视而知复，不蚀其明。听而知复，不流于声。言而知复，匪易匪轻。动而知复，悔吝不生。惟是四知，本焉则一。孰觉而存，孰迷而失。勿谓本有，劳思内驰。亦勿谓无，悠悠弗思。廓尔贯通，心冥取舍。既复其初，无复之者。荡荡坦坦，周流六虚。昔非不足，今非有馀。伊颜氏子，口不言《易》。庶几之功，默臻其极。今我仰止，以名斯斋。念兹在兹，其敢殆哉！”[3]

这篇《复斋铭》从所谓“四知”即视、听、言、行四个方面的“复其初”，重申“不远复”难以取代的重要性。人孰无过？唯其过失尚未发展到严重之际，就能及时反省改善，必有转机；否则积重难返，就可能一败涂地。刘子翚写有《寄魏元履》五古诗一首，其中亦云：“尝闻不远复，佩作三字符。”[4]朱熹《游昼寒以茂林修竹清流激湍分韵赋诗得竹字》诗也有“十年落尘土，尚幸不远复”的吟哦[5]。可见南宋两位理学家对于“不远复”三字符一脉相承的执著情怀，即观心自照，时常不忘自我检束。至今武夷山五夫里朱熹故居紫阳楼仍悬挂有“不远复”的匾额，亦可为一证。值得一提的是，唐代韩愈五古

---

① 曾枣庄、刘琳主编：《全宋文》卷四二五七，上海辞书出版社、安徽教育出版社2006年版，第193册第169页。

② 杨伯峻译注：《论语译注》，中华书局1980年版，第123页。

③ 曾枣庄、刘琳主编：《全宋文》卷四二五七，上海辞书出版社、安徽教育出版社2006年版，第193册第169—170页。

④ 傅璇琮等主编、北京大学古文献研究所编《全宋诗》，北京大学出版社1998年版，第34册第21386页。

⑤ 傅璇琮等主编、北京大学古文献研究所编《全宋诗》，北京大学出版社1998年版，第44册第27576页。

《招杨之罘》一诗已经注意到“不远复”三字的重要性：“先王遗文章，缀缉实在余。《礼》称独学陋，《易》贵不远复。”①

明清科举考试中的八股制义以“四书文”最为重要，“五经文”次之，前者往往是场屋中式与否的关键因素。以“四书文”为例，须用八股文体外，其内容也自有一定之规。行文自“起讲”开始，就须“入口气”，即代圣人孔子或贤者孟子、朱熹等人的口吻说话，谓之“代圣贤立言”。至于代言的内容，也不能凭空捏造或搞乱了时代，只能依照“朱注”的文字加以构思，若自由发挥必遭黜落。蒲松龄大半辈子从事科举考试，对于朱熹的《四书章句集注》必然背诵得滚瓜烂熟，对于朱熹的平生仕履与思想渊源也须顾及，否则就难以在考试中胜出。蒲松龄对于朱熹曾经的老师刘子翚并不陌生，钻研过他的文章亦在情理之中。据《宋史》本传，朱熹于宋孝宗淳熙二年（1175）曾主管武夷山冲佑观（清人称冲佑万年宫，俗称武夷宫），冲佑观位于武夷山大王峰下，大王峰北侧即幔亭峰，两峰山麓相连，后者峰顶地势平坦，有一巨石状如香鼎，称宴仙坛。据传先秦的仙人武夷君曾在此设幔亭宴会乡人，“幔亭”之峰名即由此而来。所谓“幔亭”，即用帐幕围成的亭子。宋张君房《云笈七签》卷九六：“太子文学陆鸿渐撰《武夷山记》云：武夷君，地官也，相传每于八月十五日大会村人于武夷山上，置幔亭，化虹桥通山下。”②蒲松龄平生并未到过福建，但因系朱熹故乡而爱屋及乌，对武夷山的关注更不在话下。他有《题石》七绝：“遥望此石惊怪之，插青挺秀最离奇。不知何处曾相见，涧壑群言似武夷。”③此诗后两句或本于明章潢《图书编》卷六四《一都山》：“旁有独峰，一名玉柱峰，高三百丈，三面临水，周一百六十丈。朱文公至此，爱其山水清绝似武夷，有‘碧涧修筠似故山’之句。”④经考，宋朱熹之原诗也是七绝，即《追和李士举徐氏山居韵》：“山岫孤云意自闲，不妨

---

① 《全唐诗》卷三四〇，中华书局1960年版，第3808页。

② （宋）张君房撰：《云笈七签》卷九六，影印文渊阁《四库全书》，台北商务印书馆1986年版，第1061册第127页。

③ 赵蔚芝笺注：《聊斋诗集笺注》卷四，山东大学出版社1996年版，第552页。

④ （明）章潢撰：《图书编》卷六四，影印文渊阁《四库全书》，台北商务印书馆1986年版，第723册第970页。

王事死连环。解鞍磅礴忘归去，碧涧修筠似故山。”[①] 蒲松龄《题石》诗即暗用玉柱峰典与朱熹诗意，体现吟诗用典的巧思而外，也可见其对武夷山的向往之情。

《桓侯》篇后“异史氏曰”有云：“观桓侯燕宾，而后信武夷幔亭非诞也。”（第 2410 页）两句话暗中透露出这篇小说的构思过程。蒲松龄因对朱熹生平的关注，从而对有关武夷山的掌故也兴趣浓厚，于是根据武夷幔亭的传说虚构了桓侯在四川阆中燕宾的情节，既顺应当时读书人仰慕张飞公正无私的心理祈向，又通过小说人物刘子翚的设置，结合主人公彭好士迷途未远而即回归的情节，暗中烘托出小说强调读书人个人修养的哲学思考，可谓一举数得。无论张飞从三国的时间“穿越”，还是刘子翚从南宋的时间“穿越”，蒲松龄撰写《桓侯》的所有悬想虚构皆围绕“不远复”之三字符展开，只不过不是明写，而是暗表，唯有会心的读者或曰“合格的读者”，方能体味到其中妙处。

① 傅璇琮等主编、北京大学古文献研究所编：《全宋诗》，北京大学出版社 1998 年版，第 44 册第 27659 页。

后 记

周诗有之曰："俟河之清，人寿几何?"故逝者如斯，夫子兴叹；上善若水，伯阳无争。洛浦微波，昔年陈思安在；巫山旧梦，曩日楚怀竞夸。盖德必有邻，非伪君子；情能胜欲，是真丈夫。国可清凉，陋室原本静室；窝称安乐，聊斋即是心斋。赠芍采兰，志当存远；振葩扬藻，思若有神。四始徜徉，探阃奥于典籍；五方酝酿，征秘幻于乡邻。优游方外之奇瑰，窘束人间之惨淡。仿佛来仙躅，寄意在真俗之间；依稀见灵心，托兴于形骸之外。屈宋继武，楮上尽显常情；游夏同门，笔下犹存馀妍。黄粱续梦，何来渭水之宾；青蛙惩贪，原非缑山之客。蒲翁数奇，青云无路，寄托如此，亦奚云悲?盖尘寰少一庸官，青史多一才士，彪炳千秋，足传不朽!

陶踽踽少朋，徘徊羊肠之路；绥绥有意，踟蹰虎首之途。刍狗践脊生悲，不贪为宝；栎社贻梦藏拙，无用即佳。评注"鬼狐"，非同附骥；新证"聊斋"，亦羞乘轩。前者早付剞劂，后者即灾梨枣。然退休人专著难出，亦徒呼奈何而已。文化艺术出版社社长杨斌先生，久仰令名，平素未尝识荆，日前偶遇，知拙作杀青，即慨允出版。忐忑既久，仍感激莫名!副总编辑董瑞丽编审擘画统筹，尽心竭力；又协同刘宇灿女史郢斧共执，补苴罅漏。鲁鱼豕亥，攸有重修；别雨淮风，亦所必正。减拙作之瑕玷，忝书林之附庸，谢忱曷胜。

噫!同参玉版，且"吃茶去"!是为记。

丁酉仲夏　赵伯陶记于京北天通楼